ZHONGGUO YUQI

中国玉器

方泽 ◎ 编著

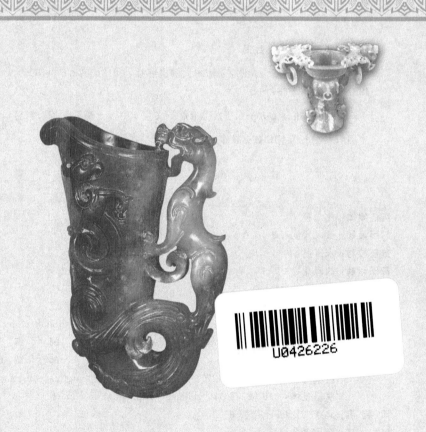

清华大学出版社
北 京

内 容 简 介

本书作者经过对国内玉器市场的调查,查阅了大量相关文献资料,并结合长期的中国玉器课程教学实践,力求用通俗易懂的文辞编著本书,旨在系统地阐述中国玉器的玉文化、玉石、玉雕、玉器分类、玉器品种、玉器造型、玉器纹饰、吉祥图案、历代玉器特征、玉器鉴定、评价、欣赏及玉器市场现状等内容,力求既传播科学的中国玉器知识,也弘扬优秀的中国传统文化,寓知识性、科学性、欣赏性于一体。随着人们物质文化生活水平提高,爱玉、赏玉、玩玉、藏玉的风气得以恢复发展,更多的爱好者进入这一行列,这无疑有益于人们的陶冶性情,提高文化修养。本书既可以作为国内珠宝专业学生的参考教材,也可以作为社会各界玉器爱好者的参考书目。

本书封面贴有清华大学出版社防伪标签,无标签者不得销售。
版权所有,侵权必究。举报: 010-62782989,beiqinquan@tup.tsinghua.edu.cn。

图书在版编目(CIP)数据

中国玉器/方泽编著. —北京:清华大学出版社,2013(2022.6重印)
ISBN 978-7-302-33719-5

Ⅰ. ①中… Ⅱ. ①方… Ⅲ. ①玉器—文化—中国—高等学校—教材 Ⅳ. ①K876.8

中国版本图书馆 CIP 数据核字(2013)第 208417 号

责任编辑:杜　星
封面设计:汉风唐韵
责任校对:宋玉莲
责任印制:刘海龙

出版发行:清华大学出版社
网　　址:http://www.tup.com.cn, http://www.wqbook.com
地　　址:北京清华大学学研大厦A座　　　邮　编:100084
社 总 机:010-83470000　　　　　　　　　邮　购:010-62786544
投稿与读者服务:010-62776969,c-service@tup.tsinghua.edu.cn
质量反馈:010-62772015,zhiliang@tup.tsinghua.edu.cn

印 装 者:北京建宏印刷有限公司
经　　销:全国新华书店
开　　本:185mm×260mm　　印　张:23.25　　插　页:36　　字　数:620千字
版　　次:2014年1月第1版　　　　　　　　印　次:2022年6月第5次印刷
定　　价:69.00元

产品编号:049454-02

前　言

在我国，人们一提到玉，便会产生一种崇敬的心情，一种景仰的心情，一种神秘的心情，一种亲切的心情。我国用玉有着数千年的历史，从新石器时代文化遗址出土的玉璧、玉琮、玉璜到现代使用的玉佩饰、玉摆件、玉实用品，其贯穿了中国数千年的文明历程，"君子比德于玉"又几乎成为大多数人修身养性的座右铭，不论时代怎样交替，人世怎样变迁，玉材质之通灵，玉工艺之精湛，玉设计之绝妙，玉意境之深远，玉礼器之凝重，玉佩饰之纯正，玉摆件之高雅，始终是人们审美的追求，并成为各个时期玉文化的重要组成部分。

玉器是由玉石这种特殊材料加工而成的工艺美术品，它的工艺美具有空间性、直观性和想象性，通过其细腻滋润而坚韧的质地，艳丽的色彩，巧夺天工的工艺，反映出有色、有形、有透视感的美和引人深思的深邃文化内涵。玉不琢，不成器，玉雕工作者一般根据玉料质地、色彩、块度、形状、加工性能、市场需求等特点，结合传统文化与现代意识，独具匠心地设计，雕琢出有深刻文化内涵的形、色、意兼备的工艺品。玉器产品多种多样，且千变万化，现代玉器一般分为摆件和饰件两大类，其中摆件类又包括器具、人物、花卉、鸟类、兽类、玉山子等。中国玉器往往遵循中国传统美术理论，即以形写神，遵循神韵生动的艺术规律，讲究造型逼真，雕刻精细，具有古朴典雅的艺术风格。尤其是以运用吉祥图案这一方式，赋予其求吉呈祥，消灾免难之意，寄托了人们对幸福、长寿、喜庆等的美好愿望。在中国玉器发展的各个时期，玉器的用料、加工工艺、玉器品种、用途、造型、纹饰、艺术风格等方面各具特色，同时，中国玉器的鉴定、评价、欣赏等方面也都具有一定的原则。

三十多年来的改革开放，市场经济的建立，人民生活的改善，思想观念的转变，也给玉雕行业的发展带来了蓬勃生机，玉器行业的恢复与发展，使玉器消费市场得到极大发展，产供销极为强劲，市场需求由外销转向外销与内销共同发展，玉器也被揭下神秘的面纱，"旧时王谢堂前燕，飞入寻常百姓家"，这是历史的进步。玉器不能高高在上，要进入社会各层面，尤其是平民百姓的消费范围，这样才会有生命力。随着人们物质文化生活水平的提高，爱玉、赏玉、玩玉、藏玉的风气得以恢复发展，更多的爱好者加入这一行列，这无疑有益于陶冶性情，提高修养和美化生活。

中国玉器有着丰富的文化内容，玉器既是一种玉石产品，涉及玉石、玉质、玉雕、造型、纹饰、工艺，也是一种工艺品，具有一定的艺术价值，作为古玉器，它更是一种文物产品，是蕴含了丰富文化内涵的产品，同时它也是一种商品，具有其商业价值。研究中国玉器，涉及哲学、文学、历史、考古学、文物学、美学、工艺学、自然科学，乃至宗教等人文科学，更需今人作更深刻的研究。

笔者深感源远流长的中国玉文化之博大精深，就好像是一条长流不息的河。中国玉器有着悠久的历史文化传统，它是中国珠宝业不可分割的有机组成部分。随着国内珠宝行业的发展,珠宝专业教育也在全国各地蓬勃兴起,在现阶段,如何普及与提高人们对中国玉器的认识,是非常重要的,也是非常迫切的。本书便是基于以上认识而编写的。

笔者经过对国内玉器市场的调查,结合长期的珠宝教学实践,并查阅了大量文献资料,力求用通俗易懂的文辞,系统地论述中国玉器的玉文化、玉石、玉雕、玉器分类、玉器品种、玉器造型、玉器纹饰、吉祥图案、历代玉器特征、玉器鉴定、玉器评价、玉器欣赏及玉器市场现状等内容,既是对科学的中国玉器知识的传播,也是对优秀的中国传统文化的弘扬。由于排版需要,将书中所有图片集中放置于全书最后,特此说明,以便查询。

在本书编写过程中,参考并引用了一些国内相关文献的有关内容,在此笔者表示由衷的感谢(由于参考文献数量较多、来源广泛,可能在标注时会有疏漏之处,敬请谅解)。在本书编写和出版过程中,得到了清华大学出版社,特别是杜星编辑老师等的大力支持,在此谨表诚挚的谢意。限于笔者水平,书中难免有不妥之处,敬请广大读者批评指正。

笔　者
2013 年 9 月

目 录

绪论 …………………………………………………………………………… 1
  一、中国玉器学学科的概念 ……………………………………………… 2
  二、中国玉器学学科的基本特征 ………………………………………… 2
  三、中国玉器学学科的研究内容 ………………………………………… 3
  四、中国玉器学的研究方法 ……………………………………………… 4
  五、中国玉器学与相关学科的关系 ……………………………………… 5
  六、中国玉器学研究主要著作 …………………………………………… 6

第一章 神奇的东方玉文化 …………………………………………… 9

  第一节 玉字概说 ………………………………………………………… 9
  第二节 博大精深的中国玉文化 ………………………………………… 12
    一、什么是中国玉文化 ………………………………………………… 12
    二、中国最早的出土玉器 ……………………………………………… 13
    三、中国玉文化的产生 ………………………………………………… 14
    四、中国玉器的功能 …………………………………………………… 16

第二章 丰富多彩的玉石 ……………………………………………… 20

  第一节 玉石概述 ………………………………………………………… 20
    一、玉石的定义 ………………………………………………………… 20
    二、玉石的属性 ………………………………………………………… 23
  第二节 玉石的主要性质及其鉴定方法 ………………………………… 24
    一、玉石的主要性质 …………………………………………………… 24
    二、玉石鉴定仪器及其鉴定方法 ……………………………………… 34
  第三节 玉石家族 ………………………………………………………… 43
    一、翡翠 ………………………………………………………………… 43
    二、软玉 ………………………………………………………………… 70
    三、独山玉 ……………………………………………………………… 89
    四、岫玉 ………………………………………………………………… 95
    五、绿松石 ……………………………………………………………… 103
    六、青金石 ……………………………………………………………… 111

七、二氧化硅类玉石……………………………………………………… 118
八、孔雀石………………………………………………………………… 137
九、蓝田玉………………………………………………………………… 140
十、珊瑚…………………………………………………………………… 144
十一、琥珀………………………………………………………………… 150
十二、煤精………………………………………………………………… 157
十三、寿山石……………………………………………………………… 160
十四、青田石……………………………………………………………… 179
十五、昌化鸡血石………………………………………………………… 186
十六、巴林石……………………………………………………………… 196
十七、碳酸盐类玉石……………………………………………………… 204
十八、其他不常见玉石…………………………………………………… 209

第三章 玉不琢 不成器 ……………………………………………… 215

第一节 玉器加工的工艺特点 …………………………………………… 215
一、减法出造型…………………………………………………………… 215
二、手工艺性……………………………………………………………… 215
三、因料而异……………………………………………………………… 216
四、因型不同……………………………………………………………… 216

第二节 玉器加工制作的常用设备、工具及材料 ……………………… 216
一、加工设备……………………………………………………………… 216
二、加工工具……………………………………………………………… 218
三、其他加工材料………………………………………………………… 218

第三节 玉器加工工艺流程 ……………………………………………… 218
一、选料…………………………………………………………………… 219
二、设计…………………………………………………………………… 219
三、琢磨…………………………………………………………………… 225
四、抛光…………………………………………………………………… 228
五、装潢…………………………………………………………………… 229

第四章 中国玉器品种大观 ……………………………………………… 231

第一节 玉器的玉料分类 ………………………………………………… 231
第二节 玉器的时间分类 ………………………………………………… 231
第三节 玉器的空间分类 ………………………………………………… 231
第四节 玉器的用途分类 ………………………………………………… 232
一、玉礼器………………………………………………………………… 232
二、玉兵器………………………………………………………………… 235
三、装饰玉器……………………………………………………………… 236

  四、随葬玉器 ………………………………………………………… 241
  五、玉实用器皿 ……………………………………………………… 242
  六、玉陈设 …………………………………………………………… 243
 第五节 玉器的工艺分类 ……………………………………………… 243
 第六节 玉器的造型分类 ……………………………………………… 244
  一、几何造型类 ……………………………………………………… 244
  二、艺术造型类 ……………………………………………………… 244
  三、组合造型类 ……………………………………………………… 247

第五章 玉器纹饰与玉器吉祥图案 ……………………………………… 248

 第一节 常见的玉器纹饰 ……………………………………………… 248
  一、谷纹 ……………………………………………………………… 248
  二、蒲纹 ……………………………………………………………… 248
  三、乳丁纹 …………………………………………………………… 249
  四、云纹 ……………………………………………………………… 249
  五、螭纹（蟠螭纹） ………………………………………………… 249
  六、虺纹 ……………………………………………………………… 249
  七、龙纹 ……………………………………………………………… 250
  八、饕餮纹 …………………………………………………………… 250
  九、雷纹 ……………………………………………………………… 250
  十、弦纹 ……………………………………………………………… 250
  十一、陶纹 …………………………………………………………… 250
  十二、凤纹 …………………………………………………………… 250
  十三、圈纹 …………………………………………………………… 251
  十四、重环纹 ………………………………………………………… 251
  十五、涡纹 …………………………………………………………… 251
  十六、鳞纹 …………………………………………………………… 251
 第二节 中国玉器吉祥图案 …………………………………………… 251
  一、中国玉器吉祥图案的表现手法 ………………………………… 252
  二、中国玉器吉祥图案的表现素材 ………………………………… 253
  三、中国玉器吉祥图案事例 ………………………………………… 258
  四、中国玉器吉祥图案上的常见吉祥用语 ………………………… 261

第六章 漫步在中国玉器历史长河 …………………………………… 263

 第一节 神秘的新石器时代玉器 ……………………………………… 264
  一、新石器时代玉器评述 …………………………………………… 264
  二、新石器时代玉器主要作品介绍 ………………………………… 270
 第二节 礼制化的商代玉器 …………………………………………… 273

一、商代玉器评述 ··· 273
　　二、商代玉器主要作品介绍 ·· 279
第三节　人格化的两周玉器 ·· 282
　　一、两周玉器评述 ··· 282
　　二、两周时期玉器主要作品介绍 ······································ 286
第四节　迷信化与艺术化的汉代玉器 ····································· 289
　　一、汉代玉器评述 ··· 289
　　二、汉代玉器主要作品介绍 ·· 292
第五节　多元化的唐代玉器 ·· 296
　　一、唐代玉器评述 ··· 296
　　二、唐代玉器主要作品介绍 ·· 298
第六节　世俗化的宋代玉器 ·· 299
　　一、宋代玉器评述 ··· 299
　　二、宋代玉器主要作品介绍 ·· 301
第七节　民族化辽、金、元代时期玉器 ·································· 301
　　一、辽、金、元时期玉器评述 ··· 301
　　二、辽、金、元时期玉器主要作品介绍 ···························· 303
第八节　生活化与精品化的明清玉器 ····································· 304
　　一、明清时期玉器评述 ·· 304
　　二、明清时期玉器主要作品介绍 ······································ 312
第九节　商品化与艺术化的近现代中国玉器 ···························· 316
　　一、近现代中国玉器评述 ··· 316
　　二、近现代中国玉器主要作品介绍 ··································· 321

第七章　中国古代玉器鉴定 ·· 324

第一节　辨玉材 ·· 324
第二节　鉴工艺 ·· 325
第三节　认造型　识纹饰 ·· 326
第四节　断年代　定真伪 ·· 328
　　一、沁色作伪方法的介绍 ··· 329
　　二、伤残作伪方法的介绍 ··· 332

第八章　中国玉器评价 ·· 333

第一节　玉器玉料质量的评价 ··· 334
第二节　玉器工艺质量的评价 ··· 335
　　一、玉器琢磨质量的评价 ··· 335
　　二、玉器抛光质量的评价 ··· 335
　　三、玉器整体装潢质量的评价 ··· 335

第三节　玉器形式的评价……………………………………………………… 336
　　　　一、玉器造型及纹饰的多样与统一 ………………………………………… 336
　　　　二、玉器造型及纹饰的对称与平衡 ………………………………………… 336
　　　　三、玉器造型及纹饰的稳妥与比例 ………………………………………… 336
　　　　四、玉器造型及纹饰的反复与节奏 ………………………………………… 337
　　　　五、玉器造型及纹饰的对比与调和 ………………………………………… 337
　　　　六、玉器造型及纹饰的空间与层次 ………………………………………… 337
　　第四节　玉器题材的评价……………………………………………………… 337
　　　　一、人物题材玉器的评价 …………………………………………………… 337
　　　　二、器具题材玉器的评价 …………………………………………………… 338
　　　　三、兽类题材玉器的评价 …………………………………………………… 338
　　　　四、鸟类题材玉器的评价 …………………………………………………… 338
　　　　五、花卉题材玉器的评价 …………………………………………………… 338
　　　　六、山子题材玉器的评价 …………………………………………………… 339
　　第五节　玉器艺术价值的评价………………………………………………… 339
　　第六节　玉器市场价值的评价………………………………………………… 340

第九章　中国玉器欣赏 …………………………………………………… 342

　　第一节　美在美质……………………………………………………………… 342
　　　　一、《水胆玛瑙群山飞瀑》 …………………………………………………… 344
　　　　二、《孔雀石龙钵》 …………………………………………………………… 344
　　第二节　美在工艺……………………………………………………………… 344
　　　　一、《和田白玉错金嵌宝石碗》 ……………………………………………… 345
　　　　二、《岫玉龙舫》 ……………………………………………………………… 346
　　第三节　美在造型与纹饰……………………………………………………… 346
　　第四节　美在俏色……………………………………………………………… 347
　　　　一、人物俏色玉器欣赏 ……………………………………………………… 349
　　　　二、动物俏色玉器欣赏 ……………………………………………………… 349
　　　　三、花卉俏色玉器欣赏 ……………………………………………………… 350
　　　　四、玉山子俏色玉器欣赏 …………………………………………………… 350
　　第五节　美在艺术魅力………………………………………………………… 350

第十章　中国玉器市场发展与展望 …………………………………………… 351

　　第一节　中国玉器市场的发展历史与现状…………………………………… 351
　　　　一、改革开放前的中国玉器市场状况 ……………………………………… 351
　　　　二、改革开放后的中国玉器市场状况 ……………………………………… 353
　　第二节　中国玉器市场未来展望……………………………………………… 356
　　　　一、加强行业规范，加快企业建设 ………………………………………… 356

二、更新观念,用现代市场营销理念及手段去搞好玉器的销售 ……………… 357
三、加强玉器设计开发,搞好玉器生产 ……………………………………… 357
四、大力推行品牌战略,加快产品优化升级 ………………………………… 357
五、搞好展销会,扩大玉雕企业影响 ………………………………………… 357
六、大力开展拍卖活动,满足社会不同阶层对玉器的需求 ………………… 357
七、加强玉器产品的推广,促进玉器产品的销售 …………………………… 358
八、加强玉器市场的推广,促进玉器消费市场的培育 ……………………… 358

参考文献 …………………………………………………………………………… 360

绪　　论

　　自1978年中国改革开放以来,我国珠宝玉器行业得到了迅速恢复和发展。我国的珠宝教育(学历教育和职业教育)已于20世纪80年代末期正式起步,这为保障我国珠宝玉器行业持续健康发展,并跻身于世界先进行列起到了积极的推动作用。但是,由于我国珠宝教育起步晚,发展尚不成熟,因而和西方国家相比,差距还较大。珠宝教育要赶上西方发达国家,所需做的工作还很多。发展我国的珠宝教育,必须重视和发挥我国的特色。在我国珠宝教育中,最显著的特色当属我国使用历史悠久,并沉淀有厚重中国玉文化的玉器。我国是四大文明古国之一,在开发利用玉石资源方面具有悠久的历史和光辉灿烂的文化,尤其是玉器雕刻历史最为久远,技艺精湛,闻名中外,我国的玉雕素有"东方艺术"的美称。据考证,我国对玉石的开发和利用已有8 000多年的历史,自古至今,玉器始终为国人所珍视,它不仅是权力和财富的象征,也是情操和道德的化身,曹雪芹在《红楼梦》中就有"玉是精神难比洁"的句子。我国的玉器不仅具有一般宝石美丽、稀罕、耐久等特征以及装饰、保值、保健等功能,而且还和我国的民族文化有着千丝万缕的联系,它曾影响了世世代代中华民族的思想观念和习惯,影响了我国历史上各朝各代的典章制度,影响了相当一批文学和历史著作。中国历代玉雕作品的产生和积累,与日俱进的玉器生产技术,以及与我国玉器相关的思想、文化、制度,这一切物质的和精神的东西,构成了中国独有的玉文化。英国著名学者李约瑟也曾说过:"对于玉器的爱好,可以说是中国文化的特色之一。"中国玉器已经成为光照世界的"东方瑰宝"。

　　由于历史的原因,我国至今尚未形成专门研究玉器的独立学科,西方国家的珠宝教育虽已有近百年的历史,但却无法深入地涉及我国玉器的内容,尤其是内涵极其丰富的玉文化,填补这一空白的重任义不容辞地落在了当代玉器研究者的身上。如果说西方国家因宝石学教育开展较早而使其在宝石业处于世界领先水平的话,那么我国在玉器研究和玉器行业的发展上也将一定会大有作为。

　　故宫博物院的杨伯达先生在《中原文物》2001年第4期中发表了《关于玉学的理论框架及其观点的探讨》,提出了玉学的概念,该文介绍了玉学的范畴、主旨与方法,玉学理论框架的基本论点以及玉学与相关学科的关系。

　　国家文物局的李晓东先生在《文物春秋》2001年第4期中发表了《玉器学结构体系纲要》,提出了玉器学的概念,该文认为玉器学是文物学的专门学科,属于分支学科古器物学的一支。玉器学研究的对象是古代玉器;研究的范围是古代人们为了某种目的制作的玉器与相关问题,以及与人工制作有关的古玉,时代范围是古代。

　　同济大学的廖宗廷教授等人在1997年出版了《中国玉石学概论》(同济大学出版社)

一书，提出了玉石学的概念，书中介绍了各种玉石的基本性质、分类、矿床学特征、加工工艺、合成与优化处理技术、鉴别与评价方法以及中国古代玉器和中国古老的玉文化。其中在该书的第一章阐述了玉石学的定义、玉石学的研究方法等。

笔者深感源远流长的中国玉文化之博大精深，就好像是一条长流不息的河。中国玉器有着悠久的历史文化传统，它是中国珠宝业不可分割的有机组成部分。随着国内珠宝行业的发展，珠宝专业教育也在全国各地蓬勃兴起，在现阶段，如何普及与提高人们对中国玉器的认识，是非常重要的，也是非常迫切的。

笔者经过对国内玉器市场的调查，结合长期的珠宝教学实践，并查阅了大量的文献资料，力求用通俗易懂的文辞编著本书，旨在系统地论述中国玉器的玉文化、玉石、玉雕、玉器分类、玉器品种、玉器造型、玉器纹饰、吉祥图案、历代玉器特征、玉器鉴定、玉器评价、玉器欣赏及玉器市场现状等内容，力求既传播科学的中国玉器知识，也弘扬优秀的中国传统文化。在开篇之前，有必要对中国玉器研究的概念、特征、研究内容、方法及研究历史等作简要介绍，以便于广大读者较好地掌握中国玉器学学科研究的有关内容。

一、中国玉器学学科的概念

玉器学是有关中国玉器研究的一门专门学科，它属于宝石学的一支。玉器学研究的对象是中国玉器；研究的范围包括玉石，玉雕，玉器造型与纹饰，玉石与玉器的鉴定、评价、鉴赏，古代玉器与现代玉器，玉石作伪和玉器仿古，玉文化，玉器市场及行业发展等。

二、中国玉器学学科的基本特征

中国玉器学学科的基本特征主要有以下三条。

① 中国玉器学是一门综合性学科。除根植于地质学学科外，中国玉器学还是一门涉及面很广的综合性学科。从目前中国玉器学的研究内容来看，所涉及的其他学科包括：历史学、文物学、考古学、工艺美术、材料科学、经济学和管理科学、市场营销学等。因此，学习中国玉器学必须具备广博的知识。

② 中国玉器学是实践性很强的应用性学科。玉石与玉器的鉴定与评价、玉器工艺品的设计和加工、玉器的购买与市场营销等都是中国玉器学研究的重要内容，这些内容的较好掌握除了需要具备扎实的专业理论知识外，更重要的是需要经过长期实践积累丰富的经验。因此，从事中国玉器学研究必须多看、多想、多动手、多实践，否则只能是纸上谈兵，解决不了实际问题。

③ 中国玉器学是具有鲜明中国特色的学科。中国人爱玉、赏玉、鉴玉、用玉的历史悠久，而且玉器与中华文化有着十分密切的联系，玉器对中华民族的思想观念、习惯有着深远的影响，还影响了各朝各代的政治、经济和文化，构成了特色鲜明的中国玉文化，这在世界上绝无仅有。将中国玉器学作为独立的学科进行研究，目的就是充分展示其鲜明的中国特色，使中国玉器及相关玉文化成为光耀世界的"东方瑰宝"，并为丰富完善世界宝石学学科作出重要贡献。

三、中国玉器学学科的研究内容

中国玉器学学科的研究内容主要有以下九个方面。

① 中国玉文化：中国玉文化博大精深，是中华文化的重要组成部分，要研究发掘中国玉文化的精神实质和内容，揭示其文化内涵，不断丰富完善中华文化。

② 中国玉器的起源、开发和利用历史：主要研究中国玉器的起源，古今对玉器的认识，玉器在我国历朝历代的政治、文化、艺术、军事和生活中的地位以及玉器随中国社会进步而演化的过程等，深刻揭示其历史、文化等价值，为研究、鉴别和保护历史文化遗产提供理论依据。

③ 玉材：玉石的定义，玉石的分类，玉石的基本特征，玉石的人工合成以及玉石的优化处理，玉石的选用与应用。

④ 玉器加工：中国的琢玉工艺经过几千年的发展，以精湛的技艺著称于世，成为世界上独一无二的艺术，享有"东方艺术"的美称；琢玉大师以自己的勤劳和智慧，把玉质、玉色、工艺技术、艺术、民族文化等融为一体，琢成的玉器是中国的瑰宝，也是世界艺术之林宝贵的奇葩；玉器加工包括加工设备、工具、工艺流程及玉器仿古技术等内容。

⑤ 玉器品种分类：玉器属于传统工艺美术形式之一，其表现多种多样，且千变万化；中国玉器有着丰富的文化内涵，人们研究中国玉器，对玉器诸方面已有了较深入、全面的探讨，但对中国玉器的分类研究得还不够全面、系统。

⑥ 中国历代玉器特征：包括新石器时代玉器、商代玉器、周代玉器、汉代玉器、唐代玉器、宋辽金元玉器、明清玉器和近现代中国玉器。在研究不同时代和地区的玉器时，应注意其不同的时代特点和地域特点，以及它们的变化；玉器的时代不同，研究的内容也不尽相同，应根据情况，设定研究课题，确定不同时期各自的重点内容。而就总体来说，重点有：玉器种类、造型、纹饰图案；玉器分区、分期；玉器特点和风格；玉材与玉器制作工艺；玉器价值与功用；用玉制度。

⑦ 玉石与玉器的鉴定：玉器是一种易保存、易流传的文物；自石器时代到现在，人们制造了大量玉器，其中一部分流传于世；因此，得到一件玉器后，确定它是否为古玉器，明确它的制造年代，就是一件很重要的事情。鉴别古代玉器的制造时代，是一件难度很大的工作，它的困难在于，矿物质材料本身的生成年代虽能测定，但加工年代却难以测定，同样年代、同样材质制成的玉器，有些表面风化得很厉害，有些却似新琢。另外，又由于制作仿古玉器在中国有悠久的历史，仿古做旧的玉器大量充斥市场，这就更给鉴别古玉带来了困难。玉石与玉器的鉴定旨在研制玉石和玉器鉴定的新仪器和探索研究的新方法，及时消除玉石行业中不断更新的、手法越来越高明的作假方法或手段给市场带来的不良影响。

⑧ 玉器评价与鉴赏：玉器作为工艺美术品，是玉雕技艺与造型艺术的结合。它既具有实用意义，又具有审美意义，是物质文明与精神文明的结晶，是美化人民生活的一项重要实用艺术。玉器评价是对其玉质、工艺、造型与纹饰、题材、艺术价值、市场价值等优劣与高低的评定。玉器作为工艺美术品，人们对玉器的欣赏也就是对玉器美的欣赏。在此我们首先对玉器进行审美的分析和研究，掌握玉器审美的基本原则，必将有助于人们更好

地欣赏玉器。玉器审美是一个由浅至深、由表及里的认识过程,其本身已非常复杂,再牵涉经济因素,搅得更加复杂难辨。只有通过提高人们的审美能力,才能提高人们的欣赏水平。

⑨ 玉器市场:商品玉器在不同社会阶段里都会随着社会需求状况的演变而不断调整变化。

四、中国玉器学的研究方法

中国玉器学的研究方法主要有以下七种。

① 多学科综合的研究方法。由于中国玉器学涉及的面很广,涉及的方法也很多,如研究玉文化涉及历史学、社会科学等;因此,中国玉器的研究需要根据实际情况尽可能多地了解各相关学科的研究方法。

② 历史学和考古学的研究方法。中国玉器学所涉及的主要内容之一,即古代玉器大多是珍贵的文物,具有极高的历史文化价值,相当部分要通过历史学、考古学等研究来揭示,其断代和价值也需要用考古方法得到证实。根据考古学成果,对经科学发掘出土的玉器进行分区,与该区环境、经济、文化等联系起来进行研究,进而进行区与区之间的玉器与玉文化交流、发展变化之研究。

③ 分类法。对古代玉器以不同标准进行分类,以便于系统研究。分类是研究的基础,也是一种科学研究的方法。

④ 归纳对比法。在对不同时代、不同地区、不同种类的大量玉器的造型、纹饰、工艺、用途等研究的基础上,通过深入的思考,用归纳的方法,对不同时代、不同地区、不同种类的玉器进行系统特征描述,建立标准体系。在归纳的基础上对未知年代的玉器可以与对应标准器物的类型进行比较研究。

⑤ 实验技术的研究。实验方法可以体现在对玉石材料需要在实验条件下进行优化,由于天然的玉石材料越来越少,而市场对玉石的需求量却越来越大。需要我们在实验室条件下人工合成各种玉石材料,或通过实验方法对劣质的天然玉石材料进行处理或优化,提高其利用价值,满足市场的需要。对于玉器仿古的不同制作工艺进行实验研究,是研究古代玉器的一种重要方法,同时也是不断采取新方法、新设备和新工艺对玉器加工进行研究的表现。

⑥ 测试高科技技术的研究。玉石的质量高低和真假鉴别除需要用常规的宝石学仪器进行分析测试外,尚需用先进大型仪器作进一步的分析测试,如电子探针分析、扫描电镜分析、X射线分析等。玉石是珍贵的饰品和文物,因而市场上各种作假方法广泛存在,而且越来越高明,这需要我们不断开发新的、先进的科学鉴定测试仪器。运用自然科学技术对古代玉器进行分析鉴定,是认识玉器的技术手段。

⑦ 市场技术的研究。玉器是一种特殊商品,玉器的销售需要研究市场规律,进行市场调查,研究玉器的价值构成,研究消费者的购买行为,研究经营企业的管理模式和市场营销方法等。因此,中国玉器学的研究也涉及经济学、管理学和市场营销学等市场理论和方法。

五、中国玉器学与相关学科的关系

中国玉器的研究和玉器学的发展,与文物学、考古学、历史学、古代文献学、宗教学、地质学等学科,有着密切的或交叉的关系。

(一) 玉器学与文物学

中国玉器研究包括古代玉器,古代玉器是可移动文物,属于古器物类,古代玉器在文物学中属于古器物分支学科。古代玉器学是研究古代玉器的专门学科,在学科性质、任务、理论与方法、研究目的等方面,都与文物学相同。同时,古代玉器学的研究对象又是特定的玉器一类文物,又有它特定的研究内容与特点,正是这种特殊的矛盾性的研究,才构成了中国玉器学。

(二) 玉器学与考古学

中国玉器研究包括古代玉器,古代玉器与考古学研究对象的时代范围均为古代,就研究对象而言,出土玉器也是考古发掘出土器物的一类,是考古学研究的实物遗存之一;考古学对出土玉器,根据其地层、分布、器类、共存遗物等进行研究,建立标准对比体系。古代玉器在鉴定时,多以考古发掘出土的地层、年代确切的玉器作标准器,对玉器质地、造型、内容、工艺等进行分析研究。在研究目的上,考古学要通过遗迹和遗物的研究,阐述历史及其一般规律;而古代玉器学通过对古代玉器的系统研究,阐述历史的某一侧面,并形成专门史或玉文化史。

(三) 玉器学与历史学

历史学是研究和阐明人类社会发展的具体过程,并揭示其规律的学科,在研究中根据的是文字记录、实物资料和口碑资料。玉器学研究的是玉器,尤其是古代玉器,它结合文献资料,从一个侧面研究和阐述历史,不能脱离玉器实物去阐述;没有古代玉器实物,玉器学的历史研究也就不复存在。

(四) 玉器学与古代文献学

古代玉器与其他古代文物一样,可补史、证史和正史。在古代玉器研究中,要运用古代文献和出土文物文献。古代文献中关于玉与玉器、玉器与礼制、王权、人文观念等的记载,对古代玉器研究都是极为重要的、不可或缺的资料。出土文物文献包括甲骨文、金文、简牍、文书等,其中有关玉、玉器等的记载,也是研究玉器的重要资料。出土玉器及玉器研究,可补古代文献记载之不足,也可纠正古代文献记载之谬误,对古代文献学研究也是十分重要的。

(五) 玉器学与宗教学

宗教是社会意识形态之一,产生于原始社会后期。宗教学是以宗教为研究对象的社会科学,主要研究宗教的产生和存在的根源、社会表现形态和社会作用及其产生、发展和走向消亡的过程和规律。从宗教基础学科派生出来的学科中有宗教考古学、宗教民俗学、宗教美术学等。玉器及其器形、纹饰图案等，对宗教学科研究都是极为重要的实物资料。玉器学对古代玉器，特别是新石器时代玉器的研究，与宗教学尤其是原始宗教学有着密切的关系。

（六）玉器学与地质学及其他科学

玉器学在研究古代玉器时，离不开玉器材料产地，离不开地理学；玉质材料研究离不开地质学和矿物学。古代玉器中，有相当部分是装饰品，其造型或纹饰图案等属于美术品或工艺美术品范畴。因此，对古代玉器的研究，与工艺美术学也有着密切的关系。玉器学研究中，涉及对古代玉器测年时，也涉及有关自然科学技术及其运用。

六、中国玉器学研究主要著作

中国自古崇玉，具有玉的理念，以玉示礼，以玉象征典雅、高贵、美好、华贵、坚贞等。古代对玉器的研究已十分重视，古文献中对玉器及其功用的记载颇多，历史上的文献资料是中国玉器研究丰富深厚的文本库藏。自先秦《周礼》开始至清末文人笔记等历代文献中关于治玉、用玉、享玉方面的记载，不仅涉及工艺、制度，亦涉及对上述方面的品评与研究。尤其是作为重要历史文献的《周礼》、《仪礼》、《礼记》，对治玉、用玉、享玉不仅有着明文礼制规定，而且各代史书中《舆服》、《仪卫》、《礼》篇也频频出现玉石使用的相关记载。《论语》、《孟子》、《吕氏春秋》、《山海经》、《淮南子》、《穆天子传》、《长物志》，以及众多的文学作品如《诗经》、《楚辞》、《越绝书》、《搜神记》、《西游记》、《红楼梦》等，其中玉石词藻及其描述屡见不鲜。真正对中国玉器系统研究始于北宋，随着金石学的出现，玉器步入了士大夫的考证范围，比如吕大临的《考古图》第八卷就论说了玉器。

（一）中国玉器学古代研究主要著作

《考古图》，宋代，吕大临撰。《考古图》成书于宋元祐七年（1092），著录了当时宫廷及一些私家的古代铜器、玉器藏品。全书共10卷，第八卷为玉器，目列63器，实收67器。按器形分类编排，每件器物均摹绘图形、铭文，记录了原器的尺寸、重量及容量，并进行了一定的考证，对藏处及有出土地点的也加以说明。它是中国现存最早且系统的古铜器和玉器图录。

《古玉图》，元代，朱德润撰。明代万历三十年（1602年）吴氏宝古堂刻本，共2卷。所收之图，均是在燕京诸王公家及秘府过目之古玉。上卷收璧、环、带、钩等17器，下卷收佩、瑱、充耳、珌等23器，记明尺寸、形状、玉色，有的注出藏家。它是传世较早的元代金石著作，也是中国现存最早的一部专门著录玉器的书。

《格古要论》，明代，曹昭撰。成书于洪武二十一年（1388年），共3卷。在中卷珍奇中包括玉器。它是中国现存最早的古物（包括玉器）鉴定的专论。

《古玉图考》，清代，吴大澂著。吴大澂，清道光十五年至光绪二十八年（1835—1902）。官至广东、湖南巡抚。吴大澂平生留心古器物搜集与研讨，为清末著名书法家、金石学家、古玩收藏鉴赏家，他的《古玉图考》一书，是玉器文化史上一部有重要价值的著作。吴大澂写这部书,是因为他喜欢玉,并精于鉴别。他说:"古之君子比德于玉,非以为玩物也。"另外,当时社会,行好古之风,而"好古之士往往详于金石,而略于玉,为其无文字可考耶,抑谓唐以后仿制之器多,而古玉之真者不可辨耶。"并且,"已有的古玉典籍,或无考证,或图录太少。"于是,吴大澂广泛收集资料,将其可以见到的和自己收藏的古玉,以《周礼》等先秦古籍为指导,在作了系统而深入的考证后,编写了《古玉图考》一书。《古玉图考》成书于光绪十五年(1889年),同年由上海同文书局出版,为石版影印。全书分4册,书中以图文并茂的形式,对古玉进行了考证、介绍。每一类玉器均绘有附图,共录玉器近200件,其图由吴大澂族弟吴大桢绘制,图后按类附有器物尺寸、名称、用途、年代的文字说明。吴大澂的《古玉图考》一书问世后,不仅震撼了国内收藏界和学术界,在中国收藏史上占有重要地位,成为人们收藏的一个指南,还深深地影响了日本及欧美的汉学家的古玉观,被学术界尊为圭臬。

(二)中国玉器学近代、现代研究主要著作

近代以来,随着考古工作的发展,经考古发掘出土的玉器愈来愈多,其中有些是成批出土,如良渚遗址玉器、凌家滩遗址玉器、牛河梁遗址玉器、大汶口遗址玉器、两城镇和三里河遗址玉器、妇好墓玉器、晋侯墓玉器、虢国墓玉器、下寺楚墓玉器、中山王馨墓玉器、满城汉墓玉器、南越王墓玉器等。对玉器的整理与研究不断发展与深入,出土玉器成为考古报告的重要组成部分;关于玉器的论文和专著不断面世,硕果累累,为中国玉器学的建立奠定了坚实的基础。

考古发掘出土的玉器为鉴定传世玉器提供了重要的参照物,纠正了以往的一些断代和认识,如曾将良渚玉器定为汉玉,进一步促进了对传世玉器的研究,取得了新的成果。玉器研究成果是玉器学发展的见证。据不完全统计,仅20世纪90年代以来,中国大陆、香港、台湾地区出版的玉石类著作(含图录)有百余种,这里述及的仅是成果的一部分。

《中国大百科全书·文物博物馆卷》(于1993年正式出版发行),在书中文物学科古器物分支中,专设"中国古代玉器"部,列的条目有:史前时期新石器时代大汶口文化玉器、红山文化玉器、龙山文化玉器、良渚文化玉器等,历史时期有商代玉器及妇好墓玉器、西周玉器、春秋战国玉器及金村东周玉器、辉县固围村魏王室玉器、楚国玉器、汉代玉器及西汉南越王墓玉器、唐代玉器、宋元玉器、明清玉器等,对中国古代玉器及其研究进行了比较全面的叙述。

《中国美术全集·工艺美术编9·玉器》,从我国收藏的数以万计的古代玉器中,选录自新石器时代以来到清末各时期的精品300余件,较全面地反映了中国古代玉器发展的历程,是至1986年为止最为系统的一部玉器图录。卷首刊有主编杨伯达《中国古代玉器发展》一文,对中国古代玉器的发展进行了系统论述。书中对每件玉器均作了介绍说明。

《中国玉器全集》(河北美术出版社1993年出版),该书由杨伯达先生主编及国内各大博物馆权威人士编著。《中国玉器全集》(共六卷)是国家出版重点工程——中国美术分类全集的一个组成部分,《中国玉器全集》也是新中国成立后出版的第一部卷帙浩大、收罗全面的大型玉器图录,共收录从原始社会至明清时期最具代表性的玉器精品近2 000件,所选录的玉器均为各时代精品。该书介绍的远不止玉器本身,而是多角度、深层次地介绍了

与玉器相关的知识及其在社会历史发展中的重要作用,实乃一部权威的中国古代玉器百科全书。荣获第二届国家图书奖、第八届中国图书奖。

《中国出土玉器全集》(科学出版社2005年10月出版),全书分15卷,收集了全国34个省、市、自治区和特别行政区五十多年来在古代遗址和墓葬考古发掘中出土的玉器约4 000余件(套),时代从新石器时代至清代(个别玉器到民国时代)。每卷有玉器彩色图盘240幅,配有文字说明。各卷前还附有概述一篇,简要介绍本地区玉器考古出土概况。全书均为中英文对照。本套书由我国著名玉器专家古方担任主编,众多著名玉器专家,向安全、张广文、殷志强、刘云辉、刘国祥、常素霞、杜耀西、孔德安、于明担任副主编。中国社会科学院考古研究所及全国各地考古所所长亲任顾问。国内一流考古、文博专家,如卢兆荫先生等担任编委。编者阵容之强大,实属考古文博界之罕见。全书资料丰富翔实,图版装帧精美,为研究中国古代玉器发展史和普及玉文化具有重要的意义。同时,在鉴定方面为古玉爱好和收藏者提供了最为全面的标准。

在许多考古发掘报告中,出土玉器是其重要内容,对玉器进行了研究和叙述,如《殷墟妇好墓》、《信阳楚墓》、《西汉南越王墓》、《满城汉墓发掘报告》等。

研究古代玉器的文章,刊载于文物考古类刊物的为数众多,内容涉及面很广。其中如关于玉材产地、制玉工艺、玉器鉴定、玉器评价、玉器在文明起源中的地位与作用、玉器的使用和用玉制度、玉器的价值与作用等,对推进中国玉器研究和促进中国玉器学科建设都有重要的意义。

第一章

神奇的东方玉文化

第一节 玉字概说

汉代许慎在《说文解字》中对玉有这样的解释："玉，石之美者。"这一注解从物质和艺术两个方面科学地阐述了"玉"字的概念。众所周知，汉字是象形文字。"象三玉之连，其贯也。"即"玉"的象形字初意是三块美玉用一根丝绳贯穿起来，是"丰"字形，"三玉之连"代表天地人三通。后来人们又解释"玉"字是"王"字加一点，即王者怀抱一块石头，当然这块石头也就非常珍贵了。

在漫长的岁月中，人们用玉，也将玉的含义扩及语言、社会生活中的各个层面。查《辞源》、《辞海》，以玉为部首的字多达五百多个，包含"玉"字的词汇、成语、句子也已超过一千条以上，这些字及词汇与玉有直接关系，包含着各种不同意义。

我们祖先赋予"玉"的内涵无比深邃、无比广阔。《礼记·聘义》及《论语》中都有"君子比德于玉焉"的句子。古人以为玉具有仁、义、智、勇、洁的君子美德，所以以玉比德，敦品励行。所谓"人君德美如玉，而明若烛"，"言贤者德音，如金如玉"，都是歌颂玉的温润，寓意君子美德，是故"君子无故，玉不去身"，"言念君子，温其如玉"，北齐书里有句话："大丈夫宁为玉碎，不可瓦全。"道尽了中国人对信念的执着。

玉既与君子美德相连，也往往与女性形象相连。"玉人"用以形容貌美的女子，更有"金枝玉叶"、"金童玉女"、"小家碧玉"、"玉貌花容"、"冰清玉洁"、"纤纤玉手"、"亭亭玉立"、"如花似玉"、"冰肌玉骨"、"玉容"、"玉面"、"玉言"、"玉颜"、"玉照"、"玉骨"、"玉肌"、"玉手"、"玉腰"、"玉步"、"玉心"、"玉发"、"玉体"、"玉目"、"玉音"等形容玉性的词汇。而"书中自有黄金屋，书中自有千钟粟，书中自有颜如玉"，曾几乎成为旧时激励读书人奋发上进的动力，这"颜如玉"指的就是美女佳人。

在日常生活中，以玉为姓虽不多见，以玉为名则较多见，历朝历代，男男女女，都常以"玉"字为名，以象征个人的高超德行。

自然界万物中也往往被与玉相关的名词美化，如吃的有"玉米"，花有"玉兰花"、"玉蕊花"、"晚香玉"。

我国地名中县市级城市名含玉字的较多，有玉林市(广西)、玉溪市(云南)、玉门市(甘肃)、玉山市(江西)、玉田县(河北)、玉树县(青海)、白玉县(四川)、墨玉县(新疆)、玉里县(台湾)、右玉县(山西)、玉屏县(贵州)。全国各地更有多处以玉起名的名胜古迹，如玉龙山、玉佛寺、玉泉山、玉皇顶、玉带河等。

即使在日常生活中的衣、食、住、行方面，也常被冠上"玉"字，美食佳肴叫"玉食"，玉制的筷子叫"玉筋",美酒叫"玉友"、"玉液",豪门贵族住"玉堂",用"玉屏"、"玉几"、"玉床"、"玉盘"、"玉碗"等用具。

一轮光泽似玉的月儿称为"玉轮",又称"玉蟾",这是因为奔月嫦娥偷盗长生不老药后被变为蟾蜍之故,清寂的月宫中,另有月桂树下捣药"玉兔"与嫦娥为伴。

在记录中华民族灿烂文化的文学作品中,从《诗经》、《楚辞》、汉赋、唐诗、宋词、元曲、明清小说到近现代文学、戏曲、电影、电视等,以玉比人、以玉喻事的题材数不胜数,灿若星河。

《诗经·秦风》中有"何以赠之？环瑰玉佩"之语。

战国时期,卞和献玉与蔺相如"完璧归赵"的故事,在我国家喻户晓,千古传颂,故事不仅表达了玉的精神,同时也颂扬了舍生取义的高尚情操。

秦朝末年,刘邦、项羽并起,楚汉争雄,在鸿门宴上,项羽碍于情面,犹犹豫豫不肯杀刘邦,谋臣范增好几次拿起腰间佩戴的玉玦,示意项羽下决心,但是项羽决心未下,最后导致垓下之围,乌江自刎的历史悲剧。

数千年的历史围绕着玉石演出无数动人心扉的悲欢离合的故事,而永恒的爱情主题可以用玉串起来,故事不计其数。

《搜神记》中就有公羊雍伯得仙人指点,种玉得妻的神话传说。

《紫玉记》讲的是十郎薄幸误婵娟,典到残钗玉化烟,留下了无限哀怨。

《荆钗记》写的是贫士王十朋以荆钗为聘礼,与钱玉莲结为夫妇。不想王十朋考中状元后,因不愿背叛结发,拒绝了丞相招婿,得罪权贵,祸端陡起,落走他乡。其妻钱玉莲则被逼投江,幸为好人所救。数年后,两人都以为对方身亡,到道观追荐亡人,相逢不敢相认,终以荆钗为凭,夫妻团圆。

《玉环记》表现的是书生韦皋与风尘女子玉箫以玉环为记转世续缘的爱情传奇。

唐诗中有关玉的典故也很多,下面仅举几例:

从军行
王昌龄

青海长云暗雪山,孤城遥望玉门关。
黄沙百战穿金甲,不破楼兰终不还。

凉州词
王之涣

黄河远上白云间,一片孤城万仞山。
羌笛何须怨杨柳,春风不度玉门关。

上面两首诗都咏玉门关,那么,这玉门关何以得名？据记载,公元前138年,张骞奉汉武帝之命出使西域,回长安时带来了西域地区的许多土特产,其中就有产于新疆的和田美玉,这样,开始了中国古代对外交流最著名的"丝绸之路"。同时,在敦煌之西的戈壁中,设置了两座关隘。由于西域的和田美玉源源不断地通过其中的一座关隘入内地,因此,这座关隘就取名为"玉门关"。另外一座关隘叫"阳关"。

凉州词（七绝）
王翰
葡萄美酒夜光杯，欲饮琵琶马上催。
醉卧沙场君莫笑，古来征战几人回。

此诗中提到的夜光杯，据西汉东方朔撰的《海内十洲记》所载："周穆王时，西胡献昆吾割玉刀及夜光常满杯，杯是白玉之精，光明夜照。"根据现代的认识，"白玉之精"即今新疆和田最好的白玉——"羊脂玉"，用它雕琢成杯壁极薄的酒杯，可透过月光，斟酒时可见月影而得名。

咏 玉
韦应物
乾坤有精物，至宝无文章。
雕琢为世器，真性一朝伤。

这首诗礼赞玉乃天地灵物，那些匠气很浓的雕琢得过于华丽的玉反而成了世俗之物，其真正的美感真正的品性一下就被破坏了。反映了诗人对玉自然美的追求，也引申到做人需朴实无华，一旦追求华丽，便失去了本性，也就不是至宝了。做人也应该保持本性，不要随波逐流，一旦随波逐流，也就一钱不值了。

咏珊瑚
韦应物
绛树无花叶，非石亦非琼。
世人何处得，蓬莱石上生。

这首诗将珊瑚的成因解释为生长在蓬莱石上的树，这种解释虽然不正确，但反映了1 000多年前，我国人民对珊瑚成因的一种看法。

咏琥珀
韦应物
曾为老茯神，本是寒松液。
蚊蚋落其中，千年犹可觌。

这首诗虽然在解释琥珀成因的时间上有不正确的地方，琥珀形成的年代何止千年，而是数百万年。但难得之处是，不仅对琥珀观察得非常仔细，而且基本正确地解释了琥珀的成因，即琥珀是由松树的汁液（即松脂）变成的。

文学巨著《红楼梦》又名《石头记》，引用神话女娲补天，用石三万六千五百块，独独剩下一块未用，留在青埂峰下，此石经女娲之锻炼灵性渐通，而进入红尘，云游一遭，又将所经历之事镌刻在奇石之上，故曰《石头记》。男主人公衔"通灵宝玉"而生，那块宝玉被称为"有命无运"的蠢物，得之则人寿宁安，失之则丧魂失魄，诵之则消灾减病，弃之则升仙成佛。"假"亦真来"真"亦假，贾宝玉其实是曹雪芹心目中真真正正的一块无瑕宝玉，玉是他的一切，是他的生命所在，是他的生命所系。曹雪芹《自题画石诗》中有："爱此一拳石，玲珑出自然，溯源应太古，堕世又何年？有志归完璞，无才去补天，不求邀众赏，潇洒做顽仙。"

在漫长的人类发展过程中，唯一将玉与人性相结合，融会贯通，水乳交融，也唯有中华民族，中华民族早在远古时代便开创了制作、使用玉器的历史。玉器，也只有在中华大地孕育、发芽、生根、成长、开花、结出灿烂果实，连绵数千年，虽历经曲折，仍不断发展。极具东方特色，举世无双的中国玉器也代表着中国灿烂辉煌的玉石文明，也是中华文明不可分割的组成部分。

第二节　博大精深的中国玉文化

一、什么是中国玉文化

玉文化以"文化"为名称，必然与文化有着一定的相关性，因此在理解玉文化的含义之前，我们先了解一下"文化"的含义。

自从有了人类，就有了文化，然而人类对文化的认识，却有着一个漫长的过程，它是随着人类历史的发展而不断深化和丰富的。

"文化"一词在我国古代已多有典籍记载。如南朝著名文学家王融(467—493)，在《曲水诗序》中有："设神理以景俗，敷文化以柔之。""文化"在这里指的是封建王朝所施行的文治教化、礼乐典章制度的总称。这种理解在我国一直延续到近代。我们今天所常用的文化一词，其意义显然与古代不同，它是19世纪末通过日文转译从西方引进的，当时的含义主要有：广义的，包括精神和物质两方面的内容；狭义的，单指精神方面的内容。

在当代，对"文化"一词含义的认识涉及范围十分广阔，从政治、经济、艺术到科学、技术、教育、语言、习俗等几乎无所不包。尽管目前对于文化的定义据说有250多种，但几乎所有的学者都认为文化是人类的一种生活方式，是人类在长期斗争中积累下来并世代相传的关于如何适应环境、与自然作斗争、协调人类内部关系的行为模式。它反映了人类对于物质和精神世界的全部认识，并且通过人类的道德、价值、知识、信仰、风俗、习惯等多方面表现出来。

考察文化的含义我们不难看出，文化具有精神性、社会性、集合性、独特性及一致性、无形性、软约束性、相对稳定性等几个特征，它的核心是人们的价值观念。它是人类群体或民族世代相传的行为模式、艺术、宗教信仰、群体组织和其一切人类生产活动、思维活动的本质特征的总和。

从文化的层次上来看，可以这样理解玉文化的含义：它是一种亚文化，是整个社会文化体系中的一个有机组成部分，是随着人们用玉历史的发展，玉器在一定的民族文化传统中逐步形成的具有鲜明特征的基本信念、价值观念、道德规范、规章制度、行为准则、文化环境等，以及与此相适应的思维方式和行为方式的总和，它具有很强的继承性、时代性、层次性。

什么是中国玉文化？中国玉文化是我国民族文化的一个分支，它是我国古代劳动人民在长期的社会实践中所创造的以玉器为主要内容的物质财富和精神财富的总和。

中国玉文化的根源可追溯到山顶洞人时期，当时已具有原始石崇拜的内涵，山顶洞人染成红色的小砾石、穿孔石珠和石坠等辟邪物等可称为灵石玉的远祖（于锦锈，1994）。石器时代，玉的本身就有双重性，即美的装饰性和社会功能的神秘性，就是说，玉器不但是美的饰物，同时还是一种礼仪的体现，它标明着持有者的身份和地位。随着交换的发展，玉石又有了财富的意义。

新石器时代，玉曾是生产的工具，如刮削器、石核、玉刀、玉斧等。直到青铜制造翻开了历史的新一页，玉作为生产工具的地位才逐步退位。但我国很长一段历史都是玉和青铜器来书写的，而且玉器非但没有因青铜器和后来铁器的出现而衰弱，相反却更加走向了繁荣，它从金缕玉衣，走向玉牒、玉玺、玉佛、玉香炉、玉镇、玉符等，从而形成了发达的玉文化。

玉也是财富的象征，盘庚把贝和玉连称。后世流行的"宝"字是"王"和"家"的合字，这是以"玉"被私有而显示它的不可替代价值的体现，所以，古代玉璧价值连城，为了占有它，统治阶级不惜去发动战争。

在古代，玉器还充当着乐器的功能。原始人可能把石片悬在树枝上，敲打出声作为传递信息的器物，发现了石声十分悦耳，也可能在山中听到磐石在风中的响声受到启发而发明了石磬，后来发展到玉磬，定出音阶，成为乐器。这也证明华夏祖先较早地看到了玉石的另一面。由于玉石的杂质较少，被撞击时，不但声音悠扬，而且能传递得很远，所以中国人至今仍欣赏"玉振金声"。

玉又代表权势。玉大多被王侯将相所拥有，王执大圭、镇圭，公执恒圭，侯执信圭，伯执躬圭等就是典型的证明。秦代的传国玉玺，上刻"受命于天，皇帝寿昌"，谁得到它，谁才能算是真命天子，被公认为传国玺。《汉书》上有："初，高祖入咸阳，得秦玺，乃即天子位，因御服其玺，世世传受，号曰传国玺。"这块玉玺代代相传，而且后来只有损了一角的那块才被公认是真的。虽然传国玉玺因战乱失传，但是具有徵信作用的御玺一直代表国家和皇帝，是最高权力的标志（郭福祥，2006）。

在古代中国，玉更多的是用于统治者祭祀等大礼上的标志和信物。在日常生活中起到昭示等级、尊严的作用，同时还和意识、精神联系在一起，因而人们给玉以代表精神的德性，玉的晶莹、纯洁、温润、坚硬等都被附以各种高尚的解释，玉的"五德"、"九德"等说都是这方面的集中表现。

二、中国最早的出土玉器

中国玉器有其产生、发展的历程。最早的玉器至少应具备以下三个条件：其一，质料上符合"美石"的要求，"美石"是客观物质和人的主观意识相结合的产物，各个时代对"美石"的理解也不尽相同，因此我们必须站在过去某一相应时代而不能以现代人的观点去理解过去各个阶段判断"美石"的标准；其二，在形体上具备后代典型玉制品的基本样式；其三，由于玉本身坚硬的特性决定了制玉必须使用特殊的制作方法，而非一般制作石器技术所能完成，这些应是区分萌芽时期的玉器与石器的重要依据。

玉器的产生，是人类在原始美感的引导下，由物质文化向精神文化发展的必然趋势，同时，它的产生也是一个漫长的、不断探索的艰难历程，早在旧石器时代晚期，美的观念已深入人心，距今 2.8 万年前的山西峙峪遗址就出土过一件水晶制作的小刀和一件由一石穿孔而成的石器装饰饰品，显示出制作者高超的技术。

距今1.8万年左右北京山顶洞人时期精巧的装饰品已成为当时人们的日常用器,遗址中出土的穿孔兽牙、海蚶壳、小石珠、小石坠等,数量众多,其中制作特别精巧的是七颗小石珠,原料为白色石灰岩,大小相等,不甚规则,最大直径七毫米,单面穿孔,可能是头饰,另有一对由双面对钻成孔的小石坠,系用天然的椭圆形黄绿色岩浆岩小砾石制成,两面扁平,在其中一面有人工磨过的痕迹,比起峙峪出土的小石刀,制作技术尤其是穿孔技术有了长足的进步。

在距今1.2万年左右的辽宁海城仙人洞出土有用绿色岫玉蛇纹石制作的石器,显示出当时对石质的辨认已有了较深刻的认识和了解。总之,在整个旧石器时代,原始人类由于主观认识和客观条件的种种限制,不可能制造出真正的玉器,但勿毋置疑的是,长期实践使中国先民们积累了大量区分石、玉质的基本经验,了解了磋磨、钻孔等加工石器的新方法,最后才孕育出璀璨夺目的中国玉器。

过去一般认为中国最早的玉器是距今7 000年左右的浙江余姚河姆渡文化遗址第三、四层出土的管、珠、璜、玦等玉器,其质料为质地很差的玉料和萤石,制作亦很粗糙,具有一定的原始性,当为太湖流域及东南沿海地区的早期玉器例证。此外在辽宁阜新查海的新石器早期遗址内,共出土有七件透闪石软玉和一件阳起石软玉制的玦、匕等器物,无论是质料、造型、制作技法都比较精美,距今7 500年。

然而,1992年7月—10月,内蒙古考古工作队在赤峰市敖汉旗宝国吐乡兴隆洼村出土了两件距今8 200年的制作精美的作为耳饰的玉玦,应是我国现今最早的玉器。图1-2-1为兴隆洼文化玉玦。

古代欧洲人和美洲人等与中国人一样,都迷信玉,认为佩戴玉石可以辟邪,可以治病。然而,在用玉历史、琢磨技艺和用途方面,无论是欧洲古玉,西伯利亚古玉,印第安人玉器,新西兰毛利族玉器,日本玉器,还是阿拉伯玉器,都无法与中国玉器相提并论,它们或是昙花一现,或是源流无绪,或是玉质粗劣,或是碾琢草率,或是种类单调,或是用途狭隘。中国玉器在世界琢玉工艺史上占有绝对优势,中国既是产玉大国,又是琢玉大国。中国玉器在世界文化宝库中独树一帜,闪耀着迷人的光彩。

三、中国玉文化的产生

中国玉文化的产生是中华民族长期社会实践和劳动创造的结晶,是中华民族对世界文化发展作出的重要贡献,其产生有着深刻的背景和原因,需要进行长期的探索才能把握。下面提出若干方面供读者参考,主要以抛砖引玉为目的。

(一) 中华民族先民对美的原始追求

我国新石器时代玉石器的主要特征是器物经过打磨和穿孔,达到既实用又美观的效果。如果说,拣取自然的石块,进行石打石的处理,说明古人类已经学会了制造和使用工具,那么,磨光和穿孔,则意味着中华古代先民不仅能够制造高一级的工具,而且在思维当中产生了带有观念形态的内容。尽管这些玉器的制作工艺还极其简单,但是中华先民们为之实实在在奋斗了几十万年。从历史学的观点看,这种创造应该具有划时代的意义。我们可以设想一下,当祖先们把那些色泽晶莹的"美石",经过耐心细致的打磨,制成带有一定意义的形状,并钻上一个小孔,甚至还穿上自己捻的小绳,将它套在颈项上,挂在胸前,这是一幅多么美妙动人的情景。它说明古人在进行着美的原始追求,标志着人的思想中有了信仰和寄托。玉石具有无比的美丽,无比的坚硬,无比的价值,它与上古先民的思想中至上的祖先、至上的自然力、至上的鬼神自然而然地联系在一起了。古代护身符一类的东西正是循着这一自然过程而产生的。在此后的社会发展进程中,更产生了许许多多和玉紧密关联的神话和传说,这些都表明在古时候人们的思维想象中,一块美玉,对天地四方,对先祖列宗,对电闪雷鸣,对万物生灵都有说不尽的联系和影响力量,这的确是一个很重要的飞跃。大量中国古代的文字记载和大量的出土文物,都在证明着这样一个历史事实,一块玉,一件件小小的饰物,一点最原始的审美意识,一种最早的信念和虔诚,不断地被赋予了新的含义,发生着新的变化,起着新的作用,终于孕育出了中国特有的玉文化。

由于玉在中国玉文化中是美丽、宝贵、高尚、贞操、廉洁等一切精神美的象征,因而广泛地被文学家作为描述、比拟、形容美好事物之词,使很多人、物、事、景为之增辉生色,如玉被用来形容人体之美,玉容、玉面、玉貌、玉色、玉手、玉体等。白居易《长恨歌》中有"玉容寂寞泪阑干"以及梁简文帝《乌栖曲》中有"朱辰玉面灯前出"的描述等;"玉人"本来是指专门制作玉器的人(见《周礼·考工记》)。后来,则称美女为玉人,如杜牧在《寄扬州韩绰判官》里便有"二十四桥明月夜,玉人何处教吹箫"的诗句(韦公远,2002)。

(二)玉图腾与中国玉文化

根据姚士奇先生的研究,中国原始社会曾存在玉图腾的阶段,表现为中华民族的先民曾经用带有某种含义的玉刻制品作为民族的标志(姚士奇,1990),历史文献也的确有许多这方面的记载,例如《山海经》中《北山经》有这样一段叙述:"凡北次三经之首。自太行山以至于无逢之山,凡四十六山,万二千三百五十里。其神状皆马身而人面者廿神,甘祠之,皆用一藻之。其十四神状皆彘身而载玉,深而八足蛇尾。其祠之,皆用一璧瘗之。"十四神"载玉","皆玉"。一群人以共同的玉装饰为标志,并作为祭祀崇拜之物,这应该认为是图腾标志的一种。据《拾遗记》卷一《少昊》记载,少昊的母亲皇娥在少女的时候,白天乘木筏在苍茫的大海上漫游,有一天她到了西海之滨的穷桑之地,那里生产一种叫孤桑的大树,高达千寻,吃了此树果实会长生不老。在那里,她遇到了神童"白帝之子",即"太白之精"。她与这位童子同乘木筏,嬉戏于海上。他们用桂树的树干作旗杆,将薰茅草结于杆上作旗帜,用玉石雕刻成鸠鸟的形态,装饰在旗杆顶上,即"刻玉为鸠,置于表端",后来皇娥生下了少昊,称号叫"穷桑氏",也叫"凤鸟氏"。而且属少昊的各族有元鸟氏、青鸟氏、丹鸟氏、祝鸠氏、鸣鸠氏、鹘鸠氏。这也是以玉鸟为图腾的最好体现。

玉石是远古时期人类用得最多、最广泛的物质,被推为天地之精,既美观又实用。因此,上古之时,先民将玉雕琢成鸟兽等各种图案,作为图腾崇拜。而且围绕图腾标志,还产生了一些原始的公共活动,如包括原始音乐,原始歌舞在内的巫术礼仪活动等,反映了玉图腾是远古文化和意识形态——玉文化萌芽初期的一种形式。

(三)世系英雄与玉文化

我国关于古代英雄的神话故事很多。这些人战功赫赫,智慧超人,为推动中国古代社会发展作出了巨大贡献。许多神话故事在叙述这些伟大人物时,也将玉融合了进去。例如炎帝神农是开创我国农业耕作的始祖。传说炎帝时曾"有石磷之玉,号曰夜明,以之投水,浮而不下"。其实这是一种磷光效应,但古人却把这种自然现象和炎帝神农的圣德联系在一起。似乎天地为贤人的圣德所感,以致于玉石都显了灵。

轩辕黄帝:传说是他最早统一了中国,并建立了典章制度。传说中,他曾"诏使百辟群臣受德教者先列诡玉于兰蒲,席上燃沈榆之香,舂杂宝为屑,以沈榆之胶和之为泥以涂地,分别尊卑华戎之位也"(《拾遗记·轩辕黄帝》),这说明黄帝时代已建立了圭玉制度。

唐尧:他是圣德之主,传说他得到了块雕刻着"天地之形"的玉版,说明唐尧圣世,功绩卓著,与其得玉版受天意和知识有关。

夏禹:夏禹治水,奏万古奇功。皆因他得到"蛇身之神"传授玉简的结果。

所有这些描述将玉的神格化作用与世系英雄紧密地联系在一起,强烈地表现了古人对玉的宗教情绪。

(四) 玉振之声与文学艺术

巫术是古代人类社会活动的一种重要形式,礼天祈福,祭祀祖先等,《周礼·春官宗伯第三》中有:"若国大旱,则师巫而舞。"这就证明,巫术活动的一般形式是巫师带领一群人边唱边舞边敲。而历史记载和分析表明,敲打的东西就是玉石,《尚书·舜典》中讲道:"击石拊石,百兽率舞。"描述了古人进行巫术活动的情景,即敲击玉石发出有节奏的音响,人们模仿着百兽的动作,开始狂热地舞蹈。玉是当时制作乐器的最好材料,古人把这一特征作为衡量玉石的标准,即"其声舒扬,専以远闻,智之方也"。

原始歌舞和巫术礼仪活动在原始社会还是混为一体的。但到了阶级社会,便开始一分为二,发展成为社会上层建筑的两个独立的部分,原始歌舞演变成"乐",巫术礼仪演变成"礼"。前者为文学艺术,后者是行政典章。玉因参与歌舞、巫术礼仪活动而成为中国古文化的开端之一。

四、中国玉器的功能

从我国玉器的发展历程看,在长达8 000年的时间里,玉器在人类生活中,具有使用、装饰、服务于宗教、区分等级、宣扬封建道德以及供人玩赏等方面的社会功能,这些功能有的萌发于原始社会,并一直延续到很晚的后世;也有的出现于高度发达的封建社会,也持续了相当长的时间。

(一) 玉器的使用功能

在旧石器时代晚期,原始人类已经能够制造比较定型的石器。此时期制造的石器有硬砸器、尖状器、刮削器。其中,蛇纹石工具与其他石料的工具并无任何差别,都是直接用于生产活动。

进入新石器时代以后,各原始文化遗址中均出现过玉石制作的凿、斧等生产工具,有的带有使用痕迹。这些玉器还未从石制生产工具中分化出来,仍被作为生产工具或武器,但它已孕育了脱离生产工具和武器而独立存在的特征。从旧石器时代晚期至殷商时期,玉石的使用功能的发展经历了很长一段时间。

（二）玉器的装饰功能

原始人类在与自然的搏斗中，为大自然中一些物质材料本身所具有的光泽、色彩等美感所吸引，并将其加工制作成串饰，戴在颈、耳或腕部，以增加人体的美感。原始社会文化遗址出土的环、玦是耳饰；璜、管、珠、坠是项饰；管、珠、镯可用作腕饰；还有大量以动物为题材用作佩戴或插嵌用的装饰玉器。这种玉器装饰功能与礼仪、祭祀等功能交织在一起的现象，一直延续至封建社会前期。至隋唐以后，玉器的装饰功能日渐转化为其主要的社会功能，随后，这种趋势兴盛于清代。

（三）玉器服务于宗教

原始先民在长期的生存繁衍过程中，对生老病死等人生现象，对部落间斗争胜败存亡等社会现象以及对昼夜、寒暑、风雨雷电等自然现象，逐渐产生了超人生、超社会、超自然的理解，认为自己的祖先是某种植物或动物，将其加以图腾化给予崇拜祭祀，并将此种图腾作为本氏族族徽，以与邻近氏族相区别，进而产生了各种崇拜。他们认为任何事物都由神来主宰，这些神可以是兽，也可以是人，或半兽半人，并把他们当做偶像经常祭祀。这种原始图腾、偶像在玉器中可觅到踪迹。如红山文化的玉龙与龙形玦可能是该部落或部落联盟图腾的立体形象，据研究他们是猪与蛇两种形象的融合。

玉石以其特有的经济价值和审美价值服务于宗教，在宗教的形成和发展中，玉石所起的作用是全面且巨大的。如果没有玉石的介入，无论从宗教意识的构成与表述，还是从宗教活动的场所、用品、礼仪规范的实施等来看，都是不可思议的。玉石被宗教利用加深了它的神秘性，而其美丽、稀有、耐久的特征也被不断用来表现和渲染宗教神圣的礼仪和教规，玉石的使用标志着宗教中等级、权力、礼仪的不同。

（四）玉器服务于社会等级制度

以玉器显示等级差别的现象，始于新石器时代。如红山文化墓葬，以多件不同的系列化葬玉，表示出墓主的高低贵贱。

《周礼》、《礼记》等先秦文献，记载了西周有关体现等级功能的玉器的名称、形制、规格与用途。如《周礼》载："以玉作六瑞，以等邦国。王执镇圭，公执桓圭，侯执信圭，伯执躬圭，子执谷璧，男执蒲璧。"以圭的尺寸大小和璧面纹饰的不同来区别职位的高低。

另外，"君王以玉召见公侯大臣，公侯大臣以玉事君王。"历代帝王、大臣的冠服带履等均以玉饰作为等级的标志。

总之，为等级服务的玉器受到历代统治者的极大重视，并加以严格控制，这是我国古玉史上的一个重要方面。

（五）玉器为宣扬道德服务

玉器为宣扬道德服务是建立在"君子比德于玉"的基础之上的，仅仅流行于"君子"这一社会阶层。"古之君子必佩玉，君子无故，玉不去身。"要求君子时刻佩玉，用玉的品性要求自己,从而把玉当成了道德说教的工具。这一功能出现的时间,较其他功能要晚得多。如战国时期,和田玉大量进入中原,琢制了大量佩饰。儒家为了深入宣传他们的学说,总结了前代使用和田玉的经验,为适应统治者喜爱和田玉的心理,便以儒学的仁、智、义、乐、忠、信、天、地、德等传统观念附于和田玉的物理性能特点上,提出了"君子比德于玉",玉有"五德"、"九德"、"十一德"等学说。这类学说影响并促进了中国玉器的发展。

(六)玉器供玩赏的功能

玉石的自然属性给人以美感,因此,以玉石琢制的玉器,具有一定的美学价值和供人玩赏的功能。到了宋代,在复古思潮的影响下,对古器物的搜集和研究已成为一门学问——金石学,对古玉的研究也受到重视。此时期古玉作为特殊商品流通于市场和收藏者之间。然而,古玉数量毕竟有限,不能满足日益增长的收藏者之需,于是,古董商们便乘机指使玉工仿制古玉,欺骗买者,以牟取高利。仿制古玉始于宋,经元、明、清,持续近千年之久,因此出现了系列化的古玉仿制品,也创造了某些仿制古玉的特殊技法,从而形成了其独特的审美价值。这些仿制品具有与秦汉古玉不同的美,别具一格。制作这些玉器的主要目的在于玩赏,民间玉肆也仿效宫廷碾琢了一批仿古玉,以供王公大臣、富商巨贾、文人学士们玩赏。这种仿古工艺是我国玉器工艺长期发展的必然产物,在我国古代玉器史上别开生面,又促进了玉器工艺的进一步发展。

回溯中华文明的历史长河,我们可以看到玉的使用及在此基础上形成的玉文化源远流长。自玉石工具肇始,先民们即以玉为材,并且几乎将其应用于所有的领域之中。其间虽然不断有各种其他材料的兴起,但都不能动摇玉那至高、至尊的地位。玉文化吸收积蓄了数千年来中国人特有的思想与文化精髓,并且在此基础上,中国玉器以其丰富文化的内涵、自身优美的特性和人们赋予它的独特品格,成为中国传统文化的优秀代表。

玉文化体现了物质美与精神美的高度统一。人类对美的追求是永恒的,人们对中国玉器的欣赏与珍视也是永远的。中国玉器经过数千年的持续发展,经过无数能工巧匠的精雕细琢,经过历代统治者和鉴赏家的使用赏玩,经过礼学家的诠释美化,最后成为一种具有超自然力的物品,无所不能,无处不在,玉成了人生不可缺少的精神寄托。在中国古代艺术宝库中,自新石器时代绵延数千年经久不衰者,是玉器;与人们的生活关系最密切者,也是玉器。玉已深深地融合在中国传统文化与礼俗之中,充当着特殊的角色,发挥着其他工艺美术品不能替代的作用,并打上了政治的、宗教的、道德的烙印,蒙上了一层神秘的面纱。

自古以来,玉在中国就被赋予了多种功能。玉及玉器大到广泛用于国家祭祀,是镇国安邦之重器,小到作为个人之间婚娶定情之信物,亦为传家之宝。玉器既是物质产品,也是精神产品,人们崇玉、爱玉、用玉、玩玉和赏玉,认为玉能镇惊、驱邪、治病、护身、健身、文娱,给人们带来好运。但是到后来,人们对玉的崇敬发展到了迷信的程度,相信玉乃阳精之至纯,系天地之精而成,活人吃了长生不老,死人随玉而葬尸体不腐烂,所以就有大至玉衣裹尸,小至口中置"晗玉"的现象。迷信的东西应否定,但芸芸众生信玉主吉祥,能逢凶化吉,可辟邪免灾,则亦无可厚非。

现代社会,玉已能为寻常百姓之家所拥有。人们以拥有、佩戴玉为美为贵。虽然其强烈的艺术性和装饰性已将其有过的政治、宗教等色彩淡化了，玉的用途也多有改变，但玉所包含的思想、道德、宗教、政治等方面的特定意义依旧潜在地影响着人们的观念，这是人们爱玉的精神根源。

随着我国改革开放的深入，中国珠宝行业得到恢复和发展，其中古老的玉雕业更是大放光彩，众多的玉器，不仅作为东方艺术介绍给了全世界，而且也更为广大国人所喜爱。有人提出"珠宝与首饰一体化，玉器与家庭一体化"，随着人们物质文化生活的发展，越来越多的人爱玉、赏玉、玩玉，这有益于陶冶性情，提高修养和美化生活。古往今来，中国玉器以其浓厚的中国传统文化特色，展示出无穷的魅力，在世界文化艺术领域独树一帜，绽放出夺目的光彩。

第二章

丰富多彩的玉石

第一节 玉石概述

一、玉石的定义

(一) 传统说

中国是爱玉之国、崇玉之邦。玉因其别具特色的自然属性,使人们对它有着特别的喜爱与推崇,自古便被人格化,赋予了美好的品格,即玉德。可以说,玉德即是我国玉文化的精髓,是区别于其他文化的重要标志,也是玉文化影响深远,绵延至今,经久不衰的重要原因。

玉德的观念形成于西周,玉德学说形成于东周,经春秋、战国、两汉传播至今。从古代典籍记载来看,《礼记》、《管子》、《荀子》、《说文解字》、《五经通义》、《说苑》都有明确论述,论及玉德的人以时代早晚排序可数管仲为最早;其次是孔丘;再其次是荀况;其后即西汉刘向和东汉许慎等五人。至于各学派论玉的还有庄子、孟子等先哲。以玉德的条目多少而言,则有十一德、九德、七德、六德、五德等学说。古人对玉的认识,主要以比德说为代表,被称为"传统说"。

1. 十一德说

《礼记·聘义》,有弟子说:"敢问君子,贵玉而贱珉者何也?为玉之寡,而珉之多。"孔子说:"言念君子,温其于玉,故君子贵之也;夫昔者君子比德于玉,温润而泽,仁也;缜密而栗,知也;廉而不刿,义也;垂之如坠,礼也;叩之其声清越以长,其终拙然,乐也;瑕不掩瑜,瑜不掩瑕,忠也;孚尹旁达,信也;气如长虹,天也;精神见于山川,地也;圭璋特达,德也;天下莫不贵者,道也。"

十一德说是指:玉有温润的光泽,是它的仁;坚硬而致密的质地,是它的智;清正而不伤人,是它的义;佩带时有下坠感,是它的礼;敲击时它的声音清越舒扬,到很远的地方都能听到,是它的乐;瑕不掩瑜,瑜不掩瑕,是它的忠;玉之为物,孚尹于中,旁达于外,是它的信;其气势如同长虹,是它的天;玉产自于大地山川,是它的地;玉所表现的规矩,是它的德;天下人都把玉看得很珍贵,是它的道。

2. 九德说

《管子·水地》(第三十九篇)中有:"夫玉之所贵者,九德出焉。夫玉温润以泽,仁也;邻以理者,知也;坚而不蹙,义也;廉而不刿,行也;鲜而不垢,洁也;折而不挠,勇也;瑕适皆见,精也;茂华光泽,并通而不相陵,容也;叩之,其音清搏彻远,纯而不杀,辞也;是以人主贵之,藏以为室,剖以为符瑞,九德出焉。"

九德说是指:玉所以贵重,是因为它表现出九种品德。温润而有光泽,是它的仁;清澈而有纹理,是它的智;坚硬而不屈缩,是它的义;清正而不伤人,是它的品节;鲜艳而不垢污,是它的纯洁;可折而不可屈,是它的勇;缺点与优点都可以表现在外面,是它的诚实;华美与光泽相互渗透而不互相侵犯,是它的宽容;敲击起来,其声音清扬远闻,纯而不乱,是它的有条理。所以君主总是把玉看得很贵重,收藏它作为宝贝,制造它成为符瑞。

3. 七德说

《荀子·法行》(第三十篇)中有,子贡问孔子:"君子之所以贵玉而贱珉者,何也?为夫玉之少而珉之多邪?"孔子曰:"恶!赐,是何言也!夫君子岂多而贱之,少而贵之哉!夫玉者,君子比德焉。温润而泽,仁也;栗而理,知也;坚刚而不屈,义也;廉而不刿,行也;折而不挠,勇也;瑕适并见,情也;扣之,其声清扬而远闻,其止辍然,辞也。故虽有珉之雕雕,不若玉之章章。《诗》曰:'言念君子,温其如玉。'此之谓也。"

子贡向孔子问道:"君子看重宝玉而鄙视珉石,是什么原因呢?是因为宝玉稀少而珉石众多吗?"孔子说:"唉,赐啊,这是什么话?君子怎么会因为多了就鄙视它、少了就看重它呢!玉这种东西,是君子用来比喻道德品行的:柔润而有光泽,好比君子的仁慈;坚实而有纹理,好比君子的智慧;刚强而不弯曲,好比君子的道义;有棱角而不伤人,好比君子的德行;即使折断也不弯曲,好比君子的勇敢;瑕疵缺陷都表现出来,好比君子真实的性情;敲击它,声音清脆高扬,远处都能听见,这声音又能戛然而止,好比君子的言辞之美。所以,即使珉石有雕刻出来的美丽花纹,却也比不上玉石本身就有的明洁与光泽。(《诗经》)上说:'我思念那君子,性情温和如玉'说的就是这个道理。"

4. 六德说

西汉刘向的《说苑·杂言》中记载:"玉有六美,君子贵之:望之温润,近之栗理,声近徐而闻远,折而不挠,阙而不荏,廉而不刿,有瑕必示之于外,是以贵之。望之温润者,君子比德焉,近于栗理者,君子比智焉;声近徐而闻远者,君子比义焉;折而不挠,阙而不荏者,君子比勇焉;廉而不刿者,君子比仁焉;有瑕必见于外者,君子比情焉。"

玉有六种美德,君子看重它。远看它温和滋润;近看它纹理严密;敲出的响声近处舒缓,远处也能听到;折断它也不会弯曲,毁伤它也不会柔软;棱角分明,但不伤人;有瑕疵一定表现在外表。因此君子看重它。远看温和滋润,君子比作品德;近看纹理严密,君子比作智慧;声音近处舒缓,远处能听到,君子比作道义;宁折不弯,毁伤它也不会柔软,君子比作勇敢;棱角分明但不伤人,君子比作仁爱;有瑕疵显露在外表,君子比作诚实。

5. 五德说

其一为刘向在《五经通义》中记载:"玉有五德:温润而泽,有似于智;锐而不害,有似于仁;抑而不挠,有似于义;有瑕于内,必见于外,有似于信;垂之如坠,有似于礼。"

刘向的五德说是指:玉有五种品德,温润而有光泽,是它的智;清正而不伤人,是它的仁;可折而不可屈,是它的义;瑕瑜表现,里外如一,是它的义;佩带时有下坠感,是它的礼。

其二为许慎在《说文解字》中释:"玉,石之美者,有五德。"五德是指:"润泽以温,仁之方也;䚡理自外,可以知中,义之方也;其声舒扬,専以远闻,智之方也;不挠而折,勇之方也;锐廉而不忮,洁之方也。"

许慎的五德说是指:玉,石之美者,是因为它表现出有五种品德。玉有温润质感和光泽,是它的仁;玉的质地里外如一,是它的义;玉的声音悦耳,敲击后很远地方都能听见,是它的智;玉的不挠而折,是它的勇;玉的洁净而不伤人,是它的洁。

孔子是儒家学派的创始人,中国传统文化即是以儒家文化为主体演绎发展而形成的。孔子所提倡的玉有十一德之说影响最为深远,这是对玉的内涵的一次升华,适应了礼崩乐坏的春秋时代的社会需要,最终落实在了"君子比德如玉";"君子无故,玉不去身";"君子温其如玉,故君子贵之也";"君子必佩玉"等传统观念上,玉德成为约束封建社会君子行为的规范。到了独尊儒术的汉代,许慎为玉文化注入了新的血液,改变了孔子的十一德,提出玉有五德,这是历史上玉德的最后诠释,玉德的内涵自此规范而固定下来,成为和田玉文化持续发展经久不衰的精神支柱。玉德说,即寓德于玉,以玉比德,将玉和德结为一体,又将玉与君子结缘,物质、社会、精神三合一的独特玉意识是我们华夏民族的思想建树,是中国玉文化的丰富思想和精神内涵。

从上述十一德说、九德说、七德说、六德说、五德说,综合来看,古人认为玉是珍贵的天然石头,其表面(做成器物表面)要有一定的温润、光泽和半透明的质感,有一定的硬度,较一般石头的比重大,具有一定的韧性,在一块玉材上颜色表现是比较单一的,玉材折断后手摸时感到的是虽然折断但却不会割伤手,做成器物后击之其声清越且很远处还能听见,其价比之常物贵。

(二)现代说

虽然古人对真玉的界定主要是软玉,但从古至今,玉石的范围并无明确的界限。玉石是什么?有哪些品种?和单晶体玉石如何区分?玉石与有机玉石关系如何?玉的矿物学标准是什么?这些问题都无明确答案。

1863年,法国矿物学家德穆尔(A. Damour)对英法联军从中国圆明园掠夺至欧洲的和田玉和翡翠制品进行了研究,首次发表了这两种材料的矿物学特征和物理化学性质(密度、硬度、化学成分、属性等)数据,他将这两种材料统称为玉(jade),将其中和田玉命名为nephrite,翡翠命名为jadeite(唐延龄等,1998),开启了近代研究玉和玉石的先河。

《辞海》定义玉为:"温润而有光泽的美石。"《矿产工业要求参考手册》称:"玉是一种白色或绿色、结构致密的石料的总称。"国标《GBT 16552—2010 珠宝玉石 名称》中对玉石的定义为:"玉石是自然界产出的具有美观、耐久、稀少性和工艺价值的矿物集合体,少数为非晶质体。"

综上所述,现代说又可分为广义说和狭义说。其一是"广义"玉料说,认为凡是可作工艺美术品的珍贵石料均可称为玉石。其二是近一个世纪以来为西方学者所传播,后又被中国许多人所接受的,所谓中国玉只有两种,即"软玉"和"硬玉",此谓狭义概念;而更有甚者,认为中国玉只有一种,就是指新疆玉或和田玉。

关于广义的玉和狭义的玉的概念定义,历来争议很大,有些学者坚持使用现代矿物学的定义(西方学者所说的狭义玉)来研究中国古代玉器,把凡不符合这一定义的古玉称为"假玉"或"彩石",认为广义的玉是不科学的,应摒弃这一概念;而有些学者则认为应使用广义的玉为宜,否则将使中国玉研究范围大大缩小,因为我国只是在商代以后才规范使用软玉,在此以前的大量的非矿物学定义的玉制品将无处搁置,从而会在考古学科上引起不应有的混乱。

自古以来,玉石的范围并无准确的界限。近代有的学者对玉进行了细致的划分,他们把玉和玉石分开描述,认为玉仅包括软玉和硬玉,其中软玉是透闪石和阳起石组成的品种,按颜色又分出白玉、青白玉、青玉、碧玉、黄玉、糖玉和墨玉等。硬玉专指翡翠而言,是一种以硬玉矿物为主,并伴生有角闪石、钠长石、透辉石、磁铁矿和绿泥石的矿物集合体。至于玛瑙、青金岩、绿松石、孔雀石、独山玉、岫玉、石英岩玉等,一般统称为玉石,而不应包括在玉中。另有珊瑚、贝壳、煤玉等则称之为"有机玉石"。它们都有温润之光和不可描述之色,能引起人们的爱好之感(栾秉敖,1984)。

其他尚有一些不同的说法,都各有各的道理。然而,玉在中国不仅仅是地质学上的岩石和矿物,它还是我国传统文化的一种产物,内容相当丰富。单从地质学角度说玉仅包括软玉和硬玉,难以包含我国历史上实际使用过的众多玉材,若单从社会学角度来寻找玉石的定义,玉石和宝石的概念也往往含混不清。从矿物学和宝石学角度看,玉或玉石主要是指由一种或多种矿物组成的矿物集合体,而宝石则是指矿物的单个晶体。但事实上也并非如此,历史上的确也出现过玉器由矿物单晶体雕琢而成的情况,如水晶雕件就是典型。

从以上分析看,对玉的科学定义既要考虑材料的本质属性,又要尊重历史事实;既要注重现代科学的研究成果,也要遵循传统的习惯;既要不脱离历史的角度,更要尊重现实玉雕行业的实际情况。对于中国玉的定义,以广义说为好。从这一角度出发,对玉石的初步定义是:玉石是主要以矿物集合体组成的,用来雕琢成玉器工艺品的天然材料的总称。个别情况下,也包括一些能用以雕琢玉器工艺品的单矿物晶体。

二、玉石的属性

玉石作为自然形成或人工合成或优化处理的物质,是客观存在的。它们由一种或几种化学元素以一定的结构方式形成矿物集合体而存在着,例如,翡翠主要是由钠、铝、硅、氧等元素化合而形成的硅酸盐矿物集合体,化学分子式为 $NaAl(SiO_3)_2$。软玉是由钙、镁、铁、硅、氧等组成的硅酸盐矿物集合体,化学式为 $Ca_2(Mg,Fe)_5(Si_4O_{11})_2(OH)_2$。这些集合体均有较为固定的物理性质,如硬度、颜色、密度、折射率、色散等。一般而言,凡是高档玉石,其物理性质通常独特而优越。颜色越是美丽,硬度越高,韧度越好,越耐酸碱腐蚀,玉石的价值就越高。这些均是玉石客观性的具体体现。

玉石,石之美者,人能直接感受到它的颜色、质地、光泽、透明度等物化性质,人们用美丽、耐久和稀有来概括玉石的属性。

(一) 美丽

古往今来,人们都渴望美的享受,当然也包括对美石的挑选。大地产出的玉石有各种颜色、各种光泽、各种透明度、各种质地,其优异者就是美丽,还有一些玉石具有漂亮的包裹体和奇异现象,也是人们选用的对象。玉石的美丽表现出它们的可鉴赏性,这种可鉴赏性既是主观的,又是客观的。其客观的可鉴赏性主要表现在:由于玉石硬度大,色泽美,经过加工后,光润细腻,美不胜收,因此,无论对任何国家的人来说,它都是美的。鉴赏玉石会使人感到愉悦,获得美的享受,从这个角度来讲,玉石的可鉴赏性是客观的。但是从另一方面来讲,不同时代的玉石制品蕴含着不同的文化、文明意义和信息,不同种类、不同款式的玉石,或者同一种类、不同质量的玉石,甚至同一种类、同一质量的玉石要受到不同的国家、不同民族或不同人的主观意识的影响。例如,中东国家的人们喜欢绿松石和珊瑚;中国人喜爱翡翠和和田玉等。

当然各民族由于习俗的不同,对玉石的喜好程度也不同,一个时期与另一个时期、一个地区与另一个地区也有较大的差别。

(二) 耐久

质地坚硬,经久耐用,这是玉石的特色。绝大多数玉石能够抵抗摩擦和化学侵蚀,使其永葆美丽。玉石的耐久性取决于玉石的化学稳定性和玉石的硬度。通常玉石的化学稳定性极好,可长时间地保存,世代相传。玉石的硬度也往往较大,大于摩氏硬度 6 度,这样的硬度使得玉石在佩戴的过程中不易磨损,瑰丽常在。而玻璃等仿制品因为硬度太低,不能抵抗外在的磨蚀,所以会很快失去光彩。

(三) 稀有

自然界形成的岩石有百余种,但目前被用作玉石的只有数十种,而真正作为珍贵玉石的仅翡翠和软玉两种。在这两种珍贵的玉石材料中,从玉石矿床中开采出来的多数是废石,达到宝玉石级的是少之又少。物以稀为贵,这是衡量世界上一切商品价值的基本法则。由于玉石独特的稀有性,因而决定了玉石具有较高的价格,例如,翡翠的极品戒面价格可达 1 400 万元人民币;软玉中的羊脂白玉一公斤的价格已高达 100 万元人民币。

物以稀为贵,无论是多么美丽和耐久的玉石,如果储量很大,不难取得,也就产生不了昂贵的价值,大多数玉石都非常稀少,例如优质翡翠目前唯一的产地就只有缅甸。

第二节 玉石的主要性质及其鉴定方法

一、玉石的主要性质

(一) 光学性质

1. 概述

光学性质在玉石鉴定、评价以及设计加工中均具有重要的意义。第一,玉石的颜色、光泽以及所具有的一些特殊的光学效应都是光与玉石相互作用的结果,因此,光与玉石间相互作用产生的效应是评价玉石价值高低最重要的依据;第二,对玉石(特别是成品)的鉴定,一般要求无损伤鉴定,所依据的主要是玉石的光学性质,如折射率等,因此,光学性质对玉石鉴定至关重要;第三,为了最大限度地体现玉石的美,必须将玉石所能产生的最引人瞩目的效果显示出来,为此,在玉石加工中必须充分了解玉石的光学性质。因此,光学性质对于玉石的重要性体现在评价、鉴定与加工等方面。

2. 颜色

颜色是玉石"美"的重要体现,是玉石鉴定的重要单项指标,是决定玉石品级、确定玉石价值的重要因素。因此,玉石颜色成因的研究一直是非常重要的课题,除传统的定性描述外,还可利用色度学等理论和方法定量评价玉石的颜色(陈延芳等,1999;李雯雯等,1998;郭颖等,2003;李勤美等,2004)。

从光学的角度上讲,颜色不是物质固有的特征,它只是光作用于人的眼睛而在人的头脑中产生的一种感觉。按照色度学理论(汤顺青,1991),颜色是人的感觉器官对外界刺激的一种反映。在整个电磁波谱中,只有一小部分能引起人的视觉。要严格确定可见光的波长范围是困难的,一般来说,可以取 380nm～780nm 作为可见光的波长范围。然而,当光很强,人眼又在健康的状况下,眼睛可感受到的波长范围至少可扩大到 350nm～900nm,但在色度学计算中,一般取波长 400nm～700nm(朱正芳等,1996)。形成颜色必须具备下列三个缺一不可的条件。

第一,白光源。白光源的类型主要有两类,一类是自然光,主要来自于太阳;另一类是人造光,来自于白炽灯等。尽管各种光源的强度有所差别,但白光源都是由七种不同颜色的单色光所组成的混合光。这七种颜色的单色光相应的波长范围可参考电磁波谱。牛顿将一束普通日光通过一个玻璃棱镜,于是便产生了红、橙、黄、绿、蓝、靛、紫的光谱(彩虹)。这种将白光分解成它的单色光(组成色)的现象称为色散。

色度学是研究颜色和评价颜色的一门学科(汤顺青,1991),一般选用红色、绿色和蓝色三色作为原色,三原色按不同的比例可合成各种颜色(陈延芳等,1999)。同样原理,白光中不同的颜色的单色光通过互补和混合而产生不同的颜色(赵国良,1999)。例如,红光和黄光混合可得到橙色,黄光和蓝光混合得到绿色;又如除去可见光谱中的蓝绿光,残余光将产生红色等。

大多数透明玉石之所以呈现颜色,是因为来自白光源中的混合光一部分被吸收,一部分透过。我们看到的是透过的那部分残余光的混合色。而不透明玉石的颜色则取决于反射出来的那一部分残余光谱,即是白光源中的一部分被吸收,另一部分被反射,反射的残余光谱混合所产生的颜色就是不透明玉石的颜色。

第二,致色元素。玉石是怎样影响光的运动状态以至产生颜色的呢? 研究发现其主要原因是玉石中含有某些致色元素,主要是第一序列的过渡元素,它们既可以是玉石的基本组成成分,也可以是微量元素。

玉石中所含的过渡元素,无论是作为玉石的主要成分,还是次要成分,它们都是玉石颜色形成的物质基础。其不寻常之处在于其电子在轨道层上的分布形式,即其自由离子具相同能量的 5 个 d 轨道处于未充满状态。在晶格中,由于 d 轨道上电子同其周围配位体的电子云相互作用,致使 d 轨道的能级分裂为具有不同能量的能级轨道。对于第一序列过渡元素的离子,它们的能量差与电磁波谱中可见光或近可见光波谱的能量相同,当白光射入晶格时,晶格中 d 电子能够被一定波长的光所激发,从基态跃迁到较高能量的轨道(激发态),该波长光的能量被转移给被激发的电子而被吸收,未被吸收的光将继续透射或反射,残余光便混合产生了我们所看到的颜色,下面以致色元素铬为例作进一步的说明。

作为微量元素的铬是玉石中最重要的致色元素,它使许多玉石致色,如绿色翡翠。在这种玉石中,铬原子取代了某些铝原子(即占据了铝原子的位置)。铬原子有6个未成对电子,其中3个为价电子,它在翡翠的主要组成矿物硬玉晶体结构中与其他原子形成化学键,其中3个电子能自由地改变能级,从而导致宿主玉石致色。

元素致色的另一重要机理是它们在晶体结构中间,在外来能量(光)作用下产生电子转移,即发生电荷转移。造成离子间电荷转移所需要的能量比上述电子跃迁所需的能量大千百倍。在许多化合物中是由高能的紫外线所诱发的,所产生紫外区吸收带可延展到可见光区域,从而造成带色的透射光,使矿物呈现颜色。许多过渡元素具有一个以上的价态,如铁有2价和3价,锰有2价和3价,钛有3价和4价等。在晶体结构中具有这种不同价态的离子是最有利于电荷转移的,因而可使玉石呈现不同的颜色。

玉石中的晶体结构缺陷造成电子转移也是元素致色的一个原因,即色心。在这种机制中,颜色的产生还是电子运动的结果,但这一状态不是晶体学与结构的自然结果,而是与晶体的缺陷有关。在玉石颜色形成过程中,有两种可能的晶体缺陷:如果一个电子被捕获到晶格中在正常情况下不存在于电子的位置上,该电子具有占据不同能级和吸收光线的能力,其方式与过渡元素的未配对电子相同,这种类型称电子色心;如果在一个本该存在电子的位置上缺少一个电子,就留下一个空隙和一个能吸收光的未配对电子,这是第二种缺陷,称空穴色心。

玉石中常见的致色元素有 Ti、V、Cr、Mn、Fe、Co、Ni、Cu,这些致色元素致色的玉石实例见表2-1。

表2-1　致色元素及典型玉石

元素	典型玉石	所呈现的颜色	元素	典型玉石	所呈现的颜色
钛(Ti)	蓝锥矿	蓝色	铁(Fe)	软玉	绿色
钒(V)	坦桑黝帘石	淡黄色至蓝色	钴(Co)	玻璃	蓝色
铬(Cr)	翡翠、变石、玉髓	绿色	镍(Ni)	绿玉髓	绿色
锰(Mn)	红色绿柱石	玫瑰红色	铜(Cu)	孔雀石	绿色

由于玉石的颜色是由所含致色元素对光的不同吸收作用所引起的,因此,不同玉石具有不同的吸收光谱,这是用分光镜通过检测吸收光谱对玉石进行鉴定和评价的理论基础。

除致色元素外,玉石的颜色还可能由其他因素引起,如欧泊中规则排列的二氧化硅球体间的细小空隙,这些细小空隙将使光产生衍射而产生变彩,从而产生颜色。

第三,接收残余光的人眼和解释它的人脑。正常的人,只要不患色盲以及其他大脑疾病,都能对接收到的有色光作出正确反应,看到正确的颜色。

对人眼能分辨颜色的数量,人们从不同的角度进行过推算,但其结果出入很大,有人说在最佳观察条件下,人眼能辨别1 000多万种颜色(朱正芳等,1996),说明人的视觉系统具有很强的辨别颜色的能力,尽管人眼辨别颜色的能力惊人,但人眼只能分辨颜色的三种变化,即色调、明度和饱和度。因此,在鉴定和评价玉石颜色时,我们应重点考察颜色的色调、明度和饱和度。

玉石的颜色是玉石对不同波长的可见光进行选择性吸收的结果。

玉石往往具有漂亮的颜色，有的单色绚丽，有的斑斓耀眼，以其自然之美，逗人喜爱。

单一颜色的玉石往往特别艳丽，例如绿松石的娇蓝色、珊瑚的嫩红色、青金石的深蓝色、芙蓉石的粉红色等。具有多种颜色的玉石也不少，如翡翠、玛瑙、岫玉等。多色玉石的颜色变化很大，很复杂，且各有自己的特点，有的呈浸染状，自里向外或自外向里颜色变浅；有的颜色如团团飘絮，朵朵飞云，由集中到分散，丝丝缕缕，浓淡相间；还有的玉石颜色呈有规律的变化，脉络分明，随玉石的构成而变化，呈带状、同心环状，例如孔雀石。

在一块玉石上，有时颜色多种，分布不一，形态相差很大，从工艺利用到观赏上看，也常含有杂色，影响美观，其中特别不好看的颜色就称为脏色，脏色对玉石的颜色有坏的影响，在工艺使用中是剔除的对象。衡量玉石中的脏色，依颜色的色相种类和多色相各种颜色的对比来确定，且依不同玉石的特点而定。例如，绿松石本色是娇艳的蓝色，有褐黄色就是有脏色，而绿松石中龟背纹黑色线就不是脏色。因为黑色似描染的花纹，形成漂亮的自然图案，对绿松石没有坏影响，所以不称为脏色。但如果黑线形成黑一片，压过了天蓝色，黑色就成了脏色。因此玉石中各种颜色的对比是确定什么是脏色的关键，对比中有碍其美观者就是脏色，否则就不是脏色。又如翡翠中的黑一般被认为是脏色，而玛瑙中的黑就不一定被认为是脏色，就是因为材料不同而对脏色的认识不同。不同玉石的颜色表现如图 2-2-1 所示。

在五光十色的玉石中，颜色是至关重要的，颜色变化的微小差别，可以成倍地影响到玉石的价值，因此，它是玉石极为重要的物性。

首先，它决定了是否为玉石。

其次，它决定了是否成为珍贵的玉石。每一种玉石按颜色可以分成很多种，各种颜色的价值相差很悬殊，其中，最艳色的价值最高，极好的可以高到使人瞠目的程度。

玉石颜色的利用首先要求是色正、色纯、色浓。色正就能艳，色纯就无瑕，色浓就鲜亮，几点相辅相成。人们喜欢艳丽的首饰，玉石的艳色就是人们追求高质量的首饰的标准。颜色一般的，就应用于玉器，如深绿色的碧玉，淡颜色的翡翠等。

从用玉石做玉器来说，对颜色的利用也有好坏之分。要想把颜色用得正确，首先要分清玉石上哪些是好颜色应当保留，哪些是脏色应当除掉，对于藏于内部的好颜色，一定要使它露在外面，在用色上，要把旺色用于最显眼的部位，不好的颜色宁可使产品小一些也要除掉它，用错了不行，用对了可以提高产品的艺术价值。我国有着制作玉石产品的丰富经验，创作了很多非常出色的用色恰当绝妙的作品，获得了很高的评价。如玛瑙《五鹅》，它有着红红的脑门，黑黑的眼珠，雪白的身子，这件作品圆满地达到了巧用颜色的效果，成为玉器中难得的俏色珍品。

再有，玉石颜色要和产品的内容表现一致，什么样颜色的玉石表现什么样风格的产品，适用于哪方面的题材内容，有一定的基本规律，最好不要违背。颜色可以烘托产品，产品可以保护颜色。例如，白玉贵在色白如脂，制作器皿造型时不易把膛掏得过薄，以免减掉玉之脂白色；而青白玉则适合于做些薄胎的产品，胎薄可以使青色变得浅淡，近似白玉；又如芙蓉石和紫晶透明度大，为了保住颜色，产品应尽量做得深厚，做得单薄就会使颜色浅；青金石色深重，宜于做些庄重、古气的产品；虎睛石、木变石、孔雀石花纹好看，宜于做素面大的产品，以反映它们的色彩光泽之美。

3. 光泽

光泽是一种表面光辉，在很大程度上取决于玉石组成矿物的折射率，也取决于玉石的抛光程度，玉石中常见的光泽类型主要有以下五种。

玻璃光泽：具中等折射率玉石，如芙蓉石、翡翠等所显示的光泽类型。

油脂光泽：具中等折射率，并具有特殊结构的玉石所表现出来的光泽类型，最典型的是软玉中的羊脂玉。

树脂光泽：质软且折射率低的玉石（如琥珀）所显示的光泽类型。

丝绢光泽：某些具有纤维状结构的玉石（如石膏、孔雀石等）所显示的光泽类型。

金属光泽：某些金属矿物质玉石（如赤铁矿）所显示的非常强的光泽类型。

除上述光泽类型外，玉石中还可见一些特殊变异的光泽类型，如劣质绿松石所显示的土状光泽等。

光泽反映了玉石对光的反射能力的大小。对于每一种玉石来说所能表现的光泽是一定的，由于各种玉石的质地不同，硬度不同，以及对光的吸收、反射的程度不同，所以表现的光泽也不同。

玉石大都有一光滑的面，这个光滑面的平整度称为光洁度。光洁度受面的平整程度的影响，受材料的质地、硬度、颜色、透明度的影响，面的平整关系到光在平面上规律反射的状况，材料的性质关系到对光的反射、折射、吸收和透射。这些因素对光洁度来说，变化是复杂的，也是相互关联的，它是玉石重要的特征，直接影响到人们的感觉。

亮度是玉石抛光后的明亮程度，如果以对人的视觉刺激为衡量标准，可将亮度分为灿光、灼光、闪光和弱光四种类型。

灿光：亮度最强，像是对着镜子看太阳，使人必须把眼睛眯起来，磨好的钻石就有这种灿光。

灼光：亮度强，有耀眼的光辉，贵重而硬度高的宝石就能抛成亮度很强的灼光，如红宝石。

闪光：是一般的波动光亮程度，大部分玉石产品就属于此种类型，可依玉石的硬度差别分为强闪光和弱闪光两种，较硬的玉石产品发强闪光，较软的玉石产品发弱闪光。

弱光：柔和的光亮，能见到细腻的质地和平滑的光面，硬度很低的玉料抛光面具有弱光。

玉器产品有亮度才显得晶莹可爱，才能反映玉石的质地、颜色、透明度，它可以烘托玉石的内在美，亮度受抛光质量的影响很大。

4. 透明度

玉石的透明度俗称水头，是指玉石透过可见光的能力，主要与玉石对光吸收的强弱有关。由前面的介绍可知，当光与玉石相遇时，一部分光将被反射而折回，另一部分光将进入玉石中。光波进入玉石后其传播方向和速度都将发生改变，即折射。光进入玉石后，除了向各个方向散射很少一部分光能外，主要将克服前进阻力而转化为热能（吸收），因而，光波穿过玉石越深就衰减越甚。玉石透明度的大小主要决定于组成矿物的成分和内部结构。例如组成矿物为具金属键的矿物,由于其中含有较多的自由电子,对光波的吸收较多,因而透过的光就少,透明度就很低,称为不透明;反之,如果组成玉石的为一些具离子键或共价键的矿物,如石英、硬玉等,由于不存在自由电子,它们对可见光吸收较少,因而透过光就多,透明度便较高,称为透明。

影响透明度有三个因素,一是光源强弱,二是玉石的厚度,三是玉石对光线的吸收强弱。在这三个因素中,玉石吸收光线的强弱是一个不变量,光源和厚度是可变量,在光源和厚度相同的条件下,才能讲这种玉石比那种玉石透明度大些或小些。

一般把玉石的透明度划分为四个级别。

① 透明。在一般厚度下,能完全清晰地透视其他物体,如水晶等。

② 半透明。在一般厚度下,能透过光,只能模糊地透视其他物体的轮廓,如玛瑙、芙蓉石等。

③ 微透明。在一般厚度下,能透过光,但看不清透过物像,如软玉、独山玉等。

④ 不透明。在比较薄的情况下有强光源照射,只能透些光或根本透不过光,看不到物像,如孔雀石、青金石、绿松石、珊瑚等。

行业中把透明度看得很重要,它是检验玉石质量的重要指标之一。对于某一种材料,表示其透明度好坏的用语有:透明度好的叫"水头足"、"地子灵"或"坑灵",透明度差的叫"没水头"、"地子闷"或"闷坑",前者说明材料好,后者说明材料差。例如两块翡翠颜色基本相同,只是透明度不同,有水头比没水头的价格要高出许多倍。

透明度对玉石的质地、颜色有烘托作用,透明度好,可以把材料的质细、色美烘托得更美,反之就减弱质细、色美的光彩。由于透明度这样重要,因此,大部分玉石都要检验透明度。每一种玉石透明度的变化都在一定范围内,超出范围是不可能的,在这个范围内,有一个最佳透明度标准,不透明固然不好,太透明也并不见得就一定好。另外,颜色的深浅对透明度的影响也很大,颜色深,透明度减弱;颜色浅,透明度增高。

5. 特殊光学效应

① 猫眼效应。猫眼效应是指在某些弧面型玉石的表面出现的从这一头到另一头的明显光带效应。形成猫眼效应必须具备下列条件:玉石中有足够多的矿物呈一个方向定向排列;切磨玉石的底面平行于定向矿物组成的平面;玉石必须切磨成弧面形,其长轴方向垂直于定向矿物延伸的方向。能显示猫眼效应的玉石有软玉、石英质玉(如虎睛石、木变石)等。

② 变彩。变彩是指当光从欧泊所特有的结构反射时,由于光的衍射作用而产生的颜色或一系列颜色。衍射产生变彩现象的确切起因不易解释,但已知当光波通过折射率不同的物质之间或透明与不透明物质之间的边界时,便产生了色散。当光线通过微小裂隙(相当于光栅)或非常小的空洞时,也可产生相类似的效应。组成欧泊的二氧化硅球体彼此间的空隙,提供了这种微小的空洞,于是产生了通常与欧泊伴生的晕彩。

③ 砂金效应。砂金效应即由玉石内部细小片状矿物包裹体对光的反射所产生的闪烁效应,典型的如砂金石和东陵玉等。

④ 光彩。光彩是指由玉石内部包裹体或结构反射出的光所产生的一种漫反射效应。光彩可以看作是由玉石表面以下的颗粒或结构对光的反射所致,如天然玻璃的某

些品种含有显微针状体或因气泡逸出而形成的微洞穴,光可被它们反射而形成银白色光彩。

6. 发光性

发光性是指玉石在外部高能辐射线影响下发射可见光的性质(或现象)。在玉石学中重要的是荧光和磷光两种类型。

① 荧光效应。荧光效应指玉石在高能射线辐照下发射可见光的现象。玉石的荧光色与其在白光下的正常颜色可以相同,也可以不同。由于玉的致色机理不同,造成玉石会出现不同的荧光色,染色翡翠的荧光色为红色,此可以作为玉石鉴定的重要依据。

② 磷光效应。磷光效应指被辐射的玉石在外部辐射源关闭后,具荧光的玉石仍能继续发光的现象。少数玉石材料具有磷光效应,并因此而大大提高了玉石的价值,典型的例子如发光萤石等,普遍的萤石价值较低,具有磷光效应的萤石价值较高,而且有人认为发光萤石是古代的夜明珠材料(Hirth,1885;铃木敏,1916;Riddell,1946;Needham,1954),当然也有人提出了不同看法(王春云,2004)。

(二) 力学性质

玉石的力学性质是指玉石在外力(包括地球引力)作用下所表现出来的各种物理性质,包括密度(比重)、硬度、韧度、解理、断口和裂纹等,一些力学性质对玉石的耐久性影响极大,是评价、鉴定玉石的重要依据。

1. 密度和比重

由于玉石内部组成原子的排列方式不同,因而每种玉石的重量与其体积的比值就不同。物理学中将物质质量的密集程度定义为密度,并以一个单位体积内所含的物质的单位数来度量。表达式为:密度=质量/体积。质量和体积都有各自的单位,因此,密度是有单位的,而且所用单位不同,密度的数值也不同,通常使用 g/cm^3。

密度是玉石的重要特征,也是鉴定玉石重要的依据,但是玉石密度的求取较为困难,因而引出了玉石相对密度(即比重)的概念。玉石的相对密度(比重)定义为:在4℃温度及标准大气压条件下,玉石的重量与等体积水的重量之间的比值。

按照定义,求玉石的比重需预先知道两个基本数值,一个是玉石的重量,一个是等体积的水在4℃和标准大气压下的重量。

玉石的重量可直接用克拉天平称得,等体积水的重量可根据阿基米德定律求得,即当玉石浸入水中时,水作用于玉石的上浮力等于所排开水的重量。这样,玉石的比重可由下列公式求得:

比重(s.g)=玉石在空气中的重量/(玉石在空气中的重量-玉石在水中的重量)

在物理学中已给定,水在4℃温度及标准大气压条件下的密度为 $1g/cm^3$,因此,任何玉石的密度均可采用上述比重计算公式求得,即只要在某玉石的比重值后加上单位 g/cm^3 就是该玉石的密度值了。

2. 硬度

硬度是指玉石抵抗磨蚀的能力。硬度直接影响玉石的耐久性,同时也是鉴定、评价玉石的重要依据之一,还是玉石琢磨工艺中必须注意的重大技术问题。玉石硬度的表示常有以下两种方法。

1) 比较硬度法或称相对硬度法

这种方法是德国矿物学家摩斯(F. Mohs)于1822年提出来的,摩斯经过多次的选择性实验后,收集了10种能获得高纯度的常见矿物,并按彼此间抵抗刻划的能力大小顺序排列,其结果就是目前广泛使用的摩氏硬度计。按其抗磨能力逐渐增大的顺序,其等级见表2-2。

表2-2 摩氏硬度计简表

硬度级别	硬度计矿物	硬度级别	硬度计矿物
1	滑石	6	长石
2	石膏	7	石英
3	方解石	8	托帕石
4	萤石	9	刚玉
5	磷灰石	10	金刚石

利用摩氏硬度计可对玉石的相对硬度进行测定,例如某种玉石可划动长石,但又能被石英划动,那么这种玉石的硬度就在6和7之间。

在实际应用中,还有一些常见物质的相对硬度也可以粗略地帮助对玉石硬度进行测定,这些常见物质是:指甲2.5;铜针3.0;窗玻璃5.0~5.5;钢刀片5.5~6.0;钢锉6.5~7.0。

2) 绝对硬度法

由于相对硬度只是矿物硬度相对大小的排列顺序,而且在硬度计中任何两种相邻矿物间的硬度差异,并不能说明其他两种矿物之间也存在相同的硬度差异。例如金刚石与刚玉之间的硬度差异远比刚玉与滑石之间的硬度差还要大。要对硬度进行精确的测定,就要用绝对硬度测定法。绝对硬度的测定常用显微硬度计,其方法是在玉石磨光面上加一定重量的金刚石角锥压入,以质量和压痕面积之比(kg/mm^2)来表示玉石的硬度。显然,产生单位面积压痕所需的质量越大,玉石的绝对硬度也就越大。这样测得的硬度叫压入硬度,压入硬度是绝对硬度的一种。由表2-3可知,用绝对硬度来衡量摩氏硬度的十个级别,发现它们很不均匀,且并不呈简单的线性关系。

表2-3 摩氏硬度与绝对硬度的比较

玉石矿物	摩氏硬度(相对硬度)	绝对硬度	玉石矿物	摩氏硬度(相对硬度)	绝对硬度
金刚石	10	10 000~2 500	磷灰石	5	760~530
刚玉	9	2 500~2 100	萤石	4	530~200
托帕石	8	2 100~1 550	方解石	3	200~120
石英	7	1 550~1 200	石膏	2	120~68
长石	6	1 200~760	滑石	1	68~2

由于摩氏硬度使用最为方便,且在工作中基本符合要求,因此,在玉石鉴定中一般使用摩氏硬度计法。

3．韧性与脆性

韧性与脆性,二者是一对互为关联的概念,是指玉石破碎能力的难易程度大小,易于破碎则脆性大,韧性小;反之,难于破碎,则脆性小,韧性大。人们以韧性最强的物质黑金刚石为准,定为10度,其他材料相对韧性值的大小如下:

10——黑金刚石;

9——软玉;

8——翡翠、红宝石、蓝宝石;

7~7.5——金刚石、水晶、海蓝宝石;

6——杆栏石;

5.5——祖母绿;

5——月光石、黄玉;

3.5——玛瑙;

3——猫眼石、锂辉石;

2——萤石。

玉石琢磨主要与两个因素有关,一是硬度,二是韧性与脆性。

本来两种材料在摩氏硬度中是一个级别,或差别不大,但研磨起来,会显得一个比另一个难。例如碧玺比翡翠的硬度高,而研磨时,翡翠显硬,碧玺显软,这是因为翡翠比碧玺韧性强的缘故。软玉在摩氏硬度中并不比玛瑙高,但由于软玉韧性强,也就较难以琢磨。

4．解理、断口及裂纹

解理、断口、裂纹都是玉石受外力作用后发生破裂的性状,但它们破裂的特征以及与之有关的因素各不相同,三者均是玉石鉴定、评价和加工的重要考虑因素。

1) 解理

解理是指组成玉石的矿物晶体在外力作用下,沿着某些固定方向裂开,并或多或少留下光滑平面的性质,其光滑平面称解理面。

由于晶体异向性的影响,使玉石出现了许多不均匀的现象,给玉器琢磨带来了一定的困难,而特别明显的异向性就是晶体的解理。解理就是沿着某个面容易裂开的纹理,裂开的面叫解理面,如云母能分割成像纸一样的薄片。解理面不是破碎面,打击玻璃时,发生破裂但没有一定的方向和规律,而有解理的晶体则沿一个或几个方向有规律地裂开,面也显得平整光滑,如萤石,用小锤敲击时,破碴全是光滑的平面。微晶集合体玉石虽然看不到断口有明显的解理面,但当用放大镜观察时,有解理的玉石仍有晶粒顺解理破碎的现象,如果微晶解理面发育在方向上趋于一致量,还可以出现千层状或鳞片状的性质。一些玉石组成矿物的解理特征十分明显,并可作为这些玉石鉴定的重要依据,如翡翠中硬玉的两组解理产生的片状闪光,即翠性。

2) 断口

断口指玉石在外力作用下产生的无固定方向破裂的性质。根据物质组成方式不同,断口也各有各自固定的形状。常见断口类型有下列四种。

贝壳状断口：断裂面呈椭圆形的光滑曲面，并常呈同心圆纹，形似贝壳。
锯齿状断口：断口呈光滑锯齿状，如软玉。
粗糙状断口：断口粗糙不平，如独山玉。
多片状断口：断口呈纤维状或错综细片状，如蛇纹石玉。

3）裂纹

自然的裂纹不同于解理纹，没有特定的形状、方向和规律，自然裂纹是受自然力冲击，受冷热变化和压力变化而形成的，有些还与成因有关。一般来说，裂纹的出现，脆性玉石多，有的严重，有的轻微。裂纹表现多种多样，有断裂纹、破碎纹、龟背纹、炸心纹、包裹纹、炸惊纹等。玉石最好不带裂纹，但没有裂纹的玉石很少，玉石裂纹的普遍性受到了行业特别的重视，观察揣度裂纹的变化规律成为一项很重要的工作，贯彻到玉器加工工艺技术的始终。所以，要特别强调对裂纹情况的了解和处理，它的处理好坏，直接关系到产品的质量。行业中称裂纹为"绺"，极微弱的裂纹称为"纹线"、"水线"，把裂纹的处理方法称为"除绺"、"躲绺"、"遮绺"。

解理和裂纹在玉石中可能同时存在，在选用玉石时，一定要注意掌握它的特点，研究它的规律，以达到物尽其用的目的。

（三）结构特征

1. 杂质

大自然产出的玉石，按化学成分说，质地特别纯的是少数，不纯的是多数。一般来说，每块玉石的质地应该是各部位一致，若出现了差异，则影响美的部位就是杂质。分析玉石的杂质，应该注意两点。

首先，要看拿这块玉石做什么产品，首饰石要求玉石的质地均匀程度较高一些，一般玉器产品要求略低一些。

其次，要看这些杂质在玉石上有什么物理特征，带着它做出产品会不会影响美观。虎睛石是质地细腻的石棉硅化体，但上面常常有松软的石钉、石线，杂散于石棉丝束被硅化的孔隙里，像是骨中的"骨撒"，抛光后，这些骨撒形成了一个个不亮的点，或呈线状的不亮线纹存在于产品上，使产品不光滑、不平整、不美观，因此，有"骨撒"的虎睛石就是含有杂质的玉石，这是由于物质成分不同而出现的杂质。水晶是透明体，但常因含白色雾状杂质影响透明度，白色杂质称"棉"，虽然"棉"的化学成分和水晶一样，但影响美观，"棉"就是杂质，这是成分相同，性质不同的杂质。

美玉应该无瑕，但无瑕的美玉并不多，在玉石选用和处理工作中要甄别情况，做恰当的处理，处理玉石杂质的手段叫"挖脏"，例如对软玉、翡翠、玛瑙等玉石，有时要"挖脏"处理。

2. 包裹体

在玉石中，不同于其本身成分的异源物质包裹在里边，并易于观察和区别的，称为包裹体。它虽然大多数属于玉石的杂质，但有一定的特别意义，有时还有被珍视的现象。如水胆玛瑙中的水胆，水晶中的针状、发状包裹体等，都是值得珍视和保护的，它们增加了玉石的欣赏价值，再者有一部分包裹体还具有鉴定玉石的意义。当然，大多数玉石的包裹体,都影响了玉石的美观,是应剔除的对象。

3. 质地

质地是玉石结构构造所表现出来的物理特征,质地的细腻与粗糙对玉石来说极为重要。

玉石大多数是矿物集合体,其质地除要求晶粒细小和胶结紧密外,其晶粒的形状和结合方式也对质地有所影响。晶粒可以表现为粒状、片状、针状、块状或纤维状,相互之间可以是有序排列,也可以是无序排列,或是交织排列,既可以是同种矿物晶粒,叫单矿物集合体,又可以是不同种矿物晶粒,叫多矿物集合体,各种情况交错复杂,形成了质地的不同特征。如软玉是由很小的纤维状微晶体组成,微晶发育越小,软玉的质量越好,反之则软玉质量越差,东陵石是由粒状石英组成的,表现的质地韧性较差,断口粒状特征明显。

二、玉石鉴定仪器及其鉴定方法

由于玉石资源十分稀缺,而且随着人类对它们的不断开采会变得越来越稀少,因此,玉石是十分珍贵的天然材料,并将随着时间的推移而越来越珍贵;由玉石加工而成的玉器工艺品不仅能美化、装饰人们的生活,而且与其原料的稀罕性相关联,它又是一种财富的载体,随着时代的变迁,其财富价值将迅速增加;作为珍贵文物,它还是一个民族、一个国家历史发展的见证,记载着人类文明演进的历史,因而更被人们视为珍宝,备受人们的重视和钟爱,是人们竞相收藏的对象。在商品社会里,玉石原料、玉器(包括古代玉器)都是一种特殊的商品,它们价值连城,许多甚至是无价之宝。为了牟利,中外古今都存在着伪造、仿冒的现象,而且,其水平随着科学的进步而越来越高,这种行为给玉器市场的发展和古今玉器珍宝的收藏带来了极大的危害和干扰,使人防不胜防,有时到了令人触目惊心的地步。

我国玉器仿伪品的历史至少可以追溯到汉朝,据史书记载:西汉时赵人新垣年,在文帝后元年,伪作了玉杯和周鼎,"冀欺人主而取富贵"。《汉书·文帝纪第四》记载:"九月得玉杯,刻曰,人主延寿。"又据《史记·文帝纪第四》记载:"后元年新垣平言曰:周鼎之在泗水中,今河溢通泗,臣望东北汾阳有金宝气,意周鼎其出乎?非见不迎,则不主。于是上使治汾阳,南临河。欲祠出周鼎。"朱剑心《金石学》说:"此明系新垣平伪造古鼎,埋于汾阳。"

唐则天皇后神初元年,"五郎"张易之兄弟入侍禁中后,"无礼无仪,竟以豪侈相胜",并明目张胆地以伪乱真,将皇室秘藏盗去。据张彦远《历代名画记》卷一记载:"天后朝,张易之奏召天下画工修内库图画。因使己人各推所长,锐意描写,仍旧装背,一毫不差,其真者都归易之",这是在我国历史上见于记载的第一次有组织的大规模作伪行径。

在明清时代,尚古之风盛行,与此相伴的是伪品的制作达到了泛滥成灾的地步,仿古玉的制作达到了新的高峰。

社会发展到今天,仿伪行径非但没有终止,反而大有越来越猖獗之势,以今仿古,以次充好,以假乱真,不断涌现,手段和技术越来越高,其范围之广,伎俩之精和用心之苦,都不可胜数,令人触目惊心。但也应看到,如此众多、高明的伪品层出不穷,又是和一定时期的经济生活、社会风尚以及人们的价值观念和审美观念等密切相关的。分析各代的作伪情况,从历史至今天制作玉器伪品的动机不外有:①为阿谀邀宠而制作伪品;②为谋取富贵地位而移宫换羽;③为免除乞索而央人制作;④为永存珍秘而仿古;⑤为生计糊口而托名伪造;⑥为营利自肥而以假乱真。

上述动机和社会丑恶行径在一定时期内是不会消失的。为保护广大玉器消费者、收藏者和爱好者的利益,一方面,需要制定严厉的法纪法规对丑恶行径予以坚决打击;另一方面,广大玉器消费者、收藏者和爱好者还应懂得一些玉石和玉器鉴别的专门知识,越丰富越好。需要进一步提醒大家的是,在与各类玉石和玉器商人打交道或周旋时,应时刻保持着高度的警惕,稍一不慎,亦或鉴别的眼力稍有欠缺,那将是十分危险的。

另外,一个值得重视的问题是,对于同一种玉料,或由同一种玉料制成的玉器,在通过鉴别证实是天然品的情况下,对其作出合理的经济估价也是十分重要的。我们到玉石产地(如中缅边境)购买玉石原料,或到商店购买一件玉器工艺品或饰品时会发现,外貌相近的东西,价格相差巨大,如一块小卵石玉料,标价可能数万元,数十万元甚至数百万元,但一块比之大得多的玉料,标价可能会只有数千元,价格可谓是天壤之别;又如到珠宝店去购买玉饰品(如手镯、戒面等),有的单件可能数十万元,而一些仅数百元。虽然也有一定的标准,但用赌或欺骗的手段牟取暴利的也大有人在。因此,对于从事玉石研究的人来讲,在对玉石或玉器作出正确鉴别的基础上,对其作出合理的经济评价也同样十分重要。但要做到却十分困难,主要取决于研究者的专业水平和实践经验。

(一) 玉石鉴定仪器

1. 放大镜

放大镜是玉石(器)鉴别最常用的一种工具,常用10倍放大镜,如图2-2-2所示。经过实践,用10倍放大镜观察玉石(器)可以获以下信息:

① 玉器的表面损伤;
② 玉器的加工精度及对称性;
③ 抛光质量;
④ 玉石(器)内部的结构、构造特征;
⑤ 玉石(器)的颜色分布特色;
⑥ 拼合玉器的接合,光泽变化等。

应用放大镜观察玉石时应注意正确的姿势,正确的做法应该是:放大镜尽量贴近眼睛,然后把玉石(器)向放大镜靠近,直到看清楚为止。

2. 显微镜

显微镜有多种类型,如单筒显微镜、双筒显微镜、双筒—变焦显微镜、双筒立体显微镜和双筒立体—变焦显微镜等,如图2-2-3所示。

显微镜在玉石鉴别中有着非常重要的作用,下面列举出了一些比较重要的用途:

① 放大检查;
② 检查玉石表面特征,包括切磨质量、抛光质量等;
③ 检查玉石的内部特征,包括结构、构造、颜色分布、瑕疵、裂纹等;
④ 用手提式分光镜代替目镜观测玉石的吸收光谱;

⑤ 配上照相设备可进行显微照相。

3．折射率仪

1）结构和工作原理

折射率仪建立在全内反射原理的基础之上，它是靠测试宝玉石的临界角值，并将它直接换算成折射率值的仪器，如图 2-2-4 所示。主要由具高折射率的铅玻璃等材料制成的半球形棱镜、玻璃透镜、标尺、目镜和光源等部件构成。视域中的暗域由光的折射所致，亮区由光的全内反射所致，其两者边界相当于临界角值换算后所得的玉石折射率值。

2）测试方法

玉石折射率值测定一般采用点滴法，测试方法是：

将一小滴接触液滴在折射率仪的金属台上，然后将玉石与液体相接触，微小的液滴将粘在玉石上；

十分小心地将玉石放置在棱镜中央；

让头部远离目镜 30～40cm，通过目镜观察，可看见圆形或椭圆形小圆点；

瞄准小圆点头部上下移动，这时将看到在标尺上的较高区，小圆点显得明亮，而当小圆点位于标尺的较低区时，则显得暗淡，但当小圆点在标尺的位置与玉石的折射率值相等时，则出现半明半暗，明暗分界线所在的标尺位置就是玉石的近似折射率值；

用同样的方法测二至三次，以便获得较精准的折射率值。

3）折射率仪在玉石鉴别中的主要用途

折射率仪在玉石鉴别中的主要用途有以下两个。

① 测定玉石的近似折射率值；

② 依靠测定比重液折射率的方法精确确定玉石的密度。

对已镶嵌好的玉石和没有抛光面或点的玉石原料，其折射率值不能用折射率仪来测定，办法是用已知折射率的浸液来估计。几种常用浸液的折射率值见表 2-4。

表 2-4　测定折射率常用液体及折射率值

液体名称	折射率	液体名称	折射率
四氯化碳	1.46	三溴甲烷	1.59
甲苯	1.50	一碘苯	1.62
一氯苯	1.526	一溴萘	1.66
二溴乙烯	1.54	一碘萘	1.705
一溴苯	1.56	二碘甲烷	1.745

测定时，先将适量浸液倒入下垫白纸的小烧杯中，然后将待测玉石放入小烧杯内。如果玉石与浸液的折射率不一致，应换浸液，直到当玉石放入油液后，轮廓变成模糊不清为止，这时玉石的折射率便与浸液的折射率值近似，由此，便获得了玉石的近似折射率值。

4．偏光仪

1）结构

偏光仪是一种简单而有用的玉石鉴别仪器，尤其对晶质玉石（如水晶）的鉴别十分有效。普通的偏光仪由安装合适的圆形上、下两片偏振片以及由放置在仪器底座内的低功率灯泡(提供照明的光源)等组成,如图 2-2-5 所示。

2) 用途

偏光仪的用途主要体现在以下两个方面。

① 区分单晶体玉石与集合体玉石;

② 区分集合体玉石和玻璃。

3) 结果解释

在正交镜下转动玉石 360 度,如果玉石始终是黑暗,此玉石为非晶质玉或仿制品,如玻璃、琥珀等。

在正交镜下转动玉石 360 度,如果玉石出现四次明暗变化,此玉石为晶质玉石,如水晶、芙蓉石等。

在正交镜下转动玉石 360 度,如果玉石始终明亮,此玉石为多晶质或隐晶质玉石,如翡翠、独山玉、玛瑙等。

5. 分光镜

1) 结构

分光镜是根据光的折射和衍射原理而设计的一种光学仪器,相应分光镜有:直视棱镜分光镜和衍射光栅分光镜两种。

直视棱镜分光镜:主要由棱镜列、狭缝目镜、狭缝聚焦调节、狭缝宽度控制旋扭、狭缝板等组成,如图 2-2-6 所示。它的特点是:产生的光区不是等距的,红区小,蓝区大,分辨率也是红区小,蓝区大;透光性好;价格较贵。

光栅分光镜:主要由准直透镜、棱镜、绕射光栅和狭缝等组成(见图 2-2-6 下)。与直视棱镜分光镜相比,它的特点是:光区是等距的,红光分辨率大于直视棱镜分光镜红光的分辨率;透光性差,需用强光照射;价格较便宜。

2) 工作原理

玉石常因含致色元素(如 Cr、Fe 等)而致色,致色元素对白光谱中的部分光谱具有不同的选择性吸收的能力,因而,在连续的光谱中可出现垂直的黑带或线,即光谱间断。

利用分光镜可把白光分解成单色光,因而用分光镜就可以把致色元素对白光的不连续吸收展示出来。

3) 分光镜的主要用途

某些玉石具有特征光谱,借助分光镜观察这些特征光谱,可为鉴别这些玉石提供诊断性证据。如翡翠具有在 437nm 上的一条诊断性吸收带,绿色翡翠还在 630nm,660nm,690nm 有三条模糊的吸收带。

分光镜也可帮助鉴别天然玉石和优化处理玉石,特别是染色玉石。由于天然玉石具有特征的吸收光谱特征,而对于染色玉石,由于其颜色是由染料而致色,它们与天然玉石的吸收光谱具有明显差别,因此,光谱可以为鉴别天然玉石和优化处理玉石提供重要证据。

分光镜还可为某些玉石的价值评估提供证据,颜色纯正是一些有色玉石质量评价的重要指标,除肉眼观察外,还可通过分光镜来较准确地确定玉石的色调。分光镜实物如图 2-2-7 所示。

6. 查尔斯滤色镜

为了识别祖母绿，英国人制造出了查尔斯滤色镜，故它也称"祖母绿滤色镜"，如图 2-2-8 所示。它由一种深灰绿色的光学玻璃制成，它的光学特性是允许透过深红色光和少量黄绿色光，使用时必须采用非常强烈的光源照明，可用钨丝白炽灯，并将查尔斯滤色镜尽量贴近眼睛，玉石尽量靠近照射的光源。

在玉石鉴别时，一些因染色而成的绿色玉石，如染色翡翠、染色石英岩玉等，因为其染色剂中含有铬元素，在滤色镜下会变红，天然者则不变。故借此特征可将这些染色玉石与天然对应物区分开来。但查尔斯滤色镜只能作为一种辅助测试。

7. 紫外荧光灯

1) 紫外荧光的产生原因

紫外荧光产生的原因主要有以下两个。

① 玉石中含有杂质元素，这些杂乱元素一般是过渡元素（Ti、V、Cr、Mn、Fe、Co、Ni、Cu），由于这些元素的内电子层具有未配对电子，在紫外光照射下这些未配对电子将从基态跃迁到激发态。由于激发态的电子不稳定，当跃迁回基态时将放出能量，当发出的能量与某可见光部分相当时，即可发出可见光，包括荧光和磷光。

② 晶格缺陷，如烟晶中 Al 替代 Si 造成空穴色心，它具有吸收紫外光能的自由电子，当自由电子被另一空穴捕获时又可放出能量，当发出的能量与某可见光部分相当时，即可发出可见光，同样也包括荧光和磷光。

2) 紫外光的特征及其结构

特征：紫外光波长 10～400nm，常用 200～400nm，其中 200～280nm 为短波；280～315nm 为中波；315～400nm 为长波，用于玉石鉴别的紫外灯用其中的长波和短波紫外光。

结构：紫外荧光灯由辐射出一定范围紫外光波的灯管、特制的两片滤光片（只允许365nm 及 253.7nm 紫外光通过）、黑色材料制成的暗箱和观察窗口挡板（或透明有机玻璃）构成。紫外光由开关控制，分别提供长波（365nm）和短波（253.7nm）紫外光。为了便于玉石鉴别时观察玉石的荧光效应，同时保护观察者的眼睛，因此，用于玉石鉴别的紫外灯常被设置在一暗箱内（如图 2-2-9 所示）。

3) 紫外灯的用途

紫外灯的用途主要有以下四个。

① 作为鉴别玉石的辅助手段，特别对已镶嵌的玉石。

② 帮助鉴别某些天然玉石和合成玉石，有些玉石天然者有荧光而合成者无荧光，如欧泊、青金石等。

③ 帮助检测优化处理的玉石，如 B 货翡翠与天然翡翠具有不同的荧光特征。

④ 用于改色，如漂白象牙、珊瑚等。

8. 相对密度（比重）测定

测试相对密度（比重）有两种基本方法，即静水称重法和比重液法。

1) 静水称重法

(1) 基本原理

相对密度（比重）是玉石的一个重要物理性质，其定义是在 4℃ 及标准大气压下，玉石的重量与等体积水重量的比值。玉石的重量可通过天平直接称出。根据阿基米德原理，等体积水的重量等于玉石在空气中的重量减去玉石在水中的重量。这样，便可以用下列公式计算出玉石的比重。

$$玉石的比重(s.g.) = \frac{玉石在空气中的重量(W_1)}{玉石在空气中的重量(W_1) - 玉石在水中的重量(W_2)}$$

（2）具体步骤

①擦净玉石，称出玉石在空气中的重量（W_1）；②取一只烧杯，加 2/3 杯蒸馏水和凉开水，加几滴清洁剂以降低表面张力；③将架子横跨在左吊盘上，二者之间要有一定距离，以防称重时相碰；④将烧杯放在架子上；⑤将金属丝编织的兜挂在左吊盘上，并使玉石兜浸入，消除气泡；⑥在右吊盘上放一段金属丝，使之与浸入水中的兜平衡，或称兜在水的重量；⑦将玉石放入兜中，注意清除气泡；⑧称重玉石在水中的重量 W_2；⑨计算玉石的比重。按照上述公式就可计算出玉石的比重。如图 2-2-10 所示。

2）重液法

重液法是利用不同的比重液与玉石的比重相比较，间接测定比重的方法。它需要配制一套不同比重的液体，其方法是用几种已知比重的液体（见表 2-5）加入相应的稀释溶剂得到。

表 2-5　常见的用于配比重液及稀释剂

基本重液	比重	稀释溶剂	能配的比重
三溴甲烷	2.88	乙醇	2.5～2.0
二碘甲烷	3.33	二甲苯	2.9～3.33
克来里奇液	4.15	水	3.33～4

自制比重液要用标准比重的宝玉石来校正，可用的宝玉石有水晶（比重 2.65）、方解石（比重 2.71）、淡红色电气石（比重 3.06）、透明萤石（比重 3.18）、翡翠（比重 3.34）、钻石（比重 3.53）、托帕石（比重 3.56）、人造刚玉（比重 3.99）等。

测定时用一个烧杯，放入已知比重的液体，若玉石下沉，说明玉石比重大于液体比重，若玉石上浮，则说明玉石比重小于液体比重；当玉石悬浮在液体中，说明玉石的比重与液体比重一致，如图 2-2-11 所示。

有些玉石不能使用重液法测试其比重，如天然有机玉石、人造塑料制品、拼合石以及一些有孔的玉石，如欧泊、绿松石、青金石等，因为其中有些玉石遇到重液要发生溶解，多孔玉石测定的比重不准确，且会污染玉石的颜色。

9. 鉴定辅助仪器

为了使玉石鉴别可靠和方便，同时为了保持玉石干净，可借助于下列小型工具达到目的，如图 2-2-12 所示。

1）镊子

最好用不锈钢制造，夹子内侧要有齿槽，避免鉴别玉石时滑脱。

2）抓子和夹子

抓子和夹子都可以夹取玉石，并能根据需要转动玉石的角度，夹子还能固定在金属座上或某些仪器上,如宝石显微镜上的夹子。

3) 手电筒

手电筒是有用而又方便的照明工具,借助手电筒,可观察玉石的颜色分布、内部特征和结构特征,还可直观观察玉石的加工质量。

10. 其他鉴定仪器

在通常情况下,借助上述方法的一种或两种就可达到玉石鉴别的目的。但在某些场合下,人们要求玉石鉴别者能够回答更复杂的问题,如一件雕刻品的准确成分是什么。要回答类似这样的问题,玉石鉴别者就需要借助一些更高级和尖端的仪器和设备。下面对一些常见的大型仪器作简要介绍。

1) X射线仪分析

X射线仪是高级实验中的专用仪器,操作简便。它根据试样X射线衍射线的位置、数目及相对强度等确定试样中包含的结晶物质以及相对含量。用于玉石鉴别时,X射线仪的主要用途如下:

作为鉴别某些玉石的辅助手段,例如,天然翡翠和处理翡翠在X射线下可能发不同的荧光;

X射线荧光用于区分原子序数≥11的元素组成的玉石的成分;

确定玉石的矿物组成和结晶度,从而为鉴别和评价玉石提供依据。

2) 电子探针分析

电子探针分析的基本原理是由电子枪发射出来的电子束通常以10kV~30kV的加速电压赋予其很高的能量,然后通过电磁透射电镜聚焦成直径小于$1\mu m$的微束,以此作为激发源轰击样品待分析微区,在样品表面几个立方微米的范围内产生特征X射线、二次电子、背散射电子等。通过测定样品发出的特征X射线、二次电子、背散射电子等,就可对样品进行分析和研究。

电子探针是进行矿物微区成分分析的大型精密仪器,其优点是分析范围为微米数量级甚至更小,不破坏样品,能够分析的元素范围大,可分析元素周期表上B到U之间的元素,由于电子探针是一种无损的微区分析,因此,在宝玉石鉴别和研究中具有独到的应用价值(王萍等,1996)。对于玉石,它能确定玉石的化学成分;区分天然玉石、合成玉石和优化处理玉石;研究玉石的成色机理;进行玉石包裹体的成分分析,从而有助于了解玉石矿床的成因等。除此之外,电子探针还可用于图像分析、物相分析等,这些分析也可推动我们对玉石评价依据的了解。

3) 红外光谱分析

红外光谱分析是一种极其有效而且应用广泛的分析方法,它主要用于分子结构的基础研究和物质化学组成(物相)的分析(包括定性和定量),更多的用途是根据光谱的吸收频率的位置和形状来判断对比未知物。此外,还可根据吸收的强度来测定它们的含量。

4) 拉曼光谱分析

拉曼光谱是现代鉴别和研究宝玉石的一种重要仪器。由于拉曼光谱含有矿物晶体结构的多种信息,而且谱带尖锐,数据准确,重复性好,容易对比,而且又具有非破坏性、非接触性检测等特点。玉石成品的表面一般都已打磨抛光,进行拉曼光谱测试不必专制样,因此,拉曼光谱用于鉴别和研究玉石时,将会起着独特的作用(郑楚生等,2000),并且是传统鉴别和研究方法的一个重要补充。例如,B货翡翠具有 $1\,116cm^{-1}$、$1\,189cm^{-1}$、$1\,611cm^{-1}$、$3\,069cm^{-1}$四条特有的拉曼谱峰(郑楚生,1996),这些谱峰是天然翡翠不可有的。因此,借助于拉曼光谱分析,较易将B货翡翠与A货翡翠区分开来。

5) 透射电镜能谱分析

透射电镜是利用高能电子流聚焦后与玉石样品相互作用,产生透射电子,进行高分辨率图像观察;对电子衍射图样进行晶体结构分析,用能谱仪附件进行成分分析的一种仪器。在三级放大时倍数可达200万至300万倍,对于晶体缺陷的微细结构观察大为有利。透射电镜的基本功能在于获取高分辨率、高放大率的电子图像,可直接观察矿物的晶体形态、晶格象、晶体缺陷、纤维双晶和出溶作用等现象;进行电子衍射操作可确定晶体的对称性,计算晶胞参数,鉴别物相,测定晶体取向等(万朴等,1992)。透射电镜能谱分析可以定量测定玉石样品所含的元素及其含量。

6) 扫描电子显微镜分析

扫描电子显微镜简称扫描电镜(ESM),它用聚集电子束在试样表面逐点扫描成像。试样信号可以是二次电子、背散射电子或吸收电子,其中二次电子是最主要的成像信号。

扫描电镜可以直接观察直径为10～30mm的大块试样,且制样方法简单,场深大,三百倍于光学显微镜,适用于粗糙表面和断口的分析观察;图像富有立体感、真实感,易于识别和解释;放大倍数变化范围大,10～300 000倍,具有相当高的分辨率,最高达2nm,与能谱配搭,还可分析其成分。扫描电镜是研究玉石结构构造最为有用的仪器之一,可为鉴别和评价玉石提供重要的科学依据。

值得进一步指出的是:随着科学技术的进步,用于玉石研究和分析测试的技术将不断发展,新的技术和方法将不断出现,应通过阅读宝石、玉石专业杂志,经常进行国际学术交流,通过网络等及时了解有关技术和方法的新进展和新动态。

(二)玉石的鉴别方法

1. 玉石原料的鉴别方法

玉石原料是指刚从玉石矿床中开采出来,尚未经过切磨加工的材料。和成品相比,它有自己独特的特征,其特征主要有以下五点。

① 呈大小不同、形状不规则的块状。这个特征决定了玉石原料的鉴别与评价与成品应有本质的不同。

② 由于原料产地大多在环境比较恶劣、经济条件比较差的地区,因此那里没有在实验室进行鉴别和评价的条件。

③ 许多原料,特别是质量较好的仔料和山流水,由于长期受表生作用的影响而形成一层皮壳,在很大的程度上掩盖了玉石原料内部的特征,而大多数高档料是在不切开或仅切开一个小窗口(门子)的情况下进行交易的,其中质地、颜色、透明度、裂纹等的状况如何,不得而知。

④ 过去的作假主要是针对成品作假,现在已经发展到对原料进行作假,方法各样,例如作假皮、假门子和假色等。这类作假更具有隐蔽性和欺骗性,更难对其进行鉴别和

评价。

⑤ 原料的评价带有很大的不确定性,所谓"神仙难断寸石",因此许多玉石原料被称为"赌石"。

由于玉石原料的上述特征,使得玉石原料的鉴别和评价与其成品相比有很大的不同。对现场交易的玉石原料而言,其鉴别和评价不仅要依靠坚实的专业基础知识和相关学科的知识,更需要依据长期实践所积累起来的丰富经验。在玉石现场交易的鉴别和评价中,绝无100%正确的专家。在大多数情况下,玉石(特别是高档玉石,如翡翠)都带有很浓重的赌博或撞大运的色彩。由于高档玉料都有一层外皮,不易看清其庐山真面目,一般仅开一个或几个小口子(门子),开口处有绿,那么,皮下是否还有绿?心里总是痒痒的,总想去赌一赌;另外,颜色的好坏,偏与正,质地的好与坏,价格可相差成千上万倍,一般人都很难把握,因此,在高档玉料的现场交易中,一夜成为暴发户的人有之,而一夜间倾家荡产,有去无来,上当受骗者也不在少数。

总的来讲,对低档玉石原料的鉴别和评价不难,陷阱也不那么大,即使犯一点错误,损失也不大。而且,由于低档玉石原料较丰富,大多数可经过实验室鉴别和评价后再作交易,因而相对比较容易,也无较大风险,只要按部就班,小心行事就行。但对于高档玉石原料而言,特别是翡翠和软玉,情况就不同了,即使你有扎实的专业基础知识和长期的实践经验,也需要剑胆琴心,同时,还要有雄厚的资金作后盾,要具备良好的心理素质。不然后果是不堪设想的。

玉石原料的鉴别和评价最好在实验室里进行,和现场相比,在实验室内的鉴别和评价条件就好多了。在一般的宝玉石鉴别实验室里,至少有下列方法可以使用。

① 显微镜放大观察:借助显微镜,可以观察到玉石组成的矿物成分、结构、构造、颜色分布、包裹体、裂绺的分布情况和透明度等。由此可以对玉石的真假及质量做出初步鉴别和评价。

② 折射率仪:在条件允许的情况下,可利用原料上的一抛光小面或切下一块抛光后,用折射率仪测其折射率值,由此可为鉴别玉石真假提供较可靠的依据。

③ 分光镜:可观察某些有色玉石(如翡翠)的吸收光谱,它不仅可为鉴别玉料的种类提供依据,而且在一些情况下,还可帮助确定玉石的颜色是天然的还是人工着色的。

④ 测相对密度:可通过比重天平和比重液两种方法来测试。

⑤ 查尔斯滤色镜:可以帮助判断某些玉石(如翡翠)的颜色是天然的还是人工着色的。

⑥ 红外光谱仪:可用来鉴别翡翠的A货和B货。

⑦ 荧光:可以帮助确定某些玉石的颜色是天然的还是人工着色的。

⑧ 光薄片观察法:即采用岩石学的方法对其进行鉴别,可获得玉石成分、结构和构造等信息。

⑨ 大型仪器:在上述仪器仍不能做出可靠判断的情况下,可用电子探针、X射线分析和核磁共振等对其做出进一步的分析研究。

当然,所有上述仪器同样需要鉴别者具有扎实的专业基础知识和丰富的经验,离开了这一点,再先进的仪器也不能达到预想的目的。

2. 玉石成品的鉴别方法

对玉石成品而言,由于加工已揭开了披在其外部的神秘面纱,因此,对其作出正确鉴别和评价相对较方便。但它也有其独特的特征,主要的特征是:由于玉石加工成品大都为珍贵的商品,一点细小的痕迹都会大大影响其价值,因而,对它们的鉴别和评价要求在无损伤的状况下进行。因此,玉石成品的鉴别和评价主要靠肉眼观察、显微放大观察和对其物理性质进行测定等。

① 用肉眼进行总体观察:其内容主要包括玉石成品的颜色、透明度、工艺造型、加工质量和俏色利用优劣等;用手掂、手感、舌感等来初步确定其比重和导热性等。

② 放大检查:即手持10倍放大镜和显微镜观察玉石成品的颜色分布、结构、构造、透明度、净度、包体、抛光程度、矿物成分等,以对其真假和质量高低等做出初步判断。放大检查是玉石成品鉴别和评价的主要方法。

③ 仪器鉴别:在条件允许的情况下,例如具有抛光面,个体适中,可用折射率仪测定其折射率值;用分光镜观察其吸收光谱;用偏光镜测其偏光性质;用比重天平测其相对密度;用查尔斯滤色镜观察其颜色变化;用紫外灯观察其发光情况等。这些都可为确定玉石真假提供依据。

④ 综合评价:主要对颜色的正邪、颜色浓淡均匀程度、颜色的分布和形状、透明度、所含杂质、净度、组成矿物的颗粒大小、分布规律、裂绺、棉绺的情况以及大小、加工质量高低、艺术价值、文物价值、文化价值、商业价值等进行综合评价,提出在商业定价时可供参考的价格范围。

值得进一步强调的是:玉石成品的鉴别和评价虽然在很大程度上依靠科学的鉴别仪器,但最为根本的仍然在于鉴别和评价者的专业水平、文化修养、从事玉石鉴别和评价的实践经验和人品等。

第三节 玉石家族

一、翡翠

(一)概述

翡翠这个词,意为翡红翠绿,源自于翡翠鸟名。在中国古代,翡翠是一种生活在南方的鸟,其毛色十分好看,通常有蓝、绿、红、棕等颜色。但一般这种鸟雄的为红色,谓之翡;雌的为绿色,谓之翠。唐代著名诗人陈子昂在《感遇》一诗中写道:"翡翠巢南海,雄雌珠树林。何知美人意,骄爱比黄金?杀身炎洲里,委羽玉堂阴,旖旎光首饰,葳蕤烂锦衾。岂不在遐远?虞罗忽见寻。多材信为累,叹息此珍禽。"到了清代,翡翠鸟的羽毛作为饰品进入宫廷,尤其是绿色的翠羽深受皇宫嫔妃们喜爱。她们将其插在头上作为发饰,用羽毛粘贴镶嵌作首饰,故其制成的首饰名称都带有翠字,如钿翠、珠翠等。与此同时,大量的缅甸玉石通过进贡进入皇宫深院,为嫔妃们所宠爱。由于其颜色也多为绿色、红色,且与翡翠鸟的羽毛颜色很相同,故人们称这些来自缅甸的玉为翡翠,渐渐地这一名称也相应地在中国民间流传开了。由此,翡翠这一名称也由鸟名转为玉石的名称了。

翡翠在今天为"玉石之王",最为高贵。它与钻石、红宝石等高档宝石一样,千百年来一直是许多人追逐的对象。在国外,尤其是欧洲人,早就把仅外观像翡翠的各种绿色矿物,其中主要是来自中国的玉石,统统称为"翡翠"。只是到了19世纪后半叶,著名的法国矿物学家德穆尔才发现,传统的"中国玉"包括两种:一种是由极细小的纤维状角闪石所组成的"角闪石玉",称"软玉";另一种是由极细粒碱性辉石所组成的"辉石玉",称"硬玉"(翡翠)。因此,国外传统意义上的"玉石"主要包括软玉和硬玉两种。而现今的玉石品种则大为增多,翡翠只不过是天下玉石中之至尊者。在缅甸北部乌龙河(亲敦江支流)流域,人们最迟在公元13世纪时就在这一带开采冲积砂矿床中的翡翠。在这以后,缅甸一直是世界上优质翡翠的主要出产国和供应地,但其原生翡翠矿床直到公元1871年才发现。

清代是中国历史上大量开发利用翡翠资源的时代,人们曾建立"作玉坊",对翡翠进行加工和销售,获得了大量的经济收入。当时云南省的腾冲、大理就是中国著名的翡翠集散地。如据清代檀萃(乾隆年间进士,曾任禄劝知县)的《滇海虞衡志》中记载:"玉出南金沙江,江昔为腾越所属,距州两千余里,中多玉。夷人采之,撇出江岸各成堆,粗矿外获,大小如鹅卵石状,不知其中有玉、并玉之美恶与否?估客随意买之,运至大理及滇省,皆有作玉坊,解之见翡翠,平地暴富矣!"此记载指的就是现今缅甸伊洛瓦底江的支流"乌龙河"流域这一带,世界最为重要和著名的翡翠产地及其当时翡翠的产出状况、玉石质量、销售情况等。这一带原属中国云南的"腾越州",故世人广传的"云南出产翡翠"或"云南产翠"、"云南翡翠"、"云南翠玉"等完全是历史事实。无疑,清代宫廷曾大量利用翡翠,如各种首饰、艺术品、印章,甚至"玉如意"等都有用翡翠制作或镶嵌一定数量翡翠的。乾隆年间制作的一对"穿珠梅花"盆景曾用翡翠46粒,其中的粉色梅花以翡翠为蕊、碧玺为瓣,绿色梅花则以红宝石为蕊、翡翠为瓣。清代拥有巨量翡翠饰物者是慈禧太后,如翡翠"降魔杵"就是她最为心爱的宝物,临终前还死死地捧在自己手中。此"降魔杵"是湖广总督张之洞献的,其上刻有"辛丑年,臣孝达敬献"字样。张之洞曾是一个宝石狂,其家中长期雇养了玉匠高手,专门琢玉,"降魔杵"的原石则是他采取卑鄙的手段从襄阳一位告老京官那里掠夺过来的。张之洞在得知到那位老京官有一块优质翡翠以后,大加赞赏,屡欲得之,只是老京官不允许。后来,"义和团"事发,张之洞乃以"与义和团有嫌"为由,诬陷老京官,将其满门抄斩,从而夺得了这块优质翡翠。在这以后,张之洞乃命玉匠理璞、琢磨,并命名为"降魔杵",于慈禧七十寿辰时敬献之。另外,在慈禧的大量殉葬物中,除有祖母绿、蓝宝石及各种红宝石、碧玺宝物等以外,还有大量的翡翠制品。例如,她的足旁就有翡翠西瓜两枚,呈绿皮红瓤,黑子黑丝,估价为500万两银;翡翠甜瓜四枚,呈白皮黄子粉瓤者两枚、绿皮白子黄瓤者两枚,估价为600万两银。她的头顶置有一枚翡翠荷叶,叶满绿筋,如天然者一般,价值为285万两银。其他还有翠佛27尊,每尊佛重6两;翠桃10枚,绿色桃身,粉红色桃头,极像天然真桃;翡翠白菜两棵,绿叶白心,在菜心上还落着一只满绿的蝈蝈,绿叶旁有两只黄色马蜂,估价为1 000万两银。由此亦可看出,历史上慈禧太后是何等的奢侈。如图2-3-1所示,为清代翡翠玉器。

在我国用玉历史中,翡翠是继软玉之后,人们最为喜欢的玉石,今天人们喜爱翡翠的程度甚至超过了软玉。人们赋予它神奇的文化内涵,构成中华民族源远流长的玉器文化的重要组成部分。翡翠几乎成了现代一部分喜爱玉的人心目中神的化身、玉的代名词。

（二）基本特征

1. 化学成分

硬玉是翡翠的主要构成矿物，而硬玉的化学成分为 $NaAlSi_2O_6$。翡翠中可含少量的 Ca、Mg、Fe、Cr、Mn、Ti、S、Cl 等，其中 Cr、Fe、Mn 等元素对翡翠具有重要意义，因为翡翠中价值连城的颜色主要在于它含有少量的上述元素。

2. 矿物组成

经过化学分析、偏光显微镜下鉴定、红外光谱和 X 射线分析，结果表明翡翠的矿物组成，按矿物的分类划分主要有四大类。

1）辉石类矿物

这类矿物以硬玉为主，其次为钠铬辉石和霓石，人们也发现了绿辉石，偶见透辉石。

硬玉（钠铝辉石）化学分子式为 $NaAlSi_2O_6$，属于链状钠铝硅酸盐。硬玉属单斜晶系，斜方柱状，主要呈柱状、纤维状。无色或白色，部分呈深浅不一的绿色、蓝色和紫色等，颜色的变化主要与硬玉中所含的微量元素 Cr、Fe 有关，这些元素的含量多少直接影响着翡翠的质量。

钠铬辉石是一种含 Cr_2O_3 较高的单斜辉石类矿物，其化学组分中以 $NaCrSi_2O_6$ 分子为主。1984 年，欧阳秋眉在研究缅甸翡翠的过程中，首次发现了在地球上形成的钠铬辉石。后来在俄罗斯产的翡翠中也被发现含有钠铬辉石。钠铬辉石的透光性很差，呈深绿色或孔雀绿色，在缅甸翡翠中可以比较集中地出现，从而形成干青种翡翠，而在俄罗斯西萨彦岭翡翠矿床中，则呈零星鲜绿色斑点分布于翡翠中。

霓石呈长柱状、针状或纤维状，辉石式解理，颜色为绿黑和暗绿，薄片下呈绿色，正突起很高，多色性很强，为暗绿、蓝绿、黄绿、浅草绿。

绿辉石属于硬玉与透辉石而偏于透辉石端元的过渡矿物。它是一种暗绿色或暗蓝绿色矿物，透明度很不好，结晶习性为纤维状，在翡翠中仅作为一种次要矿物出现。近年来在缅甸的有些深绿色的翡翠种属中，发现普遍含有绿辉石。在俄罗斯西萨彦岭的翡翠矿床中也发现含有绿辉石。绿辉石可有两种产出：一种为油青种翡翠，它是主要的组成矿物；另一种和硬玉共生，如老坑玻璃种和花青种。肉眼观察绿辉石为他形粒状，呈绿色，有时颜色偏蓝。

透辉石在翡翠中的含量很少。透辉石的存在是由于 Ca^{2+} 替代 Na^+，Mg^{2+}、Fe^{2+}、Fe^{3+} 等替代 Al^{3+} 的结果。邹天人等在对翡翠的研究中曾发现过含透辉石的翡翠。另外，透辉石也出现在水沫子中。透辉石呈粒状，淡绿或黄绿色，辉石式解理。

2）角闪石类矿物

角闪石类矿物有铝钠闪石、钠闪石、镁钠闪石和镁钠钙闪石等，在角闪石翡翠中通常称作"癣"，多呈黑色，少部分角闪石为灰色和暗绿色。在翡翠原石的风化表面，由于差异风化的原因，可以看到粗粒的角闪石晶体略突出于原石的表面，呈棕色或深绿（黑）色，用手触摸有粗糙感，所以行内人士称之为"癣"。桂林工学院陈志强的研究，认为含 Cr、Fe、Mg 的硬玉比纯硬玉更容易被角闪石交代。角闪石常常选择性交代绿色部位，这是"黑随绿走"的原因。闪石类矿物主要以碱性闪石和钙闪石为主，常见的有蓝闪石、钠闪石、阳起石、透闪石和蓝透闪石,均为斜方柱类,呈长柱状、纤维状,颜色呈绿、灰至灰白、暗绿色,在翡翠中呈脉状和不均匀状分布。

3) 长石族矿物

在缅甸和俄罗斯所产的翡翠中,或多或少都可以发现长石族矿物,在不同种质的翡翠中有不同的含量,长石品种为钠长石,在缅甸翡翠中,钠长石往往出现在淡色的翡翠种类中,肉眼很难与白色硬玉分辨。在"八三花青种"翡翠中,含钠长石较多,甚至可达30%。在翡翠的露头或原石的风化表面上,可以见到高岭土化现象,这也足以说明翡翠中含有钠长石。在水沫子中,含量为90%左右。

4) 其他矿物

(1) 原生矿物

在翡翠中,发现了少量的铬铁矿,尤其是在深鲜绿色翡翠中和含钠铬辉石的翡翠中更加明显。铬铁矿呈黑色斑点状分布于翡翠中,分布不均;在薄片下观察,可明显见到黑色铬铁矿颗粒,不透明,常被钠铬辉石交代,形成一种"格子状"构造。当钠铬辉石出现时,常伴随有铬铁矿。

(2) 表生矿物

翡翠矿体露头或滚石(包括河卵石),由于遭受风化作用,使得其中的某些组分发生变化而形成表生矿物,其往往存在于翡翠原石表面的孔隙或裂隙中。常见的表生矿物有褐铁矿、赤铁矿等。

① 褐铁矿

由铁的氢氧化物(包括针铁矿、水针铁矿、纤铁矿、水纤铁矿等)组成的细分散的聚集体,是一种多种矿物的混合物,呈细小粉末状存在于翡翠岩风化外皮的颗粒孔隙中,或经淋滤作用渗入裂隙中。褐铁矿呈棕黄色或黄褐色,它是黄色翡翠的致色矿物。

② 赤铁矿

赤铁矿是褐铁矿经脱水作用而形成的,呈棕红色或褐红色细粒粉末状,主要见于翡翠风化外皮下部的晶体颗粒的孔隙中。它是红色翡翠的致色矿物。

3. 结构特征

结构是指组成矿物的颗粒大小、形态及相互关系。翡翠的结构对于翡翠意义重大,翡翠的结构决定了翡翠的质地、透明度和光泽。在大多数情况下,翡翠的鉴定也必须借助于对翡翠结构特征的研究。

1) 粒状纤维交织结构

通常主要由硬玉矿物组成,颗粒较粗,边界平直,没有遭受明显的动力变质和蚀变作用。这种翡翠的透明度较差。

2) 纤维交织结构

由于剪切变形作用的影响,较大颗粒破碎成细小颗粒,形成核幔结构;当剪切变形作用足够强烈时,则发展成糜棱至超糜棱结构,矿物颗粒通常高度亚颗粒化,并普遍发生晶界活动、波状消光和动态重结晶等现象。这种翡翠矿物颗粒极细,因此透明度高,致密而细腻,高档翡翠多属于此种结构。

3) 交织结构

长柱状和纤维状的角闪石、阳起石、透闪石等常可交代翡翠的硬玉矿物而形成纤维粒状变晶结构,交代强烈的变成纤维状变晶结构,交代作用常降低翡翠的价值。

4. 晶系及结晶习性

翡翠的主要组成矿物硬玉为单斜晶系,通常呈晶质粒状、纤维状、毛毡状集合体。翡翠原生矿通常呈下列三种状态产出。

① 山料:产于山上原生矿中,矿石通常呈块状,有棱有角,矿物成分、结构、颜色分布均暴露在外。

② 籽料:是山料经漫长的风化和流水搬动作用而形成,通常呈河卵石状,外部有皮壳包裹,内部矿物成分、结构、颜色分布等均难判断。

③ 山流水:介于上述两者之间,即经风化剥蚀搬运距离不远,产于残坡积物中的翡翠砾石。棱角清晰,外部有皮壳包裹,内部矿物成分、结构、颜色分布等均较难判断。

5. 物理性质

1) 颜色

颜色变化大,有白色、绿色、红色、紫红色、紫色、橙色、黄色、褐色、黑色等。其中最名贵者为绿色(翠),其次是紫色、黄色和红色等。绿色在行话中称"翠",是喜爱翡翠的人士所追求的目标。绿色翡翠由浅至深分为浅绿、绿、深绿和墨绿,其中以绿色为最佳,深绿次之。当翡翠中含杂质元素 Cr 时,翡翠呈诱人的绿色;当翡翠中含杂质元素 Fe 时;翡翠呈发暗的绿色,油青种便属于此类。当翡翠同时含杂质元素 Cr 和 Fe 时,翡翠的绿色介于上述两种颜色之间,具体视 Cr、Fe 的比例而定。紫色也称紫翠,按其深浅变化可有浅紫、粉紫、蓝紫等色,一般认为翡翠呈紫色是因为其中含微量的 Mn 所致。但欧阳秋眉(1993)认为紫色翡翠是因为二价铁和三价铁的电子跃迁致色。黄色和红色均是次生颜色,主要是由于翡翠原石遭风化作用后,其中的二价铁变成三价铁而产生。鲜艳的红色也称"翡"。

2) 透明度

翡翠的透明度称"水"或"水头",决定于组成翡翠矿物的颗粒大小、排列方式等。翡翠一般为半透明至不透明,极少为透明。透明度越高,水头越足,价值越高。

3) 光泽

翡翠一般为玻璃光泽,也显油脂光泽,某种程度上也取决于组成翡翠矿物的颗粒大小、排列方式等,另外还取决于抛光程度。

4) 解理

翡翠的主要矿物硬玉具两组完全解理。在翡翠表面上表现为星点状闪光(也称翠性)的现象,是光从硬玉解理面上反射的结果,这也成为翡翠与相似玉石相区别的重要特征。

5) 硬度

硬度为 6.5~7.0。

6) 密度

密度介于 3.30~3.36g/cm^3 之间,随所含的 Cr、Fe 等含量多少而有所变化,一般为 3.34g/cm^3。

7）折射率

翡翠的折射率为 1.666～1.680，点测法为 1.65～1.67，一般为 1.66。

8）光性特征

由于翡翠主要由单斜晶系的硬玉矿物组成，而硬玉为单斜晶系，二轴晶，正光性，因此翡翠为非均质集合体。

9）吸收光谱

绿色翡翠主要由铬元素致色，因而显典型的铬光谱，表现为 690nm、660nm、630nm 三条吸收线。所有的翡翠因为含铁，因而在 437nm 处有一吸收线。

10）发光性

天然翡翠绝大多数无荧光，少数绿色翡翠有弱的绿色荧光。白色翡翠中若有长石，则经高岭石化后可显弱的蓝色荧光。

（三）有关翡翠的俗语或行话

数百年来，由于翡翠的开发、交易和评价等都缺乏一定的科学知识作指导，因而在漫长的历史演化中，形成了一些不科学、不规范但又普遍使用的俗语或行话，由于行内人士已经习惯了这些俗语或行话，要改变这种状况需要很长时间，为此，我们有必要对某些应用较广的俗语或行话作初步介绍。主要的俗语或行话有以下几种。

1. 翡

翡指翡翠中的红色部分。其致色原因可能有两种：其一是由于原生翡翠矿石中含有微量的锰所致，这种翡翠一般是紫红色；其二是由于翡翠原石在风化过程中，其中的铁变成氧化铁（Fe_2O_3），并沉积在翡翠的裂隙或孔隙中，从而使翡翠呈红色。（如图 2-3-2 所示）。

2. 翠

翠指翡翠中的绿色部分。绿色是由于其中含微量的 Cr_2O_3 所致。绿色是翡翠之宝，在决定其经济价值时占有很大的比重，人们在观察翡翠绿色时，要注意到翡翠绿色品种、形状特点以及深浅方向等特征。如图 2-3-3 所示，为翡翠绿色高档色料。

1）绿色的分类

根据翡翠绿色的色调、亮度和饱和度，绿色可进一步分成许多种类。翡翠绿色常见的品种见表 2-6。

表 2-6　翡翠绿色常见的品种

品种名称	颜色基本特征	观察与评述
玻璃艳绿	绿色浓艳，像玻璃一样纯净	在阳光或白光下观察，像煮熟的白果（银杏）一样，色调均匀，透明度高，为最上品
艳绿	颜色同上，但不够纯净	加工成 2～5 毫米厚的戒面，在白光下观察透明度差，颜色不均匀，不含其他杂色，较上品
玻璃绿	绿色鲜而亮，但不够浓艳，色调偏浅	白光下观察，最好能同玻璃艳绿品种对比，透明度高，上品
宝石绿	色似祖母绿宝石	在透明的基底上，虽像祖母绿，但终不及祖母绿那样透明感强，色浅者质量降低

续表

品种名称	颜色基本特征	观察与评述
阳俏绿	翠绿色	颜色翠绿不是黄色调,以此与黄杨绿区别,同时翠色不浓
黄杨绿	黄绿色	色如初春黄杨树的嫩叶,质量不及阳俏绿
浅杨绿	浅黄绿色	色比黄杨绿更浅,质量不及黄杨绿
鹦哥绿	色似鹦哥绿色羽毛	颜色娇艳,但常带有黄绿色调,有的绿中带蓝色
葱心绿	色似娇嫩的葱叶	颜色娇艳,也常带有黄绿色调
豆青绿	色绿如豆青色	此品种较多,有"十绿九豆"之说
菠菜绿	色暗绿如菠菜叶	颜色不鲜明,也称菜绿色,由于色暗,与艳绿有很大区别
瓜皮绿	色似绿色瓜皮	绿中微青,色欠纯正
瓜皮青	色似青色瓜皮	青中有绿,色不纯正
丝瓜绿	色似丝瓜皮绿色	最大特点为有丝状,因而降低了质量
蛤蟆绿	绿中带蓝或带灰色调	可见"瘤状"色斑,亦称"蛙绿",颜色很不均匀
匀水绿	浅绿色	色浅而鲜,比较均匀,有时仅有绿色感
江水绿	色调闷暗	与匀水绿比较,色虽均匀,但有浑浊感,色不如水绿
灰绿	灰中有绿色	首先是灰色调,其中虽有绿色,但色非常不纯正,因而质量差
灰蓝	灰色中有不纯蓝色	也是灰色调,其中有不纯正的灰蓝色,质量较差
油绿	色绿暗不纯正	可以看到如油浸一样不鲜明,不是好颜色,色邪
油青	色绿暗不纯正	与油绿比较更暗淡,色邪
墨绿	墨绿色	一眼即可看出黑中透绿,有时呈暗黑色

2) 翡翠绿色的形状特点

翡翠绿色形状特点是指天然翡翠绿色的形态和分布特点,翡翠原料中绿色部分形状变化很大,常见的有以下六种。

(1) 条带状

条带状即"带子绿",它贯穿于翡翠玉石之中,有头有尾,有进有出,方向明显,界线清楚。按薄厚、软硬等差异,可分为:硬带子,其绿色浓硬(色浓气壮),行进有力,地子与绿色之间界线明显;软带子,其绿色绵延(色软气衰),行进无力,绿色与地子之间界线不明显;花带子,总体方向一致,几条带子互有联系而同时行进,绿色与地子之间相互掺杂,其绿色带形松散,飘逸而去,由浓至淡,进而消失。

(2) 星块状

星块状指绿色大小不同、互不关联、星星点点地分布于翡翠玉石之中,具有一定的突然性和不可预见性。可分为:点子绿,其形状如群星满天,各绿点之间没有什么联系,俗称"满天星",那种地子白而绿点美丽者称"梅花绿";疙瘩绿,绿色呈较大的块状,各块互不相连,有时一块绿色疙瘩单独存在,亦有软硬、大小之别。

(3) 丝片状

绿色的形态成丝或片,抑或丝、片相间,绵绵延延,不足之处是色"花"。可分为:丝状绿,或称"丝丝绿"、"丝瓜绿"、"筋丝绿",其绿色如丝,或粗或细,具有明显的总体方向,有顺丝绿、乱丝绿、硬丝绿、黑丝绿之分;丝片绿,由小丝和小片状的绿色联结而成,从小处观察时方向不明,从总体观察时仍有一定的方向,有硬丝片绿、软丝片绿、黑丝片绿之分。

(4) 丝块状

色强时其绿色形如块状;色弱时其绿色形如游丝;当绿丝、绿块相互联系时就像瓜秧一样,绵延的绿丝形似瓜蔓,而突然增大的绿块恰似瓜的果实。有硬丝块绿、软丝块绿、黑丝块绿之分。

(5) 均匀状

均匀状即翡翠的绿色较为均匀,没有明显的绿丝、绿筋、绿片、绿块等形态。当然也就没有明显的方向性。一般称之为"地子绿",或"绿地子"、"满绿"。地子就是绿,绿也就是地子。其绿色多较浅淡,少有浓艳者。当地子较粗或不透明时,其杂质、石花、石脑等会比较明显,从而形如"韭菜花拌豆腐"。

(6) 靠皮绿

靠皮绿又称"串皮绿"、"膏药绿",其绿色呈平面状,仅分布于翡翠玉石的表皮,但它常给人以绿色多或满绿、全绿的假象,从而迷惑了不少人。实际上其绿色只不过是薄薄的一层,有时甚至像纸一样薄。靠皮绿的辨别主要靠绿性,即立性和卧性。如果绿色纹理呈线状,则此方向的绿性为立性;如果绿色呈面状,则此方向的绿性即为卧性。靠皮绿正好属于卧性绿。翡翠行业中所传的"宁买一条线,不买一大片"这一名言,深刻地反映出了人们对购买"靠皮绿"翡翠的高度警惕性。在现实生活中,有的卖主为了显示其翡翠内部的"满绿"或"全绿",沿翡翠绿色面的方向一切两开,从而给买主或顾客造成翡翠的两面皆为"满绿"的假象,此为有名的"仙人铊"。这种仙人铊翡翠的绿色特点与靠皮绿极为相似,人们应予以注意。

3) 翡翠绿色深浅方向

翡翠绿色深浅方向是指翡翠绿色的发展方向及其规律。观察和研究时一般应注意:

(1) 位置

位置即绿色在翡翠上所处的部位。其腰身、腹部、中心等为绿色分布的有利之处,边部、角部、顶部等部位则不利。

(2) 方向

方向有总体方向(走向或大致分布方向)、具体方向之分。在辨别方向后,应借助于对地子、透明度、石花、绺裂等的了解,进而通过颜色的深浅、明暗、边界的整齐与否和深浅变化等来判定绿色的发展方向。

(3) 头尾

头尾为翡翠绿色的宽窄、强弱、深浅、硬软等在方向概念上的反映。宽、强、深、硬为"头"的显示,窄、弱、浅、软为"尾"的象征。掌握了这一方面的特点,则翡翠绿色的变化就会在人们的预料之中。

(4) 绿形

绿形在一定程度上影响着绿色深浅方向的发展和变化。例如,带子绿总是沿延长或伸延方向发展,因而顺着其延伸的方向是否有绿色就应特别注意。而与此有关的横向则不可能发展带子绿。

(5) 绿性

绿性包括绿色的立性、卧性、团性、筋性等,它们也是绿色的一种方向性。其中,立性就是绿色在垂直方向的发展,卧性是绿色在水平方向的发展,团性是绿色成团块状发展,筋性为绿色强劲有力的发展。只有掌握了绿性的特点,才有可能查明绿色的深浅方向。

3. 春

春指翡翠中的紫色部分,又称紫罗兰,是较受人们欢迎的颜色品种。

4. 黑斑

黑斑是指存在于翡翠的绿色之中、形如斑点或条带等形态的黑色杂斑。按其形态、颜色、分布特征等方面的差异,可分为黑点、黑丝、黑带等类型。民间将其总称为"癣"。黑点是指翡翠的绿色之中存在的斑点状黑物,具有多种多样的形状和大小,常分布于呈浓艳绿色、水头足的翡翠中。那种单独存在的黑点,或各黑点之间距离较大者,称为"黑点"。稍大一些的黑点叫做"苍蝇屎",有闪光特征者叫做"黑星",其内有包裹物者叫做"砂钉",磨破后形如一小砂洞者叫做"砂包"。在那些种份好(绿色浓艳、均匀,质地致密、细腻、坚韧)而又透明的翡翠中所存在的白色点状物叫做"白钉"。黑丝是指存在于翡翠中的黑色丝状物。有时为单独而短小的黑丝,有时则为或宽或窄的小丝片状。而有时竟密集在一起,从小范围观察是黑丝,大范围内则为脉状。不过,黑丝并非完全单独出现,而往往与绿丝相互缠绕在一起。二者的界线可以分明;也可以不清楚,绿色常附着于黑色的外部。黑带是指存在于翡翠之中的黑色带状物,往往集中成带状,对翡翠质量影响较大。

5. 福禄寿

福禄寿是指一件翡翠的原料或成品上同时有红、绿、紫或蓝三色,具有这一特征的翡翠较罕见,深受广大消费者喜爱。如图 2-3-4 所示。

6. 水头

水头即透明度。行业习惯的标准是:一分水,指 3mm 厚的材料呈半透明状;二分水,是指 6mm 厚的材料呈半透明状,具有二分水的翡翠如果其他方面达到很好的表现,就为上品了。

7. 照映

照映指翡翠中的绿色和水之间的相互印染关系。照映晶莹的为"灵",反之为"死"。

8. 翠性

翠性又称苍蝇翅,指光从硬玉矿物的解理面反射而产生的丝绢状闪光效应。翡翠组成矿物颗粒越大,翠性也就表现越明显。如图 2-3-5 所示。

9. 地(底)

地即翡翠的质地,主要由结构、透明度和含杂质的情况决定。

翡翠常见的质地有如下品种,见表 2-7。

表 2-7 翡翠常见的质地

品种名称	基 本 特 征	观 察 与 评 述
玻璃地	完全透明,玻璃光泽,无杂质或其他包裹体;结构细腻、韧性强,像玻璃一样均匀而无绵绺或石花;可以无色,也可以有色,不受颜色限制,但地子和颜色之间常有相互影响	观察翡翠透明度与宝石不完全相同,有人以2mm厚度为界,完全透明者像玻璃一样。好的玻璃地,直径1cm的镯子,看上去也是透明如水晶,但平常所见多为半透明,完全透明者罕见,故而是佳品
冰地	透明如冰,玻璃光泽	与玻璃地基本相似,不同的是只强调透明,有时可有少量裂纹或其他不纯物,是质量稍差的玻璃地品种
蛋清地	质地如同鸡蛋清,玻璃光泽	是一种稍微浑浊的玻璃地品种,即透明度稍差一些,但比较纯正
鼻涕地	质地如同清鼻涕,玻璃光泽	类似蛋清地,但透明度比其他差一些,质量不如蛋清地干净
青水地	质地透明,但泛青绿色	是带青绿色的冰地品种,因色干扰,不如冰地品种
灰水地	质地半透明,但泛灰色	因有灰色,质量比青水地又差
紫水地	质地半透明,但泛紫色调	与紫罗兰不同的是紫水地强调质地透明,实际上是半透明的紫罗兰
浑水地	质地半透明,像浑水	因有小的裂纹使透明度显差的地子
细白地	半透明,细腻色白	如果光泽好,也是好的玉器原料
白沙地	半透明,有沙性,白色	不细腻的细白地
灰沙地	半透明,有沙性,灰色	不细腻的灰色白沙地
豆青地	半透明,豆青色地子	实际上是豆青色的半透明品种
紫花地	半透明,有不均匀的紫花	紫花均匀时,即为颜色品种中的紫罗兰
青花地	半透明至不透明,有青色石花	石花呈青色,反映质地不均匀,只能做玉料用,不适宜首饰用料
白花地	半透明至不透明,质粗亦有石花、石脑	指白色质地粗糙的翡翠
瓷地	半透明至不透明,白色	质地如同瓷器,使人感到凝滞、死板
干白地	不透明,白色	俗称"水头"差,既不透明,光泽又不强
糙白地	不透明,粗糙,白色	水头差,比干白地还差的翡翠,很不受欢迎
糙灰地	不透明,粗糙,灰色	比糙白地还要差的翡翠,很不受欢迎
狗屎地	褐色,黑褐色	没有一点价值

翡翠飘蓝花玻璃地原料特征如图2-3-6所示。

10. 坑

坑是一个比较模糊的概念,起源于开采的矿坑,有的文献中将其说成是表示翡翠在地下埋藏的时间,老的称老坑,新的称新坑。老坑翡翠质量较好,新坑翡翠质量较差。

11. 石花

石花指翡翠中密集堆积在一起的透明度差的纤维状的白色斑块。存在于翡翠绿色或其他颜色中的星散状、棉絮花、团状"白花"。因其外形、分布特征等方面的差异,常有不同的名称。那种较硬和较死者叫做"石脑",较软者叫做"棉花"或"棉花性"。石花与翡翠的"翠性"有一定的联系;翠性大和表现明显时,石花也就表现明显,而翠性表现不明显时,石花也就不明显,或隐而不露。当翡翠中存在着明显的石花时,容易对绿色产生严重影响,进而有碍于对翡翠的加工和销售。

12. 皮壳

按皮壳颜色的差异,可以将籽料的外皮分为白皮、黄皮、褐皮、红皮、灰皮、黑皮等及其间的若干过渡品种。翡翠各种原石如图 2-3-7 所示。

张仁山(珠宝专家,著有《珠宝翠钻》一书)认为,可按质量的不同,将其外皮分为粗皮、砂皮、细皮三类。

① 粗皮,指具有粗糙外皮的翡翠籽料,常称之为"土籽"。其结构松散,能够见到其中较粗大的矿物颗粒。由于受风化作用较深,故显得皮厚。这种粗皮翡翠内部的地子质量亦较粗糙,常有明显的石脑、石花等缺陷,透明度一般也不好。

② 砂皮,指具有砂状外皮的翡翠籽料,又称"水返砂"或"水翻砂"。遭受的风化作用较浅。外观呈砂样的粒状结构,致密、坚实、皮薄。这种砂皮翡翠内部的地子质量甚好,可由半透明至透明,当然也有不透明者。

③ 细皮,指具有细腻外皮的翡翠籽料,又称"水籽"。这是天然翡翠中的质量最好者。结构极为致密,质地非常细腻、坚韧,表皮细润。遭受的风化作用很浅,皮很薄。水头足,半透明,少数的透明度如玻璃(称"玻璃地")。"翠性"亦表现出极为细小,一般为砂样或针尖样的小反光。

但不同的学者对翡翠外皮的划分所采用的标准并不一致或不完全相同。如徐军(《翡翠赌石传奇》一书的作者)按色泽、质地、形成原因、产地和分布特点等方面的异同,将翡翠的外皮分为 16 种。这里在对其进行分述之前,先介绍徐军对"山石"、"水石"、"半山半水石"的解释。所谓山石,指采自山地,多数为具有皮壳的翡翠玉石。水石,指经过江水冲刷,已经失去皮壳的翡翠玉石。半山半水石,指"先为山石,后因地壳运动等原因落入水中,但尚未完全失去皮壳"的翡翠玉石。16 种皮壳如下所述。

① 黄盐砂皮山石:大小不等,黄色表皮翻出黄色砂粒,为黄砂皮中的上等品的反映。几乎缅甸的所有场口均有黄盐砂皮,产量丰富。新场区的黄盐砂皮没有"雾",种嫩。

② 白盐砂皮山石:大小均有,为白砂皮中的上等品。主要产于缅甸老场区的马那、小场区的南奇、太马坎场区的莫格叠,新场区也有少量白盐砂皮,唯有皮无雾,种嫩。

③ 黑乌砂皮山石:外皮乌黑,主要产于老场区、后江场区和小场区的第三层。小件头居多。其中后江和小场区莫罕场口的黑乌砂皮略发灰,亦称"灰乌砂"。老场区老帕敢的黑乌砂皮黑如煤炭,表皮还有一层蜡壳,故称"黑蜡壳"。由于蜡壳盖着砂,不易辨认。经验表明,蜡壳粘在没有砂皮的皮壳上显得很硬,不容易掉落。还有个别的放置于水中浸泡后容易掉壳,如后江场区的黑乌砂皮。

④ 承翻砂皮山石:表皮带有一片片的水锈色,少数呈黄黑色或黄灰色。大多数场区均有产出。但要特别注意,其砂是否翻得匀称。老场区马勐湾场口的黄乌砂皮也带有一些水锈,很相似;回卡的水翻砂皮很薄,当光线透过时可以使皮子透出内部颜色。

⑤ 杨梅砂皮山石：大小不等，表面的砂粒像熟透的杨梅，呈暗红色，有的带槟榔木色（红白或红黄色相间）。主要产于老场区的香公、琼赢和大马坎场区的莫格叠。

⑥ 黄梨皮山石：皮黄如黄梨色，微透明，出色料高，多为上等翡翠玉料。

⑦ 笋叶皮半山半水石：黄白色，皮薄，透明或不透明。大马坎场区最多，老场区也有。

⑧ 腊肉皮水石：皮红如腊肉，透明，光滑，产于乌尤江沿岸的场口。

⑨ 老象皮山石：灰白色，表皮似乎老得起皱，粗糙，外观似无砂，但摸着糙手，地好，多为玻璃地，主要产于老场区老帕敢。

⑩ 石灰皮山石：表皮似有一层石灰，用铁刷可刷掉石灰层，露出白砂，种好，主要产于老场区。

⑪ 铁锈皮山石：表皮有一片片的铁锈色，多数地灰，如果是高色，就能胜过地。

⑫ 得乃卡皮山石：皮厚，如同得乃卡树皮，出色料率高，容易赌涨，主要产于大马坎地区的莫格叠。

⑬ 脱砂皮山石：黄色，表皮容易脱掉砂粒。有的慢慢变白，有的仍呈黄色或红黄色。种好，主要产于老场区。

⑭ 田鸡皮山石：表皮如田鸡皮，皮薄，光滑，多透明，无砂。有蜡壳，易掉落。种好，主要产于后江场区，产量丰富。

⑮ 洋芋皮半山半水石：皮薄，透明度高，地子好。多产于大马坎场区的那莫邦凹场口。

⑯ 铁砂皮山石：外形类似鸡皮砂，看上去很坚硬，地好，主要产于老场区，数量不多。

13. 绺

绺是指翡翠中的裂纹和裂痕。许多是由地壳构造运动而引起的，但也可产生于开采、搬运、加工和佩戴等过程中。它是天然翡翠最为突出的缺陷之一，由于它的存在，以致常常影响或有害于翡翠的质量及对其的加工、销售、利用。通常按大小或规模的差异被分为大型绺、小型绺，按裂开程度的不同被分为开口绺、合口绺。工艺美术界根据其大小、裂开程度、形态特点、展布方向、颜色等方面的差异，常给予不同的名称。

如张仁山对其便有如下划分：

① 夹皮绺：开裂型的大型绺裂。两侧具有一定厚度的明显的风化层，且有红、黑、黄、白等不同颜色，常常上下贯通。因与外皮无异，故以"夹皮"称之。

② 恶绺：开裂型的大型绺裂。没有风化层，但有红、黑、黄、白等不同颜色，常常上下贯通，绺裂中间时而夹杂有水垢、泥污之类。有时按颜色可分为黑绺、黄绺等。

③ 通天绺：开裂型的大型绺裂。颜色不一，也有白色的，绺间没有水垢、泥污之类。上下通天，彻底断裂，故称其为通天绺。

④ 大绺：半开裂型的大型绺裂。一般为白色，绺裂发展不到头，有一定深度和影响。

⑤ 十字绺：由两个方向或三个方向的绺裂成垂直交叉或近于垂直交叉而形成，有大十字绺、小十字绺之分。大十字绺方向明确，有一定深度，易于识别。小十字绺常以内绺的形式出现，不易识别，故易对翡翠绿色构成危害。特别是当小十字绺多而密集时，这种危害就更大。

⑥ 碎绺：半开口的小型绺裂之一，杂乱、散碎地成群出现，色白。如果在绿色中出现，则将造成很大影响，可对翡翠的价值带来直接危害。

⑦ 嵌皮绺：半开口半合口的小型绺裂之一，形如人手的嵌皮，为一小薄层，色白或无色，深度有限。

⑧ 蹦瓷绺：半开口半合口的小型绺裂之一，如瓷器稍加碰撞而产生的小裂痕，常为一小层片，深度有限。

⑨ 小绺：小型的合口绺，有裂纹而无颜色，较小。但在翡翠绿色中出现时则有较大的影响。

⑩ 水线：形如水的残痕，为绺裂中最轻微的，不留心时不会察觉。一般不会对翡翠造成危害，但当在绿色中存在时仍为不利因素之一。

⑪ 顺绺：指与绿色分布方向相同的一种绺裂。

⑫ 横绺：指与绿色分布方向交叉的一种绺裂。在产品中被称为"腰横玉带"。

⑬ 立绺：多指与绿色或产品表面成直立向下的绺裂。

⑭ 卧绺：多指与绿色或产品表面成平行的绺裂。

⑮ 片绺：指浅层时将翡翠分裂为片状的绺裂。

⑯ 层绺：指多层或多条绺裂相互平行的绺。

⑰ 截绿绺：指把翡翠的绿色截住或挡住的绺裂。天然翡翠中的绿色往往沿一定的方向分布，但有的绺裂竟横穿绿色，阻挡了其绿色的延伸。它好像一堵不可逾越的墙似的，把绿色阻止在一边。无疑，这种绺裂对翡翠的危害极大。

⑱ 错位绺：指由于力的作用，致使翡翠的绿色分布错断和发生位移而形成的绺裂。它好像地质学中所记述的天然断层似的，其绿色位移的距离可以很短，也可以较长。当位移距离较长时，其间还可以再次产生绺裂，形成两个独立的截绿绺，此即"错位—截绿绺"。

⑲ 随绿绺：指存在于绿色中，并与其分布方向平行的绺裂。其产生被认为与翡翠的绿色部位质地脆弱和受外力作用有关。这种绺裂的不良后果是有绿有增、"绺随绿走"，因而对翡翠的危害极大。与随绿绺有关的是"靠皮绿"。常言道："宁买一条线，不买一大片"。此"一条线"即呈脉状的带子绿，而"一大片"绿为靠皮绿，或称"膏药绿"、"串皮绿"。其最大特点是绿色只分布于翡翠的表皮，厚度很小。由此看出，随绿绺是指翡翠绿色之中所存在的绺裂尚未裂开者，而靠皮绿则是翡翠的绿色随绺裂开的结果。裂开后的翡翠，如果再经过大自然的搬运和滚磨，就可以各自形成独立的籽料。裂开前"随绿绺"两侧的绿色，在裂开后就会导致翡翠表面形成一个薄薄的绿色层。

在观察和研究翡翠的各种绺裂时，有两点还需注意。

① 绺裂的颜色：一般为白色，如果呈红、黄、黑等色时，则说明翡翠的绺裂已经很严重。如果白色绺裂表现得很明显，说明它已经开裂，形成"开口绺"。那些颜色很淡或察觉不出其颜色特征者，被认为是轻微的"合口绺"。

② 外绺和内绺的特征：通常用肉眼能直接看到的翡翠绺裂称为"外绺"，如夹皮绺、恶绺、大绺等就属于此类，一般容易被人重视。存在和隐藏于翡翠表层或内部，人眼不易看到的绺裂称为"内绺"，如小绺、小十字绺、蹦瓷绺等便是这类。内绺常给翡翠带来危害，人们对此绝不可漠然视之。

14. 门子

翡翠籽料交易时,一般在外皮上开一个或几个大小不等的天窗,用以向购买者显示其内部的颜色和质地,这种天窗叫门子。一般来讲,许多门子都是原料交易商在经过认真研究确定后开的,向你展示的应该是原料最好的部位,在很多情况下,还故意制造假象引你上当。因此,确定外皮与门子的关系是十分重要的。根据交易场中的情况,门子大约有下列三种。

① 线状门子:在翡翠皮上沿绿的走向擦一条线槽或开长条状狭长的小窗,这种门子说明内部的绿分布极不均匀,非常局限,且绺较发育,狭长形的门子即为裂绺的方向。如图 2-3-8 所示。

② 面状门子:在翡翠的皮上绿表现较多的地方或沿着绿的走向,切下一小片,或将籽料的整个皮扒光。绿在籽料上呈面状分布,给人以满绿之感,其实绿可能仅是薄薄的一层。

③ 多处开门子:为了在翡翠的外皮上找绿或显示其内部有绿,而在多个地方开门子。一般高档翡翠籽料常有多处开门子的现象,但有的可能是伪装,即实际上绿仅在表面几处出现,其内部根本无绿。

15. A 货、B 货、C 货和 B+C 货

1) A 货翡翠

A 货翡翠是指除机械加工外,没有经过其他任何物理、化学处理,颜色、结构均保持天然,并没有外来物质加入的翡翠。

2) B 货翡翠

B 货翡翠是指对一些带有颜色,但质地差、不透明、富含杂质的翡翠用强酸处理,溶出杂质后,再用树脂等物质充填而形成的翡翠,即漂白充填处理翡翠。

3) C 货翡翠

C 货翡翠是指其颜色为人工染色的翡翠,即染色(炝色)翡翠。

4) B+C 货翡翠

B+C 货翡翠是指既经强酸溶解、外来物充填,而颜色又是人工染色的翡翠。

(四) 分类

关于翡翠分类的标准尚未得到统一,本书主要从翡翠的矿物组成、产出状况、颜色、透明度等方面进行分类。

1. 根据翡翠的矿物组成进行分类

根据翡翠的矿物组成可将翡翠分为以下五类。

① 硬玉型。

② 主要伴生矿物——硬玉型,如:透辉(石)硬玉翡翠,绿辉(石)硬玉翡翠,钠长(石)硬玉翡翠,闪石硬玉翡翠等。

③ 辉石型,如:绿辉石翡翠,钠铬辉石翡翠等。

④ 硬玉——霓石型。

⑤ 钠长石型等。

2. 根据翡翠的产出状况进行分类

根据翡翠的产出状况可将翡翠分为以下三类。

① 山料翡翠，就是从原生矿床直接开采出来的翡翠原料，中国南方称之为"新山"。矿石通常呈块状，有棱有角，矿物成分、结构、颜色分布均暴露在外。

② 籽料翡翠，具有因受风化作用而形成的外层包皮，多为残积原地或经搬运至河床及其他地方堆积或沉积而成的翡翠，通常呈河卵石状，外部有皮壳包裹，内部矿物成分、结构、颜色分布等均难判断。中国南方称之为"老山"。

③ 山流水翡翠，介于上述两者之间，即经风化剥蚀搬运距离不远，产于残坡积物中的翡翠。棱角清晰，外部有皮壳包裹，内部矿物成分、结构、颜色分布等均较难判断。

3. 根据翡翠的颜色进行分类

翡翠的颜色是人们在资源开发、评价、加工与销售、利用过程中首要考虑和注重的因素，也完全可以说是决定性的因素。因此，国内外总是按颜色的差异来划分和确立不同的翡翠品种。它们在有关翡翠的俗语或行话中已经描述了，在此不再一一列出。

4. 根据翡翠的透明度进行分类

根据透明度可将翡翠分为以下三类。

① 半透明翡翠；

② 半透明至微透明翡翠；

③ 微透明至不透明翡翠。

5. 根据翡翠的结构和透明度进行分类

根据翡翠的结构和透明度可将其分为以下五类。

① 玻璃地翡翠；

② 水地翡翠；

③ 蛋清地翡翠；

④ 油青地翡翠；

⑤ 干地翡翠。

（五）鉴定

1. 原石的鉴定

1）习性与产出状态

由于产出的地质条件不同，山料、籽料和山流水三种原料的外形特征存在较大的差别。一般而言，山料是直接从原生矿中采出的石料，一般呈块状，原石表面新鲜，无风化形成的皮壳，棱角清楚，质地一般较差。籽料一般是河卵石，磨圆比较好，有长期风化形成的皮壳，质量较好。山流水的特征介于上述两者之间。

2）矿物成分

翡翠主要是以硬玉矿物为主的集合体。硬玉属单斜晶系，晶形呈柱状。此外，翡翠也可含其他矿物，如钠铬辉石，有时含量可达 60%~90%，这时称钠铬辉石翡翠；透闪石和阳起石，它们是由硬玉矿物热液蚀变而来，当以这些矿物为主时，称闪石化翡翠；钠长石，当钠长石含量较高时，称钠长石翡翠。真正的翡翠是以硬玉矿物为主要成分的翡翠。

3）结构构造

翡翠常为粒状交织结构、纤维交织结构、毛毡状结构和交代结构等。质量好的翡翠主要是纤维交织结构和毛毡状结构。

4）翠性

由于组成翡翠的硬玉矿物具两组完全的解理,光从解理面上反射,将产生类似珍珠光泽的闪光,俗称翠性,它是鉴定翡翠原石重要的依据。

5）密度

翡翠的密度约为 3.34g/cm³,这一特征极其重要,它可为区别各种作假仿制品、赝品等提供重要依据。

6）折射率

通过一般仪器测定,翡翠的折射率为 1.66。

7）红外光谱谱线

分光镜下,无色者能见到 437nm 的谱线,绿色者除此之外,在 690nm、660nm、630nm 处可能分别见到吸收带,透明度较好者在正交偏光镜下为全亮。

翡翠籽料具有皮壳,而且在翡翠原石交易过程中,一般主要根据皮的情况来判别内部质量,因此,市场上存在伪造皮和染色皮的情况。

8）翡翠原石假皮子鉴定

伪造皮：即在无皮或粗砂皮石料上由人工贴皮制成外表皮,一般是制作细砂皮。特征是皮的粗细、颜色一般十分均一,表面光洁,无裂绺。另外,轻轻敲打,会有掉皮的现象发生,用水煮则更能暴露其本来面目。

染色皮：即将料件带皮染色后所形成的特殊翡翠外皮,和天然者区别不大,但皮下却会产生一层伪装的鲜艳绿色,欺骗性较大。鉴定的办法是,看皮下的颜色,若各处颜色一致,就应产生怀疑,需进一步放大观察,以找出染色的痕迹。

9）假门子鉴定

假门子即在翡翠的外皮上伪装的门子,如图 2-3-9 所示。制作方式和鉴别方法如下所述。

① 镶门子：即用一片色质均好的翡翠籽料粘贴在一块色质均差的翡翠籽料切口上。识别的方法是看结合缝,或放于 60℃ 的温水中,结合缝将有气泡逸出。

② 高翠镶门子：其门子是高翠,但其外皮和内部均是假的,其内部可能用石英岩加铁或铅等材料制成,其外皮则用水泥制成。识别方法是外皮石性不足,密度存在差异等。

③ 垫色门子：即用水头较好的无色或白色翡翠玉片,涂一层绿漆或染色后再粘在翡翠籽料切片上。识别方法是看绺是否完全相接,绿色从内部透出,而不在表面；置于 60℃ 左右的水中,结合处将有气泡逸出。

④ 灌色门子：即在料件正面开一个门子,从后面钻 1~2 个洞,深度距门子 1.0cm 左右,向洞内灌绿漆或绿色涂料,待自然干燥后,封住洞口而成。识别方法是观察绿的特点,其特点是绿从内部发出而不在表面。

2．成品的鉴别

1）与相似宝玉石的鉴别

与翡翠相似的玉石较多，典型的有软玉、蛇纹石玉、石英质玉、石榴子石玉、长石质玉、独山玉、碳酸盐质玉和玻璃等，它们的鉴别特征见表 2-8。

表 2-8　翡翠与相似宝石的鉴别特征

宝玉石名称	主要组成矿物	硬度	密度 g/cm³	折射率	结构及外观特征
翡翠	硬玉	6.5～7.0	3.30～3.36	1.66	纤维交织结构、粒状纤维交织结构，有翠性
软玉	透闪石	6.0～6.5	2.90～3.10	1.61	细小纤维交织结构，质地细腻，无翠性
独山玉	斜长石	5.0～6.5	2.73～3.18	1.56～1.70	粒状结构，且色杂不均
青海翠	钙铝榴石	7.0～7.5	3.57～3.73	1.74	颜色不均，具粒状结构
特萨沃石	水钙铝榴石	6.5～7.0	3.15～3.55	1.72	颜色均一，有较多的黑色斑点，粒状结构
绿葡萄石	葡萄石	6.0～7.0	2.80～2.95	1.63	具放射状纤维结构，细粒状结构
加州玉	符山石	6.5～7.0	3.25～3.50	1.72	颜色均一，具放射状纤维结构
亚马逊玉	天河石	6.0～6.5	2.54～2.57	1.53～1.55	颜色均一，具细粒状结构
密玉	石英	6.5～7.0	2.60～2.65	1.54	粒状结构
澳玉	石英	6.5～7.0	2.60～2.65	1.54	隐晶质结构
东陵玉	石英	6.5～7.0	2.60～2.65	1.54	粒状结构
马玉	染色石英岩	6.5～7.0	2.60～2.65	1.54	粒状结构
岫玉	蛇纹石	5～5.5	2.44～2.80	1.56	颜色均一，细纤维状至叶片状结构
玻璃	二氧化硅	4.5～5.0	2.40～2.50	1.50～1.52	非晶质
染色大理岩	方解石	3.0	2.70	1.49～1.66	粒状结构

上述相似玉石的外观可能较相似，但物理性质和镜下特征存在明显差别，因此，鉴定相对较容易。独山玉手镯与脱玻化玻璃分别如图 2-3-10、图 2-3-11 所示。

2）处理翡翠的鉴别

由于优质天然翡翠十分稀有，价值昂贵，因此，市场上存在着大量通过各种方法优化处理的翡翠。目前常见用于优化处理翡翠的方法有：染色（炝色）、漂白、酸处理、充填、加热、浸油浸蜡等，最主要的处理品种是 B 货、C 货和 B+C 货。以下分别作简要介绍。

（1）B 货的鉴别

B 货翡翠的鉴别通常从下列七个方面进行。

① 外部特征观察：B 货翡翠的外观结构不好，即结构有松散破碎之感，那是由于酸处理的缘故，故与天然翡翠结构不同；B 货翡翠颜色娇艳，无杂质；B 货翡翠颜色有扩散的痕迹；B 货翡翠光泽较弱。这些外观特征有经验者一眼就能作出初步判断。

② 内部结构观察：天然翡翠的结构是镶嵌、定向连续的结构，而 B 货翡翠由于经化学处理，对翡翠的结构产生了巨大的破坏作用，因此表现为结构较松散，长柱状晶体被错开、折断，晶体定向排列遭受破坏，颗粒边界变得模糊等。另外若为胶充填，胶体内可见气泡、龟裂和颜色扩散等现象，胶也可能有老化现象。翡翠 B 货由于晶粒之间充填了透明度高的树脂胶，弥合了晶粒之间的空隙，增强了光线的透射，故在观察翡翠 B 货的内部结构时，会发现晶粒之间的边界模糊不清，尤其是粒度粗的翡翠 B 货与天然的差异非常明显，用侧射光照射天然翡翠时，光的传播明显地受到翡翠的粒间边界或微裂隙的阻挡，而同样粗粒的翡翠 B 货则不然。

③ 密度：天然翡翠的密度为 $3.34g/cm^3$，而 B 货翡翠的密度偏低，一般小于 $3.32g/cm^3$。一般地说翡翠经过酸洗充胶之后，相对密度会明显地降低，这些翡翠 B 货的相对密度会明显地小于 $3.33g/cm^3$，绝大部分的翡翠 B 货会在二碘甲烷重液中上浮。但是要注意的是，有一部分的天然翡翠，由于含有相对密度小的矿物，如绿辉石、钠长石等，也会在 $3.33g/cm^3$ 的重液中上浮。同时，还有少量酸洗处理、充填树脂不多、原生结构也比较致密的翡翠 B 货的相对密度与天然翡翠相似，会在二碘甲烷重液中下沉或悬浮。尽管如此，重液也不失为一种便捷并且客观地鉴别翡翠 B 货的方法。

④ 声音：测试翡翠手镯和挂件的敲声是非常便捷的一种方法，翡翠 B 货的敲击声多为沉闷嘶哑，不够清脆，与天然的不同。这一测试要注意，不能用手把持住玉件，最好把玉件用细线吊起，用另一块实心的玉件轻轻敲击。天然翡翠如果有裂纹，或者质地疏松也会出现嘶哑和沉闷的敲击声，要加以注意。这一方法对手镯最为有效。

⑤ 荧光：天然翡翠很少出现紫外荧光，而经酸洗充胶处理的翡翠 B 货一般都有弱到强的蓝白色荧光。翡翠 B 货荧光的强弱与充填的树脂胶的种类有关，早期的翡翠 B 货有很强的蓝白色荧光，但 20 世纪 90 年代以后制作的翡翠 B 货已很少见有强荧光的现象。依据紫外荧光鉴别的最大问题在于，经过上蜡的尤其是浸蜡的翡翠也具有弱到中等的蓝白色荧光，目前无法区分出树脂与蜡的荧光。所以紫外荧光只能作为辅助性的鉴定方法。

⑥ 红外测试：红外测试一度被当作是鉴定 B 货翡翠最有效的方法，因为 B 货翡翠经红外测试时在 340nm 处可见碳和氢的谱线，这是胶的谱线。但现在这种特征谱线并不能作为最可靠的证据，这是因为出现了无机充填的 B 货翡翠。即有碳、氢谱线者可以说明其翡翠一定是 B 货，反之，无碳、氢谱线者并不能说明它不是 B 货翡翠。B 货翡翠的检测需要用各种方法进行综合检测。

⑦ 酸滴试验：酸滴试验是用来鉴别翡翠 B 货的一种特殊的方法，在翡翠的表面滴上一小点盐酸置于显微镜下观察，天然翡翠可在酸滴外缘出现汗珠，特别是汗珠会沿纹理成串出现，形成蛛网状，酸滴在天然翡翠表面上干涸较快，并会留下汗渍。这一测试的原理是天然翡翠微细孔隙的毛细作用。而酸洗充胶翡翠的毛细孔隙已以被树脂胶充填封闭，不会发生毛细作用，酸滴干涸的速度也慢，无明显的污渍。并且酸洗未充胶的翡翠，由于孔隙大且多，也不会出现珠网状的水珠。这一试验只能作为辅助测试。

翡翠 A 货与 B 货对比特征如图 2-3-12 所示，图 2-3-13 所示为翡翠 A 货橘皮特征；如图 2-3-14 所示，为翡翠 B 货酸蚀纹表面特征，翡翠 A 货与 B 货红外光谱对比特征如图 2-3-15 所示。如图 2-3-16 所示，为翡翠 B 货手镯。

(2) C 货翡翠的鉴别

C 货翡翠,由于其颜色是由铬酸染色而成,因而在查尔斯滤色镜下往往呈红色,这是 C 货翡翠的特征之一。放大观察,颜色主要集中在裂隙或颗粒边界中。染色翡翠总是翠里带黄,绿无光彩和发呆。在较高温度下会褪色,长时间暴露于阳光下会使绿色褪去而变浅黄绿色,用微火烧之亦很快褪色。由于其绿色仅存在于表皮,故滴上几滴盐酸会使其绿色变为微褐色或使绿色完全失去。通过上述方法,较易将翡翠 C 货与 A 货区别开来。

(3) B+C 货翡翠的鉴别

B+C 货翡翠鉴别需要把鉴别 B 货翡翠和 C 货翡翠的方法结合起来,才能达到正确鉴定 B+C 货翡翠的目的。如图 2-3-17 所示,为翡翠 B+C 货手镯。

(4) 其他方法处理翡翠的鉴别

除了 B 货、C 货和 B+C 货翡翠外,市场上还有经其他方法处理过的翡翠产品。下面将分别给出它们各自的鉴别方法。

① 加热处理翡翠:是将黄色、棕色、褐色的翡翠通过加热处理而得到的红色翡翠。这种翡翠的颜色与天然红色翡翠一样耐久。由于它与天然红色翡翠的形成过程基本相同,所不同的是通过加热加速了褐铁矿失水的过程,使其在炉中转化成了赤铁矿。这种翡翠一般不鉴定,也不易鉴别。如果一定要求的话,其显著的不同是天然红色翡翠要透明一些,而加热处理的红色翡翠则会干一些。

② 浸油浸蜡处理翡翠:浸油浸蜡处理较为普遍,该处理是为了保护翡翠,同时也用于掩盖裂纹、增加透明度,因而,对它的鉴别也应高度重视。浸油浸蜡处理翡翠的鉴别不难,因为通过该方法处理的翡翠一般都具有十分明显的外部特征,比较典型的是明显的油脂和蜡状光泽,同时也可能找到油迹或蜡迹。此外,也可通过一些专门的方法予以鉴别,如在盐酸中浸泡,油和蜡会被溶解,裂纹得以恢复;在酒精灯上加热可使油和蜡出溶;用红外光谱可见明显的有机物吸收峰;浸油者可显黄色荧光,浸蜡者可显蓝白色荧光。

③ 漂白处理翡翠:这种翡翠的处理方法与 B 货相似,只是未作充填。因此,鉴定方法也与 B 货翡翠相似。但多数情况下漂白程度较轻,不易发现,只有在抛光的样品表面才留下极细的裂纹,因此鉴别较难,需要十分仔细才能找到线索。

④ 辐照法处理翡翠:辐照法指用高能粒子"轰击"天然硬玉,使其颜色变得浓艳、均匀和有一定的深度,进而改善其质量的一种方法。但如果切开由辐照致色的翡翠,其绿色围绕着表皮分布。运用肉眼直接观察,其翠绿动人,透明度好,唯翠中带蓝。它的表皮有被"轰击"的痕迹,皮色比未"轰击"者深一些。长期暴露于阳光下、加热、加盐酸时会褪色。在查尔斯滤色镜下呈紫红色。

⑤ 镀膜法处理翡翠:镀膜法又称"穿衣法"、"套色法",指选用泰国或法国生产的清水漆,在无色或浅色、透明度好的翡翠表面上均匀地涂抹,干后形成厚仅十几至几十微米的翠绿色膜,进而改善其质量的一种方法。不过,这种艳丽的绿色镀膜用手指摸时有温感,色仅"浮"在表面。被包裹着的翡翠与绿色"非亲非故",似合又离,用火烧、沸水烫、刀刮等均可剥去其伪装的绿色。

（六）评价

翡翠的评价主要包括对翡翠的原石和翡翠的成品两个方面的评价。

1. 原石的评价

在进行翡翠原石的评价时，首先观察翡翠的产状。实践证明，翡翠籽料、山料和山流水的划分在很大程度上反映了翡翠的质量。一般而言，山料因是直接从原生矿中采出的石料，因而原石表面新鲜，无风化形成的皮壳，棱角清楚，质地一般较差。籽料一般是河卵石，磨圆比较好，有长期风化形成的皮壳，质量较好。山流水的特征介于上述两者之间。

具体评价翡翠质量时，山料的评价相对较容易，直接观察其颜色、结构、透明度、净度等，就能做出较可靠的判断。

而籽料和山流水的评价较为困难，评价实践中主要依据皮壳的特点来推断内部的质量，尤其是从皮与质地、皮与绿、皮与绺的关系来进行判断。下面作简要描述。

1）皮与质地

粗砂皮：皮呈土黄色、黄色、棕色、黄白色，一般皮厚质粗，可以看到矿物的粒状结构，行话中称之为土籽、新坑。此种翡翠原料透明度差，硬度低，质地较差。

细砂皮：皮呈红褐色、黑色和黑红色，有的像烟油，有的像栗子皮，有的像红枣皮，有的像树皮色。这种皮表面光滑，皮薄，坚实，靠近皮的内层有一薄的红层。这种皮预示翡翠原料的内部质地细腻，透明度好，硬度高。

砂皮：特征介于粗砂和细砂之间，这种皮的翡翠原料内部情况变化较大。

2）皮与绿

翡翠的珍贵在于绿色，而翡翠原石的绿色常在外皮上有一定的隐现，如皮上有不明显的绿苔，则说明内有翠绿等。绿在外皮上的表现特征可分为绿硬、绿苔、绿眼、绿丝和绿软等。不同的外部表现反映其内部的绿具有不同的特征。

绿硬：又称突起，指的是由硬玉矿物构成的绿带在外皮上呈现稍有突出的绿脊或绿鼓。绿硬反映沿其深部地子坚硬，且可能存在浓艳的绿色，是较好的外部表现特征，行家说"宁买一线，不买一片"，指的就是最好选择有绿硬的原料。

绿苔：又称苔纹，指的是绿色在外皮上呈暗色苔状花纹，具有该种特征的翡翠内部可能有绿。

绿眼：指的是绿色在外皮上呈现漏斗形的凹坑，似眼状，也指示内部可能有绿，但可能是团块状。

绿丝：又称条纹，指的是绿色在外皮上呈带状或线状分布，反映内部有绿，但可能不太好。

绿软：又称沟壑，指的是由透辉石、钙铁辉石或霓石等矿物构成的绿带，在外皮上呈凹下的沟或槽，这种特征反映内部绿较差。

3）皮与绺

绺对翡翠的质量危害极大，即使有高绿，而且质地又好，但裂绺太多，也将会毫无价值，因此，通过观察皮的特征来判断翡翠内部绺的情况意义重大。

绺有大型绺和隐蔽绺之分，大型绺（如通天绺、夹皮绺和恶绺等）在外皮上表现较明显,易于认识。而一些与籽料融为一体的隐蔽绺就很难识别,危害大,常见有下列三种类型。

台阶式:表现为在翡翠外皮上呈大小不同的台阶状,沿台阶的水平或竖直两个方向易出现绺。

沟槽式:在翡翠外皮上呈深浅不同的沟槽状,沿沟槽方向易出现大小不同的绺。

交错式:在翡翠的外皮上有两个坡面以不同角度相交时,在交叉处易出现绺。

普遍的观察技术是弄湿原石的表面。在翡翠原石表皮泼上水,然后打开聚光笔从旁边用目测的方法观察。如果光贯穿整个的原石,这是透明度高的表示。但是,由于原石的结构,颜色可能分散在原石中,使得光线不能贯穿。如果想充分了解原石的质地,有时还将通过抛光或通过切割一个小口子"窗"来观看。仔细地检查并从最好的位置下手,因为如果从"窗"中看到好的颜色或纹理,原石的价值将大幅地上升。相反,如果展现出不好的颜色,价值将有大幅的下降。评价原石时应该仔细检查"窗"是否有被人工涂抹或作伪。

总的来说,翡翠原石的观察目前主要是从翡翠的外皮入手,通过观察皮与质地、皮与绿、皮与绺的关系等方面来判断一块翡翠原石的好坏。此外评价翡翠的原石还要考虑到翡翠的料,砖头料的翡翠通常以公斤计算价值,是只能做一般旅游工艺品的低档原料;花牌料则是中档的翡翠原料;原料里最好的就是色料,能做高档戒面、手镯等饰品。当然,在巨型翡翠原料中也常同时存在这三种材料,这就要求在原石切割过程中具有丰富的经验了。但目前关于翡翠原石的评价基本都是凭个人经验,没有相应和具体的定性和定量的标准。所以翡翠原石的评价也称为赌石。由于翡翠赌石的风险巨大,因此有人一夜暴富,从穷光蛋变成富翁;也有人顷刻间倾家荡产,从富翁变成穷光蛋。

2. 翡翠成品的评价

翡翠成品的评价主要包括颜色、质地、透明度(水头)、净度、工艺、质量等六个方面。

1) 颜色评价

颜色是翡翠质量评价的关键。翡翠颜色千变万化,色调也各不相同,民间有36水、72豆、108蓝之说。但总的来说,其颜色不外是绿、红、黄、蓝、紫、白灰、黑和无色等。在各种颜色的翡翠中,以绿色为最佳,紫色和红色次之,其他颜色均较差。俗话说"家有万斤翡翠,贵在凝绿一方",表达的就是这层意思。

颜色是影响翡翠质量最敏感的因素,也是最难把握的。对翡翠质量的描述很少有完全一致的,目前国际上还未形成一个统一的翡翠颜色分级方案。但不同方案对颜色重要性及其评判标准的认识基本一致。一般认为颜色在翡翠成品中对总质量的影响可达 $50\% \sim 70\%$,具体的情形随其他影响因素如质地、水头等而变化,也随不同种类的翡翠器形而变。颜色判断标准基本上是以颜色的色调、饱和度、亮度(三要素)为基础确定的"浓、阳、正、和"的标准。

正:指颜色的纯正程度,物理学上称为色相或主波长。优质翡翠的颜色要求如雨过天晴时冬青树叶的颜色一样艳绿、纯正,不能在翠绿中有蓝、黄、灰等杂色调,这些色调越浓,翡翠的颜色质量越低。

阳:指颜色的鲜艳明亮程度。明度是单一色谱的明暗状况。颜色明度高为色亮(明),明度低为色暗(阴)。颜色明度高低与翡翠的结构、透明度及厚薄状况有关。明度评价的实质是翡翠绿得"阳"或"阴",即评判绿色是明亮鲜灵还是昏暗、凝滞。翡翠绿得"阳",就是要翠得艳丽、明亮、大方,并发挥出鲜艳的光彩。

浓:指颜色的饱和度,是色光波长的单一或混杂程度。颜色的饱和度高为色浓,饱和度低为色淡。颜色的饱和度与所含致色离子种类、纯度密切相关,同时也较大程度受翡翠结构和透明度的影响。具体评价时,在保证透明度及其他条件的前提下,颜色越浓越好。

和:指翡翠同一颜色的均匀程度。要求整件翡翠饰品的颜色越均匀越好。翡翠颜色要均匀柔和,除了颜色的均匀分布外,还必须使其与质地和透明度相互协调。

目前对翡翠颜色分级比较系统的标准,是欧阳秋眉(翡翠专家)等根据翡翠绿色的纯正程度、均匀程度、浓淡和色泽四个指标将具有不同绿色的翡翠分成六个级别的标准。如表2-9所示:

表2-9 翡翠颜色分级表

级别	纯正程度	均匀程度	浓淡程度	色 泽
Ⅰ级	纯正绿色	不浓不淡	非常艳丽,色与地融为一体	非常艳丽
Ⅱ级	绿色微偏黄色	整体均匀,微浓淡不一	整体浓淡适中	艳丽,可见绿色条带、斑块
Ⅲ级	绿色微偏黄色	显得浓淡不一	浓淡基本适中	较艳丽,整体色泽有变化
Ⅳ级	绿色微偏黄色	均匀	浓淡基本适中	漂亮
Ⅴ级	蓝绿色、黄绿色	较均匀	变化	较漂亮
Ⅵ级	蓝绿色、黄绿色、带有灰色调	均匀	变化	基本漂亮

翡翠按颜色来分,最珍贵的首先是绿色纯正(翠绿)、深浅适当、鲜艳均匀、通透晶莹的翡翠。而翡翠绿色丰富多彩,迄今为止仍很难用科学的尺度和数据去准确说明与定义,在玉石行内有各种形象的说法,但这些说法常随不同区域或不同人的理解而有差异。其次是紫色翡翠,它是翡翠中最常见且具有较高市场价值认同的翡翠之一,市场上常见的紫色翡翠根据色彩及饱和度可以分成五种:皇家紫、红紫、蓝紫、紫罗兰、粉紫。再次是翡色翡翠,它是与绿色相对的一种颜色,一般分为翡红、翡黄两类。此外还有无色翡翠和近几年才被重视的黑色翡翠等几种。

2) 质地评价

翡翠质地过去又称地张、地子。关于质地的认识,历来有不同的理解,传统的认识认为质地是翡翠本身除颜色以外的其他性质,但也有人认为质地就是指翡翠的结构形式,包括翡翠晶粒的粗细、形状及其结合方式。

质地实际上是翡翠形成条件及经历过地质作用的一个重要反映,因此是决定其质量和价值的内在因素。翡翠矿物结晶粗细、形态、矿物结合方式,将会直接影响到成品翡翠的透明度、光泽及其完美性。以下为欧阳秋眉等根据对翡翠中矿物颗粒的理解提出的五级划分方案,见表2-10:

表 2-10 翡翠质地分级表

质地	划 分 标 准	品质等级	工艺名称
非常细	10倍放大镜下可见结晶颗粒	最佳	玉地
细	10倍放大镜下隐约可见结晶颗粒	佳	瓷地
较粗	10倍放大镜下易见结晶颗粒	较佳	粉地
粗	肉眼可见结晶颗粒	差	砂地
很粗	肉眼易见结晶颗粒	最差	石地

3) 透明度(水头)评价

透明度俗称水头,透明度高的称水头长,透明度低的称水头短。翡翠是多晶质矿物集合体,多数为半透明,甚至不透明,透明者十分罕见,很少像祖母绿单晶那样,显得晶莹通透。影响翡翠透明度的因素主要有以下六种。

① 组成矿物的纯度和自身透明度:组成矿物越纯,自身的透明度越高,翡翠的透明度就越高。

② 相邻矿物颗粒间的折射率差的大小:差值越小,反射越少,越透明。

③ 组成矿物自身的双折射率值:双折射率越低,透明度越高。

④ 组成矿物晶体的大小、形状和排列方式:组成翡翠的矿物颗粒越小、形状和排列方式越规则,则透明度越高。

⑤ 翡翠的裂纹、颜色深浅等:裂纹越少,颜色越适中,透明度越好。

⑥ 翡翠的厚度:同一品种不同厚度的翡翠,其透明度存在明显差别,厚度越大,透明度越低。故一些颜色较好,透明度差的翡翠,可通过减薄厚度来弥补;反之,一些颜色较浅而透明度高的翡翠,可通过增加厚度来改善颜色。

翡翠的透明度主要决定于翡翠的质地及颜色,实际上有时这三个不同因素之间是相互影响的,因此行内又将这三个因素融合成为"种"的概念,将翡翠划分为不同的"种",质地细润、透明度好的翡翠,如果再加上颜色翠绿,即所谓的玻璃艳绿,是翡翠中的极品。

从工艺评价的角度,光源与翡翠的透明度也有明显的关系,在光源强和接近中午时的日光的情况下,翡翠的透明度就显得好;相反,如果光源弱或阴天,翡翠的透明度就显得差,因此翡翠评价应以中午有阳光的时候为准。但目前对透明度的分级并不是都在中午有阳光时评价的,这就造成了对透明度评价时存在差别。见表2-11:

表 2-11 翡翠透明度分级表

级别	透明度	阳光透进度	常见品级(种)
Ⅰ级	全透明	10mm以上	常为无色翡翠或冰花翡翠,花件及手镯
Ⅱ级	透明	6～10mm	冰种及少量特级色料,花件及手镯
Ⅲ级	半透明	3～6mm	特级色料中常见,高档花件及手镯
Ⅳ级	微透明	1～3mm	普通的花件料,如豆青、花青中常见
Ⅴ级	不透明	基本不透光	大多做大型雕刻件的"砖头料"

4) 净度评价

翡翠的净度包括两个方面的内容,其一是指翡翠中所包含的包裹体,或者说是杂质与瑕疵的多少及其可见性；其二是指裂纹多少及其可见性。翡翠的净度和宝石的净度一样是影响其质量的重要的因素之一，有时可能还是影响其价值的最重要的因素，因此有时它对价格的影响可能超过其他因素的总和。

瑕疵：翡翠的瑕疵主要有白色和黑色两种。黑色瑕疵，有的呈点状出现，称为黑点，也有成为丝状和带状的，称为黑丝和黑带，主要是一种黑色的矿物，以角闪石最多，黑点多半出现在较深色的翡翠中。白色瑕疵，主要呈粒状及块状，一般称"石花"，"水泡"等，主要是一些钠长石矿物或集合体。瑕疵对高档宝石级翡翠的质量评价影响极大，对中、低档玉雕材料则可按俏色安排而制成精美玉雕工艺品。

裂纹（绺）：裂纹的存在与否对翡翠的质量影响较大。翡翠中的裂纹有两种：一种是由外界冲击造成的裂纹；另一种是晶体间裂纹。受外界冲击造成的裂纹对质量影响极大，晶间裂纹是由粗晶体边界结合造成的，一般影响不大。裂纹一般要在灯光下才能检查，有的裂纹非常隐蔽，需要鉴定者仔细观察。

考虑到瑕疵与裂纹两者的性质相似性及对翡翠价值影响的一致性，可将翡翠净度分成五个级别，见表2-12。

表2-12 翡翠净度分级表

级别	判 别 标 志	包裹体分布
Ⅰ级	10倍放大镜下不见任何裂绺、白棉、黑色斑点	边缘或底部
Ⅱ级	肉眼不见裂绺、裂纹，但在10倍放大镜下可见少量细小的包裹体和棉绺	边缘和小于底部的1/2
Ⅲ级	肉眼下可见少量黑点及棉柳、翠性，10倍放大镜下可见少量裂绺及裂纹	边缘或中心
Ⅳ级	裂绺、棉绺、黑色斑点及翠性较易见	大部分
Ⅴ级	明显可见裂绺、裂纹或各种脏点	全部

5）工艺评价

所谓工艺可以理解为翡翠加工的题材、设计、成品的对称及比例、雕刻抛光的精细程度等诸方面因素的综合。对翡翠成品而言，其加工工艺的好坏，也是影响其质量的重要因素，见表2-13。

表2-13 翡翠成品工艺分级

切工分级	轮廓	对称	比例	厚　　度
非常好（Ⅰ）	很标准	很好	很好	双凸或适中
很好（Ⅱ）	标准	好	很好	适中
好（Ⅲ）	一般	好	好	中等稍厚或稍薄
一般（Ⅳ）	不正	中等	一般	薄
差（Ⅴ）	歪斜	差	差	很薄或挖底

对一些摆件或中低档的饰品而言，工艺的影响有时可能是举足轻重的。同样的一件翡翠原料，加工的题材不同、加工工艺不同所产生的价格差异，有时可能是数倍、甚至是数

十倍的。但要准确评价工艺对价值的影响实际上也存在着许多问题,它除了受市场、时尚、潮流等社会审美观念左右以外,有时还会受"名人"效应的影响。例如,一件玉器如果是某位有名气或受欢迎的玉雕大师做的,其价值就可能会有很大的溢价效应。

6) 质量评价

翡翠的大小或质量也是影响翡翠价值的重要方面。虽然翡翠原料的买卖有多种方式,但按质论价和按质量论价总是有机结合进行的。一些高品质的帝王玉,以克或克拉为单位,一些大块的花牌料则以公斤为单位,而一些质地更差的砖头料也许以"堆"或"吨"来交易。无论哪种方式,翡翠的质量总是影响价值的重要因素。但由于翡翠成品的买卖通常以"件",而不是克或克拉进行的,因此要定量评价就有一定的难度。

综上所述,可以看到影响翡翠价值的因素复杂多样,但是具体到某一方面很难有一个量化的标准,如颜色、质地、透明度等。每个因素的变化对翡翠总质量的评价的影响也不相同,不同的因素之间组合并最终决定翡翠的质量,这种组合至今仍然没有完整的量化数字,因此建立一个完整的翡翠综合分级体系是很重要的。

3. 翡翠饰品估价

对国内玉器市场的调查表明,要笼统地给出所有翡翠饰品的估价公式是不可能的,原因在于不同种类的翡翠饰品,各种质量因素对价格的影响并不相同,无法找到一个平均的可以进行比较的基准价格,亦无法量化每种质量因素对价格的贡献。下面我们将翡翠饰品分为首饰类(主要指戒面)、手镯与玉扣类、花件类和摆件类四大类,分别进行评价。

1) 首饰类的估价

所谓首饰类翡翠是指那些较小块的、颜色和种、质都较好而裂纹较少的翡翠。这些翡翠通常被加工成戒面,经黄金或白金镶嵌后使用,如图 2-3-18 所示。虽然影响这类翡翠价值的因素很多,但归纳起来最重要的因素依次是颜色、质地、水头、大小、工艺和净度六种因素。

2) 手镯与玉扣类的估价

手镯和玉扣虽然大小及外形有差异(俗称光身),但由于其价格的影响因素较为相近,只是其基础价不同,因而放在同一体系中讨论。其中影响手镯与玉扣价格最明显的因素依次有颜色、颜色分布、质地、水头、净度及大小 5 个因素,工艺的影响较小。其中另外一些因素,如多种颜色("福禄寿")、颜色分布形态等,也需要考虑。对于其他类型(福镯、方镯或花镯)或条子特别细者、圈口特别者,也需要考虑。如图 2-3-19 所示,为翡翠绿色玻璃种手镯。

3) 花件类的估价

与手镯和玉扣估价不同的是工艺对花件有明显的影响,而净度或瑕疵的影响较次要。除一些高质量的花件外,大小的影响亦较次要。花件题材往往和时尚、材料的形状以及颜色分布有关。与手镯和首饰类翡翠不同的是,花件的价格与雕刻者的关系更加明显。名师与一般工匠做成的花件,两者的价格可有明显的差别。如图 2-3-20 所示,为翡翠玉牌。

4) 翡翠摆件的估价

对翡翠摆件进行估价较难,主要原因在于雕工对价格的影响较大。同样一块大小和质量的翡翠原料,一般工匠做成的摆件可能只值数万元,但经名师或巧匠设计做成的则可能变成几十万元,甚至过百万元。除雕工外,颜色、颜色比率、质地、大小、瑕疵、题材及购买者的鉴赏能力等因素对价格的影响也非常复杂。

(七) 产地及产状

至今为止,虽然在危地马拉、俄罗斯、美国、日本和新西兰等国发现有翡翠矿床存在,但具有商业开采价值的仅仅在缅甸。因此,这里主要介绍缅甸翡翠矿床的特征,并对翡翠的成因作简要讨论。

1. 缅甸翡翠产出地理位置

翡翠矿区位于缅甸北部的克钦邦西端,矿区西缘与缅北的实皆省相邻,在行政区划上属克钦邦的甘马因管辖。在缅甸已查明的翡翠原生矿矿点近20处。翡翠开采矿山主要分布在亲敦江支流乌龙河的冲积层中。乌龙河上游有两条东西流向且近乎平行的支流发源于翡翠原生矿分布地区。度冒矿山即为南支流的源头。支流流经地区均为高山峡谷,河床处于切割状态,不利于冲击物沉积。两条支流汇合于隆肯北边,并折向南流后,河流冲击层开始发育。乌龙河在霍马林处汇入亲敦江,全长大于240千米。含翡翠矿石的沉积物属第三纪近代河流冲积砂砾层,沉积在蛇纹岩山丘的宽河道内,主要由砂、泥和砾石组成,砾石的成分为片岩、橄榄岩、火山角砾岩等,砾石大小不一,个别巨砾的直径超过1米,属急流搬运。冲积层主要发育在隆肯至派岗之间的乌龙河东侧。翡翠矿区地理位置如图2-3-21所示。

2. 翡翠的矿床地质特征

在地质构造上,缅甸北部处于印度板块和欧亚板块的结合部,按板块分类标准,自西向东可划分为印—缅外岛弧。翡翠矿床即赋存于印—缅外岛弧的低温高压变质带内。印—缅外岛弧高压变质带的主要岩石类型为一组始新世侵入的阿尔卑斯型超基性岩体(蛇纹石化纯橄岩、角闪橄榄岩和蛇纹岩)和广泛发育的各类片岩(蓝闪石片岩、阳起石片岩和绿泥石片岩)。片岩中局部见有花岗岩脉贯入其中。变质时代被认为是早第三纪。

翡翠原生矿主要分布于隆肯以西蛇纹石化橄榄岩中,矿带呈北东向展布,长约34km,宽约11km。矿体倾向比较平缓,一般长度约270m,厚度约2.5～3m。岩墙的结构呈环带状,最完整的矿体结构剖面如图2-3-22所示,岩墙的中心部位是硬玉岩(即主要翡翠矿体),向外依次为钠长岩带、角闪石岩带、硅化蛇纹岩带、蓝闪石片岩带。各带之间呈渐变过渡关系,例如,硬玉岩带与钠长岩带之间,存在钠长硬玉岩带和硬玉钠长岩带。有的翡翠矿体在岩墙中心呈透镜体产出。

(八) 应用

翡翠虽然被划入玉石之列,但它的用途却相当广泛,其中主要用于首饰和玉器的生产,如制作戒面、手镯、素坠、珠、花饰、杂饰、玩物、人物、器皿等。天然翡翠是生产宝石首饰的一种高档材料,特别是那些符合工艺美术要求的小块优质翡翠常常用来生产宝石首饰。选用的翡翠玉料最好呈翠绿色,其次为黄绿、红、藕粉色等。无论颜色是否浓厚、纯正、均匀,但都要求其色鲜艳和明快。如戒面的加工一般用绿色、红色、藕粉色翡翠,其中以绿色者为最好。手镯也用呈绿、红、藕粉色的翡翠,但地子要干净,无绺。吊坠的生产可用各色翡翠。按翡翠玉料的质量可以分为高、中、低三档。然后按不同的档次分别进行合乎实际情况的加工。切割和琢磨时必须严格遵照技术要求进行,对高绿不可任意施工,尤其不能伤绿。在条件允许时,要尽力做好除绺或遮绺、除脏工作,以确保翡翠产品的质量。

花饰的原料用绿色、有绺、有脏的翡翠。杂饰和玩物的原料用料较杂。人物的原料则多用白地俏翡翠,人身为白色,陪衬则用色作俏,并用绿色和红色找俏,通过推凿透眼把脏、绺去掉。翡翠玉器的加工用料较杂,块度较大,设计和施工均有很强的灵活性和自由度。在多色玉料较常见的情况下,人们普遍遵循"因材施技"的原则,具体情况具体处理,从而设计生产出了许多翡翠俏色玉雕作品,如图 2-3-23 所示。在具体设计,尤其加工过程中,有两点必须严格注意。

一是绿色的种类及其分布特征,重点是随时掌握住绿色的色情、分布及变化,绿色与地子的关系以及其他颜色与绿色、地子的配置和变化。如果绿色的分布与原来设计的艺术造型基本符合,翡翠的加工可以继续进行下去。但如果绿色的分布有碍于艺术造型的烘托,这时宁可改动艺术造型设计,也要把人们喜欢的、不可多得的翠绿色烘托出来。一位技艺高超的工艺美术大师在对翡翠玉料进行加工的过程中,常常会随绿色的变化而改动造型设计。只不过在不同的情况下,其改动的程度或大小有所不同而已。

二是瑕疵的分布、大小及危害程度,如果及时处理得当,则翡翠玉器可以变为优质品;否则其危害会很大。因此,除绺或遮绺、除脏等是翡翠玉器加工过程中很重要的一个技术环节。

(九)保养

翡翠在加工的最后一道工序中,会进行浸蜡处理,让表面附着一层蜡质物质,这样不仅可以掩盖翡翠表面的一些微细裂纹,也可以增加翡翠的透明度。但翡翠玉器如果保养不当,则会导致浸蜡和油脂等挥发,翡翠的裂隙逐渐显露出来,透明度也就相对降低了。翡翠具有较强的韧性。但有些消费者却将这一特性误解为不怕摔打。殊不知翡翠同样需精心保养,才能使它柔润娇美的丽质不变。因此,对于翡翠制品来说,不论佩戴与否,都需要进行保养,具体方法主要包含以下五点。

① 在佩戴翡翠首饰时,尽量避免使它从高处坠落或撞击硬物,尤其是有少量裂纹的翡翠首饰,否则翡翠首饰很容易破裂或损伤。翡翠的摩氏硬度很高,耐磨性较大,但同时也带来脆性较大的弱点。通常来讲,就是碰不起,很娇嫩,一经碰撞,有时会产生暗裂纹,虽然肉眼不易察觉,但在放大镜下就会"原形毕露",它的完美性与价值就将大受其损。收藏翡翠时,应珍藏在质地柔软的饰品盒内,若两件以上的,要各自用绒布之类柔质物包裹好,这样才能以防万一。进行剧烈运动时,最好勿戴饰物。经常检查所系绳结,以防脱落。不要与金银或铂金首饰混合存放,需要单独包装存放,因为翡翠的硬度为 6.5~7,远远高于金银和铂金的硬度,混合存放会使贵金属划伤受损。不与其他宝石类及硬物接触,以免受伤。

② 翡翠首饰是高雅圣洁的象征,若长期使它接触油污,油污则易粘集在翡翠首饰表面,影响翡翠首饰的光彩。有时污浊的油垢沿翡翠首饰的裂纹充填,很不雅观。因此在佩

戴翡翠首饰时，一定要保持翡翠首饰的清洁。每次佩戴后，都要用清洁而柔软的白布抹拭，不宜用染色布。也可用清水和微温水清洗，先将它浸在水中约30分钟，然后用小刷子轻轻擦洗翡翠镶嵌饰物，最后，用软纸将水分吸干。注意，切勿直接在水龙头上冲洗。另外，镶有碎钻或宝石陪衬的翠玉件，只宜用干净的白布揩擦。对于镶嵌翠饰最好到专业店清洗，并及时检查金属爪及挂钩。随着社会生活的发展，在日常生活中，使用的化学物品越来越多，这些化学试剂会给翡翠带来一定的损伤，例如各样洗洁剂、肥皂、杀虫剂、化妆品、香水、美发剂等，如若不小心沾上，应及时抹除，以免它对翡翠产生损伤。

③ 长期不佩戴的翡翠可以涂抹一些橄榄油或清淡的无色油，并利用密封塑料袋进行包装，但不能是浓稠带色的机油，因为机油氧化发黄会直接影响翡翠的颜色；若长时间放置，最好洗净后单独存放。

④ 长期佩戴的翡翠制品需要进行浸蜡处理：加热一个装有石蜡的杯子，使石蜡熔化，将翡翠制品放入熔化的石蜡之中浸泡几分钟，取出后用毛巾或毛刷擦洗光亮。

⑤ 目前市场上有很多B货天然翡翠材料，它是经酸泡、注胶后的优化处理品，怕高温。所以不要在烹饪或在其他高温地方工作时佩戴B货翡翠首饰，尤其是B货翡翠手镯。否则很容易使翡翠中的充填物（胶）老化变质，同时也可使经酸处理掉的铁锈斑又重新氧化。

二、软玉

（一）概述

软玉（nephrite）在世界上产地众多，但以中国新疆和田地区产的软玉质量最佳，开发历史最悠久，故苏联地球化学家基尔斯曼称软玉为中国玉。据历史考证，中国人对和田玉的应用可上溯到新石器时代，如浙江河姆渡文化、良渚文化、上海崧泽文化、江苏北阴阳营文化等遗址出土的玉器中，都有大量用软玉制成的品种。中国号称"玉器之国"，在以神农氏、伏羲氏为代表的石器时代和以治水英雄大禹为代表的青铜器时代之间，还可划分出一个玉器时代，这个时代的代表人物就是黄帝，"玉器之国"和"玉器时代"的代表玉石就是软玉。由于在新疆和田一带产出的软玉最有名，因而软玉又称和田玉。

在唐代的诗歌中，有两首脍炙人口的七绝，一首是王昌龄的《从军行》，另一首是王之焕的《凉州词》。《从军行》写道："青海长云暗雪山，孤城遥望玉门关。黄沙百战穿金甲，不破楼兰终不还。"《凉州词》写道："黄河远上白云间，一片孤城万仞山。羌笛何须怨杨柳，春风不度玉门关。"这两首诗歌咏的玉门关为何得名？据考证，公元138年，张骞奉汉武帝之命出使西域，开辟了"丝绸之路"。同时，在敦煌之西的戈壁中设置了两座关隘，由于新疆产的软玉源源不断地通过一座关隘输入内地，因此这座关隘取名为"玉门关"。另外一座关隘叫"阳关"。这也是中国历史所用软玉主要源自新疆的一个佐证。

距今3800年前，在今罗布泊地区孔雀河北岸的古墓沟生活着一群古罗布泊居民，从他们的墓葬中，出土了软玉质玉珠，为死者颈部、腕部装饰品。这可能是现存最早的和田玉器。内地最早用和田玉加工的玉器出土于殷墟妇好墓中，包括三件小型白玉雕，玉材属于籽玉，另有三件残器，可能也是和田玉，当时和田玉已经进入殷商王室贵族的生活，标志着内地以和田玉为主体的玉器时代的开始。周代尤其是春秋战国时期和田玉被更多地使用,这可以从陕西沣西张家坡西周遗址、湖北随县战国初期曾侯乙墓、河北平山战国时期中山国玉及贵族墓出土的玉器中找到例证。好多先秦古籍,如《尚书》、《古本竹书纪年》、《尔雅》、《管子》、《吕氏春秋》、《九章》等,都记载了昆仑所产的美玉。战国到两汉是和田玉使用的第一个高潮期,不仅用量大增,用玉的阶层也广泛起来。汉代中央王朝统治西域,推动了和田玉的生产与输往内地。《汉书·西域传》称鄯善出玉,于阗、子合出玉石,莎车出青玉。武帝时,汉朝的使者已亲临和田,并把他采集的和田玉带回内地。三国以后,由于战乱的影响,玉器发展进入低潮。晋室南渡,中原与西域交通更加困难,也阻碍了和田玉的输出。隋唐时期,和田玉的开采继续见于史籍记载。不过,从文献记载看,和田玉以及和田玉的输入在隋唐时期并不兴旺。宋代使用和田玉的规模超过了唐代。先后统治中国北方的辽金两朝,继承并发展了用玉的传统。元代初期,中央王朝直接控制了和田玉的开采。元中期以后,察合台汗国控制着今新疆地区,和田玉或者通过商人贩入内地,或者由西北宗王进贡。元朝的琢玉工匠亦多,仅大都南城就有百余户聚居。明朝的势力在西域仅及哈密,玉石产地和田、莎车先后属于东察合台汗国和叶尔羌汗国。和田玉输出内地的首要渠道仍然是朝贡和贸易。清代是中国玉器发展的鼎盛时期,和田玉材大规模输出,并以山料玉为主。

中国和田玉历史悠久,蜚声中外,和田玉制品闪耀着"东方艺术"的光辉。中国历代琳琅满目的和田玉精品,既是中华民族灿烂文化的组成部分,也是人类艺术史上的辉煌成就。是中国人民的骄傲,是中华民族的象征。

(二) 和田玉开采

居住在昆仑山山前的原始氏族先民们在劳动中发现了和田玉,不断采集,并通过"玉石之路"输入中原,从而使和田玉登上了中华民族文化艺术之堂,谱写出壮丽的史诗。各民族人民在漫长的岁月中,不断总结积累采玉经验,使采玉方法不断完善。块块美玉都凝结着各民族人民的勤劳和智慧。

1. 古代采玉方法

在几千年的历史进程中,采玉方法由简单到复杂,由易到难,由一种方法发展到多种方法。人们千方百计从各个地方把美玉开采出来贡献人间。最初,人们在河边拾起美丽的和田玉,以后又到河流中捞取那卵圆形的籽玉,继而从河谷的阶地沙砾中挖出那些早期河流冲积物中的美玉;再沿河追溯继而发现了生长在岩石里的原生玉矿。因此,古代采玉方法有拣玉和捞玉、挖玉、攻玉等多种方法,以分别开采产于不同地方的玉石。

1) 拣玉和捞玉

拣玉和捞玉是古代采玉的主要方法。这种方法就是在河流的河滩和浅水河道中拣玉石、捞玉石。采玉有季节性,主要是秋季和春季。茫茫昆仑山中有多条河流,河水主要靠山上冰雪融化补给。夏季时气温升高,冰雪融化,河水暴涨,流水汹涌澎湃,这时山上的原生玉矿经风化剥蚀后的玉石碎块由洪水携带奔流而下,到了低山及山前地带因流速骤减,玉石就堆积在河滩和河床中。秋季时气温下降,河水渐落,玉石显露,人们易于发现,这时气温适宜,可以入水,所以秋季成为人们拣玉和捞玉的主要季节。冬天时天气寒冷,河水冻冰，玉石不易发现，也难以拣捞，因此，冬季一般不采玉。到了春季，冰雪融化，玉石复露出，又成为拣玉和捞玉的好季节。这种季节性采玉，古代文献多有记载。如从晋天福三年（938）张匡邺（供奉官）、高居诲（彰武军节度判官）出使于阗，见到采玉情况。在高居诲《行程记》中记述说："每岁五六月，大水暴涨，则玉随流而下。玉之多寡由水之大小。七八月水退，乃可取。彼人谓之捞玉。"这说的是秋季河中捞玉。这种季节性开采，清政府也有规定，如在乾隆二十六年规定，每年春、秋两季在玉龙喀什河和喀拉喀什河采玉两次。乾隆四十八年（1783）增添桑谷、树雅两处采玉。乾隆五十二年（1787）停采春玉，只在秋天采玉。

古代在河中捞玉有一套严格的制度。据高居诲在《行程记》中记载："其国之法，官未采玉，禁人辄至河滨者。"《新五代史》也同样说："每岁秋水涸，国王捞玉于河，然后得捞玉。"从这些历史文献所知，那时，王公贵族十分珍视和田玉，奉为珍宝，采玉季节开始，要举行采玉仪式，首先得于阗国国王亲临现场，象征捞玉于河，然后，才容许国人采玉。这种作法，与中国古代传统的礼仪有关，凡隆重之事，官员要亲自到场。

古代采玉有官采和民采。首先是官采，即在官员监督下，由采玉工人捞玉，所得之玉全部归官。官采也有严格的规定。清代椿园（乾隆进士）写的《西域闻见录》中记述了当时的捞玉情景："河底大小石错落平铺，玉子杂生其间。采玉之法，远岸官一员守之，近岸管官一员守之，派熟练回子或三十人一行，或二十人一行截河并肩，赤脚踏石而步，遇有玉石，回子即脚踏知之，鞠躬拾起，岸上兵击锣一声，官既过朱一点，回子出水，按点索其石子去。"清代福庆（新疆文人）在一首诗中有同样的描述："羌肩跣足列成行，踏水而知美玉藏。一棒锣鸣朱一点，岸波分处缴公堂。"可见，那时捞玉是何等的严格，官兵层层把守，河中的玉石财富，全为官府垄断攫取，当地人民所得到的是奴隶般沉重的差役。

至于民间捞玉，清代前期严禁。为阻止民众自行捞玉，清政府在"和田西城外之东西河共设卡伦12处，专为稽查采玉回民"。直到嘉庆四年（1799）才开玉禁，规定在官家采玉之后或官家采玉范围之外进行，人们在白天或晚上分散拣玉或捞玉。

古代捞玉的河流不少，历史上著名的玉河有：和田地区的玉龙喀什河、喀拉喀什河，叶城一带的叶尔羌河、泽普勒善河及且末县内的一些河流。这些河流所产的和田玉古代文献也有记载，如《西域闻见录》中说叶尔羌河所产之玉"大者如盘如斗，小者如拳如栗子，有重三四百斤者，各色不同，如雪之白，翠之青，蜡之黄，丹之赤，墨之黑者，皆上品，一种羊脂朱斑，一种如波斯菜而金色透露者，尤难得"。世界著名的《马可·波罗游记》中也说："培因省，首府叫培因，有一条河流横贯全省，河床中蕴藏丰富的玉矿，出产一种名叫尔西顿尼和雅斯白的玉石。"又说，"沙昌省境内有几条河流，也出产玉石和碧玉，这些玉石大部分销往契丹，数量十分巨大，是该省的大宗输出。"值得注意的是，上述文献中的产玉河，迄今已很少采玉了。如果人们按古人捞玉之法采玉，或许会大有收获。

古人在玉河中如何捞玉呢？明代科学家宋应星在《天工开物》一书中所附的捞玉图，给了人们答案。在《白玉河捞玉图》中，可见人们于月光之夜在河边观察玉。宋应星在书中说："凡玉映月精光而生，故国人沿河取玉者，多余秋间明月夜，望河候视，玉璞堆聚处，其月色倍明亮。凡璞随水流，仍错离乱石浅流之中，提出辨认而后知也。白玉河源向东南，绿玉河源向西北，亦力把力地，其地有名望野者，河水多聚玉。其俗以女人赤身没水而取者,云阴气相召,则玉留不逝,易于捞取,此或夷人之愚也。"

关于捞玉的方法,古代文献虽多有记载,然而,由于古代对玉的宗教化,采玉蒙上了许多神秘的色彩,有一些不科学的说法,如"踏玉"、"月光盛处有美玉"、"阴人召玉"等。对这些说法,不少学者进行了调查研究和实验,在此有澄清的必要。

"踏玉"说,认为采玉人在河水中凭脚下感觉,可以分辨出玉和石来。《西域闻见录》中就有此说。实际上,和田玉籽玉杂于乱石之中,籽玉与其硬度相近的石英岩、硅质岩等砾石,经作者实验,脚触感相似,踏脚区别不开。又访问多年采玉老人,也认为脚踏辨玉不存在。因此,古人河中捞玉,关键是凭眼睛观察,当发现可能为籽玉时,即拾起再仔细区别。

"月光盛处有美玉",这种说法见于《唐书》等历史文献中,如说"月光盛处必得美玉","玉璞堆积处,其月色被明"等,是说在月光之下,籽玉特别亮,如见到月光下很光亮的石头,必得美玉。现代有人解释为:因玉多洁白润滑,反射率较大,故显得月色倍明。实际上,和田玉的折射率和反射率不大,不具发光性。经实验,在夜晚明月当空的水盆中,和田玉与同一颜色的石英岩或大理岩砾石没有什么区别,没有见玉因月色而倍增的情况。有经验的拣玉者,辨水中之玉,主要看玉的油脂光泽和色泽。

"阴人招玉",这是古代当地人的迷信之说。古代有的官员认为玉聚敛了太阴之光,是聚阴之光,如有阴气相召,则易于捞玉。于是,强迫妇女下河捞玉。在强劲秋风吹拂的水里,妇女在河中捞玉非常辛苦。

实际上,古人在乱石累累的河中可以拣到美玉,主要靠人们的经验。当地人民积累了丰富的经验,他们知道玉是石中之美者,有漂亮的颜色,如雪之白,梨之黄,墨之黑;有令人喜爱的光泽,如羊脂般滋润;有细腻的质地和坚韧的特性。

2)挖玉

挖玉是指离开河床在河谷阶地、滩地、古河道和山前冲积洪积扇上的砾石层中挖寻和田玉。这些地方的玉也是由流水带来的,但早已离开河道。砾石层之上早已有或多或少的沙土覆盖,砾石层中有的已被石膏和泥沙所胶结或半胶结。由于挖玉付出的劳动很艰巨,长时间局限在很小的范围里,获取率很低,不如拣玉效果明显,因此从事挖玉的人不多,只有当某地已经有了出玉的可靠消息,而且大有希望的时候,才会吸引人们去挖玉。

已知著名的挖玉地点是玉龙喀什河东岸,洛浦县吉牙乡的古马特,过去曾被称为胡麻地。该地挖玉的最早时间不详,到清代乾隆年间已在此采贡玉。乾隆二十四年(1759),清政府在和田设有办事大臣,和田城设三品阿奇木伯克,以加强统治,收罗贡玉。那时,和田采玉充贡,岁有常例。此地因产羊脂玉,所以,采玉人不少。清代诗人肖雄记载:"大、小骡马地,两地产枣红皮脂玉,在沙滩中掘取,当是生长其间者。"谢彬于1916年到和田,在《新疆游记》中说:"小胡麻地,前清于此采贡玉,居民迁千余户。"

到了晚清,贡玉已停止,采玉由民间自行开采。洛浦县设立于清光绪二十八年(1902),该县主簿扬丕灼在《洛浦县乡土志》中记述了胡麻地采玉的情景,那时挖玉者甚众,"小胡麻地在县北三十里,尽砂碛,因出子玉、璞","寻挖者众,沿沙阜有泉,起房屋,植树木,以便客民寓居之所","任人挖寻,不取课税"。扬丕灼还写下了《浪淘沙——玉河八景词》共八首。其中《完璞呈华》一首即描绘了在小胡麻地采玉的情景:"月出澹云遮,渺渺平沙。眼前完璞见青华。道是似萤萤又细,碧血犹差。终日听鸣鸦,夜夜灯花。水泉声里有人家。举畚朝朝趋社鼓,一路烟霞。"可见,当时挖玉场面十分热闹,"夜夜灯花",所挖得之玉,"似萤""碧血犹差",多为青白玉和青玉。挖出玉也很多。

清代以后,这里也不复采玉了。考古学家黄文弼于1929年到小胡麻地考察时,已无采玉者。他写到:"为当地人掘玉石之所,旁有乾河川一道。河岸高二丈许,两旁沙积迤逦继续不一,现水已干,唯有泉水南流,当地人即在河中掘起玉石。俗称羊脂玉,以言白润如脂也,现不多见,亦无开采者。"

以往采玉的乾河谷宽500~800m,自西南向东北蜿蜒展布。河谷中尽是沙砾,犹如戈壁荒漠。但其中有一处处盘状和漏斗状洼地,四周卵石散乱堆砌,为过去挖玉的遗迹。在河谷两旁为表面起伏不平的阶地,由于引水灌溉,已造就了片片绿洲和林带。过去挖玉之盛况已为农业所替代,当地居民仅知道这里过去挖过玉,但不知道究竟哪里有玉,现在也没有人去挖玉。

挖玉的方法,据谢彬在《新疆游记》中说:"常以星辉月暗候沙中,有火光烁烁然,其下即有美玉。明日坎沙得之,然得者恒寡,以不能定其处也。"此说难以置信,因玉不会"火光灼灼然"。挖玉首先是选择地点挖直径10~20m的大坑,边挖边找玉,挖得沙砾堆砌坑周围,采坑一般上大下小,呈漏斗状。因现今已塌陷,不知坑的深度。

虽然现代难以挖玉了,但是古代挖玉给人启示,在老河床或河谷阶地中是有籽玉的,应当注意找寻和开采这一类型的玉石。

3) 攻玉

古代所谓攻玉有两种含义,一是指加工琢磨玉,如《诗经·小雅》所说:"他山之石,可以攻玉。"二是指开采玉,如《穆天子传》中所记周穆王登昆仑山"攻其玉石"。这里所说的攻玉是指开采山玉,即开采原生玉矿。

中国开采山玉已有很长的历史,在《史记》中记载有"其山多玉石",《汉书》中说:"莎车国有铁山,出青玉。"这说明,汉代已知山上有玉,已开采山玉了。

采山玉比采籽玉难,玉石在昆仑雪山之巅,交通险阻,高寒缺氧,正如《太平御览》中所记:"取玉最难,越三江五湖至昆仑之山,千人往,百人返,百人往,十人返。"即使如此,古代人们冒着生命危险,仍在昆仑山和阿尔金山采玉取宝。

史料记载的古代采山玉地点,在清代以前比较笼统,没有具体矿山,到了清代,记载比较详尽。清代采玉矿山不少于6处,主要是塔什库尔干县大同玉矿、叶城县密尔岱玉矿、皮山县康西瓦玉矿、于阗县阿拉玛斯玉矿、且末县塔特勒克苏玉矿、且末县塔什赛因玉矿。在这些玉矿可以看到古代的采玉坑和采玉人留下的遗迹。

2. 现代采玉方法

现代的采玉方法比古代先进了许多。在"采玉"方面已不像古代那样富于迷信色彩,而是有科学性。

1) 拾籽玉

拾籽玉就是在河道中拾取流水携带和冲刷暴露出来的籽玉。在昆仑山北麓,凡上游有玉矿的,中下游就可以找到籽玉。从人类在昆仑山北麓定居至今,数千年从河道中拾玉已有传统和经验,大家皆知河中产玉,也认识玉。邻近和田两大河的常住户,家家都有籽玉就可以证明。现代没有拾玉的专业团体和组织,也不像古代要缴纳拾玉的税金,所以拾玉是分散而自由地进行的。拾玉既有专门从事者,也有随机者。凡邻近和路遇玉河的人,谁都跃跃欲试,祈求拾到籽玉。

专业拾玉者多是中老年人。他们家住玉河附近,以往找到玉的经历给他们以信心和力量,夏秋洪水过后的河边常常见到他们的身影和足迹。农村的拾玉者,往往光着脚,手持带铁钎头的木棍,沿河在卵石滩慢慢行进,一旦有发现,不管是什么颜色的玉,都用钎头插入石缝刨出玉石,用水冲洗干净放进马褡,然后继续搜寻。

专业拾玉人有较丰富的经验,很注意选择拾玉的地点和行进方向。他们找玉的地点往往在河曲内侧的石滩,河道由窄变宽的缓流处和河心砂石滩上方的外缘。这些地方都是水流由急变缓处,有利于玉石的停积。拾玉进行的方向最好是自上游向下游行进,以使目光与卵石倾斜面垂直,易于发现;但最主要的是要随太阳方位而变换方向,一般要背向太阳眼睛才不受阳光的刺激而又能较清楚地判明卵石的光泽与颜色。鉴于昆仑山北坡河流的流向主体上自南而北,所以,自上游而下最佳的拾玉时间是上午。但在河流流向变化的地方或阴天,则又当别论,要灵活掌握。

随机碰运气的拾玉者,没有条件讲究,只在有机会临近玉河时,放慢速度,运足目光,格外仔细地去捕捉有玉石表象特征的信息。他们往往只注意白色石头,常被石英质砾石所愚弄,先欢快后遗憾,若真正发现玉石则欢欣若狂,大喜过望,给下次拾玉又积聚了力量。从玉石收购情况看,一般偶然得玉的产量占籽玉总产量不到十分之一。但是偶尔拾玉者有时能获得很好的白玉,这大约是因为他们特别注意白玉的缘故。

河流中下游的籽玉块度都不大,多在0.2～1.5公斤之间,其中小于0.5公斤者约占30%,仅有少数可达3～5公斤。小块玉亦可随形施艺,雕琢小件。

在河流上游可以拾到大块度的籽玉,但能用作玉雕的料较少,大部分是重几十公斤至上百公斤的模料玉。这些玉石质次色深,结构粗糙,呈暗灰绿色,斑杂不一,有较多细小脉穿插,不能碾琢工艺品,但仍坚韧耐磨,可用作工业上的模具。其产量超过了中游拾得的籽玉。

为了收购群众拾得的籽玉,于阗等地段设有玉石收购站,收购的范围东有且末县、民丰县、于阗县、策勒县;西有莎车县、叶城县、墨玉县及和田县。现代出玉的河流十几条,但以大河为主。主要有叶尔羌河、喀拉喀什河、玉龙喀什河等。每年收购的数量还是以喀拉喀什河与玉龙喀什河居多,约占90%～95%。

和田的两条大河历来是拾籽玉的主要河流,是世界上有名的玉河。但是,围绕玉河是两条还是三条,古代发生了激烈的争论,直到今天认识还不一致。古代文献中,有的认为有白玉河、绿玉河、墨玉河三条;有的认为只有白玉河与绿玉河两条。现在有的认为绿玉河是墨玉河的支流。到底如何呢?从地形图上或卫星照片上都清楚看到只有两大河流,即玉龙喀什河和喀拉喀什河。当然,这两大河流也与其他许多大河一样有不少支流。这两大河均源于昆仑山,昆仑山为产玉之地,河中自然有玉。

喀拉喀什河,古称墨玉河,河边的县城墨玉即以此得名。但是,这条以产墨玉驰名的墨玉河,今天却不见有墨玉,而真正产墨玉的地方在黑山,即古代的喀朗圭塔克,这属玉龙喀什河的支流。为什么历史上又叫墨玉河呢?原来这河中产有大量碧玉,这种玉石呈绿色,风化后外表漆黑,油光放亮,形似墨玉。碧玉矿物成分与和田玉相同,化学成分也很相近,属软玉。但其成因与超基性岩有关,与和田玉不同。因此,古代有人把碧玉误称墨玉。但同时也有人称为绿玉,这正和明代科学家宋应星所说的一样。因此,古代的绿玉河、墨玉河实为一条大河,即喀拉喀什河,但是,这条河不仅产碧玉,也产白玉。在它的上游有几处和田玉原生矿床,在它的中下游也可以常拾到白玉。

玉龙喀什河,即古代著名的白玉河。这条河源于茫茫昆仑山,流入塔里木盆地后,与喀拉喀什河汇和成和田河,河流长325公里,有不少支流,流域面积1.45万平方公里,河里盛产白玉、青玉和墨玉,自古以来是和田出玉的主要河流。人们拣玉主要在中游,而上游因地势险恶,很难到达。黑山地区发现白玉后,给找玉人带来了新的希望,人们冒险前往。黑山,古称喀朗圭塔克,该山是昆仑山主峰之一,群山峻巅,冰雪盖地。产玉地点为阿格居改山谷,此为玉龙喀什河支流之一,距喀什塔什乡里山大队约30公里,部分河段冰积物广布,山坡崩塌,巨砾遍布,只有徒步到达,雪线以上冰川遍布,海拔高5 000米以上,相对高600～1 000米。冰川的冰舌前缘部位,因冰川下移至雪线附近逐渐融化,故常常发现自上源携带的和田玉砾。冰川的舌部高达数十米至百余米,晴日不断裂解崩落,伴随着雷鸣般的巨声,漂砾与冰块滚泻而下,落入河中,故在冰河之下也可以找到美玉。雪融水每日有一次洪水,洪水把巨大的冰块沿河冲向下方,这些冰块及冰层融化后也露出玉石,产出的玉石有白玉和墨玉。近十余年来发现的两块大白玉就在冰积垄中。正是这种美玉吸引了不畏艰难的探宝者,他们在雪山找玉,在高山河谷中探宝。此处出玉也引起了地质工作者的兴趣,多次深入玉龙喀什河上游支流的诸冰川谷调查,见有白云石大理岩与花岗岩的接触蚀变带,在山麓坡积物中可见有白玉。可惜的是,基岩露头在冰山之上,四周为冰川覆盖,人们可望而不可达。地质学家认为,此地区应有原生和田玉矿床,是玉龙喀什河中籽玉的主要来源之一。

2)开采山玉

现代采玉与古代采玉的一个显著不同,就是开采原生玉矿占主要地位。新中国成立以来,建成许多玉矿山,用较先进的方法采玉,使得采玉规模扩大。先后有十余处玉矿都曾开采,但规模较大者为于阗县阿拉玛斯玉矿和且末玉矿,其他地方如塔什库尔干县、叶城县、皮山县、和田县、策勒县等都是曾短期开采玉矿。

于阗县阿拉玛斯玉矿:此矿在古代开采基础上,于1957年建矿,继续开采近30年,这是以往生产白玉的主要矿山。该矿位于高山之巅,海拔高4 500～5 000米,汽车只能通到柳什大队,从柳什到矿山有两天路程的驮运小路,交通非常困难。

按生产状况可将此矿采矿历程分为三期。

第一期为建矿后的头三年。为露天手采,在原戚家坑的各坑口上施采。以錾子、榔头、铁钎等工具凿石取玉,效率比较低。年均采玉量为3吨。采出的玉主要为青白玉,还有约四分之一的白玉。

第二期为20世纪60年代。使用打眼放炮的办法,硐采与露天相结合,生产效率有所提高。但因无动力设备,井、硐内以油灯、蜡烛照明,硝铵炸药爆破,炸碎和炸飞了部分玉石。年产玉量平均约3.5吨,其中白玉占三分之一,其余为青白玉,还有为数不多的青玉。

第三期为20世纪70年代至80年代。为硐采,采用电钻及风钻打眼,硝铵炸药爆破,坑道内电灯照明。由于硐内不受风雨影响出勤率高。全矿设4个坑口,2个掘进巷道,

2个掌子面采玉。硐采的作业面小,出渣量大,坑道以外的玉材质量不高。此期年均采玉量约4吨。遇上矿体大,年采量达七八吨或十吨;遇上小矿体,年产量仅一两吨。

20世纪80年代初,采玉行业推行金属燃烧剂爆破法,比烈性炸药爆破好,玉的损耗大量降低,但此法阿拉玛斯矿还未使用,加之采矿矿深已达50米,玉色变深,主体为青玉,白玉减少,销路不佳,采矿处于低潮。

但是,该矿并没有枯竭,经地质部门调查研究,认为仍存有相当的储量,但其主要矿脉浅部以白玉为主。深部已渐变为青白玉及青玉。今后采矿应注意充分利用资源,采掘浅部以往巷道以外的部分;大小矿体兼采,不能将注意力仅集中于大矿脉;要进一步提高获取率,提高采出玉的品级,小玉块也应收集。

且末县塔特勒克苏玉矿:此矿建于1972年,也是在古矿山基础上建立的。早在汉代时,文献中记载有鄯善国出土玉。鄯善国在现今若羌县。塔特勒克苏正位于且末县与若羌县的交界附近,见有古矿坑。此矿在1972年发现开采以来,已成为目前新疆产玉最大的矿山,1983年产玉料达70.8吨,玉石主要为青白玉和青玉。

在塔特勒克苏玉矿以东有塔什赛因玉石矿,距且末县城约150公里,于大沙河上游的高山上,海拔高5 000米。交通非常困难,从大沙河上驮运三天才能到达矿区。此矿也已进行开采。

除了上述两大玉矿外,在叶城县密尔岱和要隆玉矿、塔什么库尔县大同玉矿、皮山县赛图拉玉矿、策勒县哈牛提玉矿等,也有间歇性小规模开采,产量多少不一。

新疆维吾尔自治区的和田玉原料,主要产在巴音郭楞蒙古自治州的且末县、若羌县、和田地区的于田县、和田县及喀什地区的叶城县等地。年产和田玉原料约120～130吨,其中一级料约占15%。和田玉原料以且末玉石矿开采最多,年产达100吨左右。这些玉石大部分以原料销往内地,主要是河南南阳地区镇平县,那里的大大小小的玉石加工厂或小作坊,所用的玉料基本上都是和田玉。只有少量质量好的白玉或青白玉山料及籽料,被扬州、上海、北京、苏州等地的厂商买走,还有极少量的被台湾地区的客商买走。自治区本地加工的,不及年产量的10%,且多为白玉山料或籽料。

(三) 基本特征

1. 化学成分和矿物成分

软玉是一种含水的钙镁硅酸盐,化学式为 $Ca_2(Mg,Fe)_5(Si_4O_{11})_2(OH)_2$。它是造岩矿物角闪石族中的透闪石-阳起石系列中的一员。透闪石为白色、灰色,而阳起石为较深的绿色,这是由于氧化亚铁含量不足引起的。亚铁经氧化成三价铁,颜色变成红棕色,特别是在裂缝部位以及还有暴露在外的截面部分。根据研究,软玉的化学成分理论值应为: SiO_2 59.169%; CaO 13.850%; MgO 24.808%。而实际上不同产地或不同亚种,其化学成分略有不同。

2. 结构特征

软玉的典型结构为纤维交织结构,块状构造。质地致密、细腻。软玉韧性好,其原因是因为纤维的相互交织使颗粒之间的结合力加强,产生了非常好的韧性,不易破碎,特别是经过风化、搬运作用形成的卵石,这种特性尤显突出。

据前人对和田软玉的研究,发现和田软玉的主要结构有以下6种。

① 毛毡状隐晶质变晶结构,这是和田玉最典型的一种结构,表现为:透闪石颗粒非常细微,粒度在光学显微镜下无法分清其轮廓,大小均一,交织成毛毡状。具有该结构的和田玉表现细润而且致密,具优质和田玉所具备的特性。该结构在白玉、青白玉、青玉、墨玉中均可见到,与和田玉质地紧密相关。

② 显微纤维—隐晶质变晶结构,指由纤维状透闪石和隐晶质透闪石组成的结构,其中纤维状透闪石呈弱定向排列。

③ 显微纤维变晶结构,透闪石多呈纤维状聚集,大致平行分布。

④ 显微片状隐晶质变晶结构,指主要由片状透闪石和隐晶质透闪石组成的结构,其中片状透闪石的含量不高,具有弱定向性。肉眼观察手标本时,片状透闪石表现为斑点状杂质;若大量存在,则会影响玉石的质量,在琢磨时需要剔除,故具有该结构的玉石质地一般较差。

⑤ 显微片状变晶结构,透闪石颗粒呈叶片状分布,具有该结构的玉石质地一般较粗,甚至无经济价值。

⑥ 放射状或帚状变晶结构,该结构在和田玉中较少,是纤维变晶结构的另一种表现形式,表现为透闪石纤维颗粒聚集成帚状,并伴有微弱的波状消光现象。推断可能是在气水溶液热变质的条件下,透闪石围绕中心强烈向四周急速生长,结晶成放射状。

另外,和田软玉还具有下列两种不常见的交代残余结构。

① 残缕结构:包裹在变斑晶或变晶透闪石中的残余矿物,与基质中同种残余矿物沿变余层理内外断续相连。这种结构表明,在变斑晶或变质矿物原地重结晶未完全吸收和排除掉原岩相应组分、而在应力不强、反应不充分的环境下形成,它为我们分析和田玉变质作用环境及条件提供了有效的证据。

② 交代冠状结构:表现为片状透闪石沿被交代的白云石残骸的晶体边缘有规律地排布,证明了白云石在含热水溶液的参与下,在晶体粒间经过交代作用形成软玉。

3. 晶系及结晶习性

软玉的主要组成矿物为透闪石,透闪石属于单斜晶系,透闪石矿物的常见晶形为长柱状和纤维状,软玉是以透闪石为主的纤维状集合体。软玉原生矿主要呈块状,次生矿主要呈卵石状砾石状,戈壁玉主要呈块状。

4. 物理特征

软玉具有以下几个主要特征。

① 颜色:软玉的颜色较杂,有白、灰白、黄、黄绿、灰绿、深绿、墨绿和黑等。软玉的颜色取决于透闪石的含量以及其中所含的杂质元素,颜色在软玉的质量评价中至关重要,同时也决定软玉的品种。

② 透明度:绝大多数为半透明至不透明,以不透明为多,极少数为透明。

③ 光泽:一般而言,软玉呈玻璃光泽,但软玉的光泽较为特殊,古人称软玉"温润而泽",是指其光泽带有很强的油脂性,给人以滋润的感觉。这种光泽不强也不弱,既没有强光的晶莹感,也没弱光的蜡质感,使人观之舒服,抚之润美。一般来说,玉的质地越纯,光泽越好;杂质多,光泽就弱。当然,光泽在一定程度上还取决于抛光程度。

④ 断口：参差状。
⑤ 密度：变化于 2.90～3.10g/cm³ 之间，平均为 2.95 g/cm³。
⑥ 硬度：摩氏硬度为 6～6.5。
⑦ 折射率：软玉的折射率为 1.606～1.632，点测法为 1.61。
⑧ 光性特征：软玉为多矿物非均质集合体，其中透闪石矿物为二轴晶，负光性，在正交偏光镜下没有消光。
⑨ 发光性：紫外光下软玉为荧光惰性。
⑩ 吸收光谱：软玉在 498nm 和 460nm 有两条模糊的吸收带，在 509nm 有一条吸收带，某些软玉在 689nm 有双吸收带。
⑪ 特殊光学效应：中国台湾省花莲县和四川等地产的软玉切磨抛光后还有一种特有的猫眼效应，并很像金绿猫眼，极有收藏价值。

（四）分类

1. 产出环境分类

根据软玉产出的环境，可将其分为山料、山流水、籽玉和戈壁玉四类。

1）山料

山料又名山玉、碴子玉，产于山上的原生矿。山料特点是开采下来的玉石呈棱角状，块度大小不同，质地良莠不齐。如图 2-3-24 所示。

2）山流水

山流水名称由采玉人和琢玉艺人命名，即指原生矿石经风化崩落，并由冰川和洪水搬运过，但搬运不远的玉石。山流水的特点是距原生矿近，块度较大，棱角稍有磨圆，表面较光滑。如图 2-3-25 所示，为青玉山流水。

3）籽玉

籽玉是由山料风化崩落，经地质风化、剥蚀以及经流水分选沉积下来的优质部分，籽料呈卵状，大小全有，但小块多，大块少。这种玉质地好，水头足，色泽洁净，上好羊脂白玉就产其中。如图 2-3-26 所示，便为籽玉。

4）戈壁玉

戈壁玉主要产在沙漠戈壁之上，由原生矿石经风化崩落，长期暴露于地表，并与风沙长期作用而成。戈壁玉的润泽度和质地明显比山料好。如图 2-3-27 所示，为白玉与青白玉戈壁料。

2. 颜色分类

软玉按颜色和花纹可分成白玉、青玉、青白玉、黄玉、碧玉、墨玉、糖玉和花玉等几大类，还有许多位于上述品种之间的过渡类型。

1）白玉

白玉指呈白色的软玉，有普通白、羊脂白、梨花白、象牙白、鱼骨白、糙米白、鸡骨白等。是和田玉中的高档玉石，块度一般不大。羊脂白玉是白玉中的上品。其质地细腻，"白如截脂"，特别滋蕴光润，给人以刚中见柔的感觉。这种玉料全世界仅产于新疆。此外，还有以白色为基调的葱白、粉青和灰白等色的青白玉，这类玉较常见。有的白玉籽由于氧化，表面带颜色,若带秋梨色则叫"秋梨籽",带虎皮色则叫"虎皮籽",带枣色则叫"枣皮籽",这些都是和田玉的珍品。

2)青玉

青玉颜色从淡青到深青绿色,有时呈绿带灰色。近年来市场见有翠青玉新品种,淡绿色,色嫩,质地细腻。如图2-3-28所示。

3)青白玉

青白玉指介于白玉与青玉之间,似白非白、似青非青的品种。

4)黄玉

黄玉由淡黄到深黄色,有的质量极佳,黄正而娇,润如脂,为玉中珍品,如图2-3-29所示。古人以"黄如蒸梨"者最好。黄玉极难得,在几千年中偶尔见到,其价值不次于羊脂玉。

5)碧玉

碧玉呈灰绿、深绿、墨绿色,以颜色纯正的绿色为上品。夹有黑斑、黑点或玉筋的质量差一档。碧玉含透闪石85%以上,质地细腻,半透明,呈油脂光泽,为中档玉石。如图2-3-30所示。

6)墨玉

指呈黑、墨黑、深灰或淡黑,有时呈青黑等色的软玉。其黑色或为斑点,或呈云状,或为纯黑色,有"乌云片"、"淡墨光"、"金貂须"、"美人鬓"、"纯漆黑"等名称。在一块墨玉上,黑色的深浅或强弱往往不均,分布多少也不一致。除黑色外,还会杂有青色、甚至白色等。主要由呈柱状、粒状的透闪石组成,其间充填有石墨,致使软玉呈黑色。墨玉由墨色到淡墨色,整块料上墨色不均,黑白对比强烈,可作俏色作品。有的全墨色,即"黑如纯漆",十分罕见,乃玉中上品。如图2-3-31所示。

7)糖玉

糖玉因色似红糖而得名,如图2-3-32所示。糖玉多出现在白玉和青玉中,不是单独一个玉种,属从属地位。

8)花玉

花玉指在一块玉石上具有多种颜色,且分布得当,构成具有一定形态的"花纹"的玉石,如"虎皮玉"、"花斑玉"等。

3. **产地分类**

由于软玉产地较多,不同产地因成因和成矿条件不同,软玉的质量存在明显差别,因此,市场上实际上已经存在按软玉产地进行分类的现象。如新疆和田玉、青海软玉、俄罗斯软玉等。目前市场上的主要品种有以下六种。

1)新疆和田玉

主要分布于塔里木盆地之南的昆仑山深处,西起喀什地区塔什库尔干县之东的安大力塔格及阿拉孜山,中经和田地区南部的桑株塔格、铁克里克塔格、柳什塔格,东至且末县南阿尔金山北翼的肃拉穆宁塔格。在此范围内3 500~5 000m的高山上分布着众多的和田玉原生矿床和矿点,而在相关河流中还产和田玉籽料,主要河流是喀拉喀什、玉龙喀什河流域。居住在这两条河两岸的居民祖祖辈辈在河谷地带挖玉采玉。至今为止,新的玉矿点不断被发现。

新疆和田玉主要矿物成分为透闪石，含微量阳起石、透辉石、蛇纹石、绿泥石和黝帘石等。原生矿体产于中酸性侵入体与前寒武纪变质岩系含镁碳酸盐岩石的接触带及其附近，沿层面构造破碎带、接触带分布。矿体主要呈团块状、囊状和透镜状等，质量好的产于大理岩中，以白玉、青白玉、青玉和墨玉为主；次生矿主要以水蚀卵石形式产于河床砾石中，质地细腻，质量上乘，举世无双。

新疆和田玉历史悠久，颜色丰富，品种齐全，山料、籽料、山流水和戈壁料均有，质量最好，是软玉中的极品。和田玉也是最早将新疆和内地之间联系起来的桥梁和纽带。最早奔波于"丝绸之路"上的驼队，驮着的不是丝绸，而是和田玉，因此，"丝绸之路"的前身是"玉石之路"。

2）青海软玉

20世纪90年代初，经牧民报矿，在青海格尔木昆仑山三岔口附近，发现了一个新的软玉矿床，并随之得到开发利用。矿区位于东经94°22.125，北纬35°54.627，北距格尔木市南73.4千米，海拔4250米。青海软玉虽然地处于高寒偏远山区，海拔虽高，但相对高差不大，开采条件较为容易，因此，年开采量曾达到数十吨。在优质新疆和田玉资源日益短缺的情况下，青海软玉的发现和开采利用无疑对中国玉雕业的可持续发展起了积极的推动作用。

通过研究，青海软玉的主要矿物成分是透闪石，但其含量明显低于新疆和田玉，除此之外，普遍含有方解石、透辉石、硅灰石、白云石等，其中硅灰石是新疆和田玉所没有的。从结构上看，青海软玉与新疆和田玉结构基本相同，主要以纤维交织结构为主，但青海软玉的矿物颗粒明显比新疆和田玉粗，青海玉一般为0.005～0.05mm，而新疆和田玉一般小于0.01mm，多数在0.001mm左右。反映在结晶度上，青海软玉明显比新疆和田玉高，这也是造成青海软玉质量和外观特征与新疆和田玉存在明显差异的重要原因之一。

青海软玉色彩丰富，除白色系列外，还有青色、绿色、黄色、紫色等，一般颜色不正，普遍带有灰色调；在透明度上，青海软玉普遍比新疆和田玉高；在光泽上，青海软玉缺乏新疆和田玉那种特有的油脂光泽。由于光泽和透明度的原因，使得青海软玉总体上缺乏新疆和田玉特有的温润凝重感，并稍显轻飘。如图2-3-33所示。

与新疆玉相比较，青海软玉以山料为主，有少量戈壁料和山流水，至今未见有籽料的报道。

3）俄罗斯软玉

俄罗斯软玉产地较多，但目前国内市场上的俄罗斯软玉主要来自俄罗斯布里亚特自治共和国首府乌兰乌德所属的达克西姆和巴格达林地区，邻近贝加尔湖。俄罗斯软玉颜色丰富，有白、黄、褐、红、青、青白等色，而且往往多种颜色分布在同一块软玉之上。从其断面看，颜色呈明显分带现象，从边缘到中心，颜色依次为褐色、棕黄色、黄色、青色、青白色、白色；矿物颗粒从边部到中心由粗变细。由于受构造运动的影响，铁氧化物常沿裂隙浸染，形成较有特色的棕色、褐色等，类似于新疆的糖玉。研究表明，俄罗斯软玉的矿物组成主要是透闪石，占95%以上，次要矿物有白云石、石英、磷灰石、绿帘石、滑石、磁铁矿等。俄罗斯软玉原石如图2-3-34所示。

与新疆和田玉相比,其矿物成分大致相同,结构相似,成因类型相同,不同之处表现在以下四点。

俄罗斯软玉主要以山料为主,籽料与山流水较少,因此,俄罗斯软玉缺乏新疆和田玉籽料、山流水这样高质量的品种。

俄罗斯软玉虽然同样以纤维交织结构为主,但矿物颗粒稍粗,一般在 0.005~0.02mm 之间,比新疆和田玉粗,接近青海玉,因此,其外观上因质地细腻程度不够,油脂光泽不足而略带瓷性特征。

俄罗斯软玉的糖玉主要是氧化铁沿构造裂隙浸染形成,与新疆和田玉籽料和山流水暴露地表受氧化铁浸染形成的特征具有明显差别。

由于俄罗斯软玉结构较粗,加之多受后期构造运动的影响,因此,俄罗斯软玉的韧性较新疆和田玉偏低。

4)韩国软玉

韩国软玉,简称韩玉或韩料,产于韩国的春川市郊,因此又称春川玉,均为山料,无籽料。韩玉,因其外表类似新疆和田玉,普通玉石爱好者很难分辨。可以从以下几个方面来分别:第一看颜色,韩国白玉中通常白中泛黄,或是偏青且显暗灰,透明度不高,而新疆和田玉颜色自然、温润柔和;第二看光泽,韩国玉抛光后主要呈现蜡状光泽,稍显干涩,而新疆和田玉,呈现油脂光泽,有油润感;第三看质地,韩玉密度略低于新疆和田玉、质地略松、手感略微偏轻,颗粒感强,而和田玉质地细腻、有压手感,光泽温润,有明显的油脂感。韩料软玉玉器,如图 2-3-35 所示。

5)岫岩软玉

岫岩软玉主要分布于岫岩县细玉沟沟头的山顶上。在细玉沟东侧的白沙河河谷底部及两岸的一级阶地泥砂砾石中有河磨玉产出;而在靠近原生矿的山麓或沟谷两侧的坡积物和洪积物中还有山流水玉产出。岫岩软玉颜色多样,主要有白色、黄白色、绿色和黑色等基本色调,以及大量介于上述色调间的过渡色。

岫岩软玉主要由微晶透闪石组成,含少量的方解石、磷灰石、绿帘石、蛇纹石、绿泥石、滑石、石墨、黄铁矿、磁铁矿、褐铁矿等杂质矿物。岫岩软玉主要有长柱状变晶结构和纤维状变晶结构等,单晶颗粒介于 0.01~3mm 之间,明显比新疆和田玉粗,因此,其细腻程度和润泽程度远不及新疆和田玉。河磨玉是岫岩软玉最大的特色,特别的皮壳与基于本色精心雕刻的良好配搭,使其作品具有较高的艺术价值,广受国内外消费者欢迎。

6)台湾软玉

台湾软玉分布于中国台湾省花莲县丰田地区的软玉成矿带内,主要矿物成分为透闪石(含铁阳起石分子成分),同时含少量蛇纹石、钙铝榴石、铬尖晶石、黄铜矿等杂质矿物,颜色以黄绿色为主,纤维变晶交织结构,块状构造。台湾软玉一般分为普通软玉、猫眼玉和蜡光玉三种,其中猫眼玉又有蜜黄、淡绿、黑色和黑绿等品种。普通软玉最多,猫眼玉和蜡光玉较少,并以猫眼玉最受人喜爱和青睐。

除上述产地的软玉品种外,还有产于江苏溧阳市平桥乡小梅岭的梅岭软玉、产于四川省汶川县龙溪乡的龙溪软玉等,国外有澳大利亚软玉、加拿大软玉、美国软玉、新西兰软玉等,由于迄今为止,这些产地的软玉市场占有率低(特别是在中国市场上),在此不再一一作详细介绍。

（五）鉴定

1. 原石的鉴定

软玉原石的鉴定主要依据软玉的习性、产出状态、矿物成分、结构等方面特征。

① 习性及产出状态：目前市场上销售的软玉原料有四种习性或状态，一是产于山上原生矿中的山料；二是山料经漫长的风化搬运作用而形成的卵石，称籽料；三是介于两者之间，经风化剥蚀搬运距离不远，产于残坡积物中的砾石，也称山流水；四是产于戈壁滩上经沙风化和风沙磨蚀作用而形成的戈壁料。由于产出条件不同，四种原料的外形特征存在较大的差别。一般而言，山料因是直接从原生矿中采出的石料，一般呈块状，原石表面新鲜，无风化形成的皮壳，棱角清楚，质地一般较差；籽料一般是水蚀卵石，磨圆比较好，有长期风化形成的皮壳，质量较好；山流水的特征介于山料与籽料之间，有皮，但磨圆度差，棱角清楚；戈壁料呈块状，但经风沙磨蚀作用而表面十分光滑，并具有良好的油脂光泽。

② 矿物成分：软玉的矿物成分主要是透闪石，有时也含与透闪石呈类质同象系列的阳起石；次要矿物有透辉石、滑石、蛇纹石、绿泥石、黝帘石等。

③ 结构：软玉的典型结构为纤维交织结构，质地致密、光滑细腻。

④ 光泽：软玉具油脂—玻璃光泽。

⑤ 密度：软玉密度约为 $2.95g/cm^3$。密度对于鉴定软玉原石较为重要，它可将许多外观相似的材料区别开来。

⑥ 化学成分测试法：软玉化学成分理论值大致为 SiO_2 59.169%，MgO 24.808%，CaO 13.80%，因此，通过分析化学成分，可准确地对软玉原料做出正确鉴定。

2. 成品的鉴定

成品鉴定虽然可借助于现代各类先进的科学技术方法与手段，然而对于软玉成品，特别是珍贵的古玉文物，不但要求作无损检测，而且许多价值连城的文物不方便送到实验室检测，这些客观现实为软玉成品的鉴定带来了困难。因此，在利用现代化技术手段检测的同时，还得借助中国传统的鉴别经验。现代的鉴定方法犹如西医，中国传统的鉴别方法犹如中医，将两者密切结合起来，可起到事半功倍的效果。

从目前市场的情况看，软玉成品的鉴别应包括下列两方面内容：一是与相似玉石的鉴别，这是主要的；二是产地鉴别。虽然世界各地均产软玉，但是以和田玉的玉质最佳，市场价值较高。目前市场上存在青海软玉和俄罗斯软玉冒充和田玉的实际情况，因此，要设法将不同产地的软玉鉴别出来。

1）与相似玉石材料的鉴别

在各种玉石中，与软玉相似的玉石较多，主要的品种有石英岩玉（京白玉）、汉白玉、岫玉、玉髓和玻璃等。这些仿冒品与软玉的外观有时十分相似，但其物理性质存在明显差异，见表2-14。因此，只要用仪器测出它们的物理特征，软玉的鉴别就基本解决了。但在某些情况下，要测定上述物理性质存在较大困难，从而只有依靠建立在扎实宝石学基础上的肉眼鉴别方法。以下作简要介绍。

表 2-14　软玉与相似玉石及人造仿品的区别

玉石名称	主要组成矿物	密度 g/cm³	折射率	摩氏硬度	结构特征
软玉	透闪石	2.95	1.61	6.0～6.5	细的纤维交织结构,毛毡状结构
石英岩玉	石英	2.65	1.54	6.5～7.0	粒状结构
岫玉	蛇纹石	2.57	1.56	5～5.5	纤维状结构,絮状结构
玉髓	石英	2.65	1.54	6.5～7.0	隐晶质
玻璃	SiO₂	2.50	1.51	4.5～5.5	非晶质

2) 不同产地软玉的鉴别

不同产地的软玉,由于其成因、形成条件等方面存在差异,造成软玉的质量也存在一定差异,加之传统玉文化的沉淀不同,使不同产地的软玉客观上存在较大的价值差异。从目前软玉市场的实际情况看,以新疆和田玉价格最高,其次是俄罗斯软玉,再次是青海软玉。因此,存在将不同产地的软玉鉴别出来的客观需要。和田玉和俄罗斯软玉、青海软玉三者在矿层中同处一脉,矿物结构十分接近,因而在玉的外观上有时很难区分。但仔细辨别,它们还是各有不同,俄罗斯软玉透明度不及和田玉,细腻程度也稍逊于和田玉,温润感不足,油性较差,比和田玉略显干涩。青海软玉比和田玉更透明,而油润、细腻等方面又比和田玉稍差,因而显得凝重感稍有不足。和田玉外观上界于俄罗斯软玉和青海软玉之间而显得恰到好处,细腻、润泽、有油性,透明度适中。但不同产地软玉的差别主要表现在内部结构和其微量成分方面,因此,准确的鉴别必须依赖于先进仪器。

3) 软玉假皮色的鉴别

(1) 磨光料加假皮色

第一眼就可看出那颜色太不自然了。最多的是橘红色,这类料籽基本没有汗毛孔。料子也透(青海料居多)。大多为磨光料上色,非和田玉。一般行家都可以分辨得出,卖家不会在行家面前拿出来。

(2) 次品籽料加假皮色

把质量不好很难出手的低档籽料作出假皮色出售,买家会以汗毛孔等方法分辨出是否为籽料,从而被艳丽的皮色所吸引,买家心理会有花钱买块皮的想法。所以这样要比没皮色时的垃圾料容易出手得多,且价格不低。皮色较第一种自然。可也难不倒有经验的买家。这类假皮色浮于表面,分布有层次,经常可做出很自然的撒金皮、枣红皮等高档皮色。但可以根据有沁色的地方和外延的色差来辨别。

(3) 山料滚成籽料模样加假皮色

一般体现为大件,有时候我们会看见肉质较好的材料,重量都在 1 公斤以上,可是上了假皮。本来那块料就可以卖上好价钱,但是为什么卖家还会上假皮呢?可能希望卖上更高的价钱。做这类假皮只是一种障眼法,把行家里手的注意力转移到皮上,使其疏忽了料子的真假,其实这种所谓的籽料是由山料或山流水模仿籽料的样子切割、雕琢的,可以说是以假乱真。特别是在卖家那种日光灯下更难辨别。

(4) 皮上加假皮色

这类假皮一般做在上等籽料上,在本身带皮,皮色不艳丽的情况下在自然皮上加色,从而达到皮色鲜艳,价格翻倍的效果,也可称为"加强皮色"。这类假皮色层次分明,有真有假,极难分辨。或许可以带些 84 洗涤液反复擦洗,不过现在做假皮的原料更新较快,不是所有假皮都可以用 84 洗涤液洗掉的。有时行家里手都会被这些皮子所迷惑,举棋不定。

(5) 用矿物质做物理假皮色

这类假皮是最高档的了,只会运用到高档籽料上,一般为羊脂级的。利用生成籽料皮的天然矿物质用一种独特的配方缩短皮子形成时间,在很短时间里使材料上形成想要的各种皮色和沁色,如果说前几种皮子还可以用 84 洗涤液或其他洗涤用品辨别的话,这种皮子用此办法就难以辨别了,属于高级做法,一般卖家都无法获得此配方。顾客购买低端材料时是不会遇到此类情况的。

最后总结一点,皮色只会出现在肉质最不紧密的地方,因为在河水冲刷玉体的过程中矿物质只会吸附在肉质较松的玉沁或肉纹里,然后再向周围扩散。真正细密到家的料子是不会有艳丽皮色的。所以如果一块肉质极细密、无伤无沁的上等羊脂玉出现艳丽皮色的话就要仔细观察了,皮色底下的肉是否有形成皮子的条件。

真假皮色的不同点在于真皮无色,真皮的色是从玉里透出来的,真皮不管它是什么颜色,玉工雕玉时琢下来的玉粉都是白色的,而染色的假皮则浮于表面、色凝凹处,磨下的玉粉是带色的。一件带皮籽料是否为真皮,玉工最清楚。和田白玉的真皮色如图 2-3-36 所示,其假皮假色如图 2-3-37、图 2-3-38 所示。

(六) 评价

对软玉的质量评价历来人们就很重视,评价的依据主要有颜色、质地、裂隙、光泽、净度、重量、工艺质量、产出状态等。

1. 颜色

颜色是影响软玉质量最重要的因素,在各类颜色中,以白玉中的羊脂白玉最为珍贵,至目前为止,能达到羊脂白的仅见于和田籽玉中。其他产地的软玉尚未见达到羊脂白者。除羊脂白外,纯正的黄色、绿色、黑色也为上品。明代周履靖编的《夷门广牍》中写道:"于阗玉有五色,白玉其色如酥者最贵,冷色、油色及重花者皆次之;黄色如栗者为贵,谓之甘黄玉,焦黄色次之;碧玉其色青如蓝靛者为贵,或有细墨星者,色淡者次之;墨玉其色如漆,又谓之墨玉;赤玉如鸡冠,人间少见;绿玉系绿色,中有饭糁者尤佳;甘清玉色淡青而带黄;菜玉非青非绿如菜叶色最低。"这些色彩与中国古代五行学说中的青赤黄白黑相符合,使和田玉更显神秘和珍贵。

2. 质地

质地也是影响软玉质量的重要因素,其他评价要素也与此相关。上好的质地要求其组成矿物透闪石具细小的纤维状、毛毡状结构,且排列应有一定规律,只有这样才能有良好的效果。在这种前提下,软玉中透明的细晶透闪石由于本身具有较高的双折射率,可引起晶体界面的晶间折射和反射,有序规则排列的透闪石纤维状和毛毡状晶体将对入射光产生漫反射作用,致使软玉形成一种有一定透明度的特有的油脂光泽。上好白玉,目视之软软的,手抚之为温润的,质地是坚硬的。这里,"温润"的"温"指玉对冷热所表现的惰性,冬天摸之不冰手,夏天摸之不感热,还有一层意思,即色感悦目;"润"指玉的油润度,玉油可滴。软玉中组成晶体虽细小,若用放大镜或显微镜观察玉雕成品抛光面,其中的毡状结构还是能见到的,好像微透明的底子上均匀分布着不透明的花朵。

3．光泽

"润泽以温"是软玉质量好的重要体现。因此,好的软玉要求具有好的油脂光泽,光泽不好,其价值将明显下降。

4．净度

和其他玉石一样,质量上乘的软玉要求纯净无瑕,无裂纹。但纯粹完整无缺者十分罕见,具体评价时,一般是净度越高,价值越高。

5．重量

与翡翠相同,软玉制品受重量的影响相对较小。但在颜色、质地、透明度、加工工艺相同或相近的情况下,重量越大,价值越高。

6．工艺质量

软玉主要用来制作玉雕工艺品,工艺质量较为重要。软玉加工工艺师要善于利用巧色,并施以巧妙构思、娴熟的技艺以提高软玉制品的经济价值。

7．产出状态

对于原料,目前市场上销售的软玉原石有籽料、山流水、戈壁料、山料四种。一般来讲,质量以籽料为佳,其次依次是山流水、戈壁料和山料。

总的要求是,质地细腻,细润无瑕;颜色纯正,无杂质;光泽明亮;有一定的块度。1981年,原中国轻工部制定了软玉原料的经济评价标准,见表2-15,可供参考。

表2-15 软玉原料的经济评价标准表

种类	等级	具 体 要 求
白玉籽料	特级	色白,质地细腻滋润,无棉绺无杂质,块重大于10kg
	一级	色白,质地细腻滋润,无棉绺无杂质,块重大于2kg
	二级	色白,质地细腻,无棉绺无杂质,块重大于0.5kg
	三级	色灰白,质地细腻,无棉绺无杂质,块重大于3kg
白玉山料	一级	色白或粉青,质地细腻,无棉绺无杂质,块重大于5kg
	二级	色较白,质地细腻,无棉绺无杂质,块重大于3kg
	三级	色青白,质地较细,无棉绺无杂质,块重大于3kg
青玉籽料	特级	碧绿色,质地细腻,无棉绺无杂质,块重大于50kg
	一级	色青绿,质地细腻,无棉绺无杂质,块重大于10kg
	二级	青色,质地细腻,无棉绺无杂质,块重大于5kg
碧玉	一级	深绿色,质地细腻,无棉绺无杂质,块重大于5kg
	二级	绿色,质地细腻,无棉绺无杂质,块重大于2kg
	三级	绿色,质地细腻,无棉绺,稍有杂质,块重大于2kg

（七）产地及成因

1. 产地

1）中国的产地

中国的软玉产地过去主要是新疆和田、且末等地区，近十多年来，软玉矿床的发现有较大突破，主要的分布地有：青海昆仑山、辽宁岫岩、中国台湾花莲、四川龙溪、江苏小梅岭等，其他如福建、江西也有软玉矿床的新发现。

2）国外产地

产软玉的国家较多，重要的产地有：俄罗斯贝加尔湖地区、澳大利亚、加拿大、新西兰、韩国、印度、意大利等。但除俄罗斯软玉、韩国软玉资源质量较高，并已较大规模进入市场外，其他产地软玉资源的开采利用情况不清。

2. 成因

综合前人的研究，一般认为，软玉主要有下列三种成因。

1）碳酸盐岩与中酸性岩浆岩的接触变质成因

这类软玉矿床主要产于花岗岩、花岗闪长岩与大理岩（主要是镁质大理岩）的接触带中，往往产于偏大理岩一边，受次一级裂隙控制，这种软玉矿床可归属于层控镁质矽卡岩型矿床，典型的例子有中国新疆和田玉矿床、俄罗斯季姆山软玉矿床等。

2）超基性岩的交代成因

按其产状特征又可进一步分成下列三种类型。

① 产在超基性岩与其他岩石接触带的软玉矿床，这类软玉矿床产于接触带附近的透闪石蛇纹岩中，或超基性岩与围岩接触带的玄武岩捕虏裂隙中，或超基性岩与绿泥石透闪石基性火山碎屑岩的接触带中。这类软玉矿床的典型例子有加拿大科迪勒拉山脉的软玉矿床、新西兰的软玉矿床等。

② 产在剪裂隙蛇纹岩或块状蛇纹岩中的软玉矿床，这类软玉矿床主要分布于美国加利福尼亚州 Marin 县，有多种产状。

③ 产在蛇纹岩与辉长岩接触带中的软玉矿床，这种产状也是优质软玉的主要来源之一，其成因主要归结于蛇纹石与辉长岩的接触交代作用。典型的例子有中国台湾软玉矿床、意大利亚平宁软玉矿床、德国图林根软玉矿床等。

3）变质成因

这类矿床主要产在元古代片麻岩、白云质大理岩蚀变-退化变质组合及海西期中级变质的绿泥石-黑云母片岩、石榴片岩带中的透闪石片岩和白云质大理岩强烈剪切挤压破碎带中，与透闪石石棉、方解石块体及伊利石脉共生，前者如澳大利亚的 Cowell 软玉矿床，后者如分布在我国四川省龙溪乡的软玉矿床。

（八）应用

软玉是玉雕行业所需的最主要的玉材，也是最优质的玉料品种，从古至今均大量用来生产玉器，质优者，特别是小块玉料也用于首饰的生产。软玉晶莹美艳，温润光洁，致密坚实，数千年来，它象征着高贵、纯洁、亲善、吉祥。人们所赞颂的"玉德"、"玉魂"，主要指的就是新疆出产的软玉,尤以其中的羊脂白玉最为高贵。历代用软玉为材料所创制的各种首饰和玉器,业已流芳万古,光照人间。至于每一种玉石以生产什么玉器或首饰为宜,则主要取决于这种玉石的工艺美术特征、质地、块度,同时还取决于设计师、雕刻家的匠心。例如,洁白、纯真、透明、无瑕的白玉是古代"君子比德于玉"的最佳玉种,通常象征着人的圣洁的灵魂、丰富的学识、高尚的情操,因而往往用来生产人物,以寄托感情。像人们所知道的历史上正直的清官、文人、雅士,甚至观音、佛像等,也多用白玉或其类似玉种制作。如果用白玉制作仕女,更会表现出其丰腴、秀美的体态和正气、善良、温柔的情操。即便有时用白玉制作鸟兽、草虫、花卉、器皿等,也要注意其纯真和秀美。青色浅淡的青玉可以用作薄胎器皿,以胎薄减退青色,返青为白。青色凝重的青玉则可用来制作一些动态较大、造型生动的玉器,如猛兽、肉禽等。全黑色的墨玉多用于器皿造型,白玉中的墨点可用于俏色玉雕。"碧玉"以制作具有庄重造型的器物为主,也用于生产薄胎器皿和真石盆景的花叶,如图 2-3-39、图 2-3-40 所示。近些年来软玉中的白玉带皮色、带糖色的运用俏色玉雕加工工艺制作的玉器,深受人们的喜爱。近些年来,软玉价格上涨,尤其是白玉价格一路飞涨,其中有几个原因,一是资源稀缺,二是市场需求量大,三是购买力及价值取向的改变。这些都是造成"玉无价"的重要因素,目前市场上软玉仍是供不应求,同时一些玉料以工艺和设计取胜,具有很好的收藏价值。

(九) 保养

收藏和赏玩软玉的人都像爱护孩童一样精心养护自己的美玉。赏玩软玉有许多禁忌,需要留心,以免伤了美玉。

1. 避免与硬物碰撞

玉石硬度虽高,但是受碰撞后很容易开裂,有时虽然用肉眼看不出裂纹,其实内部的结构已遭受破坏,有暗裂纹,这就大大损害了其完美程度和经济价值。

2. 尽可能避免灰尘

玉器表面若有灰尘的话,宜用软毛刷清洁;若有污垢或油渍等附于玉器表面,应以温的淡肥皂水洗刷,再用清水冲净。切忌使用化学除油剂。如果是雕刻十分精致的玉器,灰尘长期没有得到清除,则可请生产玉器的专业厂商清洗和保养。

3. 尽量避免与香水接触

籽玉和古玉有一个转化的过程,需要人的体温帮助,汗液会使它更透亮,所以籽玉和古玉可与汗液多接触,因为人的汗液里含有盐分、挥发性脂肪酸等,可使籽玉和古玉表面脱胎换骨,愈来愈温润。而新加工的玉器接触太多的汗液,却会使外层受损,影响其原有的鲜艳度,尤其是羊脂白玉雕琢的器物,更忌汗和油脂。很多人以为和田玉愈多接触人体愈好,其实这是一种误解。羊脂白玉若过多接触汗液,则容易变成淡黄色。

4. 挂件存放妥当

最好是放进首饰袋或首饰盒内,以免擦花或碰损。如果是高档的软玉首饰,切勿放置在柜面上,以免积尘垢,影响透亮度。

5. 挂件清洁方法得当

要用清洁、柔软的白布抹试,不宜使用染色布或纤维质硬的布料。

6. 软玉玉器存放要求合适的环境条件

软玉玉器存放的环境条件,要求适宜的湿度和温度来维持,不合适的湿度和温度会影响软玉玉器的艺术价值和经济价值。

三、独山玉

(一) 概述

独山玉以产于河南省南阳市独山而得名,为中国著名的四大古玉之一。其矿区位于南阳市以北约18公里、孤立于南阳盆地之中、高出地面约200米的独山,故称"独山玉",简称"独玉"。其山的延伸方向为东北——西南,长约2～2.5公里,宽约1～1.5公里。就是这么一座孤山,竟为中华民族古老玉雕业的发展和繁荣提供了丰富的玉石资源。

独山玉,又称"南阳玉",法国学者称之为"南阳翡翠"。独山玉雕,历史悠久,1959年在独山附近的黄山新石器时代遗址出产的玉铲,证明早在5000余年前先民们已认识和使用了独山玉。

因为独山玉最突出的特点是多色,商代工匠注意利用一块玉石上所具有的各种颜色的天然色斑——"俏色",并据此精心设计,巧妙安排,在不同色斑上雕刻出相应的生动活泼的景物,从而使整块玉石发挥出更大的作用,这就是由商代发明并流传千秋的"俏色玉雕"。1975年冬天,在安阳小屯村北两处房基遗址内就出土了玉鳖等。有专家考证它们的玉质是独山玉。玉鳖充分利用独山玉的天然色泽和纹理,保留玉料上固有的墨绿色部分,使玉鳖的背甲、双目和足尖为黑色,头、颈、腹部以灰白色相衬,形象生动逼真。这件是我国历史上最早的俏色玉雕,对后代玉器制造有深远的影响。

《汉书》记载,当时南阳独山被称为"玉山",现在独山脚下的沙岗店村,汉代叫"玉街寺",它是当时加工、销售独山玉及其工艺品的地方,后毁于三国战乱。当时这里家家采玉,人人雕琢,南阳城中客商往来如梭,非常热闹繁荣。

三国、两晋、南北朝时期,玉器发展出现了一个断裂期,独山玉也不例外。只有郦道元《水经注》里记载:"南阳有豫山,山上有碧玉。"

宋代在宫廷中设立了"玉院",这是专门研究玉雕新工艺的地方,琢玉技术有了较大提高。元代民间玉雕业特别发达,玉器流行,并以镶嵌金银不留痕迹著称。金大正三年,镇平(今河南省南阳市镇平县)地域再次置县,命名"镇平",首任县令是大名鼎鼎的元好问,他经常骑着毛驴,出入"万户柴扉内",查看"朱砂磨玉矶"。当时,最重要的作品就是独山玉雕成的"渎山大玉海"。

明清时期南阳玉雕品种已十分丰富,当时独山玉的采磨十分繁荣,装饰品工艺精细,十分畅销。

到了20世纪初,当时镇平玉器作坊,主要集中在长春街、察院街一带,大多是前店后作坊,门店经营玉器,后院加工制作。南阳市经营玉器者也是这样,而且还都是镇平籍人。销路畅通,自会促进玉业的发展,大师和佳作辈出。民国初年,镇平以汉白玉为原料制作的玉镜、玉挂屏、玉桌面、玉椅面等玉制品,参加了在美国旧金山举办的万国博览会,在商品赛会上销售一空。

新中国成立后独山玉产业更是得到了空前的发展。于 1958 年建立的"南阳市独山玉矿",开始了半机械化和机械化的生产。尔后,还加强了独山玉的地质调查和科学研究工作,并于 1983 年 10 月建立了"南阳宝玉石学会"。在南阳一带的玉石雕刻厂如雨后春笋般地蓬勃发展起来,玉雕作品主要有人物、花卉、鸟兽、山水、神像、炉熏、首饰等 120 多个品种。人物类有栩栩如生的历史人物形象、佛像;花鸟类有形态各异的花鸟鱼虫;山水类有造型俊美灵秀的山水园林、亭台楼阁;炉熏类有巧夺天工的炉熏鼎塔;首饰类有翡翠、玛瑙、天然水晶等各种戒指、手镯、项链、挂件等。此外还新开发出茶具、酒具和包括编钟、笛、箫在内的古乐器,丰富了中国玉雕的内涵。

镇平如今已是全国最大的玉雕生产加工集散地,除了南阳玉之外,其原材料来自全国各地和缅甸、阿富汗等 12 个国家和地区,从业人员 20 多万人,加工企业达 4 000 多家,形成了 20 多个各具特色、规模不等的块状加工销售带,年产值达 10 亿元。镇平县城的玉雕大世界,石佛寺镇的玉雕湾市场、翠玉玛瑙精品市场、榆树庄玉镯市场、贺庄摆件市场等专业玉雕市场在国内外享有盛誉。

经过玉雕艺人和科技工作者挖掘、整理传统技艺,吸取外地经验,南阳玉雕的工艺不断得到改进,逐渐形成了自己的独特艺术风格,以技巧的灵活及色泽显贵著称于世。由于独玉色彩丰富,浓淡兼备,一块石料上面往往各色杂陈。这就要求雕刻者全盘考虑,既要有精彩的布局构思,又要巧用各种颜色,使得整个作品妙趣天成,让欣赏者禁不住拍案叫绝。南阳玉雕制作的《卧龙出山》,利用独玉色彩丰富的特点,严谨布局,巧用俏色,雕刻精细,气势雄伟,它重 3.8 吨,长 2.5 米,高 1.6 米,是我国巨型玉雕之一,也是不可多得的艺术瑰宝。

(二)基本特征

1. 化学成分

独山玉的矿物组成复杂,地质形成条件也不尽相同,所以化学成分变化比较大。

独山玉主要化学成分:SiO_2 43.75%,Al_2O_3 32.60%,CaO 18.82%,此外还含有 TiO_2、Fe_2O_3、FeO、MnO、Na_2O、K_2O、CO_2、H_2O 等微量成分,约占 5%。不同颜色的独山玉,化学成分略有差别。如紫独玉 Cr_2O_3、Fe_2O_3 偏高;绿独玉 TiO_2、K_2O、H_2O、CO_2 偏高;白独玉 SiO_2、MgO、CaO、Na_2O 偏高,而 TiO_2、Cr_2O_3 偏低。微量的化学组成变化决定了独山玉的颜色和质地。其主要致色元素为:钛(Ti)、铁(Fe)、铬(Cr)、锰(Mn)、镍(Ni)、铜(Cu)、钒(V)。这些化学元素的含量多少和组合方式,决定了独山玉的颜色,同时也解释了为什么独山玉颜色变化非常多的特点。例如:Fe^{3+} 在有色独山玉里面含量比较大,在白色独山玉里就没有;Fe^{2+} 在白色独山玉里含量比较大;Mg^{2+} 和 Ca^{2+} 在白色独山玉里含量比较大。

2. 矿物组成

独山玉是世界上已知的独一无二的由蚀变斜长岩构成的玉石。其组成矿物以斜长石(主要是钙长石)、黝帘石为主,前者一般占 20%~90%,后者占 5%~70%,此外还有翠绿色的含铬云母(5%~15%),以及数量更少的黄绿色角闪石、深绿色绿帘石、褐红色金红石、深褐色榍石、黄褐色褐铁矿等。正是这些不同色泽矿物的共存,导致了独山玉色泽的复杂性。

3. 结构特征

独山玉产于蚀变岩体斜长岩内,岩体90%以上为次闪石化辉长岩,其次为次闪石化辉石岩、斜辉橄榄岩、闪斜辉斑岩及次闪石化角闪岩。岩体普遍受到碎裂岩化、糜棱岩化和强烈蚀变。独山玉矿床是由基性斜长岩或辉长岩在低温下,受到沿构造裂隙上来的岩浆晚期热水溶液交代、蚀变等作用而形成的,属中温热液矿床,为岩浆期后热液于岩体破碎带中的多期、多阶段的充填及交代作用而形成。矿体呈脉状产出,也有为透镜状、团块状、网脉状和分支脉状。矿体的形成主要受围岩、构造控制,由后期热液交代成矿。玉石结构以熔蚀交代结构、变余碎斑结构、变余糜棱结构、等粒结构为主,此外还有碎裂结构、花岗变晶结构、辉长结构等,构造为块状构造、条带与条纹状构造。

4. 物理性质

独山玉的物理特征主要有以下七点。

① 颜色:变化十分大,单一色调出现的玉料不多,其颜色有白、绿、紫、蓝、黄等色。最大的特征是,往往同一玉料或成品上能同时见到多种颜色分布。

② 透明度:半透明至不透明。

③ 光泽:玻璃至蜡状光泽。

④ 断口:粒状、参差状或锯齿状。

⑤ 硬度:6~6.5。

⑥ 密度:2.73~3.18g/cm^3,平均在2.90g/cm^{3}左右。

⑦ 折射率:1.560到1.700之间,分别为长石与黝帘石集合体的折射率。

各种颜色的独山玉原石如图2-3-41所示。

(三)分类

独山玉根据颜色可以分成以下八种类型。

1. 白色独山玉

白色独山玉有透水白色、乳白色和浅粉白色。依据其矿物组成,白色独山玉又可分为水白玉和干白玉。水白玉大都由不规则微细粒斜长石组成,占95%,边缘呈齿状,原生斜长石残体少见。干白玉则由斜长石和黝帘石组成,黝帘石呈柱状和不规则粒状、放射状,多杂乱不均匀分布。另见少量针柱状阳起石、次闪石分布于斜长石颗粒间。

2. 绿色独山玉

绿色独山玉以绿色、翠绿色为主,酷似翡翠。镜下观察,斜长石主要为齿形边缘不规则的细小颗粒,外形近等轴状。含铬的绢云母呈细小鳞片状、板条状分布于斜长石颗粒间,且交代了斜长石。

3. 绿白色独山玉

绿白色独山玉颜色不均匀,有的在绿色的地子上分布着星点状白色斜长石和少量小鳞片状绢云母,有的在白色细小斜长石和黝帘石的地子上分布着不均匀的绿色绿帘石细小颗粒,色彩浓淡相间。其中绿白色均匀、粒度均匀、透明度好的亦称为独翠。在镜下可见细小颗粒的斜长石呈棱角状、板状分布。绿帘石呈不规则粒状。

4. 紫色独山玉

紫色独山玉为淡紫色至酱色,或在虾肉般的地子上分布有淡紫色斑块。镜下观察可发现,斜长石为主要组成矿物,黑云母和白云母占5%,呈细小鳞片状分布于斜长石细脉之间。

5. 黄色独山玉

黄色独山玉为黄绿色,色调不均,块度很小,很少单独产出,多产于杂玉之中。镜下可发现,斜长石与绿帘石和黝帘石的比例均匀,黝帘石多于绿帘石,所以颜色有深有浅。另见少量的楣石和阳起石。

6. 红色独山玉

红色独山玉呈浅粉红色、水红色、肉红色,属强黝帘石化斜长岩,工艺名称为芙蓉玉,微透明,质地较细。在镜下发现,斜长石大部分已被黝帘石代替,仅局部有斜长石残余。

7. 黑色独山玉

黑色独山玉呈黑色、黑绿色,不透明,颗粒较粗大,常为块状、团块状,镜下可见0.05～0.10mm 的斜长石,占20%,辉石占30%～40%,其余为透闪石、黝帘石。黑色独山玉为独山玉中最差的品种。

8. 杂色独山玉

杂色独山玉会在同一块标本或成品上出现两种或两种以上的颜色,甚至在一些较大的独山玉原料及雕刻工艺大件上出现4～5种颜色。杂色独山玉占整个独山玉石矿储量的60%。其主要矿物为斜长石、黝帘石、绿帘石及少量绢云母、金红石、楣石等。

(四)鉴定

独山玉变化多样,绿色的独山玉有可能被误以为是翡翠,白色独山玉有可能被误认为是和田玉,所以有必要对它们进行一下比较鉴别,见表2-16。

表 2-16 独山玉与其相似玉石鉴别表

名称	硬度	密度 g/cm³	折射率	结构	质地	组成矿物
独山玉	6～6.5	2.90	1.56～1.70	粒状结构	坚硬细腻性,脆,韧性差	斜长石、黝帘石、透闪石
翡翠	6.5～7	3.34	1.66	纤维变晶结构	坚硬细腻带有翠花	硬玉(碱性辉石)
软玉	6～6.5	2.95	1.61	纤维状结构	极坚韧细腻	透闪石至阳起石
东陵石	7	2.66	1.54～1.55	粒状结构	性脆	石英、云母、络云母
岫玉	5～5.5	2.57	1.56～1.57	鳞片状纤状结构	硬度变化大	蛇纹石,有时有透闪石

(五)评价

影响独山玉质量的主要因素有颜色,质地,透明度,裂纹,块度及形状。

1. 颜色

独玉是一种多色玉石,颜色十分复杂和丰富,千差万别,按照颜色的不同和组合的差异性,大体可分成 8 类,即绿(天蓝)独玉、白独玉、绿白独玉、紫独玉、黄独玉、红独玉、黑独玉及杂色独玉,品种在 100 种以上。天蓝、翠绿者,美称独翠。颜色稳定,千年不变,为极品。接下为绿、深绿、纯白、红等色。独玉单色者少,多由多色组成。各色搭配照映、和谐融柔,往往组成艳丽的色彩,尤其是翠绿、白与红、白等,更是美轮美奂。这正是其他玉种所不具备的特点,工艺师们利用独玉的俏色和多色的有机配合,雕琢出无数精妙绝伦的珍品。评价时应在总体观察的基础上,认真把握颜色的鲜艳程度,纯正性和各色间反差性的协调,以及颜色浓度等。

2. **质地**

玉石的质地是质量评价的一项不可缺少的基本条件。质地实际上指玉石的组构及杂质等内容。独玉是以基性斜长石、黝帘石为主,还含有铬云母、透辉石、铬绿帘石、黑云母、阳起石、辉石等组成的集合体,呈柱状、等柱状、斑状及花岗变晶结构或溶蚀交代结构,为块状、条带状构造,颜色鲜艳、透明度较好的玉石,颗粒相对较细,均匀,具有隐晶质的特点。玉石显得细腻、柔润。颗粒较粗、非等粒结构、透明性较差的玉石,质地相对粗糙,颗粒感明显。因此,颗粒的均一性、大小和矿物晶粒间的结合特点等,对玉石的质地有着重要的影响。玉石的杂质主要是干白筋、干白斑(点)、黑斑及棉柳等。干白筋、干白斑、黑斑等,多呈细脉状、纹状和斑块,斑点成团块,散布于各种类的玉石中,尤其以绿白独玉、杂独玉中较多。干白筋、斑块大多为交代残余的斜长石或后期交代成的方解石。黑斑主要是交代残留的辉石,次有少量榍石和铬绿帘石等。在观察独玉质地时,可先水湿玉石,用眼整体察看,再配放大镜检查,即可基本把握好质地的评价。颗粒度越小,质地越细腻的玉价值越高。

3. **透明度**

玉石透光的能力与玉石的厚度、颜色、裂隙及矿物集合的方式等有关,不同的玉石透明度差别很大。透明度是一个相对的概念,自然界没有绝对透明或不透明的矿物、岩石。独玉一般呈微透明—半透明、少数透明。一般色泽鲜艳或纯白的,透明度好,俗称"水头好"。干白玉、干绿白玉等,不具或具极低透明性。有时透明与不透明的组合在一块,使玉石产生想象不到的雕琢效果。透明性直接影响人的视觉感受,应该说越透越好。独山玉透明度的主要影响因素有:蚀变程度、平均颗粒度和基质。蚀变程度越低,透明度越高。平均颗粒度越小,透明度越高。独山玉的主要组成矿物钙长石,其含量比例越高,透明度越低。透明度对独山玉价值的影响非常大,因为颜色特点明显、透明度又高的独山玉是非常稀少的。

4. **裂纹**

裂纹是成玉过程中地壳引力作用产生的破裂形迹。独玉形成于东、西侧的两条破碎构造带内。远离构造带影响,但后期裂纹,对玉石有较大的影响,因此,独玉块体的完整与否,与裂纹的多少或有无,有着因果的关系。一般讲裂纹多且大,则质量低劣,否则较好或好。

5. **块度及形状**

独玉玉体以脉状为主,还有网脉状、团块状、透镜状等。一般块度在 $0.01\sim0.5m^3$,个别达 $1m^3$。由于种种原因,实际上玉石块度要小些。在挑选或购买玉料时,对于其他条件基本上相等的，要挑选块度相对大的玉块，以利于雕琢加工，使石尽其用。再者，玉块的形状，既要有利于加工，又要利于雕琢构思和工艺设计，以达到科学利用玉石价值和充分体现工艺价值完美结合的目的。由于独玉多用做玉器原料，故块度越大越好，一般要求大于1公斤，优质品则要求在20公斤以上，个别特级品因可做首饰而要求可以放低。

根据颜色、质地、透明度、裂纹、杂质和块度等因素一般将独山玉分为五个等级，见表2-17。

表 2-17 独山玉等级表

等级	颜 色	质地	裂纹和杂质	块 度
特级	单一的绿色或蓝白色、绿白色	质地细腻	无裂纹，无白筋	块重在20公斤以上
一级	白色、乳白色或绿色，色泽鲜艳	质地细腻	无裂纹，无杂质	块重在5公斤以上
二级	干白色、绿色或杂色，色泽鲜艳	质地细腻	无裂纹，无杂质	块重在3公斤以上
三级	色泽较鲜艳	质地细腻	稍有裂纹，稍有杂质	块重在1公斤以上，杂色者块重在2公斤以上
等外级	杂色，灰绿白、灰绿等色，色泽暗淡	质地一般	裂缝和杂质较多	块重在1公斤以下

（六）产地及产状

独山玉矿区位于河南省南阳市东北约10km的独山，矿区北至小陈庄—大陈庄一线，南抵大山坡，东界为达士营，西到柳树庄玉矿一带，面积约2.3km^2。

独山玉矿区位于我国秦岭复杂造山带的东部，南临南秦岭造山带而与扬子板块相望，北倚北秦岭造山带与华北板块相接，东南部则为叠置在秦岭造山带之上的、近东西向展布的大型南阳中新生代沉积断陷。区内地层主要有下元古界秦岭岩群、中元古界信阳岩群、下古生界二郎坪岩群及中新生界。构造复杂，褶皱为马山口复式背斜、二郎坪复式向斜的东延部分，构造线方向大体呈330°。断裂发育，主要有朱阳关—夏馆大断裂、西管庄—镇平大断裂，见图2-3-42。

独山玉是多期热液作用的产物。岩石蚀变特征，说明热液作用普遍存在。优质玉具明显的熔蚀交代结构、交代残余结构。斜长石熔蚀成浑圆状、椭圆状，玉石与辉长岩呈渐变过渡关系，有的接触界线不平直。同时细小颗粒的斜长石、针状次闪石略呈定向分布，斜交或直交脉壁，并可见有斜长石指向玉脉的流动构造。其流动方向与交接面呈一定角度。多色玉呈现出平行脉壁排列的不同颜色的条纹与条带，反映了玉石形成过程中的液态流动作用。所以，热液作用是玉石形成的主导因素。

独山玉除分布于河南南阳以外，在新疆、四川等地也有与此类似的玉石发现。

（七）应用

独山玉由于颜色极为丰富，在同一块玉石上经常存在着多种颜色，故其大量玉材主要被用于俏色玉雕。多年以来，用独山玉制作而成的各种首饰、人物、动物、花鸟、器皿、图章、健身球等装饰品和工艺品在国内外均颇畅销。一般说来，独山白玉多用来制作人物，绿玉、绿白玉、紫玉等多用来制作花鸟、兽类、炉、薰等。其中的优质绿独山玉可与缅甸翡翠相媲美,深受世人喜爱。如图2-3-43,图2-3-44所示,分别为多色独山玉手镯与独山玉摆件。

(八) 保养

独山玉的颜色非常稳定,在自然状态下存放千年也不褪色、变色。独山玉的保养归纳起来大致有以下五个要点。

1. 避免与硬物碰撞

玉石的硬度虽高,但是受碰撞后很容易破裂,有时虽然用肉眼看不出裂纹,其实玉表层内的分子结构已遭受破坏,有暗裂纹,这就大大损害了其完美度和经济价值。

2. 尽可能避免灰尘

日常玉器若有灰尘的话,宜用软毛刷清洁;若有污垢或油渍等附于玉面,应以温淡的肥皂水刷洗,再用清水冲净。切忌使用化学除油污剂液。

3. 佩挂件不用时要放妥

最好是放进首饰袋或首饰盒内,以免擦伤或碰坏。

4. 佩挂件要用清洁、柔软的白布抹拭

这样有助保养和维持原质,不宜使用染色布、纤维质硬的布料。

5. 玉器要保持适宜的湿度

玉质要靠一定的湿度来维持,若周围环境不保持一定的湿度,很干燥的话,里面的天然水就容易蒸发,从而失去其收藏的艺术和经济价值。

四、岫玉

(一) 概述

岫玉为中国著名的四大古玉之一。岫玉从何时起被人类发现并使用,至今尚未见到文献资料记载。但从东北旧石器文化遗址、新石器时代红山文化遗址、太湖流域新石器时代良渚文化遗址及其他地区原始文化遗址中出土的古玉器中,有许多是取材于岫玉这一点,可以推断,岫玉的发现和利用,至少在距今8 000多年的旧石器晚期就已经开始了。

新石器时代是中国玉器制作和使用的开始阶段。在各地新石器文化遗址出土的文物中,有大量的玉器,但出土玉器最丰富、玉器制作成就最辉煌的是红山文化和良渚文化,尤其以红山文化为最。红山文化距今约6 000年至5 000年,分布区域包括辽宁、吉林、黑龙江、内蒙古东部及河北部分地区,是我国北方新石器时代文化中最重要的文化之一。仅红山文化出土的中华第一玉龙、玉猪龙等几件具有特殊重要意义的玉器,就说明了岫玉在红山文化中的重要地位和影响。

殷商古玉,多出土于殷墟,其中以妇好墓玉器为代表。妇好墓墓主妇好,是殷王武丁64个妃子之一,是最受武王宠爱的一个,死后受到武王的厚葬,其殉葬玉器虽然经过盗掘,但仍出土了750多件,这些玉器分为礼仪、仪仗、工具、用具、装饰品、艺术品及杂器共7大类。其中许多器物渊源传自红山文化。妇好墓出土玉器是商代最重要的一批玉器,代表了商代玉器的风格。经鉴定,这750多件玉器,其中有40多件取材于岫玉,且多被用作佩玉和用具。这充分说明,殷商时期,岫玉成为王室用玉。商代用玉量十分大,到底制造了多少玉器,不得而知。《逸周书》中说纣王以4 000件玉器殉葬,又说武王伐纣掳获商王的旧玉"亿有百万",其中无疑有大量岫玉。

春秋时期,玉器出现了由礼器转向佩饰器的趋向,出土的这一时期玉器,以河南光山县黄君孟墓等最为重要。黄君孟墓为春秋早期墓葬,其出土玉器有环、璧、璜、瑗、鱼、兽面等。这些器物所用玉材极富特点,其中有许多透明度较高的岫玉。在战国中山国王墓出土的古玉器中,也有许多是岫玉。

1968年,河北满城汉墓出土了西汉中山靖王刘胜及王后窦绾的两套金缕玉衣,距今2 000多年。金缕玉衣的出土,轰动了世界,被称为"中国古代艺术的瑰宝"。经鉴定,金缕玉衣所用玉片,多取材于岫玉。金缕玉衣的出土,证明了岫玉的开发在汉代仍有相当规模,并被王室大量使用。

东晋时的龙头龟钮玉印,南北朝时的兽形玉镇等,都是以岫玉雕琢而成的。

汉代以后,由于"丝绸之路"打通,新疆所产的和田玉大量输入中原和内地,同岫玉平分了秋色,同时由于东北地区多种少数民族割据政权的存在,使岫玉的开发和利用受到了阻碍和限制,岫玉的使用量相对减少。但唐代以后的古玉中,仍不乏岫玉。

历史进入清代,中国的玉器发展到了鼎盛时期,尤其是清盛世的康熙、乾隆朝,更以玉为重。由于国家的统一和社会的安定,再加之岫岩县处于东北清王朝的发祥地,于是岫玉迅速进入了较大规模的开发时期。

清咸丰七年(1857)所修《岫岩志略》中记载:岫岩石(岫玉)"石具五色,坚似玉……邑北瓦沟诸山多有之。道光初年,偶有玉工采制图章诸文具稍供清玩,后遂盛行于都市。好古之家,每雅意购求,往来士夫,亦必充囊盈箧,争出新式,分赠知交,以为琼瑶之报。"由此不难看出,岫玉一度消沉又崛起后,便迅速盛行于都市和社会,受到人们的珍爱。

至于清代以前岫玉的开采情况,因无文字记载,我们已无从得知。但在现今岫玉的两处主要产地(辽宁省岫岩满族自治县的哈达碑瓦沟和偏岭细玉沟)都曾发现过古玉矿遗迹。1957年,在瓦沟上场子曾发现一处斜井式古玉矿,斜井内有向四面八方呈辐射状伸展的矿洞,人称"蝙蝠洞",洞内遗留有陶碗等物。遗憾的是遗址现场未能保留下来,给岫玉开发的考古勘察带来了困难。同年,在细玉沟(老玉产地)严家岗也发现一处露天古玉矿,矿坑中有已呈炭化的松树明子(松脂)。此外,据有关史料记载,瓦沟荒沟东沟矿区,就是清同治十二年一王姓人沿着古矿坑遗迹发掘发现并开采形成的。上述情况证明,至少在清代以前岫玉就已形成了矿山并已进入较大规模的开采,同时还掌握了斜井开采技术。

清末,在瓦沟有玉石采场10余处,其中刘家堡子、石匠沟、荒沟东沟采场是3处较大的。《满洲地方志草稿》中也记载:"宣统年间岫岩城西北瓦沟的玉石场,采掘面积为二万三千七百五十万丈。"在与瓦沟相邻的偏岭细玉沟,人们则沿沟内一条长约5公里的小河采捞"河磨玉"。

由于岫玉被大规模开采,越来越受珍爱,知名度也越来越高,关内的一些优秀玉雕匠人也慕名而来,纷纷到岫岩落脚以琢玉为生。他们先是在岫玉产地瓦沟一带开设玉器作坊,后来又向岫岩县城发展。据《岫岩志略》(1857)记载:西大街(今阜昌路南段,邮电局至人民银行段)"是时有玉工数十辈列肆而居,日夜琢磨,尚恐不给"。岫岩的西大街,因遍布玉器作坊,成为当时的玉雕一条街,故一度被呼为"玉石街"。

新中国成立后,特别是改革开放以来,驰名世界、资源丰厚的岫玉的开发,备受关注和重视,其规模、质量和影响,都达到了空前的程度。

目前,在岫玉产地,已形成全国最大的玉石矿山,年产量已达数千吨,占全国玉石用料的70%以上,在各玉种中独占鳌头。

除历史悠久的著名老玉雕厂家外,20世纪80年代以来,集体、合资、个体玉雕厂点遍地开花,全县从事玉石加工的企业多达3 070余家,全县50万人口中,有近6万人从事玉石加工、销售或与其相关的产业。与此同时,承先启后,玉雕高手辈出,工艺愈加完美,精品、珍品迭出。

随着岫玉知名度的提高,岫玉愈来愈被世人认识和垂青。尤其是国宝玉石王被雕成天下第一玉佛后,名声更是大震,影响日益深广,市场更为广泛,价值难以估量。目前,除国外和外省市的岫玉专业市场外,仅在岫岩,就相继建起了"荷花市场"、"玉都"、"东北玉器交易中心"、"中国玉雕精品工艺园"、"万润玉雕工艺园"等国内较大的玉器专业市场。其中仿欧式的中国玉雕精品工艺园,无论建筑规模、藏品数量、档次,都堪称中国乃至世界之最。岫玉工艺品日益走俏中国的港、澳、台地区,在日本、韩国、东南亚地区也广有好评,更远销欧美100多个国家和地区。尤其是以岫玉创制的系列保健品,风行全国,并走向国际,更为岫玉的发展开辟了新的途径,中国岫玉的发展前景不可限量!

(二) 基本特征

1. 化学成分

由于岫玉中不同玉种的矿物组成及其共生组合不同,因而其化学成分也有较大的差别。蛇纹石相对富镁、富硅、贫铝;透闪石相对富硅、富钙、贫镁;绿泥石则相对贫镁、贫硅、富铝。蛇纹石玉由于与之共生的脉石矿的不同,因而化学成分也有所不同。一般质纯的蛇纹石玉的化学成分常接近蛇纹石矿物各种组分的理论含量,为$(Mg, Fe, Ni)_3Si_2O_5(OH)_4$而共生有较多脉石矿物的质地较差的蛇纹石玉各种组分的含量则变化较大。如果富含硅酸盐矿物,则SiO_2、CaO含量增高,MgO含量降低。

2. 矿物成分

岫玉的矿物成分主要是蛇纹石。在显微镜下,矿石矿物主要以叶蛇纹石为主,其次为利蛇纹石、纤蛇纹石,还有少量的胶蛇纹石。脉石矿物除蛇纹石外,还有菱镁矿、白云石、透闪石、滑石、硅镁石、橄榄石、透辉石、绿泥石、石英、水镁石、黄铁矿和磁黄铁矿等。但这些脉石矿物不是紧密共生的,而是在不同部位、不同围岩的矿体中有不同的共生脉石矿物。

蛇纹石形态多为叶片状、纤维状、鳞片状,颜色为深绿、黑绿、黄绿等各种色调的绿色。常交代菱镁矿、橄榄石,使其成为残余状,并与磁铁矿共生。

3. 结构特征

结构为岩石中矿物的粒度、形态以及它们之间的相互关系等特征。根据偏光显微镜观察分析,结果表明,岫玉具有纤维变晶结构和交代残余结构。

1) 纤维变晶结构

由于不同的矿物成分及其成因、粒度大小、共生关系等方面存在差异,因而岫玉的玉石结构亦颇有特色。叶蛇纹石在镜下为绿至浅绿色、无色,单体呈板条状、叶片状,相互交织在一起而构成的集合体呈毡状结构。有些岫玉样品中分布有滑石、纤维状透闪石,且叶蛇纹石与滑石或毛发状透闪石相间平行排列。根据镜下特征,初步认为叶蛇纹石可能是交代滑石、透闪石的产物。透闪石有两个世代,第一世代是粗粒结晶的透闪石,具有明显的角闪石式解理夹角及菱形切面;第二世代为毛发状透闪石,与叶蛇纹石相间排列。矿物生成的先后顺序可能为:粗粒状透闪石→毛发状透闪石→滑石→叶蛇纹石。玉石结构为典型的磷片变晶结构。

2) 交代残余结构

交代结构在岫玉中亦普遍发育,其中常见的有交代残余结构、交代环边结构、交代溶蚀结构等。但据电子显微镜观察,岫玉主要为交织结构,其中的矿物相互穿插、交叉和镶嵌。这种结构发育得越好,矿物质粒度愈细,愈均一,则岫玉的硬度就愈大。

岫玉的构造主要为致密块状,优质玉石尤其如此。那些呈脉状穿插构造、片状构造、碎裂构造的玉石,质地较差或完全不符合质量要求。

4. **物理性质**

1) 颜色

岫玉的颜色主要有深绿色、绿色、油青色、浅绿色、淡绿色、浅黄、红色、棕色、红棕色、古铜色、灰白色、瓷白色以及相应的各种过渡色。由此可将颜色归为以下五个系列。

绿色系列:深绿色、绿色、油青色、浅绿色、淡绿色。绿色系列的矿物成分主要是叶蛇纹石,其颜色是由成分中的 FeO 所致,FeO 含量越高,绿色越浓。绿色岫玉原石如图2-3-45所示。

黄色系列:黄色、浅黄色。其矿物成分主要为利蛇纹石。黄色岫玉原石如图2-3-46所示。

红色系列:红色、棕色、红棕色。主要由 Fe_2O_3 所致,Fe_2O_3 含量越高,红棕色越深,反之,则越浅。沿裂隙或不同矿物成分分界处向内颜色浓度变淡,这种现象显然是由于颜色向两侧渗透的结果,是氧化或风化作用造成的,或者是含 Fe^{3+} 溶液沿裂隙充填扩散所致。总之,红色、红棕色是岫玉形成后在氧化环境下造成的,属后生成因。

花色系列:古铜色与相应的各种过渡色。斑点状古铜色岫玉是由于玉石中分布有浸染状、网状、斑点状的磁黄铁矿所致,抛光后玉石中的磁黄铁矿呈古铜色闪烁,非常漂亮,未抛光部位或抛光面以下的磁黄铁矿由于不透光而呈黑色。星点状金黄色岫玉是由黄铁矿所致。黄铁矿在玉石中呈浸染状分布,抛光面上呈淡的金黄色,以与磁黄铁矿相区别。不过,在玉石标本上多数黄铁矿被氧化成褐铁矿,它们常围绕黄铁矿颗粒向四周扩散,而显现出团块状、斑块状,对玉石的颜色质量影响极大。局部黄铁矿风化后流失而留下许多麻点状空洞,也影响了玉石的质量。

白色系列:灰白色、瓷白色。灰白色岫玉是由于含蔗渣状透闪石或滑石所致,它们往往呈大致平行排列,并沿一定方向夹于玉石中,也有的呈斑杂状、团块状、棉絮状分布在玉石中,在透射光下呈混浊不清的棉絮状灰白色或蔗渣状白色,从而大大降低了玉石的颜色质量。瓷白色的岫玉是碳酸盐矿物所致,是残留在玉石中未变质的矿物,含量越多,瓷白色越明显,瓷状断口也越明显。

2) 透明度

岫玉的透明度与矿物种类及纯度有关,同时也与玉石中 Fe 的含量及结构、构造有关。由叶蛇纹石组成的玉石透明度好。玉石中含其他杂质时,透明度明显减弱,特别是当玉石中含滑石、透闪石、磁黄铁矿、黄铁矿等杂质且富集呈团块状、不规则状时,其透明度明显减弱,甚至不透明,即玉石中上述杂质越多,透明度越差。玉石中铁含量越高,透明度越差;反之,则透明度越好,即随铁含量增加而透明度降低,颜色相应变深。这主要是由于铁离子(Fe^{2+}、Fe^{3+})是过渡型金属离子,当受到光照后,离子中的电子就要吸收可见光的能量作为电子跃迁的能量,显然当玉石中铁离子含量越多,对光的吸收也就越多,从玉石中透出的光就越少,玉石的透光性也就越差,相应地玉石透明度越差。

浅色、无色的玉石(指几乎由纯叶蛇纹石构成的玉石),由于 Fe 含量低,其透明度要比绿色、红棕色、油青色、暗绿色玉石的透明度相应要好些。花色的岫玉一般透明度比较差,因为其成分中含有杂质较多。黄色的岫玉由于铁的含量比绿色系列的要低,所以透明度比绿色系列的好。

玉石的透明度还与玉石的结构粗细有关,结晶越细小,光洁度越好,越细腻,透明度也就越好;反之,透明度越差。当肉眼能辨认颗粒界线时,玉石变得几乎不透明。浅色、无色、光滑细腻透光性好的玉石,且 Fe 的含量为 0.5% 左右时,对各波长的透光率大致相同,即大致均匀吸收,透明度最好,透射率最高,其黄绿色光波透射率稍大于蓝紫色,因此,玉石稍稍带淡的绿色。Fe 含量≥1% 时,玉石呈现出淡绿色、浅绿色、红棕色,其透光性低于浅色、无色玉石。同一块玉石中,灰白色包裹体阴影处的透光率远低于其周围无包裹体的部位,即玉石中的棉绺、包裹体、杂质等对玉石的透光性影响极大。玉石中出现糖粒状白色包裹体(残留的碳酸盐矿物)时,其透光性也明显降低甚至根本不透明。

3) 光泽

岫玉的光泽一般呈蜡状至油脂光泽。

4) 硬度

岫玉的硬度一般在 5~5.5 之间。

5) 密度

岫玉的密度区间为 2.44~2.80g/cm³,约为 2.57g/cm³。

6) 折射率

岫玉的折射率在 1.560~1.570 之间,点测法一般为 1.56。

7) 杂质

通常岫玉中的杂质有下列四种。

① 白色絮状物杂质:是岫玉中含量最多的杂质,如呈斑状形态时,通常称为"脑",如呈不定型状时,称为"棉"或"绺"。

② 白色米状杂质:也是岫玉中常见到的一种杂质,呈粒状、星点状分布,因其很像白色的小米粒,故当地人称为"小米粥"。

③ 黑色杂质:岫玉中还常见到一些呈点状、斑块状、条状或不规则形状的黑色杂质,

不透明,当地人称其为"黑脏",是影响玉石质量最不利的因素。

④ 黄色杂质:岫玉中偶尔可见到一些呈斑点状或斑块状的黄色杂质,不透明,呈金属光泽。一般来说玉中的杂质都是不利的,降低了玉石的质量,但这种杂质不同,由于它有金光闪闪的光泽,可以为岫玉增添新的光彩,因此在岫玉雕件中特别是在手镯上出现时,人们给了一个很好听的名称,称为"金镶玉",因其稀少,往往成为收藏品。

杂质对玉石的影响也不能说都是不好的,很多时候有一些杂质在玉石的加工中经过利用,也可以使玉石的价值得到提升。

(三) 分类

1. **颜色分类**

按颜色分有碧玉、青玉、黄玉、白玉、墨玉、花玉。

2. **矿物成分分类**

按矿物成分可将岫玉分为蛇纹石玉、透闪石玉、蛇纹石玉和透闪石玉混合体三种,其中以蛇纹石玉为主。

3. **产地分类**

1) 中国国内产地主要的品种

中国国内产地主要的品种主要有如下十三种。

① 岫岩玉:产于辽宁省岫岩县的蛇纹石玉,在岫玉中其数量最多,市场上也最常见。

② 信宜玉:产生广东省信宜县的蛇纹石玉,为一种含有美丽花纹的质地细腻的暗至淡绿色蛇纹石玉。又称"南方玉",与岫岩玉和酒泉玉颜色有别。

③ 酒泉蛇纹石玉:产于甘肃省祁连山地区,为一种含有黑色或不规则黑色团块的暗绿色蛇纹石玉。又称"祁连玉"。因其色暗绿或黑,用其制成的酒具别具一格;古代的"葡萄美酒夜光杯",相传就是用酒泉蛇纹石玉制成的。

④ 陆川玉:产于广西陆川县的蛇纹石玉,主要有两个品种,其一为带浅白色花纹的翠绿至深绿色,微透明至半透明的较纯的蛇纹石玉;其二为青白至白色,具丝绢光泽、微透明的透闪石蛇纹石玉。

⑤ 台湾玉:产于中国台湾省的蛇纹石玉,为一种常含铬铁矿等包裹体、带黑点或黑色条纹、半透明、油脂光泽的草绿至暗绿色蛇纹石玉。

⑥ 昆仑玉:又称昆仑岫玉,产于新疆昆仑山麓,其玉质与岫玉相近,但透明度稍低。昆仑玉以暗绿色为主,也呈淡绿、淡黄、黄、绿、灰、白等色,绿色中往往伴有褐红、橘黄、黄、白、黑等色,油脂光泽,玉质地细腻,质量较好。

⑦ 会理玉:四川会理所产蛇纹石玉,玉质细腻,呈暗绿色,外观似碧天。

⑧ 云南玉:云南所产蛇纹石玉,其玉质细腻,成分中除蛇纹外,还含有少量绿泥石,颜色以暗绿为主。

⑨ 吕南玉:山东昌南所产蛇纹石玉,其玉质细腻,呈黑色或淡黄色,也有呈黑色或近于墨绿色者。

⑩ 京黄玉:北京市所产蛇纹石玉,玉质细腻,呈黄色或淡黄色,优质者呈美丽的柠檬黄色。

⑪ 竹叶状玉：青海都兰所产蛇纹石玉。由于具竹叶状花纹，别有风趣，因而称为竹叶状玉。

⑫ 武山鸳鸯玉：甘肃武山所产蛇纹石玉，玉矿体产在块状蛇纹岩内，呈似层状。玉石以墨绿色蛇纹石为主，也含少量绿泥石、黄铁矿、尘状磁铁矿等。

⑬ 泰山玉：因产于五岳之首的泰山东坡而得名，是含黑黄色斑点的致密块状蛇纹石玉。

2) 国外产地蛇纹石玉的主要品种

国外产地的蛇纹石玉的主要品种有如下五类。

① 鲍纹玉：新西兰所产岫玉，呈微绿色至淡黄绿色，半透明状，质地细腻。

② 威廉玉：美国宾夕法尼亚州所产岫玉，主要由镍蛇纹石组成并含有铬铁矿斑点，浓绿色，半透明。

③ 朝鲜玉：朝鲜所产岫玉，又名高丽玉，呈鲜黄绿色，近透明，质地细腻。

④ 雷科石：墨西哥所产岫玉，呈绿色，具蛇纹构造。

⑤ 加利福尼亚猫眼石：美国加利福尼亚州所产岫玉，是一种具有平行排列的纤维状结构的蛇纹石玉，琢磨成弧面形宝石后，呈猫眼效应。

（四）鉴定

岫玉具有独特的带黄的绿色，但也有白、黄、黑绿等色。蜡状至玻璃光泽，半透明至微透明，质地细腻，手摸具滑感，肉眼或在 10 倍放大镜下，常见白色棉柳。和蛇纹石玉较为相似的玉石有翡翠、软玉、密玉、葡萄石等，但它们的外观差别较大，物理性质亦有明显不同，只要稍加注意，区别它们还是比较容易的。

（五）评价

岫玉的质量评价主要是从颜色、净度、透明度、质地、质量（块度）、工艺等几个方面进行的。

1. 颜色

岫玉的颜色主要有深绿色、绿色、油青色、浅绿色、淡绿色、浅黄、棕色、红棕色、古铜色、无色、瓷白色以及相应的各种过渡色。因为中国人受自身文化的影响，在对玉石的选择中会对绿颜色有种特别的偏爱，因此在各种颜色系列中，以绿色系列最佳；其次是黄色；然后是黄绿色。在具体评价颜色好与差时应从四个方面进行观察分析，即浓度、纯度、鲜艳度和均匀度。浓度是指颜色的深浅，一般来讲以中等浓度最好，太深或太浅则较差。纯度是指色调的纯正程度，当混入其他色调时，就不纯正了，或叫偏色了，显然，色调越纯正越好，混色时较差。鲜艳度是指颜色的明亮程度，也称色阳，当然，鲜艳程度越高越好。均匀度是指颜色分布的均匀程度，一般来讲，颜色越均匀越好，不均匀则差，但对某些岫玉品种则不然，如花玉，具各种红、褐、橙、黄色调与变化多端的花纹，且往往构成奇特美丽的画面，反而更加珍贵。

2. 透明度

透明度对于玉石的质量评价来讲其重要性更加突出，因为单晶体宝石绝大多数都是透明的,差别不大,而玉石则不然,透明度差别很大,大多数为不透明、微透明或半透明,少数为透明或亚透明,因此透明度好的显得更为珍贵。从市场上各种岫玉雕件统计结果看,大多数为亚透明或半透明,少数为透明和微透明,不透明者很少。岫玉之所以被称为我国四大名玉之一,应该说透明度好起了关键性作用。

3. 质地

玉石的质地越细越好,越均匀越好。一般来讲,肉眼看不到明显的那种纤维结构则可算作结构细腻了。玉石是多晶集合体,晶体颗粒的大小决定了玉质的细腻和粗糙程度,即晶体颗粒度越小则玉质越细腻,晶体颗粒度越大则玉质越粗糙。一般用肉眼观察,如有明显的颗粒感,则玉质较粗,如无颗粒感,则玉质比较细腻,如在10倍放大镜下也无颗粒感,则玉质就非常细腻了。总体来讲,岫玉的质地大多数是比较细腻的,少数稍显粗糙。质地与透明度和抛光性有直接关系,即质地越细腻,其透明度越高,抛光性越好,表面反光也越强,增加了岫玉的美感,提高了岫玉的质量;反之,质地越粗,透明度越差,抛光性越差,降低了岫玉的质量。

4. 净度

净度是指宝玉石内部的干净程度,即含杂质和瑕疵的多少。岫玉由于透明度较好,肉眼观察即可看到内部的杂质和瑕疵,易于判断其净度的好坏。即内部各种杂质越少越好,肉眼不可见杂质者为最佳。

通常裂隙也会对岫玉的质地产生明显的影响。裂隙一般对岫玉的质量有明显的负面影响,沿裂隙可使岫玉的透明度降低,次生杂质充填,降低了岫玉的美感,影响了岫玉的耐久性,裂隙越多越大,则质量越差,裂隙越少越小则质量越高。

5. 质量(块度)

对于其他同等的岫玉,一般来说,其质量(块度)越大则价值就越高。

6. 工艺

俗话说"玉不琢不成器",有了好玉料还必须有高水平的工艺才能使这成为一件好的玉器。工艺包括造型和雕工,行内有"远看造型、近看雕工"之说。岫玉雕件的造型应简练生动、比例合适、体态均衡,给人以和谐逼真的感觉,如果上下左右比例失调,则会给人别扭、不舒服的感觉。雕工应是精雕细刻,表现在纹饰图案的线条流畅、雕刻细腻、抛光良好,包括细微及凹浅处,甚至镂空内部,都应雕刻细致及抛光到位,而无多余刀痕,应看上去和谐美观、光亮鉴人。若刀法凌乱,棱棱角角,光泽暗淡,那么这样的玉器多是粗制滥造的,不仅影响美观和玉器的价值,更是对天然资源的一种极大浪费。

(六) 产地及产状

岫玉因产于辽宁省岫岩而得名,它位于辽东半岛北部腹地,千山山脉东段,隶属于辽宁省鞍山市,东及东南与凤城市、东港市毗邻,西与大石桥市、盖州市为邻,南与庄河市相接,北及西北与辽阳市、海城市接壤。岫玉主要分布在境内哈达碑镇的瓦沟和偏岭镇细玉沟。此外,大房身乡的麻地沟、三家子镇的胡家沟、牧牛乡的荒沟、韭菜沟乡的二道沟、偏岭镇的包家堡子等地也有储藏。岫玉资源储量多,采矿大,目前国内玉雕原料70%左右出自岫岩。经初步勘测,岫玉总储量约300万吨。其中瓦沟玉储量176万吨。

岫玉矿床位于中朝地台辽东台隆,营口至宽甸台拱南侧,三家子至王家堡复式倒转向斜核部。区内古老地层发育,构造复杂,变质作用强烈,为岫玉矿床的形成提供了良好的条件。玉石矿体主要成透镜体状,赋存于元古代界辽河群大石桥组一套以含镁为特点的碳酸岩盐、钙镁硅酸岩盐和硅酸岩盐的海相沉积岩层中,矿带明显受一定的层位控制。大部分矿带与矿源层平行,部分斜交。辽河群大石桥岩组蛇纹石化菱镁大理岩的东西、北西、北东向层间压扭性断裂带,是岫玉控矿和储矿构造。中元古代辽河期片麻状黑云母二长花岗岩及晚期派生的钾长花岗伟晶岩脉是玉石的成矿母岩。玉石矿带矿体沿阳沟岭复式深成黑云母二长花岗岩呈环形带状展布,似斑状黑云母二长花岗岩与镁质碳酸盐岩接触带为玉石矿体成矿的最佳地段。矿床在成因上属于层控变质热液交代型玉石矿床。

(七)应用

多年以来,岫岩玉一直是中国产量最大、应用最广的一种中低档玉石,常用来生产玉器。色泽艳丽、质地优良、块度较小者亦用来生产首饰(如图 2-3-47 所示),多色玉料用来生产俏色工艺品。其艺术造型多样,如炉、瓶、薰、人物、动物、花鸟等(如图 2-3-48 所示),并畅销国内外。特别是其中的大件和特大件玉器,一向引人注目。

(八)保养

在岫玉产品的维护保养方面,除了正常的使用之外,还有就是要留心岫玉本身的一些特性,比如岫玉器物在使用当中,要留意碗、碟、茶杯等器皿,在其底部尽量放个底垫以防止刮伤。在清洁方面,用正常的湿布拧干就可擦拭,如果有油渍也可以用洗洁精抹除,若遇到保护层有少许刮伤的情况,可自己先倒点水在刮伤处,再用细砂的砂纸轻柔地打磨,然后清洁打蜡,就可以恢复原貌了。

五、绿松石

(一)概述

人类对绿松石的认识和开发利用具有悠久的历史与光辉灿烂的文化。例如,早在古代"两河流域",人们就把绿松石视为少见的几种珍宝之一,常将它与青金石相媲美。在远古时代,古埃及人就在西奈半岛开采绿松石矿床。那保存在公元前 6 000 年的埃及 Zer 皇后木乃伊手臂上的 4 只包金的绿松石手镯被认为是世界上最珍贵的绿松石艺术品,当考古学家于公元 1900 年把它们发掘出来时,仍然光辉夺目。古波斯更以盛产绿松石著称,几千年来它一直是世界上优质绿松石的主要供应国,其中以其北部尼沙普尔所产的优质绿松石最为珍贵。古波斯人相信,在睡眼惺忪中如果首先见到的是绿松石,则他(她)的这一天就会是个吉日,一定有好运气。在古墨西哥,绿松石被人们视为很神圣的宝物,其制品被用作护身符。据考证,早在公元前 600 年,墨西哥格雷罗州的梅斯卡拉附近就已经开始使用绿松石。墨西哥国立人类学和历史研究所就在这一地区的墓葬中发现了绿松石。在墨西哥哈利斯科州的图奇特兰附近的竖式墓穴中,发现了公元前 300 年的非常罕见和珍贵的绿松石。不过,中美洲人真正开始珍视绿松石是在其复杂多样的各种文化出现之后。墨西哥萨卡特卡斯州查尔奇维特地区是中美洲第一个开始大量使用绿松石的地区,其时间是在中美洲文化古典时期的中期,这个在中美洲西北部社会正值鼎盛的时期,在附近含有孔雀石、蓝铜矿、隧石、辰砂、赤铁矿、自然铜的矿床被广泛开采。大约在公元700年,出现了大范围内用绿松石进行加工、制作器物的盛况。墨西哥的阿兹特克人常把绿松石用作神圣的偶像、庆典面具和寺庙的供品,上层人士用绿松石制作假牙,埋葬他们首领时则在其口中放一块绿松石。经历史学和社会学的研究发现,绿松石在中美洲社会里不仅是一种极为贵重的宝物,而且在宗教领域和社会生活中还有一种更为深刻的隐喻和意义。人们把贤人哲士的至理名言比作绿松石,进而把绿松石视为高贵身份和地位的象征,甚至翡翠都不能与绿松石相媲美。北美洲的人们同样把绿松石视为瑰宝。如在美国新墨西哥州圣达菲附近的阿兹特克人墓葬里就发现了5万多件绿松石制品,在一件令人惊叹的项链上竟有相同的绿松石珠2 500粒。除珠之外,还有垂饰、神物、手镯、脚镯、雕刻品,以及镶嵌有绿松石、煤精及骨雕等。在中世纪的德国,绿松石为青年男女订婚时的首选宝玉石珍品。从古至今,虽然许多国家的历史发展、风土民情、人们的习俗和爱好、自然条件、绿松石资源特点和产出状况等并不相同或不尽相同,但人们都特别喜爱绿松石而不持偏见这一点却是相同的。其主要原因是由于绿松石特有的天蓝色,能使人遥念长空,感到胸怀旷达,信心十足。如南美洲大多数部落的人们就一直把绿松石誉为"天空石",佩戴绿松石饰物就会感到"上天有眼"。灾难来到时,天帝就会助人消灾、化凶为吉、转危为安。

中国历史上,绿松石是应用最早的重要玉石品种之一。在悠久的文明长河中,先人们以它为材料创造出了光辉灿烂的文化。据科学家们考证,早在原始社会的母系氏族公社时期,妇女们就已开始佩戴用绿松石制作的坠子。在青海大通孙家寨原始社会墓地出土的5 000年前的器物中,就发现有用绿松石、玛瑙及骨头制作的装饰品。北京故宫博物院收藏有辽河流域新石器时代红山文化遗址出土的公元前3 500年的两条绿松石鱼。山东大汶口文化中晚期出土有镶嵌绿松石的骨雕筒。甘肃民勤出土有属于夏、商之间的绿松石珠,其大小不等,有孔者多。商代已用绿松石来装饰铜器、漆器和象牙雕刻。河南安阳殷墟妇好墓出土有绿松石蝉和蛙等艺术品。在战国时期达官贵人的衣带钩上、隋朝宫廷里使用的金属器皿上,均有绿松石饰物。这说明那时已有人从事绿松石的雕琢工作,并且已具有一定的工艺水平。

据考证,"绿松石"一名在中国最早见于清代文献,如《清会典图考》载有"皇帝朝珠杂饰,惟天坛用青金石,地坛用琥珀,日坛用珊瑚,月坛用绿松石。"至于中国古代所用绿松石的来源,一方面是从古波斯(现伊朗)绿松石进口;另一方面则是开发利用了本国的绿松石资源,如湖北竹山、郧西、郧县的绿松石。

绿松石在中国有着悠久的历史和灿烂的文化,早在新石器时代就已经被先民作为一种美玉广泛应用。现今,随着人民生活水平的提高,个人财富的不断积累以及现代服饰消费文化的日趋成熟,人们对珠宝的消费观念已经由最初的"保值与显富"发展到了"追求品位,崇尚个性"的时代。进入这一阶段后,消费者每年将购买更多数量的首饰,以满足不同季节、时间、场合搭配服装的需求,绿松石正好符合了现代消费者的需求。

(二) 基本特征

1. 化学成分

绿松石的化学分子式为 $CuAl_6(PO_4)_4(OH)_8 \cdot 4H_2O$，即是一种含水的铜铝磷酸盐。Cu 离子决定了绿松石的基本颜色为天蓝色，另还含 Fe、Zn 等杂质元素。

2. 晶系

绿松石的晶系为三斜晶系。

3. 结晶习性

绿松石单晶体极少见，常见以集合体产出。绿松石在干燥地区以结壳、球葡萄状形式生长，或呈脉状产出，矿脉常产于褐铁矿基质中。

4. 结构特征

绿松石常具下列一些典型结构，其一是在绿色和蓝色基底上可见一些细小的不规则的白色纹理和斑块，它们是由高岭石和石英等白色矿物聚集而成；其二是常具褐色或褐黑色的纹理和色斑，称铁线，它们是由褐铁矿和炭质物聚集而成；其三是在个别样品中见蓝色的圆形小斑点，它们是绿松石在经沉积过程中形成的。

5. 物理性质

绿松石的物理性质主要表现在以下十个方面。

① 颜色：多是天蓝色、浅蓝色、绿色、带蓝的苍白色。在颜色均一的块体上常有分布不均的白色条纹、斑点或褐黑色铁线。如果是埃及产的绿松石则会在淡蓝色背景上出现微小的圆形蓝色斑点。

② 透明度：绿松石可以是微透明的，但多半是不透明的。

③ 光泽：绿松石具玻璃光泽到油脂光泽。

④ 解理：块状绿松石中不见解理。

⑤ 硬度：绿松石的硬度介于 5~6 之间。

⑥ 密度：绿松石的密度介于 $2.40 \sim 2.90 g/cm^3$ 之间，具体取决于产地，一般为 $2.76 g/cm^3$。许多绿松石依靠树脂增强其坚固性，从而将改变绿松石的密度。

⑦ 折射率：绿松石的折射率介于 1.610~1.650 之间，但通常只能在 1.61 处见一条阴影线。而双折射率一般是测不到的。

⑧ 吸收光谱：绿松石的颜色一般由铜所致色，可在 420nm 和 432nm 处见吸收谱线。

⑨ 发光性：绿松石一般不具发光性。少数在长波紫外线下显弱的黄绿色荧光。

⑩ 其他性质：绿松石是一种非耐热的玉石，在高温下绿松石会失水、爆裂，变成一些褐色碎块。在盐酸中绿松石要溶解，但速度很慢。绿松石中存在较多孔隙，所以在鉴定时，不宜与有色的溶液接触，以防有色溶液将其污染。

(三) 分类

1. 按颜色划分

绿松石按颜色划分可分为天蓝色绿松石、深蓝色绿松石、浅蓝色绿松石、蓝绿色绿松石、绿色绿松石、黄绿色绿松石、浅绿色绿松石等品种。各种颜色的绿松石原石如图 2-3-49

所示。

2．按产地划分

绿松石按产地划分，其品种有湖北绿松石，即产于中国湖北省，古称"襄阳甸子"或"荆州石"的绿松石；新疆绿松石，即产于中国新疆的绿松石，也称"河西甸子"；内沙布尔绿松石，即产于今伊朗北部阿里米塞山上内沙布尔地区的绿松石。此外，国外尚有埃及绿松石、智利绿松石、美国绿松石和澳大利亚绿松石等。

3．按色泽、透明度、结构及构造、质地等方面的差异划分

按色泽、透明度、结构及构造、质地等方面的差异划分，可将绿松石分为以下八类。

① 透明绿松石，指透明的绿松石晶体，可用它加工成刻面型宝石，已知者重约1克拉。仅美国弗吉尼亚州有，极罕见。

② 致密块状绿松石，指色泽艳丽，质地致密、细腻、坚韧、光洁的绿松石块体。为首饰和玉器生产的主要材料，比较常见。

③ 结核状绿松石，指呈球形、椭球形、葡萄形、馒头形、豆形、枕形等形态的绿松石，主要赋存于层间挤压透镜体中，大小悬殊。如中国湖北等地有分布。

④ 蓝缟绿松石，又称花边绿松石，指由于铁质物的存在而形成的具有蜘蛛网状花纹的绿松石，如伊朗等国有分布。

⑤ 铁线绿松石，指表层具有纤细的铁黑色花线的绿松石，如伊朗等国有分布。

⑥ 瓷松石，指呈天蓝色、质地致密坚韧、破碎后的断口像瓷器的裂口、异常光亮的绿松石。质量好，较常见。

⑦ 脉状绿松石，指呈脉状、赋存于围岩破碎带中的绿松石，大小不一。如中国湖北等地分布。

⑧ 斑点状绿松石，指因褐铁矿等物质的存在而出现斑点状、星点状构造的绿松石，一般质量较差。如中国陕西等地有分布。

（四）鉴定

由于绿松石的基本特征具有差异性和可变性，与其相似的宝玉石众多，再加上人工处理方法的巧妙，因此对绿松石的鉴定并非易事。

1．天然绿松石不同品种的鉴定

天然绿松石的标准天蓝色、蜡状光泽、微透明等特征，使有经验的人一眼就会看出它是绿松石。如果在天蓝底色上出现铁线、白脑、筋等异常现象，则更容易识别和确定它。如果鉴定工作出现了困难，这时可选用仪器设备进行鉴别，如折射仪、分光镜、查尔斯滤色镜、天平等。在获得一系列基本测试数据之后，就可以对被鉴定的绿松石做出科学的结论。

对按产地的不同而划分的绿松石品种，鉴定者需熟悉和掌握各地绿松石的基本特征及鉴别依据，然后方可对它们进行科学鉴定。例如，中国湖北的绿松石呈天蓝、蔚蓝、翠绿、淡绿等色，显蜡状光泽，微透明，常为瓷状，质地致密、细腻、坚韧、光洁，可具铁线、白脑、筋等。伊朗的绿松石呈中至强的天蓝色，蜡状光泽强烈或柔和，透明度较好，质地致密、细腻、坚韧、光洁，孔隙度最小，密度略高，但有些绿松石品种具有典型的黑色蜘蛛网状

花纹或铁线花纹特征。美国和墨西哥的绿松石呈苍白、淡蓝色,但也有呈蓝绿、绿蓝色者,孔隙较多。埃及的绿松石因含铁过多,致使其颜色多为蓝绿、黄绿色,在浅的底色上,可出现微小的圆形深蓝色斑点,孔隙较少,比美国的绿松石质地致密。凡此种种,可以将它们彼此区分开。

2. 天然绿松石与其相似玉石的鉴定

外观上与绿松石相似的天蓝、蔚蓝、绿蓝等色玉石较多,通常可按它们各自在物理性质、化学性质等方面的差异而鉴别之。例如,水铝氟石、磷铝石、天蓝石、硅孔雀石中就有在外观上与绿松石相似的。天蓝色的致密水铝氟石与优质或上等绿松石很相似,且加工后可以抛光得很好。但它的折射率和硬度均比绿松石低,而密度比绿松石高。天蓝色的致密磷铝石也像绿松石,但它的折射率、硬度、密度等均比绿松石低或略低,且其颜色通常不像绿松石那样蓝,吸收光谱在红色区有两个条带。天蓝、深蓝等色的致密天蓝石同样像绿松石,且其折射率、硬度等与绿松石很相近。但它的密度却明显地高于绿松石,透明度也比绿松石高,且不具备绿松石的结构。天蓝色的致密硅孔雀石也像绿松石,虽然它的折射率与绿松石相近,但它的硬度和密度却明显地低于绿松石。凡此种种,均可以把那些同绿松石相似的天然玉石与其区别开。

3. 天然绿松石与合成绿松石的鉴定

从理论上说,合成绿松石在物质成分、内部结构、物理及化学性质、工艺美术性能等方面应与天然绿松石相同或很相近。但实际上并非完全如此,因而根据各自在这些方面的差异同样可以将它们区别开。例如,合成绿松石非常纯,不含铁质,没有吸收线;天然绿松石几乎总是含有铁质,有一条弱至中等的深蓝色强吸收线。合成绿松石在50倍放大镜下可以观察到其中的无数挤得很紧的小球粒,而天然绿松石则没有这种结构。

4. 天然绿松石与仿制绿松石的鉴定

仿制绿松石完全是用一些非绿松石材料如蓝铁染骨化石、玻璃、塑料等制成的绿松石代用品。

蓝铁染骨化石又称"齿胶磷矿",为动物骨头或牙齿的化石,由于受到含铁磷酸盐的浸染而呈蓝色或绿蓝色,它的密度明显高于绿松石,在放大镜下可以见到骨头所特有的蜂窝状结构。

玻璃和塑料仿制品通常在其底子或基底上呈游涡状色彩,底子的背景可能是粗糙的,而不像多数绿松石所具有的抛光背景。大多数玻璃和塑料仿制品的一个鲜明特征是其断口上显玻璃光泽,而蓝色白垩状绿松石的断口上光泽暗淡,致密、细腻、坚韧和半透明的绿松石断口上为蜡状光泽或油脂光泽。在10倍放大镜下观察玻璃制品时,可以见到其近表面处的气泡。玻璃或塑料仿制品中的杂质包裹物可以被模仿得很相像,不过这种杂质可以从其表面上清洗掉。而绿松石中的杂质,由于比绿松石本体略硬或略软,所以在其制品的表面上就会略凸或略凹。玻璃或塑料仿制品常有比绿松石低的折射率,且玻璃的密度明显比绿松石高。玻璃仿制品还可能具有腰带一样的模具印痕,或表面具有半球形小凹槽,这是气泡破裂的结果。瓷仿制品亦具有玻璃光泽,但其密度明显地低于绿松石。

此外,市场上出售的绿松石制品中还有"黏结绿松石"。它实际上是将天然绿松石的粉末用良好的胶合剂(如塑料等)胶结起来,经过压实和处理而生产出来的质地致密、细腻、坚韧的绿松石材料。用这种材料加工而成的绿松石仿制品与天然绿松石相当相像,一般察觉不出来。但它在较淡的底子上常有带角的蓝色色斑,其硬度、密度均比真正的天然绿松石低,因而亦可将它们区别开。

5. 人工处理绿松石的鉴定

为提高绿松石的价值,使其颜色和致密度更理想,人们采用了各种处理方法对绿松石进行修饰,以增加颜色和减少孔隙,其中比较常用的是充填处理。

注入填充绿松石的材料很多,具体方法也不尽相同。最早人们是用水、脂肪或矿物油等比空气折射率高的材料来填充绿松石的孔隙,由于这些材料本身就不稳定,因此目前不再使用。之前人们也用蜡填充绿松石,通常是采用石蜡。首先将松石缓慢干燥,然后保温,在熔化的石蜡中煨透;也有的是将浸有石蜡的绿松石放在双层汽锅上蒸几天;也有使用真空或者压力而实现这种填充,但必要性不大。那些质量差、多孔而不利于加工的绿松石基本上都经过这种填充处理,目的是加大硬度。优质绿松石也要经过这种处理,旨在改进它们的耐久性,防止对化学物质十分敏感的绿松石遇到汗水和化妆品等变色或被损害。无机材料的无色填充也已应用于绿松石。具体做法是先用硅酸钠溶液浸泡样品,然后用饱和盐酸作用,在孔隙中形成硅胶,通过硅胶在水中的胶体扩散,实现对孔隙的填充。不过由于这种方法生成的胶体是白色的,常常使绿松石颜色变浅,因此,为增加颜色,人们采用了一种与无机染色结合的方法,将染料沉淀到绿松石的裂隙中,然后再用无色硅酸盐填充如图 2-3-50 所示,为灌胶处理的天然绿松石项链。

充填处理绿松石的鉴别方法主要有以下五种。

① 充填了塑料的多孔绿松石材料可根据它的低折射率和低密度来识别。未经处理的绿松石折射率平均为 1.62,密度在 2.76 g/cm³ 左右,而塑料处理过的绿松石的折射率介于 1.45～1.56 之间,密度一般在 2.3～2.5 之间。

② 用一滴氨水滴在一枚绿松石上,如果其蓝色苯胺染料被漂白,绿松石恢复到了原来的颜色,则被测试的绿松石就是染色绿松石。

③ 用热针头或由电阻控制的电热针头靠近绿松石,而不要接触它。然后在放大镜或显微镜下观察,如果发现油或蜡熔化和流动,并以珠状的形式渗出绿松石表面,则被测试的绿松石就是注油浸蜡绿松石。

④ 塑料充填的绿松石在热探针检查中会发出一种辛辣气味。

⑤ 硅酸钠(水玻璃)处理过的材料较难辨认,可根据其 2.40～2.70g/cm³ 的较低密度与未处理过的绿松石区别开来,具有相近外观而未处理的绿松石的密度是 2.76 g/cm³ 左右。

除了要进行常规的宝石物理性质测试外,人们还采用了红外光谱和 X 射线衍射相结合的方法进行鉴定。

(五) 评价

绿松石的质量评价可以从颜色、质地、裂纹、块度以及其他影响因素等方面进行。

1. 颜色

根据绿松石的颜色特征,一般以蓝色调的绿松石质量为最好,带绿的蓝色、蓝绿色、绿色的绿松石质量依次降低。在蓝色的绿松石中,根据颜色浓度的深浅,如果分成深、中等、浅三种色调的话,则以中等色调的蓝色为最佳。如果绿松石中存在灰色、褐色、黄色等色调,则将大大地降低绿松石的质量等级。

2. 质地

优质的绿松石质地应致密、坚韧,没有杂质和其他缺陷。通常在评价和区分绿松石质地的优劣时,应认真考虑和特别注意以下八种情况。

① 瓷松,指色艳、质坚、无缺陷的优质或上等、特等绿松石。硬度为 5～6。其断口呈贝壳状,似瓷器的破裂或裂断口,故俗称"瓷松"。在评价绿松石的质量和挑选其玉材时应善于选择它。

② 面松,指质地不坚的绿松石。硬度为 4 以下。其断口呈粒状,用指甲能刻划,故俗称"面松"。有些呈块状者可用作玉雕材料。

③ 泡松,指比面松还软的绿松石,质地很差,实为劣等品,不能用作玉雕材料。

④ 铁线,指绿松石的裂隙被炭质物、铁质物等充填和胶结而形成的铁黑色"黑线花纹"。其存在当然影响或有损于绿松石的质量,至少是有碍于其玉雕作品的美观。但如果铁线纤细、牢固,与绿松石构成一个整体,且分布有规律或自然、美观、大方,那么在玉器生产上也会有实用价值。

⑤ 白脑,指在分布均匀的天蓝或蓝、绿底色上所存在的许多呈白色或月白色星点、斑点的白石,如石英、方解石等。这种白脑的存在,往往会大大降低绿松石的质量。

⑥ 筋,又称"白筋",指具有细脉状白脑的绿松石。其存在同样会降低绿松石的质量。

⑦ 糠心,指外层为瓷松的绿松石内部所具有的灰黄褐色内心。因为灰、黄、褐等颜色对于标准的绿松石、特别是对绿松石上等品来说是一大缺陷,工艺美术上称之为一大"禁忌"。绿松石的"内心"具有此类颜色,将严重损害其外层为瓷松的丽质,故俗称"糠心"。这是典型的天生"金玉其外,败絮其中",所谓"松石伤客不伤主"就是指的这种具有糠心的绿松石。通常只能用作观赏石,不能用作玉雕材料。

⑧ 炸性,指绿松石在加工过程中自然裂开的性能。其炸裂面往往光滑、平整,但多少不一、方向性不强,因而常严重损害绿松石的质量。

3. 裂纹

裂纹的存在也将影响到绿松石的质量等级,没有裂纹最好,微小裂纹次之,裂纹越明显质量越差。

4. 块度

绿松石块度的大小也是评价绿松石质量的一个因素,一般情况下,在颜色、质地、裂纹等质量因素相同的条件下,绿松石的块度越大,价值也就越高。

5. 其他影响因素

工艺美术上要求绿松石具有标准的天蓝色(其次呈蔚蓝、深蓝、绿蓝等色),蜡状光泽及油脂光泽强,透明度较高;质地致密、细腻、坚韧、光洁,无裂纹、伤痕、铁线、白脑、筋、糠心、炸性及其他任何缺陷,块度大。

此外,对于用作首饰的优质绿松石还要考虑它的切工,在评价其切工时,主要考虑以下因素:成品的轮廓,对称性,长、宽比例,厚度,串珠的圆度,珠孔加工的精细程度等。

对于"绿松石"这样一种传统玉石,国内外的宝石学家对其品质进行了研究,并提出了一系列的质量评价体系。

国外根据绿松石的颜色、透明度以及杂质分布特征将绿松石分为以下五个等级。

① 最上等的绿松石:呈强至中等的蓝色,颜色柔和而均匀,没有暗色或淡蓝色的斑点,没有铁线,强光泽和半透明使绿松石表面有玻璃感。

② 一级绿松石:孔隙度小,相对密度较大;常见于波斯出产的绿松石,商业上称为波斯级;其中,颜色和质地均为上等,但表面有网状花纹的绿松石常称为波斯级铁线绿松石。

③ 二级绿松石:呈浅蓝色,不如波斯级鲜艳,透明度也比波斯级差,多数没有铁线或表面有细的蜘蛛网状铁线;二级品在商业上被称为美洲级。

④ 三级绿松石:呈绿蓝色或蓝绿色,商业上称为埃及级。

⑤ 四级绿松石:呈浅色或深的黄绿色,铁线极多,价值不高,商业上称为阿富汗级。

根据颜色、光泽、质地和块度,我国将绿松石划分为以下三个等级。

① 一级绿松石:呈鲜艳的天蓝色,颜色纯正、均匀,光泽强,半透明至微透明,表面有玻璃感,质地致密、细腻、坚韧,无铁线或其他缺陷,块度大。

② 二级绿松石:呈深蓝、蓝绿、翠绿色,光泽较强,微透明,质地坚韧,铁线及其他缺陷很少,块度中等。

③ 三级绿松石:呈浅蓝、蓝白、浅黄绿等色,光泽较差,质地比较坚硬,铁线明显或白脑、筋、糠心等缺陷较多,块度大小不等。

(六) 产地及产状

世界上出产绿松石的国家有中国、伊朗、美国、俄罗斯、埃及、澳大利亚、墨西哥、智利、巴西等。

我国绿松石资源主要分布于湖北竹山、郧县、郧西等地,其次为陕西白河、安康、平利,另在新疆、青海、甘肃、河南、安徽、云南等地也发现有绿松石矿床、矿点或矿化现象。

绿松石是含铜的地表水溶液与含铝和磷的岩石相互作用而形成的一种表生玉石,常与褐铁矿、高岭石、蛋白石、玉髓等共生。矿床在成因上属于冷水溶滤裂隙充填型。

(七) 应用

以艳丽色彩取悦于人的天然玉石并不罕见,绿松石可谓其中的著名品种。绿松石属于中高档玉石,凡是符合工艺美术要求的大大小小的绿松石原石,均被人们在因材施艺的原则指导下,制作出了千姿百态的首饰和玉器,诸如头饰、耳饰、项链、串珠、坠饰、片饰、戒面、手镯、念珠、服饰等装饰品或艺术品,应有尽有,如图2-3-51所示,为绿松石首饰。用绿松石为主要材料或辅助材料所生产出来的人物、动物、山水风光、花鸟、器皿等玉器更是层出不穷,花样翻新。如中国地质博物馆收藏的近代著名的绿松石"九狮瓶"就冠绝一时。现代创作的绿松石"人之初"、"八仙过海"、"史湘云醉卧芍药图"、"少司命"、"极乐图"、"武当朝圣"、"瑶池仙境"、"水月观音"、"国色天香"、"清风明月"、"山高水长"等,均为艺术杰作。

自从绿松石在历史上被人格化、道德化、神化以后,世人对绿松石的欣赏和钟爱达到了不可思议的地步。即使是人类历史发展到了科学高度发达的今天,世界上许多古老的民族仍然坚守其悠久的文化传统,而未曾动摇其先辈的信念。如埃及人以优质绿松石为材料雕琢成爱神,用以护卫自己的宝库。波斯人把绿松石视为幸运之石,渴望每日清晨第一眼见到的就是它,以便日复一日、月复一月、年复一年地迎来好运。土耳其人则认为绿松石是具有神功之石,把用它制作的念珠穿在马勒上,能挡住恶魔的眼睛。我国藏族人民认为绿松石是神灵之石,有了它可以预卜吉凶、普济众生。在生辰石里,绿松石还被视为十二月份诞生石,以象征事业的成功。图2-3-51所示为绿松石首饰。

(八) 保养

绿松石特有的物质成分和内部结构导致它在物理性质和化学性质方面存在着一定的缺陷,因而在使用和保存时应当注意五点。

① 绿松石颜色娇嫩,怕污染,故在生产和使用过程必须保持清洁。首先,环境必须干净,切忌将各种污物置于其中,半成品应适时地投放于清净的水里;其次,人的双手和各种加工工具也必须及时清洗,以避免把其半成品或成品弄脏。最后,已经制成的绿松石艺术品、器物等应避免与肥皂水、洗涤剂、油污、铁锈、茶水及其他带色的物质接触。

② 绿松石抗化学腐蚀的能力较差,故应严防与酸、碱、酒精、芳香油、化妆品等物质接触,从而避免发生褪色和变质现象。

③ 绿松石不能耐高温,故加工和使用时均应防止用火烘烤,从而避免其褪色和炸裂。

④ 绿松石在长期的日光照射下会褪色或干裂,故加工、使用和保存时均必须确保其环境阴凉。

⑤ 与其他宝玉石一样,在加工和使用绿松石时,防止意外的外力打击、磕碰也是十分必要的。

六、青金石

(一) 概述

青金石是一种古老和神圣的玉石,素有"天青"、"帝青色"等美誉。诚如章鸿钊在其《石雅》中所说:"青金石色相如天,或复金屑散乱,光辉灿灿,若众星之丽于天也。"它是除翡翠以外,世界上最为名贵的上等玉石之一。人类对青金石的认识和开发利用具有悠久的历史,例如,世界上最大和最著名的优质青金石矿——阿富汗巴达赫尚省境内的萨雷散格青金石矿床早在公元前6 000年至前5 000年就已经被人发现和开发,其产品曾销售于世界各文明古国。在古印度、波斯等文明古国,青金石是最受人喜爱的玉石。古埃及人对青金石的认识和利用也可以追溯到公元前几千年,那时的青金石被列于黄金和其他许多珍宝之前。人们把它视为祭司和法老的祭神品,念珠、胸饰、甲虫式首饰、图章及其他装饰品均用青金石制作。在古代"两河流域"时代,青金石被视为上等珍宝和治疗忧郁症及"间三日疟"的良药。青金石是巴比伦国王赠送给埃及法老的重要礼品之一。古代阿拉伯人也非常喜爱青金石,尤其喜爱那种含有基点状黄铁矿、宛如无月夜空星光灿灿的深蓝色品种。古希腊人称青金石为Kyanos,其现今的含义为蓝色的"蓝晶石"。古罗马人称青金石为"蓝宝石",说它"含有金子般的斑点"。从古希腊和古罗马至文艺复兴时代,人们还把青金石研磨成粉末,用于绘制世界著名的油画。在中世纪,青金石粉末被用来装饰书稿,以显示书稿的主人很富有。希腊人和罗马人还把青金石粉末用作补药和泻药。在古代秘鲁,印加帝国的国王则用青金石作殉葬品,想利用其天蓝色象征"通达升天之路"。俄国人也很喜爱青金石,并在找寻和开发青金石矿床方面取得了重要成就。如1784—1785年就发现了滨贝加尔地区的青金石,后经长期地质勘查,其著名青金石矿床有小贝斯特拉、斯柳甸等。但古代世界各国所利用的优质青金石几乎都来自阿富汗。

在中国悠久的历史长河中,青金石被称为"璆琳"、"流离"或"琉璃"、"壁琉璃"、"瑾瑜"、"金精"、"金青"、"蓝赤"等,并拥有丰富的文字记载。如《管子·轻重甲篇》记载了:"昆仑之虚不朝,请以璆琳、琅玕为币。"《尔雅·释器》称:"璆琳,玉也。"东汉时代用青金石已确证无疑,如江苏徐州东汉墓出土的长25cm、高10cm、重3.85kg,有盖、砚盒作怪兽状的鎏金镶宝兽形铜盒石砚,就镶嵌有青金石、绿松石和红色珊瑚。《后汉书·西域传》记载了:"大秦国有夜光璧、明月珠……琥珀、琉璃。"庾信(南北朝文学家)的《杨柳歌》则有"衔云酒杯赤玛瑙,照日食螺紫琉璃"之称。宁夏固原北周李贤夫妇墓出土了一枚呈环状、镶有一蓝灰色青金石的垒戒指。其最大直径为2.4cm,青金石的面径为0.8cm,为李贤之妻吴辉所用。河北赞皇东魏李希宗墓亦出土了一枚镶青金石的金戒指,此青金石同样为蓝灰色,刻有一鹿,周围有联珠纹,为其妻崔氏的装饰品。经研究,以上两枚镶青金石的金戒指均是从外国输入的。据《隋书》记载:"上踢王公已下射,杨素箭为第一。上手以外国所献金精盘,价直(值)钜万以赐之。"此"金精"指的就是青金石。唐贞观十七年(公元643年),东罗马帝国(古称"拂林"、"大秦",又称"拜占庭帝国")遣使来唐,送来了赤玻璃、石绿、金精等珍宝。《旧唐书·西戎传·拂林》和《新唐书·拂林传》均有"绿金精"的记载,此"绿金精"亦指青金石。及至清代,对青金石的利用更加盛行。因青金石玉石色相如天,而备受帝王的器重。据《清会典图考》载:"皇帝朝珠杂饰,唯天坛用青金石,地坛用琥珀,日坛用珊瑚,月坛用绿松石。"清代达官显贵的饰物、各种生活用品、宫廷佛教用品等均大量或不同程度地用青金石制作。北京故宫博物院收藏的青金石艺术品达100件以上。另外,青金石在古代除用作玉材外,亦大量用作生产颜料的原料。据甘肃敦煌研究院王进玉的研究,中国最迟从汉代起即已将青金石用于颜料,北朝时更为广泛,从东南、中原至西北边疆均有应用。如敦煌莫高窟、敦煌西千佛洞自北朝至清代的壁画、彩塑均曾用青金石作颜料。而据对莫高窟北凉、北魏、西魏、北周、隋、初唐、盛唐、中唐、晚唐、五代、宋、西夏、清代等许多洞窟的取样分析结果发现,其蓝色颜料大部分都是用青金石制作的。此外,甘肃天水麦积山石窟的壁画所用的蓝色颜料中,青金石就占了一半以上。甘肃永靖炳灵寺石窟、青海乐都瞿昙寺彩绘、新疆克孜尔千佛洞壁画等,也都用的是由青金石制作的蓝色颜料。至于古代中国所用青金石来自何地,现今一般认为来自阿富汗。正如章鸿钊《石雅》所述:"古称璆琳出昆仑虚,是西方之产也。"

(二) 基本特征

青金石的基本特征主要体现在以下十一个方面。

① 化学成分:主要矿物为青金石,化学分子式为$(Na,Ca)_8(AlSiO_4)_6(SO_4,Cl,S)_2$。

② 结晶系性:青金石为等轴晶系,但青金石玉石一般为粒状集合体。

③ 颜色：蓝色，粗粒状材料可呈蓝白斑杂色。
④ 透明度：可以是微透明的，但多半是不透明的。
⑤ 光泽：玻璃光泽到油脂光泽。
⑥ 断口：不平坦。
⑦ 硬度：5～6。
⑧ 密度：2.70～2.90g/cm³，一般为2.75g/cm³。
⑨ 折射率：1.500。
⑩ 发光性：短波紫外光下可发绿色或白色调的荧光，青金石中的方解石在长波紫外光下可发橙色荧光。
⑪ 包裹体：几乎总有黄色斑点状的黄铁矿和白色的方解石。

（三）分类

1. 按颜色分类

按颜色划分可以将青金石玉石分为深蓝色青金石、天蓝色青金石、浅蓝色青金石、紫蓝色青金石、绿蓝色青金石等品种。它们之间的区别，主要在于各自颜色的差异。青金石原石如图2-3-52所示。

2. 按产地分类

可以将青金石玉石分为阿富汗青金石、俄罗斯青金石、智利青金石、加拿大青金石等。

1）阿富汗青金石

阿富汗青金石产于巴达赫尚省的青金石矿区，位于兴都什库山脉东部科克奇河流域。已知矿床和矿点较多，其中最著名的为萨雷散格青金石矿床。萨雷散格矿床位于科克奇河支流至萨雷散格的河谷中，所产青金石块体的平均重量为2～7公斤，偶尔可达100～150公斤，块度一般为30cm×15cm×10cm，最大者为100cm×80cm×50cm。该矿床所产的青金石呈深蓝色、天蓝色和浅蓝色，为细粒结构或隐晶结构，是世界上历史最为悠久的优质的青金石原料产地。玉石的矿物成分除含青金石外，还含有透辉石、黄铁矿等，各种矿物的含量因玉石品种的不同而有所差异。

2）俄罗斯青金石

俄罗斯青金石产于滨贝加尔湖南部地区，包括小贝斯特拉矿床和斯柳甸矿床，前者所产青金石玉石呈艳蓝色，后者所产青金石玉石的质量较差。

3）智利青金石

智利青金石由青金石、方解石、黄铁矿组成，颜色一般较浅，呈浅蓝色，少数为深蓝色。

4）加拿大青金石

加拿大产的青金石玉石，常与透辉石、金云母等矿物共生，颜色一般较浅，呈浅的天蓝色。

（四）鉴定

1. 天然青金石不同品种的鉴定

青金石的鉴定相对比较容易，它特有的蓝色青金石、星点状的黄铁矿晶体和白色方解石构成了其典型的鉴定特征。另外折射率为 1.500，密度为 2.75g/cm³ 等也可为鉴定提供重要佐证。不同品种的青金石的鉴定，主要是依据青金石中蓝色、星点状的黄铁矿晶体和白色方解石的含量不同。

2. 天然青金石与它的相似材料的鉴定

与青金石相似的宝玉石有蓝铜矿、天蓝石、方钠石、染色玉髓、染色大理岩、染色石膏、玻璃等。它们与青金石的根本区别在于颜色、透明度、折射率及其他光学性质、质地、硬度、密度、化学性质等方面的差异。

蓝铜矿，单晶体常见，集合体多呈粒状、晶簇状、皮壳状等，其艳蓝色和光泽很像青金石，唯其硬度（3.5～4）比青金石低，而密度（3.7～3.9g/cm³）和折射率（1.73～1.84）均比青金石高。且其质地不如青金石那样致密、细腻、坚韧，遇盐酸可发生化学反应（起泡），故可据此将它与青金石区别开。

天蓝石，透明至微透明的单晶体较常见，集合体呈致密块状，其艳蓝色块体很像青金石，但其密度（3.09g/cm³）和折射率（1.612～1.643）均比青金石高。透明的天蓝石晶体具有多色性。用喷灯吹管加热时，天蓝石会发生膨胀、白化并崩解，据此亦可与青金石区别开。

方钠石，单晶体为菱形十二面体，半透明至透明，集合体为粒状和致密块状，其颜色不均匀，常呈斑块状，在蓝色的地子上常见带深蓝色和白色色斑的杂色，白色和淡粉红色纹理（脉纹）亦很常见，从而使它很像智利出产的青金石。但它没有或极少含黄铁矿，密度（2.24g/cm³，有时可达 2.35g/cm³）比青金石低，在紫外线照射下可发出橘红色荧光，从而可以据此与青金石区别开。

染色玉髓，呈蓝色，普通珠宝商常常习惯性地将其误称为"瑞士青金石"或"德国青金石"。实际上它是一种不纯的石英集合体，其中的孔隙度变化很大。断口呈贝壳状，而青金石的断口为不平坦的粒状。颜色往往分布不均匀，且在条纹和斑块中富集。玉髓在瓷板上刻时留不下条痕，而青金石的条痕呈浅蓝色。在查尔斯滤色镜下不呈红褐色，折射率（1.53）亦比青金石高。据此，可以将染色玉髓与青金石区别开。

染色大理岩，呈蓝色，外观像青金石，但在放大的情况下仔细观察，可发现其颜色的分布仅局限于裂隙和矿物颗粒的四周或边界处。其染料可以溶于丙酮，如果用蘸有丙酮的白棉签擦拭其表面，这时染料就会离开表面而被粘到白棉签上。大理岩的硬度（约3～3.5）、密度（2.65～2.75g/cm³）、折射率（约1.48）均不同程度地比青金石低，遇盐酸可以产生剧烈的化学反应（起泡）。凡此种种，均可以很容易地将染色大理岩与青金石区别开。

染色石膏，呈蓝色，外观像青金石，但在放大的情况下仔细观察，可发现其颜色的分布局限于裂隙和矿物颗粒的四周或边界处。如果用蘸有丙酮的白棉签擦拭其表面，这时染料就会被丙酮溶解离开其表面而粘到白棉签上。在偏光器下，石膏会出现明、暗变化的特征，而青金石则可以完全黑暗。石膏的硬度（2）比青金石低得多，用指甲可以刻动，密度（约2.30～2.37g/cm³）比青金石低，而折射率（约1.520～1.529）却比青金石略高。据此亦可以十分容易地将染色石膏与青金石区别开。

玻璃一般很少具有青金石的外观，唯少数作假技术十分"高明"者可以使蓝色玻璃很像天然青金石。但这种蓝色玻璃不具有青金石玉石那样的粒状结构，并可通过漩涡纹理、铸模痕迹,尤其是气泡来探测。这些标志通常在靠近其表面处出现,在放大后更容易观测到。玻璃所拥有的类似贝壳状的断口也完全不同于青金石的不平坦的粒状断口。于是人们可以据此将蓝色玻璃与青金石区别开。但也有一种玻璃值得注意,它含有铜的淡黄色晶体,为亚半透明的"砂金石"玻璃,有着明亮闪烁的外观。这时可以根据其中存在的气泡和包裹其中、具有轮廓分明的三角形和六角形的铜晶体进行鉴别。

3. 天然青金石与合成青金石的鉴定

合成青金石颜色的分布比较均匀,缺少大多数天然青金石所具有的杂色特征。合成青金石完全不透光,天然青金石边部变薄之处可呈亚半透明状态。合成青金石为细粒结构,质地细腻,而天然青金石的细粒结构中含有颗粒或粗斑纹。合成青金石中的黄铁矿是将天然黄铁矿经过粉碎、筛分后再添入到粉末状原料中的,因而其颗粒边缘一般均很平直,晶棱完好,且分布均匀,可见于整块合成青金石中。而天然青金石中的黄铁矿外形不规则,颗粒边缘具圆滑感。合成青金石材料的斑块部分地被颗粒所包裹,黄铁矿以小斑块或条纹的形式出现。合成青金石具有较多的孔隙,当静水称重时其在水中的密度经过15分钟后会增加。这对于那些已经镶嵌在首饰或其他饰物、器物上的青金石的鉴定是很有效的,因为这种变化可以作为合成青金石的证据。天然青金石因孔隙少,故观测不到这一效应。合成青金石的密度低于 2.45 g/cm³,而天然青金石的密度则相对较高,根据这些完全可以将合成青金石与天然青金石区别开。

合成青金石如图 2-3-53 所示,而青金石与某些常见仿制品的区别见表 2-18。

表 2-18 青金石和某些常见仿制品的区别

特征/玉石	青金石	合成青金石	方钠石	合成尖晶石	瑞士青金石
折射率	1.500	1.550	1.480	1.720	1.533
密度(g/cm³)	2.75	2.33~2.53	2.24	3.53	2.60
查尔斯滤色镜下	红褐色	没有明显的颜色	红褐色	鲜红色	变红
包裹体	黄铁矿、方解石	形状规则的黄铁矿	白色脉纹	少	染色的玉髓
结构	粗到细腻	细腻	粗糙	单晶体	集合体

4. 天然青金石与人工处理青金石的鉴定

天然青金石如果因质量较差或其他原因而不能满足工艺美术上的要求时,可以采用适宜的技术方法改善其质量。例如,某些青金石通过上蜡就可以改善其外观。在对这种上蜡青金石进行鉴定时,可以借助于放大镜检视,发现蜡层剥离之处。对于圆珠青金石首饰则可以检查钻孔的周围,在上蜡处用钢针进行轻轻的探寻会有助于刮起蜡层。这时如果细心地使用加热钢针,还会析出蜡液来。在某些情况下,蜡被清除了,而青金石的外观并无明显的不同。这就需要注意,凡是发现经过此种方法处理过的青金石均应测试其是否有染色剂存在,实践证明,蓝色染色剂常有助于改善劣质青金石的颜色。在对这种染色青金石进行鉴定时,可选用含有丙酮的白棉签小心地在其上擦拭。如果白棉签变成了蓝色棉签,则说明青金石确实被染过蓝色。但是,如果青金石还被上过蜡,则采用丙酮将无法检测染色剂的存在。因此,在鉴定之前应认真检查青金石的表面是否有蜡。如果有,则应在待测试的部位刮去蜡层,或用合适的溶剂将其溶除。如果进一步仔细观察染色青金石,还可发现其颜色沿裂隙富集。当各种裂隙相交时,还可以形成网络状图案。另外,某些劣质青金石破碎之后,还可能被人用塑料黏结起来。在对其进行鉴定时,可采用加热的钢针进行触探,如果散发出塑料气味,就能说明青金石是用塑料黏结而成的。

(五) 评价

青金石玉石的质量评价可以依据颜色、质地、裂纹、工艺和块度等方面进行。

1. 颜色

青金石玉石的颜色是由所含青金石矿物含量的多少所决定的,所含青金石矿物含量多,则颜色好,反之则颜色要差,由于青金石矿物呈蓝色,因此,青金石玉石一般也呈蓝色,其中又以蓝色调浓艳、纯正、均匀者为最佳。如果颜色中交织有白石线或白斑,就会降低颜色的浓度、纯正度和均匀度,因此质量降低。

2. 质地

质地也是评价青金石玉石质量的一个重要因素。质地致密、坚韧、细腻,含青金石矿物多,含其他杂质矿物少(如方解石、辉石、云母等),但含有少量星点状均匀分布的黄铁矿,这样的青金石为上品。如果黄铁矿局部成片分布,则将影响到青金石玉石的质地,进而也将影响到青金石玉石的质量。对于含有杂质矿物的青金石,杂质矿物分布的均匀程度,也将是评价其质地的一个标准,一般认为杂质矿物分布均匀者,比分布不均匀者质量等级要高,反之则质量等级较低。

3. 裂纹

裂纹的存在将明显地影响到青金石玉石的质量,没有裂纹最好,微小裂纹次之,裂纹越明显则质量等级越低。

4. 工艺

由于青金石玉石具有美丽纯正的蓝色,因此优质、没有裂纹的青金石常可用作首饰石,用作首饰的青金石玉石常被切磨成扁平形琢型和弧面形琢型。切磨成扁平形的青金石玉石一般都是最优质的青金石玉石,而切磨成弧面形的青金石玉石与其相比较而言,质量要差一些,因此根据青金石切磨的琢型,也可以大致区分青金石玉石的质量,在对扁平形青金石玉石评价其工艺时,应注意成品的轮廓和成品的厚度,一般厚度应不小于2.5mm,小于这一厚度,则质量等级将降低。对于用青金石玉石琢成的玉器,应注意观察玉器的线条是否流畅,弯转是否圆润,还要评价整件玉器的比例是否适当,是否能产生整体和谐的美感。

5. 块度

块度指的是青金石玉石块体的大小。在同等质量因素条件下,青金石玉石块体越大(不论是首饰石还是原石),其价值也就越高。

根据青金石玉石中所含矿物成分、颜色、质地的差异,可把青金石玉石分为以下四种质量等级,其质量等级依次降低。

1) 青金石级

青金石级为最优质的青金石玉石。其中的青金石矿物含量在99%以上,不含黄铁矿,其他杂质矿物很少,质地致密、坚韧、细腻,呈浓艳、纯正、均匀的蓝色,为最优良的青金石玉石之一。

2) 青金级

青金石矿物含量一般在 90%～95%，没有白斑，可含有稀疏的星点状黄铁矿和少量其他杂质矿物，质地较纯净、致密、细腻，颜色的浓度、均匀度、纯正度较青金石级差，为青金石玉石中的上品。

3) 金克浪级

其中青金石矿物的含量明显减少，含有较多而密集的黄铁矿，杂质矿物含量明显增加，有白斑和白花，颜色的浓度明显降低，呈浅蓝色且分布不均匀，质地比上述两种逊色。

4) 催生石级

这一类型青金石是质量最差的青金石玉石，所含青金石矿物最少，一般不含黄铁矿，而方解石等杂质矿物含量明显增加，玉石上仅见星点状蓝色分布，或呈蓝色与白色混杂的杂斑状。催生石因古传青金石能帮助妇女生孩子而得名。那种以方解石为主要杂质者称"雪花催生石"；呈淡蓝色的称为"智利玉"。此种青金石玉石质量一般较差，仅少数质优者可用作玉雕材料。

(六) 产地及产状

世界上出产青金石的国家有阿富汗、俄罗斯、智利、美国、加拿大、巴西、意大利、缅甸、印度、巴基斯坦、蒙古、澳大利亚等。

地壳里有经济价值的青金石矿床均为接触交代作用的产物，其成矿作用与气化——热液活动有着密切的联系。矿床类型有二：①硅酸盐——镁质矽卡岩中的青金石矿床，其矿体呈扁豆体状、透镜体状，世界上几乎所有已知的优质青金石矿床都属于这种类型，如阿富汗的萨雷散格、俄罗斯的小贝斯特拉和柳斯甸等；②钙质矽卡岩中的青金石矿床，其矿体为细脉状、浸染状和矿巢状，与青金石共生的矿物为方解石、黄铁矿等，此型矿床为世界上青金石玉石的劣质矿床，如智利曲卡莲等。

(七) 应用

青金石属于中高档玉石，青金石主要被用来生产首饰和玉器。由于其颜色深沉、肃穆、庄重、高雅，所以古往今来人们对它十分崇尚和喜爱。达官显贵、宗教人士等尤其如此，用它制成的富有古色古香特点的人物、动物、器物、陈设品等深受他们喜爱。像人们所知道的佛像、龙、狮、怪兽、炉、瓶等，应有尽有。用青金石制作的各种首饰（戒指、手镯、项链、坠子、耳饰、头饰等）也都具有不同凡俗的风格，似乎把饰用者带进了天堂和仙境，如图 2-3-54 所示，为深蓝色青金石首饰。在生辰石里，青金石与绿松石一样被视为"十二月诞生石"，即"成功之石"，以象征事业的成功和美满。

(八) 保养

选购青金石时应注意颜色、杂质矿物的种类及含量、裂纹、切工等。颜色是选购时应该重点考虑的一个方面。质量好的青金石应该具有纯正、均匀、艳丽的蓝色调。青金石含有少量细小并且均匀分布的黄铁矿颗粒对其质量影响较小,但是如果黄铁矿过多或者在局部成片分布,则会降低青金石的价值。优质青金石,很少能见到明显含有白色方解石条纹或斑块,白色方解石的存在会大大降低青金石的价值。裂纹的存在会明显影响青金石的质量,裂纹越明显价值越低。首饰级青金石常被切磨成弧面形琢型。佩戴青金石时应远离高温或过热环境,以防止失色。青金石孔隙较多,不能用水浸泡和冲洗,以免表面的污垢向内部渗透,应用干净的软布清洁。

七、二氧化硅类玉石

二氧化硅类玉石就是以 SiO_2 为成分或主要成分的玉石品种,包括石英显晶质组成的芙蓉石、水晶及多晶质的石英岩玉石;隐晶质玉髓组成的玉髓、玛瑙、碧玉及二氧化硅交代石棉而成的木变石、虎晶石等;非晶质的欧泊、天然玻璃等。

(一)显晶质二氧化硅类玉石

主要有水晶、芙蓉石、多晶质的东陵石等石英岩玉石,它们由晶质的 SiO_2 组成。水晶多为单晶体,芙蓉石为块状晶质石英,多晶质的石英岩玉石为块状晶质集合体。

1. 水晶

1) 概述

水晶,顾名思义,就是无色、透明如水的晶体。这种晶体在自然界并不罕见,其中以石英质水晶最为重要和著名。因此,"水晶"也就成了无色、透明如水的石英晶体的专门名称。在人类的宝石业发展历史中,水晶曾是名贵的宝石之一。

人类对水晶的认识和开发利用具有悠久的历史,如古代的印度人、埃及人和阿拉伯人、波斯人早在5 500年前就会磨制水晶,并替水晶找到了广泛的用途。古希腊人认为水晶是冰根据神的意志而变成的石头,这从水晶的希腊文名称是由"冰"演化而来即可得到证明。古希腊哲学家亚里士多德也很重视水晶,他将水晶命名为"晶体",因为他认为水晶是"冰"的化石。在古希腊的神话中,紫水晶充满了传奇的色彩,说它是由"紫晶少女"变成的。最迟在17世纪,水晶就已从瑞士的晶洞中开采出来。

水晶以其纯净、透明、坚硬的特质,被古代世界各国的志士仁人喻为心地纯洁、坚贞不屈的象征,中国古代称水晶为"水玉"、"水精",并名"白附"、"黎难"、"玉晶"、"千年冰"、"玻璃"、"菩萨石"、"放光石"等。对水晶的认识和开发利用同样具有悠久的历史。例如,在距今50万年前的北京周口店古人类文化遗址里就发现有用水晶制作的石器,广东曲江石峡文化遗址出土有水晶和其他多种玉制装饰品,在河北平山战国时代中山国遗址里发掘出了一件精美的水晶环,山西长治东周墓发现了水晶珠。今北京故宫博物院收藏的清代大量宝玉石制品中有水晶朝珠、水晶如意。朝珠是皇帝、皇后、嫔、妃及王公大臣们身穿礼服时挂在颈上、垂到胸前的一种不可少的装饰品。

中国历史文献中有关水晶的记载亦为数甚多,特别是对水晶性能、产地的论述相当明确,对地壳里水晶形成原因的认识亦有所论及。

2) 水晶的基本特征

水晶的基本特征主要体现为以下十点。

① 化学成分：主要成分是 SiO_2，另可含有微量的 Ca、Mg、Fe、Cr、Mn、Ni 等元素。
② 晶系和结晶习性：主要矿物石英属三方晶系。
③ 颜色：多种多样。
④ 透明度：透明至半透明。
⑤ 光泽：玻璃光泽。
⑥ 断口：贝壳状、粒状、参差状或锯齿状。
⑦ 硬度：7。
⑧ 密度：$2.66g/cm^3$。
⑨ 折射率：1.544～1.553。
⑩ 吸收光谱：一般无特征吸收光谱。

3) 分类

根据颜色及其他工艺美术特征、包裹体及其赋存状态等方面的差异，可将天然水晶分为如下几类。

① 普通水晶：指无色透明的水晶。
② 紫晶：即紫水晶，指呈淡紫、紫红、深紫等色的水晶晶体。
③ 黄水晶：指呈浅黄、黄、橘红黄、金黄、金鱼红等颜色的水晶晶体。
④ 蔷薇水晶：呈玫瑰红或红色至粉红色的水晶晶体。至于那种呈玫瑰红、致密块状的石英则称为蔷薇石英或"芙蓉石"。关于其颜色的产生，一般认为是由于其晶体中含锰和钛所致。
⑤ 烟晶：即烟水晶，指呈烟灰、浅烟黄、褐灰、灰褐等色的水晶晶体。
⑥ 茶晶：指烟晶中呈茶褐色的水晶，其中以颜色均匀、透明、无绵柳等杂质的为好。过去曾大量用来制作眼镜片。
⑦ 墨晶：指呈黑色、墨黑色、深灰色的水晶晶体，其中以颜色均匀、透明者为佳。色较淡者曾用来生产眼镜片。
⑧ 鬃晶及发晶：指无色透明的水晶晶体中含有纤维状、草束状、针状、丝状、放射状的金红石或电气石、角门石、阳起石、绿帘石，甚至自然金等固体矿物的水晶，其中粗如鬃毛者称"鬃晶"，细如发丝者则称"发晶"。此类水晶与上述各种水晶相比，又另有风韵，更能引人入胜。
⑨ 虹彩水晶：指水晶晶体的次生裂隙中填充了液体或气体，当光线入射和折射时呈现出色散效应、有如虹彩的水晶，其中有无色虹彩水晶、带色虹彩水晶之分。
⑩ 闪光水晶：指水晶晶体中因含云母片和赤铁矿，使水晶呈现出红黄色至淡黄色，并闪耀着这些包裹体矿物亮光的水晶。
⑪ 水胆水晶：指透明水晶晶体的内部含有较大的液态包裹体的水晶。特别是少数大型水胆水晶晶体尤为引人入胜，每当人们细心地摇动时，还能听到其中水的响声。这种水晶的形成是由于其晶体生长速度较快，与它混在一起的岩浆热液、水溶液、碳酸溶液等来不及运移或离散而被卷入其中的结果。这是大自然赐予人类的珍宝之一，但必须将其保存在摄氏零度以上的温度环境里。否则，如果其中的液体冻成冰块，将导致水胆水晶爆裂，使珍宝被毁。

4）鉴定

水晶的品种很多，加上许多别的宝石与水晶也存在着相似之处，故对水晶宝石的鉴定也就变得相当复杂。

前面已谈到，按颜色及其他工艺美术特征，以及包裹体等方面的差异，可以将水晶宝石分为无色水晶、紫晶、黄水晶、蔷薇水晶、烟晶、茶晶、墨晶、鬃晶及发晶、虹彩水晶、闪光水晶、水胆水晶等品种。

与水晶相似的宝石有刚玉宝石（红宝石、蓝宝石）、黄玉、绿宝石、碧玺、堇青石、锂辉石、方柱石、萤石等。

(1) 水晶与玻璃的鉴别

水晶与玻璃可用以下两种方法鉴别。

① 肉眼鉴定：水晶的色泽明亮而柔和，发青光；玻璃明亮而刺眼，发白光；水晶具凉感，而玻璃具温感，且有圆、椭圆形小气泡。

② 仪器检测：用偏光仪检查，水晶是非均质体，在偏光仪下呈四明四暗；玻璃是均质体，在偏光仪下黑暗；水晶的密度较玻璃大，在 2.65 重液中，水晶悬浮，而玻璃漂浮。

(2) 天然水晶与合成水晶的鉴别

天然水晶与合成水晶常从颜色、种类、包裹体特征及双晶现象来加以区分。近年来还使用红外光谱仪，通过测定水晶中的 OH 和 H_2O 的吸收峰来区别天然水晶与合成水晶。

① 肉眼观察：天然水晶呈棱柱状，柱面有横纹，而合成水晶呈扁平棒状，柱面有特殊的鱼鳞状生长纹，无双晶，且晶体中心有一平行 C 轴的籽晶；天然水晶常含有星点状、云雾状的气液包裹体。合成水晶则透明度较高，平行籽晶有桌面灰尘状固态包裹体，并有圆、椭圆形小气泡；天然水晶较合成水晶更具凉感。

② 仪器检测：用偏光仪检测，在正交偏光镜下，呈白、灰色并有明暗变化者为天然水晶，而有虹彩或呈紫蓝色者多为合成水晶；但天然水晶中个别垂直光轴者可有虹彩现象；根据经验，一串水晶项链，在正交偏光镜下，虹彩现象出现较少者是天然水晶，反之，如果大部分都具有虹彩现象，则说明是合成水晶。

(3) 天然水晶与改色水晶的鉴别

紫水晶加热可以改变成黄水晶；经辐照变成烟水晶的晶体，再经热处理可改成黄水晶；浅绿色水晶经热处理后也可改色成黄水晶。黄色水晶呈现浅黄色，一般深黄色水晶较少。虽然也有鲜艳的黄水晶，但是数量是极少的，一般由烟、茶色水晶处理而成。处理过的黄水晶黄色中带有邪色，并有褪色现象，对光和热是不稳定的，有些随时间流逝会恢复到烟、茶色。褐色水晶几乎很少，因此可以说市场上所见到的黄褐色水晶，一般都是由烟晶热处理而来的。

绿色水晶，自然界很少，几乎没有。市场上所见的都是由处理产生的。某些紫水晶进行热处理可得到绿色水晶；含 Al、Fe 的石英或无色石英进行辐照后再热处理可变成浅绿黄色水晶。

任何颜色的热处理水晶，其色泽淡而不浓，色调不正，色泽不鲜而发暗。绝大部分热处理水晶无色带,若有则为平行条纹。热处理水晶的颜色对光和热较稳定,个别有褪色现象。处理水晶与天然水晶的主要区别是晶体内有无棉絮状物质。热处理的水晶一般由天然水晶改色而成,因此除了具有天然水晶的三相包裹体(固、气、液)外,还具有因热应力作用在包裹体四周出现的微细的裂隙,换句话讲,处理水晶与天然水晶在包裹体上的区别是,在三相包裹体的四周是否存在因热应力造成的裂隙的光环。改色水晶中的包裹体会发生变化,如将含有棕黄色针铁矿包裹体的紫晶加热处理形成黄水晶,其中针铁矿脱水变成棕红色的赤铁矿。据此可判定黄水晶是否经过热处理。

5) 评价

工艺美术上要求水晶无色或具有艳丽的颜色,强烈的玻璃光泽,完全透明,无节瘤、断口、裂隙及其他破碎残迹或缺陷,晶体粒径在 3cm 以上,其中透明部分不小于 2cm。对于艳色或带色水晶,还要求其颜色分布均匀,浓淡协调,表里如一。对其透明度的要求,一般半透明即可。其他如发晶等,要求其透明度高,发丝清晰,排列或分布有一定的规律。对于水胆水晶,则除要求其透明度高外,还要求其水胆较大,晶体与水胆之间界线比较清楚,摇动晶体时能够听到其中水的响声。

6) 产地及产状

世界上出产天然水晶的国家主要是巴西,其次为中国、印度、斯里兰卡、马达加斯加、埃及、俄罗斯、瑞士、美国、墨西哥、乌拉圭、英国、法国、意大利,以及加拿大、纳米比亚、赞比亚、缅甸、阿富汗、朝鲜、捷克斯洛伐克、匈牙利等。中国的天然水晶分布于 25 个以上的省、自治区,其中以无色透明的水晶为主,其次为艳色水晶。

矿床类型地壳里水晶矿床的形成与成矿物质的来源和成矿作用过程密切有关,当然也与断裂构造的控制作用关系密切。通常将其矿床分为五类。

① 花岗伟晶岩型水晶矿床,有晶洞伟晶岩、空囊伟晶岩之分;分布较广,其中的水晶储量在世界水晶总储量中居重要地位,如巴西、俄罗斯、中国等有分布。

② 矽卡岩型水晶矿床,有单一成分的矽卡岩型水晶矿床和与金属矿产共生的矽卡岩型水晶矿床之分;分布尚广,其中水晶储量在世界水晶总储量中占有一定的地位,中国海南、青海等地有此类矿床。

③ 石英脉型水晶矿床,有单一成分的石英脉型水晶矿床、与金属矿产共生的石英脉型水晶矿床、层间整合石英脉型水晶矿床之分。分布甚广,其中的水晶储量在世界水晶总储量中居第一位,巴西、俄罗斯、中国等有此类矿床。

④ 方解石脉型水晶矿床,分布甚少,但其中的水晶质量较高,如中国广西、湖北有此类矿床。

⑤ 水晶砂矿床,有残积坡积型水晶矿床、冲积型水晶矿床之分;分布广,其中水晶储量在世界水晶总储量中居第二位,如巴西、中国等有分布。

7) 应用

由于水晶是一种无色透明或具有艳色、硬度高的较理想的宝石材料,故可以用来加工刻面型和弧面型宝石。刻面型宝石的加工常常采用钻石的切磨款式,如黄水晶、烟晶和紫晶常切磨成阶梯状钻石型或混合型,并常采用深切割以加深其颜色。因为水晶材料不存在解理,故在加工过程中只需要对其颜色进行定向即可。例如,当紫晶的颜色不均匀时,应该通过定向使其最引人注目的颜色在加工后位于宝石的冠部。只是在操作时应多加小心,以防止颜色过分加重或出现不应有的其他颜色。一般的弧面型宝石加工应做到合理有效地利用水晶材料,尽量躲避已经存在的种种瑕疵,确保产品具有最好的光学和艺术效果。但对含有针状或丝状矿物包裹体的水晶材料的加工,应该预先准确地确定出其中包裹体矿物的排列方向,此外,对于水胆水晶材料,在设计,尤其是操作时要特别小心,以免砸坏或破裂"漏水"。

优质水晶常被大量用来生产各种装饰品、工艺品,如戒面、耳坠、头饰、项链、手镯,雕刻人物、动物、花卉、器皿,以及制作日用工具等。如图 2-3-55 所示,为发晶水晶球;如图 2-3-56 所示,为紫水晶晶洞摆件。

8)保养

水晶的保养极为简单,只要在使用后及时用清水洗净或用半湿的布抹去浮土就行了;而对于那些小巧的水晶饰品上的浮土,则只需要吹拂而不必擦拭去污,以防止水晶表面起毛。另外,由于水晶的硬度较大,韧性较小,受到沉重撞击容易破损,因此在平时使用时要尽量避免磕碰。此外,还应该注意避免用碱性、酸性和酒精类的洗净剂,以免腐蚀。像烟缸等器皿还应该尽量减少受热的时间,以免氧化受损。

2. 芙蓉石

芙蓉石是一种呈玫瑰红或蔷薇红、质地纯净的石英质玉石,又称"蔷薇石英"、"芙蓉玉"、"祥南玉"。中国西汉刘向《别录》所载的"赤石英"就被认为是芙蓉石,当时主要作药用,明清以来则多用作玉雕材料。尤其在清代,芙蓉石常用来制作香炉、山子、花插等。现今的芙蓉石除用来雕制人物、动物、花鸟、器皿、山水风景等以外,还大量用来生产戒面、串珠、项链、挂件、手串及其他首饰或艺术品。

芙蓉石特有的鉴别特征是:特有的玫瑰红色,半透明状尘埃包裹体,晶体中像筋一样的白色条带。另外,芙蓉石还具有和水晶相同的物理特征,即折射率介于 $1.544 \sim 1.553$ 之间,密度为 2.66g/cm^3,有贝壳状断口等,均可作为进一步验证的重要依据。天然芙蓉石只有红色、粉红色、白色等;染色芙蓉石可有多种颜色。天然芙蓉石颜色鲜艳,无深浅之分,裂隙处无染色集中现象;染色芙蓉石颜色不鲜,颜色深浅不均匀,裂隙处有染色集中现象。在放大镜下观察,染色芙蓉石有染色痕迹,颜色集中在隙缝中。

芙蓉石的品级质量变化较小,而且尚无全国统一的分级标准,一般以颜色艳丽均一,无裂纹,无杂质,块度较大者为佳。但需要指出的是,产于巴西和斯里兰卡的芙蓉石有三组方向呈 120°交角的密集排列的气状包体,这种芙蓉石若按规范切磨,可显示十分美丽的六射星光。而缅甸则产具猫眼效应的芙蓉石。具猫眼和星光效应的芙蓉石一般都比其他芙蓉石珍贵。

地壳里的芙蓉石主要产于花岗伟晶岩中,矿床在成因上属于花岗伟晶岩型。产地有巴西、马达加斯加、纳米比亚、莫桑比克、美国、加拿大、尼加拉瓜、俄罗斯、德国、瑞士、印度、斯里兰卡、缅甸、日本、中国等。优质芙蓉石,以巴西所产的为最好。中国芙蓉石已在新疆、陕西、内蒙古、山西、江西、河南、湖北、湖南、广西、四川、云南等地发现。

芙蓉石以其特有的玫瑰红色,深受人们喜爱,属于中低档玉石材料,主要用来生产各种中低档首饰和中档玉器。如图 2-3-57 所示,为芙蓉石。

至于芙蓉石的日常保养,要注意不要碰撞硬物或是掉落,同时要注意避开热源,如阳光、炉灶等,因为持续接触高温,会使其颜色变浅。

3. 石英岩类玉石

由石英砂岩或其他以二氧化硅为主要成分的硅质岩石经区域变质作用或热力接触变质作用所形成、石英含量大于85%的变质岩称为"石英岩"。另外,地壳里还存在着"次生石英岩"。在各类石英岩中,凡其质量符合玉石的工艺美术要求者即称为"石英岩类玉石"。人类用优质石英岩生产玉器已有悠久的历史,如中国陕西宝鸡茹家庄西周墓中就出土有用白色致密石英岩制作的玉块。

1) 基本特征

石英岩类玉石的基本特征主要体现在以下几个方面。

① 化学成分:石英,即SiO_2。
② 结晶状态:晶质集合体,粒状结构。
③ 常见颜色:绿色、灰色、黄色、褐色、橙红色、白色。
④ 光泽:玻璃光泽至油脂光泽。
⑤ 解理:无。
⑥ 摩氏硬度:7。
⑦ 密度:$2.64 \sim 2.71 g/cm^3$。
⑧ 光性特征:非均质集合体。
⑨ 多色性:无。
⑩ 折射率:1.544～1.553,点测法常为1.54。
⑪ 紫外荧光:一般无;但东陵石中无荧光至有弱的荧光,灰绿或红。
⑫ 吸收光谱:含铬云母的东陵石具有682nm、649nm吸收带。
⑬ 特殊光学效应:东陵石具砂金效应。

2) 分类

(1) 东陵石

东陵石为一种产于印度的绿色含铬云母的石英岩,亦称印度玉,特点是具较粗的粒状结构,玉石中散布如繁星状的绿色铬云母鳞片,微透明至半透明,为石英岩类玉石中的优质品种。按颜色可进一步分为绿色东陵玉、蓝色东陵玉和红色东陵玉。东陵石如图2-3-58所示。

(2) 密玉

密玉为产于中国河南密县的含绢云母石英岩,亦称河南玉,特点是石英颗粒较细,含2%～3%的含铁锂云母鳞片,颜色白色至浅绿色。

(3) 贵翠

贵翠为含绿色高岭石的细粒石英岩,因发现于中国贵州省晴隆县而得名,颜色淡绿至灰绿,色不纯且不均一,略似劣质的翡翠,价值较低。

(4) 京白玉

京白玉为一种质地细腻、光泽油润的白色石英岩,分布极广,但由于最早在中国北京郊区开采,故取名京白玉,其特点是石英颗粒细小,玉质纯白均一,如图2-3-59所示。

3) 鉴定

由于该类玉石来源极广,原料价值低廉,部分品种与翡翠、软玉等相似,除了正常用于制作一些低档饰物之外,许多不法之徒把这些玉石染色之后冒充翡翠等玉石,赝品充斥街头地摊,爱好玉石的人们应千万注意,谨防上当。这几种石英岩质的玉石的鉴定也相对比较容易,仅根据他们的矿物特征和物理特征就能较容易地将他们区分开来。

4) 评价

我国将石英岩玉分为三个品级。

一级:鲜绿至淡绿、白色,质地细腻,透明度好,无裂隙,无杂质,块重在7kg以上。

二级:鲜豆绿色、白色,质地细腻,透明度好,无裂隙,无杂质,块重在5kg以上。

三级:浅绿、白色、棕红、褐黄,无裂隙,稍有条质,块重在5kg以上。

5) 产地

东陵玉主要产在印度;密玉产在中国河南密县;贵翠产在中国贵州晴隆;京白玉最早来源于中国北京郊区,全国各地普遍产出。

6) 应用

石英岩质玉石泛指用来作玉料的变质石英岩,该类岩石分布极为广泛,能够作为玉料的仅是其中质地细腻、颜色绚丽、无杂质的品种。由于它硬度大、难加工,因此,在古代应用不广。近代由于切割技术的提高,应用逐渐增多,成为低档的玉石。

上述玉料主要用来生产各种形式的玉器和首饰。那种色泽艳丽、质地坚韧、块度较大者,常用来制作人物、动物、花卉、器皿等。质地优良而块度小者,常用来制作项链、耳饰、头饰、鸡心坠、手镯、戒面等。

(二) 隐晶质二氧化硅类玉石

隐晶质二氧化硅类玉石主要有玛瑙、玉髓、碧玉、木变石等。该系列 SiO_2 玉石均由隐晶质组成,晶形有显微粒状、短纤维状等。其中结构均匀有环带、条带的称玛瑙;无条纹和条带的称玉髓;含粉砂及黏土矿物的多彩石称碧玉;呈密集纤维状结构的称木变石或虎晶石。以下分别对各亚种的特征作简单介绍。

1. 玛瑙

1) 概述

玛瑙的英文名称为agate,是意大利西西里的阿盖特河(Achates)的名称,这里是意大利首次发现玛瑙的地方。几个世纪以来,玛瑙一直被认为是幸运石,有着许多不寻常的历史背景。玛瑙是人们最早熟悉和利用的宝石材料之一。关于宝石的传说很多,它使人们迷惑,以至古人赋予了它神奇的作用,再加之色彩缤纷的品种,更受人们的宠爱,他们将美好的愿望寄托于玛瑙之中,人们相信玛瑙会给自己带来愉快和信心。古罗马哲学家蒲林尼说,"凝视玛瑙,可舒缓眼睛压力。"传说,佩戴玛瑙还能使自己强壮、勇敢、避免暴风雨和危险,取得胜利和力量。18世纪中叶,由于对玛瑙护身符的大量需求,使得德国的一位名叫依达·奥伯斯坦的切磨师非常忙碌,他将中心带有白色圈的褐色或黑色玛瑙做成护身符,象征眼睛,以仿"恶魔的眼神"。玛瑙不同颜色的纹带紧密结合,会使人联想到爱侣的情意绵绵。这大概也是选玛瑙为八月份生辰石的最初愿望吧。

在早期文化中,不同地区和不同民族的人们都制作了许多玛瑙工艺品,并流传至后世。埃及早期历史文化中,美索不达米亚的沙美里亚人最先运用玛瑙制作图章、信物、戒指、串珠和其他工艺品,在美国纽约的国家历史博物馆中,还保存着沙美里亚人用玛瑙制作的斧头。据历史记载,最佳的玛瑙制品,要数古罗马暴君尼绿曾用玛瑙制作的有两个把手的酒杯,容量有 1 品脱多,外表错综复杂地雕刻着酒神的图案,这个不寻常的酒杯,有好几个世纪,成为法国国王加冕酒会上的杯子。

玛瑙同软玉一样,也是我国传统的玉石。在南京北阴阳营等遗址中出土的玉器中就有玛瑙杯和玛瑙珠。甘肃永靖大何庄齐家文化遗址、山东莒南大店春秋墓中以及南京象山东晋墓中等,也都相继发现了玛瑙珠。我国自原始社会到封建社会,用玛瑙制作的工艺品很多。古代用玛瑙制作工艺品或装饰品的种类丰富多样。在元代,设有玛瑙玉局,明清流世珍品屡见不鲜。玛瑙也是我国古代玉雕的主要类别。

中国古代的玛瑙既有来自西域、印度、波斯、康国、日本等国的贡品,也有产自我国内地的,如东北扶余和挹娄:前者在今吉林四平市;后者在长白山北,松花江、黑龙江下游一带,这里自古以出"赤石"而享名(见《后汉书·东夷传》)。此外蔚州(今蔚县)九空山和宣府(宣化)四角山(见《天工开物》),甘肃和宁夏一带(见《博物要览》),陕西延安府神木和府谷地区(见《广舆记》),汝州赤岭镇(见《宋史》),广西壮族自治区博白县(见《博白县志》),南京雨花台(见《珍玩续考》)等地,均产有玛瑙。现今我国地质工作者在西北、华北、东北以及西南、华南许多地区都探明有玛瑙的矿藏。古今中外,因为玛瑙产地众多,所以鉴定出土玛瑙的玉料来源就不那么容易了。如著名的唐代兽首玛瑙杯,其玉料来源就搞不清楚。

玛瑙一词在中国的应用较早。在魏文帝曹丕《玛瑙勒赋》中,对玛瑙的产地和性质就有准确的阐述。文中说:"玛瑙,玉属也,出西域,文理交错,有似马脑,故其仿人,因以名之。"人们常以"珍珠、玛瑙"显示其富贵,所以玛瑙自古至今均属受人们欢迎的中档玉料。玛瑙如图 2-3-60 所示。

2) 玛瑙的基本特征

玛瑙的基本特征主要有以下几个方面。

① 化学成分:主要成分是 SiO_2,另可含有微量的 Ca、Mg、Fe、Cr、Mn、Ni 等元素。

② 晶系和结晶习性:主要矿物石英属三方晶系,由隐晶质石英组成。

③ 颜色:多种多样,变化复杂。

④ 透明度:半透明至不透明。

⑤ 光泽:玻璃至蜡状光泽。

⑥ 断口:粒状、参差状。

⑦ 硬度:6.5~7。

⑧ 密度:$2.60g/cm^3$。

⑨ 折射率:1.535~1.539,点测法 1.53 或 1.54。

⑩ 吸收光谱:一般无特征吸收光谱。

3) 分类

组成玛瑙的细小矿物除玉髓外,有时也见少量蛋白石或隐晶质微粒状石英。严格地说,没有纹带花纹的特征,不能称为玛瑙,只能称为玉髓。由于玛瑙的花纹和颜色变化丰富,品种很多,故有"千样玛瑙"的说法。玛瑙按颜色可分为以下六种。

(1) 红玛瑙

天然红玛瑙颜色分明,条带十分明显,颜色多呈红色、橘红色、褐红色。仔细观察,在红色条带处可见密集排列的细小红色斑点,如图 2-3-61 所示。

(2) 蓝玛瑙

天然蓝玛瑙产自巴西,蓝白相间的条带界线十分清楚,人们多用这种截然不同两层色带来做浮雕。染色蓝玛瑙颜色艳丽、均一,给人一种假的感觉。

(3) 紫玛瑙

天然紫玛瑙以葡萄紫色为佳。

(4) 苔藓玛瑙

在玛瑙中含有氧化锰或氧化铁的薄膜,很像树枝和苔藓。这种玛瑙一般只用来做观赏石,如图 2-3-62 所示。

(5) 缠丝玛瑙

缠丝玛瑙是各种颜色以丝带形式相间缠绕的一种玛瑙,因相间色带细如游丝,所以称为缠丝玛瑙。有的红白相间,有的蓝白相间,有的黑白相间,甚为美妙,古称截子玛瑙,如图 2-3-63 所示。缠丝玛瑙也是玉雕中经常使用的品种。

(6) 水胆玛瑙

玛瑙中有封闭的空洞,其中含有水,称为水胆玛瑙。玛瑙的中心部位具有不同特征:有实心的,有空心无水的,有空心含水的。水胆玛瑙,是玛瑙中的珍贵品种,在古代是难得之宝。水胆玛瑙以胆大水多为妙,透明度越高越好,如图 2-3-64 所示。

4) 鉴定

(1) 玛瑙与相似玉石的鉴别

一般情况下,玛瑙可根据其物理、化学性质与其他相似玉石的差异鉴定。如玛瑙的硬度为 6.5~7,密度为 $2.60g/cm^3$,具有花纹,而软玉的硬度为 6~6.5,密度为 $2.95g/cm^3$,没有花纹,从而可以比较容易地将它们区别开。

(2) 玛瑙的染色及其鉴定

玛瑙的染色在国标中被称为优化方法。可直接称其名称,在鉴定证书中不需要说明。染色玛瑙的颜色不是玛瑙本身固有的,是人工的方法加入的,且只是沉积在玛瑙孔隙内的颜色,一般可以从以下两个方面进行鉴别:

① 染色玛瑙与天然玛瑙的颜色色调不同,以前用有机染料染的玛瑙颜色与天然品差距大。有机染料颜色艳丽,易褪色,明显地呈现出"假色"。目前采用的无机颜料颜色更接近天然品,但只要认真观察也能找到区别。最常见的三种颜色观察区别如下:天然的红色玛瑙为正红色,"烧红"的也一样,颜色纯正,而人工染色的红色玛瑙则是人工加入铁离子化合物而呈现的红色,这种红色常常有黄色调;蓝色玛瑙,天然产出品极少,多为一种宝石蓝的蓝色,并且常有不同程度的缠丝现象,而人工染色的蓝玛瑙由于加入了钴盐为紫罗兰色,即蓝中带有紫色调的颜色,极少数情况下出现有宝石蓝色的染色品,这需要通过进一步放大观察等测试手段来确定。绿色玛瑙的染色品与天然品颜色十分接近,但仔细观

察,天然品为葱心绿色,颜色柔和,而染绿色玛瑙为翠绿色,颜色也较艳丽。

② 由于染色玛瑙都是经色料浸泡、干燥而呈的颜色,色料沉积在玛瑙的孔隙中,在放大的条件下可以在裂纹和孔隙内找到不均匀的色点。一般用十倍放大镜即可鉴别,精细的染色品要在宝石显微镜下观察。由于玛瑙的价值有限,一般不采用大型仪器测试。

(3) 水胆玛瑙的鉴定

水胆玛瑙工艺品中,由于好的原料少,雕琢出有价值的工艺品很不容易,所以目前市场上往往有以假充真者,人们对水胆玛瑙大有谈"胆"色变之感。在目前市场中,确有不少是假的,其主要做假方式是:在玛瑙初步雕好后,将某一个不易被察觉部分切开,在中间开洞灌水后再用强力胶水粘上,并修补润色抛光,冒充真"水胆玛瑙";干胆无水,打洞灌水以后再堵上,堵上部分加以遮盖让人不易察觉;水胆雕破以后再用同色玛瑙雕成饰物粘上,让人不易看出;漏水的胆通过裂隙向内渗水,水进去后再用胶等将裂隙封死等。作假手段有时令人防不胜防,连行家也难免上当。有些时候假作真时真亦假,真假难辨,误把真的水胆玛瑙当成假的,或者连经贸商对自己销售的水胆玛瑙是真是假都搞不清楚的情况也是有的。

有几个比较简便的办法可以鉴别水胆玛瑙的真假:细看工艺雕件是否无懈可击,如果雕件连个缝都没有很难说是假的;水胆内壁有水晶结晶体,一般是天然的,这是水胆玛瑙形成时留下的痕迹;用 10 倍放大镜仔细观察,对有疑问处用刀或针尖刻划,因玛瑙硬度为 6.5～7,刀子硬度为 5～5.5,作假部分如用胶水粘接则硬度低,用刀子能划动。

5) 评价

玛瑙以颜色、透明度、裂纹、杂质、砂心和块重为分级标准,除水胆玛瑙最珍贵外,一般以两种搭配和谐的俏色原料为佳品。我国将玛瑙分为四级。

特级:红、蓝、紫、粉红,半透明,无裂纹,无杂质,无砂心,块重在 4.5kg 以上。

一级:红、蓝、紫、粉色,半透明,无裂纹,无杂质,无砂心,块重在 1.5kg 以上。

二级:红、蓝、紫、粉色,半透明,无裂纹,无杂质,无砂心,块重在 0.5～1.5kg 之间。

三级:红杂色、棕黄色、浅紫色,半透明,稍有裂纹,块重在 0.5kg 以上。

一般情况下,特级料价格是三级料价格的 3.5 倍。

6) 产地

世界著名的玛瑙产地有很多,红玛瑙、大块缠丝玛瑙产自巴西和中国云南,苔藓玛瑙产自印度、美国,灰白色玛瑙产自俄罗斯、冰岛、印度、美国和中国。我国的玛瑙产地有 20 多处,主要分布于辽宁、黑龙江、新疆、内蒙古、江苏、河南、云南、湖北、台湾等地,在玛瑙矿床中,具有水胆的玛瑙主要在东北辽宁、黑龙江等地产出。

7) 应用

由于玛瑙的花纹和颜色丰富多彩,所以又有"千种玛瑙万种玉"的说法。自古以来,人们就把玛瑙和珍珠并列为珍宝。玛瑙是当今产量最大、应用和销路最广的天然玉石材料之一,主要用来生产各种中低档首饰和高中档玉器或玉件,以及制作真石盆景等。在不同品种的玛瑙中,红玛瑙、蓝玛瑙、绿玛瑙、缠丝玛瑙、同心环带状或环纹状玛瑙、水胆玛瑙等常常被视为上品,深受世人重用和喜爱。目前市场上销售的水胆玛瑙工艺品大多是从巴西进口原料,再经过工艺师们精心筛选、精心设计雕琢而成,色泽大多呈灰、紫灰、深紫、灰白等颜色,玉质细腻裂少、水胆表现明显、玉质色泽好的深受人们喜爱。所以目前的水胆玛瑙工艺品可以说是开历史之先河,是在改革开放以后才有的产物,历朝历代留下的水胆玛瑙工艺品少有听说。多色玛瑙材料在巧色玉雕方面常常发挥着杰出的作用,一系列造型奇特、琢工精湛、具有东方艺术特色的瑰宝或国宝不时出现在祖国的大地上,使中国古老的民族艺术放射出了灿烂的光辉。玛瑙玉器如图 2-6-65、图 2-3-66、图 2-3-67 所示。

8) 保养

至于玛瑙的日常保养,要注意不要碰撞硬物或是掉落,不使用时应收藏在质地柔软的饰品盒内。要尽量避免与香水、化学剂液、肥皂或是人体汗水接触,以防受到侵蚀,影响玛瑙的鲜艳度。要注意避开热源,如阳光、炉灶等,因为玛瑙遇热会膨胀,分子体积增大影响玉质,持续接触高温,还会导致玛瑙发生爆裂。另外,玛瑙要保持适宜的湿度,尤其是水胆玛瑙在形成时期里面就存有天然水,如果当前周围环境很干燥,就会引起里面天然水分的蒸发,从而失去其收藏的艺术和经济价值。

2. 玉髓

1) 概述

玉髓又名"石髓",古人认为是玉石的精髓,是由玉液或琼浆凝结而成的。实际上,它是地壳里分布最广的石英隐晶质变种之一。因其中的矿物颗粒极细,不仅人的肉眼看不清楚,甚至在普通显微镜下也不易看清。

人类对玉髓的认识和利用已有悠久的历史,如在埃及的早期阶段,沙美里亚人文化的蓬勃发展,促使了人们对玉髓的喜爱和使用,这被认为是人类最早的文明,尤其是玉石文明。在这以后的历史长河中,人们逐渐赋予玉髓以各种迷信、传奇的色彩,甚至把它神化起来。

中国对玉髓的认识和利用有着悠久的历史,如在距今约 50 万年前的北京人文化遗址和距今约 1 万年的山西峙峪人文化遗址里均发现有用玉髓制作的石器。自此以后,历代使用玉髓较多,南朝陶弘景的《名医别录》中有玉髓"生蓝田玉石间"之说。尤其自明清以来,用玉髓制作的艺术品明显增多。

2) 分类

按颜色可分成以下三个品种。

① 红玉髓:指含有较多的三氧化二铁等物质而呈淡红至浓红色的玉髓,微透明至半透明,又称"光玉髓"。按其颜色的差异等又可以将其品种作如下划分:正红玉髓,指呈正红、大红色的玉髓,质地致密、坚韧,半透明至微透明,与红玛瑙甚为相似;肉红玉髓,指呈浅红褐或浅褐红、半透明或微透明的玉髓,其颜色常比正红玉髓浅;血玉髓,指呈血红色或深红、浓红色,外观如浓血染的玉髓,微透明至半透明。

② 绿玉髓:指呈绿、碧绿、苹果绿、黄绿、祖母绿等色的玉髓,微透明至半透明。按其致色物质和颜色的差异,可分为三种:深绿玉髓,主要呈深绿色,亦呈鲜绿色,比较纯正,半透明至微透明,但有的含白色或黄色斑点;葱绿玉髓,主要由氧化铁致色,呈葱绿色,透明度较高,如果含有绿泥石和阳起石,则其颜色变深,且透明度变差,多数为半透明至微透明;铬玉髓,主要由三氧化二铬致色,并含一定量的氧化镍,呈浅灰深绿至深绿色。质优者呈翠绿、祖母绿色,外观上像翡翠,半透明至微透明。绿玉髓如图 2-3-68 所示。

③ 蓝玉髓：指呈蓝、淡蓝、鲜蓝色的玉髓，微透明至半透明，质优者外观像美丽的绿松石。有的含有少量的绿泥石、蛋白石、硅酸铜物质等。

3）鉴定

与玉髓相似的宝玉石有翡翠、绿松石、天河石等。但翡翠的颜色不均匀，具有明显的变斑晶交织结构，可以见到斑晶或纤维状硬玉晶体。绿松石具有标准的天蓝色，在其底色上常有白色斑点及褐黑色"铁线"，透明度甚差，硬度低。天河石以呈蓝绿或绿蓝、微蓝等色为特征，尤其常具明显的格子状双晶纹。

染色的绿玉髓被用来仿制天然的绿玉髓品种。几乎所有的黑玉髓都是灰玉髓经糖或硫酸处理而成。天然绿玉髓是镍致色，而人工改色则是靠铬盐致色，所以仿制品在查尔斯滤色镜下显红色。光谱也能区别人工染色的与天然铬致色的绿玉髓。染色的在光谱的红区有三条模糊的吸收带，而天然的只有一条吸收带。玉髓的染色在国标中也称为优化，不需要说明。

4）评价

工艺美术上要求玉髓色白或色艳，光泽强，透明度较高，质地致密、细腻、坚韧、光洁，状如凝髓，无裂纹及其他缺陷，块度大。

5）产地及产状

世界上出产玉髓的国家主要有印度、澳大利亚、俄罗斯、冰岛、波兰、德国、英国、美国、巴西、津巴布韦、乌拉圭、尼加拉瓜等。例如，光玉髓主要产于印度；优质绿玉髓产于澳大利亚、津巴布韦、波兰、俄罗斯、美国、巴西；含绿泥石，呈暗绿、葱绿色的玉髓产于印度和德国；白至浅灰、蓝色玉髓产于俄罗斯、冰岛、印度、美国等。另外，美国还出产一种犹如紫水晶颜色的"紫晶状"玉髓。

中国的玉髓及其矿床已在广西、内蒙古、河北、山西、辽宁、吉林、黑龙江、宁夏、新疆、四川、云南、西藏、河南、湖北、福建、台湾等地发现。其矿床类型主要是热液型及风化壳型。

地壳里玉髓的产出状况有两种：一是在地下低温环境里形成于喷出岩的空洞、矿脉或温泉沉积物中的玉髓；二是形成于地表风化壳或碎屑沉积物里的玉髓。

6）应用

由于玉髓是颜色丰富，产量很大，应用和销路很广的天然玉石材料之一，主要用来生产各种中低档首饰和中档玉器，以及制作真石盆景等。澳大利亚产的绿髓玉常常被视为上品，深受世人喜爱。

3．碧玉

1）概述

碧玉又称"碧石"，有两种解释：一是泛指地壳里一切呈碧绿或青绿色的美玉。从古至今，民间均持此见解。这是广义的解释；另一是指主要呈碧绿色，且由石英、玉髓、氧化铁等物质所组成的美玉，这是狭义的解释，地质学、宝玉石学中的"碧玉"便指此。

人类对碧玉的认识和开发利用具有悠久的历史，例如在江苏邳县四户镇大墩子新石器时代文化遗址里就发现有用碧玉制作的石锛。进入文明时代以后，人们用碧玉制作了各种装饰品和艺术品。如用来插定发髻或连冠于发的长针"碧玉簪"就是用它制成的，另外还用它制作项链、耳饰、戒面、碗、杯、镇尺等。关于"碧玉"一词的含义,古人早就有他们符合实际情况的解释,这从汉语"碧"字的字形即可略知一二。"碧"字的上半部是"珀",下半部为"石",明眼人一看便知道它从"玉"从"石"。碧,石之青美者,古人常用它来表示碧绿或青绿色的美石,并记述过有关美石的产地。例如,《山海经·西山经》载有:"大次之山,其阳多垩,其阴多碧。"《山海经·北山经》载有:"湖灌之山,其阳多玉,其阴多碧。"《山海经·东山经》载有:"碧山,无草木,多碧,多玉。"《山海经·中山经》载有:"柴桑之山,其上多银,其下多碧。"《山海经·大荒北经》称:"瑰、瑶、碧,皆出卫于山。"类此关于"多碧"的记载,在《山海经》里至少还有六处。《山海经·北山经》还记载了"维龙之山,其上有碧玉",可见"碧玉"一名在中国典籍中的出现是相当早的。东汉张衡的《南都赋》里有"绿碧紫英"之说,无疑,此"碧"亦指美石。《汉书·地理志》记载了四川会理出碧石,《后汉书·郡国志》记载了云南永宁至中甸县有缥碧石、绿碧,《浙江通志》记载了绍兴碧山有碧石,《云南通志》记载了腾越出碧玉,《湖北通志》记载了广济、远安、松滋等地出碧绿石。显然,古代的"碧石"、"碧玉"均泛指一切呈碧绿或青绿色的美石或美玉。

2) 分类

碧玉是一种含黏土矿物的玉髓,颜色有红、黄、绿、灰等,半透明到不透明,工艺美术界称其为肝石或土玛瑙。碧玉除可以以颜色为标准作进一步划分外,如红肝石、绿肝石等,还可以划分为下列一些特殊品种。

① 风景碧玉:颜色多种多样,变化复杂,如同一幅美丽的风景画。

② 血滴石:绿色背景基础上带有红点色斑的碧玉。

3) 鉴定

碧玉的鉴定与玛瑙的鉴定有许多相似之处。

(1) 不同品种碧玉的鉴定

在已经确定为碧玉和有较多碧玉存在时,可以根据其颜色的差异而把它们彼此区别开,如确定出绿碧玉、红碧玉、黄碧玉等品种。

(2) 碧玉及与其相似玉石的鉴别

通常可按各自物质成分、内部结构、工艺美术特征(颜色、花纹等)、物理性质(硬度、密度等)、质地等方面的差异进行鉴别。例如,碧玉与玛瑙的区别,可以根据彼此在物质成分方面的差异,也可以根据玛瑙具有同心环带状花纹,而碧玉没有,将它们区别开。绿色碧玉与绿色软玉之间的区别主要在于彼此物质成分的不同。但如果在这一方面不便测定,则可观测它们各自在硬度、密度等方面的差异,从而把它们区别开。

(3) 人工处理碧玉的鉴定

经过人工处理的碧玉,通常可以运用加热法、化学测试法等而把它与天然碧玉区别开。因为这样做的结果,那些被处理的碧玉往往要褪色或变色,所以会被人迅速地察觉出来。有些处理过的碧玉还常常用作其他天然玉石的代用品,这时同样可以根据物质成分、内部结构、物理及化学性质、工艺美术性能等方面的差异进行鉴别。例如,染过色的绿蓝等色碧玉常常被用作天然青金石的代用品,且一般人不易察觉。染色碧玉除了容易褪色外,它也没有青金石那样的粒状结构,特别是没有黄铁矿存在,加上彼此在硬度、密度等方面的明显差异,从而可以有效地将染色碧玉与青金石区别开。

4) 评价

工艺美术上要求碧玉呈鲜艳的碧绿、翠绿、青绿、褐红、朱红等色;光泽强,透明度较高;质地致密、细腻、坚韧、光洁;无裂纹,或裂纹少;无突出的灰暗杂斑或斑块;块度在2～5cm以上。

5) 产地及产状

世界上出产碧玉的国家有德国、英国、意大利、苏联、博茨瓦纳、美国、加拿大、古巴、圭亚那、新西兰等。中国已在新疆、甘肃、内蒙古、河北、河南、湖北、广西、西藏、江西、浙江、江苏、福建等地发现碧玉。

地壳里的碧玉主要是二氧化硅物质及其他杂质在表生环境里沉积而成的,有的碧玉则与海底火山喷发作用及沉积变质作用有关。其矿床类型有表生沉积型、海底火山喷发沉积型、沉积变质型、热液型等。

6) 应用

碧玉颜色丰富多彩,也是产量较大、应用和销路很广的天然玉石材料之一,主要用来生产各种低档首饰和中低档玉器,以及制作真石盆景、观赏石等。

4. 木变石、虎眼石、鹰眼石及石英猫眼石

木变石、虎眼石、鹰眼石和石英猫眼石都是以二氧化硅(SiO_2)为主要成分,并与数量不等的石棉纤维一起构成的天然石英质玉石。由于其质地坚韧,色泽殊异,因而早就成为世界上一类受人喜爱的玉石。

1) 基本特征

木变石、虎眼石、鹰眼石和石英猫眼石的基本特征主要体现在以下几点。

① 矿物名称:主要矿物为石英。

② 化学成分:SiO_2。

③ 结晶状态:晶质集合体,常呈纤维状结构。

④ 常见颜色:虎睛石和木变石呈棕黄、棕至红棕色,鹰眼石呈灰蓝、暗灰蓝色。

⑤ 光泽:抛光面有蜡状光泽;断口有玻璃至丝绢光泽。

⑥ 解理:无。

⑦ 摩氏硬度:7。

⑧ 密度:$2.64\sim2.71g/cm^3$,一般为$2.66g/cm^3$。

⑨ 光性特征:非均质集合体。

⑩ 折射率:$1.544\sim1.553$,点测法测得的为1.53或1.54。

⑪ 紫外荧光:无。

⑫ 吸收光谱:一般无特征吸收光谱。

⑬ 特殊光学效应:猫眼效应。

2) 分类

(1) 木变石

木变石的外观颇似"硅化木",它在物质组成上与虎眼石基本一致,二者没有本质区别。现今一般认为木变石呈黄褐色,其纤维作定向平直密集排列,外观上很像木纹结构,特别是其微细纤维结构十分明显,如图2-3-69所示。其丝绢光泽和玻璃光泽,微透明或

不透明。优质木变石质地致密、细腻、坚韧，可雕性良好。但是，如果石棉被二氧化硅交代不完全会形成细缝和孔洞，导致木变石外表"槽坑"和"骨瘦"的出现。如果槽坑和骨瘦的走向与石棉纤维的延伸方向平行，这将是木变石最为严重的缺陷。

（2）虎眼石

虎眼石是地壳里的蓝石棉或青石棉被二氧化硅胶凝体强烈交代和胶结后所形成的呈棕、褐、黄等色，具丝绢光泽和玻璃光泽的致密坚硬的石英质玉石。它虽然不能像石棉那样一丝一丝地被分剥开，但仍保留着的美丽花纹和丝绢光泽是它的一大特色。尤其是在加工成弧面型宝石后，它会出现一条活动的光带，乍一看去，活光闪闪，很像猫眼闪光，故又有"假猫眼石"之称。但有些学者认为，它的光带很像老虎眼睛那样灵活闪光，而整个玉石则形如棕黄色发光的老虎，故称"虎眼石"或"虎睛石"。

（3）鹰眼石

鹰眼石又称"鹰睛石"，为地壳里的蓝石棉或青石棉被二氧化硅胶凝体强烈交代和胶结后所形成的呈蓝、蓝绿、蓝灰等色，具丝绢光泽和玻璃光泽，质地致密、坚韧的石英质玉石。它的外观很像蓝石棉，但质坚而不能分剥，可雕性良好，比虎眼石更为稀少和贵重。其他性质和工艺美术特征与虎眼石相似。

（4）石英猫眼石

石英猫眼石是指地壳里显丝绢光泽，半透明，加工成弧面型宝石后呈现出一条明亮的光带，状如猫眼闪光的石英质纤维状及块状玉石。只不过其中的纤维可以是青石棉，也可以是普通石棉。因此，有的学者认为"石英猫眼石"是虎眼石和鹰眼石的总称。其颜色呈黄、棕黄、灰黄、黄绿、灰绿、灰、灰褐、棕褐、黑褐等，相当丰富。半透明至微透明。但有的学者认为石英猫眼石是产于印度、斯里兰卡，含有石棉包裹体的水晶，经加工成弧面型宝石后具有猫眼效应，因此而得名。不管认识如何有别，石英猫眼石有三点是肯定的：①石英质；②与石棉的存在关系密切；③具有猫眼效应。

3）鉴定

虎眼石与鹰眼石的主要区别在于它们各自的石棉物质及玉石颜色的差异，这当然也与它们各自受硅化作用的强度有关。

虎眼石与木变石的区别在于：①虎眼石的颜色丰富多彩，而木变石主要呈木黄褐色或褐黄色；②虎眼石的石棉纤维顺向排列不均匀整齐，且纤维短，而木变石的石棉纤维顺向排列整齐均匀，纤维长；③虎眼石中的二氧化硅充填后能见到像肝石、玛瑙那样的特征，使虎眼石有的地方似木变石，有的地方则似肝石或玛瑙，而木变石中的二氧化硅充填后色调单一，异色现象不明显。

虎眼石与石英猫眼石的主要区别在于：虎眼石的石棉纤维较粗且明显，而石英猫眼石的石棉纤维极细，肉眼很难辨认出来；因为这种细纤维对光产生反射，以致在垂直于纤维丝的面上有明显的闪光现象，呈现出猫眼效应。

关于虎眼石等玉石与其他相似宝玉石的区别主要在于它们各自物质成分及内部结构的差异。如果在这些方面不便测定，则可借助于它们各自的物理、化学性质及工艺美术性能的差异鉴别它们。事实上，虎眼石、鹰眼石、木变石特异的颜色，标准的微细纤维结构，强烈的丝绢光泽和线状反光，都是其他宝玉石所没有或很少见的，因而容易与其他宝玉石区别开。

4）评价

工艺美术上要求木变石、虎眼石、鹰眼石、石英猫眼石等玉石颜色艳丽，具有强烈的丝绢光泽和线状反光，透明度较好，猫眼效应明显，质地致密、细腻、坚韧，无杂质，无分剥性，块度较大。

5）产地及产状

世界上最大的虎眼石和鹰眼石矿床分布于南非的德兰士瓦省，另外，印度、斯里兰卡、巴西等国也产虎眼石或鹰眼石。木变石主要产于巴西。石英猫眼石则分布于印度、斯里兰卡、柬埔寨、美国、墨西哥等国。中国的虎眼石、鹰眼石和木变石主要发现于河南，另在陕西、安徽等地也发现有虎眼石。

地壳里的虎眼石、鹰眼石和木变石主要是由含二氧化硅的热液沿石棉脉充填交代而形成的，其矿床主要是热液型或热液交代型。

6）应用

虎眼石等玉石属于中低档玉石，主要用来生产玉器和首饰。其原石块度大者，常用来制作神像、佛像及其他人物、动物、花鸟、草虫等；块度小者常用来制作项链、耳饰、戒面、手镯等。

（三）非晶质二氧化硅类玉石

二氧化硅非晶质类玉石主要有欧泊和天然玻璃。

1. 欧泊

1）概述

欧泊是英文 opal 的音译。欧泊是能产生变彩的宝玉石。优质的欧泊集七彩于一身，以其丰富而变幻、耀眼而闪光的色彩牵动着人们的心灵。在西方国家，欧泊象征着希望和幸福，被命名为"十月生辰石"。古罗马人称欧泊为"丘比特之子"，是恋爱中美丽的天使，是希望和纯洁的象征；古希腊人赋予欧泊以无限的灵光，认为拥有它必定前途无量；因其神奇的变彩颜色，阿拉伯人则相信欧泊是真主所赐之物；东方人亦把欧泊视为忠贞与神圣的宝石。欧泊石美丽得宛若刚刚出浴的少女，在光线的照射下，宝石的色彩如火焰般游弋，闪烁着彩虹般的光泽，极为独特。

2）基本特征

欧泊石的基本特征主要体现在以下几个方面。

① 化学组成：含水非晶质二氧化硅，化学分子式 $SiO_2 \cdot nH_2O$。

② 结晶状态：非晶质体。

③ 结构特征：欧泊是一种蛋白石，其最大的特色是具有变彩效应，在光源下转动欧泊可以看到一块块色斑呈五颜六色。欧泊具有神奇的变彩，其成因是欧泊由无数个同等大小的、规则排列的二氧化硅小球，以紧密堆积的方式在三维空间形成立方面心结构，从而形成一个三维的衍射光栅。球体之间由水和其他微量成分充填。变彩的变化与球体的大小有关。

④ 物理性质

欧泊的物理性质主要有以下几点。

颜色：分体色和伴色，体色有黑色、白色、橙色、蓝色、绿色等多种颜色；伴色可有红、橙、黄、绿、蓝、紫等。

透明度：透明至不透明。

光泽：玻璃光泽至树脂光泽。

断口：贝壳状断口。

硬度：5～6。

密度：2.15g/cm³。

折射率：1.450，火欧泊低达1.37。

发光性：黑色或白色体色的欧泊可具中等强度的白色、浅蓝色、浅绿色和黄色荧光，并可有磷光，火欧泊可有中等强度的绿褐色荧光，可有磷光。

吸收光谱：绿色欧泊可见660nm、470nm吸收线，其他颜色的欧泊吸收不明显。

特殊光学效应：具典型的变彩效应。

⑤ 包裹体：欧泊内有时可有二相和三相的气液包裹体，可含有石英、萤石、石墨、黄铁矿等诸多的矿物包裹体；墨西哥欧泊中含有针状角闪石包裹体。

3) 分类

欧泊的主要品种按体色分为黑欧泊、白欧泊、晶质欧泊和火欧泊。

① 黑欧泊体色呈黑色或深蓝、深灰、深绿、褐色，以黑色为最理想，因为黑色体色的变彩更加鲜明夺目，显得雍容华贵，最为珍贵。

② 白欧泊是在白色或浅灰色基底上出现变彩的欧泊，它给人以清丽宜人之感，比较名贵。

③ 晶质欧泊体色无色，彩片较浅。

④ 火欧泊是欧泊中的特殊品种，呈橘红色，半透明，一般无变彩或仅有少量变彩。

4) 鉴定

欧泊的鉴定包括三个方面：欧泊与相似材料的区别；处理欧泊的鉴别；合成欧泊的鉴别。

(1) 欧泊与相似材料的鉴别

与欧泊相似的材料主要是：拉长石、火玛瑙、玻璃和塑料。欧泊除物理性质与这些材料存在较大差别外，还在于欧泊具有典型的内部色斑特征。具变彩效应的欧泊色斑呈不规则的薄片状，色斑之间界线模糊，通常沿一个方向显示特征的条带状或纤维状结构。上述材料均不具有这样典型的内部色斑特征。相反，玻璃和塑料可能存在气泡、旋纹，拉长石发育解理，板状或针状的黑色金属包裹体。这些则是欧泊所没有的。

(2) 处理欧泊的鉴别

为了提高欧泊的外观质量，可对欧泊进行各种方法的处理。

① 拼合处理及其鉴别：有时因欧泊太薄，不能作为宝石，处理的办法是将欧泊薄片胶合在泥铁矿之上，有时这种二层石顶部还加上一层石英或玻璃顶来保护欧泊的坚固性，同时起到放大变彩的作用，于是形成三层石；鉴别时，在强顶光下放大观察，可以在接缝中

找到球形或扁平形状的气泡,如果为三层石,从侧面观察,其顶部不显变彩,折射率高于欧泊,如果为未镶欧泊,则从侧面可观察到结合缝。

② 糖处理及其鉴别:其方法是先将欧泊在热糖溶液中浸泡数天,然后再用浓硫酸浸泡,洗净后,再在碳酸盐溶液中快速漂洗,这样糖中的氢和氧被去除,而碳则留在欧泊裂隙和孔隙中产生黑色背景,可大大提高欧泊的美丽程度;鉴定时,经放大观察,色斑呈破碎的小块状并局限在欧泊的表面,结构为粒状,可见小黑点状碳质染剂在裂隙中聚集的现象。

③ 烟处理及其鉴别:办法是用纸将欧泊包裹好,然后加热,直到纸冒烟为止,这样可产生黑色背景;但这种黑色仅限于表面,另外这种方法处理的欧泊,常疏松多孔,其密度只有 $1.39g/cm^3$ 左右,因此,易于鉴别。

④ 注塑处理及其鉴别:办法是在天然欧泊中注入塑料,使其产生黑色背景;这种欧泊密度较小,一般为 $1.90g/cm^3$,放大观察,可见黑色集中的小块,热针检测,具辛辣味。

⑤ 注油处理:用油和上蜡的方法来掩饰欧泊的裂隙;这种方法可使欧泊显蜡状光泽,当用热针检测时有油或蜡液渗出。

(3) 合成欧泊的鉴别

虽然合成欧泊的生产细节是商业秘密,但一般认为,合成欧泊通过二氧化硅球形成、沉淀和压实、粘接三个阶段完成。合成欧泊的鉴别特征是:①色斑呈柱状排列具有三维形态,与天然欧泊二维片状排列形成明显差别,结构又称为"蜥蜴皮"效应;②天然欧泊具荧光效应,合成欧泊一般没有;③合成欧泊的密度比天然欧泊低。

5) 评价

欧泊质量评价主要考虑体色、变彩、净度和坚固性几方面。

(1) 体色

欧泊体色以黑色最佳,白色次之,橘红、橙黄色最差。

(2) 变彩效应

价值高的欧泊应该出现可见光谱中的各种颜色,即五彩欧泊最佳,三彩欧泊次之,单色欧泊最次。此外,高质量的欧泊的变彩应该在整块宝石表面均匀分布,而不要有间断。对色彩的表现,动感越丰富越好。如于 1918 年在澳大利亚的新南威尔士发现的一块黑欧泊,重约 233 克拉,中心亮红如熊熊烈火,被命名为"火焰女士",堪称稀世珍品。

(3) 净度

净度指混入泥砂的量。以无泥、无砂、质纯的欧泊为最佳。

(4) 坚固性

欧泊硬度低、性脆、易裂,要注意有无裂纹,若有,应注意裂纹深度、方向、位置等,以无裂者为最佳。

6) 产地及产状

澳大利亚是世界上最重要的欧泊产出国,主要产区在新南威尔士、南澳大利亚和昆士兰,其中新南威尔士所产的优质黑欧泊最为著名。墨西哥以其产出的火欧泊和晶质欧泊而闻名。巴西北部的皮奥伊州是除澳大利亚外最重要的欧泊产地之一。美国的主要产区在内华达州。其他的产地还有洪都拉斯、马达加斯加、新西兰、委内瑞拉等。

欧泊主要为火山期后热液产物和古风化壳的产物,其中以古风化壳产出的欧泊最有价值。火山期后热液型欧泊主要产于捷克斯洛伐克和墨西哥；古风化壳型欧泊主要分布于澳大利亚。

7) 应用

欧泊是一种高档的宝石，欧泊主要用来制作首饰，如戒面、耳饰、头饰、胸饰等装饰品。一般质量的欧泊也可以加工成玉器产品。由于它颜色丰富，变彩闪烁，特别是随着人体的移动，更加变幻莫测，美妙异常，因而深受世人喜爱。它还与猫眼石一起被视为十月生辰石，而且是一种"希望之石"，如图 2-3-70 所示。

8) 保养

由于欧泊硬度较低，坚韧性较差，经受不起外力的打击和高温环境的影响，故在使用时必须细心保护：

① 减少磨损，避免撞击；

② 避免高温，防止爆裂；

③ 当欧泊的变彩消失和质地变劣时可以将它浸泡于水或油中，以恢复其原有的美丽外观；

④ 长期不佩戴使用时，需把欧泊置于比较潮湿的环境里，必要时还可以浸泡在透水的脱脂棉或净水中；

⑤ 被水浸泡过的欧泊在拭干之前，其外表色彩会有所改变，这时应经过正常晾干之后，让它自行逐渐恢复其原状；

⑥ 无论是佩戴使用还是长期保存，均不宜使欧泊与化学腐蚀性物质接触或受其沾染。

2．天然玻璃

天然玻璃又称"自然玻璃"，通常指由火山活动所形成的透明玻璃体"黑曜石"和宇宙空间陨石坠落时因高温熔化而形成的"玻璃陨石"。由于它们在质量上能达到玉石的质量要求，故古往今来人们多将其用作玉石材料。

1) 黑曜石

黑曜石又称"黑曜岩"，为酸性玻璃质火山岩之一。化学成分主要为 SiO_2，可含多种杂质，其成分与花岗岩相近，但全部由玻璃质组成，含水分很少，为非晶质体，颜色为黑色（常带白色斑纹）、褐色至褐黄色、橙色、红色、绿色、蓝色、紫红色少见，玻璃光泽，具贝壳状断口，摩氏硬度为 5～6，密度为 $2.40g/cm^3$，折射率为 1.490。根据其颜色的差异，有黑曜石、绿曜石、红曜石等品种之分。根据其花纹或纹饰的不同可分为：条带状黑曜石，其条带有些像玛瑙，不同之处在于条带呈波状起伏而不呈曲线状；缟状黑曜石，具有平直的平行条带；菊花状黑曜石，在黑色基质中分布着由结晶二氧化硅构成的白色斑块。对黑曜石进行鉴定时应注意其明显的特征：黑色中所带的白色斑块和褐色、黑色条带，金色或金黄色、银色光芒。在 10 倍放大镜下观察黑曜石中的圆形或长形气泡（如果气泡很多时，可使黑曜石出现光彩），以及直的、弯曲的或高度扭曲的条带。在偏光镜下进行观察，在所有位置上都是暗的，并可显示出异常双折射。运用显微镜在正交偏光下观察半透明的黑曜石时，可以见到在暗的背景上显示出来的由各向异性的晶体包裹体所引起的明亮的斑点。工艺美术上要求黑曜石块体致密坚韧，色泽艳丽，透明度高，块度大。

地壳里黑曜石的分布与酸性火山熔岩的发育密切相关。在冰岛、墨西哥、美国、新西兰、匈牙利、希腊等国有黑耀石产出。我国东部地区也有多处发现黑曜石。

人类对黑曜石的认识和利用已有悠久的历史,如早在史前时代,人们就已用它来制作箭头、工具和装饰品。现今已利用透明黑曜石来加工刻面型宝石,透明度稍差者则用来加工弧面型宝石,大块黑曜石被用作玉雕或石雕材料。如图 2-3-71 所示,为黑曜石"知足常乐"。

2) 玻璃陨石

玻璃陨石又称"似曜石",亦称"玻陨石",在中国称"雷公墨"。国外的第一块玻璃陨石于 1787 年发现于捷克斯洛伐克的莫尔道河附近,故又称"莫尔道玻璃陨石"。化学成分主要为 SiO_2,可含多种杂质,非晶质体,常见颜色为中至深的黄色、灰绿色,玻璃光泽,具贝壳状断口,摩氏硬度为 5~6,密度为 2.36g/cm^3,折射率为 1.490,微透明至半透明,包含有圆形、鱼雷形气泡及漩涡状纹路。根据成因、产出状况等方面的差异,可以将玻璃陨石分为:焦石英,由于闪电冲击岩石或陨石熔化而形成的二氧化硅玻璃;闪电熔岩,由于闪电的冲击作用,使砂岩或致密状岩石熔化而形成的熔融体;利比亚玻璃石,因在利比亚的沙漠中呈不规则的团块状而得名;冲击玻璃,因陨石冲击作用导致岩石熔化而形成的岩石玻璃,多见于陨石坑,故又称"陨石坑玻璃"。

对玻璃陨石进行鉴定时,常常以其折射率、密度等方面的差异而与人造玻璃相区别。但在一定条件下,彼此在化学成分方面的差异亦可作为一种重要的鉴定依据。更重要的是它们在包裹体方面的不同,特别是莫尔道玻璃陨石具有圆形或长形气泡及漩涡状纹路,加上它的低突起,从而可以比较容易地将它与人造玻璃区别开。在进一步观察时,通常要用 10 倍放大镜和显微镜。

工艺美术上要求玻璃陨石块体致密坚韧,色泽艳丽,透明度高,块度大。

世界上的宝石级玻璃陨石主要产自捷克斯洛伐克,它是呈苹果绿色的似透辉石状玻璃陨石。淡橄榄绿色者产自美国佐治亚州,黑色、褐色者产自澳大利亚,黑色者产自科特迪瓦,褐黑色者产自中国海南省。海南玻璃陨石俗称"海南雷公墨"。其他如东南亚诸国也有玻璃陨石分布。玻璃陨石如图 2-3-72 所示。

八、孔雀石

(一)概述

孔雀石为铜的碳酸盐矿物,因其色艳犹如绿孔雀尾羽的翠绿色,故得名。人类对孔雀石的认识和开发利用具有悠久的历史,如古埃及早在公元前 4 000 年就已在西奈半岛的矿山开采孔雀石和蓝铜矿、硅孔雀石。他们认为孔雀石是儿童最好的护身符,如果在摇篮上挂上一块孔雀石,就可以驱除邪恶,使儿童安睡。德国人则认为佩饰孔雀石可以防止死亡对人的威胁,即使孔雀石已经破碎,还可以根据它的碎片预报即将发生的灾祸。如果在孔雀石上刻上太阳,则佩用这块孔雀石的人就能摆脱邪恶、锁链的威胁。在许多世纪以前,孔雀石被称为"假祖母绿",并被大量用作宝石、玉雕和装饰材料。如古代俄罗斯人爱用孔雀石,在沙皇亚历山大时期曾用孔雀石制作花瓶、桌面、壁炉台等。他们还把孔雀石工艺品赠送给法国的拿破仑,至今在巴黎的旧时宫殿内还有其工艺品。

中国古代称孔雀石为"石绿"、"石碌"、"绿青"、"碌石"、"碌矿"、"铜绿"等，这些无疑是根据其美丽的颜色而命名的。由于地壳里的绿色矿物较多，加上当时科学技术水平的限制，因而古人所确定的某些孔雀石就有可能为别的绿色矿物。即使如此，中国很久以前即已开发利用孔雀石则是确定无疑的。如在湖北黄陂盘龙城商代中期遗址里就出土了孔雀石，在河南安阳殷墟遗址中则发现了一块重达18.8公斤的大孔雀石，当时主要用它来炼铜。虽然相传商代已出现孔雀石艺术品，但很少。至春秋时代，孔雀石工艺品已增多。如在云南楚雄万家坝春秋战国时期古墓中就出土了孔雀石和硅孔雀石艺术品，昆明东南属于战国末期至汉武帝以前的李家山古墓群中则出土了至少1万枚孔雀石珠。李时珍在其《本草纲目》中提出："石绿，阴石也；生铜坑中，乃铜之祖气也。铜得紫阳之气而生绿，绿久则成石，谓之石绿。而铜生于中，与空青、曾青同一根源也。今人呼为大绿。"从而肯定了石绿的形成与铜矿有关。中国古代许多地方的孔雀石矿床已被采空，唯广东阳春、湖北大冶、江西瑞昌的孔雀石矿尚有一定的开采潜力。特别是广东阳春石绿铜矿区在近四十年来已采获一部分极具特色的优质孔雀石，如一块巨型孔雀石重达9.97吨，一块足似动物"孔雀"外形的大孔雀石重40.7公斤，还有著名的"擎天石柱"、"九龙壁"、"艺术盆景"等具有优美的天然艺术造型的孔雀石，甚至孔雀石猫眼石亦已在阳春有发现。

孔雀石在古代还是一味中药，在《神农本草经》、《名医别录》等古书中被列为上品，可治风热目疾，耳内恶疮。中医认为：孔雀石味酸、性寒、有小毒；"主益气、止泻痢"；"益气、止泻痢、治恶疮、顽癣、杀虫"。古代孔雀石还是作画的颜料，"唐画凡绿色多用孔雀石粉末画就，故存千年不变也"。

（二）基本特征

孔雀石是一种含水的碳酸铜矿物，其化学成分为$Cu_2(CO_3)(OH)_2$，理论值为：$CuO=71.95\%$、$CO_2=19.90\%$、$H_2O=8.15\%$。孔雀石中常吸附或机械混入Ca、Fe、Si、Ti、Nb、Pb、Zn、Ba、Mn、V等。单斜晶系，晶体呈针状、柱状、纤维状、丛生晶簇状，常呈皮壳状及同心条带状块体。颜色呈绿色或孔雀绿色，并因此而得名。微透明至半透明，丝绢光泽，贝壳状至参差状断口，硬度为3.5～4，密度为$3.95g/cm^3$，折射率为1.655～1.909，遇酸起泡，孔雀石具浅绿色条痕。图2-3-73所示为孔雀石原石。

（三）分类

孔雀石按物质构成、色泽、特殊光学效应、形态、用途等方面的差异可分为五种。

① 宝石级孔雀石：指具有一定的晶形（如呈柱状）的孔雀石晶体，唯其透明度较差，已用来加工刻面型宝石，重0.5克拉；因地壳里产出很稀少，故刻面型宝石亦极少见。

② 玉石级孔雀石：通常呈致密块状或具有一定的天然艺术造型，纹饰秀丽，无裂纹、空洞及其他缺陷，可雕性良好；但大小不一，质优者重1公斤以上；已大量用来加工弧面型宝石及生产各种首饰（如戒面、项链、坠子、耳饰、手镯等）、玉器等，较为常见。

③ 猫眼孔雀石：指呈纤维状构造，质地致密、细腻、坚韧，加工成弧面型后能产生猫眼效应的孔雀石，相当稀少和珍贵。

④ 青孔雀石：地壳里的孔雀石常与蓝铜矿共生，如果二者紧密结合、构成致密坚韧的块体，致使孔雀绿色与深蓝色相互映衬，"相辅相成"，就会形成别具特色的青孔雀石。这种青孔雀石可用作玉雕材料，亦相当稀少和名贵。

⑤ 天然艺术孔雀石：指完全由大自然"雕制"或"雕塑"而无任何人工造作痕迹，具有千姿百态的艺术造型的孔雀石珍品，如上述"孔雀"、"擎天石柱"、"九龙壁"等几种优美的孔雀石，比较稀少。如图 2-3-73 所示，为孔雀石原石。

（四）鉴定

孔雀石以其特有的孔雀绿色，同心环带构造，遇盐酸起泡为最典型的宏观鉴定特征。用点测法可测得其折射率介于 1.655～1.909 之间，用密度天平可测得其密度为 $3.95g/cm^3$，孔雀石的硬度较小，能被小刀或玻璃刻划。孔雀石与其他绿色宝玉石（如硅孔雀石、绿玛瑙、绿玉髓、绿松石、块砷铝铜矿、水磷铝钠石等）的区别主要在于物质成分、内部结构、物理及化学性质、工艺美术特征、质地等方面的差异。实际上，孔雀石具有特有的翠绿色，弯曲的同心条带或"分层"，放射状纤维结构及纤维的延伸方向垂直于颜色条带，较低的硬度和较高的密度，遇盐酸起化学作用或易溶等特点或性质，因而容易将它与其他相似的宝玉石区别开。就以颜色而论，标准的孔雀石呈孔雀绿色，而标准的绿松石则呈天蓝色，二者很容易相互区别。即使某些绿松石呈蓝绿色，或孔雀石呈普通的绿色，但细心观察亦能鉴别之。更何况孔雀石往往有花纹，特别是同心环带状花纹，而绿松石则没有。绿松石因含磷遇钼酸铵可产生黄色反应，而孔雀石遇钼酸铵则不可能产生这种反应。至于同是具有同心环带状花纹的孔雀石与绿玛瑙，则可借助于二者在硬度和密度等方面的差异，很容易地将它们区别开。再者，孔雀石遇盐酸能产生化学反应，而绿玛瑙、绿玉髓、硅孔雀石等则不能。再加上绿玉髓的硬度与玛瑙相同，而比孔雀石高，因而也容易将孔雀石与绿玉髓区别开。孔雀石与硅孔雀石，还可以借助于它们在密度上的差异鉴别。

合成孔雀石是 1982 年首先在俄罗斯试制成功的，至今已取得很大进展，所获得的孔雀石和天然孔雀石极为相近，化学成分、颜色、密度、硬度、光学性质及 X 射线衍射谱线等方面都基本相同，很难区别。用差热分析是区别天然孔雀石和合成孔雀石的唯一有效方法，然而这种方法是具损伤性的，不利于用在成品鉴别中。

（五）评价

孔雀石工艺要求的主要依据是颜色、质地和块度等。要求颜色翠绿鲜艳，花纹清晰、美观，质地结构致密、细腻，无孔洞，块度越大越好。

（六）产地及产状

世界上出产孔雀石的国家有俄罗斯、扎伊尔、纳米比亚、埃及、赞比亚、津巴布韦、安哥拉、刚果（金）、乍得、澳大利亚、美国、墨西哥、智利、尼加拉瓜、法国、英国、意大利、罗马尼亚等。其中以俄罗斯的乌拉尔（孔雀石块体重达数十吨以上）、纳米比亚的楚梅布、扎伊尔的加丹加、澳大利亚新南威尔士的布罗肯山、美国的亚利桑那州等地所产的孔雀名最为著名。

我国的孔雀石资源主要分布于广东、湖北、江西,另在内蒙古、甘肃、西藏、云南等地也有发现。

地壳里的孔雀石主要产于铜的硫化矿床氧化带,是含铜的硫化物被氧化后所产生的易溶硫酸铜与脉石或碳酸盐类岩石中的方解石相互进行化学作用所形成的表生矿物,或与富含碳酸的水溶液发生化学作用的产物,经常与蓝铜矿、辉铜矿、赤铜矿、氯铜矿、自然铜、针铁矿等密切共生。那些位于石灰岩分布区或铜矿石中含有大量碳酸盐的铜矿床,在氧化条件下更有利于孔雀石的形成。矿床在成因上属于风化壳型。

(七) 应用

孔雀石属于中低档玉石,只有那些颜色美丽、块度大、达到宝石级的孔雀石块体,才是珠宝首饰工艺品的原料。那种稀少、美丽的孔雀石猫眼,加工后色彩更加迷人,并出现亮线,像猫眼似的熠熠发光,十分珍贵。美丽的孔雀石还是高级的观赏石。色泽艳丽、天然造型奇特、质地坚韧的孔雀石,不经人工的修饰或加工,即可用作天然工艺品,供人们观赏。还可以用来叠置假山、制作盆景等。

须知,绿色本来就象征着春意浓郁。孔雀绿色则更昭示着青春永驻,因而孔雀石首饰及玉雕工艺品就更受世人喜爱。颜色浓绿、鲜艳的孔雀石还是生产高级颜料的原料。由于其色艳美、纯真、永不变色,故自古以来就深受人们重用。1981年在修复意大利著名画家提切利的名画"春天"时,呈现在此画上的鲜艳绿色历经500余年仍未改变。后经过化验分析才知道画家当时所用的颜料为研碎磨细了的孔雀石,而不是人们原先认为的棕间绿。孔雀石有许多用途,铜矿床氧化带中的孔雀石一般可用于炼铜,也可以作颜料和药用。如图2-3-74所示,为孔雀石首饰盒。

(八) 保养

孔雀石做玉石不耐用,硬度低,光泽易于变暗,只能用做串珠和胸针以及用作工艺摆件等,因此保养方面要做好工作,注意不能与酸接触,不能碰撞。

九、蓝田玉

(一) 概述

蓝田玉历史悠久,闻名遐迩,为我国古代的主要名玉之一,并有"沧海月明珠有泪,蓝田玉暖日生烟"等历史名句称赞。

蓝田玉的名称,初见《汉书·地理志》:"蓝田,山出美玉。"其后《后汉书·外戚传》、《西京赋》、《广雅》、《水经注》和《元和郡图志》等古书,都有蓝田产玉的记载。然而,至明万历年间,宋应星在《天工开物》又称:"所谓蓝田,即葱岭出玉别地名,而后世误以为西安之蓝田也。"从此引起了后人关于蓝田玉产地的争论。关于蓝田玉产地的不同说法:第一种观点认为"蓝田玉产地"为陕西省西安市东南的古城蓝田,现代已开采用尽,至今无存;第二种观点认为"蓝田玉产地"为古代西域而不在蓝田。由于存在蓝田玉产地认识的不同,对"蓝田玉"的质地种属也存在不同说法:第一种观点认为蓝田玉在宝玉石学上属蛇纹石化大理岩范畴;第二种观点认为蓝田玉在宝玉石学上属软玉范畴。绝大多数学者均持第一种观点。章鸿钊在《石雅》中指出"蓝田自周至汉,地邻上都",这是其他地区(如葱岭)运至京城的玉石"遗留"之地。章鸿钊似乎支持宋应星的看法,但又令人怀疑的是,既然蓝田不产玉,为何许多古籍又言美玉产自蓝田山呢？于是章鸿钊推测蓝田玉可能是当地产的一种"菜玉"(色绿似菜叶的玉石),也可能是指葱岭所产青金石"自远而近"的"移名"。1978年11月23日《人民日报》报道说,陕西地质工作者在蓝田发现了"蛇纹石化大理岩"玉料,认为它就是古代记载的蓝田玉。其实,这种新发现的玉料,就是《石雅》中早已提到的"菜玉",尽管如此,还是引起了中国珠宝界和考古界的重视。1981年,中国地质博物馆展出了蓝田玉标本,这种玉石,从外观上看有黄色、浅绿色等不均匀的色调,主体部分是白色的大理岩;虽然玉质不佳,颜色也谈不上美丽,但是由于同古代的蓝田玉联系起来,增加了它的威望。事实上,蓝田县确实古代就已盛产玉石,而且古代所说的玉,并不一定指软玉。例如,近代发掘的汉武帝刘彻寝宫墓道,其墓门正中大玉铺首,高34.2cm,宽35.6cm,厚14.7cm,重10.6kg,色彩斑驳,浅青泛绿色,亦为蓝田玉制作而成;1967年在蓝田县曳湖镇薛家河发掘的汉代长公主墓,其中有被制作铜缕玉衣的蓝田玉,规范有致,呈长方梯形,并有圆孔;后不久又在李后乡新庄村出土的汉代蝉形玉晗,都为蓝田玉的早期使用,作了明显的佐证。北京故宫博物院研究员、著名古玉专家周南泉提出:"1981年北京地质博物馆正式展出的蓝田玉料属蛇纹石化大理岩。经观察,其与陕西茂陵附近出土的西汉玉铺首材料相似,证明它可能就是《汉书》所说的蓝田玉。"虽说蓝田古玉的产地和质地种属仍然是一个谜,但从典籍记载以及各类出土文物可以看出,古代蓝田玉的存在确实无疑,只是其产地"蓝田"的所在方位有所差异。虽然宋应星在其《天工开物》里对"所谓蓝田"提出了不同看法,但他亦否认不了陕西"蓝田"的存在。1987年,陕西省地质矿产局第六地质队黄正宏在《蓝田玉初考》中提出:"原产蓝田玉之蓝田山,即今之王顺山,当地老乡皆言此山古时曾产玉石。"由于古代的蓝田玉矿早已被采掘一空,没有玉石资源了,陕西省地质学家才积极寻找蓝田玉的新产地。20世纪80年代初,陕西省地质矿产局已在找矿工作中发现了新的蓝田玉产地。现今开采的蓝田玉矿藏位于蓝田县玉川、红星一带,玉石为色泽艳丽、质地致密细腻的蛇纹石化大理岩。矿体赋存于太古代黑云母片岩、角闪片麻岩岩层。矿体以夹层的面貌出现,计有三层,其厚度分别为2~5m、2~3m、3~4m,断断续续成西北—东南向延伸,长达2公里。陕西蓝田现代所产的蓝田玉,其产地为蓝田无疑,其玉石品种属于蛇纹石化大理岩。如图2-3-75所示为蓝田玉。

(二) 基本特征

1. 矿物成分

蓝田玉是多矿物显晶质集合体,其矿物成分比较复杂,可将其分为方解石、蛇纹石和次要矿物三个部分。

1) 方解石

粒状方解石占组成的绝大部分,一般含量在50%以上,含量愈高,结构愈粗,不透明,方解石依据其形态和大小,又可分为自形变晶结构、半自形变晶结构、他形变晶结构及介于其之间的变晶结构。

2) 蛇纹石

鳞片状蛇纹石组成含量少于方解石,含量一般在 50% 以下,含量愈高,表现在手标本上结构比较细腻,微透明至透明,在显微镜下无法分清蛇纹石颗粒大小和形态,粒径不可测,偶见他形晶粒;多呈片状、叶片状集合体,主要为叶蛇纹石。

3) 次要矿物

所占比例可达 20% 以上,一般为多种蚀变矿物共存,主要杂质矿物有白云石、绿帘石、绿泥石、石英、橄榄石、透辉石、透闪石、金云母等。

2. 结构构造特征

蓝田玉主要结构有以下 4 种:显微鳞片变晶结构、细粒变晶结构、不均匀粒状—纤状变晶结构、交代残留结构。蓝田玉的岩石构造有:块状构造、条纹条带状构造、团块状构造、斑杂状构造、云雾状构造。

3. 物理性质

1) 颜色

蓝田玉的颜色主要有白色、灰色至灰白色、浅黄至黄色、浅绿至墨绿色、黄绿色、少量黑色,基色一般较浅,为白色、灰白色、灰色、浅黄色、浅绿色、浅黄绿色。各种颜色深浅各异,分布不均。花纹一般比基底色深,以黄色、绿色、墨绿色、黑色为主。

2) 透明度

蓝田玉多为不透明至微透明,质地细腻的为半透明,其中的蛇纹石含量较高的团块、条带透明度较高。

3) 光泽

蓝田玉一般呈蜡状光泽,特别是蚀变较强的微晶蛇纹石的团块和条带,具蜡状光泽,磨光后光泽清澈柔和。

4) 硬度

蓝田玉摩氏硬度为 3.5~5.5,通常质地细腻,蛇纹石含量较高的,其硬度也较高,硬度值可达 5~5.5;而质地较粗,不含蛇纹石或蛇纹石含量较低者,其硬度也较低,一般为 3.5~4。

5) 密度

蓝田玉密度介于 2.60~2.73g/cm^3 之间,平均值为 2.66g/cm^3(密度用静水力学法测定)。

6) 折射率

蓝田玉的折射率,在宝石实验室中,一般只能利用点测法测得一个近似折射率值,而且与其组成矿物成分有关,蛇纹石的折射率值为 1.560~1.570,方解石的折射率值为 1.486~1.658。

(三) 分类

陕西蓝田玉按矿物成分及外观特征可分为以下五种。

① 白色蓝田玉:为白色大理岩,主要由方解石组成,方解石含量达 85%,次为蛇纹石、绿泥石(少于 5%~10%)和透闪石,具有不等粒变晶结构和块状构造。纯白色至浅灰

色的块状矿石,可具有极少量其他颜色的斑点和花纹,一般质地细腻,肉眼无法分辨颗粒界线。

② 黄色蓝田玉:为浅米黄色至黄色或略带其他颜色花纹的蛇纹石大理岩,其方解石含量大于65%,蛇纹石为25%～30%,具细粒变晶结构和条纹条带状构造。

③ 墨色蓝田玉:深灰色、黑色,主要呈团块状出现,团块大小一般为2～15cm,主要为黑色蛇纹石集合体及原岩中含灰色的泥质团变质、蚀变产物。

④ 青色蓝田玉:为条带状透闪石化蛇纹石大理岩,色调为灰白色至灰色或局部略带其他颜色花纹,主要由方解石、蛇纹石组成,含透闪石等杂质,具不均匀纤状至粒状变晶结构和块状构造。

⑤ 绿色蓝田玉:为浅绿至绿色再至墨绿色或略带其他颜色花纹的彩色蛇纹石大理岩,含方解石50%,蛇纹石45%,另含有少量白云母,具细粒变晶结构和斑杂状构造。

(四) 鉴定

陕西蓝田玉各个品种之间可根据其颜色、纹饰、物质成分的差异和遇盐酸起泡程度等来进行鉴别。陕西蓝田玉属于碳酸盐类玉石,碳酸盐类玉石是指主要由方解石或白云石矿物组成的玉石;质地上通常属于大理岩、灰岩或白云岩;通常硬度都在3～4之间,密度为$2.65～3.2g/cm^3$。碳酸盐类玉石具体品种有很多,主要有蓝田玉、汉白玉、云石、文石玉、灵璧玉、百鹤玉、菊花石、蜜蜡黄玉、木纹玉、阿富汗玉等。陕西蓝田玉与其他碳酸盐类玉石的区别除了彼此色泽、纹饰等工艺美术特征,物质成分的差异和遇盐酸是否起泡外,还有各自在形态、硬度、密度等因素上的不同等。

(五) 评价

陕西蓝田玉主要的质量评价要素是颜色、质地、块度、工艺及裂纹和杂质。

1. 颜色

陕西蓝田玉的颜色主要包括白色、灰色至灰白色、浅黄至黄色、浅绿至墨绿色、黄绿色、少量黑色,其中鲜明、纯净的白色、黄色、绿色最有价值。颜色不鲜明或多种杂色分布,价值则较低。

2. 质地

由于陕西蓝田玉矿物颗粒粗且解理发育,大多数蓝田玉石硬度低,质地相对较粗且透明度较低,即使较好的一般也只达到半透明。只有那些颗粒较细、质地致密的品种加工后才显示出较好的光泽和玉质感。因此,质地好坏及润泽与否是评价该类玉石的重要指标,凡是玉质感强,质地细润的质量就高;相反,质地粗、光泽暗淡的质量则低。

3. 块度

不同块度的陕西蓝田玉,有不同的用途。块度大、质地较细、裂纹少和杂质少的,可以被用作雕刻大型作品,而且有较高的价值;相反,一些小块的材料只能用作价值较低的装饰材料或饰物材料。

4. 工艺

工艺是决定陕西蓝田玉石质量的重要指标,在某些情况下可能还是主要的指标。

5. 裂纹和杂质

裂纹和杂质对陕西蓝田玉的质量虽然也有影响,但由于该类玉石的价值相对较低,因此此类问题较严重的材料很少用来加工。

(六) 产地及产状

根据蓝田玉产出的地层层位、矿体形态、物质共生组合、围岩蚀变等特征,可以认为矿床在成因上属于沉积变质——热液交代型。其矿体常受一定的地层层位控制。与蓝田玉相似的蛇纹石化大理岩玉石在中国分布较广,利用历史甚长。

(七) 应用

蓝田玉曾是我国古代名玉之一,而当今只属于低档玉石,蓝田玉在市场上主要分成两个部分,其中用量最大的是用来制作室内大型雕刻作品,或用做室内建筑高级装饰材料;另一类则用来雕刻各种普通的装饰性玉器雕件,蓝田玉曾被大量用来生产玉枕,其次是生产碗、杯、酒具、文具、健身球、手镯等,与蓝田玉类似的玉石在全国各地被大量用来雕制人物、动物、花卉、鼎炉、花瓶、烟缸、印盒等艺术品或实用品。如图 2-3-76、图 2-3-77 所示,分别为蓝田玉白菜和蓝田玉茶具。

十、珊瑚

(一) 概述

人类对珊瑚的认识和开发利用已有悠久的历史,其中充满着许多饶有趣味的传说。如古罗马人就曾把珊瑚枝挂在小孩的脖子上,以祈求保护他们的安全。对成年人也是如此,他们认为珊瑚能够护身、辟邪,并可治疗妇女们的不孕症。珊瑚还能平息海浪,帮助佩用者预防闪电和飓风。在古罗马文化的鼎盛时期,人们竟相信那种镶有珊瑚和燧石的"狗用套圈"对狂犬病有重要的医疗功能。"珊瑚药酒"能排汗利尿,把人体内的恶性体液排出去。在古波斯,人们通过气味的不同,来鉴别珊瑚与其仿制品:当在珊瑚上闻到海的气味时,此珊瑚就是真珊瑚。公元纪年开始时,在地中海城市与印度之间业已开展了广泛的珊瑚贸易活动。在古印度,珊瑚被用作神秘、高贵的祭祀品。在按照"纳瓦拉特拉"风格制作的金指环或银指环中,也镶嵌有珊瑚。而在印度人利用珊瑚以前,古代的高鲁人已把珊瑚作为盔甲和武器上的装饰品。在代表墨西哥古印第安人文化的、从特诺奇蒂兰城出土的文物中,已有用珊瑚制作的艺术精品。在 1540 年以后,西班牙抓住本国人喜爱红色贝壳的特点,开始进口珊瑚,并将其作为上等品出售。在几个世纪以前,人们普遍认为红珊瑚能适应佩用者的健康状况而改变颜色。在 18 世纪的法国流行着一种"血红念珠"项链,人们认为它可以止血。在美国东南部印第安部落对与水有关的任何饰物都很崇拜,他们把红色视为价值最高的颜色,如印第安人的项圈上就挂着一些珊瑚,它们或与银质念珠搭配,或点缀着贝壳和绿松石。

中国对珊瑚的认识和开发利用亦有悠久的历史,据《山海经·海中经》记载:"珊瑚生海中。欲取之,先作铁网沉水,珊瑚贯网而生。岁高二三尺,有枝无叶,形如树。因绞网而出之。"汉武帝曾起神堂,前庭植玉树,茸珊瑚为枝。葛洪《西京杂记》亦称:"南越王曾献珊瑚一棵,高一丈二尺,一本三柯,其上四百二十六条。号绛火树,每到晚上,光景昭然。"晋代豪富石崇曾用铁如意击碎国舅王恺御赐的一棵高二尺许的珊瑚树,又令家人搬出高三四尺者六七根。其条根绝俗,光彩耀目,使国舅恍然自失。元代书画家赵孟頫称:"仙人海上来,遗我珊瑚钩。晶光夺凡目,奇彩耀九州。自我得此贵,昼玩夜不休。"明代文物鉴定家曹昭《格古要论》称:"珊瑚生大海中山阳处水底,海人以铁网取之。其色如银珠鲜红,树身高大、枝柯多者为胜。有髓眼及淡红色者,价轻。此物贵贱,并随珍珠,枝柯有断者,用钉梢定,熔红蜡粘接,宜仔细看之。"清代浙江提学谷应泰的《博物要览》载:"珊瑚生海底,作枝柯状,明润如红玉。中多有孔,亦有无孔者。枝柯多者更难得。"清代,用珊瑚和其他各种宝石装饰于顶戴上,用以表征官职的高低。如一品官顶戴饰上乘珊瑚,二品官顶戴饰花珊瑚,三品官至九品官顶戴饰蓝宝石、青金石、水晶等,可见清代用珊瑚表明官员的显贵。

珊瑚,生活在海洋中,是一种十分美丽的动物。它固着在海底生活,外形像树枝,故又称"石花"。它的骨骼五彩缤纷,千姿百态,略加修饰就是件高雅的装饰品。其中用作玉石的主要是红珊瑚所分泌的骨骼。红珊瑚的骨骼呈红色,十分艳丽,它是古今中外人人喜爱的宝石之一。珊瑚是一种生物成因的玉石材料,之所以把它作为玉石,是由于它历来就是制作玉雕工艺品的重要材料,经精细雕琢,可表现出极高的艺术价值,有时甚至不用雕琢就可作为工艺品。人们还把珊瑚当作医治眼疾的药材,它还可以止血、驱热、镇惊、排汗利尿。国外最新研究认为,珊瑚可用于接骨,入药可治溃疡、动脉硬化、高血压、冠心病以及性病,故被称为"现代仙丹"。从宗教意义上看,它属佛教七宝之一。如印度的释迦牟尼佛寺中的宝塔就是用含珊瑚在内的七种宝物所装饰成的。如图2-3-78所示,即为珊瑚。

(二)基本特征

1. 化学成分

钙质型珊瑚主要由无机成分、有机成分和水组成,各种成分的大致比例为:$CaCO_3$ 92%～95%;$MgCO_3$ 2%～3%;有机质 1.5%～4%;水 0.55%。除此之外,还可能含有 Fe_2O_3、$CaSO_4$ 以及微量组分 Sr、Pb、Mn 等。壳质型黑珊瑚和金珊瑚几乎全部由有机质组成。

2. 结晶状态和形态

珊瑚主要由隐晶质方解石组成,形态奇特,多呈树枝状、星状、蜂窝状等。由纵向管状通道产生的精细脊状结构经沿分枝纵向延伸的细波纹形式出现。抛磨后它们呈暗亮相间的平行线。在横截面上呈同心圆状构造。

3. 物理性质

珊瑚的物理性质主要体现在以下几方面。

① 颜色:常见有白色、奶油色、浅粉红色至深红色、橙色、金黄色和黑色等。

② 透明度:微透明至不透明。

③ 光泽:蜡状光泽。

④ 解理和断口:无解理,参差状至裂片状断口。

⑤ 硬度：有机品种（黑色和金黄色珊瑚）为2.5～3，碳酸盐品种为3.5～4。
⑥ 密度：钙质型珊瑚2.65g/cm³，角质型珊瑚1.37g/cm³。
⑦ 折射率：钙质型珊瑚折射率介于1.486～1.658之间。点测近似值为1.65，角质型珊瑚点测近似值为1.56。
⑧ 发光性：在长、短波紫外线下钙质珊瑚无荧光或具弱的白色荧光。
⑨ 吸收光谱：没有特征光谱。
⑩ 可溶性：易被酸腐蚀。
⑪ 热效应：近火会变黑，加热产生蛋白味。

珊瑚的结构及纹理如图2-3-79所示。

（三）分类

1. 按颜色分类

1）红珊瑚

红珊瑚是指颜色为鲜红、深红、淡红、玫瑰红、肉红色等色的珊瑚。其中粉红色的珊瑚也叫"天使面"，对暗红色者称"牛血"，为西方人所喜爱，艳红色者如辣椒、蜡烛的，称"辣椒红"、"蜡烛红"，均是珊瑚中的珍贵品种。

2）白珊瑚

白珊瑚为白色、灰白、乳白、瓷白色的珊瑚。白珊瑚价格较低，但纯白者因稀有亦价高。我国海南岛和西沙群岛、广西北海涠洲岛产出较多，主要用于盆景工艺。

3）蓝珊瑚

蓝珊瑚为浅蓝、蓝色珊瑚，是一种绚丽多彩的佳品，极少见，繁殖于非洲西海岸，但目前已基本绝迹。

4）黑珊瑚

黑珊瑚是颜色为灰黑到黑色的珊瑚，主要由角质物组成，价值较贵。高者往往可形成高大的珊瑚树。

5）金黄色珊瑚

金黄色珊瑚呈金黄色、黄褐色，亦属角质型珊瑚，其金黄色的外表有清晰的斑点。

6）梅花状珊瑚

梅花状珊瑚即红色和白色同时出现在一珊瑚枝上，形成了红底有白心或白底有红心、状如梅花的珊瑚。

2. 按商业价值分类

1）活珊瑚

此类珊瑚在海底继续生长，表面有薄膜，磨光后光彩夺目，是质量最好的一种珊瑚。一般生长期为2～3年的活珊瑚最好。明代医学家李时珍的《本草纲目》中记载："珊瑚所生磐石上，白如菌。一岁而黄，二岁变赤。枝干交错，高三四尺。人没水以铁发其根，系网舶上，绞而出之。失时不取，则腐蠹。"说明了珊瑚的采收方法及时机。

2）倒珊瑚

倒珊瑚指已基本上停止生长的珊瑚，其受侵害的程度尚小。

3）死珊瑚

死珊瑚指已完全停止生长的珊瑚，受侵害的程度严重，蛀洞多，不能作宝石。

3．按组成成分分类

1）碳酸盐型珊瑚

碳酸盐型珊瑚包括方解石型及文石型两种，有白色珊瑚、红色珊瑚、蓝色珊瑚等。近代珊瑚（新生代以后）多由文石型碳酸钙组成，但红珊瑚以方解石为主。古代珊瑚（新生代以前）则以方解石型碳酸钙为主。

2）角质型珊瑚

角质型珊瑚的主要成分为有机质，包括黑色珊瑚及金黄色珊瑚。

4．按形成时代及产出环境分类

1）古代珊瑚

古代珊瑚是古代珊瑚虫的石灰质骨骼经石化作用保存下来的珊瑚化石。外形有单体和群体之分，根据骨骼的特征，可分为楼板珊瑚、四射珊瑚、六射珊瑚、八射珊瑚四大类。它分布在寒武纪至第四纪的地层内，许多种类分布广、生存时间短，为划分地质年代的重要化石。

2）近代珊瑚

近代珊瑚是近代产出的，为时代最新的珊瑚。

3）合成珊瑚

合成珊瑚是用吉尔森（Gilson）法生产的珊瑚。具有微细粒状结构，密度较小（2.45g/cm³），无珊瑚之条带状结构。

4）再生天然珊瑚

再生天然珊瑚是通过在适当压力下加热小碎块珊瑚而成的珊瑚。

（四）鉴定

1．肉眼鉴定

最显著的特征是由于珊瑚骨骼有纵向管状通道形成细的脊状构造，玻璃光泽到油脂光泽。颜色有白色，粉红色，橙色，红色等。

2．仪器鉴定

由于珊瑚具有以下性质，可根据其性质用仪器来鉴定珊瑚。

① 由于其化学成分主要为碳酸盐，因此滴酸起泡。

② 硬度：3.5～4。

③ 密度：2.65g/cm³。

④ 折射率：1.65。

⑤ 紫外灯：无荧光反应。

3．与相似玉石的区别

与珊瑚相似的玉石有染色骨制品、染色大理石和贝珍珠。

与染色骨制品的区别：在横切面上，区别在于珊瑚具放射状和同心圆状结构，而骨制品具圆孔状结构;纵切面上,珊瑚是连续的波纹状结构,而骨制品是平直的管状纹理;此外骨制品是经染色而成,因而具染色玉石的特有特征。

与染色大理石的区别:主要依据大理石特有的颗粒状结构和染色特征来鉴别(即颜色集中分布于颗粒边缘)。

与贝珍珠的区别:贝珍珠与珊瑚的颜色和外观很相似,但贝珍珠的光泽具有一定的方向性,低倍镜下可观察到火焰状图形,贝珍珠具有明显的成层的粉红色和白色图案。此外,贝珍珠的密度为 $2.85g/cm^3$,比珊瑚大。

4. 与仿制品的区别

珊瑚与仿制品的区别体现在以下三个方面。

① 塑料:色相同,密度小,不具珊瑚结构。

② 玻璃:密度大,不具珊瑚结构,有贝壳状断口,塑料和玻璃遇酸不起泡。

③ 吉尔森仿制珊瑚:是用碎的方解石在高温高压下黏结而成的,不是合成珊瑚,也不具有珊瑚结构,密度较小,为 $2.45g/cm^3$。

在珊瑚的鉴定中,与仿制品的区别是最重要的。

5. 优化处理珊瑚的鉴别

珊瑚的优化处理方法常见有三种,即漂白、染色和充填。所得到的优化处理品与天然珊瑚的区别如下文所述。

① 漂白珊瑚:珊瑚制成胚后,通常要用双氧水漂白除去其浑浊的颜色,尤其是死枝珊瑚,若不经漂白即呈浊黄色。漂白是珊瑚制成成品时常用的工序,因此,无须鉴定。

② 染色珊瑚:鉴定染色珊瑚最简单的方法是用蘸有丙酮的棉签擦拭,若棉签被染色,即可确定该珊瑚是被染色的。另外,染色珊瑚的颜色单调而且表里不一,颜色集中于小裂隙或粒间,颜色外深而内浅,分布不均等。

③ 充填珊瑚:多孔的劣质珊瑚可用环氧树脂等物质充填而使其得到优化。这种充填珊瑚的密度一般低于正常珊瑚,用热针试验探测,可有树脂状物质析出,或有树脂味。

(五)评价

珊瑚的质量评价从颜色、块度、质地、加工工艺等方面进行。

① 颜色:颜色是影响珊瑚质量最重要的因素,以红色为最佳,红色珊瑚的质量排列顺序依次为纯正鲜红色、红色、暗红色、玫瑰红色、橙红色。

② 块度:块度越大价值越高。

③ 质地:致密坚韧,无瑕疵者为佳,有白斑者次之,有虫孔、多孔、多裂纹者价值最低。

④ 加工工艺:造型越美,加工越精细,价值越高。

(六)产地及产状

1. 产地

大致分布在两个区域:大西洋——地中海区和印度洋——太平洋区。它们在群体形状,分支方式,骨骼的颜色,骨针的形状,群体的大小等方面都有很大不同。印度洋——太平洋区产地集中在夏威夷和中途岛,另外在琉球群岛和所罗门群岛也有出产。从前,宝石级的珊瑚材料主要发掘于西地中海。目前,大部分产于日本南部海域和中国台湾省南部海域。有机品种则主要发现于夏威夷群岛外海海域中。

2. 产状

珊瑚是珊瑚虫分泌的产物。珊瑚虫属于腔肠动物门,其外形多种多样,有单体,有群体。在有性繁殖时产生的幼虫可以在海水中自由游泳,到成年期,便固定在海底岩石上或早期的骨骼上;无性繁殖以出芽生殖的方式,一代一代的珊瑚虫生活在一起形成群体。珊瑚虫在生长过程中分泌钙质的骨骼,每个个体又以共同的骨骼相连,呈树枝状、扇状或块状等不同形态。绝大多数的珊瑚生活在热带或亚热带的浅海中,可形成珊瑚礁,这类珊瑚骨骼疏松,不能用于宝石材料。而能作宝石的红珊瑚生活在较深(100~300m)的海床上,呈群体产出,但不形成生物礁,它的骨骼致密坚硬。

由于珊瑚的外形像树,因而古人一直将其当作是生长在海里的树。唐代著名诗人韦应物的诗《咏珊瑚》就是这种认识的最好证明。诗中有:"绛树无花叶,非石亦非琼。世人何处得,蓬莱石上生。"

现代科学证明,过去的这种认识是不正确的,珊瑚虽称树,可它实际上却是一种叫珊瑚虫的生物的分泌物。

红珊瑚的生长特征:红珊瑚的群体呈树枝状,高度半米左右,其生长速度一年仅长1~2mm,生活环境要求生长在坚硬的海底,水流急,水清,光照弱和温度低,约在8℃~20℃之间。在众多的珊瑚中,以红色珊瑚的宝石价值最高。然而对红色珊瑚形成原因尚无统一认识。红珊瑚呈色机理是比较复杂的,它既有由高价铁离子致色的,也有由珊瑚内所含的微量金属元素与有机质蛋白色素中的卟啉结合成为金属卟啉,总称为"卟啉体"致色的。这些"卟啉体"在各种珊瑚内含量不同导致珊瑚呈现不同颜色。红珊瑚加热时会褪色,这是"卟啉体"受热分解的缘故。随着科学技术的发展及对珊瑚研究的加深,可能会发现其他更为复杂的呈色机制。

(七)应用

珊瑚属于优质玉石,珊瑚被用来生产首饰(如项链、耳饰、首饰等)和玉器(主要是人物、花卉等)。名作屡有出现。如北京市玉器厂的"赵飞燕鼓上舞"、"三花瓶"、"劈山救母"、"梅兰竹菊"、"枯木逢春",上海珠宝玉器厂的"四季梅瓶",扬州玉器厂的"观音收鳌鱼"等。如图 2-3-80 所示为珊瑚项链。

(八)保养

① 珊瑚对酸和挥发性药物非常敏感且脆弱,因此,与酸性汗水、灰尘或空气中的有害气体都会起作用,故在炎热的夏天,人体流汗较多时,其饰物不宜与人体直接接触,项链与皮肤接触后,必须用水冲洗干净,用细软布擦干,再放于阴凉处晾干,或者,用后直接以干净的软布擦净即可。如果不处理,残留于珊瑚的汗水能将珊瑚表面腐蚀,引

起颜色变化、失去光泽。在饮用酸性饮料如柠檬汁的时候,都要格外小心不要粘到珊瑚上。

② 在存有化学性物质、挥发性物质,如化妆品的地方,珊瑚饰物亦不宜存放,因它们都易使珊瑚失去光泽。

③ 因红珊瑚的硬度差,因此,不要与硬物接触和相碰,以免摩擦损伤,更要防止掉落地板而碎裂。

④ 避免高温、香烟熏或温泉浴,这都会使珊瑚失去光泽。当长时间不用时,最好用丝绸或绒布包好放在阴凉通风的地方保存。如果发现珊瑚有污垢,可以将珊瑚浸于温水中,然后用软刷蘸一些肥皂或中性洗洁剂,轻轻刷去污垢,然后用清水洗净,阴干、擦拭即可。

十一、琥珀

(一)概述

琥珀是一种有机玉石。我国古代称琥珀为"兽魂"、"光珠"、"虎魄"等。在我国最早系统描述矿物原料的书籍《山海经》中已有记载。人类饰用琥珀或将琥珀作为一种药物已有很长的历史。用琥珀制作的饰物在中国、俄罗斯、希腊和埃及的古墓中常有出土,同古老的青金石、绿松石、象牙等一样,也是一种古代随葬品。

据考古发现,我国早在秦汉时期就已经用琥珀雕琢工艺品了,人们把琥珀视为吉祥如意珍贵之物,给孩子戴在身上可以避邪消灾,新娘戴在脖子上既漂亮,又能永葆青春,并祝福夫妻和睦、幸福。在欧洲,古罗马人对琥珀更情有独钟,一块琥珀甚至比一个健壮的奴隶的价值还高。在20世纪20年代,美国宝石进口量中,琥珀仅次于钻石,居第二位。

优质的琥珀,至今仍是很贵重的宝石,特别是虫珀、金珀、血珀、香珀更为珍贵。它们除了作为珠宝首饰、公用建筑物装饰以外,也珍藏于博物馆,成为欣赏宝石。那些不具备工艺要求的琥珀,亦可作为珍贵的药材,具有特定的医疗价值,尤其是用作甲状腺肿大的镇痛剂,琥珀为什么能治疗疾病呢?至今还没有准确的答案,但有一点可以认定,这与它所含的微量元素有关。现在的研究认为,琥珀除了含主要成分碳、氢、氧外,还含有硫、氮、钙、镁、铁、锰、铜、锌等微量元素和十多种氨基酸。有些元素及氨基酸是"生命的火花",进入人体后,可以发挥异乎寻常的作用。

(二)基本特征

1. 化学成分

琥珀的化学分子式为$C_{10}H_{16}O$,是由碳、氢、氧组成的一种有机化合物。主要化学元素含量:碳75%～85%,氢9%～12%,氧2.5%～7%。次要化学元素含量:硫0.25%～0.35%,个别高达1.57%,氮0.04%～0.52%,三氧化二铁0.58%～0.97%,氨0.10%～0.15%。微量元素种类主要有:铝、镁、钙、硅、锰、铜等。琥珀含的树脂酸较多,含琥珀酯醇较少。具体为:琥珀脂酸69.47%～87.3%,琥珀松香酸10.4%～14.93%,琥珀酯醇1.2%～8.3%,琥珀酸盐4.0%～4.6%,琥珀油1.6%～5.76%。

2. 形态和结构

琥珀属非晶质体,主要由胶粒组成,在形成过程中常混入一些机械分散的杂质,经X

射线衍射分析证实为石英、长石、高岭石、勃姆石等。

琥珀有各种不同的外形:肾状、结核状、瘤状、鼓状、大的团块状、卵石状、扁饼状、盘状。有的如树木的年轮,呈放射纹理;可含有动物遗体、植物碎片等。据电子显微镜观察可见,琥珀体是由微小的椭圆形胶粒堆积而成,小胶粒堆积呈肾状、花瓣形,再进一步堆积呈菜花状球粒,如图 2-3-81 所示。这种不断凝集可能代表了琥珀的生长过程,树脂体的黏结加大是形成特大琥珀体的原因。在胶粒之间局部的有序排列,致使琥珀有时出现干涉色。

3. 物理性质

琥珀的物理性质主要表现在以下几个方面。

① 颜色:黄色、蜜黄色、黄棕色、棕色、浅红棕色、淡红色、淡绿色、褐色。

② 透明度:透明、微透明。

③ 光泽:树脂光泽。

④ 解理和断口:无解理,贝壳状断口。

⑤ 硬度:2~3,一般为 2.5。

⑥ 密度:$1.08g/cm^3$,可在饱和的食盐溶液中上浮。

⑦ 折射率:1.540。

⑧ 发光性:在长波紫外线下发蓝色及浅黄、浅绿色荧光。

⑨ 电特性:琥珀是良绝缘体,用力摩擦会带电并能吸附小碎纸片。

⑩ 导热性:差,有温感,加热软化,近火有松香味。

⑪ 溶解性:易溶于硫酸和热硝酸中。

4. 内部特征

无论是肉眼还是显微镜观察,琥珀内部的内含物、包体、杂质等均较为常见,按种类划分有动物包体,植物包体,气、液包体,漩涡纹,杂质,裂纹等。

① 植物包体:在琥珀中保存有伞形松、种子、果实、树叶、草茎、树皮等。

② 动物包体:在琥珀中保存有甲虫、苍蝇、蚊子、蜻蜓、马蜂、蚂蚁等数百种动物,但局部所见是为数不多的,并且动物个体完整者少见,多为从险恶的处境中挣脱出来,而仍留下的残肢断腿的碎片。琥珀的动物包体如图 2-3-82 所示。

③ 两相包体:有些琥珀中可见圆形、椭圆形气泡中有气、液两相包体,有局部集中的,也有呈分散状的。

④ 漩涡纹:多分布于昆虫包体周围,可能为昆虫挣扎时形成的,也有是在琥珀形成过程中,有外来颗粒掉入其中而形成的。

⑤ 杂质:多为充填在裂隙空洞中的杂质,如:黑色杂质可能是碳质;褐色、黑褐色的可能是铁、锰质漫染的泥土、砂粒、碎屑等在琥珀风化剥蚀过程中或树脂流动过程中被包裹进去的。

⑥ 裂纹:琥珀中裂隙发育,其中常见黑色物质(碳质)或褐色物(铁质等)充填,这些裂隙可能是受压造成的或是在风化、搬运迁移、石化等过程中受压所致。

(三) 分类

按成因产状、形态成分、性质用途等可将琥珀分成如下若干类。

1. 按成因产状分类

琥珀按成因产状可分为砂珀、砾珀、煤珀、坑珀、海珀等。

① 砂珀：赋生在枯土岩或砂岩中的琥珀，为树脂经搬运后形成的砂矿。

② 砾珀：就生在砂砾岩中的琥珀，也属树脂经流水搬运后形成的沉积砂矿。

③ 煤珀：赋生在煤层中的琥珀，为原地同生生物化学沉积矿。

④ 坑珀：采自矿山中的琥珀。

⑤ 海珀：产于海水中的琥珀，它可在水面上下漂浮。

2. 按颜色分类

琥珀按颜色可分为血珀、金珀、黄珀、蓝琥珀、绿色琥珀五种类型。

① 血珀（红珀）：色红如血，透明，是琥珀中的上品。

② 金珀：金黄色，晶莹通透的琥珀，为名贵品种之一。

③ 黄珀：呈浅黄色、黄色的琥珀。

④ 蓝琥珀：紫蓝、蓝色的琥珀，产于意大利西西里岛。

⑤ 绿色琥珀：为绿色的琥珀，产于意大利西西里岛。

3. 按形态分类

琥珀按形态可分为块珀、豆珀、石珀三种类型。

① 块珀：呈致密块状的琥珀。

② 豆珀：呈细粒状，大者如鸡蛋，小者如米粒的琥珀。

③ 石珀：具有一定程度石化的琥珀，硬度变大。

4. 按物性和质地分类

琥珀按物性和质地可分为香珀、灵珀、花珀、蜡珀、水珀、密蜡、骨珀七种类型。

① 香珀：有香味的琥珀。

② 灵珀：蜜黄色、透明度高的琥珀。

③ 花珀：具黄白相间的花纹，形如马尾松。

④ 蜡珀：蜡黄色、透明，有蜡状感。

⑤ 水珀：浅黄色，透明如水、外皮褶皱。

⑥ 密蜡：性软的琥珀。

⑦ 骨珀：浑浊不清，不透明，几乎似象牙的琥珀。

5. 按琥珀中包含物分类

按琥珀中包含物可将琥珀分为虫珀、泡沫琥珀、浊珀、脂珀四种类型。

① 虫珀：包裹有动、植物遗体的琥珀。其中以"琥珀藏蜂"、"琥珀藏蚁"、"琥珀藏蝇"等最为珍贵。

② 泡沫琥珀：内部含气体、气液包体较多，呈不透明白里状的琥珀。

③ 浊珀：含有大量细小气泡造成的浑浊状琥珀，呈半透明状。

④ 脂珀：外观似肥猪肉般的琥珀，由大量气泡造成，半透明至微透明。

6. 按产地分类

琥珀按产地可分为波罗的海琥珀、抚顺琥珀、缅甸琥珀、罗马尼亚琥珀、西西里琥珀五种类型。

① 波罗的海琥珀：产于北欧波罗的海沿岸煤层中的琥珀，呈各种黄色、白黄色至带相的黄色，透明至不透明。

② 抚顺琥珀：产于中国辽宁抚顺煤层中的琥珀，黄色至金黄色，其中常有昆虫，清晰美观，十分珍贵。

③ 缅甸琥珀：产于缅甸的琥珀，呈褐色，透明，但硬度较大，也见含有昆虫，有时有方解石细脉穿插其中。

④ 罗马尼亚琥珀：产于罗马尼亚的琥珀，浅褐黄色至褐色，也可以呈微褐红色甚至红色，含硫量高于波罗的海琥珀。

⑤ 西西里琥珀：产于意大利西西里岛的琥珀，为红至橙黄色，或黄绿、蓝色、蓝紫色，比波罗的海的琥珀色稍高。

7. 按用途分类

琥珀按用途可分为饰用琥珀、药用琥珀、农用琥珀、工业琥珀四种类型。

① 饰用琥珀：色、水均好，符合宝石级要求的琥珀，可制作项链、戒指、胸坠、耳坠、小动物、人像等工艺品，虫珀可作陈列观赏用。

② 药用琥珀：色、水均差的琥珀可作名贵中药材，可治病防病。

③ 农用琥珀：用琥珀处理的种子，可以大大提高谷物、农作物产量。

④ 工业琥珀：具耐酸、高介电性、防腐等性能的琥珀，可用于工业中。

8. 按人工优化处理及次生变化分类

琥珀按人工优化处理及次生变化可分为净化琥珀、压制（或再生）琥珀、老化琥珀三种类型。

① 净化琥珀：将不透明或云雾状琥珀经热处理后变得更透明的琥珀。

② 压制琥珀：通过在适当压力下加热小碎块琥珀而成。

③ 老化琥珀：长时期与空气接触或佩戴后表面颜色会变深或较深相色的琥珀，这是因为氧化及受体温影响的缘故。

（四）鉴定

1. 仿制琥珀的鉴别

根据仿制材料的不同，仿制琥珀可分为树脂类、塑料类和玻璃类。

1）树脂类

树脂类的材料有松香和柯巴树脂。

琥珀与树脂成分相似。但之所以不把树脂也称为琥珀，其根本原因在于琥珀中含有琥珀酸，而其他各种树脂中琥珀酸含量很低或干脆没有，而挥发成分含量却比琥珀多。

松香：多呈淡黄色，不透明，具树脂光泽，质轻，密度接近琥珀，约为 $1.05g/cm^3$，硬度小，用手即可捏成粉末，燃烧时，散发出芳香味，表面有许多油滴状气泡，导热性差，在短波紫外光下有强绿黄色荧光。

柯巴树脂：它与琥珀最为相似，也是一种地质年代很近的树脂，是最重要的天然琥珀仿制品；由于地质年代很新的缘故，它对化学腐蚀作用很敏感，将 1 滴乙醚（甲基化乙醚）滴在它表面，并用手指搓，可迅速出现黏性斑点，而这种方法在地质年代较老的石化树脂——琥珀中则无反应;在紫外光下尤其是短波紫外光下,树脂会发白色荧光,比天然琥珀更亮。

2) 塑料类

塑料可以仿制各种宝石,对琥珀也不例外,塑料在颜色、温感、电性等方面同琥珀十分相似,然而这些材料的折射率及密度与琥珀不同,因而可通过物理性质加以区别。

塑料折射率在 1.50~1.66 之间变化,只有极少数接近琥珀的折射率。

塑料的密度较琥珀高,在密度为 $1.12g/cm^3$ 的普通食盐水中,琥珀上浮,而几乎所有塑料仿制品均下沉(仅聚苯乙烯例外,其密度为 $1.05g/cm^3$)。

塑料可切性特点与琥珀不同,在样品不显眼部位,用锋利刀刃切割,可成片剥落;琥珀及树脂仅产生粉末和小的缺口。

琥珀与塑料对火焰的反应是不同的。不同材料的塑料加热反应不同,可利用此种方法进行试验区别。

几种常见塑料仿制品的具体区别有以下五点。

① 电木(酚醛树脂):市面上常见的塑料仿制品,折射率与密度均较琥珀高,沉于 $1.12g/cm^3$ 的饱和盐水中;如要测试大型雕件,可切下一小块碎屑后置入 1ml 水中加热,会发现样品微溶解于水中(因含酚),而琥珀不溶于热水,且电木在紫外光下有时呈褐色荧光。

② 酪朊塑料:一种硬化的奶状塑胶,折射率与密度均比琥珀高,紫外长短波下呈明亮白色荧光;将一小滴浓硝酸(HNO_3)滴于酪朊塑料表面将会留下黄色污斑,这是酪朊塑料的典型反应;内含物呈云雾状,流动构造;燃点低,燃烧时,会产生一股烧焦的牛奶味。

③ 赛璐珞:折射率与密度高于琥珀,在紫外光及 X 光下均显示一种微黄白色荧光,燃烧可发出樟脑气味。

④ 安全赛璐珞:成分为醋酸纤维树脂,可燃烧,燃烧后有醋味,在短波紫外光下有强黄绿色荧光。

⑤ 聚苯乙烯,一种高分子有机化合物,经染色可仿琥珀,密度低于琥珀,浮于饱和盐水上,极易溶于甲苯,其在射出成型时极易流动,故可观察到它的流动构造。

3) 玻璃类

它们可以模仿琥珀的颜色,但在其他方面与琥珀的差别较大,它们都比琥珀密度大,且它们不能燃烧,不发荧光,琥珀与相似宝石和仿制品的鉴别特征见表2-19)。

表 2-19 琥珀与相似宝石和仿制品的鉴别特征

品种	折射率	密度(g/cm^3)	硬度	其他
琥珀	1.54	1.08	2.5	缺口,含动植物包裹体,燃烧具芳香味
酚醛树脂	1.61~1.66	1.28	2	可切,流动构造,燃烧具辛辣味
氨基塑料	1.55~1.62	1.50	2	流动构造,燃烧具辛辣味
聚苯乙烯	1.59	1.05	2	可切,燃烧具辛辣味,易溶于甲苯
赛璐珞	1.49~1.52	1.35	2	可切,易燃,燃烧具辛辣味
酪朊塑料	1.55	1.32	2	流动构造,燃烧具辛辣味
有机玻璃	1.50	1.18	2	可切,气泡,燃烧具辛辣味
玻璃	变化大	2.20	4.5~5.5	不可切,气泡、旋纹
松香	1.54	1.06	<2.5	燃烧具芳香味

2. 琥珀的优化处理品鉴定

(1) 净化琥珀

净化琥珀是通过热处理而实现的。具体过程是将不透明或云雾状的琥珀放入菜籽油或亚麻油中加热，根据琥珀在350℃分解、250℃熔融的特性，对质量差的琥珀进行处理是件不难的事，但在加热过程中，气液两相包体会逐步转化成气体，随着体积的增大产生气压，随着温度的增加压力也增大，致使原包体周围产生圆盘状裂纹，称"太阳光芒"或"琥珀花"，且多分布在两相包体周围或裂隙处，在该过程中原生琥珀的杂质逐渐消失，使琥珀变得更干净与透明。净化琥珀与天然琥珀有着相同的物理、化学性质，往往较难区分，但净化后琥珀内部显得干净且有"太阳光芒"是区别天然琥珀的特征。但目前这类净化琥珀已逐渐被人们认可与接受。

(2) 压制琥珀

压制琥珀又称"再生琥珀"，由琥珀碎屑经过加热、加压固结而成。它的工艺制作主要在于粉碎材料，把琥珀粉碎成一定粒度，再用重力法除去杂质，在压力为 2.5×10^6 Pa下加热至200~230℃，为防止琥珀氧化分解和提高压制琥珀的透光性，可采用惰性气体下的远红外热熔压制工艺，以有利于提高受热的均匀度。

天然琥珀与压制琥珀的主要区别在于：①内含物种类不同，前者多为动植物残体、矿物杂质、腐殖物，后者有时含有"未熔物"；②耐腐蚀性不同，前者放在乙醚中无反应，后者放入乙醚中几分钟后变软；③构造不同，再生琥珀用放大镜观察可见浑浊的粒状结构；在抛光面上观察可明显地看到邻近碎屑因硬度不同而表现出凹凸不平的面，再生琥珀中的老式工艺存在着明显的流动构造，材质中呈现出清澈的与云雾状相间的带，内含气泡可沿一个方向向上拉长，也呈扁平状，显示出一种流动构造，较新式的"压制琥珀"一般几乎是透明的，像糖浆状的流体而无云雾状的区域，不存在气泡相流动构造；④偏光镜下反应不同，在正交偏光下天然琥珀为非晶质，所呈特征是局部发亮，再生琥珀则呈异常双折射；⑤荧光反应不同，短波下，天然琥珀呈浅白、浅蓝色荧光，压制琥珀呈"明亮白垩蓝"强荧光反应；⑥密度不同，天然琥珀为1.05~1.09g/cm³，再生琥珀为1.03~1.05g/cm³。天然琥珀与压制琥珀的主要区别详见表2-20。

表2-20 天然琥珀与压制琥珀的鉴别特征

特 征	天 然 琥 珀	压 制 琥 珀
颜色	黄、橙、棕红	多呈橙黄或橙红色
结构和构造	表面光滑，具如树木年轮和放射状纹理	粒状结构，具流动状、糖浆状构造
密度(g/cm³)	1.08	1.03~1.05
包裹体	动植物、气泡	呈定向排列的气泡
荧光	浅白、浅蓝或浅黄色荧光	明亮的白垩蓝色荧光
偏光镜下特征	全消光或局部发亮	异常消光
可溶性	在乙醚中无反应	在乙醚中软化
老化特征	因老化发暗	因老化发白

(3) 染色琥珀

染色琥珀多是为模仿暗红色琥珀，用染料处理过的琥珀，也可由绿色或其他颜色的染色处理。鉴别特征是可见有染料沿裂隙分布。

（五）评价

琥珀的质量评价因素可从以下几方面衡量。

1．块度

要求有一定块度，室内装饰墙壁，块度愈大愈好，大料可用于玉雕原料；小料可作首饰用料等。

2．颜色

颜色正且浓艳者为上品，以血红色、金黄色、祖母绿色、蓝紫色为好。

3．透明度

越透明越好，以晶莹剔透者为上品，半透明至不透明者为次品、劣质品。

4．包体

就琥珀内含物而言，含动、植物遗体多且完整者为佳品，以含昆虫者为最好，这种琥珀称为虫珀。虫珀中又依昆虫完整和清晰程度、形态、大小和数量等划分为不同的档次，如"琥珀藏蜂"等为稀世珍品，而所含动物断腿、残肢、个体不完整者则较差。

5．绺裂、杂质

琥珀中绺裂、杂质越少越好。

（六）成因

1．琥珀的植物成因观点

琥珀是中生代白垩纪至新生代第三纪松柏科植物的树脂，经过地质作用后而成的一种有机化合物的混合物。更确切地说，它的祖先是松树，不同种类的松树脂形成不同种类的琥珀。故常产于煤层中，为原地沉积矿床。白垩纪以来形成的松脂，经过了几百万年后变成了琥珀。由于地壳升降运动，白垩纪地层被冲刷，树木腐烂，而性质稳定的琥珀却可作长距离搬迁，然后与砂、枯土一起沉积下来，形成了沉积砂矿。

国外科学家认为，琥珀的形成可分为三个阶段，第一阶段树脂从松柏树上分泌出来；第二阶段树脂脱落被埋在森林土壤当中，在此阶段内发生了石化作用，在这一作用下树脂的成分、结构等特征都发生了强烈的变化；第三阶段是石化树脂被冲刷、搬运和沉淀，经成岩作用形成了琥珀。

2．琥珀中珍藏物的成因

有些琥珀不仅出色地保存了形成"琥珀"的森林中的树木标本，保存了栖息于森林中的各种植物标本，而且也保存了丰富的动物标本。据前人研究，在琥珀中保存有种子、树叶、花卉、草茎、树皮等，这就为人们深入研究当时树林中的各种植物提供了方便条件，除了几种伞形松之外，当时的树林中还生长着与现代相似的柏树、叶松、麻黄树、栗树、橡树、槭树、柳树、月桂树及其他多种类似的树木。

从进入琥珀的昆虫位置可以判断，流淌的松脂黏性很大，昆虫受松脂闪光的诱惑，不慎失足并立即被粘住，昆虫开始拼命地挣扎，最后溺死或被新流出的松脂所裹住。古昆虫学家巴霍夫写道，所有的蠕虫类、昆虫类、蜘蛛类在那金色琥珀的收藏品中，都有它们的殉葬品。有一块直径达 20cm 的琥珀竟保留有 250 只以上姿态不同的小苍蝇、蝎子、蜻蜓、蚱蜢,大大小小的甲虫、蚂蚁、蚯蚓、毛虫、蜈蚣以及各种各样的蚊子,也都在这里找到了自己的坟墓,它们都活生生地展现在学者们的面前,好像在讲述着它们在 1 000 万年以前在森林中的生活情况。这些远古祖先的直接后代——昆虫和别的生物仍在现代的热带、亚热带生活着。

(七)产地及产状

1. 主要产地

国外琥珀产地有俄罗斯、波兰、墨西哥、加拿大以及波罗的海沿岸等国家,此外捷克、罗马尼亚、意大利、美国、加拿大、智利、缅甸也有产出。

我国第三纪抚顺煤田产有大量琥珀,河南西峡琥珀产于白垩系上段砂砾岩中,云南保山、丽江、永平及哀牢山一带,福建的漳浦等也有琥珀产出。

2. 产状

琥珀的地质产状有三种:一是赋生在黏土岩或砂岩中,称砂珀;二是赋生在砂砾岩中,称砾珀;三是赋生在煤层中,称煤珀。前两种都是树脂经搬运后形成的沉积砂矿,后一种则是原地沉积产物。

(八)应用

琥珀属于中档有机玉石,但含有动植物的琥珀就很珍贵。琥珀适用雕刻人物、花卉、器皿、动物等摆件,也可以加工成胸针、扣子、带扣、垂饰、耳环等首饰,如图 2-3-83、图 2-3-84 所示,分别为琥珀项链与琥珀大肚佛坠子。琥珀密度低,戴着很轻,加上颜色匀称,晶莹剔透,因此,其饰物为世界各地人民所喜爱。

(九)保养

琥珀害怕高温,不要长时间置于太阳下或是暖炉边,又因其在过于干燥时易产生裂纹,故应注意不要将其长时间地置于干燥环境下。

尽量不要与酒精、汽油、煤油和含有酒精的指甲油、香水、发胶、杀虫剂等有机溶液接触,喷香水或发胶时请将琥珀首饰取下来。

琥珀硬度低,怕摔和磕碰,应该单独存放,不要与钻石等尖锐的或是硬度高的首饰放在一起,与硬物摩擦会使其表面出现细痕。

当琥珀染上灰尘和汗水后,可将它放入加有中性清洁剂的温水中浸泡,用手搓,冲净,再用柔软的布擦拭干净,最后滴上少量的橄榄油或是茶油轻拭琥珀表面,稍后用布将多余油渍沾掉,即可恢复光泽。

当然最好的保养是长期佩戴,人体油脂可使琥珀越戴越光亮。

十二、煤精

(一)概述

煤精的英文名称为 jet。煤精又称煤玉、黑碳石、黑宝石、雕漆煤、黑琥珀等。煤精是一种不透明、光泽强的黑色有机岩石,如图 2-3-85 所示。人类对煤精的认识和利用已有悠久的历史,如在古罗马时代,煤精就是最流行的"黑宝石"之一。在欧洲石器时代的洞穴中,人们曾用煤精作护身符。在北美印第安人部落的考古发掘中,也发现有煤精装饰品。中世纪时,煤精被认为能除邪、驱疯狗和防盗。教会也用煤精,如钉在十字架上的耶稣像和天主教的念珠等均用煤精制作,以象征悲痛和懊悔。在维多利亚女王时代,煤精是哀悼者唯一被允许佩戴的宝玉石。寡妇在居丧的头一年只能佩戴未抛光的煤精,第二年的煤精饰物则必须擦亮。只有在规定的两年半居丧期后 6 个月,佩戴煤精饰物时方可同时佩戴少量珍珠。在中国,煤精用作工艺品、首饰的历史源远流长。1973 年在沈阳市新乐新石器时代文化遗址的文化层就出土有煤精泡、煤精耳挡形器、煤精珠等艺术品,它们还保留有明显的被切割和加工的痕迹。经碳同位素年龄测定,出土煤精制品的文化层距今约 6 800～7 200 年。当时所用的煤精原料为腐殖质与腐泥质的混合物,含有藻类、菌类、木质镜煤、丝炭碎片体等,并见有少量石英、长石,与今天抚顺西露天精矿所出产的煤精完全相同。由于沈阳市距抚顺煤田仅有约 50km,故沈阳新乐遗址所出土的煤精制品,其原料应来自抚顺煤田。自古以来,煤玉就被用来制作项链、护身符、佛珠等。现在,人们常用它制作烟嘴、戒指、耳坠和人像、兽像以及小型饰物,还有作药用等。

(二) 基本特征

1. 化学成分

煤精的主要化学成分是碳,并含有氢和微量矿物质。煤精是在特殊的生物化学条件下形成的腐殖质泥煤,为古代树木碳化、石化而成的一种煤,是褐煤的一个变种,常赋存在弱蚀变的褐煤、石煤及煤层附近的泥质岩石中。其主要化学成分除含 77.76% 的碳外,还含有氢 6.74%、氧 13.14%、硫 0.66%。从煤岩学分析,煤精属于煤的一个特殊品种,以低等植物为主,亦有部分高等植物遗体组成的腐殖质与腐泥质的混合物。在显微镜下观察到其中的有机质主要是分解程度较高的藻类残体,具有一定分解程度的木质素和纤维素,以及少量的角质层、小孢子等。有时尚见含有一定数量的石英、长石、黏土、黄铁矿等无机矿物杂质。

2. 结构及形态

非晶质,常见集合体为致密块状,无固定形态。

3. 物理性质

煤精的物理性质主要体现在以下几个方面。

① 颜色:黑色、褐黑色。
② 透明度:不透明。
③ 光泽:树脂光泽。
④ 断口:贝壳状。
⑤ 硬度:2～4。
⑥ 密度:1.32g/cm^3。
⑦ 折射率:点测法为 1.66。

⑧ 条痕：褐色。
⑨ 电学性质：用力摩擦可带电。
⑩ 热效应：可燃烧。
⑪ 可溶性：酸可使其表面变暗。
⑫ 气味：用火红的针接触它时，能发出燃煤的气味。

（三）鉴定

由于煤精光滑且易于雕刻，所以很久以来就把煤精当作玉石材料。但由于煤精产量少，因此，往往有人用黑玻璃、黑塑料等来仿煤精。

煤精与黑色玉石（如黑曜岩、黑玛瑙等）的区别是硬度、密度不同；它与无烟煤、褐煤等的区别在于致密程度、密度不同；它与塑料的区别是热针触探时气味不同，硬度、密度不同。煤精与仿制品的区别详见表2-21。

表 2-21　煤精与仿制品的鉴别特征

品种	折射率	密度(g/cm^3)	硬度	其 他 特 征
煤精	1.66	1.32	2～4	缺口，热针探测具煤烟味
氨基塑料	1.55～1.62	1.50	3～3.5	易切，流动构造，燃烧具辛辣味
赛璐珞	1.49～1.52	1.35	2	易切，易燃，燃烧具辛辣味
酪朊塑料	1.55	1.32	3～3.5	易切，流动构造，燃烧具辛辣味
玻璃	变化大	2.20	4.5～5.5	不易切，气泡、旋纹
黑玉髓	1.54	2.60	6.5～7	不易切
黑色石榴石	1.87	3.83	7.0	不易切
黑曜岩	1.50	2.40	5～5.5	气泡
黑珊瑚	1.56	1.3～1.5	3	沿分枝纵向延伸的细波纹构造

（四）评价

煤精的评价主要从以下五个方面考虑：颜色、光泽、质地、瑕疵、块度。

1．颜色

煤精越黑越好，以纯黑为佳，带褐色者则为次品。

2．光泽

煤精以明亮的树脂光泽或沥青光泽为好。

3．质地

煤精以质地致密细腻者为上品。

4．瑕疵

煤精无裂纹、无杂斑者为好，裂隙小者则次之。

5．块体

煤精的块体越大越好，有一定块度能作雕件为好。

（五）产地

世界优质的煤精主要产于英国的约克郡费特比附近沿岸地区,法国的朗格多克以及西班牙的阿拉贡、加利西亚、阿斯图里亚,美国的科罗拉多州、犹他州,德国的符泰堡,加拿大的斯科舍省皮图县,意大利,捷克,斯洛伐克,俄罗斯,泰国等。

中国的煤精产地主要是辽宁抚顺,此外为河南西峡、内蒙古鄂尔多斯、山西浑源和大同、山东枣庄、贵州水城等地煤矿中也有产出。

（六）应用

煤精属于低档有机玉石,可制作戒指、手链、项链、佛珠、耳坠等饰品,烟嘴、人物、鸟、兽等工艺品等,如图 2-3-86 所示,为煤精摆件,此外,煤精还可作药用,如将煤精投入酒中即能缓解牙痛,烧红后投入水中可治声音嘶哑等。

十三、寿山石

（一）概述

寿山石以发源于福建省福州市北约 40 公里的寿山乡而得名,为中国生产印石艺术品的最佳材料之一。矿区所在地寿山一带海拔高度约为 1 000 米,其东临连江,西接闽侯,北近罗源,寿山、九峰、芙蓉三山鼎足虎踞其间,群山环抱,风景秀丽。南宋学者黄幹于绍熙庚戌（公元 1190 年）十月所作的《游九峰芙蓉寿山纪行十首》中称："大溪章溪溪水清,上寮下寮山路平。三山屹立相犄角,百里连亘如长城。仰十云霄不盈尺,俯视天高浮寸碧。闲云吞吐溢涧谷,飞泉喷洒下石壁。"明代文学家谢肇淛于万历壬子（公元 1612 年）初夏游寿山、九峰、芙蓉三山时,在其游记中亦写道："郡北莲花峰后万山林立,而寿山、芙蓉、九峰鼎足虎踞,盖亦称三山云。""又行十里许,危峰夹立,寒涛澎湃。峰头数道飞瀑,矢矫奔腾,下冲田石,散作雪花满空,亦一奇绝处也。""约行三十里,群峰环罗,松栝葱倩,石桥流水,禽声上下,大非人间境界,顿令游客忘登降之意矣。""又十里至王坑桥,鸟道盘空,山山相续。""余游山多矣,未有若兹游之快者。"而寿山石的开发利用,更加吸引着无数游人。历代文人学士莅临寿山,采掘和观赏寿山石,并赋诗作歌以颂其事,更使寿山石名扬天下。

寿山石作为实用印石,自古以来,以它石质中内涵的"细、洁、润、腻、温、凝"的特性,获得了制印人的珍视。制印人在长期的创作实践中,使用、认识寿山石,进而使之成为制印人制印须臾不可短缺的基本材料,这正是寿山石章的灵性和魅力所在。近代以来,由于印石文化得到文人极力的推崇,以研究寿山石章为内容的著作不断问世。可以说从寿山石章产生的那时起,就引发了文人爱石、赏石、写石的雅兴。在人与石无声的交流中,用人间最美好的诗句抒发自己的感受,用文化人最真挚的情感来探讨寿山石的文化底蕴。寿山石作为中国印石的一种,它涵盖着印石文化、寿山石文化、篆刻艺术和印纽艺术,及鉴赏艺术和收藏文化等涉及多元性、多门类的独特文化艺术。

寿山石的原石已经温润华丽无比,经过雕工的磨砺雕琢后,更成为巧夺天工、鬼斧神工的艺术品。按常理,本来应该是采石在前,雕石在后,但是在寿山石文化史上,它们却是颠倒过来的,即雕石在前,采石在后。理由就是从福州出土的南朝随葬小石猪,是经过雕琢的;而作为石材,却是拣拾于裸露地表的寿山老岭石,而不是开采而来的寿山诸种石。因此,学者专家们遂形成一种比较统一的看法,即寿山石雕起源于1 500年前的南朝,而开采史却比它晚了500年,始于宋,有颇多的文献可以证明。不过,寿山石雕始于南朝一说,近年来也也有新的说法,因为从福州古墓中也曾出土了一件翁仲俑,石材也是老岭石,但形制却与汉代玉雕的翁仲风格一致,一些考古专家推测为汉代物,但发掘时未见其他证明材料(如纪年墓砖等),因此,这个推断未为学术界一致接受,尚有待进一步考证,如果得到证实,则寿山石雕史就要提前二三百年。

寿山石雕即使始于南朝,也是极有意义的。这是因为闽中地方原为土著古越人的住地。到了南朝,由于中原汉人南下和中原文化的影响,经过长期血缘和文化的交融,单纯血统和文缘的古越人,已为中原人和古越相混的"闽人"所代替。出土的寿山石猪,正是此"闽文化"最早的一种形态的遗迹,它形态古朴,线条简略,雕工粗陋,但形象逼真。其中既有古越民族艺人的遗存,又有中原文化的浸润。有人说,从出土的寿山石猪作品上,可以寻觅陕西汉墓石雕的痕迹,这话确有见地。

到了唐朝、五代,中国的佛教在南方勃兴。寿山地区寺院林立,有九峰院、芙蓉院、林阳寺等,住院僧侣数千。这些出家人,就地取材,广集寿山石,磨砺雕琢成佛珠、法器、小摆件等,除了供自用外,多作为礼品,馈赠给施主和游客。从此,寿山石雕开始流向四方,传名于世,而僧人则是寿山石从闽中对外传播的最初使者,可惜至今未曾见到唐时的遗物。

宋时,我国北方有更多人南下,繁荣的经济、文化也随之南移,福州成了东南沿海的一个大都会。随着"百货随船入市,万家沽酒户垂帘"的市场的发达,也促进了寿山石的开采和雕制。近几十年来,福州地区宋墓出土的大量寿山石俑,就是证明,如1959年,单从西郊淮安观音亭一座宋墓中,就出土了40多件寿山石俑,1966年又从东郊金鸡山一座宋墓中出土了寿山石俑100多件。这些出土的石俑,形制相似,规格统一,可以看出是从雕刻作坊制作出来的。如文臣俑,多是立像,着长袍,束高髻或戴纱冠,拥朝笏;武将俑,则戴盔披甲,握刀执剑,极显威武;民俑则分男女老少,女俑又分"环肥燕瘦",或舞蹈,或劳作,姿态姣美。尚有神禽、动物等雕刻,写实与想象之作兼有,风格严谨,生动活泼,雕技也比前代提高。联系到《观石录》等关于"宋时故有坑,官取造器,居民苦之"的著述,可以认定宋朝时福州已有官设的寿山石雕作坊,并拥有一定数量的专业石雕匠人服务于官府,也服务于社会。作品除了石俑之外,尚有各种器皿和小摆件。雕刻的技艺开始走向成熟,比起前朝的石雕丰姿绰约得多了。因此,有部分珍品被选作贡品,进献京华。

元、明之交,著名画家王冕首创以花乳石作为印章材料,改变了我国历来以铜、玉为印材的传统。因为寿山石"洁净如玉,柔而易攻",遂成为最佳的印材之一。独特的石纽装饰雕刻艺术,也随着石章的出现而面世。而且由于文人的喜爱和市场经济的发展对印信的要求,石章在民间广泛发展,石章雕刻艺术日臻精进,闻名于世的篆刻家和印章雕刻家亦应运而生。

到了清代,寿山石雕已经走过了萌芽、成长、开花、初熟的千年历程,进入了昌盛期。不但雕艺更加成熟,并且还涌现了冠盖众石的崭新的石种——田黄石。此乃清时寿山石文化的鼎盛时期。清时的雕师因材施艺的水平普遍比前代提高了,能按寿山石材的形态、色质的不同,分别雕制印章、人物、动物、文具、器皿。印纽的制作也更加生动和多样化了,据清毛奇龄在《后观石录》所载,在他收藏的49枚寿山石印章中,单是兽纽就有螭虎、辟邪、狻猊、青羯、天马、獬貂、貔、貘等20余种纽式,如果以立、卧、蹲、倒等姿态细分则更多,此外还有山水、花鸟、人物、博古等其他纽式。此时的雕刻技法,又日臻精进,且有突破,除了圆雕、高浮雕、薄意等常见的外,还出现了阴刻和链条雕刻。1997年夏,被彩印成国家邮票发行的乾隆帝印玺《三链章》,就是此时的链条雕刻的杰作。

20世纪上半叶,由于国内战争频繁,三四十年代又因日本侵略者的入侵,经济没落,交通阻塞,百业俱废,民不聊生,福州传统的寿山石工艺也濒临人散技绝的境地。原先十分兴旺的城内总督后古董街店铺相继倒闭,许多石雕艺人被迫改行另谋生路。连"西门派"著名艺人王炎铨、王雷庭也都改行上街刻印,靠微薄的收入糊口。在1941年和1944年福州两次沦陷期间,雕刻艺人生活更加悲惨,饿死在街头的事时有发生。

20世纪后半叶,是福州寿山石文化史上的黄金时期。新中国成立后百业俱兴,促进了寿山石业的复兴和繁荣。一批院校出身的美术人员的加盟,推动了石雕技艺的突破性发展。寿山石文化的国内外交流,也因开放政策的实行而空前活跃。从20世纪80年代起,在世界的许多国家和地区出现了持续几十余年而至今不衰的"寿山石热"。

(二) 基本特征

大约在半个世纪以前,人们就已经惯性地认为寿山石主要由叶蜡石组成,甚至把寿山石与叶蜡石等同起来。直至今天,仍然有人坚持这个说法。然而,近30多年来的科学研究表明,寿山石不等于叶蜡石,甚至不是以叶蜡石为主,而是以地开石、高岭石等高岭石族矿物为主要矿物成分,即使是寿山石中的名品,如田黄石、坑头冻、高山石等,其矿物成分也主要是地开石、高岭石、珍珠陶土等,而仅含少量叶蜡石。质纯的寿山石色白,含其他矿物及杂质者颜色极为丰富,素有"多色石料"之称。常见的颜色有红、大红、血红、桃红、褐红、黄红、黄、橘黄、蜜黄、褐黄、蛋黄、绿、苹果绿、黄绿、灰绿、蓝绿、蓝、绿蓝、灰紫蓝、紫、绛紫、灰紫、橙、黑、蓝黑、灰黑、灰、紫灰、黄白、猪油白、粉白、红白等。更令人感兴趣的是,往往在一块寿山石石料上可以见到至少两色或三色,以及更多的颜色,从而为进行寿山石的巧色石雕提供了很有利的条件。寿山石具珍珠光泽、油脂光泽、玻璃光泽,微透明至半透明,质地致密、细腻、坚韧、光洁,具滑腻感。其中透明度高,质地致密、细腻,坚韧如玉,如脂肪冻者被称为"冻石",最为珍贵,如著名的田黄冻、水晶冻、高山冻。折射率介于1.55~1.60之间;硬度为2.5;密度介于2.65~2.90g/cm^3,一般为2.80g/cm^3;可雕性良好。

(三) 分类

在对寿山石分类方面,贡献较大的远的有清朝的高兆和毛奇龄,近的有当今寿山石研究专家陈石和高天均,他们分别提出了"三坑分类法"和"矿物组合自然分类法"。"矿物组合自然分类法"主要是根据矿物成分及其共生组合,将寿山石分为地开石型、地开石—石英型、地开石—高岭石型、高岭石—地开石型、高岭石型、石英—伊利石型、石英—水云母型、地开石—伊利石—石英型、地开石—叶蜡石型、叶蜡石—地开石型、高岭石—叶蜡石型、水铝石—叶蜡石型、明矾石—叶蜡石型、石英—叶蜡石型、硅质叶蜡石型、凝灰质叶蜡石型、叶蜡石型、绢云母型等天然矿石类型。然而，可以用作石雕材料、特别是用作优质寿山石者都是以地开石、高岭石为主要矿物成分的矿石类型，而以叶蜡石为矿石的主要矿物成分的质量较差。凡此种种矿石类型在寿山及其周围地区矿床中的分布并不平衡，有的矿床中地开石或高岭石质的矿石占优势，有的矿床则以含叶蜡石质的矿石为多。

三坑分类法，即将寿山石分为田坑石类、水坑石类、山坑石类三种。

按传统习惯，寿山石的总目一般可分为"田坑"、"水坑"、"山坑"三类。"田坑"，指的是寿山乡一带溪旁水田底所埋藏的零散独石；"水坑"，指寿山乡南面底坑头矿脉，其中冻化部分，质优，俗称"水冻"；"山坑"则泛指寿山周围的蜡石矿，由寿山、月洋两个区域组成。

1. 田坑石

田坑石是在工艺上命名的，主要按色泽区分品种，辅之以石质、产地。通常分为：田黄石、白田石、红田石、黑田石四种，此外，还有硬田、搁溜田和溪管田石等。田坑石，多由山间溪流冲积数千年，甚至万年而成，因此在世上极负盛名。田坑石中的上品田黄石，其价值可与黄金相比，即所谓的"一两田黄一两金"。纯质的田黄，甚至"易金数倍"，正如民谣所称"黄金易得田黄难求"。田黄石表皮多具微透明的黄色层，肌理则玲珑透彻，有类似萝卜纹路的细致石纹，俗称"萝卜纹"。田黄石色泽多呈黄金黄、橘皮黄、枇杷黄、桂花黄、杏花黄、肥皂黄、桐油地，以黄金黄与橘皮黄为上品，枇杷黄、桂花黄次之，桐油地色暗而浊，列为下品。田黄中有时会有通灵无比的透明质地的极品，称为"田黄冻"，还有外裹白色"石皮"，内层纯黄的品种，称为"银裹金"。田黄石如图 2-3-87 所示。

2. 水坑石

水坑石多由坑头诸洞出产。矿体地下水丰富，矿石受其侵蚀，多呈透明状，表面富有光泽。寿山石中的各种"晶"、"冻"多产于此。水坑石的种类名目，主要以每一块矿石的颜色质地而定，有：水晶冻、鱼脑冻、牛角冻、天蓝冻、桃花冻、玛瑙冻、环冻等，另外还有坑头石、冻油石等品种。如图 2-3-88 所示，为绿坑头田晶。

3. 山坑石

山坑石分布于寿山、月洋两个山村，石质因脉系及产地不同，而各具特色，所以山坑石的名目特别丰富。山坑石质细而微松，莹洁而通灵，唯含水分较其他石种略多，故每遇严夏酷暑、秋冬气燥，石面容易出现枯燥干裂，色泽也渐变黝黯无光，需久浸于植物油中，或经常揩油保养，久之，油质渗透入石层内部，使之石性稳定，浑厚古朴，称"旧高山"。高山石常有多色交杂，或由淡渐浓，或色层分明；或如行云流水，或如彩霞生辉，习惯称为"巧色高山"，是寿山石雕刻工艺品的理想材料。如图 2-3-89 所示，为掘头山坑石。

目前发现的寿山石种已达 100 多种，这里仅对其中的常见品种做一下简单介绍。

① 黄田石：产于寿山溪坂，颜色为黄者，都可称为黄田石或田黄石。其特点是石皮多微透明，肌理玲珑清澈，且有细密清晰的萝卜纹。其中黄金黄、橘皮黄为上佳，尤罕见；枇杷黄、桂花黄稍次；桐油黄是田黄石中的下品。田黄石中的田黄冻石，是一种极为通灵澄澈的灵石，色如鲜蛋黄，产于寿山中板，是罕见的稀世珍品，历史上列为贡品。此外，还有一种"银裹金田黄"，外表包裹白色石皮，肌理为纯黄色，酷似蛋黄的熟鸡蛋，也产于中

坂,更为稀贵。

② 白田石:田石中的白色者,质地细腻如凝脂,微透明,其色有的纯白,有的白中带嫩黄或淡青。石皮如羊脂玉般温润,愈往里层,色地愈淡,而萝卜纹、红筋、格纹却愈加明显,似鲜血丝缕飘于白绫缎间。石品以通灵、纹细、少格者为佳,质地不逊于优质的田黄石。黄色石皮包裹白色肌理的"金裹银田石",是白田石中的一种,因黄白相间,无限柔美,为艺术雕琢增添了一番独有的意境与情趣。

③ 红田石:田石中的色红者。生成红田石有两种原因:一为"天生丽质",自然生成原红色;一为田石受热,表层逐渐转红,但肌理却仍保留着原红色,称为"后天红"。前者,色如橘皮,红中带赭,故称橘皮红石,质细嫩凝润,微透明,肌理隐含萝卜纹,是稀有的石种;后者,石农称其为煨红田石,极为少见,更兼经火受热后,石质变燥易裂,少有珍品。

④ 灰田石:田石中色呈浅灰或深灰者。石质通灵透明,肌理萝卜纹清晰可见,多有黑点掺杂其间,且泛赭黄色。

⑤ 黑田石:田石中色纯黑或黑中带赭者。石质细嫩,富有光泽,肌理的萝卜纹多呈流水状,多产于下坂及铁头岭一带。有称乌鸦皮或蛤蟆皮的田石,外有黑石皮,石多呈黄色,皮色浓淡多变,皮层厚薄不一,呈块状或条状,如图 2-3-90、图 2-3-91 所示。还有一种外为黄色皮,肌理黑中带赭的田石,也是黑田石中的上品。此外,有人还将灰田石,也列为黑田石的一种。

⑥ 花田石:在田石中,偶见一种红、黄、青等杂色相间的田石,称为"五彩田黄石",俗称花田石,它同样有石皮和萝卜纹,色彩缤纷,惹人喜爱。

⑦ 硬田石:凡质地粗劣、温润不足、不通灵、多杂质的田石,统称为硬田石,是田黄石的下品。常见的有硬田黄石、银裹金硬田石、乌鸦皮硬田石、硬白田石等。

⑧ 溪管田石:因产于寿山溪中坂溪管屋附近的溪底而得名;此处溪水湍急,田石因水波冲击涤荡,浊污尽除,而倍加晶莹通透;石色多黄,又以深浅不同,分为淡黄、浓黄、黝黄等;其中质地坚硬不透明者为下品。

⑨ 搁溜田石:是指因农耕翻动田地,或受暴雨山洪冲刷,而从深层"搁溜"到地表的田石;因显露土外,受日光曝晒,风沙侵蚀,其石性也失去了昔日的温柔,显得干燥粗陋。

⑩ 水晶冻石:主要产于坑头占山水晶洞,是水坑石的上品。其透明灵澈处可以"隔石观物","若玻璃无有障碍",有白、黄、蓝诸色,分别称为白水晶冻、黄水晶冻、蓝水晶冻,其中白水晶冻较多见;白水晶冻又名晶玉,白色透明,肌理有棉花纹,偶有小粒点夹其间,俗称"虱姆卵",质地细嫩微坚。

⑪ 牛角冻石:产于坑头洞,因色如牛角而得名;质地通灵,肌理隐存水流纹,纹色浓淡交错,黑中带赭,温雅可爱,常被误认为黑田石,但它比黑田石更通灵,所以一般情况下不难辨识。

⑫ 鱼脑冻石:《后观石录》称其为"半脂",因状如煮熟的鱼脑而得名;石质温润莹洁,半透明,肌理隐含棉花纹,产量稀少,十分难得,是水坑中的珍品。

⑬ 黄冻石:因其质凝腻如蜜蜡,故又称蜜蜡。色如枇杷,纯净无瑕,肌理间有红筋,似田黄冻,唯无石皮;著名书画家陈子奋称其"俨如宜都枇杷,令人食指欲动"。

⑭ 鳝鱼冻石:石性通灵,半透明,色灰中带黄肌理,隐含细黑,如鳝鱼背,而得名;又

因体中含水草纹,故又称仙草冻。

⑮ 天蓝冻石：色蔚蓝带白或黄,肌理有黑点和棉花纹,如云霞朵朵。

⑯ 环冻石：水坑各石的肌理中,时有泛水珠、水泡般的环纹出现,或零星分布,或环环相连,蔚为奇观；此种冻石,通称环冻。有此环冻者,皆更名贵,其价多在水晶冻、牛角冻之上。如图 2-3-92 所示,为环冻石章。

⑰ 坑头冻石：坑头洞所出的晶冻各石,除归入以上各类外统称坑冻石；其石温润可爱、纯洁通灵,呈透明或半透明状；常见的有黄、红、灰、白、赭、蓝各色,还有非晶冻的坑头石,统称为坑头石,也属于寿山石中质地较好的品种。

⑱ 冻油石：产于坑头洞,微透明,似冬冻的油脂,有白、黄、绿、青诸色。石多裂痕,且裂痕中多隐黑点。其质纯者,颇似白芙蓉石。

⑲ 红高山石：是红色高山石的统称；按颜色的浓淡深浅,分为桃花红高山石、荔枝红高山石、美人红高山石、朱砂红高山石、晚霞红高山石、玛瑙红高山石、酒糟红高山石等；朱砂红高山石又名高山鸽眼砂石,质地微脆、略坚,通体半透明,在朱红的肌体上,布满色泽各异的红色斑点,点中偶现金砂,闪闪发光,招人喜爱。如图 2-3-93 所示,为红高山石章。

⑳ 白高山石：是通体纯白高山石的统称；产量高于各种高山石,以色、相、质的不同,分为藕尖白高山石、猪油白高山石、象牙白高山石、磁白高山石等,其中以藕尖白高山石、猪油白高山石为最佳。白高山石如图 2-3-94 所示。

㉑ 黄高山石：指纯黄色的高山石,石质凝腻纯洁如蜜蜡、蜜果；品质佳者可与田黄石、都成坑石相媲美。

㉒ 蛇背青石（又称为黑高山石）：色如淡墨,空灵温润。

㉓ 巧色高山石：系二色、三色以及多色相间高山石的统称；石中色泽明丽,色层由浓化淡,逐一过渡,是寿山石多色艺术品的最佳原料,如花果篮、海鲜盘等雕品,非它莫属。

㉔ 高山冻石：凡高山出的冻石,都称高山冻石；质如凝脂,通灵,微透明,肌理隐含棉花细纹；因色泽不同,可分为白高山冻石、黄高山冻石、红高山冻石、高山朱砂冻石等；产量稍多,可补水坑冻石产量低之不足。

㉕ 高山环冻石：高山冻石体中隐有环晕者；环多呈粉白色,大小不一,情趣比其他高山冻石更胜一筹。

㉖ 高山晶石：高山石中晶莹透明、洁净无瑕者的统称；肌理时含细纹,或黑斑点,或团簇状砂；上等的高山晶石亦似水坑冻石,惹人喜爱,如图 2-3-95 所示。

㉗ 掘性高山石：系高山各矿床中游离散落于山坡砂土中的独石,成因类似田黄石,质地莹腻通澈,肌理含萝卜纹,外表亦有石皮；有月白、黄色、红色之分,颇似田；因久埋山中砂土里,缺乏田石的滋润水灵；石难觅,较罕见。

㉘ 高山桃花冻石：质微透明,色多白、黄,其中带细密的红点,深浅大小不一,似三月桃花散落水上,凝而视之,似动非动,如花飘静水。质佳,量少。

㉙ 高山牛角冻石：色如黑牛角,肌理隐含灰色或灰黑色的棉花纹,质近水坑牛角冻石,细腻、凝结、微透明,产量少。

㉚ 高山鱼脑冻石：色洁白,质温润,泛黄彩,肌理有团簇状的棉花纹,或如煮熟的鱼脑状纹；质近水坑鱼脑冻。

㉛ 和尚洞高山石：产于高山顶上的和尚洞；相传此洞为一个名叫和尚的石农所开，又传此洞由寿山古禅寺的明代僧侣开凿；洞极古老，石也绝产多年；今日所见的和尚洞石，石性细腻，微透明，色多红中带灰或土红。

㉜ 大洞高山石：亦产于古洞，位于和尚洞尾部下方，传系明代僧侣所凿；因洞深且广，石脉宽阔，故称大洞；所出石材，性坚质硬，有红、白、黄等色，以诸色相间者为多；时有透明、半透明的晶冻出现，分别称为大洞晶石、大洞冻石。

㉝ 玛瑙洞高山石：洞居于大洞的尾部，相传亦为明代僧侣所开；石质纯洁多光泽，似玛瑙石，偶有黑中透红者；石中常隐现红、黄、黑、白各色条纹和圈点；近年来石农常在高山各洞采到色质与玛瑙石相似的石材，也称为玛瑙洞高山石，如图2-3-96所示。

㉞ 油白性高山石：民国初，从大洞另掘支洞，出石不同，色多乳白或白中泛黄，凝腻如油脂，肌理偶见色点；浸于油中，色渐转浓，脱油后，又变淡；因其嗜油，故称油性高山石。

㉟ 水洞高山石：在和尚洞后侧下方，有矿洞深入水下，故名水洞；此洞所产之石，称为水洞高山石；质通灵，微松，色白、红、黄，或白中带红、带黄；经油浸，质益佳，可与水坑冻石相媲美。

㊱ 新洞高山石：石色丰富，材体巨大，质地有坚有松，为寿山石雕中的巧色雕刻提供了良好的物质条件。

㊲ 大健洞高山石：和尚洞中有支洞，为清时石农黄大健开凿，所出之石便称大健洞高山石；石微坚，多砂格，易裂，质逊于和尚洞高山石。

㊳ 世元洞高山石：在大健洞后方有世元洞，为清时的矿洞，张世元所凿；石性稍坚，色泽鲜活，常见者有红、白两色。

㊴ 四股四高山石：石洞邻近嫩嫩洞，因石农合股开采而得名；石质比高山各石都坚实，透明度好，色泽丰富，有黄、红、白、灰各单色或杂色，是高山石中的优质石。如图2-3-97所示，为四股四高山石章。

㊵ 太极头高山石：洞位于高山峰北的小山岗上，因小山似太极而得名；始采于20世纪30年代，曾出现一批晶石、冻石，可与水坑石比美；石性晶莹灵洁，有红、黄、白色或诸色相间的，是高山石中的优质石种，可惜已绝产。

㊶ 鸡母窝高山石：洞处高山北麓，太极洞的正下方，因地形似鸡母窝而得名；自1990年8月开采以来，已开凿了3洞；石质近太极头石，晶莹通灵，性微坚，有红、黄、黑各色；在黄色石中偶见极细的萝卜纹，并有石皮，极似田黄石；黑色石中，质佳者，颇似坑头牛角冻石。

㊷ 小高山石：洞位于高山峰东侧，因石中多含杂质，如泪痕点点，故又称"啼嘛石"；有黄、红、白或各色相杂。

㊸ 白水黄石：产于高山东南面的白水黄洞，质坚而脆，不透明，多裂痕，肌理常见层叠纹，间有各色斑点，外表有黑色或赭黄色的石皮；石因肌理颜色有黄、有白，故分为水黄石、水白黄两种。水黄石，又分为纯黄石、干黄石，前者色鲜质细，后者色暗质粗；水白石，多白中带黄，质润灵，微透明，似月洋系的芙蓉石。

㊹ 都成坑石（又称杜棱石）：产于高山东北2 000米都成山洞中，明末清初时发现，清道光年间开始大量开采；石质结实、晶莹，色彩丰富，有红、黄、白、灰、紫等色；表里如一，永

不变色。

㊺ 白都成坑石：色白，纯白者少见，多白中泛黄、泛灰、泛青、泛蓝或葱白；以色清恬、性通灵者为佳。

㊻ 红都成坑石：色红，因浓淡深浅，分为橘皮红都成坑石、桃花红都成坑石、朱砂红都成坑石等；以橘皮红都成坑石为最佳；朱砂红都成坑石中偶出冻石，称为朱砂冻红都成坑石。

㊼ 黄都成坑石：色黄，也因浓淡深浅，分为黄金黄都成坑石、桂花黄都成坑石、熟栗黄都成坑石、枇杷黄都成坑石诸种，以色纯、性灵、质坚者为上品。

㊽ 花都成坑石：又称五彩都成坑石，为多色混杂的都成坑石；妩媚艳丽，招人喜爱；以材大色鲜者为佳。

㊾ 都成坑晶石：都成坑晶各石中最晶灵通透的晶石，称为都成坑晶石；以黄色居多，较为罕见。

㊿ 琪源洞都成坑石：为各种都成坑石之冠，色多黄、红、白，性洁，少杂质，肌理常隐现萝卜纹，温柔可爱。

(51) 坤银都成坑石：洞处琪源洞顶部，为石农张坤银所开；性微坚，有黄、红、灰、白或杂色相间。红、黄两色多出佳石，通透，少杂质，纯度比琪源都成坑石略差；肌理多呈条布纹，俗称“月痕”。

(52) 元和洞都成坑石：洞位于坤银洞之侧，为石农陈元和所开；所产之石多杂色，性微坚，半透明，肌理隐现浑白点；偶有红色如玛瑙者，质佳，称为玛瑙红都成坑石。

(53) 粘岩都成坑石：各洞与周围岩石相粘连的都成坑石，称为粘岩都成坑石；其特点为石脉稀薄，石质特别晶莹灵洁，乃寿山石中的上品。

(54) 掘性都成坑石：都成坑都有剥离于石脉的独石，埋藏于坑洞周围的砂土中，需掘取才能得；石质脂润，微透明，不及洞产石通灵；有网状或环状纹，纹理紊乱；黄色掘性都成坑石，有桂花黄、枇杷黄、橘皮黄，有时亦出现萝卜纹、石皮、红筋，易与田黄石相混。

(55) 红善伯洞石：有朱砂红、暗红、鲤红等，艳丽者如红蜡烛；质温柔，凝腻，微透明，有光泽，如图 2-3-98 所示。

(56) 善伯洞石：洞位于都成坑临溪处，其石质地温腻脂润，半透明，色多彩艳，性微坚，肌理多含金砂点和粉白点(如花生糕)，都成坑石则没有；1989 年来，屡出佳石，为石界所珍重。如图 2-3-99 所示，为善伯洞石组章。

(57) 白善伯洞石：有纯白或白中带黄、带灰等色，质脂润，微透明；石中常含有粉白点；纯净无瑕者难得。

(58) 黄善伯洞石：善伯洞石以黄色居多，有中黄、深黄、枇杷黄等。其中橘皮黄者极似田黄石，质石中多有如花生糕的粉白点，故仍可识别。

(59) 善伯晶石：质地通灵纯洁，多呈红、白、黄，肌理常含金砂，闪闪发光。

(60) 银裹金善伯洞石：善伯洞石中白皮黄心者，如白银包裹黄金，故得名。品质佳者，白皮晶莹、洁净，厚度均匀，黄心质润、凝腻，色艳丽，是善伯石中的佳品。

(61) 善伯尾石：石性较韧，质地通灵。色以浅绿中泛微红者多见，此外尚有红、黄、白或二色、三色相间者；与善伯洞各石相比，晶莹不足，稍逊光泽，并有白渣泛起，是其瑕疵所在。

(62) 芦音石：产于坑头东北 0.5 公里处的溪旁，块状独石，散埋于芦苇丛下的砂土中；石多黄色，或内黄外白，质微坚，微透明，肌理有萝卜纹，佳者与硬石相近，故称芦荫田；此外，尚有白、灰、红、蓝数色；近年有少量出石，多呈鹅卵形，且外裹白色薄皮。

(63) 鹿目格石：产在都成坑山坳中，有洞产和掘性两种；洞产鹿目石，多黄、红相间，亦有石皮，质地透明，但肌理有黑点和粉黄点相杂其间；掘性鹿目格石，系久埋于砂土中的块形独石，质地较通灵温润，石表有黄或枇杷黄的微透明石皮，肌理则为浓黄，偶有牛毛状纹，俗称鹿目田石；唯黄中多泛块状红晕，质逊于田石；另有红鹿目格石，色如丹砂浮于清水中，俗称“鸽眼砂”。

(64) 尼姑楼石：产于都成坑山旁，石质坚脆，稍逊通灵，有黄、红、蓝、灰、白诸色；黄者色深沉，酷似鹿目格石，肌理常含极细的棉纱纹；因产量少，识之者亦少；近年有产者，多为红、黄或各色相间，并夹有白色之线状纹颇似玛瑙石。

(65) 迷翠寮石：产于都成坑山顶；石质软，石性灵；色多黄中略带粉红，为该石重要特点；除黄色外，尚有红、白、灰各色；肌理常见金砂地，闪闪发光。迷翠寮石章如图 2-3-100 所示。

(66) 碓下黄石：产地位于鹿目格洞北坡下方；石为黄色，有深浅之分；石性近高山石，不透明或微透明，肌理多含乳白色细点，似“虱卵”；石有洞产和掘性两种，色淡如蜂蜜；洞产者，石金裂痕，油浸则泯；掘性石，质细柔，稍坚，色浓如桂花，外表有石皮，石纹呈红紫色。

(67) 月尾石(又名牛尾石)：洞在都成坑北部的月尾溪旁；石质细嫩，石表多光泽，主要有月尾紫石、月尾绿石两种；前者性洁，富有光彩，以色浓如鲜猪肝者为佳，后者以通明翠绿者为贵，但多裂痕，油浸则泯；该洞亦出晶石、冻石，称月尾晶石、月尾冻石。月尾石章如图 2-3-101 所示。

(68) 艾叶绿石：在绿色月尾石中，有色浓如老艾叶者，称为艾叶绿石，淡绿者称艾背绿石；石质松，易干裂，需油养。

(69) 栲栳山石(又称富老山石)：洞位于寿山村里洋、外洋交界处的栲栳山上；石质粗松且脆，色有浓黄、淡黄、朱砂、暗紫、深红等，多诸色相间，并有杂色斑点或条痕，俗称“鹧鸪斑”；经磨砺加工，并以油润泽，顿然光彩焕发，恍如佳石。

(70) 铁头岭石：洞位于寿山村里洋、外洋交界处的铁头岭山；石质粗糙，有砂丁，多杂质，色多红、白、黄。

(71) 花坑石(又名狮头石)：产于栲栳山右侧，色彩丰富，常有红、黄、白、灰、绿诸色交错于石中；肌理有条痕和层纹；性坚，质粗，雕刀落处，碎片散落。亦有少量色佳质灵者，称为坑晶石、花坑冻石。花坑石如图 2-3-102 所示。

(72) 虎岗石(俗称虎头岗石)：洞位于寿山村里洋、外洋交界的虎岗山；石质粗，性坚脆，肌理多呈虎皮斑纹；色有黄、蓝、灰，以黄色居多，俗称老虎黄；1936 年前后曾出过一批佳石，质似碓下田石，近年也偶有所获。

(73) 芙蓉石：“印石三宝”之一，洞在月洋山顶峰；石质极为温润、凝脂、细腻，虽不甚透明，然娴雅尽在其中；芙蓉石开采于明末清初，以其“似玉而非玉”的特质，备受文人雅士宠爱。

(74) 红芙蓉石：色红，而非纯红，多是在白、黄、青色地的芙蓉石上呈现片片红块，浓者艳若牡丹，亦现水痕和黄筋，娇艳作态，光彩四射，但红石少见，尤为难得。

(75) 黄芙蓉石：色黄，浓淡深浅似枇杷、桂花黄、米黄、牙黄；石质若凝脂通透；黄芙蓉石比红芙蓉更为罕见。

(76) 芙蓉青石：为白里透青或淡青色的芙蓉石，色如鸭蛋壳，时有极细黑点隐于肌理。

(77) 白芙蓉石：为白色的芙蓉石，质温雅柔嫩，有猪油白芙蓉石、白玉白芙蓉石、藕尖白芙蓉石之分。猪油白芙蓉石凝腻如凝固的猪油；白玉白芙蓉石滋润如羊脂玉；藕尖白芙蓉石色嫩通灵，白中微带青气。

(78) 红花冻芙蓉石：在白芙蓉石中偶见一种红花点点散落其间的冻芙蓉石，质通灵，韵别致，称为红花冻芙蓉石，为芙蓉石中的神品，难以觅得。

(79) 将军洞芙蓉石：将军洞为芙蓉石的主要产洞，原名天峰洞，位于加良山顶；此洞所出之石，质地极纯，柔洁通灵，为芙蓉石上品；后洞塌，绝产；当今世上藏品，都是白色，多为数百年前的旧物，价值不逊于田黄石。

(80) 上洞芙蓉石：上洞又称天面洞，与将军洞为邻，亦是芙蓉石的主产洞；石质温润凝嫩，但稍逊于将军洞芙蓉石；有白、黄、红色，色地较暗，少神采。

(81) 半山石：因产洞位于加良山半山腰，而得名；石质较芙蓉石坚实，微透明，但滋润不足，有裂纹、砂丁；色有白、黄、红，纯白者，称半山白石，以黄为主色者，称黄半山石，石中泛红斑点，艳如桃花、玛瑙者，称为红半山石，二色以上相间者，称为花半山石；半山石中质佳者极似芙蓉石，易与芙蓉石相混。

(82) 竹头窝石（又名竹头青石）：产于月洋村竹头窝洞；质细嫩，与芙蓉石洞有相似之处，但洁净不如芙蓉洞，故难与芙蓉石争宠；色多淡绿或黄，灰中带绿，如竹皮色；肌理常有竹纹；质纯且含砂砾的竹头窝石，称为竹头粗石。

(83) 绿箬通石：洞位于将军洞左下方，石性近芙蓉石。质微坚、细嫩，佳者通灵可人；色青绿，似浙江青田石中的封门青石；粗劣者，质硬，色暗，绿色浓淡均，并含细砂、瓦砾。

(84) 半粗石：芙蓉及半山各洞所产的粗劣石，统称半粗石；石中多杂砾石。

(85) 峨嵋石：产于月洋山，储量和产量都很大；石质粗劣，多充做工业耐火材料用石；少数较好者，可做石雕用材；1988 年以来，曾出现一批佳石，俗称峨嵋晶石；质通灵，微脆，色有绿带桃红，黄带嫩绿，还有与白芙蓉石、藕尖白芙蓉石相似者，均为上等好石，人称红峨嵋石、桃花峨嵋石、半山红峨嵋石、青峨嵋石、翠峨嵋石、巧色峨嵋石、黄峨嵋石、峨嵋翠石等。

(86) 旗降石：产于寿山村北面的旗降山；石质结实、温润、坚细、凝腻，微透明或不透明，富有光泽，年久不变；色彩丰富，以红、黄、紫、白，及两色或多色相间者常见；主要以色相来细分，品种较多，是寿山石中的一大家族。如图 2-3-103 所示，为旗降石对章。

(87) 黄旗降石：色黄如蜜蜡，根据其浓淡深浅，称为秋葵蜜蜡、柑黄蜜蜡和蜜杨梅等；偶见黄中带红、白各色，色界分明，是巧色石雕的首选石材之一。

(88) 红旗降石：以其色的浓、淡分为李红旗降石、橘红旗降石、玛瑙红旗降石、珊瑚红旗降石和赭红旗降石数种；颜色艳丽照人，光彩夺目。

⑧⑨ 紫旗降石：俗称紫旗石，多为紫色愈浓愈佳；也有紫色中带红、黑色花纹或小白点者，更富石韵；另有紫白相间如织锦者，称紫白锦旗降石。

⑨⓪ 紫旗降石：白色紫旗石，多白中带淡青、浅绿、微黄；但同为白旗降石，石质却不一样，佳者脂润如玉，酷似白芙蓉石，性燥粗者，则似焓红石。

⑨① 彩虹旗降石：为旗降石的新品种，此石石相奇特，在黄旗降石材上环绕着红色、浓黄色等条纹，酷似彩虹绕穹，实为艳丽奇观。如图 2-3-104，为彩虹旗降石章。

⑨② 银裹金旗降石：旗降石中有白皮黄心者，称银裹金旗降石；佳者，皮如白高山冻石之凝腻，心似田黄石之细润，色界分明，温柔有加。

⑨③ 金裹银旗降石：枇杷黄皮白心的旗降石；皮薄心实，色层分明；石质有优劣。

⑨④ 焓红旗降石："焓"是福州方言，意为火烧；旗降石中，凡质粗顽，多含石英砂粒，色多灰白、黄赭，不堪雕刻者，统称为焓红石；石农为改变其质，将其埋于火堆中煅烧；石经煅烧后，色变鲜红，遂称焓红石；未经煅烧的粗质旗降石，当时的人也将其称为焓红石。

⑨⑤ 老岭石：产于高山北面约 4 000 米处的老岭山，储量大，体积大，但质粗，多用以雕刻大件陈设品、器皿和规格化印章。

⑨⑥ 虎嘴老岭石：产于老岭山虎嘴岩；石质纯净、透明度高；色地佳者，属晶石，称虎嘴老岭晶石。

⑨⑦ 大山石：产于老岭之大山，产量大，石质粗，多作为耐火材料；也有少量好石，绿色或黄绿、紫绿相间者常见；其中质纯而洁净通灵者，称为"大山通"石，晶冻者称为"大山晶"石，只是较为罕见。

⑨⑧ 豆叶青石：产地近猴柴山，质温润凝腻，微透明；色多青豆绿，浓淡不一，肌理有红筋黄纹；质近老岭通石，是旗山石中的佳品。

⑨⑨ 圭背石（又名鸡背石）：属于老岭矿脉，接近豆叶青石产地；色多绿，近青田石之封门青石；质洁净，微坚，肌理常见黄筋和白块。

⑩⓪ 九茶岩石：洞位于离高山 3 000 米处的猴柴罩山上，石质稍松，微透明，有红、绿、黄、白、灰等色，以黄、绿常见；似高山石，但多含砂粒；肌理多有粉黄块状或像槟榔芋般的纹斑，故俗称槟榔九茶岩石；另有白中泛豆青色者，称白九茶石，肌理隐现点点如豹皮纹者，称豹皮冻石；九茶岩石储量虽多，但宜用于雕刻的极少。

⑩① 连江黄石：产于高山东北的金山顶，因地界临近连江县，且色多藤黄或土黄，故称连江黄石；该石质脆，多裂纹；经油浸，色可转暗赭，裂纹也暂消失；肌里隐现不规则的网纹，或多条层纹，俗称九重纹，通灵有纹者初看颇似田黄，故石谚称"连江黄，伪田黄"。

⑩② 山仔濑石：产于金山顶附近的瓦坪，邻近连江黄石产地；石质较粗，多砂，易崩，有黄、白、红、黑等色，多见黄色，易与连江黄石相混。

⑩③ 无头佛坑石：洞在猴柴罩山东南麓；相传洞址附近，古有女娲庙，后废；清时有位石农在此掘石时，发现一无头佛，遂以无头佛坑为此洞名；该石性坚，杂有花斑和裂纹；今老洞已不出石。

⑩④ 吊笕石：产于高山东北面之吊笕山；石材储量丰富，质硬，含粗砂粒；少数透明，多数不透明，色以黑为主，也有黑中带灰白，或带黄、红、白的；肌理呈黄色虎皮纹且结晶者，称为"虎皮吊笕"石或"虎皮冻"石。

⑩⑤柳坪石：产于高山北面约5 000米处的柳坪村。储量丰，石材大，质粗色暗，不透明，多含杂质；近年大量开采，作为耐火材料，其中偶有少量质佳者供艺术雕刻之用；如杂色有花斑者，为花柳坪石，紫红者，称柳坪紫石，质细，微透明；也有晶冻石，称柳坪晶石，但体积小，量不多。

⑩⑥鸡角岭石：产于吊笕山附近的鸡角岭，质坚脆，有杂质，肌理含有鸡爪纹；各色皆有，以红、黄、白多见；品质佳者，与高山石相似。

⑩⑦金狮峰石：洞位于高山东北3 000米处的金狮公山；性坚，质粗，多砂丁，多呈黄、红、灰、赭或多色相间，品质佳者似鹿目格石；近年新采之石，质益佳，有黑皮黄心及黄皮黄心者，易与田黄石混杂，唯一的区别是，其质润腻不足。

⑩⑧房栊岩石（又称饭桶石）：因出产的山形酷似饭桶，故得名；产地与金狮公山相近，石质坚实微脆，间杂砂丁，红、黄、白、灰各色具备；色黄者，似都成坑石，红紫者，似月尾紫石。

⑩⑨鬼洞石：产地位于房栊岩附近；质坚硬，多砂，属粗石；色有褐黄、灰白两种；产量少，能做雕刻材料的更少。

⑩⑩野竹桁石：石洞位于房栊岩旁；质粗劣，色有黄、白、紫、灰，肌理混杂白色块、粉白点；偶有佳石，但不多见。

⑪⑪水莲花石：产于旗山附近；质粗糙，不透明；色多灰白、灰黄，或灰、黄、赭相间；肌里充满色块，纯净者极少。

⑪⑫水洞湾石（又名水桶湾石）：产于旗山，近马头岗下方；肌理布满裂纹；色多黄、白、红、花红、花黄，以黄色为佳，似虎岗岩。

⑪⑬大洞黄石：产于旗山旁，多为粗石，质硬脆、易裂；石中常杂有散状白渣，色呈赭黄或粗黄或暗黄；品质差。

⑪⑭马头岗石（又称马头艮石，俗称旗山砖）：产于旗山马头岗；质硬，不透明，多含砂丁，为旗山系粗石；色有黄、绿、灰等。

⑪⑮松柏岭石：洞位于寿山北面，属老岭矿脉，与旗山相邻，山坡多松柏，故得名；石质坚脆，有红、青、绿、白等色。松柏岭石章如图2-3-105所示。

⑪⑯二号矿冻石：产于寿山乡党洋村二号叶蜡石矿；在开采叶蜡石时偶然获取结晶体团状冻石，质地莹洁通灵，有红、黄、白、绿等色，以黄色为最佳。

⑪⑰山秀园石：产于寿山乡山秀园村，与党洋二号矿相近，其质与芙蓉石相似，坚且温润，肌理多隐含粒状黄色砂丁，如图2-3-106所示。

⑪⑱汶洋石：产于汶洋村漏岭，石质相似于芙蓉石，有白、红、黄色相兼，脂润腻滑；1997年新发现，1999年开采，名扬海内外。

⑪⑲石后石：产于宁德市蕉城区石后乡，石质与水洞高山石相似，有绿、黄、红等色相间，以绿色为主，脂润凝滑，通透清澈；2001年发现。

（四）鉴定

寿山石品种繁多，色彩斑斓，不同的石种从外形、色泽至肌理，都有其独特之处。虽然上佳珍品和粗劣下品之间有天壤之别，外行的人凭着肉眼也能断其优劣，但是，假如把一百多个寿山石品种全部集中陈列在一起,要求一一道出其品名,别说一般的寿山石爱好者,就是行家里手,恐怕也得眼花缭乱,三思而慎言。尽管目前市面上常见的寿山石只有二三十种,但是,色泽相近、品质相似、肌理相似者,也不乏有之。再加上造假技术也渗透到寿山石市场之中,这就使寿山石的鉴别显得更加复杂,从而也增加了鉴别的难度。在这种情况下,掌握一定的鉴别知识,培养一定的鉴别能力,就显得特别重要。培养和提高寿山石的鉴别能力,主要有如下几个渠道:第一要勤于学习,第二要严谨治学,第三要见多识广,第四要交流切磋,第五要追求精品。在长期的实践中,寿山石行家们积累了丰富的鉴别经验。虽然不同的鉴别行家,总结的经验和鉴别方法不尽相同,但归结起来,其切入点不外乎以下几种:一是形状;二是色彩;三是质感;四是肌理,包括纹路、裂格。

1. 寿山石不同品种的鉴定

寿山石按成因、分布、产地及产出状况、工艺美术特征等方面的差异,已被划分为三大类 66 个亚类 100 多个品种。各个品种的命名依据也主要是成因、产地及产出状况,次为工艺美术特征。因此,对不同品种寿山石的鉴定应综合考虑这些因素,并抓住其中之主要者。例如山坑石,产地及产出状况殊异,品种繁多,其中大多数都是按产地及产出状况,并结合色泽、透明度等命名的,当地富有实践经验的人一看便知,而外地去这一带考察和进行科学研究的人则一时掌握不住要领,甚至不能给具体的品种定名,这种教训应该引起注意。

2. 寿山石及与其相似石料的鉴定

与寿山石相似的石料有青田石、昌化鸡血石、巴林石等。一般可以根据它们在颜色、光泽、透明度、花纹、硬度、比重、质地、成因、产出状况等方面的差异而鉴别。如对寿山石与鸡血石就能比较容易区别出来,富有经验的人尤其如此。但大多数石料的物理性质和工艺美术性能彼此都相当接近,仅凭肉眼进行鉴定,在许多情况下困难重重,这时就需要借助于科学仪器设备。但是由于组成印章石类石料的矿物成分主要是黏土矿物,故用一般的仪器设备已不能有效地解决问题,还必须采用电子显微镜、热分析、红外吸收光谱分析、X 射线衍射分析等技术手段方能达到鉴定的目的。因为通过这些先进的技术手段,完全可以相当精确地测定出组成寿山石与青田石、昌化鸡血石、巴林石等石料的矿物成分,从而能够有效地将它们彼此区别开。

3. 优化处理寿山石的方法及其鉴定

由于天生缺陷和人类开采、加工寿山石的不慎等因素的影响,以致许多寿山石往往质量欠佳或存在着大大小小的缺陷,同时由于不法商人欲牟取暴利,因此,往往对寿山石进行人工优化处理,其方法也多种多样,主要有以下几种类型。

1)煨煅优化处理

煨,指把寿山石放置于火灰或其他加热器中慢慢烤热;煅,指把寿山石在低于其熔点的适当温度下加热,二者结合就是对寿山石进行热处理,以改善其质量。据清代郭柏苍《霞蹦草堂集》称:"另一种煨乌,以高山、奇良、墩洋之硬者,熄以稻壳。火色正,则纯黑如漆;火色偏,则拖白若汉玉;火色过,则碎矣。石客选其光润者为黑田。"1917 年梁津在《福建矿务志略》中认为,假烧法"此亦着色之法也,先取稻糠燥煅之。约二三昼夜之久,石中水气蒸发,所含各成分亦借热而分解化合,因而色泽亦变。如柳寒紫冻石,久煤之则更成黑色"。陈子奋《寿山印石小志》将"煤乌"、"煅红"列为寿山石品种之一,并解释"煅红"道:"旗降过火则黄者变为红稻色,红者变为浓赭,极似朱砂及珊瑚,名曰煅红。"方宗珪经研究之后,提出了煨乌、煅红的制作方法。

煨乌:指将寿山石料煨于燃烧着的稻壳炉中,炉内保持恒温约300℃。12～20小时之后,由于稻壳所产生的油烟熏染石料表层,以致石料变成如漆一般的黑色;除此而外,也可以在寿山石料表面涂上一层薄薄的油脂,继而加热,亦可使其煨乌。煨乌效果如图2-3-107所示。

煅红:指将黄、橙或红色的寿山石料放置于稻壳炉或电热箱中,在300℃的恒温下加热12～30小时后,原来的黄、橙色变成了红赭色,原来的红色变成了浓赭色。如果需要对寿山石进行局部煅红处理,可以利用酒精喷灯对其局部加热。其他呈白色或淡色的寿山石,可以先在其表面涂上一层硝酸铁溶液,待干燥后加热煅烧,同样可以得到"煅红"。

经过热处理的寿山石料,其质地变得坚硬、易碎,不易雕刻。加上由于煨煅而形成的色层很薄("薄不盈分"),故这种处理应在细坯雕刻完成之后进行。待退火之后,还需将其置于阴湿的土地上存放2～3天,再作修光。这样可以减少其坚硬性及脆性,增强其温润性能。

2)仿古优化处理

基于经济利益、商贸、科学研究及其他原因,寿山石雕作品常被人进行仿古处理。这是改善其质量的一个有效途径,方法较多,据方宗珪的研究,大致有三种。

(1)盐基性染料罩染法

常用的染料有金黄、品红和片绿三种,可根据仿古处理的目的要求(如颜色),寿山石的色泽、质地、硬度等因素的差异而配制成不同的比例(据方宗珪)。按比例将染料投入清水中(如清水1500毫升,可使用染料50克),用木棒搅拌令其溶化,同时加热至沸腾。然后,将这种带色液体控制在70～80℃之间。对于要进行仿古处理的寿山石雕作品(磨光时可以不必揩光)要先浸入碱水中,逐渐加温,至沸腾后10分钟取出,用清水漂洗擦干。这时可将热烫的带色液体均匀地喷冲于其外表,同时用软毛刷揉涂。经此罩染之后,将其放置于通风处,以待干燥和上蜡。此方法操作简单,罩染之后的寿山石色泽庄重,适用于粗质寿山石料的仿古。

(2)高锰酸钾罩染法

选取适量(1500毫升清水,配用200克)的高锰酸钾与温水混合均匀,加热至80℃,并保持恒温,然后将寿山石雕作品浸入其中罩染。经10分钟后取出通风,令其干燥即可。许多淡色寿山石雕作品,或经过盐基性染料罩染后而其色不够凝重者,均可采用此法进行仿古处理。

(3)熏烟法

用稻谷壳、竹蕊、柴草及其他适宜的植物作燃料,取火点燃,令其生烟,然后将寿山石雕作品放置于其烟雾之上熏染之,并及时和不断翻动,使其熏染均匀。如果烟色在作品上分布不均,则可用软毛刷轻轻地涂抹,直至其均匀为止。这是一种传统的仿古处理法,寿山石雕作品经过烟熏之后,既可保持其原有的质地、色泽、纹饰等方面的特征,又能比其原貌更显得古朴、庄重,不知者会视其为古藏,用手抚摸之,会觉古意盎然。

天然寿山石与人工优化处理寿山石可以采用适当的物理方法（如加热或火煅）和化学方法（如用酸、碱测试）将它们区别开。例如，未经任何人工处理的寿山石，在一定温度下经过加热或用酸进行测试后，一般都不会改变其外观。与此相反，那些经过人工处理的寿山石，在用同样的方法进行测试后，其颜色、光泽等总是要发生明显的变化，甚至是突变。据此，就可以将天然寿山石与人工处理寿山石区别开。

（五）评价

工艺美术上要求寿山石无色或颜色鲜艳、均匀、柔和，光泽强，致密、细腻、坚韧、光洁，无砂钉、岩矿碎屑、岩块、裂纹及其他缺陷。

1. 色彩

这一指标是寿山石最重要的评价特征，也是最令人注目的方面。白色的寿山石主要矿物是地开石或高岭石，即纯地开石或高岭石组成，除了硅、铝和钠外，其他组分极少；红色的寿山石主要是由大量铁组分引起的；绿色的寿山石主要由镁铁和铬组分引起的；紫红色是由少量铁组分引起的；黄色的寿山石主要是由氧化铁或氧化钙或氧钒或氧化铬等因素引起的；金色或黄橙色寿山石主要是由氧化镍组分引起的，也可能是由辉锑矿氧化物引起的。

2. 质地

质地是指寿山石的石质、结晶程度。致密、纯净、硬度适中、孔隙度小、触摸时细腻而固实，没有风化为好，而质地疏松多孔并已风化者为差，质地致密均匀、细腻、表面光洁者为优质品。

3. 纹理

纹理指寿山石肌理结构的花纹，纹理只有组成一定的图案或有顺序地排列才有意义，寿山石肌理形态十分丰富，不同寿山石品种各具不同的纹理形态，如田黄石的"萝卜纹"就有似萝卜皮的纹理；有的纹理内涵丰富，可以是人物、动物、花鸟虫鱼、也可是山水故事或是抽象图案。故纹理是评价石质的重要因素之一，从纹理特征中可以了解到各种矿物组分和多种颜色离子的存在。

4. 光泽

光泽指寿山石表面洁度、透明度等方面，寿山石表面光泽等指标要素就是我们常说的"石润"，即是呈透明或半透明，若光洁明亮、洁白无瑕，则更显得玲珑剔透。

5. 稀有度

稀有度指寿山石的种类品种分布情况，产出量的丰富程度或稀少程度。

6. 完整度

完整度指寿山石的块度大小，石头表面没有任何新的损伤痕迹和大的缺陷，肌理花纹图案稀奇，富有变化，色彩搭配合理，这样才称得上完美。

在成因上有山坑石、水坑石、田坑石之分，故工艺美术上对其质量要求亦不尽一致。

山坑石是寿山石的原生矿，据其工艺美术特点、经济价值及艺术价值等可分为高档山坑石、中档山坑石、低档山坑石三类。高档山坑石主要包括都城坑、"芙蓉石"等坑洞中的晶质寿山石和鹿目格，多用来制作高级印章及其他艺术品，块度大小不拘。中档山坑石主要产于高山矿脉,对其他产地的中档山坑石同样要求色泽、纹饰美丽,质地致密、细腻、坚韧、纯净,如老岭通、柳坪晶等便是。低档山坑石颜色较杂,分布不均一,不透明,基本要求其质地致密细腻,杂质和裂纹少。高山石分级简表见表 2-22。

表 2-22　高山石分级简表

等级	色　泽	质　　地	块度
一级高山石	单一色泽,鲜艳纯净,巧色分明	致密细腻,透明或半透明,无杂质,少裂纹	重量 6kg 以上
二级高山石	单一色泽,杂色极少,巧色中局部鲜艳	致密细腻,微透明至半透明,纯净,砂钉和裂纹少	重量 5kg 左右
三级高山石	颜色单一或较杂,巧色不突出或很少	致密细腻,微透明,裂纹和杂质较多	重量不限

水坑石中色泽艳丽、柔和、质地晶莹纯净的品种为寿山石的上品,工艺美术上要求其质地凝腻如"冻"、晶莹如"晶"。一般来说,其透明度愈高、光泽愈强、肌里愈纯净,质量就愈好,同时也愈难得。那种无色、透明、纯净如水者称"水晶冻",黑中带赤者称"牛角冻",艳如桃花、透明无瑕者称"桃花冻"。凡质优者,块度大小均不拘。

田坑石,产于寿山乡内外洋的溪田中。通常以溪水所灌溉的水田范围,作为出产田石的界限。其品种根据产地不同,分上坂、中坂、下坂、碓下坂及搁溜田等,其中中坂所产田石尤佳。工艺美术上对田坑石尤其是田黄石有严格的质量要求,其中主要从色泽、质地、形态、重量等四个方面考虑和确定。

① 色泽:要求呈黄金黄、橘皮黄色。以黄金黄为贵,糯皮黄较罕见,枇杷黄最普遍,桐油地为下品,白田不常见,黑田多粗劣。银裹金和金裹银均稀有、珍贵。乌鸦皮为田黄石所独有,雕刻时可留其最美处,以辨真伪。此外,还要求珍珠光泽、玻璃光泽、油脂光泽强,透明度好。在评价时,凡色泽艳丽者即为上品,浑、杂者次之。

② 质地:要求致密、细腻、坚韧、光洁,晶莹通透。鉴赏家认为优质田黄石必须具备细、洁、润、腻、温、凝等"六德",在评价时,此六德皆备的田黄石被称为"神品"。

③ 形态:因产于冲积型砂矿床中,故常有一定的磨圆度和光滑度。那种略带方形或长方形、且磨圆度较好者属上品,带棱角者属下品。

④ 重量:凡符合工艺美术要求者应重 30g 以上,愈重愈难得;重 250g 及其以上者称"大田黄";重 500g 及其以上者称"超级田黄",个别极优者称"田黄之王",但极难寻获。

(六) 产地及产状

寿山石矿床分布于福建省福州市北郊寿山村周围群峦、溪野之间,西自旗山,东至连江县隔界,北起墩洋,南达月洋,有十几公里方圆。寿山石属火山热液交代型叶蜡石矿床,根据地质研究,距今 1.4 亿万年的侏罗纪,由于火山喷发,形成火山岩,其后,在火山喷发的间隙或喷发结束之后,伴有大量的酸性气、热液活动,交代分解围岩中的长石类矿物,将 K、Na、Ca、Mg 和 Fe 等杂质淋失,而残留下来的较稳定的 Al、Si 等元素,在一定的物理条件下,或重新结晶成矿;或形成由岩石中溶脱出来的 Al、Si 质溶胶体,沿着周围岩石的裂隙沉淀晶化而成矿。

(七) 选购、收藏及保养

随着经济和文化的不断发展，也随着寿山石雕艺术的不断提高，收藏寿山石雕成了欣赏、保值、考古、交流、藏珍等的重要内容。不但各地的博物馆争相收藏，而且社会上也涌现出许许多多寿山石雕收藏家，掀起一阵又一阵的寿山石收藏热潮。

寿山石以其石质温润、五彩斑斓而益发珍奇，令人陶醉。由于经济繁荣，生活安定，天生瑰宝之寿山石艺术，伴随着改革开放的春风走出国门，成为对外文化交流的"使者"而风靡天下，投资寿山石也就成为人们的一种新选择。如今，一般寿山石印已由每方售价100多元涨到1000多元。石农出售的直径为10厘米的原石，20世纪90年代末一块仅售十几元，现在卖到了两三百元。"石中之王"田黄的价格更是翻了数十倍，一般品种的田黄，在20世纪80年代中期每50克售价1000元，现今每50克平均价为六七万，而田黄中的上品，每50克均价高达十多万元。在拍卖市场中，那些名贵的寿山石雕作品，都是国际收藏家追求的热门货。1995年，朵云轩一件清代寿山石雕寿星以3.8万元成交；1996年，北京翰海一件清中期寿山石罗汉以3.08万元成交；1997年，中国嘉德一件清中期寿山石雕伏狮罗汉以6.82万元成交；1999年，佳士得一件明末清初寿山石罗汉坐像以7.475万港元成交；2000年，天津文物上拍的清代寿山石雕八仙人物（两件）以4.4万元成交；2001年，北京翰海一件清道光寿山石桃形杯以24.2万元成交；2002年，苏富比一件17世纪白芙蓉寿山石罗汉坐像以23.6万港元成交。

寿山石因其品种繁多，价值贵贱有别，收藏、爱好者也因人而异，不尽相同。其中包括收藏家本身的文化素质、艺术修养、欣赏水平、个人爱好以及经济条件、家庭环境等诸多因素。在收藏玩石队伍中，有的为了欣赏，有的为了以石会友，有的为了保值增值……心态不一，各有偏好。

在玩石家中有"重工艺而不重石种的"，这类收藏家在鉴别作品时，只侧重鉴别是否出自某某名家之手，至于什么石种则无关紧要，只重工艺，重艺术，重效果，而不重石种。如北京故宫博物院收藏的寿山石珍品，大多是帝王的玩赏品，而不少是寿山的老岭石、虎艮、峨眉之类的一般石种，按行话说是"粗石"。福州市博物馆收藏的"山水薄意对章"竟是连江黄石。这些传世珍品以其和谐统一的形式美，依然闪耀着中国民间瑰宝的光芒。任何一门艺术都是内容与形式的统一。寿山石雕的形式由于其强烈的装饰性，而显得尤为突出。一般来说，工艺美术品的美主要在于形式，不像别的艺术那样受内容的制约性很大。工艺美术的美正如美国著名美学家桑塔耶纳在他的《美感》一书中曾说的："只要有感官上的愉悦，例如对颜色的愉悦，而且对事物的印象中各个成分都是可喜的，我们是无须去寻找我们所感到魅力的理由的。"寿山石雕的形式美，不仅仅是孤立的某一美感因素的美，而主要是在于表现工艺美的重复、对称、均衡、对比、调和、节奏、韵律、和谐等形式，互相渗透，互相依赖，共同构成一件艺术品的整体美，因为它的审美性主要来自于各形式因素之间的巧妙而有机的组合。所以有收藏家重工艺美，而不重石种，就合乎情理了。

自然天成材料美是寿山石雕艺术的一大优势。《周礼·考工记》中曾提到"天有时，地有利，材有美，工有巧，合此四者，然后可以为良。"由此看出，古人已十分注意工艺美术的材质美了。物质材料有其自身的审美价值,它的审美属性包括其物理、化学的性质和自然色泽、纹理等,寿山石以其绚丽华贵、晶莹剔透的天然色泽和纹理,向世人显现它的自身美。所以在寿山石收藏家中,"重石种,不重名家"的也大有人在。他们认为收藏品只求石质好、品种齐,是否名家之作无所谓。我国优秀的传统工艺品和优秀的民间工艺品,一般都使材质美得到充分的发挥。福州寿山石开掘至今已有一百多个品种,它的优质品种和色相是无与伦比的,尤其是名贵的田黄石、芙蓉石、水坑冻石、高山荔枝等。但要集藏齐全寿山品种石,谈何容易,这类收藏家从另外一个角度去玩赏寿山石,亦有无穷乐趣。

"既重石种,又重名家之作"的收藏家,既追求寿山石石质好,又追求寿山石的工艺精,是属于比较高层次的收藏家,他们追求的是"先有美石,后有雕艺"。寿山石雕的艺术价值除了好石头外,主要是雕刻艺术。雕刻家创作的完美的艺术品,必须遵循艺术创作的规律,艺术构思必须融情感于物间,在娴熟的艺术技巧下,得心应手地发挥创造才能,只有这样,才能巧夺天工,创作出有高度审美价值的工艺美术品的意境,它仿佛是一首隽永的诗,其诗情画意般的意境常使人爱不释手,赞叹不已。巧夺天工的寿山石雕艺术形象可视可触,相石运刀要周密审察,以不留人为遗痕,给人以似自然物象而又非自然物象之感。在朦胧的精神感受中,给人留下值得咀嚼的情调和韵味。在这类收藏的寿山石雕珍品中不难窥见作者缜密而又大胆的构思与传统而又发展的技法。无怪乎,这类玩家,确实慧眼识珠了!

寿山石文化的灿烂辉煌,可与日月同辉,从中可以证明我们民族的智巧和中国传统工艺的精美绝伦。在寿山石热中引发的玩石藏石队伍中不乏有专门收藏印纽艺术的,也有专门收藏薄意作品的,还有专门收藏寿山石最名贵的田黄石、芙蓉石的,以及专门收藏名家之作的,真是异彩纷呈,各尽其能,各显其特。

寿山石艺术发展具有悠久的历史。它以独特的意蕴,融汇了自然美与艺术美的语言,构成了"寿山石文化"。我们在鉴赏、收藏寿山石的时候,只有在文化艺术的氛围中,才有可能领悟到它的真正的价值。怎样多角度地鉴赏寿山石雕艺术呢?可以从以下"三看"入手。

一看作品的"因材施艺"是否恰到好处。因为寿山石雕艺术最大的特点就是利用石料的天然色泽,雕刻出造型和色泽相适应的作品。"顺乎自然、天人合一"是它的最高境界。寿山美石温润晶莹、色彩瑰丽,要在寿山石中寻找两块完全相同造型和色彩的石头,是不可能的。我们在鉴赏和选购寿山石雕作品时要看雕刻艺人在"因材施艺"方面的独到功力。看看是否充分利用石质、石形、石色、石纹,来确定相应的题材与造型,而不是牵强附会。"解石先相其理",寿山石雕艺人的雕刻创作不同于书画家和雕塑家的艺术创作。书画家可以面对宣纸任意创作构思,雕刻家可以任意增减泥巴去塑造作品,而寿山石雕则要受到很大的制约。所以艺人在面对石头选题的时候,特别强调"一相抵九工",上面讲的"因材施艺"就是"一相抵九工"的结果。

二看寿山石雕传统技法的应用是否合理。经过历代艺人的辛勤劳动和各自发挥,如今的寿山石雕已由从古墓葬出土的文化中看到的极为简练的技法,发展为现代精细的薄意、浮雕、高浮雕、镂空雕、透花雕和圆雕等。从门户之见的"东门派"和"西门派"到如今的两派合流而有了新的发展，这是必然趋势。一件有较高意境的作品，就应该有鲜明的艺术风格、丰富多彩的艺术形式。现代的寿山石雕精品往往综合应用各种传统技法，即使是一件圆雕作品，也往往包含浮雕、高浮雕、镂空雕等技法。这就看艺人们在创作中的广泛应用的程度如何了，所以我们在鉴赏寿山石雕作品时应该看传统技法应用是否合理，以提高自己的鉴赏能力，因为技法是为表现作品题材服务的，这是很重要的一点。

三看寿山石雕的刀法应用是否充分。寿山石雕的技法，是通过运刀的刀法来体现的。到了近代，寿山石雕的刀法具有独特的艺术风格，这往往不为人们所重视，其实这至关重要。目前的刀法风格有简练的刀法，有朴茂的刀法，有浑化的刀法，有秀凌的刀法。如薄意雕刻、花鸟雕刻，多用秀凌的刀法；如人物圆雕、古兽印纽等雕刻则多运用浑化而朴茂的刀法，它适于收藏家、鉴赏家拿在手上"把玩"，而不刺手，另有一番情趣。温润的石头，经把玩摩挲之后，石头显得特别通灵，富有生命一般，非常讨人喜爱。收藏家、爱好者只有在欣赏、把玩寿山石精品时才能悟出"爱不释手"的感觉。

寿山石的保养是寿山石收藏的一个重要课题。寿山石属地开石，质地滋润，富有光泽，硬度较低。一些品种在开采时，因爆炸震动，结构遭受破坏，多裂纹、裂格，如果不善加养护，日久天长就会枯燥易损，因此，自古以来就有以油养石之风。

寿山石的养护虽然简单方便，易于操作，但也不是没有忌讳，因而不可随意处置，同时不同的石种有其不同的特性，所以养护也要因石而异。

第一，保持润泽，切忌高温。寿山石最忌干燥、高温，养护的关键是要注意保持润泽。不论原石还是雕品，都应该避免阳光曝晒和高温环境。新采的矿石不可长期放在山野或室外，要及时藏在地窖里或阴湿之处，时常洒些冷水以保润泽。

第二，开料水磨，谨防燥裂。以水锯、湿磨为上，如须在砂轮上打磨，则应预备清水一盆，待石料摩擦发热时，及时用冷水降温。

第三，原坯石料，木盒装放。经过去皮、除污、清杂质、制成原坯后，应分出品种、档次和块度，置放在木质盘盒之中。块度大且石质粗者，只需将木盒放在阴湿处保存即可。如属高档石料，块度小者，最好浸入盛满植物油的瓷盆里。如果块度较大，为节省油料，也可将石坯沾油后用透明纸包裹好，放在阴湿处。

第四，雕刻成品，除尘保洁。经过雕刻加工的寿山石雕成品，适宜陈列于室内。石表被灰尘、污物沾染时，只要用细软的绸布轻轻擦抹，即可恢复光彩。寿山石硬度低，约在摩氏 2～2.5 度之间，切忌用金属片或其他硬物修刮。

第五，印章摆件，适宜摩玩。寿山石印章和小摆件，最好经常用手摩挲抚玩，使石面附着一层极薄的手油，这样，久而久之，石质便会古意盎然。平时放置锦盒之中，也最好薄擦白茶油或橄榄油，让石表吸透油质，变得更加洁净莹澈。

第六，打蜡油养，因石而异。打蜡、油养是寿山石养护的一个重要手段，但是并非所有的寿山石都可以不假思索地油养。不同品种的寿山石，保养方法是不尽相同的。

田坑石，温润可爱，石性稳定，无须过多抹油。时常摩挲把玩，既能养石，又可养性。

水坑石，质坚通灵，以色清为贵，只要经过认真打磨揩光，不受硬物碰击，即可保持晶莹，不必时常擦油。

山坑石中的高山石，质细而通灵，石色丰富，鲜艳多彩，但是石质稍松，每遇炎夏酷暑或秋冬气燥,表面容易变得枯燥,甚至出现裂纹,色彩也变得黝黯无光,所以人们给它起了个很恰当的外号,叫"财主石"。使用这类"财主石"刻制的雕刻品,保养方法颇讲究,一般以油养为上。其方法是:先用软刷清除石表灰尘,如果油污很厚,难以清除,可先用温碱水冲洗,直到完全干净。待干燥后,再用脱脂棉花团包裹细绸布,蘸少许白茶油涂擦各个部位,即能使石质复发光彩。上油后的石雕品要陈设于玻璃柜中,或加玻璃外罩,减少灰尘沾染,同时还要注意避免阳光直射或长时间强烈的灯光照射,以防石质变燥。此外,为了保持其润泽,还需在附近放几杯水让水蒸发,增加周围空气的湿度。

有些石种不宜采用油养法,如芙蓉石洁白细嫩,沾油则渐灰暗,失去光彩,所以,切忌与任何油质接触。平日把玩,也应保持手掌干净无油污。如果放在洁净的脸庞或鼻翼两侧轻擦,让微量的脂肪油保养,最为适宜。寿山石中的老岭石、柳坪石等不通透的粗质石,刻制成雕品后,外表最好进行一次上蜡揩光技术处理。经过打蜡后的寿山石,石性稳定,无须再进行油养,但珍贵的寿山石切忌随意加热和打蜡,不然有失"石性"。

第七,精选油料,切忌随意。提到寿山石的油养,很多人往往不重视保养油料的选择,任意提取油脂进行擦抹,有时甚至用猪油、牛油等动物油,或含有化学挥发剂的香油、护发油等,这些油料不但不能起到保养石质的作用,长期使用反而会使石质遭受破坏。

保养寿山石最理想的油料是陈年白茶油。茶油经过一年以上时间的沉淀,其上层白色透明部分,清冽不腻,是寿山石保养的理想油料。其次是花生油、芝麻油,但这两种植物油色浊性浮,容易使石色泛黄而无光。

寿山石的鉴别、收藏和保养都需要充分了解不同品种的寿山石具有怎样独特的石质和石性,只有认识、了解、洞悉每种寿山石的独特性,才能在鉴别时做到慧眼识真石,在养护时做到永驻石真。

十四、青田石

(一) 概述

青田石以产于浙江省青田县而得名,为中国历史上著名的印石材料之一。它亦有狭义和广义之分:狭义的青田石指产于青田县山口一带,具有工艺美术性能,符合印石材料质量要求的"叶蜡石";广义的青田石指分布于浙江全省,与青田石雕所用"叶蜡石"材料类似的一切印石材料。

青田印石,以其高雅、古朴、莹洁著称,是中国工艺美术百花园中的一朵奇葩。

青田石的主要成分为叶蜡石,含有少量的石英、绢云母、高岭土等。由于青田石的产出环境不同,因此,有温润细腻的冻石,有颜色丰富的彩石,也有各种俏色石料。青田石石质优良,色彩瑰丽,与昌化鸡血石、福建寿山石、内蒙古巴林石齐名,成为我国四大名印石之一,是篆刻印章和创作特种工艺美术品的理想材料。

青田石雕,大约始于六朝,迄今有1500年的历史。

五代时,民间艺人已将不规则的石料裁切,打坯,雕琢成图章、砚及龙凤、禽兽、神佛之类的生活实用品和工艺品。

至明代,青田石雕开始将实用性、观赏性和艺术性结合起来,将石雕业进一步发展。

清代的青田石雕，取材广，品种繁多，日趋成熟。鸦片战争以后，海运渐盛，为青田石提供了外销的方便。

对于清末和民国时期的青田石雕外销情况，浙江《经济纪要》、《工商半月刊》、《青田行政简报》都有记载："1929年，惟图书石刻品，颇为外人所采购，除图章、印盒、笔插、水洗等可作文具外，余均玩品居多，每年输出外洋统计约2 000余箱。"到了1937年，"销行国内者，以美术欣赏品居多，如印章、花瓶、笔架、屏风、佛像、人物等；其销国外者，多系普通石料所制工艺品，如书夹、灯台、花缸、香烟盒、神佛、中国著名山水风景等。1929年，自温州运往上海转销美国之青田石雕，共计2 500箱，雕刻物全年产量约一万箱。"到了1939年，"外销欧美各国4 000多箱，产值达24.3万美元。""当时青田赖此为生者，数以千计"，仅山口一村，采矿石匠近百人，从事石雕者约千人。

但是，由于第二次世界大战爆发，帝国主义入侵中国，青田石雕断了销路。抗日战争胜利以后，内战频繁，艺人生活无保障，因而纷纷转业，流落他乡，青田石雕处于奄奄一息的衰败局面。著名民间工艺大师张仕宽，被迫靠伐卖柴草为生，过着饥寒交迫的生活。当代中国工艺美术大师林如奎被抓丁，辗转他乡做粗工。

1949年以后，青田石雕恢复了生产，开始走向集体化发展的道路。1953年2月，散居在青田县、温州市等地的民间名艺人张仕宽、金精一、潘雨辰、黄华英、董绍标、虞法标、林岩福、朱正甫、尹竹清等，分别创作了《葡萄山》、《友谊之舞》、《女跳水运动员》、《竹林芭蕉藏虎图》、《通天河》、《梅花桩电灯台》、《荷叶瓶》、《山水》、《吴越王射潮》等优秀作品，在浙江省民间美术工艺品展览会上展出，得到好评。

20世纪70年代以后，青田石雕逐渐走向黄金时代，专业队伍不断扩大，全县4个石雕厂已有固定职工400余人。还陆续办起了60余家石雕专业小组，农村从事石雕副业人员超过2 000人。全县青田石雕品年销售额达1 000余万元。

20世纪70年代至80年代，新老艺人交替，名师辈出，名扬中外的优秀佳作不断涌现。1972年，《咏梅》、《高粱》、《更喜眠山千里雪》、《甜睡》、《花篮》、《江南春》等被选送参加全国工艺美术品展览会。1978年，参加全国工艺美术品展览的20余件优秀青田石雕作品中，林如奎的《高粱》、张梅同的《葡萄山》等，入选《中国工艺美术》大型画册中，倪东方的《谷子》被邓小平称赞为"巧色用得好"。同年5月，林耀光的《群马》，作为国礼被馈赠朝鲜金日成主席。1979年，在全国石雕行业普及产品质量评比中，青田石雕名列前茅，获全国工艺美术品百花奖银杯奖。国家对外贸易部为出口的质量优良的青田石雕颁发了"荣誉证书"。

近年来，青田县先后在广州、北京、香港、澳门、上海等地举办了青田石雕展销会，新闻媒体多次宣传青田石雕，弘扬了青田石雕文化，提高了青田石雕的知名度，青田石雕已成为中国工艺美术百花园中的一朵奇葩。

近20年来，老、中、青三代石雕艺人倾其才智，精心创作，青田石雕作品在国家或国际级评比中频频获奖。1992年，《春》、《高粱》、《丰收》、《花好月圆》等4件作品以典雅精湛的艺术品位被国家邮电部印制成特种邮票发行全世界。青田县先后被文化部、农业部命名为"中国民间艺术之乡"、"中国石雕之乡"。

总之，当代的青田石雕精美绝伦，品种繁多，创作题材广泛，有五谷、六畜、山水、风景、松竹、梅柳、花卉、鸟兽、香炉、古鼎、花瓶、如意、腾龙、飞凤、巧色印雕、现代人物、巾帽仕女、仙人神佛等，大都造型优美，形象逼真，影纹细腻，色彩艳丽，光洁晶莹，玲珑剔透，层次分明。青田石雕作品曾多次去北京、广州、上海、杭州、中国香港、中国澳门等城市和地区，以及新加坡、日本、喀麦隆、加拿大等国家展销，如今销往世界一百多个国家和地区，深受海内外的篆刻家、雕塑家、书画家、艺术家和收藏家的好评，他们为之题词、题诗、题刻称赞。

宋代，青田石被大量用作印材。明朝陆文量曾说："古人于图画、书籍皆有印记某人图书。今人遂以其印呼为'图书'。"故民间至今仍称青田石为"图书岩"。元明时期，经著名文人赵孟頫、王冕、文彭、何震等人的试用、倡导、推广，从而引发了中国篆刻史上的一场伟大变革，使印章从实用艺术变成观赏艺术，开创了文人篆刻艺术的石章新时代。

元代著名书画家赵孟頫顺应历史需要，对印学作出了卓越的贡献。清光绪《青田县志》收录的韩锡胙《滑凝集·诸葛寅安铜章印谱序》中载："赵子昂始取吾乡灯光石作印，至明代而石印盛行。"

长期以来，印学界认为"篆石为印，肇煮石山农（王冕）"，这是不正确的，因民间在汉代之前已用石制印，而在著名文人中亦并非王冕最早用石治印。王冕刻印用石有"花药石"、"花乳石"、"花蕊石"之称。据宋代官修的《嘉祐补注神农本草》载有"花蕊石或名花乳石，出河南阌乡县"，故可能是三个名称同一种石头。至于王冕所用之印石是本义上的"花乳石"，还是引申后的某地雕刻石，由于缺乏史料又无实物，虽可臆测，实难定论。不过王冕的印材中有青田石也十分可能，因他与青田刘基关系甚密。刘基（1311—1375）为王冕的《竹斋诗集》作序，王冕则在《题青田山房》诗中道："青田刘处士，潇洒好山房……我欲相依住，临流筑草堂。"表现了他们间的深厚情谊。

史称文彭（1498—1573）为印学开山鼻祖，除了他位处南京国子监博士，身为书画名家文征明长子，秉承家学，才华出众外，还得益于他与青田石的一次偶然相遇。清人周亮工在《印人传》中记载了文彭在西虹桥畔意外获得四筐青田灯光石的故事。文彭"自得石后，乃不复作牙章"，而自篆自刻，"无石不印"。由于他与何震等人的大力倡导，使青田冻石之名"艳传四方"，从而逐步创立了石印新时代。

经历长期探索，青田石成为文人篆刻艺术的理想载体。历代篆刻家对青田石推崇备至。明代篆刻家、印学家沈野《印谈》载："石之贵重者曰灯光，其次鱼冻。灯光之价，直凌玉上，色泽温润，真是可爱。""余日金玉之类用力多而难成，石则用力少而易就，则印已成而兴无穷。"篆刻家吴日章认为："石宜青田，质泽理疏，能以书法行乎其间，不受饰，不碍刀，令人忘刀而见笔者，石之从志也，所以可贵也。"甘肠《印章集说》载："石有数种，灯光冻石为最，其文俱润泽有光，别有一种笔意丰神，即金玉难优劣之也。"清代篆刻家黄易认为青田石"柔润脱砂，仿秦汉各法，奏刀易得心应手。"谢坤认为："图书之石，青田县所产称最。"正如清代陈莱孝论印诗所说："冶金刻玉古时章，花乳青田质最良。"青田石是最受历代篆刻家推崇的最佳印材。

文人治印的春风吹进威严的紫禁城，帝王们除拥有象征权力、高贵无比的金印、玉玺外，又多了许多石质印章。清康熙帝之后，历代帝王都用青田石、寿山石、昌化石刻制了大批"闲章"，且品类繁多，其中有名号印、斋堂印、收藏印、鉴赏印、成语印、吉语印、箴言印等。青田石印在雍正(1723—1735)时开始进入宫廷。乾隆皇帝八旬万寿节当日,群臣贡献的珍宝陈列殿堂,琳琅满目,其中有小金佛、珊瑚树、各式金、玉、宝石盆景和如意,还有两件引人注目的贡品,就是用青田灯光石刻制的"宝典福书"、"元音寿牒"印章。这两套印章各60枚,分别装在有上、下两层的紫檀木雕龙纹图案宝匣内,至今仍珍藏在北京故宫博物院。

青田石雕在清代开始外销。青田人携石雕经西伯利亚往欧洲,或横渡印度洋过好望角抵英国,或自南洋群岛到印度至法兰西,石商足迹遍五洲。1915年,在美国旧金山举办"巴拿马太平洋博览会",青田石雕获二枚银牌奖章。在周芝山的获奖作品中,有"青田蜜色大印章"及"青田碧黄色大印章"各一枚,这是我国印章首次在国际博览会上获奖。

青田石以其丰富的矿藏,多样的品种,为篆刻家提供了刀耕的沃土,促进了一代又一代印人的成长。篆刻家们在青田石上留下了许多辉煌的足迹,同时也热情赞誉青田石。现代篆刻家娄师白认为:"青田石的石性细腻非常,既不太坚硬,又不太脆,随刀刻划,能尽得笔意韵味,所以青田石的石性是最好的。"西泠社员高石农认为:"青田石,石质脆而松,成印的效果很好,如作画用的'上好棉料纸';而寿山石较坚实,腻而不爽,似'风矾宣纸';昌化石多砂钉,难以受刀,似'拖矾宣纸'。"篆刻家韩天衡认为:"青田、寿山皆石中之翘楚,令刻家和藏家心荡神移,是得一望二,嫌少欠多的尤物,然纯以刻印出发,则吾依旧是惟倾心于青田。"

(二)基本特征

青田石呈青白、浅绿、黄绿、翠绿、淡黄、紫蓝、深蓝、灰紫、粉红、灰白、灰等色,显蜡状光泽、油脂光泽,微透明至半透明,少数透明,其折射率介于 $1.545\sim1.599$ 之间,硬度介于 $2.5\sim3$ 之间,密度约为 $2.7g/cm^3$,耐火度 $1650\sim1670℃$。青田石质地致密、细腻、坚韧、温润、光洁。组成青田石的矿物以叶蜡石为主,伴生有石英、绢云母、高岭石、蒙脱石、红柱石、矽线石、刚玉等。如图 2-3-108 所示,为各种青田石章。

(三)分类

1. 根据色泽、矿物共生组合、矿石结构构造等分类

根据色泽、矿物共生组合、矿石结构构造等可将青田石矿石分为四种类型。

① 单色青田石:呈青白、乳白、紫、灰紫等色,具油脂光泽或土状光泽,由叶蜡石、绢云母或叶蜡石化凝灰岩等组成,为石雕材料的主要矿石类型。

② 杂色青田石:常呈条带状,由浅色及深灰色叶蜡石或叶蜡石化凝灰岩组成,当矿石中含铁时则出现美丽的红色"云雾",为石雕材料的重要矿石类型。

③ 刚玉质青田石:叶蜡石呈浅灰色,刚玉则呈深蓝色斑点镶嵌其间,称为"蓝花丁",其工艺美术价值尚待研究。

④ 红柱石质青田石:叶蜡石呈浅色,红柱石呈红色斑点分布于其间,或组成条带分布于浅色叶蜡石中,其工艺美术价值亦待研究。

2. 按色泽、透明度、质地等方面的差异分类

按色泽、透明度、质地等方面的差异,可将青田石分为两大类及其所属的不同品种。

一类为普通青田石,指颜色艳丽、光泽强、质地致密细腻、透明度差的青田石,其中按颜色的不同又可分为白青田、绿青田、蓝青田、黄青田、紫青田、红青田、灰青田等品种。

另一类为青田石冻,即"冻石",其颜色丰富、鲜艳,玻璃光泽强,透明度好,光洁如玉,富含MnO,质稍软,最为珍贵。

青田石品种繁多,有名可称的典型的品种有100多种。命名方式有以产地命名的,有以石色命名的,有以石的肌理构成命名的,有以花纹命名的,其中最名贵的有以下几种。

① 封门青:色淡青,如春天萌发的嫩叶,有的偏黄、白,质如灯光冻,微透,雕刻印章,最宜走刀,尽得笔意,为难得之珍品;产于山口封门,此石极纯,了无杂质,故称其为"清",以产地加特征为名;封门矿石材甚丰,封门青为数不多;一般质纯、细腻、不冻、色泽鲜明的石材,统称为封门石,是制作印章和精雕品的上等石材。封门青石章如图2-3-109所示。

② 小顺冻:为青田县近郊——云和县产出,至少有100多年开采史,石料历来运销青田加工;石质一般,其色丰富、绚丽,质细性韧,半透明状,近似寿山荔枝冻,为珍贵品种之一;小顺冻按颜色分为白冻、黄冻、红冻、花冻数种;此石常含絮状色斑,多砂,纯洁块大者难得。

③ 灯光冻:又名灯明石,微黄纯净细腻,温润柔和,色泽鲜明,半透明,光照下灿若灯辉,故名灯光冻;灯光冻质雅易刻,明初已用于刻印,名扬四海,为青田石之极品,"高出寿山诸石之上"(《书谱》1979年第4期),价胜黄金;其产于山口封门、旦洪和方山白垟,近年时有产出,数量极少,难得大方。灯光冻章如图2-3-110所示。

④ 蓝青田:又名封门蓝,宝蓝色,质细腻,有些石内常隐现白色冻点,比重大,硬度小于4.5,宜制印章,罕见价高,产于山口;蓝青田如呈点状或片状分布于浅色石料中,则称蓝星青田、蓝带青田。

⑤ 蓝钉青田:俗名蓝花钉;蓝钉主要由刚玉组成,呈球状或拉长的球泡状,蓝色或灰蓝色,硬度大,难以奏刀;但蓝钉周围多为优质冻石,艺人喻其为"骨边肉",将其巧妙利用,能雕成精美的艺术品,产于山口。蓝钉青田章如图2-3-111所示。

⑥ 白果:乳白或灰白色,如白果、质细、结实、不透,有柔嫩感,刀感好,是上等印材。白果章如图2-3-112所示。

⑦ 塘古黄白冻:质纯洁无瑕,黄似田黄,白如封门,黄、白冻石常伴生,色间过渡自然,难得大块,产于塘古。

⑧ 黑青田:色为正黑,色泽明亮,质纯而细润,常夹生其他颜色冻石,界线分明,是制印、雕件的优质石料;艺人常巧用俏色,作品别具情趣,产于山口、塘古。黑青田石章如图2-3-113所示。

⑨ 麦青:青灰、绿灰或黑灰色,质稍粗,近似黑青田,两者极易区别。

⑩ 红木冻:红木色,质细润,光泽好,常夹生青白、淡黄色冻石,甚为珍贵,产于季山。

⑪ 蜜蜡黄:色似蜂蜡,深浅不一,质细腻,通体明净,无杂色者为上品,产于山口。

⑫ 冰花灯光冻:浅豆青色,半透明状,内多含片状、絮状纹,石质细腻柔和,石性与巴

林石相近,纯净无瑕者为珍品;此石呈层状夹生于其他雕刻石中,难得大的块体,产于方山白垟,近年发现。

⑬ 绿青田:色为绿和墨绿,质细,晶莹,性脆,石中常隐黄、褐色似云状、梅桩状斑和黄、白色点,露天开采,料多方大;质纯净、色泽鲜明、无杂质斑点者为佳品,产于山炮村,俗称山炮绿。山炮绿原石及章如图 2-3-114 所示。

⑭ 金玉冻:颜色多为中黄、淡青两色相间,色间过渡自然,质细腻、柔和、少裂,是青田佳石之一,产于山口。金玉冻章如图 2-3-115 所示。

⑮ 紫檀冻:此石的质地一般为紫檀色,细腻,不透,受刀;料中夹生淡青或浅黄色囊状、层状冻石,形多方大,是雕刻花卉的理想石材,同一产地的紫檀花和紫檀冻外观相似,但夹生的浅色石料非冻石,石质一般,两者极易区别;产于山口。紫檀冻章如图 2-3-116 所示。

⑯ 夹板冻:简称夹板,冻石呈层状夹生于普通青田石或熔结凝灰岩中,层次分明,似夹心饼干,故名夹板冻;冻石和夹板因产地不同,颜色各异,冻石厚度不等,多者数层,夹板越硬,冻石越佳,是青田石雕优质原料;产于山口、方山、季山、塘古等地。

⑰ 千层纹:深浅不同的颜色层状相间,色层厚薄不等,界线分明,对比强烈,石质细腻,结实少裂,适于奏刀,产于山口。千层纹章如图 2-3-117 所示。

⑱ 龙蛋:俗称岩卵,酷似蛋,大小不一;紫棕色薄"蛋壳",裹生着不同颜色的冻石"蛋黄",外壳有硬有软,软的受刀;冻石以浅黄、淡青色居多,纯净温润,为青田石之珍品;龙蛋产于周村,多堆积于高山坡积层或蕴于地表孤岩中;采石者无"气头"可循,从山脚上逐层搜掘,或劈石取"蛋",十分难得。

⑲ 五彩青田:又名五色青田、五彩冻,此石一般由数色组成,同一颜色又有层次变化,两色间往往有过渡色相隔,绚丽多彩,质地细润,极易受刀,刻成作品视觉主题突出,能充分表达意境,是青田石珍品之一,产于山口。

⑳ 青田雅石:花纹绚丽,变幻无穷,有很高的观赏价值,故名青田雅石;有的开料后能显出抽象奇异的画面,引人遐想,有的随形稍做琢磨,即成精妙的艺术品,令人神往;石质一般,有的难以奏刀,因富有特色,其价值不逊于冻石;青田各矿均有出产。青田雅石章如图 2-3-118 所示。

(四) 鉴定

青田石的鉴定方法与前述寿山石的鉴定有许多相似之处,现在简要叙述如下。

1. 青田石不同品种的鉴定

按色泽、矿物共生组合、矿石结构构造等方面的差异而划分的矿石自然类型,如单色青田石、杂色青田石、刚玉质青田石、红柱石青田石等,可按其在这些方面的差异而区别它们。按色泽、透明度、质地等方面的差异而划分出的各种普通青田石、青田冻石等,亦须按照其中不同的品种在这些方面的差异而进行鉴定。

2. 青田石及与其相似石料的鉴定

青田石与其他由地开石、高岭石、叶蜡石等矿物所组成的石雕材料(如寿山石、田黄石、巴林石、长白石等)的区别主要在于彼此物质成分、结构及构造、工艺美术性能、产地和产出状况的不同。如果它们的外观特征彼此相似,或因鉴定者的学识、经验、技术水平等的局限而不能进行有把握的"肉眼鉴定"时,就要借助于仪器设备,如偏光显微镜、电子显微镜、热分析、红外吸收光谱分析、X射线衍射分析等,以准确地鉴别它们。

3. 人工处理青田石的鉴定

天然青田石与人工处理青田石可以采用适当的物理方法(如加热或烧烤)和化学方法(如用酸、碱测试)将它们区别开。

(五) 评价

工艺美术上要求青田石颜色艳丽、均一,具蜡状光泽、油脂光泽,半透明至透明,质地致密、细腻、坚韧、光洁,无裂纹、杂质、包体及其他缺陷,块度大。据研究,青田石的颜色与其化学成分有着密切的联系:一般淡黄、黄绿色青田石含 Al_2O_3 较高(28%以上),质量较好,为特级至一级石雕材料;灰、灰黄色青田石含 Al_2O_3 21%～24%,甚至在21%以下,质量较差;灰紫、紫色青田石含 Fe_2O_3 1%以上。

青田石品质优劣相差甚远,以油脂状的冻石为上品;细腻亮泽不冻为中品;粗糙无光为下品。单色的应以纯净无杂质、无裂痕的冻石为上品;石质基本纯正,细腻光泽,无裂痕为中品;石质粗而光水不足为下品。单色中杂有冻路、冻点或有近似的色相,只要是和谐协调的也属上品。彩色的,应以色形美观,色泽光润、质地细腻无裂痕为中品,色泽灰暗、色形杂乱,质地粗糙或有明显裂痕的为下品。

品评青田石雕作品,一般来讲,首先入眼的是造型,继而是石质、石色,再是题材内容及技巧。一件好的石雕作品,应该是立意新颖、造型美观、石色利用巧妙、石质上乘、刻划周到、技艺精湛等因素的融汇综合。

(六) 产地及产状

青田石产于晚侏罗纪火山岩层中,其初形成似层状、透镜体状、脉状及其他不规则形状,长几十米至100米以上,宽几米、十几米至几十米,矿石具各种各样的变余、交代结构,围岩蚀变有次生石英岩化、叶蜡石化、高岭土化、明矾石化、绢云母化、黄铁矿化等。矿床在成因上属于火山热液交代型青田石矿床。浙江省青田石及与其类似的石雕材料分布颇广,目前已知的重要产地约有40处,如青田、苍南、泰顺、云和、常山、临安、萧山、上虞、峡县、天台等县的火山岩分布区。青田县的叶蜡石矿床分布较广,其中可用作石雕材料者以山口、北山等地的矿床为最有名。特别是山口出产的叶蜡石质量最好,素有"青田石"之称,为现今青田石石雕材料的主要产地。

(七) 选购与收藏

优质青田石常用来雕刻印章,其品种甚多。如封门青、石竹花、黄石花、紫檀花、墨青花、松花皮、酱油冻,以及青田石巧色印雕等。同时,青田石也大量用来雕刻人物、动物和植物、花鸟、器皿等艺术品,销售于世界各地。

由于浙江青田被评为国石候选石之一,因此其升值空间加大,投资前景十分看好。在青田石的产地青田县,近段时间,成色好的青田原石价格上涨飞快。青田县全国工艺美术大师之一的叶品勇说："1999年的一块500元的青田石，放到现在保证能卖两三千元。"即使这样，好的原石也很少。但想借投资收藏青田石，首先，要求玩家有大量的资金投入，想要在国石投资上获得回报，投资者对一件作品的投资额至少要达到几十万元人民币，一枚高约12厘米、每边宽约4厘米、富油脂光泽、纯净无瑕的狮钮灯光冻石章，售价竟高达人民币10万元以上；其次，要有选择精品的独特眼光，这需要长期的经验积累，印石值多少钱一要看印石料本身的价值；二要看工艺，工艺价值是作品的人工因素，同样一块石头，由不同的人雕琢，价值也不一样。在青田就流传着一个成功投资的传说：某香港影星几年前在青田县花120万港币买下了一位工艺大师的一套生肖青田石雕，据悉，该香港影星离开青田县没半年就转手售出这套雕刻品，赚了200多万港币。

（八）保养

首先是三避：避晒、避风、避尘。印石一般石质温润细嫩，应避免阳光直射或风吹，以防印石变质、变色、出现褪色、裂纹。灰尘多了会损害印石的自然神韵，因此最好能置于锦盒、玻璃橱内，既便于观赏，又利于保存。

其次是养护。印石、印雕有的是未加雕刻的素章，有的虽经雕刻但较整体、浑厚，手感舒适，可经常置于手中，反复摩挲，在石表形成人工包浆，愈久则愈光愈妙。如果藏品较多，可用封蜡法保养，即将印石加温后涂上一层薄蜡，用软布擦亮。对一些收藏时间长、已"褪光"的印石，可先置温水中清洗，在水中加入适量清洗剂，用软毛刷除去石表灰尘，用清水洗净、阴干，用电吹风加温、封蜡、擦光，即可使印石如新。青田石大多都有较高的耐温性，可用封蜡养护。最好不要用植物油保养，因油质粘手，有碍玩赏；油易挥发，光泽不耐久；日久油垢难除，影响美观。

十五、昌化鸡血石

（一）概述

鸡血石亦名"鸡血冻"，属于广义的"昌化石"之一，产于浙江省临安县昌化区上溪乡的玉岩山，为中国一种特有的十分珍贵的石雕材料。旧时相传其"血"为"凤凰血"，但实际上是因它含有辰砂（朱砂），具有红如鸡血般的颜色而得名。

据资料介绍，昌化鸡血石作为印石，始于元代，兴于明清。据载明朝时，当地夏林村一位老农，因采得鸡血石进贡有功，被封为"玉石官"。清康熙五十八年（公元1719年），当时的昌化县令方城，在卸任时曾写下七绝一首："三年幸得返吾庐，投砚高风愧不如；检点衙斋收入好，半方图石两箱书。"这里的图石即鸡血石。身为鸡血石产地县的县令，仅占有"半方图石"就属"收入好"，足见当时鸡血石是何等求之不易。清乾隆年间所修《浙江通志》曾记载："昌化县产图章石，红点若朱砂，亦有青紫如玳瑁，良可爱玩，近则罕得矣。"昌化鸡血石作为印章石而载入省志，说明当时鸡血石图章已十分流行。

昌化鸡血石在清朝宫廷内十分受宠，在帝后宝玺中，有不少是昌化鸡血石。除此之外，皇帝和后妃们还拥有大量属于个人赏玩的鸡血石。据说，1900年义和团包围紫禁城时，慈禧向宫外转移了不少鸡血石，小的让太监一点一点带出，大的则藏在棺木中，以出殡的名义送出京城。

明清时期,是中国印艺术发展的高峰期,特别是昌化鸡血石印,不仅受宫廷赏识,也备受文人、官僚、商贾的青睐。

新中国成立以后,昌化鸡血石得到了国家最高领导层的重视,升格为国家礼品。毛泽东主席曾使用二方大号鸡血石印章。1972年中国与日本建交时,周恩来总理选中一对昌化鸡血石以国礼馈赠给日本首相田中角荣。1986年美国总统里根访华,中国方面选用了富有吉祥意义的昌化石馈赠给他,印面上刻了"罗纳德里根"五个字。

(二) 基本特征

昔时鸡血石一直被认为由叶蜡石组成,甚至把鸡血石与叶蜡石等同起来。但根据近30多年来,浙江省地质矿产局第一地质大队等单位运用差热分析、红外吸收光谱分析、X射线衍射分析等技术手段对鸡血石进行研究表明,鸡血石主要由地开石、高岭石等矿物组成,并含少量叶蜡石、石英、绢云母、明矾石、辰砂等矿物。一般鸡血石含地开石、高岭石约85%～90%,辰砂约1%～3%。但对于不同的鸡血石品种,其中主要矿物成分并不完全一致。例如,白冻、乌冻、黄冻、灰冻的矿物成分以地开石、高岭石为主,而一部分绿冻石的主要矿物成分却是叶蜡石。

辰砂为汞的硫化物,呈朱红色,显金刚光泽,最为艳丽。它在鸡血石中粒度微细,其集合体呈条带状、团块状、星点状、云雾状。其含量多少不一,相差十分悬殊,多者可达加20%以上,少者不足0.05%。辰砂与别的矿物之间的关系各式各样,如地开石往往包含着辰砂,高岭石则与辰砂互成镶嵌关系。鸡血石本身呈美丽的鸡血红色,如果把一个优质鸡血石艺术品置于案头,其鸡血红色可随着光线的移动而发生变化。鸡血石具有蜡状光泽、油脂光泽、玻璃光泽,微透明至半透明,少数透明。折射率为1.561～1.564,硬度2.5～3,性较坚韧,密度介于2.7～3.0g/cm^{3}之间。实际上,鸡血石是包含在汞矿体中的一种特殊的汞矿石。

鸡血石的美丽与否既决定于其中"鸡血"(辰砂矿物)含量的多少、颜色的鲜艳程度,也决定于鸡血石的质地(致密度、透明度、纯净程度等)和"鸡血"的形态分布及存在状态。那种"鸡血"含量多,颜色鲜艳,油脂光泽强,透明度好,质地十分致密、细腻、光洁,而且"鸡血"分布均匀者,无疑是鸡血石中的上品。

(三) 分类

鸡血石的分类和品种划分方案较多,大同小异。现在择其重要者略述如下。

1. 按产地分类

按产地的不同可分为两类。

① 玉岩山鸡血石:分布于康石岭以东的玉岩山一带,俗称"老坑"(古称"水坑"),已有600多年以上的开采历史,其血色鲜浓,质地细腻,曾出产过不少高档鸡血石及其珍品,著名的"羊脂冻"、"牛角冻"等即产于此。时至今日,老坑货已大为减少。玉岩山鸡血石如图2-3-119所示。

② 康石岭鸡血石：分布于康石岭以西地带，俗称"新坑"（古称"旱坑"），为20世纪80年代开发的采区，今天市场上的鸡血石主要产自这里。

2. 按地子物质成分、光泽、透明度、硬度等方面的差异分类

按地子物质成分、光泽、透明度、硬度等方面的差异可分为四类。

① 冻地鸡血石：地子主要由地开石、高岭石组成，具强蜡状光泽，微透明至半透明，硬地，这是优质鸡血石中的主要类别，按其颜色的差异又可分为单色冻和杂色冻。一般单色质量最好，如羊脂冻、牛角冻便属于该类，其他如呈黄色、半透明的"田黄冻"和呈灰色、半透明的"藕粉冻"亦为佳品。在杂色冻中，除红、黑、白三色相间的被称为"刘、关、张"者外，其他均次于单色冻。

② 软地鸡血石：地子主要由地开石、高岭石、明矾石等组成，具弱蜡状光泽，微透明或透明，有单色软地、杂色软地之分，在鸡血石中最为常见，约占70%。

③ 刚地鸡血石：俗称"刚板"，地子主要由弱至强硅化的地开石、高岭石、明矾石组成，褐黄、粉红色，微透明。硬度为3～5者称"软刚板"，大于5者称"硬刚板"，易碎裂，属于中低档石料。

④ 硬地鸡血石：俗称"硬货"，地子由硅化凝灰岩构成，呈灰、白色，硬度7。属中低档石料。

3. 按颜色、光泽、透明度、质地等方面的差异分类

按颜色、光泽、透明度、质地等方面的差异可分为两类。

① 普通鸡血石：简称"鸡血石"，指颜色艳丽、光泽强、质地致密细腻，而透明度差的石材料。其中再按颜色的差异和"鸡血"的形态及分布特征的不同，还可以划分为不同品种。

② 鸡血冻石：指主要由地开石、高岭石等组成，颜色艳丽，光泽强，质地致密、细腻、坚韧，透明度好，没有或极少有瑕疵的鸡血石。按其颜色的不同还可将冻石分为不同的品种：那种呈白色、透明如羊脂白玉、点缀有鲜红色辰砂者称"白羊脂冻"，白如玉、半透明者称"羊脂冻"，白色、状如鱼脑者称"鱼脑冻"，红白相间、如桃花盛开者称"红冻"或"桃花冻"，黄色者称"田黄冻"，乌黑色如牛角者称"乌冻"或"牛角冻"，呈藕粉色者称"藕粉冻"，以及灰冻、绿冻、粉红冻等。其中以白冻的质量为最好，乌冻次之，黄冻等更次，绿冻最次。浙江省地质矿产局第一地质大队按"鸡血"的形态、质地等特征对鸡血石进行了工艺美术分类。"血"的基本形态有条带状、团块状、云雾状等。"鸡血冻石"色泽被分为单色冻、彩色冻两类，其中单色冻包括有白冻、黄冻、粉冻、灰冻，彩色冻包括有黑白彩、黄白彩。不同的冻石品种，由于其血态的不同而存在着不同的鸡血石等级。

另外，有的学者还根据"血"的块状、条带状、斑点状、云雾状、彩虹状等形态，将鸡血石分为块红、条红、片红、斑红、星红、霞红等品种。

虽然"鸡血"的多少影响鸡血石的质量，但如果鸡血石质地优良、透明度与光洁度好、分布的形态和纹饰美丽，即使"鸡血"少，其鸡血石的价格也会较高。如图2-3-120所示，为鸡血石章。

(四) 鉴定

历史上开采和利用过的鸡血石几乎都是真品,对其鉴定自然并非难事。而现今出现的鸡血石,其伪品增多,鉴定实属不易。现择其要者略述如下。

1. 鸡血石不同品种的鉴定

按矿物成分及颜色、光泽、透明度、质地等方面的差异,特别是按血质、地子等的不同而划分出的各个鸡血石品种,可按它们各自在这些方面的差异鉴定之。

2. 鸡血石及与其相似印章石的鉴定

与鸡血石相似的印章石有寿山石、田黄石、青田石、巴林石中的某些品种,特别是其中许多呈红色者有时会与鸡血石相混淆。它们之间的区别主要在于各自物质成分、产地的不同,以及彼此工艺美术性能方面的差异。须知,鸡血石必须有"鸡血"存在,而寿山石、田黄石、青田石却没有"鸡血"。即便它们有呈红色者,但这种红色与鸡血石中的"鸡血"红色在物质成分、浓度、形态、分布特征等方面均有明显的或很大的不同,人们可以据此对其进行鉴定。至于它们各自所属的多种"冻石"之间的区别,则要从宏观和微观两方面入手,既要观察研究其物质成分和结构的不同,又要深入洞察其工艺美术性能上的特有差异,更要弄清其不同的来源(产地),这样才能达到进行科学鉴定的目的,从而防止别人以假充真和以假乱真。

3. 昌化鸡血石与巴林鸡血石的区别

据胡福巨的《巴林石志》记载:"昌化鸡血石的红色正而不邪,红而不妖,如瀑飞泻,汩汩涌动,令人拍案叫绝。昌化鸡血石名冠当今印章石材是当之无愧的。巴林鸡血石相比之下则略输风采,在石材之外总有一股媚气,显得妖冶,不如昌化鸡血石那样气宇轩昂。"诚然,二者的主要区别还在于各自物质成分上的某些差异。据吴植民的研究,昌化鸡血石与巴林鸡血石的区别主要有以下四个方面。

① 物质组成:昌化石的矿物成分主要为地开石、高岭石,巴林石的矿物成分则主要为高岭石和叶蜡石。二者地子的颜色均丰富多彩,但巴林石的冻石量多、块度大,总体上胜于昌化;昌化石冻石量少、块度小,且含杂质多。

② 血色:昌化鸡血石具有浓鲜红级的血色,巴林鸡血石则没有,而只具有与昌化鸡血石中档品相当的大红级血色。昌化鸡血深厚,巴林鸡血浅薄。昌化鸡血中的碲、硒等"感光元素"含量很微,致其变色现象不明显;巴林鸡血的碲、硒等含量较多,变色现象明显,一周半月见光即有显示。

③ 血形:昌化鸡血以团块状、条带状为主,多浓聚;巴林鸡血以棉絮状、散淡云雾状为主,多清散。

④ 加工性能:昌化石坚韧,抛光后光泽硬朗,似玻璃镜面;巴林石细嫩,抛光后光泽亮而不硬朗。在抗压、抗击强度方面,昌化石胜于巴林石。

4. 真假鸡血石的鉴定

近年来,印石市场兴旺,无论是在国内还是在国外,对我国的印石的欣赏与收藏热潮可以说一浪高过一浪。其中对鸡血石的收藏也不断地升温,尤其经过商人的"炒作",价格登峰造极已成为"天价"。牟利之徒也用尽各种手法来制伪,甚至在鸡血石的毛料上也动

"脑筋",其用心之良苦,手法之高妙,真中有假,假中掺真,真真假假,有的已经达到乱真的地步。我们在选择收藏的时候不能不慎察之,下面就把鸡血石的几种制伪方法及如何鉴别大致作一介绍。

其一是镶嵌法及其鉴别。此法从目前来说已经比较陈旧,但清末民初的假鸡血都采用此法。过程是采用一质地较好的昌化石章,选择其几面醒目的地方,分别挖出一个个大小、形状、深浅不一的"坑",然后用红色的硫化汞块料(即从昌化鸡血矿开采时落下的碎料)蘸胶水嵌入,让其自然干燥后,磨平,在镶嵌的细缝处填入石粉,再磨平,上光。近代也有以硫化汞涂料嵌入的,此类的镶嵌式的制伪法初级而原始,容易辨认,因为嵌入的鸡血碎料和硫化汞涂料和被嵌的昌化石料对比起来就显得没有层次,血面和昌化石的交接处色泽生硬,没有过渡的色阶。

其二是浸渍法及其鉴别。取一方昌化石,在需要的地方涂上硫化汞涂料,阴干后再涂,再阴干,使其血稍有层次,然后放在透明的树脂里浸渍,务使周身浸到,拾起晾干,再用细的水砂和油砂打光即成。此法因树脂易老化,日久表皮层会发黄,与内部的石色不协调,同时树脂表皮的毛孔比较粗,用放大镜仔细观察,其表面有一点点的细小的棕眼,若人体皮肤上的汗毛孔,而真的昌化鸡血石打磨后,光洁透亮是没有毛孔的。如果浸渍后的树脂有一只小角翘起,用手轻轻一撕,就像蛇蜕皮一般,整张树脂则会全被撕下来,此种假鸡血,市井摊子上比比皆是,知道此法后,一见就可辨认。

其三是切片贴皮法及其鉴别。此为近年来新创的方法。据说此法来自中国澳门,有一位姓陈的印章商人,他采用先进的切割机器,把方形的石章的六个平面分别切割出六个其薄如纸的平面,于其内需要的地方涂上硫化汞涂料,待晾干后再用热烫的办法,并和以胶水把原来六个切割下来的平面按原样贴上去,然后再用细码水砂渗油把薄片与胶合处的线角磨光,这样鸡血的红色看起来生在石皮的里面,而且分布自然,但血的层次毕竟只能停留在一个平面上。此类印章只局限于正方形,而圆形、椭圆形、畸形、带纽的薄意浮雕的印章却不行,也无法截断和刻边款,因为这样一来,薄片烫贴的痕迹,就显露出来了。

其四是添补法及其鉴别。即在真的昌化鸡血石印章上,再添加一些硫化汞的涂料,或是增加血的幅面,或是增加血的浓度。并在添补的部分表面罩上一层极薄的树脂,要知道,目前进口的高科技制成的树脂薄而透明,渗化的时间极缓,涂上一层之后,经过表面的1000号以上的金镶砂纸的推磨,光彩与石的表皮一致,而且紧紧地贴附于石的表面,结构紧密,没有毛孔,这叫做锦上添花。这类方法血上加血,雨中夹雪,只施局部,不作全面,不但是在石章上,在其他的鸡血石的山子摆件中都有出现,其价值大增,并且真真假假使人眼花缭乱,稍有疏忽便会上当。

其五是拼裹法及其鉴别。此法一般用于中件和大件的鸡血石摆件。昌化鸡血石本是稀有之物,而大块鸡血石于自然界更属凤毛麟角,制伪者往往取一小块、一小块的鸡血,中间裹一块无血的昌化石或青田石,这样用胶水拼裹起来,在小块鸡血的并缝之间有的嵌以硫化汞,有的施以工艺,刻上一些云彩、山水、山石之类,以蔽拼接之痕,最后整体上再磨光、修正。此类鸡血摆件价格高昂,制伪者心狠手辣,往往每件都要价几万元或几十万元。

总之,我们在遇到高档的特别好的鸡血石时,心中就必须联系到伪品和制伪的手法,胆大而心细,方可避免"大意失荆州"。

天然鸡血石作为"真鸡血石",从来都具有那些假鸡血石所不可能有的基本特征。有时即使假鸡血石与真鸡血石在某些方面(如颜色、血形、光泽、透明度、质地等)有相似之处,但如果进行认真的观察研究,也不难发现假鸡血石的欺骗性。现在就其鉴定方法简述如下。

① 性质观察。真鸡血石的血色和地子颜色丰富多彩,变化有序,而假鸡血石则与此相反,血色和地色单一,没有什么变化。真鸡血石的血形常受裂隙控制,自然流畅和"有条不紊",假鸡血石则很不自然、非常呆板。用放大镜或反光显微镜进行观察,在真鸡血石的"血"中可以见到大小不一的辰砂(条痕呈红色或朱红色,可在白色瓷板上测试)晶体成浸染状、块状分布,而在假鸡血石的"血"中却可见到颜料颗粒,且无一定形态,大小也比较固定。真鸡血石光亮适度,刮之起蜡,假鸡血石上因有502胶及树脂,光照晶亮,刮之起皮。真鸡血石因其中的地开石形成于不同的时代,以致其透明度不均一,而假鸡血石常不透明,或整体为均一的透明度。真鸡血石常有"绺裂"和杂质(如火山岩碎屑、石英、黄铁矿、明矾石等),而假鸡血石则无绺裂及杂质。真鸡血石贴于人的脸部可产生渗透似的冰凉感,而假鸡血石则有暖和感等。

② 拼镶观察。通过拼接或镶嵌而制成的假鸡血石,在其连接处(接缝等)、转折处常存在着拼、镶的痕迹,且呈低注或凹陷状态,用放大镜观察时可以见到。这种假鸡血石的成块血色往往具有不同的特性,因为非同一块石料可以有相同的质地,但不可能有相同的血色和血形,以致二者拼、镶起来以后总是互不协调,即使作伪的手段再高明,也还是可以发现其"破绽"的。

③ 加热测试。用加热器(如电炉、酒精灯等)对鸡血石进行加热,当温度上升到约150℃时,真鸡血石的血红色会变暗。以后随着温度的上升,会变成红褐色或紫色,随即冷却之,又可以恢复原来的血红颜色。而假鸡血石则没有这种变色现象,如果它是由人造有机材料制成的,在加热过程中还会软化和变形,直至燃烧起来。不过,在采用此法时,其加热温度不得高于440℃,这是因为在一个大气压下,其加热温度高于440℃时,辰砂就会发生分解,即便这时再降温,鸡血的红色也不可能恢复,而是形成黑辰砂。操作时应密切注意和观察鸡血颜色的种种变化。

④ 化学测试。选用一些有机溶剂(如丙酮、乙醚、酒精、松节油、汽油等)擦拭鸡血石的表面,如果是真鸡血石,其表面无任何反应,即不脱皮、不掉色;如果是假鸡血石,其红色颜料会溶解,并产生掉色现象(如用棉花蘸溶剂擦拭时,棉花会被染成红色)。加少量"王水"于鸡血的表面,真鸡血石会起泡,并产生易擦掉的薄膜;假鸡血石会严重掉色、腐烂或破损,直至被毁。

(五)评价

从总体看,工艺美术上要求鸡血石的"鸡血"多(即辰砂含量多),颜色鲜艳,半透明至透明,质地致密、细腻、坚韧、光洁,无裂纹、杂质及其他缺陷,据吴植民的研究,在评价时对其基本方面应有更为具体的要求。

1. 血质

血质指"鸡血"的质量,它是鸡血石评价过程中应注意的首要因素,无疑也是决定其经济价值高低的主要依据。工艺美术上要求其血质优良,一般从颜色、浓度、血量、血形等四个方面进行评定。

① 颜色:一般分为鲜红、大红、暗红三级,其中以鲜红为贵,大红次之,暗红再次之。

② 浓度:指鸡血的聚散程度,一般可分为浓、清、散三级,其中以浓血为上。上述鲜红、大红、暗红均可分别进行这种划分,如鲜红就可以分为浓鲜红、清鲜红、散鲜红等。浓鲜红血的聚集浓度大,在冻地的衬托下具有涌动似的立体感,俗称"活血",为最高档次的血质。

③ 血量:指鸡血在原石或成品中的百分含量,可用目估法或测量法进行确定。凡优质鸡血石,其鲜红级血含量大于30%者为高档品,大于50%者为精品,大于70%者为珍品。但对于鸡血方章,其血量的概念除百分含量外,还指含血面的多少。一般以六面含血为上,亦即"全红"(整个鸡血石印章的六个面完全为红色)为贵,五面含血(五面红)、四面含血(四面红)为正,三面含血(三面红)、二面含血(二面红)次之,单面含血(单面红)为下。

④ 血形:指鸡血在鸡血石中所呈现出的形态,或人眼所见到的鸡血外形,一般可分为团块状、条带状、云雾状、星散状等,以前二者为佳。在一块鸡血石上,如果不同形态的"鸡血"进行有规律的自然组合,形成千姿百态的美丽图案,如"蛟龙出水"、"二龙戏珠"、"三潭印月"、"烈焰四散"、"霞光万道"、"洛阳牡丹"、"雪梅吐艳"、"北雁南翔"等,则将使鸡血石更加绚丽夺目、引人入胜、售价倍增。

2. 地子

地子又称"底子"或"基底",指鸡血石上除"鸡血"以外的其他石料部分。凡优质鸡血石均需在适宜的地子的衬托下,方可显现出其鸡血之美。因此,地子是鸡血石评价过程中应注意的重要因素,也是确定其档次和经济价值高低的主要依据之一,通常有冻地、软地、刚地、硬地之分。工艺美术上要求鸡血石的地子致密、细腻、坚韧、温润、光洁,一般从颜色、光泽、透明度、硬度等方面进行评定。

① 颜色:按颜色的差异可划分为单色地、杂色地两类,而以单色地为佳。单色地的颜色以白、黑、黄、灰等四色为多,而呈淡绿、淡红色者较少。通常单色地的色调比较单一、纯净,少有掺进杂色者。杂色地聚有多种颜色,其中除红、黑、白三色相聚的"刘、关、张"较名贵外,其余的均次之。

② 光泽:不同类型的地子对光的反射程度并不相同,从而表现出不同的光泽。一般以蜡状光泽为最好,如冻地的蜡状光泽就很强,其他地子的蜡状光泽强弱各异。

③ 透明度:地子有透明、半透明、不透明(微透明)之分。凡透明度愈高的地子,其质量就愈好,如冻地便属于此类。按冻地、软地、刚地、硬地的顺序排列,其透明度依次减弱,即从透明或半透明至不透明。

④ 硬度:优质鸡血石的地子硬度为2~3度,如冻地便是,4~6度者次之,大于6度者更次之。按冻地、软地、刚地、硬地的顺序排列,其硬度依次增高。

3．缺陷

缺陷指不利或有损于鸡血石质量的种种因素，其中主要包括杂质和裂纹。

1）杂质

杂质是指赋存于鸡血石中的各种杂物，有硬性杂质、软性杂质之分。

硬性杂质主要包括：①石钉，指石英颗粒，无色透明，硬度为7，粒径约1mm，常成豆状赋存于软地鸡血石中，为石雕工艺中最忌讳的杂质；②黄铁矿，呈浅黄、铜黄色，硬度介于6~6.5之间，粒径约1~2nm，以云雾状浸染或分散于鸡血和地子中，或沿其微裂隙分布，其存在不利或有损于鸡血石的美观。

软性杂质主要包括：①角砾，主要是"构造角砾"，由岩石或矿物经构造作用破碎而成，呈角砾状或不规则状，砾径为0.3~2cm，硬度大小不同，颜色以白色为多，与地子颜色不一，且常被鸡血包裹，亦为石雕工艺中最忌讳的杂质之一；②活筋，指陈石细脉，为晚期地开石化的产物，其脉宽为0.5~1毫米，沿微细羽状裂隙分布，并切割鸡血和地子，有损于鸡血石的美观。

2）裂纹

裂纹是指赋存于鸡血石中已裂开的纹路，有同生裂纹、后生裂纹之分。同生裂纹为鸡血石形成过程中的产物，常被地开石、黄铁矿、氧化铁等物质充填，其存在往往有损于鸡血石的美观；后生裂纹由采矿爆破、产品加工或受其他外力作用所造成，其存在常常严重损害鸡血石的质量，并会大大降低其艺术和经济价值。

在观察、研究和评价鸡血石的质量时，一般应采用自然光（日光），对血质的评定尤需如此。地子的评价，最好是采用自然光，也可以用灯光（如日光灯等光源）。对其杂质和裂纹的观察研究，如果已经加工和抛光，一般很难发现。这时亦应借助于光照，并使用放大镜、显微镜及其他工具设备（如硬度笔、小刀等），以查明其裂纹的宽窄、长短、数量及分布情况，以及杂质的物质成分、结构、颜色、硬度、赋存状况等，进而为鸡血石的质量评价提供科学依据。在此基础上，即可根据各个鸡血石的具体工艺美术特征、缺陷等依据，对其质量的高低做出正确的或适当的评价。浙江临安昌化鸡血石质量要求及评价简表见表2-23。

表2-23　浙江临安昌化鸡血石质量要求及评价简表

质量高低	血质	地子	缺陷
珍稀鸡血石	鸡血呈浓鲜红色，血量大于50%~70%，呈团块状	完全的冻地，如优质羊脂冻、牛角冻、"藕粉冻"、"田黄冻"等	无任何裂纹及杂质
高档鸡血石	鸡血呈鲜红色，血量大于30%~50%，呈团块状、条带状	冻地或纯净软地	偶有裂纹及杂质
中档鸡血石	鸡血呈鲜红或大红色，血量10%~30%，以条带状为主	软地，或软地、冻地相间	含少量裂纹及杂质
低档鸡血石	鸡血呈大红或暗红色，血量小于10%，呈云雾状、星点状	杂软地、刚地、硬地	常见裂纹及杂质

（六）产地及产状

浙江临安昌化鸡血石矿床位于江南地轴的前缘，绩溪复背斜的南东翼，处于扬子准地台与华南褶皱系的过渡带。据浙江省地质矿产局第一地质大队的研究，矿区附近有两个构造层：下部为晚元古代及早古生代构造层，其岩石为一套浅海相的沉积组合，上部为中生代构造层，其岩石为一套酸性至中酸性的陆相火山岩组合，它以角度不整合覆盖在晚元古代及早古生代构造层之上，形成一晚侏罗纪火山盆地。鸡血石矿区正好位于此火山盆地西北边缘、中生代构造层的底部，昌化玉岩山则是其中鸡血石比较富集的地带。矿区岩石比较普遍地遭受了蚀变作用，如硅化、高岭石化（包括地开石化）、明矾石化，以及绢云母化、黄铁矿化、汞矿化等，其中汞矿化作为一种特殊的蚀变现象，发育在黄尖组流纹质晶屑凝灰岩的中上部，特别是发育在与流纹质晶屑玻屑熔结凝灰岩的接触带附近，多成条带状、浸染状等形态沿层间裂隙或其他裂隙分布。辰砂多呈他形至半自形晶形，细粒状。与鸡血石成矿关系密切的为高岭石化（包括地开石化）及汞矿化，当强高岭石化（包括地开石化）与汞矿化共生在一起时即形成鸡血石。

（七）选购、收藏及保养

传统的鸡血石主要被用来生产印章，按其形制有方章（正宗方章、弧头方章、半弧方章等）、扁章、对章、随形章等类别。浙江临安昌化老坑冻地"大红袍"扁章，其血色鲜红深厚，血量约70%，地子色白纯微透，少有瑕疵，现已为很难得的珍品。

据金石学家的评价，浙江省的鸡血石和福建省的田黄石均为治印之上品。田黄石以两计，昔时有所谓"一两田黄一两金"之说，现今田黄的价格仍在上涨，甚至数十倍于黄金的售价。而优质鸡血石的售价则往往高于田黄，如1981年在广州举办的浙江省工艺美术展销会上，一位日本友人曾以1.4万元人民币买走了一枚高19.5厘米、每边宽6.5厘米、上端斜向一方的鸡血石。近些年来，价值数十万元的鸡血石工艺品亦已在广州交易会上出现。完全可以说，当今鸡血石印章在市场上无既定价格，"水涨船高"，应时而变。一般将鸡血石印章分为三类：

① 上品印章，价值人民币数万至数十万元、甚至一百万元以上，如白羊脂冻及一部分乌冻等，它们往往呈全红、鲜红色，无任何瑕疵；

② 中品印章，价值人民币1万至数万元，如乌冻、黄冻、灰冻等，它们往往呈两面至四面红色，瑕疵极少；

③ 下品印章，价值人民币数十、数百元至数千元，如灰冻、绿冻等，它们往往呈单面至两面红色，有瑕疵。无疑，这种对鸡血石的等级划分及其价格的估计仍然是临时性的，因为真正的优质鸡血石是不可能有固定价格的，一般只能根据市场行情由售货人临时定价或要价。

在对鸡血石工艺美术性能的研究取得进展之后，人们对鸡血石的应用亦已超出制作印章的范围。例如，将一方上好的鸡血石珍品置于案头，则鸡血石的血色可随着光线的移动而发生变化，即使在夜色苍茫中，仍可见到鸡血石的一缕血色触目而来。因此，鸡血石还被用来制作人物、动物、花卉、历史文化等方面的多种艺术品和直接用作观赏石或石玩,从而在不同角度或不同侧面充分发挥出鸡血石的功能。

昌化鸡血石相传有克邪魔、呈吉祥、纳福寿的作用,用昌化鸡血石制成"红印"章,取其谐音"鸿运",即取"鸿"运当头的意思。现在鸡血石的神奇性与珍贵性深受艺术家与收藏家的喜爱,成为艺石文化中难得的珍品。

昌化鸡血石除了切磨成各种规格的印章供珍藏外,还根据石材的色相、形状、色调布局,取势造型,因材施艺,巧取天然,通过圆雕、镂雕、浮雕等技法,创作出既保持石材的自身色彩,又与造型及内容相吻合的艺术品。艺术的内涵和意境,雕工的精美与超脱与否,是一件雕刻品成功与否的关键。鸡血石雕刻技法虽与竹、木、牙、玉的雕刻方法类似,但又有它的独特之处,要受这种名贵石材的特殊性与局限性的制约。所以必须在继承这门古老艺术的基础上创造性地发挥鸡血石雕刻工艺的特点。鸡血石的工艺特色主要有以下四个方面。

① 形神兼备,使自然美与人工美和谐结合。在雕刻鸡血石这一珍贵石材时,如果片面地追求工艺,过分地精雕细琢,必将使其失去自然美,然而只求自然的完美不加精雕细琢则不能称之为艺术品。比如一块上小下宽的黄冻地鸡血石,巧用伴生其间的黄冻地和旋转的血路,使题材与血色统一起来,采取圆雕、浮雕等技法,雕刻成袒胸露腹的弥勒佛,就达到了自然与工艺的完美统一。

② 依色取巧、因石配工。在遇到质地纯净,血色分布呈团块状时要用"单一雕"和"同时雕"的方法衬托血色。所谓"单一雕"就是底色不用雕刻,而将血色按形雕成"红梅图"、"五福捧寿"等图案;"同时雕"就是将底色与血色同时雕刻,如将红、白、黑的鸡血石雕刻成三国人物。

③ 利用鸡血作底色衬托雕刻主题。鸡血分布呈脉状,将整块夹生其间的鸡血石料锯成方章,侧面呈线条状,正面就呈片状,这种原材料制成的雕刻品最为奇特。在制作之前要先观察鸡血石的血脉走向、分布、深度,在制作过程中,保存大片鸡血部分,将鸡血作为背景,雕刻各种景物。这样雕刻出来的亭台楼阁、花鸟鱼虫、历史人物等形象在鲜红血色的衬托下会更加精美。

④ 打破常规,突破束缚。鸡血石艺术雕刻要打破血色在"被衬托"与"作衬托"上的限制,追求艺术的现代美。写真则逼真自然,写意则奇怪生焉。例如一块血色走向、质地及层次都不太清楚的鸡血石材,其顶部带血弯曲自上而下,还兼有条带状的白冻地,此时就不必考虑非要用绿色做叶子的传统做法,而是将其作为倾注而下的冰凌,并在中间或下部进行山水造型。这件虚实相生,古拙质朴的作品不会因景物失去真实色彩而遭异议,反而别具一种韵味。运用这一方法制作的作品有一种不是景物胜似景物的感受,从而达到形神飞逸的艺术效果,产生更高的艺术价值。

昌化鸡血石的养护要注意几个方面,其中一点是上蜡保护,即在经过雕刻加工后,将成品低温加热,再在其表层涂上均匀的薄层蜡,待冷却后用软布擦亮。其二,因印石硬度一般约在摩氏 2~4 级之间,所以切忌与硬物碰撞。其三,尽量避免长时间目光照晒,若有轻度退色,可用砂纸(1 000#~2 000#)细磨,上蜡后适当薄擦白茶油或发油即可。其四,收藏时可置于锦盒中,赏玩类经长期摩挲把玩,脸上手上的油脂汗渍浸于石中,形成包浆,定会滋润无比,也能起到保护作用。

十六、巴林石

(一) 概述

巴林石以产于内蒙古巴林右旗而得名。因其产地毗邻林西县,故在20世纪早期,矿物学家张守范教授曾将其命名为"林西石"。其中含辰砂、呈鸡血红色者被称为"巴林鸡血石",亦为当代中国石雕材料中的珍品之一。

相传在成吉思汗统一蒙古各部落的庆功宴上,其下属曾奉献了一只具有天生丽质的巴林石碗。大汗将其斟满美酒之后,曾不住地称赞道:"腾格里朝鲁,腾格里朝鲁!"其意为"天赐之石"。据胡福巨的《巴林石志》记载,早在800年前就有人用巴林石制作生活工艺品,后来则被用作进贡王朝的礼品。

在宋元以前,印章的材料以金、玉、铜、象牙为主,以石作印的极少见。但从近期考古发现的情况来看,以石作印材早已有之。公元9世纪,契丹族在巴林草原建立的辽王朝就已经用巴林石刻章。明清以后,寿山、青田、昌化、巴林石逐渐取代了其他材料,从而占据了印章材料的主导地位。1984年在赤峰市巴林左旗出土了一枚用巴林石刻制的契丹大字的印章。"荣宪公主之印"是20世纪50年代在巴林草原民间征得的,经专家鉴定,确认此印章为真品,质地纯正,清亮透明。印呈长方形,兽钮状,通高为5.2厘米,钮高为2.5厘米。兽钮雕刻形象逼真,造型洒脱、生动。印面呈正方形,2.2厘米见方,上面刻有"荣宪公主之印"六个篆体汉字朱字。印面工整,其制作风格保留了清初印章的特点。此印已被内蒙古博物馆列为一级文物收藏。

经内蒙古地质矿产局的研究,巴林石矿床在辛亥革命初年即被当地人发现,以后曾有人断断续续地进行小规模开采。20世纪30年代末至40年代初期,日本人曾强迫中国劳工在以前的旧采石坑中进行观察和找寻含辰砂的迹象。至20世纪50年代,人们终于发现了旧时遗留下来的多处采矿遗迹。1973年,巴林右旗筹建了地方国营巴林石矿山,开始进行露天开采。同年12月28日,赤峰工艺美术厂邱鲁男用青色巴林石材料雕刻成了《二龙戏珠》艺术品,其中的"珠"即用鸡血石制成。1974年,孙启东雕刻成了巴林石《丹顶鹤》,其红色鹤冠亦为鸡血石。1978年,在巴林石矿山开采出了鸡血石石料,据此而加工成了规格为 $6 \times 6 \times 14 cm^3$ 的两方戳料。至20世纪80年代,矿山人数增多,开采规模扩大,每年生产商开采巴林石矿石250~300吨。1985年1月1日建立了巴林工艺美术公司,巴林石艺术品逐渐被投入国内外市场,获得了世人的盛赞。正如内蒙古自治区人民政府主席布赫所说:"天遣瑰宝落草原,地育奇石惊米颠!"

由于巴林石石质柔和温润,适于刀刻,又因其色彩斑斓,宜于表达意境,致使印材刻章逐步走上了巴林石的时代。现在,巴林石印章已作为赠品在社会上广为敬送。赤峰市人民政府暨内蒙古自治区青年联合会在香港回归祖国一周年和庆祝澳门回归祖国盛典期间,特制巴林石巨玺二枚,分别赠送给中国香港和中国澳门特区政府。2001年10月,在上海召开的APEC会议上,巴林石又作为礼品由江泽民主席赠予各国元首及中国香港地区领导人。

（二）基本特征

巴林石呈乳白、青灰、淡黄灰、浅黄绿、浅绿、浅紫、黑褐、黄褐、鸡血红或朱红、杂色等，显蜡状光泽、丝绢光泽、玻璃光泽，微透明至半透明。折射率1.561，硬度2～3，密度约2.6g/cm³。质地致密、细腻、坚韧、光洁，可雕性良好。其中透明度高、致密细腻、坚韧如玉、犹如脂肪冻者，称为"巴林冻石"。含有辰砂、分布有律、呈鸡血红色者被称为"巴林鸡血石"，为巴林石中的上品。

关于巴林石的矿物成分，据内蒙古地质矿产局第三地质大队和内蒙古地质科学研究所的研究，主要为高岭石和叶蜡石（一说"主要为高岭石"），另外还含微量的赤铁矿、褐铁矿、绿帘石、辰砂、黄铁矿、金红石、明矾石等。具显微隐晶结构、显微鳞片结构、纤维鳞片结构，块状、条带状、浸染状、斑点状、烟云状构造。但对不同的巴林石矿石类型，其中的主要矿物成分的含量有时也不尽一致，一般以高岭石为主，有的则以叶蜡石为主。

（三）分类

按色泽、质地等方面的差异，可以将巴林石分为四类：鸡血石、福黄石、冻石、彩石。

1. 巴林鸡血石

由鲜艳的辰砂构成，呈朱红、鲜红色，外观似鸡血之美的巴林石。那种由黑辰砂构成、呈紫红色者称紫鸡血石，也很珍贵。根据鸡血的含量、存在状态、分布特征等方面的差异，可以将巴林鸡血石分为全红、条带红、斑杂红、星点红、云雾红等品种。鸡血石在巴林石中具有王者风范，它质地温润，血的颜色鲜红耀眼，晶莹透亮，集聚了所有印石之特点，其品种多达十余种。如图2-3-121、2-3-122所示，分别为巴林鸡血石大红袍方章与巴林鸡血石芙蓉红方章。

2. 巴林福黄石

巴林福黄石指呈黄、金黄、鸡油黄色，外观似福建省"田黄石"的巴林石。其成因乃巴林石长期受地下水浸泡、滋润所致，主要由高岭石组成，此石于1983年冬季，由巴林石矿山的采石班班长刘福所发现，故名"福黄石"，又称"刘福冻"、"刘福黄"。巴林福黄石可与寿山田黄相媲美，故称姊妹石，质地透明，石性柔和，坚而不脆，具备了细、洁、润、腻、温、凝之六大要素，极为珍贵。如图2-3-123所示，为巴林福黄石。

3. 巴林冻石

巴林冻石呈微透明或半透明，其颜色妖媚温柔、光彩灿烂，质地纯净细洁，主要品种有彩霞冻、灯光冻、羊脂冻、水晶冻、牛角冻、桃花冻等20多种。巴林冻石如图2-3-124所示。

4. 巴林图案石

巴林图案石，以其天然色彩见长。绚丽的色彩，弯曲的线条形成的天然画面，鬼斧神工地表现了大自然的奥妙，常见的有水墨山水、花鸟鱼虫、历史典故等，画面惟妙惟肖，是一种上好的观赏、装饰的材料。如图2-3-125与图2-3-126所示，分别为巴林图案石与巴林图案石对章。

(四) 鉴定

巴林石及其中的鸡血石的鉴定方法与昌化石(包括鸡血石)的鉴定方法基本相同,现略述如下。

1. 巴林石不同品种的鉴定

在众多的巴林石品种中,其区别在于各自的颜色、光泽、透明度、质地、花纹等方面的差异。如普通巴林石与冻石、普通巴林石与鸡血石、冻石与鸡血石等,就要根据它们各自在这些方面的差异而酌情鉴别。

2. 巴林石及与其相似印章石的鉴定

与巴林石相似的印章石有寿山石、田黄石、青田石、鸡血石等,它们之间的区别主要在于各自物质成分、产地的不同,以及彼此在工艺美术性能方面的差异。富有经验者一般能凭肉眼观察研究,并借助于一定的简易工具将它们区别开。但其差误也是难以避免的,欲对其进行科学准确的定名,还必须借助于现代化的仪器设备。

3. 巴林鸡血石与昌化鸡血石的鉴别

要将巴林鸡血石与昌化鸡血石区别开,主要应从它们各自在物质组成、血色、血形、加工性能等万面的差异(见前述昌化鸡血石)入手,经过仔细的观察研究,方能最后确定其准确名称。

近年来,随着巴林石知名度的不断提高,仿造的巴林石随之涌入市场;有的已经到了以假乱真的地步。这既损害了巴林石的形象,也使广大巴林石爱好者遭受到不应有的损失。其制伪的方法及鉴别方法主要有以下几种。

1) 冒充法及鉴别

冒充法即用其他印材石冒充巴林石。近年来,全国各地陆续发现了用其他印材石冒充巴林石的现象。这些印材石有的虽与巴林石相像,但质地相差甚远。有的根本就不像,但被说成是巴林石的一个品种。鉴别的方法是平时多看一些介绍巴林石的书籍,多接触一些巴林石,加深对巴林石的认识,只要做到了熟悉巴林石,冒充法就会不攻自破。

2) 镶嵌法及鉴别

此法多用于自然形或雕件。即将一块质地较好的冻石或彩石挖去一部分,再以同样大小的鸡血石镶嵌上去,或将鸡血石切成薄片,贴在没有血的石头上面,或在醒目的地方刻出大小、深浅不一的坑,然后用鸡血石碎料蘸胶水嵌入,自然干燥后磨平,再在镶嵌的细缝处填入石粉,磨平后上光。还有的先将小块毛石粘合,然后进行加工。这样,一块普通的巴林石就会变成鸡血石,从而身价倍增。鉴别的方法是,仔细观察鸡血部分的质地,并与无血的部分进行比较,一般都会看出明显的不同,镶嵌的鸡血石的血色和纹理极不协调。同时还可对血线或血面进行仔细观察,突然消失的地方就是镶嵌的结合点。

3) 描绘法及鉴别

此法多用于印章,即在没有血或血很少的巴林石上涂以红漆或硫化汞,有时为了使鸡血稍有层次,往往要阴干后再涂上一次或几次,然后放到树脂里浸渍,晾干后上蜡即成。近年来,由于新一代的树脂不断出现,高透明、耐老化,而且极薄的树脂被用在造假上,真假血色混杂,较难辨认。还有的干脆全部用树脂合成法造出假巴林石。鉴定的办法是用脸测试其温度,真石有一种清凉的感觉,而描绘过的石头则没有这种感觉。观察血色,真鸡血石的血色鲜艳活泼,纹理清晰。而描绘的鸡血石纹理不清,血色呆板。还可以用刻刀削切下一些碎屑,用火去烧,可燃的即是假的。

4)煨色法及鉴别

煨色法即选纯净少裂的巴林石用糠火煨煅,使其色质发生变化。有的则用化学方法处理后再火煨。如黄色石料经火煨会变成红色,青白色石料油浸后经火煨会变成黑色,涂刷硝酸铁溶液后经火煨会变成红色等,经火煨后的石色虽然发生了变化,但只能深入到肌理2～3mm处,其内质仍为原色,石性则变得脆硬,用刀一刻便能知其真伪。最近还发现有用激光加色制成的假福黄石,仔细观察会发现,与真福黄石相比,假福黄石纹理不自然,颜色不均匀。

5)添补法及鉴别

此法一般用于巴林石雕件。即根据雕件设计的需要,在某个部位用胶水漆补上鸡血石或冻石、彩石,接缝处嵌入石粉,有的还施以工艺,刻上云彩、山石等,以蔽添补之痕,然后整体磨光上蜡。这样,小件变成了大件,普通巴林石雕变成了鸡血石雕,要价往往也涨到了几万元或几十万元。鉴别的办法是对于体积较大的雕件,不要轻易相信是一块巴林石雕成。要仔细检查质地、颜色明显差异的部位,特别是鸡血部位的周围。贴接缝处用刻刀刻划,可感觉到明显的差异。

(五)评价

巴林石通常的分级方法是按照内蒙古自治区人民政府制定的《内蒙古自治区地方标准·巴林石》的标准要求去进行。该标准对巴林石的颜色、质地、重量、光泽、硬度、密度等都提出了技术要求,并划定了标准等级,明确了鉴定办法和判定原则。对巴林石进行鉴定时,可先确定是属哪一类巴林石,然后按照技术要求一项一项地进行对照,确定品级。这样,就会对自己手中的巴林石有了一个较为清楚的认识。

由于决定巴林石质量高低的一些要素,如鸡血、图案等具有很大的不确定性,一些技术标准又难以用文字表达得十分明确,所以人们在对巴林石进行鉴定时,还通常使用一些常见的摸、刻、看、辨等十分有效的办法。

① 摸,即通过触及巴林石的肌肤传递的感觉来进行鉴定。巴林石的石质不同,置于手中的感觉也有所不同,这种感觉用语言文字难以详尽表述,但经过长期体验,细细抚摸时,留存于手间的感觉确实有很大差异。这是一种感性与石性相融的感觉,石性或温或寒,或细或粗,或柔或坚,或密或松,或绵或脆,一摸即可得知。巴林石的经营者们进洞购买毛石时,主要通过这种办法来进行鉴定。

② 刻,即用一些物品对巴林石进行刻划,以对其硬度进行测定。巴林石不同的品种硬度不同,杂质的含多含少、石性的黏性脆性、开采的深度浅度等也都影响其硬度。所以巴林石的经营者们对硬度的测试十分重视,购买巴林石时,都用随身携带的钥匙、小刀等

对巴林石进行刻划,没有这些物品时,用手指甲直接进行刻划。因为硬度在2度左右的巴林石,用指甲也可划出条痕,并根据条痕和刻划时的感觉来判断巴林石的质量,决定用途。有的用牙咬也能起到相同效果。

③ 看,即用目测的办法鉴定巴林石的质量。如是巴林鸡血石,则主要是看血的多少和状态、色泽的浓淡和清浊、质地的粗细等。凡血色纯正、血线宽厚、质地优良者为上品,反之则较逊。一般地讲,血线好于血面,血面好于血点。如是冻石,则要看质地是否透明晶莹,肌理是否清晰等。如是彩石,则要看色彩是否明快,图案是否丰富。如是图案石,则要看形象的逼真程度,在石面上所处的位置、比例以及色彩等。看的过程中还应注意石头的用途,是用于雕刻、印章,还是用于自然型。用途不同,鉴定的方法也应不同。为了看得更加清楚准确,看之前可在毛石上洒上些水,这样石面会变得更加清晰。看的过程中要注意应在日光下,而不要在灯光下去观察巴林石的颜色。因为日光是包括赤橙黄绿青蓝紫在内的各种色光,而灯光是不全光,由于射入光的光谱不全,反射的光谱也不全,颜色也就不准,所以有"灯下不观色"之说。

④ 辨,即根据不同巴林石的不同特点,对其加以区别,作出判断。巴林石有时虽然表里不一,显示出很大的差异性,但并不是无规律可循。只要认真研究,积累经验,就可以透过一些现象去辨别出其本质。比如,从石头的品种可以辨别出是从哪条矿脉产出,哪年产出的以及产出多少,从而可以判定其质量如何,有多大收藏价值。从石面上的点点散血可以找出血线,并判定其血面的大小;从朦胧的石面上可以辨出图案,找出其艺术价值等。应该说,加工前在外部特征区别并不明显的众多的毛石中选出一块有价值的石头并不是一件容易的事。因为巴林石在形成过程中种种元素的渗染并无规律而言,有的鸡血石外部血足且艳,开料到中间时鸡血全无;有的外部只有点点散血,中间锯开后可能会出现很大的血面;所示巴林石的鉴定一半靠辨别,一半靠运气。

工艺美术上要求巴林石颜色鲜艳,光泽强,透明度高,质地致密、细腻、坚韧、光洁,块度大。对于其中的巴林鸡血石则要求颜色为全红、鲜红,或"鸡血"在鸡血石中分布有一定的规律,呈现出千姿百态的美丽外形。在质量评价过程中,可以根据色泽、质地、块度等因素,将巴林石分为一定等级。迄今已知的最大巴林石块重1吨以上,最大的鸡血石块重近10公斤,极为珍贵。人们在鉴赏巴林石的过程中,常常习惯于按巴林鸡血石、巴林福黄石、巴林冻石、巴林图案石的顺序排列巴林石的品级,这是不科学的。其实巴林石的四大类互有优劣,一般的鸡血石不如优质冻石,而特殊的图案石则更为名贵。现在,由于巴林石地方标准的颁布和对巴林石认识的不断深化,人们已习惯于将质地、色泽、象形、石艺等综合起来对巴林石进行品评,并将巴林石的国家标准鉴定与贸易活动规则、历史约定俗成的品评等融为一体,把每大类巴林石分为若干品级。

巴林鸡血石可分为四品。一是绝品,即过去属于上品的鸡血石,产出不多,现资源已经枯竭,不再产出的品种,如少阳红、翡翠红等。这一品级的鸡血石绝大多数流落到个人手中,一般不轻易外露,极有收藏价值。二是上品,即地子为上好的冻石,底色纯正,色彩鲜明,纯净无杂,无钉无络。血色鲜红,面积大或血线宽,且前后贯穿,血和地搭配得巧妙浑和,硬度适中,加工后造型美观,极富光泽者。这一品级的鸡血石由于产量很少,早已被收藏家们所看好,价格一路上扬。三是中品,地子为一般的冻石或彩石,或质地较好,但色泽与血反差太小,画面显得杂乱。鸡血的面积不大,血线不厚,血色不鲜,有少量钉络,加工后形状不佳或光泽不好者。四是下品,即地子为较差的冻石或彩石,色彩杂乱无章,鸡血未成、不鲜或老而发紫,成面积点状且分散,无形无光亮。在鸡血石类中,上品和中品占多数。

巴林福黄石类可分为两类。一类是绝品,即晶莹剔透、纹理均匀、肌理清晰的福黄。此石矿层稀薄,开采艰难,产量极微。该石由于质地与田黄石相比毫不逊色,因而进入市场后使许多藏石家难辨真假。这一品种已多年未见,素有"鸡血易得,福黄难求"之说。由于巴林石已以福黄命名分类,因此绝品中的福黄现一般都称为鸡油黄。另一类是上品,即质地细润,肌理透明清晰,通体为黄色,隐现纤细的水痕,坚而不脆,软而不松,色泽高贵端庄,形体玲珑剔透者,蜜蜡黄、水淡黄、流沙黄、虎皮黄、黄中黄等品种都可称为上品。其他一些品种地上虽有黄色,但面积太小,不够纯净,形不成主色,因而划为其他品种,不属于福黄类。

巴林冻石类可分为四品。一是绝品,在此品中,一类是在冻石中切出惟妙惟肖的画面,令人拍案叫绝;一类是出现蓝绿颜色,且面大色正;一类是过去即为上品,少有产出,现在资源已经枯竭。以上几类中冻石质地纯正、透明度较高、没有络裂、块度适中者才属此品。二是上品,即质地细腻,透明度较高,肌理清晰,色泽纯正,浓淡可人,石质不干不燥,易于受刀,石块较大,便于雕刻时切割选择,不含钉络者。上品中,一类是质地非常纯净,不含一点杂色,如水晶冻、玫瑰冻、芙蓉冻、牛角冻、羊脂冻、桃花冻、杏花冻、墨玉冻、虾青冻、猪白冻等;一类是质地上等且又有独特画面者,如冰草花、米穗冻、晴雨冻、金箔冻、艾颜冻、三元冻、满满冻、云冰冻、凝墨冻等;其他冻石品种中线条或斑纹形成图案,虽不够逼真,但能体现出一定意境者也在此品。三是中品,质地透明度稍差,纹理不够清晰;颜色单一且欠纯正,或颜色多样但欠鲜明;稍含钉络或有些裂纹但不影响质量,块度有一定选择余地者。四是下品,被打入下品的冻石主要有以下几种情况,一种是自身质地确实不佳者;一种是上述两品中的绺裂较多者、透明度较差者及块度不够者。

巴林石彩石类可分为四品。一是绝品,即彩石中切出了画面,画面线条清晰,色泽纯正,形象逼真,质地对图案衬托得当,块度适中者。二是上品,其中一类是自身带有各种线条或斑块者,如满天星、豹子点、红花石、紫云石等;另一类通体是一种颜色,不含其他杂色,或虽是两种以上颜色,但颜色之间界线分明,比例协调,而且色泽纯正,硬度适中,没有砂钉,块度适中者;彩石中的其他品种如颜色能够达到这一要求,也都能成为上品。三是中品,通体虽一色为主但不够纯正,带有其他颜色,而且不成比例,石面略显杂乱,不够协调,稍含钉络或有一些裂纹但不影响质量,块度有一定选择余地。四是下品,即色泽不正,绺裂较多,块度不够者。

巴林图案石因从属于其他几类巴林石切出画面后划出来的类别,其品级的划分主要是考虑其图案逼真程度、形体大小、色彩浓淡等因素。一般说来,不需要特别指点,一看就知道像什么,并且在石面上的位置适中、大小合适、浓淡相宜者为上品。经别人指点方能看出名堂,或虽一目了然,但在石一面所处位置不好,形象过大或过小,色彩不佳者为中品。仅有几分相似,一再指点别人也无法理解和接受者为下品。

巴林高岭石因用途不同于上述几类,所以没有划分品级。

（六）产地及产状

巴林石矿区位于大兴安岭隆起带西南端的东南边缘，属于白音诺至景峰一级构造断裂带的部分，出露地层主要为上侏罗统玛尼吐组的陆相火山喷发岩。巴林石矿体成似脉状、豆荚状、透镜体状、窝状、巢状，长50~250米，厚0.5~2.5米，产于强高岭石化蚀变带中。这种含矿蚀变带还具有明显的分带现象，从内到外蚀变作用由强至弱，依次可见巴林石矿脉、高岭石脉、硅化明矾石化流纹岩、硅化高岭石化流纹岩。全矿区计有5个脉组，每组含矿脉4~8条，厚度大于15厘米、含有符合工艺美术要求的巴林石矿脉约24条，其中局部含鸡血石的矿脉约5条。矿石质量的好坏与矿脉的规模之间似有某种联系，即矿脉规模愈大则矿石质量愈好：长度大于100米、宽度大于0.8米的矿脉，矿石质量一般很好；长度大于50米、宽度大于0.5米的矿脉，矿石质量一般较好；规模很小的矿脉，矿石质量一般较差。总观巴林石产于上侏罗统蚀变流纹岩中，矿脉严格受断裂、裂隙所控制，成矿方式以交代作用为主，因而其矿床在成因上属于火山热液充填交代型。

（七）选购、收藏及保养

自从1973年建立巴林石矿山以来，算上民间的随意采掘，现已开采出普通巴林石数千吨、鸡血石数十吨，供应全国20多个省、区、市10多家工艺美术厂生产石雕作品之用。内蒙古自身所辖的巴林右旗、赤峰、呼和浩特、包头等地的工艺美术厂亦用这些巴林石。其产品有印章、文房宝器、古今人物、鱼虫、鸟兽、山水、花卉、烟茶用具等20多个品种，销售于英国、法国、瑞典、美国、加拿大、埃及、新加坡、日本和中国的台湾、香港等数十个国家及地区。现今巴林鸡血石的售价已经大幅度上升。长期进行的不合理的开采，致使巴林鸡血石珍品正日益减少。巴林石原料的价格，70年代初刚问世时，每吨矿石仅售价300元人民币，鸡血石每吨1 200余元。1978年用优质巴林鸡血石加工成$14\times6\times6cm^3$的两方戳料，六面见血，当时售价仅2 000元人民币，还发生了"退货事件"。因为，当时的巴林鸡血石，还处于"养在深闺人未识"的阶段。1984年广交会上，一块16cm见方的巴林鸡血石，以5万元人民币成交。20世纪90年代初，巴林鸡血石售价已达每吨30万元，以冻石为基地的优质鸡血石每吨已逾百万元人民币。

巴林石的开采已有几千年的历史，品种数以百计。在长期的生产实践中，人们对巴林石的认识不断深化，对其品种的划分和石质的品评也日趋科学。归纳起来，主要是通过"四品"来对巴林石进行鉴赏，即品质地、品色泽、品石艺、品意蕴。

① 品质地，即对巴林石质的温润、洁净、细腻程度等进行品评以鉴定高下。巴林石作为印材名石，质地温润细腻，柔而易攻。作为观赏名石，质地肌理清晰，如脂如冻。如果说造型石以型、纹理石以意，矿物晶体和化石以其科学价值取胜的话，那么巴林石则是以其质地独树一帜取胜的。因而对巴林石质地的品评则显得非常重要。鉴赏家们总结石质有"六德三贱"，六德即细、结、润、腻、温、凝。细是指质地不粗糙，致密细滑；结是指质地不松软，结构紧密；润是指质地不干燥，温润娇嫩；腻是指质地不缺油，光泽明亮；温是指质地不死结，内含宝气；凝是指质地不浮散，庄重聚集。三贱即粗、松、脆。粗是指质地粗糙，入手发涩，全无光泽；松是指质地不紧密，作印不耐用，轻碰即伤；脆是指质地坚硬疏松，易破碎

或出现裂纹。在品评巴林石的过程中,这些标准虽有些抽象,但十分精辟。对巴林石的质地研究得越透,对这些标准则理解得越为深刻,运用起来就越得心应手,从而对巴林石的品评鉴赏则更为准确。

　　② 品色泽,即对巴林石的颜色、光泽等进行品评以鉴赏高下。巴林石颜色丰富,赤、橙、黄、绿、青、蓝、紫各色均有;还可以分出基础色、过渡色、交融色、混合色等。在品评巴林石时,鉴赏家们常有"以红黄为贵,蓝绿为绝,五彩为奇"之说。这是指巴林石的鸡血红和福黄十分珍贵,蓝绿颜色的巴林石非常少见,一块巴林石上有多种颜色则显得非常奇特。但仅仅以此来论高下是不全面的。色彩和光泽是物体给人的视觉效应。巴林石之所以给人以美感,深得赏者喜爱,首先是因为它给人以自然感。我们所看到的不是人为所显示的各种色泽,而是石体的真色,是大自然造就的本来面目,这种回归自然的色泽越真切,品位就越高,就越显得珍贵。其次是奇异感。五彩斑斓的颜色,妙趣横生的光泽,常常会使人感到奇异新鲜,诱导人们以积极的意义去取其美好的象征,去追求有益的联想,这也是人们在品味巴林石色泽时所追求的一种感受。再次是趋同感。人们对色泽的追求虽然各有偏爱,表现出很强的个性,但有一些感觉是共性的。如白给人的感觉最明,黑给人的感觉最暗;红给人的感觉最暖,黑给人的感觉最冷;黄给人的感觉最近,紫给人的感觉最远等。该石的色泽充分体现了其反映的意蕴,在被自己接受的同时也被大家所接受,这是品味巴林石色泽时得到美感的一个重要因素。

　　③ 品石艺,即对巴林石的形状、花纹、图案和加工后的作品等进行品评以鉴赏高下。它是在充分认识巴林石的特征,尊重大自然的创造的前提下,创作所表现出来的艺术,是从大自然中去发现并加以美化的所得。应该说,巴林石块大且宜于加工,其外形有很大的可塑性,这是巴林石有别于其他观赏石的特点之一。另外,其花纹图案天工巧成,有的深藏于石头中间,需切开后才能发现;有的在乎于像与不像之间,须反复揣摩才能获得,稍不留意,就会与其无缘,失之交臂。未进行任何加工的巴林石的毛石与其他普通石一样,并没有多大的欣赏价值。只有进行打磨后,才能看到它丰富的色彩,亮丽的光泽和如画的图案。如果再进行雕刻,把艺术家们创造性的思维和极富技巧的劳作揉进石中,那么巴林石就会增值百倍。鉴赏家们鉴赏石艺有"按料取材,因材施艺,艺有所成"之说,是指巴林石的石艺是"天人合一"的造型艺术,是把巴林石的石质美、色彩美、图案美等充分加以运用,并通过构图、设计、制作、命名等得以有效升华,从而既不失巴林石天然的魅力和神韵,又增加了其丰富的内涵和独特的风格的艺术。从这个角度讲,巴林石的鉴赏是石质加石艺的鉴赏,只有把石质和石艺有机地结合起来,融为一体,巴林石才最能体现出它的真正的艺术价值,这时的品评鉴赏才是真正的艺术享受。因而品石艺,既要有眼力,有耐性,还要有艺术修养。

　　④ 品意蕴,即对巴林石深刻的文化内涵进行品评鉴赏。艺术之美,贵在发现。人们在品评巴林石时不仅能从外表得到感观上的享受,细细品味,还能从内在去发现巴林石的风格与意蕴,追求到情感上的愉悦。如巴林石石中有画,画中有诗,诗画交融,从寓意深远的画面中,我们可以去品味诗画一般的意境,去追求神奇的感觉和美妙的享受。巴林石石面色彩堆集,线条丰富,形神兼备。在品评像与不像之中,我们可以尽情地去参与再创作,去开辟适合自己情感的充分的想象空间。巴林石历史悠久,积淀丰厚,在巴林石文化考证

中,我们可以追溯北方民族的文明进步史,去窥见中华民族大家庭同步演进的轨迹。巴林石源于自然,生成奇特,在研究巴林石的物理性能过程中,我们可以推测其形成的来龙去脉,追求科学的理念。总之,巴林石的品评,不能仅仅局限于表面,要努力挖掘其深刻的思想文化内涵。而要做到这一点,首先要提高文化素质,不然面对极品也会茫然不知,这是品评巴林石的基础;其次要有审美意识,对每一块巴林石都要从不同角度去审视,从中去分析筛选自己所认定的艺术佳品,这是品评巴林石的深化;再次要富于联想,沿石认道,激发心灵里的想象力和创造思维,品出深含在巴林石中的灵气,感受人与大自然的默契和交融,这是品评巴林石的飞跃。

十七、碳酸盐类玉石

碳酸盐类玉石产量大、产地多,是最常见的玉石品种之一。碳酸盐类玉石耐久性较差,多以集合体出现,常作为玉雕原料或其他宝石的仿制品。常见的品种有:方解石、白云石、菱锌矿、菱锰矿、菱镁矿等。

(一) 方解石(大理岩)

方解石单晶在自然界常出现良好的晶形,无色透明的方解石也称为"冰洲石",是一种重要的光学材料。方解石隐晶质集合体称为"石灰岩",是烧制石灰和制造水泥的原料,以及冶金工业上的熔剂。方解石显晶质集合体又称为"大理岩",在建筑和装饰材料中早已广泛使用,俗称"汉白玉",是最常用的玉雕原料之一。

1. **基本性质**

1) 矿物名称

方解石(calcite),在矿物学上属方解石族。大理岩(marble)的主要矿物为方解石,可有白云石、菱镁矿、蛇纹石、绿泥石等矿物。

2) 化学成分

方解石的化学式为$CaCO_3$,常含 Mg、Fe 和 Mn,有时含 Sr、Zn、Co、Ba 等元素。大理岩的化学成分随不同的矿物组成而有所变化。

3) 晶系及结晶习性

三方晶系,晶形多变,常见晶形有柱状、板状和各种状态的菱面体等,不同的聚形有很多。常见单形有六方柱、菱面体、平行双面及复三方偏三角面体。方解石依{0111}形成聚片双晶,非常普遍;依{0001}形成接触双晶。方解石的集合体形态也是多种多样的。由片状(板状)或纤维状的方解石呈平行或近似平行组成的连生体,分别称为层解石和纤维方解石。还有致密块状(石灰岩)、粒状(大理岩)、土状(白垩)、多孔状(石灰华)、钟乳状(石钟乳)和鲕状、豆状、结核状、葡萄状、被膜状及晶簇状等。

4) 物理及化学性质

方解石的物理性质主要体现在以下几个方面。

① 颜色:方解石可具各种颜色,常见有无色、白色、浅黄等。纯净的方解石的颜色应该是无色或白色,无色透明的方解石晶体称为冰洲石。方解石可因各种混入物而呈现不同的颜色,如含微量的 Co 或 Mn 可呈灰色、黄色、浅红色;含微量 Cu 可呈绿色或蓝色。

大理岩有各种颜色,常见有白色、黑色及各种花纹和颜色。因含不同的矿物而呈现不同颜色。

② 光泽及透明度:玻璃光泽、透明至不透明。
③ 光性:方解石为一轴晶,负光性;大理岩为非均质集合体。
④ 折射率与双折射率:折射率介于 1.486~1.658 之间,双折射率为 0.172。
⑤ 多色性:无至弱,集合体无多色性。
⑥ 发光性:多变。
⑦ 吸收光谱:随杂质而变。
⑧ 解理:三组菱面体解理完全。
⑨ 硬度:摩氏硬度为 3。
⑩ 密度:2.70($\pm$0.05)g/cm^3。
⑪ 放大检查:方解石具有强的双折射现象,三组完全解理;大理岩为粒状或纤维状结构,三组解理发育。
⑫ 特殊光学效应:方解石可见猫眼效应。
⑬ 其他:遇盐酸起泡。

2. 分类

碳酸盐类玉石按工艺用途可分为两个品种。

① 单晶宝石:各种颜色、透明的方解石可切磨成戒面。无色透明的冰洲石可用做光学原料。
② 玉石:各种颜色的方解石集合体可作为玉雕和装饰材料。

3. 鉴别

目前方解石尚无人工合成品,但在实验室中曾见到用方解石的粉末压结成的材料,这种材料看上去非常松散,有孔洞,滴酸起泡,颜色多变。

方解石常用的优化处理方法是染色,可用有机或无机染料,尤其是当方解石集合体孔隙较多时极易着色,可染成各种颜色。鉴别方法如下:放大检查,观察缝隙是否有染料,绿色染料在查尔斯滤色镜下呈红色。

4. 评价

方解石和大理岩原料的质量评价可以从颜色、净度、透明度、重量(块度)等方面进行。宝石级的方解石要求颜色纯净单一,透明度高,无杂质及裂隙,但因为硬度低、解理发育和易腐蚀而不适于做首饰,主要用于光学材料、观赏石及收藏。玉石级大理岩要求结晶颗粒细小,致密,无杂质,块度大,颜色鲜艳,常用来做玉雕原料或装饰材料。

5. 产地

方解石是分布最广的矿物之一,具有各种不同的成因类型。沉积型可形成石灰岩、鲕状灰岩、白云质灰岩;热液型可形成具有良好晶形的冰洲石;热变质型可形成粗粒的大理岩;风化型可形成钟乳石、石笋、石柱等;在某些矿泉里可形成由方解石、文石沉积的"石灰华"。方解石的产地主要有美国、墨西哥,另外还有英国、法国、德国、冰岛、意大利、巴基斯坦、罗马尼亚、俄罗斯、中国等地。

大理岩在世界各地几乎都有产出。我国云南大理所产的条带状大理石闻名于世,其间的条带有黑色、绿色等颜色和不同的形状,构成了一幅幅形象逼真的山水画,成为上等装饰材料。北京房山产出的"汉白玉"颜色纯白,是故宫、颐和园、北海等皇家园林常用的建筑和装饰材料。有一种大理石质地细腻,透明度较高,市场上俗称"阿富汗玉",白色的品种经常用来仿白玉。如图 2-3-127、图 2-3-128 所示,分别为阿富汗玉和阿富汗玉白菜。

(二) 白云石

白云石是沉积岩中广泛分布的矿物之一。白云石很少以单矿物出现,极少成为宝石,而是多以集合体形式出现,称为白云岩。

1. 基本性质

1) 矿物名称

白云石(dolomite),在矿物学上属方解石族。

2) 化学成分

白云石的化学式为 $CaMg(CO_3)_2$,成分中的 Mg 可被 Fe、Mn、Co、Zn 替代。其中 Fe 能把 Mg 完全替代,形成完全类质同象系列。

3) 晶系及结晶习性

三方晶系,晶体呈菱面体状,晶面常弯曲成马鞍形。常见单形有菱面体、六方柱及平行双面。常依$\{0001\}$、$\{10\overline{1}0\}$、$\{11\overline{2}0\}$及$\{02\overline{2}1\}$形成双晶。集合体常呈粒状、致密块状,有时呈多孔状、肾状。

4) 物理及化学性质

白云石的物理性质主要体现在以下几个方面。

① 颜色:无色、白带黄色或褐色色调。

② 光泽及透明度:玻璃光泽至珍珠光泽;多为半透明。

③ 光性:一轴晶,负光性;常为非均质集合体。

④ 折射率:折射率介于 1.505~1.743 之间;双折射率介于 0.179~0.184 之间;集合体不可测。

⑤ 多色性:无至弱,集合体无多色性。

⑥ 发光性:紫外线下白云石可有橙、蓝、绿、绿白等多种颜色荧光。

⑦ 吸收光谱:随所含杂质而变。

⑧ 解理:三组菱面体解理完全。

⑨ 硬度:摩氏硬度为 3~4。

⑩ 密度:2.86~3.20g/cm³。

⑪ 放大检查:可见三组完全解理。

⑫ 其他:遇盐酸缓慢溶解。

2. 产地

以白云石为主要矿物的白云岩可用做雕刻原料,在世界各地广泛产出。中国新疆哈密产出的黄色白云岩颜色为浅黄至深黄,质地细腻,具蜡状光泽,色泽柔和滋润,微透明至半透明,又称为"蜜蜡黄玉",如图 2-3-129、2-3-130 所示,分别为蜜蜡黄玉茶具和蜜蜡黄玉玉鸟。中国四川丹巴产出的白云石为含铬云母的白云岩,翠绿色,致密块状,质地细腻,可含少量阳起石、透闪石、绿泥石、黄铁矿,俗称"西川玉"。

(三)菱锌矿

1. 基本性质

1) 矿物名称

菱锌矿(smithsonite),在矿物学上属方解石族。

2) 化学成分

菱锌矿的化学式为 $ZnCO_3$,类质同象混入物有 Fe、Mn、Mg、Ca、Co、Pb、Cd、In 等。

3) 晶系及结晶习性

三方晶系,晶体少见,呈菱面体及复三方偏三角面体和六方柱的聚形。由于菱锌矿是氧化带中的偏胶体矿物,故多为肾状、葡萄状、钟乳状、皮壳状、利土状集合体。

4) 物理性质

菱锌矿的物理及化学性质主要体现在几个方面。

① 颜色:绿、蓝、黄、黄绿、淡蓝、棕、粉、白至无色。

② 光泽及透明度:玻璃光泽至亚玻璃光泽;半透明。

③ 光性:一轴晶,负光性;常为非均质集合体。

④ 折射率:折射率为 1.621~1.849;双折射率为 0.225~0.228;集合体不可测。

⑤ 多色性:集合体无多色性。

⑥ 发光性:紫外灯下无至强荧光,并可有各种荧光颜色。

⑦ 吸收光谱:无特征吸收光谱。

⑧ 解理:三组菱面体解理完全,集合体通常不可见。

⑨ 硬度:摩氏硬度为 4~5。

⑩ 密度:$4.30g/cm^3$。

⑪ 放大检查:单晶具三组完全解理,集合体常呈放射状结构。

⑫ 其他:遇盐酸起泡。

如图 2-3-131 所示,为菱锌矿原石。

2. 产地

菱锌矿产于铅锌矿床氧化带,常与异极矿、白铅矿、褐铁矿等伴生。主要产于我国广西融县,广泛分布。可用做雕刻原料。

(四)菱锰矿

1. 基本性质

1) 矿物名称

菱锰矿(rhodochrosite),在矿物学中属方解石族。

2) 化学成分

菱锰矿的化学式为 $MnCO_3$,常含有 Fe、Ca、Zn、Mg 和少量 Co、Cd 等元素。

3) 晶系及结晶习性

三方晶系,晶体呈菱面体状,晶面弯曲,多出现于热液脉空隙中,但不常见。主要单形为菱面体、六方柱和平行双面。热液成因的多呈显晶质,粒状或柱状集合体;沉积成因的多呈隐晶质,为块状、鲕状、肾状、土状等集合体。常见菱锰矿与白云石连生。

4) 物理及化学性质

菱锰矿的物理及化学性质主要体现在以下几个方面。

① 颜色:粉红色,通常在粉红底色上有白色、灰色、褐色或黄色条带,也有红色与粉色相间的条带。透明晶体可呈深红色。菱锰矿含有致色离子 Mn^{2+},属典型的自色矿物,常呈红色或粉红色。随含 Ca 量增加而颜色变浅;当有 Fe 代替 Mn 时,变为黄色或褐色;氧化后表面变褐黑色。

② 光泽及透明度:玻璃光泽至亚玻璃光泽;透明至半透明。

③ 光性:一轴晶,负光性;常见非均质集合体。

④ 折射率:折射率介于 1.597~1.817(±0.003) 之间,点测法常测值为 1.60;双折射率 0.220,集合体不可测。

⑤ 多色性:透明晶体为中等至强的橙黄、红色多色性,集合体无多色性。

⑥ 发光性:长波紫外线下,无至中等粉色;短波紫外线下,无至弱红色。

⑦ 吸收光谱:具 410nm、450nm、540nm 弱吸收带。

⑧ 解理:三组菱面体解理完全,集合体通常不可见。

⑨ 硬度:摩氏硬度介于 3~5 之间。

⑩ 密度:$3.60(+0.10 \sim 0.15)g/cm^3$。

⑪ 放大检查:条带状、层纹状构造。

⑫ 特殊光学效应:猫眼效应和星光效应罕见。

⑬ 其他:遇酸起泡。

2. 分类

菱锰矿颗粒大、透明、颜色鲜艳者可做宝石;颗粒细小、半透明的集合体通常作为玉雕原料,俗称"红纹石"。

3. 鉴别

与菱锰矿颜色极为相似的一种玉石是蔷薇辉石,后者为辉石族矿物,二者有明显的区别,详见表 2-24。

表 2-24 菱锰矿与蔷薇辉石的鉴别特征

名称	Hm	n	解理	遇酸	结构	特征
菱锰矿	3~5	1.597~1.817	三组	反应	隐晶至粒状结构,纹层状或花边状构造	颜色呈条带状分布,硬度小
蔷薇辉石	5.5~6.5	1.733~1.747	二组	不反应	细粒状结构,致密块状构造	不具有条纹。具特殊的半透明至不透明的粉红、红色或褐红到紫红色的外观,表面有一些黑色的斑点或纹理

与玻璃仿制品的鉴别：菱锰矿的仿制品主要是粉红色玻璃，玻璃仿制品可通过解理、密度、双折射、光性等方面加以区别。菱锰矿挂坠如图 2-3-132 所示。

4．评价

宝石级菱锰矿数量很少，它要求有较高的透明度及鲜艳的颜色。而玉石菱锰矿则要求有较大的块度、裂纹少、颜色鲜艳。

5．产地

菱锰矿主要产于阿根廷、澳大利亚、德国、罗马尼亚、西班牙、美国、南非等地，中国辽宁瓦房店、赣南、北京密云等地也有出产。

十八、其他不常见玉石

（一）京粉翠

京粉翠的主要组成矿物是蔷薇辉石，它是辉石的一种，成分为硅酸锰，化学式为 $MnSiO_3$，并含少量的 Fe、Zn 和 Ca，含钙占优势时称钙蔷薇辉石，含铁占优势时称铁蔷薇辉石，如果含锌占优势则称锌蔷薇辉石。三斜晶系，晶体呈板状，很少呈完全的晶体，常呈致密块状体，颜色为淡红、红、褐、黄褐等，半透明至不透明，玻璃至珍珠光泽，贝壳状或参差状断口，两组完全解理，硬度为 5.5~6.5，密度为 $3.50g/cm^3$，折射率为 1.733~1.747，点测法为 1.74。蔷薇辉石的鉴定以其折射率、两组完全解理及黑色花纹为典型特征。因有玫瑰红色花斑和黑色条纹，从而很容易与其他粉红色的玉石相区别。以加酸不起泡和硬度较大的特性可与菱锰矿相区别。

京粉翠的评价，从颜色、光泽、质地、化学成分的稳定以及具有的某些特殊色泽和结构构造等方面进行。人们将京粉翠划分为四个等级。

1．粉紫色京粉翠

粉紫色京粉翠为粉红色带有深紫色调，具玻璃光泽，不透明，质地略显粗糙，主要由普通蔷薇辉石组成，有时含有少量锰铝榴石。表生作用易出现较多的氧化锰薄膜，氧化强烈时失去彩石特征。

2．粉桃红色京粉翠

颜色鲜艳柔和，具玻璃光泽，不透明，质地细腻，由较均一的桃红色、鲜玫瑰红色普通蔷薇辉石组成，有时能见少量棕色锰铝榴石。呈他形及较自形变晶结构，致密块状。矿石中常因氧化作用而含有薄膜状氧化锰，组成特殊黑纹。

3．红白花京粉翠

红白花京粉翠由桃红色蔷薇辉石与白色石英组成，花斑状结构、似斑状变晶结构，致密块状，具玻璃光泽，似斑晶状的蔷薇辉石像玫瑰花瓣一样散布在乳白色半透明的他形细粒石英中，非常美观醒目。

4．灰粉色京粉翠

灰粉色京粉翠呈灰粉色，色泽暗淡不柔和，主要由含铁蔷薇辉石变种组成，常含锰铝榴石、透辉石、菱镁矿等杂质。见黑色氧化锰薄膜，由于颜色不鲜艳、晦暗而属等外品。著名的产地有德国、罗马尼亚、瑞典、俄罗斯、巴西、墨西哥、澳大利亚、美国和中国等。

京粉翠是变质成因,常见于片岩和其他变质岩中,由沉积的锰矿物、蛋白石、石英一起经区域变质而成,与锰铝榴石、菱锰矿共生。

北京京粉翠是蔷薇辉石的一种工艺名称,由于具有艳丽高雅的粉桃红色、玫瑰粉红色等喜人的色泽及"红白花"的特殊品种,从而成为一种名闻全国具有北京特色的玉石。自1966年北京市地矿局于王中等人发现后,经北京玉器厂、北京外贸首饰公司等加工雕刻出的各种玉件及装饰品畅销市场,更使其具有较高的观赏及经济价值。除此以外,俄罗斯、瑞典、巴西、墨西哥等国也有产出,俄罗斯的乌拉尔地区曾产出一重达47吨的特大玉料,并用其加工成重7吨的玉棺,被传为奇闻。京粉翠属于中低档玉石,其原石如图2-3-133所示,其风景摆件如图2-3-134所示。

(二)梅花玉

梅花玉产于河南省汝阳县,又称"汝州玉"、"汝州石"。因对其磨光之后,可呈现出美丽的梅花状图案或花纹而得名。

梅花玉为中国历史上的名玉之一,相传东汉光武帝刘秀就视"汝州玉"为国宝。北魏郦道元的《水经注》记载了:"紫逻南十里有玉床,阔两百丈。其玉填密,傲见梅花,曰宝玉。"这里的"紫逻"即紫逻山,在汝阳县境内,为古代汝州玉的产出之地。《直隶汝州全志》称:"汝州有三宝:汝窑、汝玉、汝帖。"此"汝玉"即"汝州玉",今称其为"梅花玉"。但在相当长的时期内,梅花玉悉被湮没,鲜为人知。直至20世纪80年代,这一古玉才开始被重新发掘,并放出异彩。

梅花玉致密坚硬,在黑绿底中缀有白、绿、红、黄等各色花点,与棕红色细脉交织在一起,酷似腊梅,故称梅花玉。据前人研究,梅花玉实质上为一种具杏仁状玻基的粗面岩,基质为玻璃质,具明显的羽状脱玻化特征,斑晶约占2%~5%,有时达到30%~35%,大小不等,一般直径为0.5~3mm,斑晶矿物成分是钠长石。梅花玉中含10%~20%的杏仁孔,直径为2~5mm,少数更大,杏仁孔呈圆形、椭圆形、拉长形、云朵状和不规则状。杏仁孔主要由石英、长石,及较少量的绿帘石、绿泥石和方解石组成。大部分杏仁体边缘可见以硅酸岩为主的次生边,形成双层构造。杏仁蚀变强烈但不均匀,蚀变矿物有绿帘石、绿泥石、方解石、钾长石和硅化矿物。由于梅花玉具有美丽而自然的图案,因而现已将它作为玉雕材料。梅花玉具斑状结构、杏仁状及块状构造,质地致密、细腻、坚韧,呈黑、墨绿色,少数呈紫红色,磨光之后,在墨绿、黑色的地子上常呈现出白、红、绿、黄、紫罗兰、竹叶青等各色花朵。它们或含苞,或怒放,簇拥成团,艳丽异常;具油脂光泽、玻璃光泽,微透明;硬度为6~7,密度2.74g/cm³,可雕性极好。

人们已用梅花玉来生产多种首饰(如手镯、串珠、坠子等)和玉器。后者包括有动物(如梅花鹿、马、狮、鱼等)、花鸟(如喜鹊闹梅、彩蝶恋花等)、器皿(如茶具、酒具、餐具及其他用具等)、仿古屏风及其他陈设品等。其风格独特,庄重典雅,深受国内外人们的欢迎,使人爱不释手。如中国国家体委就曾指定用"梅花玉杯"作为1988年国际象棋大赛的奖品,1990年亚运会期间曾用梅花玉作奖杯。一位美国收藏家在购得一尊梅花玉九环玉炉之后说:"家藏万贯,不如梅花玉一件。"此外,梅花玉中还含有多种微量元素,它们进入人体后能促进新陈代谢、加速离子交换、增强血液循环、补充人体所缺营养成分,因而被称为

"保健石"、"长寿石"。梅花玉原石与梅花玉手镯分别如图 2-3-135、图 2-3-136 所示。

(三) 硅孔雀石

硅孔雀石为含水的铜的硅酸盐矿物,外观上像孔雀石,质优者亦常用作宝石和玉雕材料。人类对硅孔雀石的认识和开发利用具有悠久的历史。如古埃及人早于远古时代,在西奈半岛开采孔雀石时就一并开采了与其共生的硅孔雀石。在中国,古人不是称其为"硅孔雀石",而是称其为"碧甸子"、"碧甸"、"碧钿子"、"碧钿",甚至有人认为古代称其为"绿青"。据《元史·世祖本纪》载,至元"二十七年十一月,罢云南会川路采碧甸子"(云南"会川",今为四川会理一带)。《元史·食货志》记载了"碧甸子在和林者,至元十一年命乌马儿采之。在会川者二十一年输一千块"("和林",在今乌兰巴托西南)。《元史·舆服志》称:"庶人耳环用金珠、碧甸。"《明一统志》记载了"安宁州出碧填子"("安宁"指今云南省安宁县);"金州出自然铜、石青、石绿、碧钿,唐宋采取,明初封闭"(此"金州"指今陕西省安康县)。《清一统志》记载了陕西省"洵阳县青山在县西五十八里,东北枕汉江,西南接安康县界,下有洞产碧璃,今封闭"。从这些记载可以看出:碧钿与自然铜、石青、石绿等共生或有着成因上的联系,因而可以肯定它们均为古铜的矿物,而绿松石则很少,不与它们共生。碧钿或碧甸、碧填肯定不会等于自然铜、石青、石绿,否则,古人是不会另立名称的。陕西安康一带的碧钿在唐、宋时已开采利用,明代已停止开采。因此,碧钿为硅孔雀石的可能性很大。

硅孔雀石化学成分为$(Cu,Al)_2H_2Si_2O_5(OH)_2 \cdot nH_2O$,即含水的铜硅酸盐,单斜晶系,隐晶质集合体,常以块状、肾状、葡萄状、皮壳状块体产出,颜色常呈蓝色至蓝绿色,如为天青、绿、浅蓝绿、天蓝、淡蓝等色,有的品种具绿松石之美色,但缺少孔雀石之孔雀绿色。微透明到不透明,具玻璃光泽,贝壳状断口,硬度为 2~4,密度为 2.0~2.4g/cm³,折射率为 1.461~1.570,点测法 1.50 左右,遇盐酸不发生化学反应。硅孔雀石原石如图 2-3-137 所示。

按物质组成、色泽及其他工艺美术特征的差异,可以将硅孔雀石分为以下三个品种:

① 普通硅孔雀石,呈绿、蓝绿等色,硬度低,性脆,质地坚韧者可以用作宝石或玉雕材料;

② 埃拉特石,为硅孔雀石与孔雀石的混合物,颜色常因其物质组成的不同而发生变化,质地致密、细腻、坚韧,色泽艳美、均一或配置有规律者,可以用作宝石和玉雕材料;

③ 硅孔雀石水晶,指含有硅孔雀石包裹体的水晶,其中透明度较好、无裂纹及其他缺陷者可以用作宝石。

工艺美术上要求硅孔雀石颜色鲜艳、纯正、均匀,光泽强,有一定的透明度,质地致密、细腻、坚韧、光洁,无裂纹、杂色斑点及其他缺陷,块度较大。质优者主要用来生产首饰,块度大者可以用来生产玉器。

地壳里的硅孔雀石产于铜矿床的氧化带,为原生含铜的硫化物被氧化后形成的次生矿物,可以与孔雀石、蓝铜矿、自然铜、赤铜矿、褐铁矿等共生。

世界上出产宝石级硅孔雀石的国家有加拿大、智利、美国、墨西哥、俄罗斯、埃及、扎伊尔、以色列等。我国已在新疆哈密、湖北阳新、广东阳春、云南个旧等地发现硅孔雀石,其中新疆、云南的硅孔雀石有一部分符合宝玉石的质量要求。另外,福建永安也有硅孔雀石发现。

(四) 青海翠

青海翠又称乌兰翠,是1981年由青海省地质工作者发现的,因块体中含有翠绿色的铬尖晶石斑点和产于乌兰地区而得名。它实际上是一种含铬尖晶石的硅卡岩,其主要矿物组成有钙铝榴石、透辉石、符山石及铬尖晶石。青海翠坚硬致密,颜色有白、绿两种,白色者称白乌兰翠,绿色者称绿乌兰翠,微透明至半透明,玻璃光泽,具有粒状结构,硬度为6~7,密度3.50g/cm^{3}左右,折射率为1.720。这种玉石在查尔斯滤色镜下显红色。青海翠的翠色十分美丽,完全可以与翡翠相媲美,但可惜其成片者太少,大都是1mm左右的小翠点。青海翠1982年在中国地质博物馆展出后,引起了玉器行业的极大兴趣,目前,用此制成的工艺品已出现在市场上。由于裂隙发育,不易制作较大的琢件,因此青海翠常用于加工成玉镯、戒面、玉白菜和其他小饰件,由于光泽不佳,加工性能差,因此它属于低档玉材。如图2-3-138所示,为青海翠瓶。

(五) 丁香紫玉

丁香紫玉是一种与花岗伟晶岩有关的致密锂云母岩,因其颜色呈紫丁香色而得名。丁香紫玉为显微鳞片状锂云母集合体,与锂辉石等共生。丁香紫的颜色为玫瑰色、丁香紫色、紫罗兰色等,半透明,珍珠到丝绢光泽,硬度为3,性脆,密度为2.85g/cm^3,折射率为1.530~1.555,云母片极细小,质地坚实而致密者可用于玉雕。丁香紫玉硬度较低,易于琢磨和抛光,加工后的成品光洁照人,色泽也十分柔和。目前在中国国内的产出地有新疆和陕西两地。丁香紫玉手镯如图2-3-139所示。

(六) 方钠石

主要由矿物方钠石组成,方钠石化学分子式为$Na_4Al_3Si_3O_{12}Cl$,其中Na可被K和Ca取代。方钠石属等轴晶系矿物,但很少以晶体形式产出,大多为致密的结核状或浸染状、条带状集合体,颜色大多为蓝色,通常带有白色或粉红色的条纹和色斑,也可呈紫色、粉红色和白色等,玻璃至油脂光泽,硬度为5~6,密度为2.25g/cm^3,折射率为1.483,紫外灯下通常有斑杂状橙色荧光。方钠石外观和青金石很相似,但一般不含黄铁矿,且结构较粗,折射率较低。方钠石在国内用于玉雕的又称蓝纹玉,产于四川。方钠石原石如图2-3-140所示。

(七) 萤石

萤石的化学成分为CaF_2,即氟化钙,Ca常被Y和Ce等稀土元素替代。单晶质的为等轴晶系,晶体常呈立方体、八面体和菱形十二面体,常见双晶,也可呈多晶质集合体产出,颜色呈黄、紫、蓝、褐、红黑或无色等,透明到半透明,具玻璃光泽,贝壳状断口,完全的八面体解理,硬度为4,密度为3.18g/cm^3,折射率为1.438。萤石按工艺用途可分为宝石级萤石和玉石级萤石两大类。宝石级萤石是单晶体较大且颜色又美观的萤石;玉石级萤石为粒状、纤维状集合体的萤石。若按颜色分类,则萤石可分为绿、紫、蓝、黄和无色等品种。因其与水晶相似,但其硬度远低于水晶的硬度,所以通常又称为软水紫晶或软玉绿晶。萤石太软,单晶体不宜作宝石材料,但单晶较大或呈集合体较大者可作低档的观赏石和玉雕工艺品的原料。萤石通常是岩浆热液作用的产物,产于世界各地,主要产地有美国、哥伦比亚、加拿大、英国、纳米比亚、意大利、俄罗斯、南非和中国等。萤石原石与夜明珠萤石球分别如图 2-3-141、图 2-3-142 所示。

(八) 赤铁矿

赤铁矿的化学成分为 Fe_2O_3,即铁的氧化物,三方晶系,常呈致密块状、纤维状、肾状和球状集合体,颜色为黑色至灰黑色,条痕红色,不透明,具金属光泽,参差状断口,无解理,硬度为 5~6,密度为 $5.20g/cm^3$,折射率为 2.940~3.220。赤铁矿在市场上一般叫铁旦石。赤铁矿主要用于玉雕材料,制作成各种工艺品,也加工成宝石。赤铁矿是在氧化条件下形成的,但规模巨大的赤铁矿主要与热液作用和沉积作用有关,产地广泛,主要产地有巴西、英格兰和意大利等。赤铁矿原石如图 2-3-143 所示。

(九) 乌钢石

乌钢石的化学成分为 $FeO(OH)$,矿物成分为针铁矿,正交晶系,斜方双锥晶类,常见单形有斜方柱,呈纤维状、块状集合体,颜色为褐黄至褐红色,条痕为褐黄色,不透明,金属光泽,参差状断口,具亚金属光泽至亚金刚光泽,硬度为 5~5.5,密度为 $4.38g/cm^3$,折射率为 2.260~2.398,有时具有猫眼效应,纤维状结构,在应用上,它最早是作为一种叫做"赭石"的颜料而被应用的,冶铁原料自然是它重要的应用形式,同时乌钢石也用于玉雕材料制作各种低档工艺品,也有加工成宝石的。产地广泛,最大的产地是法国的阿尔萨斯-洛林盆地,另外分布在北美大湖地区和阿拉巴契亚山脉山南、拉布拉多半岛以及南非、巴西、澳大利亚部分地区的铁矿也是乌钢石重要的产出地。乌钢石原石如图 2-3-144 所示。

(十) 龟甲

龟甲是海龟的壳,狭义的龟甲常指玳瑁龟的壳。几乎全部由有机质组成。底色为黄褐色,上有暗褐色和黑色斑点。具油脂光泽,微透明,非晶质,各向同性,龟甲中的黄色部分可有蓝白色荧光,无解理,不平坦断口,硬度为 2.5,密度 $1.29g/cm^3$,折射率为 1.550。放大观察,龟甲的色斑由微小的红色圆形色素小点构成,遇硝酸会发生反应。高温时颜色会变暗,受热变软。如图 2-3-145 所示,为玳瑁手镯。

龟甲的鉴别的关键在于与仿制品的鉴别。龟甲的仿制品主要是塑料,龟甲的色斑是由许多球状颗粒组成的,而塑料的颜色是呈条带状的,色带间有明显的界线,且有铸模的痕迹。龟甲的折射率一般大于塑料,而密度小于塑料。热针探测龟甲具头发烧焦的气味,而塑料具辛辣味。

龟甲的质量评价主要从透明度、厚度、颜色等方面进行,以透明度高、颜色好、厚度适中者为佳。龟甲主要分布在热带和亚热带,主要产地有印度洋、太平洋和加勒比海。中国海南省也产优质的龟甲。龟甲属于中低档有机玉石,可以加工成手镯和挂件等首饰,深受消费者欢迎。

(十一) 硅化木

硅化木也称木化石。数亿年前的树木因种种原因被埋入地下,在地层中,树干周围的化学物质如二氧化硅、硫化铁、碳酸钙等在地下水的作用下进入到树木内部,替换了原来的木质成分,保留了树木的形态,经过石化作用形成了木化石。因为所含的二氧化硅成分多,所以,常常称为硅化木,如图 2-3-146 所示。化学成分有无机成分 SiO_2 及有机质:C、H 化合物。主要为石英类矿物,结晶程度不同,常呈纤维状集合体,常见颜色为浅黄至黄、褐、红、棕、黑、灰、白,抛光面具玻璃光泽,无解理,摩氏硬度是 7,密度为 $2.65\sim2.91g/cm^3$,非均质集合体,无多色性,折射率为 $1.544\sim1.553$,一般为 1.54 或 1.53(点测法),具有木质纤维状结构。主要依密度、光性特征、折射率、放大检查来进行鉴定。硅化木主要生成于中生代时期地层中,以侏罗纪、白垩纪最多。硅化木也是化石的一种,它保留了古代树木的某些特征,为我们研究古植物及古生物史和地质、气候变化提供了线索。硅化木化石比较多见,通常作为低档的玉雕原料,多数是用作观赏石。

(十二) 查罗石

查罗石主要矿物组成是查罗石(charoite),又名紫硅碱钙石,另外可含有霓石、霓辉石、长石、硅钛钙钾石、碳酸盐矿物、碱性角闪石和铁、铜的硫化物等矿物。查罗石的化学成分为:$(K,Na)_5(Ca,Ba,Sr)_8(Si_6O_{15})_2Si_4O_9(OH,F) \cdot 11H_2O$,一般含量为 $50\%\sim90\%$。查罗石属单斜晶系,单晶呈纤维状、束状,多为晶质集合体,呈块状。查罗石的结构为纤维状结构,可见紫色的纤维状查罗石常围绕灰白色斑点、斑块(主要为钾长石、碳酸盐矿物及方解石晶体颗粒)分布,偶见金黄色斑点(为黄铜矿、黄铁矿)及绿黑色、褐色斑点(为霓石、普通辉石、碱性角闪石等)。查罗石的构造为致密块状。颜色有浅紫至紫、紫蓝色,可含有白色、金黄色、黑色、褐色、棕色斑点。具玻璃光泽至蜡状光泽,局部显丝绢光泽,半透明至微透明。二轴晶,正光性,多为非均质集合体。折射率为 $1.550\sim1.559(\pm0.002)$,双折射率 0.009,折射率随成分的变化而变化。集合体通常不显示多色性,长波紫外线下荧光无至弱,可见斑块状红色荧光;短波紫外线下表现为荧光惰性。未见特征吸收谱,晶体中可具三组解理,集合体通常不显示解理。摩氏硬度为 $5\sim6$,密度为 $2.68g/cm^3$ $(+0.10\sim0.14g/cm^3)$,密度随成分而变化。放大检查可见纤维状结构,常含色斑。

查罗石以其特有的颜色、结构和光泽而不难被鉴别,一般不容易与其他宝石相混淆。查罗石常用的优化处理方法是染色。用紫色溶液染色后,通过放大检查可见染料沿粒隙分布,用丙酮擦拭可掉色。查罗石原料的质量评价主要受颜色、净度、重量、质地结构的影响。最好的查罗石颜色纯正,紫红色鲜艳、均匀、质地细腻,无肉眼可见的白色及褐色杂质,半透明,局部显示强的丝绢光泽,块度大。查罗石中大块白色斑点或白色团块的存在会使其价值降低。查罗石原石如图 2-3-147 所示。

查罗石主要产于俄罗斯。可以加工成弧面型戒面、吊牌等,也可制成雕件等各种工艺品,有时也可做建筑装饰材料。

第三章

玉不琢 不成器

中国有句俗话:"玉不琢,不成器。"实践证明,玉石只有经过琢玉艺人的巧妙构思和精雕细琢,方能成为一件精美的艺术品,才能最大限度地体现出其商业价值。

中国是世界上琢玉最早的国家之一。中国的第一部诗歌集《诗经》中就有对琢玉技术的描写,书中的"如切如磋,如琢如磨",说的就是琢玉的工艺程序。这些技术从新石器时代晚期开始,经过各个时代的不断发展完善,形成了独具特色的玉雕技法。中国的琢玉工艺经过几千年的发展,以精湛的技艺著称于世,成为世界上独一无二的艺术,享有"东方艺术"的美称。琢玉大师以自己的勤劳和智慧,把玉质、玉色、工艺技术、艺术、民族文化等融为一体,琢成的玉器是中国的瑰宝,也是世界艺术之林宝贵的奇葩。

第一节 玉器加工的工艺特点

玉器加工就是通过各种玉石加工工艺设计,以最大限度地体现玉石美的过程,具体来说,就是指借助于某些手段和设备,将玉石原料琢磨成精美的具有尽可能高的美学价值和商品价值的工艺品。玉石加工虽然随科学的发展而不断发展,但由于自身要求和性质的制约,它具有一些固有的、相对稳定的工艺特点,归纳起来有以下四点。

一、减法出造型

减法出造型是玉器加工最基本的特点,也是玉器加工工艺技术的本质。减法出造型是指玉器加工按设计要求将原石通过"琢"、"磨"、"抛"等工艺除去不需要的部分,使其准确地成为设计所要求的形状,达到设计所要求的效果。除去的东西是不能再加上去的,这和陶瓷等遵循加法出造型的工艺特点有本质的不同。玉器加工的减法属性要求玉器加工必须是渐进的、准确的,逐渐减少趋零,减多或减少都不会加工出高质量的玉器工艺成品,严重者甚至将会造成原料的浪费,产生巨大的经济损失。因此,玉器加工需要先进的技术和丰富的实践经验,更需要在实施加工之前对原料工艺特征进行深入细致的研究,并根据玉器材料的工艺特征对其做出周密细致的设计。从某种意义上讲,玉器加工工艺技术是实现玉器设计人员设计思想的手段,其水平高低是直接影响设计能否完整、准确实现的关键。

二、手工艺性

玉器加工的对象,即玉器原料的工艺特征千差万别,可以说,自然界绝对没有工艺特征完全相同的两块玉石,正像世界上没有两个完全相同的人一样。这使得玉器加工很难大批量一模一样地进行生产,特别是高档的玉石。此外,玉器的商品价值受"物以稀为贵"这一价值规律所支配,即使某些玉石材料的特征基本相似,也不宜过多地加工成一模一样的东西。由于受这些因素的制约,结果往往是一块玉石原料只能加工成一件或数件不同造型和大小的产品,而另一块玉石材料加工出来的成品则可能在造型、大小、特征上完全不同。因此,尽管玉器加工设备机械化和自动化程度可能随着科学进步而不断提高,但玉器加工制作具体操作的重要环节则可能永远是手工的。

三、因料而异

由于不同种类的玉石原料的工艺特征、性质和质量存在较大差别,价值也有高低之分,因而加工制作的方法也将有所不同。这些不同不体现在本质上,而是体现在具体工艺技术的精度要求上。例如对高档翡翠和软玉工艺要求高,精度也要求高,而对一般常见的岫玉、玛瑙等,工艺和精度要求可能会低得多。

四、因型不同

玉器加工制作必须完整、准确地反映和实现设计人员的设计方案,也就是说,不同的设计方案给玉器加工制作的工艺技术限定了范围。浮雕有浮雕的工艺和技术,凹雕有凹雕的工艺和技术,镂雕也有镂雕的工艺和技术。当然,在许多情况下,一件玉器可能是多种工艺技术同时使用。但造型不同,工艺技术要求是存在差别的。

第二节　玉器加工制作的常用设备、工具及材料

一、加工设备

玉石加工必须借助于一定的机器设备和专用工具。早期的琢磨设备比较简陋,动力主要是人力,工效极低。例如以脚带动轴和锯片做往复转动的泥沙锯(如图3-2-1所示)就是这类简陋设备的一种。现代的玉石琢磨机器则大都以电动机为动力,不仅大大提高了工效,而且劳动强度也大幅度下降,同时,由于机械化程度高,使玉器加工的精度得到了大大的提高。玉器加工的主要设备为琢玉机,其次有开料、抛光和打孔等设备。古代琢玉图如图3-2-2所示。

(一) 琢玉机

琢玉机是玉器加工制作过程中使用的最重要的机器设备,它主要由机身、传动轴和磨头等组成,由电动机传动,速度可以调节,工具安装于主轴上。此外,还有照明、吊秤、供水、砂圈、挡板等辅助设备。如图3-2-3所示。

(二) 软轴机

还有另外一种类型的琢玉机器——软轴机。由电动机、软轴和工具卡头三部分组成,

电动机转动通过蛇皮中的软轴传给工具卡头,工具卡头卡住工具头,使工具头转动琢磨玉器。这种设备可以手提,工具头能任意加工产品的各个部位,灵活方便,现代使用很广泛。如图3-2-4所示。

(三) 牙机

由于对玉器的精细要求不断提高,因此琢玉人也在不断寻找和尝试更有利的设备。牙机便是琢玉人借用了牙科医生的医疗设备,灵活性是目前所有机型中最好的,因此主要应用于细节处理,而在粗重工作中几乎没有应用价值。如图3-2-5所示。

(四) 超声波玉雕机

超声波自动雕刻利用凸凹面与雕刻件相反的预制合金模具对玉石压紧,通过超声波机械振动冲击结合矿砂浆研磨进行雕刻;超声波打孔同样是利用超声波振动头带动钢针冲击将工件打穿的。该设备特别适用于中小型雕刻工艺品及玉石挂、玉坠的批量生产。它加工出的工艺品具有线条优美、纹理清晰、立体感强等许多优点。并且可以一机多用,自动雕刻、自动打孔。如图3-2-6、图3-2-7所示,分别为超声波玉雕机与超声波玉雕机模具。

(五) 电脑玉雕机

当今社会对工艺的要求越来越高,同时精湛的玉雕工艺更是颇受大众喜爱,近几年随着科学和技术的进步,电脑玉雕工艺技术初步成熟,高超的电脑玉雕工艺雕出的玉器更是开始被人接受,它一般应用多种CAD/CAM软件。电脑玉雕机器所用的刀具一般都是钨钢刀,对于不同的玉石材料,因为硬度的不同,用不同形状的刀。软玉一般用平顶尖刀,翡翠、玛瑙等一般都用三棱尖刀。如图3-2-8、图3-2-9所示,分别为SK-60玉宝牌电脑玉雕机和SK-60玉宝牌电脑玉雕机雕刻头。

(六) 开石机

开石机主要用于分割原石。开石机的结构比较简单,主要部件有钢质主动轴承、冷却装置、支撑和进料装置、防溅罩、电动机和皮带等。如图3-2-10所示。

(七) 抛光机

抛光机主要用于玉器的抛光。一般的厂家不设置专门的抛光机,而是用琢玉机替代,其办法是用抛光盘更换磨具,并在机器上增加吸尘装置。当然也有专门的抛光设备,如滚筒抛光机、振动抛光机(如图3-2-11所示)。

玉器抛光后的清洗和烘干,一般是在超声波清洗器和烘箱中进行的。

(八) 打孔机

打孔机的使用没有前三种设备广泛,它主要用于玉器挂件、珠形和异型款式玉石首饰的打孔。过去所用的打孔机主要是手控空心钻孔机,目前这种打孔机已不再使用,而主要是用机械和超声波两种类型的打孔机。机械打孔机由转动轴、钻头夹具、钻杆、钻杆升降操作器、载物台等组成,如图 3-2-12 所示。超声波打孔机是这些年来才发展起来的新型打孔设备,它是将超声波的振荡放大和转换为同一频率的机械振动,并以此来实施打孔的。超声波打孔机如图 3-2-13 所示。

二、加工工具

在玉器加工过程中,琢玉机和抛光机是关键性设备,而雕琢工具与抛光工具又是其中最主要的加工工具。

雕琢工具按功能可分为铁工具和钻石粉工具两种。铁工具与研磨材料呈分离状态,而钻石粉工具就是基盘表层固着有钻石粉,二者的功能都用于切削和研磨。现代玉雕行业基本上都在使用钻石粉工具。钻石粉工具常见类型与钻石粉工具常见实物分别如图 3-2-14、图 3-2-15 所示。

抛光工具借助抛光剂与玉器表面进行摩擦,就能起到抛光作用。抛光工具依据材质的不同,可分为木盘、皮盘、布盘、毛毡盘、蜡盘、胶盘、合金盘等。虽然玉器抛光效果与抛光粉的种类有关,但也与抛光工具的种类与结构有关。

三、其他加工材料

玉器的加工除上述设备和工具外,尚需其他材料和辅助性材料,主要材料是磨料和抛光粉。

磨料按产出方式、成分等可分为下列几种类型:

磨料
├─ 普通磨料
│   ├─ 天然磨料:刚玉、石榴石、石英砂等
│   └─ 人造磨料
│   ├─ 刚玉系:白刚玉、棕刚玉、单晶刚玉、微晶刚玉、铬刚玉、锆刚玉、烧结刚玉
│   └─ 碳化物系:黑碳化硅、绿碳化硅、碳化硅、立方碳化硅
└─ 超硬磨料:天然金刚石、人造金刚石、立方氮化硼

不同材料的磨料,其硬度、韧性、脆性、耐磨性、导热性等都不相同,因而其所能磨削的材料的种类也不相同。

对于抛光粉而言,除上述材料均可作抛光粉外,其他抛光材料还有:硅藻土、氧化铬、氧化铝、三氧化二铁、二氧化锡、二氧化锆等。

辅助材料主要有以下四种。

① 冷却液:常见的是水、油和皂化液。
② 黏结材料:常见的有石蜡、虫胶、松香、黑火漆、火漆胶、红胶、502 胶等。
③ 清洗材料:常见的有水、碱性溶液、酸性溶液和有机溶液等。
④ 上蜡材料:主要是油和蜡。

第三节 玉器加工工艺流程

将一块玉石琢成精美的器物,要经过一系列的加工工序。中国在很早以前就已形成了一系列的工序,并且随着时间的推移而日臻完善,到清代,琢玉过程中已有捣砂、研浆、

开玉、打锅、冲锅、磨锅、掏膛、上花、打钻、透花、打眼等工序。

现代玉器的加工工艺流程一般分为选料、设计、琢磨、抛光、装潢五个阶段，每个阶段都有一定的技术和具体要求，往往包括若干道工序。

一、选料

选料是第一道工序，目的是正确合理地选用玉石原料，以达到物尽其美、物尽其用的目的。玉石品种多，变化大，只有对原料有了正确的认识和准确的评价之后，才可以确定原料适合做什么产品，并力求优材优用，合理使用。

首先，要根据一定的标准来确定某一原料是不是玉石。主要依据质地、颜色、光泽、透明度、硬度这五个指标来决定，如果有一项有严重缺陷，就不能成为玉石，也就不能被利用。对常规玉石的确定应该不成问题，难的是一些新品种。全国各地新发现的一些美石，能否作为玉石，在得到明确的承认之前，还要做一些试验来确定，同时还受生产的品种、造型、审美观念、用途、销售地区等因素的影响。

其次，确定原料的种类。这主要是根据质地、颜色、光泽、透明度、硬度以及其他物理、化学性质表现来判断。认清了玉石的种类，也就认清了玉石品种的档次。每种玉石都有固定的档次，如翡翠、白玉、珊瑚、松石、青金石是高档玉料，岫玉、玛瑙、东陵石、虎睛石、软水绿晶等是中低档玉料。不同品种的玉料有不同的应用范围。

再次，在确定了某一原料是玉石，能被加以利用后，须再进一步确定其具体的质量级别。影响玉石质量级别的因素，除质地、颜色、透明度、光泽、硬度等主要因素外，还有产状、产地、块度、形状、裂纹及杂质等因素。不同质量级别的玉料也就有不同的应用范围。

最后，对于原料的基本状况如质地、颜色、透明度、光泽、重量、形状等，做进一步的全面了解，分清可利用的部位和应剔除的部位，必要时，可以采取一些具体方法如湿润法、强光照射法、除皮法、挖脏除绺法、分割法、追色法来观察等。如有些玉石从表面上看毫无动人之处，甚至被种种粗糙、颜色不佳、没有光泽、满布杂斑的皮壳包裹着，一些没有经验的选料者就以为是次品、劣品或废料，但富有经验的选料者却将其视为珍宝，经过一些手段"问料"之后，终于摆脱了其表皮的束缚，从中发现了良玉。因此，选料是一项细致、复杂的基础工作，必须认真地对待。在把玉料吃透后，才能依照原料的形态，考虑和选定造型。

特别好的原料很难得，要珍视，选用不好，容易造成浪费。有一些料变化特别，处理得好坏直接关系到产品的价值高低，对待这种料，更要慎重。原料情况非常复杂，选用也各异，要想选好料，就必须树立全面观念，选错了非同小可，经济价值损失很大；选对了，则会大大提高玉器的经济价值。任何一位选料者均有权根据工作任务和玉石质量来挑选自己所需的玉材，但无权随意处理挑选之后所剩下的任何余料或边角料。俗话说："玉器行业无废料。"这是因为玉器生产的长期实践证明，一切余料几乎都是有用的，这一方面无用，另一方面有用；此处无用，彼处有用；对此人无用，对他人有用。

二、设计

玉器设计也就是玉器产品的造型设计，即根据玉料特点设计造型，使造型舒适、流畅，受人喜爱。为此，必须发挥原材料的特征，并与造型美相结合，突出原料的不同特点，如质地、光泽、颜色、透明度等。通过设计,在一件玉器的制作全部完工之后,无论是其色彩、光泽、透明度、质地,还是其外表形象、各种图案的组合,以及线条的粗细、刚柔、曲直等,都应充分地展示出其优美、生动,甚至有的玉器可以感人肺腑、催人泪下。

(一) 玉器设计的几个主要原则

玉器设计的要求主要有:①用料洁净,即"挖脏遮绺",使产品上无严重的脏和绺;②用料合理,要把玉料质地最好、最美的部位放在最显眼的位置,并占用料的最大体积;③用料要根据玉料的质地施以最恰当的工艺;④形象要逼真、美丽、生动、富有情趣,主题突出;⑤要不断创新,符合不断发展的时代风尚;⑥在体现艺术美的前提下,通过设计获得尽可能大的商业价值。要达到上述目标,需要在玉器设计过程中遵循以下几个基本原则。

1. 挖脏除绺与物尽其用

这似乎是相矛盾的。一方面,精美的玉器,绝不允许带有大裂、"棉"、"线"、"砂心"、"砂包"等毛病,因此,一块玉料在准备使用之前,大都要经过挖脏除绺这一步,事先就把玉料上含有的瑕疵尽可能除掉,力求把产品做得尽善尽美;另一方面,玉料又是十分珍贵的,而且不带一点瑕疵的玉料并不多见,因此对玉料挖脏除绺,又必须考虑要尽可能少伤或不伤玉料,力求物尽其用,不让宝贵的玉料轻易地浪费掉。这里面确实存在着一定的矛盾,如何使这个矛盾较好地统一起来呢?

掩脏遮绺是个好办法,这是艺人们在不断实践中获得的一个保料的艺术创造,运用这一办法,既可以做到少伤或不伤玉料,又有可能取得较好的甚至是意想不到的艺术效果。例如,20世纪30年代,北京玉器业有个绰号叫"铁百万"的老板,他保留着一件一尺开外的翠瓶,因为瓶身上有一条横贯恶绺,瓶身的宝贵翠绿就保留不住,那就不值钱了。后来,有人给他出主意,围绕这条恶绺,琢了两条戏珠的长龙,以龙身巧遮恶绺。结果这个翠瓶一下子身价倍增,很快就脱手了,这一设计便成为北京玉器业里掩脏遮绺的一个典范。掩脏遮绺这一手法不断得到发展,积累起来许多经验,形成了一种专门的学问,近几十年来出现的不少变废为宝的珍贵艺术绝品,就是通过这种手法创作出来的。

当然,要做到物尽其用,并非不要挖脏除绺,因为有的玉器品种确实连丝毫脏绺都是不允许存在的。例如,20世纪50年代末北京市玉器厂琢制的一件白玉巨龙花薰作品,之所以价值连城,就在于它的工艺精致,而且不带丝毫脏绺,否则,必然大为逊色,甚至不如一件一般的花薰。所以,是挖脏去绺,还是掩脏遮绺、巧用脏绺,要根据具体情况对待,灵活掌握和运用。

2. 小料做大与宁小勿大

以小块料做大件活是玉器设计上的另一个要求,这一点早已深入人心,为玉器行业所肯定。小料做大的手法很多,常见的一种是把玉料的实体做大,如一些带链子的产品,通过玉链把作品拉长,同时做到一料多用,集两种或多种造型于一身;另一种是"集活"法,就是充分利用玉料外轮廓的高点,在玉料上尽可能多而巧妙地安排些活,做到以活挤活,活上摞活,使其产生一种图面要比玉料实际大得多的感觉。20世纪70年代中期,绿松石《五子闹钟馗》这件作品,可以说是一个小料做大的典型。它在拳头大小的一块绿松石上,不仅设计了骑着毛驴的钟馗和围绕着他的五个顽皮小孩的生动形象,还有十多件立体陪衬物品,人物和器物的位置安排得非常协调,人物和器物的大小比例也非常适当,使得整个构图既显活多,又显舒展,真可以说在设计上做到了"天衣无缝"。

对于玉器,特别是玉器器皿,在设计上又要求宁小勿大。因为这类产品,不仅对尺寸的要求有一套严格的规范,而且对玉料的要求也极严格,一般不许带有任何毛病,所以选料时多半只取玉料的完好部位,其余都要尽可能除掉。而在设计花卉、鸟兽和人物产品时,这方面的要求就松多了,往往只要求在产品的重要部位(如人的头脸、手臂部位,鹤鸟的长颈和嘴、脚等部位)不带脏绺就可以了。至于一些大路货,常常连这点要求也不讲究,例如,市场上的一些仕女产品,不仅身上有时可见不少没有经过遮掩处理的脏绺,甚至有的在头脸部位也存在较为明显的裂纹。这些不能给人以美感的作品,为什么也要做出来呢?有个说法:"大路货,用料再好也卖不上好价钱。"这种说法和认识到底对不对,是值得分析研究的。在不带脏绺的好料非常有限的情况下,对使用有脏有绺的玉料制作大路货挑剔过多,确实是不大合适的。但同时不能不注意到,对一些有脏有绺的玉料,只要下点功夫挖脏除绺或掩脏遮绺,在一定程度上又是可以使之"变"为好料的。退一步说,不是还可以把这种玉料一切为二,一切为三,甚至一切为多块,以此减少乃至完全除掉玉料的脏绺,把有毛病的大块玉料变为好多小块好料的吗?再说从艺术的需要或提高产品的经济价值出发,对一般的规格货也应当尽可能往好处做才对,对它们身上的脏和绺要尽可能加以遮掩或除掉,宁可小些,但要好些,不要因为是大路货,就可以连起码的艺术欣赏要求也不顾了。

3. 显工显活与章法要求

显工显活,意思是说一件玉料难得,因此设计一件玉器产品,都应当多设计一些造型和纹饰,不要因为造型简单而使人觉得"单薄",那就"委屈"那块玉料了。对一件玉器要求显工显活,这是对的,但同时,也要注意防止一种认识上的片面性,只顾显工显活,在一件玉器上堆积着许多造型与纹饰,让人看得眼花缭乱,产生一种杂乱无章的感觉,如此,则其效果适得其反。例如1977年在扬州举行的一次全国玉雕会议上,有一件展品设计有一二十挂链子,制作功夫也可谓到家,但这件作品并不能给人以美感,结果遭到很多议论。与此相反,另一件展品岫玉《四喜炉》,虽然也有十来挂链子,但由于设计有章法,而且造型新颖,美观大方,那些链子恰好起到了显工显活不可缺少的陪衬的作用,被公认是展品中最优秀的杰作。由此可见,显工显活,回避不了客观效果的检验,一定要做得恰到好处,要讲究艺术章法,造型图案和艺术画面要有主有次,主次分明,要有疏有密,疏密得当,要有层次,有透视感,有静有动等。总之,显工显活的设计,不是随心所欲,蛮干乱来的,一定要注意章法,要考虑艺术效果、经济效益,不要做既费工又不讨好的事情。

4. 因材施艺与按需用料

因材施艺,指对具有不同工艺特征的玉材采取机动灵活的设计方案和尽可能完美的艺术形式。要做到这一点,设计时必须突出天然玉材所固有的特点。如有的玉材在颜色、光泽、透明度、质地等方面均达到了"完美",而另外许多玉材却仅在某一两方面很美(如颜色美或透明度美)。这时设计者就必须机动灵活地区别对待,从而使其最美之处体现在玉器最重要和最显眼的位置上,或在整个玉器中占有最大的体积,使人一见便知。这种设计属于特色突出、主题鲜明的设计,当然可视为最佳设计。

因材施艺是我国历代艺人在设计和制作中的实践总结，它既指出了玉器在创作上不同于其他艺术形式的显著特点，更重要的是指出了玉器的造型设计必须根据原料的特性来进行。同时，玉器既是艺术品，又是商品，价值规律对它起着重要的作用，因材施艺，就能做到用料得当，省工省料，使作品的艺术效果和经济效益得到统一。

　　常见玉料因其性质的不同，从而，对大体上分别适于设计什么类型的产品，并且应当施以怎样的技艺，早已形成了一些不成文的规定。下面对一些常见玉料作一下简要的介绍。

　　新疆玉（白玉、黄玉、墨玉等），质地细腻油润，有一定韧性，无绺的大块料，宜于精工，可设计镂空花薰等名贵器皿；质地次一些的，可用来设计一般的炉瓶；毛病多的可用来设计人物、鸟兽作品等。

　　翡翠，质地细腻坚硬，以水地带绿的最为珍贵，宜于精工细琢；无绺的大块料一般都用来设计炉瓶薰等器皿；次一些的可按质按形设计人物、鸟兽等作品。

　　绿松石，质地有软有硬，硬的色浓质细，软的色淡质次，料形大都为拳头大小的圆疙瘩，大块料也多半是由于许多小块料结合组成的，这种料，历史上多用以设计嵌珠和花片等小件制品；近代玉雕艺人们见其料色鲜艳，反光性弱，大都用以设计人物和花卉制品。

　　青金石，色如靛蓝，比较稀有，其质多为千层板，性糠，一般不可用以设计器皿，也不宜设计花卉，可以设计兽类和人物制品。

　　玛瑙，性脆多绺，设计前必须先去其绺，因其颜色丰富且变化较大，大都可设计出俏色作品；遇到无绺的大块料，也可设计花薰等器皿。

　　珊瑚，硬度不高，但色泽鲜艳，有玉的质感，形体多似花卉，枝杈繁多纤细，因而近代多设计成花鸟和仕女制品，显得特别瑰丽夺目。

　　总之，玉器通过因材施艺，才能取得较好的艺术效果和经济效益。但近代也有不少艺人做了突破这种规律的尝试，获得了按需用料的好效果。例如，玛瑙性脆，遇到一定压力容易碎裂，因此在历史上从未见有玛瑙链子制品。20世纪70年代以来，有的艺人根据历史上玛瑙薄胎碗的成功先例，勇于创新，设计出了一些工艺难度很大的带链子的玛瑙制品，并积累了不少经验。更有人从需要出发，设计玛瑙镂空产品，在制作上也获得了成功。著名的玛瑙虾盘、蟹盘，在当时之所以名噪一时，震动玉坛，不仅在于它们俏色巧妙，同时也在于他们为按需用料作出了榜样，闯出了一条新路子。还有一种按需用料的做法，玉雕艺人可以不受原料的限制，相应地考虑按需生产。也就是说，艺人们可以先有构思和设想，然后再去选用适合的玉料。这种做法也有不少成功事例，如以现代生活为题材的《草原新牧民》这件作品，就是设计者先有一个酝酿已久的构思，后来按照腹稿选用一块带黑色的岫玉琢成的。

　　这种按需用料的创新作法，是值得鼓励的，但那些把一些大块的整料好料，截成一块块同样大小、体形相同的小料，用以生产一批批大路货的做法，就很值得研究了。一般说来，生产大路货的产品，完全可以使用次料甚至带脏绺的料，而不应当大材小用，造成浪费。

　　5. 量形施艺与破形使材

　　按照玉料的自然形体进行构思设计，这也是玉器设计的一个重要特点。玉料有大有小，形态各异，有开采时爆破形成的不规则形态的山料，有长年在山谷、河床中经冲磨形成的卵石状籽料玉,还有如珊瑚类呈树的干、枝形态等。量形施艺,即以玉料形体作为创作设计的先决条件,也就是只在现成的料体上构思,不逾越这个条件另搞什么拼接、组合一类的设计。这样的设计自然会使创作思路有一定的局限。但正因为有局限性,琢玉艺人在长期的实践中才积累了许多宝贵经验,形成了一整套特殊的技艺。有人说,假如给琢玉艺人一张白纸,让他们设计一件玉器产品的造型,有的艺人很可能会面对白纸发愁,不知从何下笔,但把一块奇形怪状的玉料摆在他们面前,他们的思路马上就会活跃起来。玉料的各种自然形体,正好为艺人提供了丰富的联想条件,历史上许多珍贵的玉器佳作,实际上都是这样量形施艺而成的。

量形施艺要求依据料形做到以下两点。

① 设计时要依据玉料形体的条件,尽量利用原料体积的高点,特别是对于贵重的玉料(如绿松石、珊瑚、翡翠、青金石、白玉等优质玉料)更应如此。有的作品尽管需要除掉一些料,但应注意做到在重量上减少而体积上并不感觉有所减小。如果在造型构图上处理得好,还会产生比原料要大一些的效果。

② 根据料形酝酿取材,一块料是适合做浑厚古雅的花薰,还是适合做挺拔清秀的花瓶;是适合做体态肥胖、惹人好笑的大肚弥勒佛,还是适合做体态优美、衣纹飘洒的嫦娥奔月;是适合做体态丰满的大象,还是适合做机警敏捷的梅花鹿等,均要反复进行推敲。如果设计者既充分利用了玉料的形体,又有巧妙的构思,其作品必定是成功的。反之,作品的设计脱离玉料的形体,任凭主观想象设计一个造型,那么题材、内容再好,构图再生动,也是徒劳的。因为,玉料既不能像泥塑那样可以任意塑造,也不能像木雕那样可以粘接。所以玉雕的造型设计必须遵循量形施艺这一基本原则。

但是,量形施艺一定要避免搞成"品如料貌"。所谓品如料貌,就是指做完的作品形状与原材料形状一样,还保留着玉料的原始面貌。如某些经琢磨后的成品上仍保留着玉料原有的方形、长方形、三角形的痕迹;珊瑚料上做人物、花卉后还保留着珊瑚枝杈的圆柱体状等。也就是说作品完成后,其形态不要近似于玉料原有的那种不能给人以美感的形态,应当有所变化,给人以美感。所以,量形施艺要尽可能在原料体积的外轮廓及其高点范围内进行创作设计,不要轻易伤料除料,尤其对白玉、翡翠、绿松石、青金石等贵重原料,在设计时要考虑保持其原有的分量,尽可能少减其分量;但是,这个要求不等于可以保留不能给人以美感的原料本来的形态,对这样的玉料自然形体必须采取"破形"的手法,破其本来的面貌,以求得更好的造型效果。

我们所指的量形施艺,应是在充分利用原材料形体的前提下进行构思设计,然后再根据设计的造型,采用"破形留神"的手法,达到所设想的艺术效果。

6. 单色尽美与多色找俏

玉料种类繁多,每种玉料的颜色各不相同。各种玉料大部分都有其基本的色调,如白玉为白色、墨玉为黑色、黄玉为黄色等。还有一些玉料在自身的主色调里包含有其他的颜色,如翡翠料中有绿色、粉色、红色、白色和黑色等。因此,对各种不同玉料的颜色如何运用也非常重要,这也是玉雕创作设计的主要特点之一。

1) 单色尽美

单色玉料是指整个一块玉料呈单一颜色。单色玉料设计首先要按玉料色调的特点以及由色调所产生的情感来选择适合表现的题材与内容。因为任何色调都能引起人们的联想和想象,而玉料的色调也是如此,所以一定要借助于玉料天然的色调,起到烘托、深化主题思想的作用。例如用洁净清雅的白玉琢制观音要比做哼哈二将更为适合,也可表现白仙鹤、白孔雀之类的题材,这样比较符合欣赏者的心理习惯;反之,用来表现山鹰就不会收到理想的艺术效果。如果用浅绿色的岫岩玉琢制"洛神",虽然表现不出朝霞捧日的效果,但作品本身的浅绿色调符合洛神——这一"水神"的形象基调,能引起人们对水的联想,并表达出水上洛神的意境。又如用淡雅的玉料(白玉、青玉、岫玉等)琢制"黛玉葬花",能表达并渲染黛玉多愁善感的思想情绪;反之,若采用红珊瑚来设计,因珊瑚的红色多为暖色喜庆的色调,就会得到相反的效果。另外,在设计一件作品时,应注意将玉料的旺色安排在作品的正面和突出部位,以显示玉色之艳丽。

2) 多色找俏

有一些玉料中所含有的多种色彩是自然形成的,既无一定形状,又无一定规律。在这些玉料上进行设计难度较大,除按照单色玉料的设计要求外,还需要一定的独特的手法——俏色的设计。

对于俏色的设计而言,一般指对一块玉料中主色以外的颜色的利用。设计者通过创造性地对美的、差的或在制作中意想不到呈现出的颜色给予合理巧妙的设计应用,使其俏丽动人,从而增添作品的魅力。把玉石上的天然多种色彩运用得很恰当、很绝俏,使玉料颜色与玉器造型二者之间达到天然浑成,这在玉器行业里被称为俏色。俏色设计,是玉雕工艺的一种艺术创造。这种艺术只能根据玉石的天然颜色进行创作设计。一件上佳俏色作品的创作设计难度是很大的,其价值也是很高的。

俏色的设计应注意顺色取材(顺色,是指俏色与所表现对象的色调基本相似或相近),依据少而精和恰到好处的原则,尽量将俏色安排在作品的主要位置,充分巧妙地利用玉料固有的色调和形体,使料的质、色、形均与题材内容相吻合。

在玉器俏色设计上,一般有三种不同的境界表现,这就是:一绝,二巧,三不花。

绝,是指玉器俏色设计中的最高境界。它在艺术上表现为:绝无仅有,绝处逢生,犹如万绿丛中一点红,令观赏者拍案叫绝。

巧,是指对一件作品里主色外的一或两种异色的匠心独运的设计,能达到返瑕为瑜的效果。

不花,是指对玉石多色的设计能合情入理,十分贴切,使人看了没有眼花缭乱的感觉。

(二) 画活

画活是根据设计和构思,用笔墨在玉料上勾画出所要琢磨的艺术形象,如图 3-3-1 所示。一般情况下,从外轮廓到细部环节,往往要反复勾画多次。

画活一般可分为粗绘、细绘两个步骤:粗绘是在开始琢玉之前,把艺术造型、纹样等直接绘在玉材上,由此而成的图形称为"粗稿";细绘则是在琢玉过程中把艺术造型的局部细节描绘出来,以供工艺师们充分了解设计意图,便于进行实地琢磨,由此而成的图形则称为"细稿"。

玉石通常是一种不规则的多面体。一般的设计总是找出正面比较大的一个平整面,先勾画出要制作的题材形象的轮廓线。也有依据料形作全面的勾画，不仅画平整的面，也画凹凸不平的面，什么形象安排在哪里，就画在哪里。目的是使制作者能清晰地看到所要制作的产品的整体造型，以便在制作中恰当地除掉多余的料或设法利用多余的料。

画活时应注意看准料的最高点、最宽点，找准中轴线、底铊线，量好尺寸，卡好各部位的比例，善于结合料形的起伏，按从头到尾，从前到后，由里到外的顺序勾画出大的轮廓。

画有俏色的产品，一般是在找准俏色位置、色质、大小后，先在料上把这些色区圈出来，在打好腹稿的基础上，以这些俏色部位为前提，规划其他部位和整体形象的比例，这样才能使基色、异色和整体形象协调一致，从而产生和内容相切合的艺术形式美。

在画活过程中，对玉石中的瑕疵、脏绺，应运用弯脏遮绺的规律，想方设法驾驭它，并艺术地装点它。首先应弄清脏和绺的性质、位置，而后再确定弯或遮。所谓"弯"脏，其中就含有藏、躲、利用的意思，而不是任意"剜掉"。至于"遮绺"，简略地说，就是将浮现在玉石上的浅显的绺纹，巧妙地与题材、形象所需要的纹样、图案相吻合，在利用中将其掩盖或把它藏在不显眼的地方。比如，制作花瓶之类的作品时，将它遮在花梗、花叶连着的下面；做人物时，一般应遮在衣纹深处。

三、琢磨

（一）琢磨工序

当设计工序完成以后，即进入琢磨工序。这是玉器加工工艺流程中最关键和最重要的一道工序，所谓"玉不琢，不成器"，道理即在于此。概括地说，"琢磨"就是运用适当的设备、工具、工艺材料及辅料等，按设计要求去完成玉器的艺术造型。具体又分坯工和细工两个阶段。

1. 坯工

坯工指玉器的出坯，为玉器造型的基础。由于它能影响整个玉器产品的艺术效果，因而在琢磨工序中显得非常重要。坯工所使用的工具有铡铊、錾铊、磨铊、冲铊、轧铊、钉铊、管钻等。坯工的主要技术手段如下：

铡，是指用铡铊把玉器造型设计的轮廓线以外的大块余料直线切除掉；

标，即用铊削去一块块余料，主要是标棱，标角；

扣，即将铊子从玉料的两个方向入手，把一块块呈角形的余料切割下来；

划，指用铡铊在余料上切出许多平行的沟槽，其深浅根据玉器的造型需要而定，然后用铊子或其他刀具把沟槽中的余料逐一除掉，这是在既不能扣又不能标时所使用的方法；

冲轧，指经过铡铊、錾铊的标、扣、划以后，待制玉器表面常出现许多坑洼不平的痕迹，这时在面积较大处就要使用冲铊或磨铊，在面积较小之处或细部就要使用各种形状、铊口不同的轧铊以除去之；

打钻，当待制玉器经过铡、錾、冲、轧以后，其基本造型已经完成，但有些设计轮廓以内的余料（如花卉、枝叶之间的空隙、器皿的内膛等），如果继续使用铡铊、錾铊等往往不能除掉，这时就只好采用打钻的方法除去。

如图 3-3-2 所示，为坯工时的作业场景。

2. 细工

细工是指坯工完成之后对待制玉器所进行的精细琢磨。是在粗坯的基础上,从大的面积至小的面积、从里往外进行雕琢。先雕琢主体,后雕琢陪衬。使用的工具也应该是先大后小,从而使玉器工艺更加细致。用轧铊把玉器上不要的部分推搬或磨去,留下造型,此为"推搬造型"。对推搬后的造型再进行细磨,使其翻卷折迭,此为"迭挖",如花瓣、叶的翻卷、衣纹的折迭等。用轧铊的顶平面撞地称为"顶撞",其他的细磨工艺还有"勾撒"、"掖撞"、"顺"等。"勾撒"、"掖撞"既可造型,又能使边线利落、影像清晰,"顺"是在玉器造型完成后,为使其平面光滑,而用多种工具(如磨铊、轧铊、杠棒等)再细磨一遍。在整个玉器的细坯完成后,再刻画细部,例如人物的面部表情(喜、怒、哀、乐)、头发的发丝、服装的花纹图案,动物的眼睛、嘴、毛发、爪尖,花蕊及叶子等。在整个细工琢磨过程中,要密切注意玉器的总体艺术效果。细工琢磨过程中的工作场景,如图3-3-3所示。

此外还有活环、活链、薄胎、内画、刻字、金银错、盆景等特殊琢磨工艺。

(二) 琢磨用料的基本原则

巧妙、合理、充分地利用玉石原料,使艺术形象的美与玉石的天然质地美融为一体,从而达到真正的尽用其材、美用其材、绝用其材的目的。这一技艺称为用料的技巧,尤其是在琢磨过程中应加以注意。

1. 因料琢磨

虽然玉材由于玉质的不同,其在琢磨上的差异很复杂,但归纳起来大致有以下四种不同类型的区别。

1) 质坚性韧的玉料

常见的有翡翠、白玉、青玉、黄玉、墨玉、碧玉等。它们的硬度一般在7度左右,不仅坚硬,而且还有较强的韧性,琢制比较费工,但可以琢制到非常精细灵巧的程度而不致折损玉料。此类玉料均属高档料,琢磨要求精细。但每种玉料玉质的优劣差别较大,因此琢磨的粗细、繁简也就不同,一般是,质劣者不施细工;质一般者酌情处理即可;质中者可施细工;质优者必施细工。

2) 质坚性脆的玉料

常见的如玛瑙、芙蓉石之类。硬度与翡翠、白玉等相差不大,但脆性较大,因此琢磨产品时,应在精巧处注意连接,以相互支撑。尤其是芙蓉石玉料不仅质脆,而且多有裂纹,不宜琢磨得过于纤巧,同时因料值不高也不宜加工过细。玛瑙料虽属中档原料,但其中质地纯润、色彩艳丽者,则可施以精工,以达到精湛绝妙的艺术效果。

3) 质松性软的玉料

如孔雀石、绿松石等质松性软的玉料,一般不适宜琢磨得过于纤巧,即使能琢磨出来,恐怕也难过抛光工艺这一关,所以这类玉料作品一般多用来表现大的造型。如果某些作品要求纤巧细致,也多采用浮雕雕琢技法,整个造型宜采用浑厚的表现手法,以避其短而取其长。

4) 质不坚而价值高贵的玉料

如珊瑚料,虽硬度较低,但质地润美,有韧性,料值也很高贵,所以在珊瑚料上应精心琢磨。所制作品一般都很精细纤巧,加上珊瑚色泽红润,显得更加华丽。

2. **套料取材**

行业俗称"掏活",原是玉器器皿制作上的一种传统技艺,一般用于做炉、薰、鼎等规矩的圆形器物。尤适用于大块的优质玉料,它能在最大限度内将料用尽,将作品做得高、大、美。例如有些体积较大的翡翠玉料,如采用一般做法,即按照尺寸一块块切割,易使翠绿的色彩受到破坏,大大影响其艺术和经济价值。反之,先摸清玉料颜色、绺裂的全部情况及其位置、大小、走向等,而后重点以翠绿为标准,并以所作器物造型作参考,进行方套方、弯套弯的剖切,就是以保翠绿为准的套料取材法。这样,还能扩大翡翠外轮廓的利用,从而丰富器物造型的变化。

3. **余料利用**

余料利用即做大件产品时切割下来的余料、碎料,不可轻率弃之,而应经慎重思索后充分利用。例如岫玉中有不少含有杂色,20世纪50年代中期,玉雕艺人们从岫玉的碎料中拣出不少,做出许多形态不同的花鸭子等作品,很受外贸部门的欢迎。

4. **借料活用**

借料活用原则常用于器皿及神佛作品中。具体方法就是在不伤害主体形象、造型的情况下,将从其上取出的原料,做成以链条为主的装饰,并与主体相连接,恰如其分地用到妙处。例如著名玉雕艺人潘秉衡1956年创作的珊瑚《黛玉戏鹦》,他在较长的树枝上借来一点料,仅做了两个链环,扣住了那只挂在桃树枝上的鹦鹉,这样就将一枝本来料窄的珊瑚,琢成为造型面宽的作品。由于是活链,稍有微风,则鹦鹉左右摆动,活像一只真鹦鹉挂在树上,从而加强了艺术的真实性和形式美。

5. **次料优用**

玉料的质量有好有次,除表现在脏、绺上外,更主要的是表现在整块玉料的色彩上。在评价玉料时,有"万色俱忌灰"的行话,尤其是软玉和翡翠。"弯脏除绺"是一种局部的权宜措施,而大块的整料有了毛病,就不是"弯"、"遮"可以解决得了的,所以对一块事先就知道有问题的玉石,通过恰当又巧妙的运用,就达到了次料优用的目的。美玉良材总是少数,更多的玉石都是一般的料,也有不少较差的料,因此,次料优用就显得更为重要。例如用稍灰一点的白玉或青玉制作薄胎器皿,反而能提高观赏的效果。

6. **挤活用料**

这是一种"小中求大"的用料方法。比如,绿松石一般是圆疙瘩形,孔雀石多为片形,珊瑚为枝杈形。前两者有时还能遇到较大或较圆的料,这样就可以有选择性地制作器皿或其他花卉之类的物品。这三种料或其他玉料中较薄而形不正的料,不少都用来做立体人物。可有时还会遇到稍宽、稍厚的料,做器皿不足,做单人有余,做双人还较难安排的情况下,可采用挤活用料法,做成双人,使两人环抱或怀抱或前后相倚,有时也让身靠身挤得非常严实。这种表现形式与内容并不矛盾,又使人看了感到舒服、巧妙、得体,既不使材料浪费,又提高了艺术价值和经济价值。例如绿松石《二乔梳妆》就利用原料稍厚的特点,一前一后,安排二乔两个人物,只是稍稍错开两人头脸的位置,实际上是贴身相处,这样的动态处理完全适应主题内容的需要——姐妹情深,亲密无间,而毫无矫揉造作感。

7. 去料补亏

玉料珍贵，经济价值高，不能因为有了意想不到的毛病或在制作中不慎出了错误损了料，就轻易废去，这是与一般造型艺术的使用材料的根本不同之处。去料补亏，就是将除掉的某些部位的原料，用以改正或补救某些设计不当的亏料或制作不慎的损料等情况。例如制作一件珊瑚仕女，在设计中，因后型动态不对，臂膀显得短，经重新修正，将人的头脸脖颈的方向动一动，胳臂就自然出来了，表情也就自然得体了。

作为一名玉雕工作人员，固然应该惜玉如金，但是无论什么美玉，用尽、用美、用绝总是一致的。不能因为惜料而不破形，或者伤形、伤情、伤神。因此，该除掉的地方还得除掉，绝不可因小失大，或使作品失真，失去艺术性。要具备这种能力，最根本的在于通过比较自觉的长期玉雕技艺实践积累经验。这不是什么修修补补的问题，而是一种化腐朽为神奇的高度艺术修养。

8. 组配用料

组配用料可分为同料组配和异料组配。同料组配，指将两块同一品种的原料制成作品组装在一个木座上，给人以一料劈二又重新组合之感。异料组配，指用不同品种的原料组合在一起，成为一件完整的工艺品。例如三大士是人所熟知的神佛中的题材，在组配用料中，可用白玉做慈航、青金石做文殊、绿松石做普贤，来组成一组群相造型。这一白、一蓝、一绿的色彩以及料质，在变化中显现调和，既能单立，又能组合，给人以奇巧、清新之感。

四、抛光

（一）抛光的含义

经琢磨后的玉器表面并不光滑明亮，要使玉器光滑明亮，就必须进行抛光。抛光就是把玉器表面磨细，呈镜面状态，使光照射在其表面有尽可能多的规律性反射，达到光滑明亮的程度。玉器经抛光处理后会呈现出晶莹美丽的玉质光泽，这是玉器艺术的主要特点之一。因此，对于玉器光泽处理的优劣，直接关系着作品艺术效果的好坏。玉器产品的表面光亮受两方面因素的影响：一是材质，由材质决定的光亮称为光泽；另一方面是玉器表面的反射现象，玉器表面平整的程度决定了光线反射的角度，能够使光线作规律反射就有强的亮度。前者是本质，后者是条件，也就是说，没有表面反射的条件，就不能充分地反映材质的光泽。

（二）抛光的主要工序

抛光通常包括四道工艺程序，所用设备主要是抛光机。

1. 磨细

抛光过程中的磨细又叫"去糙"，即除掉表面的糙面，把表面磨得细腻。磨细是琢磨的继续，但不是为了出造型，而是为了抛光。因此，磨细只能去除表面的不平整，而不能伤害造型和纹饰，尤其是造型和纹饰的细部，不能因磨细而变得模糊。如果由于磨细而使玉器表面变得模糊起来，那将是完全的失败。磨细工具主要用非金属材料制成，有革、棉、木、竹、胶碾等。磨细过程中的工作场景如图3-3-4所示。

2．罩亮

玉器产品经去糙以后，基本上达到了乌亮的程度，即表面已经很细腻光滑，为了使其表面有强的反射光，还要罩亮。罩亮就是用抛光粉磨亮，抛光粉蘸在旋转的抛光工具上，用力摩擦产品表面，使其表面平整，产生镜面反射，达到明亮的程度。照亮工序中的场景如图3-3-5所示。

3．清洗

抛光之后是清洗，要把产品上的污垢清洗掉，使用的方法有水洗、酸洗、碱洗、煮洗、超声波清洗等，依材质和产品造型以及产品上的污垢特点而定。

4．过蜡、喝蜡、喝油及擦拭

玉器经过抛光及清洗之后，如果其表面仍存在着轻微的不平滑，这时即可运用过蜡、喝蜡、喝油的方法加以修补。这是因为蜡和油均有较强或很强的油脂性，将它们涂在玉器表面，可以使它显得滋润和油亮，并可填平其表面的低凹不平之处。人们在市场上所见到的许多玉器之所以油光闪闪，大多是因为在抛光之后又经过了过蜡、喝蜡、喝油的处理。其所用蜡和油的种类，过蜡、喝蜡、喝油所需的时间，视玉材质地、玉器造型等的不同而不同。另外，玉器加热的温度及其时间的长短应掌握适度，绝不能因此而损伤或破坏玉器。经过过蜡、喝蜡、喝油的玉器，需在尚热的时候进行擦拭，冷却后修整，使蜡、油分布均匀，不让人感到油迹斑斑而生厌恶之心。擦拭时用柔软吸油的棉巾为好，修整时宜用竹签或木签。

（三）抛光的特点和要求

玉器抛光是琢玉工艺中的最后一道工序，也是玉器加工的重要环节，因此，要求抛光人员不单单熟练掌握抛光技术，还要对产品的琢磨过程、造型特点、原材料性能等有较多的了解，以保证在产品的抛光过程中采用适当的抛光工艺。

抛光不仅要将玉器抛亮，还必须根据玉器的特点进行抛光。比如，按照玉器产品的造型特点，确定重点保护部位；在抛光中尽量保持原作的神韵气质，不使产品因抛光而降低艺术质量；看原材料特征和脏绺状况，在抛光中不使原材料的疵点扩大；看产品的娇嫩所在，采取保护措施，不因抛光而损坏产品；有目的地使光泽的亮度产生强弱，形成对比，从而产生奇特的艺术效果，最终使产品达到光地舒展、平顺滋润、亮度强、不走形的效果，从而充分显示出玉料的天然美和玉器产品的艺术美。

五、装潢

经过上述四道工序后，玉器基本制成，但加工过程并未完全结束。接下来，应该为玉器配上富丽的装潢，以进一步美化和保护玉器，提高玉器的身价。一般玉器都有座和匣两种主要装潢，有的还有成套的包装，如座上有玻璃罩，有的玉器上结上丝涤垂丝、镶金银等。

（一）设座

设座是指给已经制成的玉器设置一个适宜的座子，以美化器身和提高其艺术、经济价值,并可确保玉器放置平稳,防止安全事故的发生。

制座的材料主要是木材,其中以硬木为最佳,其他如石、玉、金属(铜、铜镏金)等,也可作为制座的材料,但总不如硬木的应用那样广泛。

座的形状有方形、长方形、五边形、六边形、八边形、圆形、椭圆形、半圆形、随意形等,其中以随意形最为普遍。座的造型常以玉器的造型为依据。例如,器皿玉器多用素几座,花鸟玉器多用山水风景座,插屏或屏风常用各种精雕细刻的支架座等,有些大型玉器的座还刻有诗、词、书、画。

座的色泽应视玉器色泽和艺术造型而确定,可以二者颜色相同,但最好是有一定的差别。各种座均可以染色。当座的颜色与玉器颜色不同时,必须使它们各自搭配得当,相互协调、和谐,富有美感和引人注目。

座的宽窄、高矮、厚薄要视玉器的大小、重量和形状而定,太宽、太高、太厚既不协调,又会"喧宾夺主";太窄、太矮、太薄则又显得穷气和不稳妥,同样不和谐。

此外,人们往往把直接承接玉器的座面挖深一层,俗称"落窝"。但一般都不挖透,呈"窝"形,其深浅以安放玉器之后能确保其正、稳为准。当然,也有的把座面挖透,使之呈中空状态。总之,玉器应该因为设置了座而大大增强其艺术魅力和提高其身价,而不能与此相反。如图 3-3-6 所示,为玉器的一个座。

(二)配匣

玉器不仅要设座,而且还要配匣。其目的一方面固然是为了妥善地保护或保存玉器,另一方面也是为了对玉器进行美化。匣子可按一定的规格或尺寸进行成批生产,每当一件玉器琢成以后,如果需要配匣,即可按其规格从中挑选出合适的匣子。但也有一些玉器是在琢成以后,按其形状、大小而设计和制作专用的匣子的。

玉器的匣子本身也是一种艺术品,存放名贵玉器的匣子尤其如此。因此,制匣前同样需要认真地设计。

制匣的材料较多,如纸、布、锦、木材、塑料、珐琅、玻璃、有机玻璃、金属等均可用作制匣的材料。匣子的表面可以用纸、布、锦等进行裱褙和装饰,并可饰以诗、词、书、画等。匣内可置用棉、绒、塑料等材料制作的软垫或软囊,贴上或糊以丝绸布里。这些饰物的颜色可以根据玉器本身的颜色而定,一般以使彼此协调和内部玉器醒目、突出为主。当玉器被放入匣中以后,必须不紧不松,与匣内四周保持着一定距离。随着科学技术的进步,现今有的高级玉匣子还具有防潮和防尘装置。

在玉器的座或匣上有时还有玉器设计者和制作者的署名、玉器产品说明书,以及存放、使用、运输等注意事项。如图 3-3-7 所示,为玉器的一个匣子。

总之,一件玉器的加工从选料开始,到装潢才算全部完成。在这一过程中,凝聚着琢玉艺人无数的心血,所以,一件玉器产品之珍贵不仅在于玉料,而且也在于加工之功夫上。

第四章

中国玉器品种大观

玉器属于传统工艺美术形式之一,其表现形式多种多样,千变万化。中国玉器有着丰富的文化内涵,人们研究中国玉器,对玉器诸方面已有了较深入、全面的探讨,但对中国玉器的分类研究得还不够全面、系统。分类是我们认识事物的基础,本章试图从玉料、时间、空间、用途、工艺及造型等角度对中国玉器进行分类,这有助于我们对中国玉器有更为全面的了解。

第一节 玉器的玉料分类

我们可以根据玉料来对中国玉器进行分类。玉器是由玉石加工而成的。如今人们可利用的玉材种类众多,人们在利用这些玉石时,对玉石有共同的基本要求,如美丽、耐久、稀少等,同时在加工中依材质给定的条件,进行玉器制作。被利用的各种玉材在物化性质、工艺性质、加工性能、质量等级、具体应用等方面都有不同,有的玉料质地细腻、水头好、颜色鲜艳,有的玉料质地粗糙、水头差、颜色不好;有的玉料易于加工,有的玉料难于加工。各种玉石加工成玉器都有其自身的特色。可以这样说,有多少种类的玉石,我们就可以分成多少种类的玉器,从大的方面来讲,有翡翠玉器、软玉玉器、独山玉玉器、青金石玉器、绿松石玉器、岫玉玉器、孔雀石玉器、水晶玉器、玛瑙玉器、珊瑚玉器等。

第二节 玉器的时间分类

我们可以根据时间来划分中国玉器。中国玉器在数千年历史演变中,其发展既有鼎盛时期,也有低谷时期,经历了漫长曲折的道路,并一直延续到今天。不同时代的玉器在玉材、玉质、出土、加工工艺、造型、纹饰、艺术风格、用途等方面都深深地烙上了历史的痕迹,具有鲜明的时代特征,据此可以把中国玉器分成以下类型,即新石器时代玉器,商代玉器,两周玉器,汉代玉器,唐代玉器,宋代玉器,辽、金、元代时期玉器,明清玉器,近现代中国玉器。对上述各时代的玉器,将在第六章中再作详细介绍。

第三节 玉器的空间分类

我们可以从空间分布来对中国玉器进行分类。

中国地域广,中国玉器在空间区域上也积累和沉淀着地方文化特色,从而形成了不同的区域特征。如在新石器晚期就有红山文化玉器、良渚文化玉器及龙山文化玉器；在辽、金时期有春水玉、秋山玉等北方游猎渔牧民族的特色玉器。

由明清时期发展至今的近现代中国玉器，大体上形成了南、北两大派系。北派以北京为中心，包括长江流域以北的各地玉器厂家。这一派的玉器风格雄浑、厚重。从技术派生沿革来看，诸如天津、锦州、凌源、岫岩、西安、兰州等地，大都受北京玉器业的技术影响，制作用料、技艺风格有相似之处，又因地理位置所致，这一体系被称为北玉。其中京作即北京玉器，依托皇城，其特色是淳朴庄严，风格浑厚，高雅端庄，善用俏色，技艺精湛。以上海、扬州为代表的长江以南的玉器制作体系被称为南玉，其造型、纹饰、工艺与北玉相比，比较精巧、细腻。其中上海玉器严谨、灵巧、流畅、明丽，作品抒发出海派的清新活泼气氛；扬州玉器制作精细，造型秀美，洒脱飘逸，典雅、秀丽、圆润，尤以大型玉器山子为佳，作品洋溢着浓厚的儒雅气息。玉器虽统分南北两派，但其他一些地方的玉器在艺术和工艺上也都强烈地表现出各自的个性。如广州玉器，格调新颖，擅镂空技艺，尤以透琢立体装饰摆件著名，透琢的鱼笼、虾笼、蟹笼、佛塔，玲珑剔透，情趣盎然，多层镂空玉球精琢纹样，玉球层层皆能转动，技艺精细，风格独特。此外，近几十年发展起来的南阳玉器、岫岩玉器亦颇有特色。随着时代的变迁，市场经济的发展，人才的流动，中国玉器发展既会体现出地方特色，又会求新变异，融会贯通，呈现出百花齐放的新景象。

第四节　玉器的用途分类

我们可以根据用途的不同来对中国玉器进行分类。中国玉器发展的历史，也是人们用玉的历史，随着时代的变迁，玉器使用的场合也在不断发生着变化。

按用途而言，古代玉器可分为玉礼器、玉兵器、装饰玉器、随葬玉器、玉实用器皿、玉陈设等几类。这几类玉器，除了玉礼器有极大的稳定性，几千年来品种变化不大外，其他几类玉器都依时代不同而发生品种变化。

一、玉礼器

这类玉器是各种中国古玉中最重要的类型之一，是古代进行祭祀活动、朝享、交聘、军旅等礼仪活动中所用的玉器，可简称为"礼玉"。其品种繁多，主要品种有以下八种。

（一）玉璧

璧是一种扁平圆形，正中有孔的器物，《说文解字》中解释璧为："瑞玉，圆璧也。"与璧类似的还有环和瑗。《尔雅》、《释器》中说："肉倍好，谓之璧，好倍肉，谓之瑗，肉好若一谓之环。""肉"指周围的边缘，"好"指中心的孔。对此有两种不同的解释，在实际考古发现的器物中，只有极少数符合标准的比例尺寸，而绝大多数的"肉"、"好"与上述比例不合，使得称谓出现混乱。夏鼐《商代玉器的分类、定名和用途》(1983)一文中指出："把璧、瑗、环总称为璧环类，或简称为璧。其中器身细条圆圈而孔径大于器身二分之一者，可称为环，'瑗'字字义含糊，似可不用。"

一般认为玉璧是从石纺轮或环形石斧发展演变而来的，在浙江余杭县桑树头出土的玉璧与同期出土的玉纺轮除大小、厚薄有差别外，其形制、制作技术几乎一样，表明两者有极近的渊源关系。另在南京北阴阳营和松泽出土的大孔环形石斧，也很类似璧的形状，当为斧到璧的过渡形式。也有些学者认为璧可能最早起源于用作装饰的环。

璧是最重要的古代玉器，使用年代之长，品种之多，是其他玉器所不能比的。在古代，玉璧主要有以下几种用途：其一是为礼器，如苍璧礼天；其二为佩玉，又称"系璧"，以璧为佩饰主要在战国至汉代；其三用作礼仪或馈赠用品；其四是随葬用品，目前已发掘的汉代大墓，一般都有为数众多的大璧；其五还可以用作衡器。玉璧可大可小，因孔径变化，雕琢与纹饰之法差异，玉质、玉色之变化，而用途场合也有所不同。玉璧如图 4-4-1 所示。

（二）玉琮

玉琮呈立方体，上下贯一圆孔，两端沿孔边有一周环状凸起，是一种外方内圆的玉器。《说文解字》中解释琮为："瑞玉，大八寸，似车釭。"《白虎通·文质篇》中载："圆中牙身方外曰琮。"汉代经学家将其释为钝角八方或直角正方形，其特征是内圆外方，有如一中空的圆筒套在方柱中。最早见于新石器时代，主要出土于浙江的良渚文化遗址，同时达到鼎盛，是良渚文化遗址玉器的典型代表。商周时代的玉琮较常见，战国至汉代，玉琮明显减少，仅一些大型墓葬中有一两件出土。由此推断，战国至汉代，作为随葬品作用的玉琮，有很严格的规定，汉以后各朝代的史书中，多有玉琮作用的记载，但实物很少见到。玉琮主要用作礼器，用"黄琮礼地"。玉琮除了作葬器外，还可以饰辂辇，在古织机上作持琮翻交用，另也可以作为发兵凭证用。

《周礼》郑注又说："琮之言宗也，八方所宗，故外八方象地之形，中虚圆以应无穷，象地之德。"这是对琮用途所作的一种解释。近人对琮的用途进行了各种推测，许多人认为在新石器时代，琮是一种神权的象征，它中心的通孔表示天、地之间的联系。玉琮如图 4-4-2 所示。

（三）玉圭

玉圭的形状为长条形，上尖下方，是由原始社会铲形器发展而来的重要玉器。《说文解字》释其为："瑞玉也，上圆下方，圭以封诸侯。"一般说来，商周前的长方形玉器通称为圭，有些圭顶部微隆起，东周之后，方形玉圭便不多见，出现了一种既有商周玉圭之长方形，又有商周玉戈之尖顶状的圭，这种圭为扁长形，顶部凸起尖形圭角，上圆下方，这种圭在汉代出现的较多，汉以后文献中虽有很多记载，实物却很难找到，明清两代的玉圭保留到现在的还有很多，许多博物馆都有收藏，明清玉圭同汉代的比较，形状变化不大，皆为尖角顶，但体积比汉代的大，有素面、谷纹、乳丁纹、海水江崖等不同纹饰，清代玉圭多为拟古之作，乾隆时制造的琰圭、躬圭、镇圭、谷圭、介圭、缘圭，皆用古称，样式却五花八门，去古甚远。主要用作礼器，"青圭礼东方"，"王执镇圭，公执桓圭，侯执信圭，伯执躬圭"。另玉圭亦可用作朝聘，祭祀，表葬，玉制礼器，瑞信之物等。玉圭如图 4-4-3 所示。

（四）玉璋

《说文解字》中记载："剡上为圭，半圭为璋。"半圭，是什么样子不得而知：一种可能由玉圭从中间纵劈为两半,宽度相当于半圭;另一种可能由一长方形玉圭从中间横断为两截而得,在长度上可称半圭,具体的有待于进一步研究。目前,考古发掘中虽见过这类古玉,但为数不多,不能提供定名为玉璋的充分依据,因而何为玉璋,更需进一步研究。

璋是古代使用的礼器。《周礼》所记"六器","以赤璋礼南方",也就是说在古人的礼仪或祭祀活动中,用赤色的璋表示南方的礼事。玉璋如图 4-4-4 所示。

(五) 玉琥

古代玉器中,一种雕琢成虎形的玉器,称为"琥"。用于祭祀西方之神的礼器,用白玉来琢,称为白琥,尺寸形制没有严格的要求,但必须是"虎"形,该形或立体,或扁平状。虎是古代西方氏族的图腾,《后汉书》有一段记载:"巴人的祖先廪君人死,灵魂化为白虎升天。"故西方氏族认为他们的祖先来源是"虎",所以用白玉雕成虎形来祭西方之神——白琥。一般认为玉琥可作礼器、佩饰及兵符等。玉琥如图 4-4-5 所示。

(六) 玉璜

璜的形状很像璧或环的一部分,为弧状玉片,宽度一致。《说文》中解释璜为"半璧也"。实际上,半璧形的璜并不多,只是璜的特殊形式。古代学者和现代学者依据古玉器的实物,将弧度小于半圆的玉饰一概名之为璜。一般来看,璜的弧度在三分之一圆周至半圆之间,个别的小于三分之一圆周。在传世玉器中,有一种近似于四分之三圆周的玉器,考古发掘中尚未发现。而传世品多为明代之后的仿古作品,这种玉佩两端多可悬挂其玉件,可能是成组玉佩中的珩。

玉璜,是古代用作朝聘、祭祀、丧葬、征兵的玉制礼器。玉璜造型的起源和虹有一定联系,古人曾对虹产生过自然崇拜,认为虹是一种动物,两端为头,虹的出现或为祥兆,或为凶兆,许多战国玉璜,两端为兽头形,同传说中霓虹相似,商以后,玉璜是重要的礼器和佩饰。玉璜如图 4-4-6 所示。

(七) 六器

"六器"是祭祀天、地、四方的礼器,《周礼·大宗伯》中内有记载:"以玉作六器,以礼天地四方,以苍璧礼天,以黄琮礼地,以青圭礼东方,以赤璋礼南方,以白琥礼西方,以玄璜礼北方。"也就是说,用璧、琮、圭、璋、琥、璜,六种不同形制的玉器与不同的颜色,祭祀天、地、东、南、西、北六个方位的神。

苍璧礼天,用苍色的玉琢成"璧",来祭天神,天神是主宰一切的神,属阳性。"礼天须用苍色,盖璧形圆,象天苍,象天之色。"

黄琮礼地,是用黄颜色的玉,琢成"琮"来祭地,属阴性。"琮之言宗也,八寸所宗故,外八方象地之形,中虚圆,以应无穷,象地之德,故以祭地。""内圆象天,外方象地,有通天入地,是人、神交通之媒介。"

青圭礼东方,是用青颜色的玉,琢成"圭"来祭东方之神——青龙,"圭锐象春物初生"。

赤璋礼南方,是用红颜色的玉,琢成"璋",来祭南方之神——朱雀,红色的鸟,我们又称之为凤,"赤象南,似万物之荣盛"。

白琥礼西方,是用白颜色的玉,琢成"琥",来祭西方之神——白琥,"琥猛象秋严"。

玄璜礼北方,是用黑颜色的玉,琢成"璜",来祭北方之神——玄武,也就是乌龟,"玄象北,万类闭藏,地上无物,唯天半见也"。

(八) 六瑞

"六瑞"是指古时帝王时代,用六样不同尺寸的玉器,作为等级与职权的区别。

《周礼·大宗伯》中有记载:"以玉作六瑞,以等邦国,王执镇圭,公执桓圭,侯执信圭,伯执躬圭,子执谷璧,男执蒲璧。"

镇圭,样子与上述礼东方之神的"青圭"一样,没有规定用什么颜色的玉,只规定了尺寸,尺有二寸,谓之"镇圭","镇,以安四方"。

古时规矩很多,连"圭"上钻个"孔",都有特别规定,公、侯、伯之圭,除尺寸小之外,"孔"在下端,唯天子拿的圭,孔在中间。

《尔雅》中有"圭大尺二谓之介",叫"介圭",天子执之,天子执"介圭",与执"镇圭"的意义相同。

桓圭,命圭九寸,谓之"桓圭",公守之。《周礼》中解释说:"命圭者,王所命之圭也。朝见执焉,居则守之。""桓圭"九寸,比天子的圭少了三寸,是公拿的圭,而且规定,上朝时,小心拿着,回到家里,恭恭敬敬地摆在那里。

信圭,命圭七寸,谓之"信圭",侯守之。《说文解字》中有"诚也",《白虎通》中有"专一不移也"。

躬圭,命圭七寸,谓之"躬圭",伯守之。《周礼》又说:"或云命圭五寸,谓之躬圭。"命圭五寸,才是正确的。

谷璧,没有规定尺寸,只在璧上雕以"谷纹",谓之"谷璧"。谷璧子所执,饰谷纹,以取养人之义。

蒲璧,蒲璧男所执,饰为蒲纹,蒲为席,以取安人之义。

这六件"瑞",清楚地说明了每个人的身份地位,明显地划分出了等级层次,王、公、侯、伯、子、男,各执一器,以定权责地位。

二、玉兵器

玉兵器主要出现在商、周两代,主要品种有玉戈、玉刀、玉钺、玉戚等。春秋战国乃至以后时代,除仿古玉器中有少量作品外,这几种器物就很少见到了。

(一) 玉刀

玉刀最早见于商代初期,可做礼仪用器,商代中晚期多为佩玉,略呈弧形,装饰华丽,刀背饰有连续排列的凸齿,刀面也有复杂的装饰纹。商以后玉刀不多见。玉刀如图4-4-7所示。

(二) 玉戈

玉戈是重要的玉兵器,由"援"(刃部)和"内"(似柄,有孔能穿系)两部分组成,如图4-4-8所示。

（三）玉钺

玉钺的造型源于石斧，原为兵器，但精工制作的钺，已失去原有的实用功能，成为礼仪用玉器或丧葬玉器，如图4-4-9所示。

（四）玉戚

玉戚是一种类似石斧形状的古代兵器，其用途和玉钺一样，是礼仪或殉葬用的器物，如图4-4-10所示。

三、装饰玉器

有随身佩带的装饰玉器和实用装饰玉器，如玉觽、玉带钩、玉带板、玉簪、玉钗、玉笄、玉笏、玉翁仲、玉刚卯、玉剑饰、玉璇玑等。

（一）玉剑饰

玉剑饰是指用于剑上的装饰玉件。常见有剑首（如图4-4-11所示）、剑格（如图4-4-12所示）、剑璏（剑鞘上带扣）（如图4-4-13所示）和剑珌（鞘末玉饰）（如图4-4-14所示）四种。玉剑饰始于战国，战国剑较短小，剑首小而薄，边沿外敞，较锋利，格少（多用铜、铁），剑珌有厚长和薄短两种，带扣也小。汉代剑首长而大，格多，剑珌与战国相似。河北满城一号汉墓出土一把铁剑，其上四种玉剑饰具备，并有高浮雕玉饰。汉后，玉剑饰不多见；明清两代仿制较多。

（二）玉环

玉环是佩饰的一种，圆形，片状，中心有孔，孔径较大，也较细。环，一般用作佩玉，古人云："行则有环佩之声。"汉代的佩玉系统中，环一般在中心部位，古人佩环主要为了表彰自己的品德，环周回缠绕，取其无穷，象征着至死不渝的精神，在人际交往中，也常用环传递归还、回还的信息，据传林则徐戍新疆时，清帝曾赐环令其归。

玉环一般饰勾云纹、变形兽面纹或谷纹，也有许多素环，环的形式变化很大，真正边孔相等的环较少，有些环中心孔内或环外侧雕有玉兽或植物图案，另外，还有多环相套相接等式样。玉环如图4-4-15所示。

（三）玉玦

玉玦是一种古代佩饰，玦也就是环形而有缺口的玉器，《广韵》释："佩如环而有缺。"玉玦产生于新石器时代，出土于墓葬中人的耳部，可以是耳饰，属于良渚文化的玉玦多光素无纹，属于红山文化的玉玦较笨重，形似屈身之螭，头较大，用粗线雕出眉、眼、嘴，身为光素而屈，尾与嘴相连，红山文化玉玦对商代玉器影响较大，商代的玉玦也多为屈身兽头形，春秋战国时玉玦为圆形片状，常饰兽面纹或勾云纹。如图4-4-16所示。

古人使用玉玦有两个含义：一是能够决断事物，《白虎通》载有"君子能决断则佩玦"，这是佩玦的条件；二是表示断绝之意，《史记》《项羽本记》中有"鸿门宴"，是以玦传递信息的最著名的故事,它记载楚汉相争时,鸿门宴上"范增以手循玦示项羽",暗示项羽当机立断杀死刘邦。玉玦,其用途古今说法有很多,概括起来有四点:一为佩饰;二作信物;三寓意佩戴者凡事能决断,有君子或大丈夫气质;四用于射箭,使用时将套在拇指上,以作勾弦。

(四)刚卯

刚卯是古玉器名,是用玉制成的长方柱状玉护符,中有贯孔,因制于正月卯日,故称刚卯。挂在革带上佩用,是护符的一种。刚卯的四面各有八个字,作两行书写,雕有四八三十二个看不懂的文字,其文亦怪,不易解释,是汉代刘邦时代的产品,王莽篡权后,废除此饰,说"卯、金、刀"象征刘姓,有纪念刘邦之嫌,不准佩戴,王莽在位十五年,在玉雕艺术上,交了白卷,其十五年后,刚卯又时兴起来,原因是刚卯有避邪作用,那三十二个字,四字一行,每面两行,共四面。

"正月刚卯既央,灵殳四方。"据说雕此器要看时辰,应在新年正月日出卯时动刀,时辰一过,即要停止,"灵殳",是刚卯的代名,"四方",是该器之形。

"赤青白黄,四色敢当",赤、青、白、黄,没有"黑"字,汉刘邦为火德王,黑色属水,水可灭火,故忌水,不用"黑"字,"四色敢当",其意思是,四方形代表四色,只要佩着此物,所有牛、鬼、蛇、神,均不敢来犯。

"帝令祝融,以驱夔龙",帝也就是天帝,命令火神祝融,告诉夔龙,不可作恶,不可食人,如不听,祝融就要烧死它。

"庶疫刚瘅,莫我敢当",庶疫是百姓之苦疾,刚是指"刚卯"本身。瘅,是痨病,且很多病都叫"瘅"。"庶疫刚瘅,莫我敢当",只要佩戴"刚卯",就要把所有疾病,全部挡住了,因此,"刚瘅"是人人最喜爱佩戴的避邪玉饰。

刚卯大约开始出现于西汉后期,王莽时曾一度废止,东汉时又恢复使用,汉以后又废除不用。与另一种印"严卯"合称"双卯"。刚卯如图4-4-17所示。

(五)翁仲

一般佩饰翁仲,高不过寸,宽衣服博袖子,双手合十,脸部仅三个小洞,代表眼睛和嘴,嘴下一撮三角形胡须,脚蹬朝靴,十足像个小老头,雕琢简单,俗称汉八刀,意思是用七八刀就雕成了。翁仲姓阮,名翁仲,安南人,武功高强,阮将军死后,后人景仰他的武功,便琢了玉雕像,佩在身上,驱除邪恶。翁仲如图4-4-18所示。

(六)司南佩

司南佩的形状像两个对写的凹。左头雕一只小"杓",右头雕一只小"盘",中间一个小孔,便于系绳佩挂,如图4-4-19所示。

古时卜筮、问卦,多用"司南"卜卦,用一只盘子和一只有把的小杓,置于盘内,令其旋转,以卜吉凶,以定方向,这种精神指导,使人们有所依托,在心里发挥了平衡作用,不必怨天尤人,将一切功过是非,归诸于神的指导,给予精神的支柱,于是,用玉琢成佩饰,携于身上,以指引方向。以古制来说,"司"乃君面南垂拱道,臣面北而受命之义,故作"臣司事于外"解。

由此可知,"司"乃在外主事之意,"南"即东南西北方向之指导,故"司南"二字,为该佩之名,出门佩"司南"驱邪,是为吉祥。

(七) 玉辟邪

辟邪腿短,有翼,单角或双角,卷尾,头部或腿间有飞毛,突眼睛,獠牙,爬走式,造型独特,由此书中称之为异兽。汉代吉成侯墓出土一上述模样的异兽。北魏郦道元解释为"制作甚工,右膊上刻作辟邪",由此我们便将此类造型的动物称为"辟邪"。《汉书》西域传中记载:"乌戈山离国有桃拔、狮子、犀牛。"孟康注说:"桃拔,一曰符拔,仙鹿尾长,一角者或为天鹿,二角者或为辟邪。"至今为止并不统一,也有将二角者称为天鹿,一角者称辟邪的。总之,样式奇异,有角有尾、龙不像龙、虎不像虎的怪兽均统称为辟邪。玉辟邪如图 4-4-20 所示。

(八) 玉牌

玉牌又称为玉别子,明清两代很为流行,明代的玉牌为方形,上侧有镂空雕刻的双夔,下部为方板,两面浮雕图案,图案一般凸起很浅,构图简练,有些一面雕有行书或草书诗句。一些明代玉牌采用了一种新雕法,即是把图案或诗句的地子磨成砂状,粗糙有如磨砂玻璃,今人称之为碾磨地子,这种地子是用极细的铊子及解玉砂磨成,非常费工,并且需要很高的技术。玉牌如图 4-4-21 所示。

(九) 玉合符

玉合符多用白玉制成,有日月合符、平定合符、同心璧合符,较多的是龙凤合符。乾隆年制的龙凤"同心"合符,较有代表性;合符为两圆片,一片有两槽,另一片有两凸榫,两符可契合,一片雕刻"同心"、"如月之恒"字并双凤,另一片雕刻"和合"两字并双龙,其上有"三"形卦并一"隆"字。玉日月合符如图 4-4-22 所示。

(十) 玉锁片

玉锁片呈方形,片状,上部有一横梁,两面雕刻纹饰,一般都雕刻字,如平定虎符、天官赐福、龙凤呈祥、永葆长春、玉堂富贵等。玉锁片如图 4-4-23 所示。

(十一) 玉扁方

玉扁方流行于清代,是满族妇女梳"两把头"时使用的头簪,一种为长扁方,宽度约为 3.5 厘米,长度约 25 厘米,一头为圆边,一头为卷边,玉石虽然不能卷,却琢成卷儿的样子,这是扁方的固定形式。有的在卷子上还琢以蝙蝠、花鸟、佛像等图案。另一种为短扁方,只有正常扁方的一半,这是在家中梳便头时所用的,这类扁方较为少见。玉扁方如图 4-4-24 所示。

(十二) 玉朝珠

朝珠是清代官服上的装饰,由各种玉石穿缀而成,由身子、佛头、背云、大坠、记捻、坠角六个部分组成。108 个中型圆珠叫做"身子";在身子中间每隔 27 个中型圆珠就有一个大型圆珠,这四个大型圆珠叫做"佛头";四个佛头内有一个三眼的,跟三眼佛头连在一起的半个葫芦叫做"佛头嘴";沿着佛头嘴有宽二分,长七八寸的丝绦系一块方圆形的叫做"背云";又有一段丝绦系着的叫做"大坠";三眼佛头和两边的佛头之间,一边系有两串小型圆珠,一边系有一串小型圆珠,这三串小型圆珠叫做"记捻";记捻每串十个圆珠,分两节;记捻尽头的坠形玉石叫做"坠角"。背云多是用金银镶嵌着,坠角总是用金银帽衔着。戴朝珠时,将三眼佛头搁在脖子后面,背云和大坠垂在背后,前后左右各有一佛头,最下垂一佛头。男人戴朝珠是左面两串记捻,右面一串记捻;女人戴朝珠与其相反。清代服饰制度,王公以下,文职五品、武职四品以上,公主、福晋以下,五品官命妇均可戴朝珠,所以,在清代戴朝珠是权贵的象征,有资格戴朝珠的谁也不只有一件,因而在当时朝珠成为最畅销的商品。玉朝珠如图4-4-25所示。

(十三)玉翎管

翎管一般用白玉或翡翠制作,清代有官员戴翎管的制度。《清史稿舆服二》中有记载:"贝子朝冠,皆戴三眼孔雀翎。""孔雀花翎有三眼、双眼、单眼之分,遇赏均得戴用。"玉翎管为戴羽翎时插羽所用。玉翎管如图4-4-26所示。

(十四)玉发簪

古时候,不分男女,人们都留着长发,为了不使长发散乱,用一细长小棍,束起头发并别住,这个小棍便叫做簪,如果是用玉做的就叫做玉簪,自战国就有玉簪了,宋元明清时期广为使用,存世量较多。玉发簪如图4-4-27所示。

(十五)玉帽花

帽花虽然叫花,实际上素的较多,装饰在帽子上,唐宋至明清均流行。帽花长约2厘米,宽约1.4厘米,底部平有两孔相通,玩玉的人通常称之为象鼻眼,横着用。玉帽花如图4-4-28所示。

(十六)玉帽正

玉帽正多为正圆形,大小像人民币一分硬币,上大下小扁成平,底下有象鼻眼,缀在帽子前面,戴上时对准鼻尖,所以叫帽正,唐宋元三代已有流行,明清两代使用较多。玉帽正如图4-4-29所示。

(十七)玉笏

玉笏就是上朝时所执的玉制手板,也即"珽"。《礼记·玉藻》中记载:"笏:天子以球玉,诸侯以象,大夫以鱼须文竹。"注:"球,美玉也。"

笏,又称手板、玉板、朝笏或朝板。是古代臣下上殿面君时的工具。古时候文武大臣朝见君王时,双手执笏以记录君命或旨意,亦可以将要对君王上奏的话记在笏板上,以防止遗忘。唐代武德四年(公元621年)以后,五品官以上执象牙笏,六品以下官员执竹木做的笏。明代规定五品以上的官员执象牙笏,五品以下不执笏;从清朝开始,笏板就废弃不用了。玉笏如图4-4-30所示。

（十八）玉韘

韘在商代是射箭用的钩弦器，用来护指，并能随身携带，相当于清代的扳指。《说文》释韘："射决也，所以钩弦，以象骨韦，系著右巨指。"后来成为佩戴于身的小佩件。《诗卫芄兰》："芄兰之叶，童子佩韘。虽则佩韘，能不我甲。容兮遂兮，垂带悸兮。"记述了古人佩韘的情况。韘是射御的工具，佩戴它是表示有射御的本领，即"能射御则带韘"（毛传）。随着社会生活的发展，佩韘的目的也发生了变化，逐步带有装饰的意味。韘的制造越来越精巧，形状也发生了变化，以致能用来钩弦。玉韘也逐步发展起来，深化成多种多样的韘形玉佩。韘形玉佩在汉代有了很大发展，吴大澂《古玉图考》一书在汉代韘形佩旁注其欲名鸡心佩，这一名称使用很广，目前仍在流传。如图4-4-31所示，为玉镂雕变形凤纹韘。

（十九）玉扳指

玉扳指又称玉韘，圆筒形，一端略薄，可套于手指，拉弓射箭时用。有些玉扳指装饰有浮雕纹饰，如狩猎射鹿图、独立朝纲、丹凤朝阳、猫蝶、双喜等，明清两代大量制作。玉扳指如图4-4-32所示。

（二十）玉带钩

带钩用于扣拢腰带，既有实用性，又有装饰性。常见的带钩有铜、铁、玉等制品。又名"犀比"。是我国北方游牧民族的发明，用以钩连腰带。带钩有铜、玉两种，流行于春秋战国和秦汉时期，铜带钩上有的镶嵌绿松石。河南固始在春秋末或战国初期墓中，发现一件玉带钩，是目前已知较早的一件。在河北满城、江苏铜山小龟山等西汉墓及河北定县北庄东汉墓中，均有玉带钩出土。在战国中晚期玉带钩的使用相当普遍，出土及传世的皆有很多，很多带钩制作考究，镶金嵌玉，雕刻铭文，美不胜收。带钩相当于我们现在的皮带卡，主要用于钩系束腰的革带，多为男性使用。人们使用带钩，不仅为日常所需要，更是身份地位的象征，尤其王公贵族、社会名流所用带钩甚为精美，具有很高的工艺水平和艺术价值。玉带钩如图4-4-33所示。

（二十一）玉带板

玉带板是一种由数块乃至数十块扁平玉板镶缀的腰带，是古代官员身份等级的标志。玉带有方形、长方形、桃形等，表面常雕琢各种图案的玉带始见于北周，一直沿用至明代，清代废除玉带制度。玉带板如图4-4-34所示。

（二十二）子辰佩

子辰佩是一种特殊设计的佩饰，通常是在蟠龙尾部趴着一只小老鼠，以十二地支命名，十二生肖中，鼠属子时，龙是辰时，不以鼠与龙名之，而用子辰佩取其名，甚为文雅，此外还有子辰镯类。子辰佩如图4-4-35所示。

(二十三) 玉蝉

玉蝉是最常见的玉雕动物,产生于新石器时代。当时可能是一种动物崇拜,后来逐渐发展成佩饰和丧葬用玉,人们佩玉蝉为了表示清高和不同流合污。古人认为蝉只饮天上的露水,不食人间烟火。《大戴礼记》中有"蝉饮而不食",既然只饮水而不食食物,腹中自然无杂物,因而佩戴玉蝉能表示人的品行高尚。玉蝉如图4-4-36所示。

在玉蝉的造型中有唅蝉、佩蝉、冠蝉。

唅蝉:是死者含入口中之物,雕工简单,俗称"三刀蝉"。

佩蝉:在头顶有象鼻形穿孔,备穿绳佩戴。

冠蝉:是通心直穿孔,也有左右各一孔及腹部象鼻形穿孔两种,备缝缀于冠中央,以便正冠之用。

(二十四) 玉璇玑

玉璇玑产生于新石器时代,山东大汶口文化、龙山文化遗址均有玉璇玑出土。早期玉璇玑可以分为两类:一类是由方形玉切割成圆环时留下的外侧的边角,另一类是在环的周围做出装饰,其中以饰蝉最优,商以后的璇玑带有明确的璇角,商代璇玑上的角还带有齿牙。

璇玑的角一般为三个,也有四个或六个的,春秋时期的墓葬中还有璇玑出土,战国以后的墓葬里就不再有了。《尚书》中有记载:"在璇玑玉衡,以齐七政。"自汉代起许多人认为璇玑玉衡是古代天文仪器浑天仪的一个部件,直到现在有些学者仍坚持这种观点。另夏鼐等人认为璇是由璧演化而来的,用作佩饰。玉璇玑如图4-4-37所示。

四、随葬玉器

随葬玉器也称葬玉,指那些专门为保存尸体而制造的随葬玉器,而不是泛指一切埋在墓中的玉器。因此,一般的随葬玉器不列为葬玉。葬玉品种主要有玉衣、玉塞、玉耳珰、玉唅和玉握等。大多数葬玉都不是为了引起美感的装饰品,而多是器形简单、光素无纹的玉器。

(一) 玉衣

玉衣外观与真人体形相同,专为罩尸体之用。按部位可分为头罩、上身、袖子、手套、裤筒和鞋子六部分。各部分均由小玉片用金丝、银丝或铜丝缀成,故又称金缕玉衣、银缕玉衣及铜缕玉衣。玉衣起源于汉朝,分金缕、银缕和铜缕三级。皇帝用金缕玉衣;诸侯王、列侯、始封贵人、公主用银缕玉衣;更次一级的用铜缕玉衣。金镂玉衣如图4-4-38所示。

(二) 玉塞

已知汉代有九窍塞,即填塞或遮盖死者身上九窍孔的九件玉器。这九件玉塞为:耳塞2件,眼塞2件,鼻塞2件,口塞、肛塞和生殖器塞各1件。

（三）玉耳珰

玉耳珰有两类，一类是悬于耳旁的饰物，上有小孔；另一类是塞在死者耳中的葬器，其上无孔，以作耳塞之用。

（四）玉唅

玉唅是古玉器名。"唅"亦作"含"，有的书上还称"押舌"。古时入殓时放在死者口中的玉。《周礼·天宫·天府》："大丧共（供）含玉。"大丧，指皇帝丧。其余则有含璧、含珠、含瑁、含米、含贝等，因死者身份不同而有所区别。考古发现，早在殷商时，死者口中就含有贝。据记载，春秋时代死者口中含的是"珠玉"。河南洛阳中州路 816 号西周墓，在死者口中发现一件带孔的蝉形玉。玉蝉作为含玉，在汉墓中发现较多。玉唅是死者含在口中的玉，周代一些人入葬时，含一种小玉戈，战国以后，种类渐渐增多，多为各种小动物。各种玉唅如图 4-4-39 所示。

（五）玉握

玉握亦称握玉，是指死者握在手中的玉器。汉代初期以前，死者握的是无孔的璜形玉器。东汉初至魏晋南北朝时期死者大多握的是玉猪。猪是当时社会的主要家畜，是财富的象征。玉猪玉握如图 4-4-40 所示。

五、玉实用器皿

玉实用器皿在商周时就有，据文献记载，战国时期已广泛使用。目前能见到的商代玉器皿是玉簋；在战国及汉代，玉角杯、玉灯等也较常见；唐宋以后，玉杯、玉碗大量出现，餐具、酒具、文房用具等品种激增；到了清代，玉器皿的品种、数量达到鼎盛。

其中玉文房用具有以下十个品种。

① 玉笔筒（玉花插）：玉笔筒一般仿效自然，中心空可插物，作品有鸣凤在竹、鹿鹤同春、松竹梅三友、双鱼、白菜、灵芝等式样。玉笔筒如图 4-4-41 所示。

② 玉玺（玉章坯）：皇帝的玉印。古代印、玺通称，以金或玉为之。自秦以后，以玉为玺，为皇帝所专用。因而又以喻指皇位。玉玺如图 4-4-42 所示。

③ 玉水丞、水盂：盛水用的器皿，以备研墨。水丞较水盂小，圆形似钵，上大下小，其外表雕刻纹饰，一般都配有铜或珊瑚匙。如图 4-4-43 所示，为清代青玉双龙纹水丞。

④ 玉书镇：书镇或称为镇纸，用以压书，压纸。镇纸多为细长形，方楞，上面凸雕刻双螭，中部有一纽，有的镇纸雕成动物或人形。

⑤ 玉臂搁：写字时垫在手腕下的器具，扁平状，两侧向下卷，下面两端为斜"S"形，表面浅浮雕图案或文人诗句。

⑥ 玉墨床：墨床用于承墨，有圆头、方头、书卷式、桌几式多种，有墨床用双螭足、折脚足或云头足，墨床下还有木座。玉墨床如图 4-4-44 所示。

⑦ 玉笔架：用以架笔，笔架雕刻成山形的又称笔山，亦有雕成花枝形的。玉笔架如图 4-4-45 所示。

⑧ 玉洗子：玉洗储水以洗笔，有荷叶式、贝叶式、蕉叶式、葵瓣式、瓜式、凤式、葫芦式，还有云龙、方胜、双鱼等多种形式。玉洗子如图 4-4-46 所示。

⑨ 玉砚滴：有卧凤、卧兽、仿古栖、三鹅、异兽、龙凤守琼式样，砚滴中部有一空腹，可储水，口上有盖，盖上带一圆柱式空心水柱，伸入空腹中，拿起水注便可将水带起，并能滴水于砚中。玉砚滴如图 4-4-47 所示。

⑩ 玉砚台：文房用具，砚亦称为研，汉代刘熙写的《释名》中解释："砚者研也，可研墨使和濡也。"它是由原始社会的研磨器演变而来的。初期的砚，形态原始，用一块小研石在一面磨平的石器上压墨丸研磨成墨汁。至汉时，砚上出现了雕刻，有石盖，下带足。魏晋至隋出现了圆形瓷砚，由三足到多足。箕形砚是唐代常见的砚式，形同簸箕，砚底一端落地，一端以足支撑。唐、宋时，砚台的造型在使用中得到了多样化的发展，砚材的运用也极为广泛，其中以广东肇庆的端砚、安徽歙县的歙砚、甘肃洮州的洮河砚、山西绛县的澄泥砚最为突出，被称为"四大名砚"。玉砚台如图 4-4-48 所示。

六、玉陈设

玉陈设主要是玉山子、玉屏风、玉兽、玉人等器物，以清代最多见。

① 玉山子，即以玉雕成一座小山，上面雕以树木、房屋和人物，最有名的玉山子如清代的《大禹治水图》等。

② 玉鼎炉、瓶、壶，即是用玉制成的鼎、瓶（花瓶）和壶。一方面作陈设用，另一方面具有实用价值，如炉用以燃香。

③ 玉辟邪，是一种神兽，其形象是由西方传入中国的，并在西汉开始流行，被视为吉祥之物。

④ 玉屏，是用玉雕琢成的方形或圆形片状玉器，上饰各种花纹，插于木座或玉座上。

⑤ 玉如意，形状为长柄钩，钩形扁圆。上饰有八仙过海，梅松竹图、鹤桃图、灵芝、万年青松等。玉如意如图 4-4-49 所示。

随着清王朝的灭亡，中国玉器也就从帝王之家进入社会，进入市场，走向社会各阶层，走出国门，玉器的使用场合也有了进一步的变化。近现代玉器根据用途可以分为以下三类，即玉佩饰、玉摆件和玉实用品。

① 玉佩饰：用于人身装饰，主要有玉戒面、戒圈、马蹬、指环、手镯、手链、胸饰、腰挂等。

② 玉摆件：用于陈设、收藏、赏玩，有玉件人物、玉件花鸟、玉件兽、玉件器具、玉山子、玉石盆景等。

③ 玉实用品：即一些在日常生活中具有一定的实际使用价值的玉器，如玉实用器皿、玉娱乐用品、玉健身用品、玉文房用具等。

第五节　玉器的工艺分类

我们可以根据工艺的不同，可以将中国玉器划分为圆雕玉器、浮雕玉器、透雕玉器三个类型。

(一) 圆雕玉器

圆雕玉器是指对玉石进行三维空间立体雕琢,其作品可从多面观赏的玉器,如玉山子等。

(二) 浮雕玉器

浮雕玉器的特点是在玉石平面上雕刻形象,依表面雕琢的厚度及方式不同,可分为高浮雕、中浮雕和浅浮雕。浮雕玉器作品主要是从正面观赏,如玉器中大多数玉佩饰即属于此类。

(三) 透雕玉器

透雕玉器又称镂空玉器,是在圆雕或浮雕的基础上,镂空其背景部分,使作品显得玲珑剔透的玉器,如玉件花卉作品。如图4-5-1所示,为镂空象牙球。

此外,还有应用一些特殊技艺加工而成的玉器种类。

① 薄胎玉器:是玉器器皿中的一个特殊品种,制作薄胎玉器的要求是选料适当,加工精湛,胎的厚薄要求一致,器形端庄别致,装饰繁简相宜,制成品显得轻盈玲珑。薄胎玉器如图4-5-2所示。

② 内画玉器:往往是在水晶、玛瑙等透明度较好的玉器器皿内壁绘上一定图案,从外观赏显得别有一番情趣。

③ 刻字玉器:在已成的玉器上琢刻上诗文、款识、年号及一些吉祥文字,尤其是一些诗文,往往能结合玉器纹饰图案,将中国传统的诗书画作等特色在玉器上表现出来。

④ 金镶玉器:顾名思义,就是以玉为主体,镶嵌上金银丝,又称金银错、压金丝嵌宝等。压金丝玉器中,金丝是一种装饰,在某种意义上可以说它是玉器本身纹饰的替换,与玉器互相辉映,可谓"锦上添花"。

第六节 玉器的造型分类

最后,我们根据造型的不同表现来对中国玉器进行分类。玉器属于造型艺术,根据造型表现不同,我们可将中国玉器分为几何造型类、艺术造型类和组合造型类。

一、几何造型类

几何造型类选料较为严格,往往质量较优,主要用于人身装饰用,如各式戒面、项链、手链、手镯、指环、各种挂坠等。造型选用弧面型、刻面型、珠型、环型及随型等。如图4-6-1所示,为几何造型类中的孔雀石首饰。

二、艺术造型类

艺术造型类玉器即经过一定的艺术构思和设计,将玉石雕琢成带有一定纹饰、表达一定意义的立体形象的玉器。从广义上讲,人间万物皆可作为表现对象,一些抽象图案也屡见不鲜。此类玉器主要用于陈设、收藏、赏玩,具体可分为人物、兽、花鸟、器具、山子这几类。

(一) 玉件人物

玉件人物用料要求较高,一般都选用质地细腻、颜色均匀且沉稳润泽的翡翠、白玉、青白玉、青玉、碧玉、青金石、珊瑚、绿松石等高档玉料,用这些材料做出的人物脸部色泽匀净且整体视觉沉稳,从而使得作品具有较高的艺术价值、经济价值。反射光较强且底纹、纹路较多的水晶、芙蓉石、木变石等玉料不适宜制作人物,而带俏色的玛瑙是当代琢制玉器人物的主要玉料之一。人物又可具体分为佛像、仙人、神话人物、仕女、老人、小孩、历史人物、现代人物及外国人像等。人物造型要求注重身材,注重人物脸部的刻画,注重人物神态及情节内容。

(二) 玉件兽

总的来说,兽类用料比较广泛,尤其是杂色料子最宜,制作要求做什么像什么,尤其是注重各种动物的不同习性,动静自然,神态传神。具体又可分为神话兽,如龙、凤、麒麟、朱雀、辟邪等;写实兽,如鸡、牛、狗、马等。其作品有单件,也有成对的,更有成套的,如子母兽、八骏马、十二生肖等。如图4-6-2所示,为玉马。

(三) 玉件花鸟

玉件花鸟又可分为玉件花卉、玉件鸟类、玉件虫鱼。

玉件花卉选料、用料依照圆雕作品立体三面观赏的功能和花卉优美鲜艳的特点,多选择形状饱满、色泽明快艳丽、质地细腻、少绺裂的玉料,如翡翠、珊瑚、绿松石、玛瑙、岫玉等。玉件花卉的题材多选用牡丹、月季、山茶、牵牛花、萱草、梅、兰、竹、菊等,也常采用民间喜闻乐见的寓意吉祥如意的组合花卉,如四君子(梅、兰、竹、菊)、岁寒三友(松、竹、梅)、喜上梅梢(梅花、喜鹊)等。为增强作品的生活情趣,花卉间常配有鸟雀虫草。如图4-6-3所示,为和田玉白菜。

玉件鸟类,以自然界各种鸟类为题材对象,用现代写实手法造型、施艺,形成玉器鸟自然、生动、清新的风格,在用料上以色彩清丽的岫玉及色彩鲜艳的玛瑙居多。鸟有凤凰、仙鹤、绶带鸟、鹭鸶,还有孔雀、鹦鹉、锦鸡、山雀等,多表现仙鹤、绶带鸟、鹭鸶等鸟直立于枝头或栖居于树间的自然优美姿态,故这类作品又谓之"树本鸟"。北京玉雕名师张云和创造性地用镂空透琢手法琢制出了鸟儿的"张嘴"、"悬舌"、"透爪",其独树一帜的技艺,使张云和赢得了"鸟儿张"的称号。

玉件虫鱼往往在玉器中作为陪衬,以增加玉器作品自然生动的气息。

(四) 玉件器具

玉件器具要求用料质色均一,形状规矩,其造型看似简单,实则要求加工技艺较高,并且往往与压丝、薄胎、内画、活环活链、子母口、刻字等特殊技艺相结合。玉件器具可分为以下七种类型。

① 器皿,是器具中最常见的品种,又可分为:传统器皿,有瓶、炉、薰、尊、垒、卣、觚等;实用器皿,像酒具、茶具、餐具、烟具等,有杯、碗、壶、盏、碟、盒等;兽形器皿,如羊尊、鸭罐、龙觥、羊罐、鸭尊、兔尊、狮尊、牛尊、凤瓶、鸳鸯盒等。

② 文房用具,有笔架、笔洗、笔筒、镇纸、章坯等。

③ 健身娱乐用具,有玉枕、玉坐垫、健身球、按摩棒、玉围棋、玉象棋等。

④ 乐器,有玉笛、玉箫等。如图 4-6-4 所示,为青玉笛子。

⑤ 兵器,有玉刀、玉剑、玉戈等。

⑥ 车船,有仿古车辆、龙舟、画舫等。

⑦ 建筑,有亭、台、楼、榭、塔、庙、寺、城等。

器皿中最重要的品种是传统器皿,其造型多仿古代玉器器皿和古代青铜器。器皿类常见的花式以炉、瓶、薰为多。常用的炉形有荸荠扁炉、高庄炉、亭子炉等。瓶的造型花色繁多,有圆肚瓶、观音瓶、齐肩瓶、八棱瓶、方瓶、葫芦瓶等几十种。薰以北京花薰最具代表性,其薰体挺拔华美,上下由顶钮、盖、腹、中柱、底座五节组成,有的甚至可达九节。器皿造型复杂,仅配件造型就有盖、顶、底、耳、环、提梁、链、腹等;内膛造型又有腹膛、盖膛、足膛之分。由于器皿部件繁多,工艺复杂,艺术品位高,因此对玉料要求也很高。造型复杂的器皿大多选用质地坚硬致密、色泽均匀、质感凝重、纯净无绺瑕的和田玉中的白玉、青白玉、青玉、墨玉、黄玉等玉料。器皿具有很高的欣赏价值,因此琢磨技艺要求达到规整精细要求。除胎型周正匀实、内膛壁厚薄一致外,为呈现器皿色泽统一及小料大做的技艺绝妙,各部分配件均要从同块玉料中掏出并进行合理使用。器皿的环、链、耳、足需掏空成型,不能有丝毫破碎断裂。凡腹、盖、足、内膛,需逐一磨平碾光,子母口之间琢磨须严丝合缝。器皿以稳重、端庄、形美、玉润取胜。活环及链条成为器皿中常见的装饰手法。玉器器皿的装饰纹样,属于锦上添花之举,俗称上花,是器皿设计的重要环节,也是显示器皿艺术效果的不可分割的部分。常见的纹饰图案有各种花草、人物、几何纹、云雷纹、饕餮纹、龙凤鸟兽纹等。

(五) 玉山子

玉山子以艺术形式表现自然景物、人文景观和历史场景,取材广泛。山子因玉料体积重量不同,作品巨微不一,大的山子可达数吨重、一两米高,小的只有寸许大小。小型山子料精,以白玉为多,细腻而精巧,有沉静、典雅之书卷气,可作案头摆设。大型玉山子场面宏大,雕琢有花木、山水、云石、楼阁、人物等,气势蔚为壮观。大型玉山子是在一定历史、经济、社会发展条件下出现的,其制作要花费大量人力、物力和财力。大型玉山子最能代表玉器的制作水平。

虽然将艺术造型类玉器划分为玉件人物、玉件兽、玉件花鸟、玉件器具和玉山子这几类,且在实际玉器作品中,单独造型的有不少,如玉件人物中的玉观音等,但大多数玉器作品是由多种造型及纹饰共同组成的,对于其分类我们要以作品的表现突出的造型为主去确定。

三、组合造型类

组合造型类是将玉石雕琢后经过组装的造型艺术品,有盆景类及屏风类。

(一)玉石盆景

玉石盆景类品种有花卉盆景、果木盆景、山水盆景、动物盆景和人物盆景。最常见的主要是花卉盆景和果木盆景,统称为花木盆景,用料往往利用玉石加工中的边角料,如玛瑙、芙蓉石、碧玉、东陵石、岫玉等,以浆料塑本,铁丝缠绒线,拴叶、花瓣和果实。花木盆景,应该以叶形活泼、花形艳丽、果实硕壮、树本质感强烈、盆栽大小合适以及艳丽、精工、丰满为佳。玉石盆景如图 4-6-5 所示。

(二)玉屏风

玉屏风始见于汉代,大约在明清时期兴盛起来。其制作往往选单一颜色玉石制成玉石板片,先在其上绘出图案,然后再以浮雕的表现手法琢刻,有时也会把数块板片拼合在一起组成一整体图案。其选料以白玉、青玉为主,至近代还出现了碧玉屏风、翡翠屏风。屏风在题材上表现较多的是山水人物,较有名的如翡翠的《四海腾欢》屏风。玉屏风如图 4-6-6 所示。

第五章

玉器纹饰与玉器吉祥图案

第一节　常见的玉器纹饰

　　纹饰,是玉器的重要组成部分。玉器上雕琢的各种纹饰,或朴实无华,或精美绝伦,或简练,或复杂,其雕刻技法、构图、表现的主题常常为人们所重视,纹饰的种类和演变从一个方面反映了玉器不同的时代特征,可帮助我们鉴别玉器的年代和真伪,认清玉器的用意甚至用途。不同的历史时期,纹饰在构图、造型及所表现的主题等方面,常常有很大的差别。因此纹饰常常被人们作为玉器断代的一个重要标志。在新石器时代,器形一般都是素面的,偶尔出现一些极其简单的阴刻线纹。商周时代,主要的纹饰有饕餮纹、龙纹、蟠螭纹,也有少量的云雷纹饰。春秋战国时,玉器上的纹饰逐渐增多,有蒲纹、蚕纹、谷纹、蟠螭纹等纹饰。秦汉时的玉器纹饰极富特点,出现了"跳刀"、"汉八刀"等。唐代,玉器纹饰借鉴了当时绘画中的线描手法,开始出现缠枝花卉、葵花图案和人物飞天等,其鸟兽纹雕刻得非常精细。宋元时期,其纹饰丰富多彩,以龙凤吉祥为多;此外仿古蟠螭纹、回纹、乳丁纹与凤凰、牡丹等图案并存。明代,玉器上的纹饰主要有松竹梅纹、云纹、云头纹、龙纹,以及缠枝花卉、山水人物等图案;此外,玉器上刻字已开始出现。清代是我国古玉器发展的最高峰,其装饰纹除仿古纹饰外,新创的花鸟、虫草等纹饰丰富多彩,也正是在这个时期,玉器上出现了御制诗以及各种铭文。玉器的纹饰种类有很多,这里就较常见的和重要的玉器纹饰作些简要介绍。

一、谷纹

　　其纹饰为一个圆点带个小尾巴。谷纹传说是谷牙之像,形态像发芽的种子,因而称为谷纹,也有形容为蝌蚪纹、逗号纹、豆芽纹的。五谷杂粮是人类赖以生存的根本,因此琢刻谷纹既有纪念的含义,更有祈求五谷丰登的愿望。这种纹饰主要流行于战国秦汉时期,在清代仿古玉器中也能常常见到。如图5-1-1所示,为谷纹玉环。

二、蒲纹

　　蒲纹是由两组或三组平行线交叉组成的编织纹。一般看到的蒲纹多是三组平行线等角度相互交叉形成的纹饰。古代人们常常"席地而坐",即坐在用蒲草编织的席子上,蒲纹的琢刻,表达出人们对于安居乐业的向往和祈求。战国、秦汉的玉璧上常见到蒲纹纹饰。蒲纹玉璧如图5-1-2所示。

三、乳丁纹

乳丁纹又称乳突纹,即在玉器表面琢刻突出的圆点,形为凸起的乳突状。中华民族向来讲究孝道,古时尤其重"孝",因而乳丁纹的琢刻,一则表示对母亲的敬仰和怀念,二则更是蕴含祈求子孙满堂、人丁兴旺的深意。乳丁纹通常不是单个出现的,而总是有整齐排列或不规则排列的许多个,也有的将乳丁纹琢在蒲纹交叉线所构成的空格中。乳丁纹是玉器上最简单的纹饰之一,常见于战国、秦汉时期的玉璧上。乳丁纹玉璧如图5-1-3所示。

四、云纹

云纹是古人用以刻画天上之云的纹饰。古人种地,全靠雨露滋润,无云便无雨,无雨则谷不生,故古人由求雨转而敬云。琢刻云纹一则敬天,二则求雨,而后则变成装饰,只有纪念意义了。最早的云纹较为抽象,其形似两端同向内卷的勾,因而又称为勾云纹。很多玉器上,尤其是春秋、战国时的玉器,可见到整齐排列或相互穿插勾连的云纹。这种抽象的云纹延续了很长一段时间,直至写实云纹的出现,才有了较多曲线组成的写实云纹和似云朵的云头纹,更有了祥瑞的含义。如图5-1-4所示,为龙凤云纹玉璧。

五、螭纹(蟠螭纹)

螭纹是龙纹的前身。也有人称螭为螭龙,是指有四只脚,一条长尾,头上无角,似四脚蛇、壁虎或蜥蜴一类的爬虫。古人所雕的动物,多有想象成分,很难准确地说是哪一种动物,所以,只要我们在玉器上看到这种头上无角,下面有四只脚、一条长尾的爬行动物纹饰,都可称之为螭纹。半圆形或近圆形盘曲的螭纹,称为蟠螭纹,又因螭纹多是弯曲起伏的,因而常将螭纹都称为蟠螭纹。

战国时的螭纹(蟠螭纹),圆眼大鼻,双线细眉,猫耳,颈粗大且弯曲,腿部的线条弯曲,脚爪常上翘,身上多为阴线勾勒,绞丝纹尾。汉代的螭纹(蟠螭纹),表现为眉上竖,眼眶略有下坠,鼻梁出现了细线纹,身体与战国时没有差别,只是尾部出现两个卷云纹,且只有三条腿。南北朝时期的螭纹(蟠螭纹),眼睛稍长且有弯度,嘴边两腮多有凹槽,头上有的长角,有的无角,腿短,一般前腿只有一个,所以也是三条腿,有时,前腿伸出一点作为第四条腿,尾部的卷云纹较以前宽了一些。宋代的螭纹(蟠螭纹),最大的特征是在鼻子下有一条很宽的阴线,极富立体感。至元代,螭纹(蟠螭纹)头额宽而高,其眉、眼、鼻、口都集中在整个面部的下方,仅占面部的三分之一,颈项低下,许多地方已被毛发掩住,有上升、伏地、盘旋等形象,其气势磅礴,形态美观。直至清代,螭纹(蟠螭纹)则出现了以前各个时代均未有的独特纹饰。如图5-1-5所示,为明代蟠螭纹玉杯。

六、虺纹

虺是古代传说中的一种剧毒的小蛇,也有人说是两头蛇。我们在古玉器中,若见到琢有小蛇且在蛇的尾部还有一个头的两头蛇的纹饰,便可以称其为虺纹。若有很多的"两头蛇"盘绕在一起,便可称蟠虺纹。如图5-1-6所示,为春秋蟠虺纹玉玦。

七、龙纹

玉器上最早出现的龙纹是夔龙纹,简称夔纹,始于商、周,为独脚龙的侧面图纹,线条比青铜器上的要柔和一些,阴刻线有单、双刻线。从商、周至今,夔纹在玉雕工艺纹饰中都占据着重要的地位,其兴盛是在战国和汉代。到了西汉,类似现代龙的形象开始确立,头上有了双角,与夔纹有了区别。在隋唐时期,龙纹的嘴角和腿部均特别长,尾部似蛇。宋代,其形态与唐代一样,爪子很臃肿,下颚开始上翘。元代,飘拂的毛发出现,腿部亦有了"露盘露骨"的纹饰。在明代中晚期,盘骨演变为在腿上全部拉线,头上毛发上冲,龙须外卷或内卷,并出现风车形状的五个爪子。清代,龙头毛发横生,锯齿形状的腮出现,尾部有秋叶形装饰等。明代龙纹玉环如图 5-1-7 所示。

八、饕餮纹

人们常说龙生九子,饕餮便是九子之一,是古代传说中的一种贪食的恶兽。饕餮纹是图案化了的怪兽兽面纹,故又称兽面纹。其形态往往是一个凶恶的兽面,仅有面孔而无下颌,是较抽象的图案,从新石器时代晚期到商周的玉器上常常可以见到。玉器上的兽面纹在各个时代有其不同的特征,其演变与青铜器上的兽面纹纹饰演变基本一致。如图 5-1-8 所示,为嵌绿松石饕餮纹牌饰。

九、雷纹

雷纹又称云雷纹,是一种连续环绕的纹饰。圆形的连续构图,称云纹;方形的连续构图,称雷纹。雷纹是商周时期青铜器上常见的纹饰,玉器上也有。如图 5-1-9 所示,为雷纹玉版。

十、弦纹

弦纹即弧线纹,常由两条平行的弧线组成一条弦纹。弦纹常出现在圆柱或圆筒状柱体的表面,以几条或多条弦纹平行环绕其上,因而亦称环纹。如图 5-1-10 所示,为商代玉弦纹环。

十一、陶纹

陶纹即绳纹,是两股或三股索纹在一起的形状,一般多琢于圆形器物的边沿,明清时的玉手镯也有琢刻绳纹纹饰的,这种纹饰在古代陶器上出现最多。如图 5-1-11 所示,为清代白玉绳纹手镯。

十二、凤纹

玉器上琢有尾长如孔雀,头上有大冠,且弯喙的鸟形即为凤纹,而其他飞禽纹饰则都称为鸟纹。据说商代氏族的图腾便是凤,凤在中国一直是高贵女性的象征。如图 5-1-12 所示,为明代双凤纹玉佩。

十三、圈纹

圈纹流行于春秋战国,常饰在璧、瑗、璜等片状玉器上。其纹饰为排列成行的小圆圈,分为单圈、同心圈和在圈中有一小点等。

十四、重环纹

重环纹始见于商代,盛行于西周,是由若干个近椭圆形的环组成的纹带,环有一至三层不等,在环的一侧有两个尖锐角。如图 5-1-13 所示,为重环纹玉环。

十五、涡纹

涡纹形状如同水涡旋转的几何图案,故又称旋涡纹,俗称水涡纹。此纹最早施于玉器上是在西周,到春秋时仍为小件玉器上的纹饰,从战国起,才出现在大件的玉器上。如图 5-1-14 所示,为汉代涡纹玉枕。

十六、鳞纹

鳞纹形似鱼鳞,常雕成上下数层,重迭出现,流行于商代晚期至春秋时期。如图 5-1-15 所示,乾隆蓄作翡翠嵌玉石鱼形盒上可见有鳞纹。

除上述纹饰外,还有人面纹、虎纹、鱼纹、象纹、水波纹、蚕纹、回纹等各种纹饰,这些纹饰易从字面上理解,也较易识别。

第二节 中国玉器吉祥图案

我国历史悠久,在漫长的岁月中,勤劳的祖先借助于多种工艺美术形式,创造了许多反映人们对美好生活向往和追求、寓意吉祥的图案。这些吉祥图案融合了劳动人民的欣赏习惯,反映了人们善良健康的思想感情,渗透了民族传统和民间习俗,因而在社会上广泛流传,为人们所喜闻乐见。吉祥图案广泛出现在陶瓷、漆器、织锦、刺绣、地毯、年画、剪纸、首饰、服装等工艺美术日用品上,同时也应用于中国历代玉器上。

吉祥图案出于吉祥观念,而吉祥观念的产生一直可上溯至原始社会的图腾崇拜。图腾可谓是最初的特殊的吉祥物。中国人自认为是龙的子孙,史前的新石器时代,龙的崇拜已经产生,龙的形象已经在中国各地以不同的形貌出现。对于在红山文化遗址出土的玉猪龙和"C"形龙,人们推测这种玉饰不仅起装饰作用,更主要的作用是祈求吉祥和护身,是当时人们的崇拜物,犹如现代人佩戴的护身符。这种玉龙的形象也是古代中国龙崇拜的最初形式,以后历朝历代都有大量玉龙的作品出现。

而良渚文化大量玉器中出现的神人兽面纹图案,被后人认为为良渚神徽,也是良渚氏族部落的图腾。

到了商代,鸟类玉雕大量出现,它是商族把"玄鸟"当作自己氏族崇拜的图腾的反映,商代先民塑造出了许多玉雕鸟类形象来表达对它们的崇敬之情。妇好墓玉凤的形象美丽、精巧,就是很好的一例。

汉代由于迷信思想的影响,人们认为吃玉可以成仙、丧葬服玉可以不朽、戴玉可以驱邪等。成仙或不朽肯定是不可能的,但戴玉可以驱邪是可以理解的,如汉代佩玉中有驱邪三宝,即玉翁仲、玉刚卯、玉司南佩,它们在传世品中多有出现,汉代玉辟邪如图5-2-1所示。汉代玉器中的"宜子孙"玉璧佩(如图5-2-2所示),圆雕玉辟邪等作品,都是祥瑞玉器。

唐宋时期玉器某些初露端倪的吉祥图案,尤其是玉雕童子和花鸟图案的广泛出现,为以后吉祥类玉雕的盛行奠定了基础。莲花和童子合在一起,恰好表示连连得子的吉祥语。喜庆、祥和的玉器吉祥图案获得上自帝王下至普通市民阶层的普遍青睐。如图5-2-3所示,为宋代黄玉连年有余。

辽、金、元时期各地出土的各种龟莲题材的玉雕制品,雕龟于莲叶之上。龟有长寿之意,也是一种重要的祥瑞之物。如图5-2-4所示,为龟游佩。

在明代,尤其是后期,在玉器雕琢上,往往采用一种"图必有意、意必吉祥"的图案纹饰,这对清代玉器制作产生了很大影响。

清代玉器吉祥图案有仙人神佛像、动物、植物、器物,有的还点缀着禄、寿、福、吉祥、双喜等文字。清代玉器中吉祥类图案的大量出现、流行,实际上是当时社会现象的鲜明的反映,从一个侧面体现了人们希望借助玉器来祝福他人、保佑自身、向往与追求美好幸福生活的心态。

一、中国玉器吉祥图案的表现手法

玉器吉祥图案运用人物、走兽、花鸟、器物等形象和一些吉祥文字,以民间传说及神话故事等为体裁,通过借喻、比拟、双关、象征、谐音等表现手法,构成了"一句吉语一图案"的表达形式,赋予求吉呈祥、消灾免难之意,寄托人们祈求幸福、长寿、喜庆等的美好愿望。它因物喻义,物吉图祥,将情、景、物融为一体,因而主题鲜明突出,构思巧妙,趣味盎然,富有独特的格调和浓烈的民族色彩。中国玉器吉祥图案的主要表现手法大致有以下六种。

① 谐音法,利用某一事物的读音与某一吉祥用字或用词同音或近音,表达吉祥用意。如戟谐音"吉",蝙蝠谐音"遍福"或"遍富",鱼谐音"余",佛手谐音"福"等。

② 借喻法,直接借比喻的事物来代替被比喻的事物,即借助有寓意的事物来比喻吉祥。如元宝、钱币比喻富有,鸳鸯比喻夫妻恩爱、婚姻美满,仙桃、松柏比喻长寿等。如图5-2-5所示,为鸳鸯吉祥图案。

③ 比拟法,有拟人或拟物两种手法,即可将人比作美好的事物,或将美好的事物当作人。如梅、兰、竹、菊比喻人之高风亮节;以牧童表示天下太平;以南极仙翁或麻姑比拟长寿;以"鹦鹉濡羽"的典故为图案,寓意人生在世重情义,朋友有难,濡羽相助等。

④ 象征法,借助于特定具体的事物,通过联想的作用,把主观意识托附于客观事物之上,使特定具体的事物显现出抽象的意蕴,表达一定的吉祥寓意,如牡丹花象征着富贵等。如图5-2-6所示。

⑤ 变形法,是将适当的吉祥用语的汉字直接变化成图案。如"福"、"寿"、"万字图"等;把"喜喜"拉长为长双喜,寓意新婚欢喜,天长地久。

⑥ 综合概括法,指各种方法的综合运用。如龙的造型融合许多吉祥动物的特征于一

体：鹿角，牛头，蟒身，鱼鳞，鹰爪，口角旁有须髯，颌下有珠，在民间是神圣吉祥之物，以它尊贵、英勇、威武的形象存在于中华民族的传统意识中。凤凰在华夏民族的远古时代被视为神鸟而予以崇拜，它是原始社会人们想象中的保护神，其形象头似锦鸡、身如鸳鸯、翅如大鹏、腿如仙鹤、嘴似鹦鹉、尾如孔雀，居百鸟之首，象征美好与和平。在民间，以龙代表男子，凤代表女子，两者相配为郎才女貌之意，用来祝福新婚夫妇幸福美满。

二、中国玉器吉祥图案的表现素材

中国玉器吉祥图案的形式多种多样，素材丰富多彩，常见中国玉器吉祥图案的素材有人物、器物、动物、植物、文字等图案，表现内容有求福、求富、长寿、喜庆、求官、个人修养等方面，下面就从以下六个方面来介绍。

（一）求福和求富

表现求福和求富的吉祥图案主要有以下几种。

① 佛手：色泽鲜黄、香气浓郁的佛手，是传统的寓福呈祥的载体，这大概是佛赐的"福"吧，如佛手、桃子、石榴石组成的"福寿三多"。（注：佛手是常绿小乔木，初夏开花，果实冬季成熟，鲜黄色，基部圆形，顶部裂开成手指状，有香味，供观赏及药用。）

② 白菜：谐音"百财"，佩戴玉白菜，财源滚滚来，厅堂摆设玉白菜，顿生豪华气派。玉白菜如图 5-2-7 所示。

③ 牡丹：寓意富贵，又称富贵花，牡丹为百花之王，借以形容一品官和地位高者；佩戴它象征富贵和官运亨通；富贵牡丹与瓶子一起寓意富贵平安。

④ 大丽花：丽和"利"谐音，象征富贵吉利。

⑤ 葫芦：芦与"禄"谐音，有加官晋爵，享受俸禄之意，如图 5-2-8 所示。

⑥ 橘、栗：橘和"吉"，栗和"利"音相近，象征大吉大利、事事吉利。

⑦ 豆角：四季发财豆或四季平安豆，也称福豆。

⑧ 荔枝：利市大开。

⑨ 牡丹：端丽妩媚，雍容华贵，色、香、韵集美于一身，"牡丹，花之富贵者也"，"国色天香"、"花开富贵"寓意繁荣昌盛、幸福和平；富贵牡丹与瓶子一起寓意富贵平安；缠枝莲，寓意富贵缠身。

⑩ 蝙蝠：因与"遍福"、"遍富"谐音，尽管它形象欠美，但却经过充分美化，把它作为象征福（富）的图案，如蝙蝠与荷花组成的"和福图"。

⑪ 蟾：蟾与"钱"谐音，常见蟾口中衔铜钱，寓意富贵有钱，与桂树一起寓意蟾宫折桂；常有三脚蟾与四脚蟾之造型。

⑫ 貔貅：为古代五大瑞兽（龙、凤、龟、麒麟、貔貅）之一，称为招财神兽；"一摸貔貅运程旺盛，再摸貔貅财运滚滚，三摸貔貅平步青云"。

⑬ 金鱼：寓"余"，表示富裕、吉庆和幸运，寓意金玉满堂。

⑭ 甲虫：富甲天下。

⑮ 螃蟹：富甲天下。

⑯ 壁虎：必得幸福。

⑰ 渔翁：是传说中一位捕鱼的仙翁，每下一网，皆大丰收；佩戴翡翠渔翁，生意兴旺，连连得利；渔翁得利，寓意福祥吉利。

⑱ 刘海：与铜钱或蟾一起寓意刘海戏金蟾，步步得金钱；或叫仙童献宝。

⑲ 如来：即如来佛，是万佛之祖。

⑳ 观音：观音慈悲普度众生，是救苦救难的化身。

㉑ 笑佛：佛可保佑平安，寓意有福（佛）相伴，常取大肚弥勒佛造型。

㉒ 财神：财神是传说中给人带来财运的一位神仙，佩戴翡翠财神，财源滚滚来。

㉓ 玉如意：寓意一切祈求和希望都能如愿以偿之意，如百合、柿子、如意组成"百事如意"。

㉔ 古钱："钱"字与"前"字谐音，钱呈圆形，中间有孔，寓意为"眼前"，象征发财致富，就在眼前。

㉕ 宝物：即用八种宝物组成的吉祥图案，是指宝珠、古钱、方胜、玉馨、犀角、银锭、珊瑚、如意；另有佛家八宝，即法螺、法轮、宝伞、宝盖、莲花、宝瓶、双鱼、盘长；仙家八宝，即葫芦、宝剑、扇子、横笛、阴阳板、花篮、渔鼓、荷花。

㉖ "福"和"富"字。

㉗ 卍：唐代武则天把它定为万字，被视为吉祥、清净、圆满的象征，后来被用来代表佛教的标志。

（二）长寿

表达长寿内容的吉祥图案主要有以下几种。

① 松柏：万古长青寓意长寿。

② 灵芝：人食之长命百岁。

③ 仙桃：人食之长生不老；《西游记》中传说天宫王母蟠桃园中的蟠桃三千年结一次果，吃了长生不老，图案象征万寿无疆，延年益寿。

④ 花生：长生不老之意，俗称（长生果）；和草龙一起，寓意生意兴隆。

⑤ 菊：吉祥、长寿，与喜鹊组合表示"举家欢乐"，与松一起寓意松菊延年。

⑥ 驯鹿：是长寿的仙兽，常与仙鹤和寿星一起保护灵芝仙草，寓"禄"，表示长寿和繁荣昌盛、福禄之意，与官人一起寓意加官受禄。

⑦ 鹦鹉：是鸟类里寿命最长的长寿鸟，也叫英明神武。

⑧ 仙鹤：寓意延年益寿；鹤有一品鸟之称，又意一品当朝或高升一品，与松树一起寓意松鹤延年，与鹿和梧桐寓意鹤鹿同春。

⑨ 神龟：平安龟或长寿龟，带角神龟即长寿龟，为长寿象征，祝人长寿健康，有龟龄鹤寿之说，与鹤一起寓意与龟鹤同寿。

⑩ 蝴蝶：蝶与"耄"字谐音，意思是年老长寿，用蝴蝶送老人，祝愿老人健康长寿。

⑪ 绶带鸟：羽毛十分亮丽，绶与"寿"谐音，表示长寿之意。

⑫ 仙人：神话及民间传说中长生不老的仙人，如八仙、麻姑等；八仙即张果老、吕洞宾、韩湘子、何仙姑、铁拐李、汉钟离、曹国舅、蓝采和；八仙过海、各显神通，有时用八仙持的神物法器寓意八仙或八宝；八种法器是葫芦、扇子、渔鼓、花篮、阴阳板、横笛、荷花、

宝剑。

⑬ 老寿星：生活康宁的时代，人们以老寿星作象征和祝福，它不仅蕴含了亲朋好友之间的祝福，还包含着对美好生活的祝愿和歌颂；寿星公即南极仙翁，福、禄、寿三星之一。

⑭ 长命锁：祝愿孩子平安、聪明伶俐；玉锁更能体现这种美好的愿望。

⑮ "寿"字：表达或祝贺长寿之意，字形多种多样，若将寿字拉长，表示长寿之意；若把寿字作圆形，则为圆满、长寿之意。

（三）喜庆

表达喜庆的吉祥图案主要有以下几种。

① 石榴：绽开的石榴喻为"喜笑颜开"，另一寓意为多子。

② 葫芦：寓意多子。

③ 瓜果：瓜生长成熟，能结出小瓜、大瓜，小瓜变大瓜，瓜又多子，用来比喻子孙延绵不断。

④ 玉米：金黄的玉米，金玉满堂，佩戴玉米图案翡翠，生意兴隆；玉米多子，子孙满堂，多子多福。

⑤ 葡萄：因葡萄结实累累，用来比喻丰收；象征为人、事业及各方面都成功。

⑥ 桃：王母娘娘的仙桃，食之能长命百岁；桃是长寿果，佩戴能长寿，生活甜甜蜜蜜。

⑦ 莲荷：与梅花一起喻和和美美；和鲤鱼一起喻连年有余；和桂花一起喻连生贵子；一对莲蓬则寓意并蒂同心。

⑧ 龙：祥瑞的化身，与凤一起寓意成双成对或龙凤呈祥。

⑨ 凤：祥瑞的化身，与太阳、梧桐一起寓意丹凤朝阳；百鸟之首，象征美好和平，被作为皇室最高女性的代表，与龙相配，是吉祥喜庆的象征。

⑩ 喜鹊：两只喜鹊寓意双喜，和獾子一起寓意欢喜，和豹子一起寓意报喜，和莲在一起寓意喜得连科。

⑪ 麒麟：瑞兽，只在太平盛世出现，是仁慈和祥的象征，又有"麒麟送子"之说，寓意麒麟送来童子必定是贤良之臣。

⑫ 大象：寓意吉祥或喜象，与瓶一起寓意太平有象。

⑬ 獾：寓意欢欢喜喜；双欢，即雕两只首尾相连的獾（欢），如图5-2-9所示。

⑭ 鹭鸶：羽色绚丽，雌雄偶居不离，古称"匹鸟"，象征夫妻恩爱，永不分离；寓意一路平安，与莲在一起寓意一路连科。

⑮ 蜘蛛：知足常乐，喜从天降。

⑯ 童子：童子天真活泼，逗人喜爱；有送财童子，欢喜童子，如意童子，麒麟送童子等。

⑰ 天使，西方爱神，常使人得到爱情，亦有天时、地利、人和之意。

⑱ 喜字：表示喜庆之意，双喜用于婚礼，表示好事成双。

（四）求官

表达求官内容的吉祥图案主要有以下几种。

① 红杏：寓意进士及第。
② 三元：寓意"状元"、"会元"、"解元"。常用荔枝、桂圆、核桃表示连中三元，即解元、会元、状元。
③ 鸡冠花：谐音"官"。
④ 鳌鱼：龙头鱼身，是鲤鱼误吞龙珠而变成，寓意独占鳌头。
⑤ 鲤鱼：鲤鱼跳龙门，比喻中举、升官等飞黄腾达之事；后来又用作比喻逆流前进、奋发向上。
⑥ 雄鸡：吉祥如意，常戴五只小鸡寓意五子登科或教五子。
⑦ 猴子：聪明伶俐，也是封侯（猴）做官之意；猴骑于马上寓意马上封侯，与印一起寓意封侯挂印，大猴背小猴寓意代代封侯。
⑧ 太狮少狮：谐音"太师"、"少师"，二者都是高官。
⑨ 戟：同官职升"级"。
⑩ 风筝：寓意青云直上或春风得意。

（五）保平安

表达保平安含义的吉祥图案主要有以下几种。
① 麦穗：岁岁平安。
② 竹：平安竹、富贵竹、竹报平安；竹青翠挺拔，奇姿出众，四时常茂，寓蓬勃向上，志高万丈，步步高升之意；也是"君子"美誉。平安竹如图 5-2-10 所示。
③ 四季花，四季平安。
④ 鹌鹑：平安如意，和菊花、落叶一起寓意安居乐业。
⑤ 鹭鸶：寓意一路平安，与莲在一起寓意一路连科。
⑥ 燕子：古代被视为一种长寿、吉祥的鸟；而燕与"宴"、"晏"同音，表示平安的意思，燕子归来报平安。
⑦ 虾：弯弯顺。
⑧ 辟邪：传说中的一种神兽，头有角，似狮，带翼；一角者为天禄，两角者为辟邪；有除邪避灾之意。
⑨ 观音：观音心性柔和，仪态端庄，世事洞明，永保平安，消灾解难，远离祸害，大慈大悲，普度众生，是救苦救难的化身。
⑩ 罗汉：罗汉乃金刚不破之身，能逢凶化吉。
⑪ 钟馗：传说钟馗能捉鬼，民间在屋内挂钟馗的画像，可以镇宅、辟邪、挡灾。
⑫ 宝瓶：或花瓶，寓意平安；与鹌鹑和如意在一起寓意平安如意；与钟铃一起寓意众生平安。
⑬ 长命锁：祝愿孩子平安，聪明伶俐；而翡翠玉锁更能体现这种美好的愿望。
⑭ 平安扣：平平安安。
⑮ 十字架：上帝祝福。
⑯ 路路通：各路畅通。
⑰ 风帆：寓意一帆风顺。

⑱ 八卦：八卦有占吉凶、知万象的功能，民间常用来做避邪之物。佩戴八卦，能避邪挡灾。

⑲ 十二生肖：护身符、辟邪，祈求平安和幸福。

鼠：机巧聪敏，仁慈乐观，配有金钱图案，为金钱鼠，象征富贵发财的属鼠人。

牛：勤劳致富，购股票有牛市的寓意，参与的人能赚钱。

虎：比喻威武勇猛，显示一种实力。

兔：人人喜爱的动物，温雅美丽。

龙：是动物的神，能兴云布雨，利益万物；佩戴龙坠象征顺风得利，为人上之人。

蛇：代表小龙，佩戴能顺风得利，有君子之德。

马：寓意有马上发财，马到功成，马上封侯，马上平安（马上相逢无纸笔，凭君传话报平安）等。

羊：因羊与"祥"和"阳"谐音，寓意吉祥和三阳（羊）开泰，吉运之兆。

猴：聪明伶俐，也是封侯（猴）做官之意。

鸡：因鸡与"吉"谐音，寓意大吉大利；亦寓意锦绣前程之意。

狗：做事敏捷、忠诚，有吉祥狗、富贵狗、欢喜狗的说法。

猪：寓意步步高升，金榜题名；因古代写金榜题名要用红朱（猪）笔写，而蹄与"题"谐音。

十二生肖如图5-2-11所示。

⑳ 星座：共12个，魔羯座，水瓶座，双鱼座，白羊座，金牛座，双子座，巨蟹座，狮子座，处女座，天秤座，天蝎座，射手座。

（六）个人修养

表达个人修养的吉祥图案有如下几种。

① 梅：梅花冰肌玉骨，凌寒留香，令人意志奋发，也是传春报喜的吉祥象征；和喜鹊在一起寓意喜上眉梢；与松、竹、梅一起寓意岁寒三友。

② 兰：兰花为美好、高洁、纯洁、贤德、俊雅之类的象征，因为兰花品质高洁，又有"花中君子"之美称；与桂花一起寓意兰桂齐芳，即子孙优秀的意思。

③ 荷莲：佛座亦称莲座，出淤泥而不染，中通外直，清廉不妖，把莲寓为君子；与梅花一起寓意和和美美，和鲤鱼一起寓意连年有余，和桂花一起寓意连生贵子，一对莲蓬寓意并蒂同心。

④ 树叶：事业有成，金枝玉叶，玉树临风，翠绿的树叶，代表着勃勃生机，寓意生命之树长青。

⑤ 菱角：寓意伶俐，和葱在一起寓意聪明伶俐。

⑥ 葱：葱与"聪"同音，有聪明、聪慧之意。

⑦ 孔雀：代表天下文明，有修养；也代表高官之意。

⑧ 天鹅：由于天鹅的羽色洁白，体态优美，叫声动人，行为忠诚，人们不约而同地把白色的天鹅作为纯洁、忠诚、高贵的象征。

⑨ 蝉：居于高树之上，且食洁净之露水，声音响亮；用蝉来代表君子高瞻远瞩，一鸣惊人；知了，寓意知道了，读书一听就会，功课进步。

⑩ 鹅：王羲之从家鹅游水中悟出用笔之法，于是养成爱鹅之癖。

⑪ 熊：与鹰一起寓意英雄斗志。

⑫ 勇狮：表示勇敢，两个狮子寓意事事如意；一大一小狮子寓意太师、少师，意即位高权重。

⑬ 猛虎：比喻威武勇猛，显示一种实力。

⑭ 鹦鹉：羽毛色彩美丽，鹦鹉与"英武"二字谐音，代表英勇威武之意。

⑮ 关公：关羽最重义气和信用，以勇猛和武艺高强著称于世。

⑯ 古诗词：表示具有文人的修养。

三、中国玉器吉祥图案事例

（一）表示福、富吉祥的图案

表示福、富吉祥的图案主要有如下几种。

① 年年有余：图案为两条鲶鱼。鲶与"年"谐音，鱼的音同"余"，表示对年年都有结余的富裕生活的向往。

② 必定如意：图案为毛笔、银锭、如意。笔谐"必"音，锭音"定"，合为"必定如意"之谐音，寓意做事必定称心如意。

③ 群仙祝寿：以神话传说中3月3日王母娘娘生日，各路神仙前来祝贺的场面作为图案，取喜庆祝寿之意。

④ 样样如意：为玉器如意上雕两只"羊"的图案。羊谐"样"音，合为"样样如意"，以表示美好的愿望或祝福。

⑤ 平安如意：图案为一瓶、一鹌鹑、一如意。以瓶谐"平"音，以鹌鹑寓"安"意，再加上一个如意，而称为平安如意，为一种祈祷和平的愿望。

⑥ 福从天降：图案为一活泼可爱的胖娃娃正伸手抓一只快到手边的飞蝙蝠，意为盼望的幸福就要降临。

⑦ 流云百福：图案为云纹、蝙蝠。云纹形若如意，绵绵不断，蝙蝠寓福，此图案象征幸福如意或幸福绵延无边。

⑧ 福在眼前：图案为蝙蝠和铜钱相配，如图5-2-12所示。

（二）科举及第和官运亨通的图案

表示科举及第和官运亨通的图案主要有如下几种。

① 平升三级：图案为一只瓶上插三只戟，瓶音"平"，戟寓"级"，因此表示官运亨通的愿望。或图案由瓶、笙、三戟寓意平升三级，象征仕途顺利。

② 五子夺魁：图案为五个小孩抢夺一顶头盔。

③ 喜报三元：图案为喜鹊两只，桂元或元宝三个。古时对科举会考殿试前三名分别称为状元、会元和解元，喜鹊为报喜鸟，表示科举高中。

④ 马上封侯：图案为一匹马上有一只蜜蜂、一只猴。蜂音同"封"，猴音同"侯"，以这种图案表示急于飞黄腾达的愿望；图案为一大猴背一小猴者，称辈辈（背）封侯（猴）；图案

为一枫树、一印、一猴者或为一蜂一猴抱印者,称封侯挂印、封侯抱印。马上封侯(猴)如图 5-2-13 所示。

⑤ 太师少师:图案为一大一小两只狮子,如图 5-2-14 所示。太师、少师是古代人臣极品的高官,图案以狮与"师"同音,象征官居太师、少师的高位,享受荣华富贵。

⑥ 教子成名:为一雄鸡引颈高鸣,旁有五只小鸡,以雄鸡教小鸡(子)鸣(名),而寓意"教子成名"之意,象征长辈教子有方,多人登科发达;《三字经》有:"窦燕山,有义方;教五子,名俱扬。"说的就是窦家教子有方,五个儿子全都考取进士;此外还有"五子登科"、"教子成龙"、"望子成龙"(如图 5-2-15 所示)等。

⑦ 状元及第:古代科举考试第一名为状元,前三名为一甲,赐及第,所以有状元及第之说;图案以童子乘龙,象征高官得中,飞黄腾达,荣登鳌头之意。

⑧ 鲤鱼跃龙门:图案为一龙头于云中,一鱼身于水中;相传黄河山西河津县一段,称龙门,水险浪高,河中鱼聚此跃游,凡是能过的鱼即变化成龙;故古时科举考场入口,题"龙门"二字,象征举子科举高中如鱼跃龙门,从此飞黄腾达。

(三) 表示长寿多福的图案

表示长寿多福的图案主要有以下几种。

① 松鹤延年:图案为仙鹤、松树。松树除长寿之外,还是气节的象征,松鹤构成一图,有长寿与气节清高的象征。

② 鹤鹿同春:图案为一鹤、一鹿与一松树。鹤是仙鹤,鹿为梅花鹿,仙鹤与梅花鹿都是传说中的仙物,是长寿和永久的代表,松比喻生命力的旺盛,鹤鹿同春有富贵长寿的意义。

③ 龟鹤齐龄:图案为一龟一鹤。中国古人认为龟寿万年,鹤寿千岁,以两者作为长寿的代表,寓同享高寿之意。

④ 福禄寿喜:图案为蝙蝠、鹿、桃、喜字。蝙蝠意福,鹿同禄,桃为仙桃,传说食仙桃可长生不老,故以桃寓长寿。

⑤ 五福捧寿:图案为五只蝙蝠中间有一寿桃或一团寿字。古时人们认为五福为"一曰寿、二曰富、三曰康宁、四曰修好德、五曰考终命",寄希望于有福长寿。

⑥ 多福多寿:图案为一个仙桃,数只蝙蝠,此图象征多福多寿。

⑦ 福寿双全:图案为一只蝙蝠,一个寿桃,两个古钱。蝙蝠寓福,桃寓长寿,钱寓禄,此图象征福、禄、寿。

⑧ 福寿三多:图案为几只蝙蝠、几只仙桃和一只石榴,石榴取多子之意,全图寓意多福、多寿、多子。

⑨ 福至心灵:图案为蝙蝠、寿桃、灵芝。此处桃借其形如心,灵芝借灵字,此图意为得到幸福后会更加聪明。

⑩ 寿比南山:图案为山水松树。《诗经》中有"如南山之寿",在以前常见的对联中"福如东海长流水,寿比南山不老松",或为"福如东海,寿比南山",均有寓意福长寿永,也称为"寿山福海"。

⑪ 三星高照:图案为三个老神仙,"三星"传说是福星、禄星、寿星,或称福、禄、寿三

星,传说"三星"是管人间祸福的,福星管祸福,禄星管富贵,寿星管生死。"三星高照"象征着幸福、富有和长寿。

⑫ 长命富贵:图案为雄鸡伸颈长鸣和一枝牡丹花。牡丹花是百花之王,是富贵的象征。

⑬ 长命百岁:图案为一雄鸡长鸣状及旁有禾穗若干。古时的小孩常于脖子上挂一锁片,上面写着"长命百岁",是小孩健康长命免于灾病的一种护身符。

⑭ 玉堂富贵:以玉兰花(玉)、海棠花(堂)、牡丹花(富贵)寓意为"玉堂富贵";若图案为五个柿子和海棠花则称"五世(柿)同堂(棠)"。

(四)表示多子多孙的图案

表示多子多孙的图案主要有以下几种。

① 连生贵子:图案为荷花中有一小孩。荷花之果实是莲子,借此喻连续、连绵之意,此图表示人丁兴旺的心愿。

② 麒麟送子:麒麟为祥瑞之兆,其上刻一小孩,表达那些新婚男女,人丁不旺或久婚不育的家庭盼望得子的强烈愿望。

③ 流传百子:图案为一开嘴石榴、子孙葫芦或葡萄。中国传统文化认为多子多孙便是福,石榴多子,葡萄多子,葫芦也多子,借以表示多子多孙之意。

④ 送子观音:图案为一观音像旁或身边有多个可爱的娃娃,以此表达人们心中盼望得子的愿望。

⑤ 瓜瓞绵绵:《诗经·大雅·绵》中有:"绵绵瓜瓞,民之初生,自土沮漆。"瓞,小瓜,意为子孙像瓜瓞一样代代相传,繁衍昌盛。

⑥ 早生贵子:图案为红枣、花生、桂圆三种吉祥物,寓意"早生贵子",多用于夫妇新婚之后祝福。如图5-2-16所示。

(五)表示喜庆的图案

表示喜庆的图案主要有以下几种。

① 二龙戏珠:图案为二云龙与一火球,表示吉祥安泰、相视颂的意思,以此图案祈求避邪免灾,吉祥如意。龙据说是"四灵"之长,《广雅》中有记载:"有鳞曰蛟龙,有翼曰应龙,有角曰虬龙,无角曰螭龙,未升天曰蟠龙。"在传说中龙珠被认为是一种宝珠,可避水火。如果图案为多条龙戏珠,称为"群龙戏珠";如果图案为两条云龙盘旋,中间有一寿字,则称为"云龙捧寿"。

② 龙凤呈祥:图案为一龙一凤。传说龙是鳞虫之长,凤为羽虫之尊,哪里有龙出现,哪里就有凤来仪,那里就会天下太平,五谷丰登。龙凤是人们心目中的祥兽瑞鸟,为一种吉祥的象征。此外也有人称之为"龙祥凤瑞"。

③ 喜上眉梢:图案为梅花枝头有两只喜鹊。古人认为鹊能报喜,故称喜鹊,两鹊寓双喜,梅谐"眉"音,此图寓意生活快乐。

④ 双喜临门:图案为两只喜鹊站在一枝头上,寓意生活中有多件大喜之事。

⑤ 岁岁平安:图案为几枝谷穗上配上两只鹌鹑,寓意生活平安如意。

⑥ 五谷丰登:五谷指稻、黍、稷、麦、豆五种粮食作物。每逢新春佳节,人们制作各式

花灯挂在屋里屋外,以示庆祝。图案借灯与"登"谐音,寓意物阜民康,五谷大丰收。

⑦ 报喜图:图案为一豹一喜鹊,"豹"音同"报",寓意生活中有大喜之事。

⑧ 喜相逢:图案为两只喜鹊相对。在我国的传统观念中,"喜"表现在许多方面,流传极广的"四喜诗"点出了四件喜事:"久旱逢甘霖,他乡遇故知,洞房花烛夜,金榜题名时。"除此之外,获得钱财、家人团圆、亲故来访,都是喜事。寓意生活中有喜事发生。喜相逢如图 5-2-17 所示。

(六)其他图案

其他吉祥图案主要有如下几种。

① 诸事遂心:图案为几个柿子、桃子。几个柿子指"诸事",桃形如心,寓诸事遂心。

② 事事如意:图案为柿子和如意的串联组合,表示生活如意。

③ 四海升平:图案为四个小孩共抬一瓶,"孩"音"海",借此表示天下太平。

④ 英雄斗智:图案为一鹰一熊作争斗状。以鹰"英"、熊"雄"同音,二勇相争智者胜,以此来比喻英雄之大智大勇。

⑤ 岁寒三友:为松、竹、梅。松,"贯四时而不改柯易叶";竹,清高而有节,宁折不屈,开怀大度,人们常以竹之节寓气节之节;梅,不惧风雪严寒,明代杨维真曾有诗赞梅道"万花敢向雪中出,一树独览天下青",梅花之品格为历代人们所称颂。此图颂扬品德、志节高尚之意。

⑥ 八宝联春:图案为相连的八件宝器,八件宝器是指宝珠、古钱、方胜、玉馨、犀角、银锭、珊瑚、如意。

⑦ 八仙过海:图案为八个仙人各持法器,在波浪汹涌的大海上显示法力。八仙人有张果老、吕洞宾、韩湘子、曹国舅、铁拐李、汉钟离、何仙姑、蓝采和。传说八仙在庆贺王母娘娘寿辰归途中路过东洋大海,各自用法宝护身为舟,竞相过海,以示神通。

⑧ 天女散花:图案为一仙女提篮作散花状。佛经故事中说,天女将花撒于菩萨的身上,用以检验佛门弟子们的道行好坏。

⑨ 莲开并蒂花:一茎开双花的莲称为并蒂莲,比喻夫妻和美、同心同德,象征坚贞不变的爱情。

⑩ 聪明伶俐:图案为葱、菱、荔。葱与"聪"、菱与"伶"、荔与"俐"同音,象征聪慧、可爱。

⑪ 玉镜合璧:玉镜合璧图案以玉镜寓肝胆相照,白璧喻无瑕,象征夫妻恩爱,爱情纯洁专一,始终不渝。

⑫ 四君子:松、竹、梅、兰。

⑬ 四艺图:琴、棋、书、画。

⑭ 五鹅图:出自书圣王羲之爱鹅之说。

四、中国玉器吉祥图案上的常见吉祥用语

玉器上常见的有以下一些吉祥图案用语。

平安如意,事事如意,诸事如意,万事如意,百事如意,必定如意,吉祥如意,和合如意,竹报平安,岁岁平安,四季平安,马上平安,一路平安,百事大吉,年年大吉,连年有余,年年

有余,渔翁得利,吉庆有余,一帆风顺。

五福捧寿,五福和合,五福临门,华封三祝,榴开百子,多福多寿,福在眼前,福寿三多,福至心灵,福寿双全,翘盼福音,三多九如,福自天来,福寿如意,福从天降,福禄寿,流云百福,松下三老,刘海戏金蟾,三星高照。

八仙过海,八仙上寿,八仙仰寿,群仙祝寿,群芳祝寿,齐眉祝寿,蟠桃献寿,麻姑献寿,东方朔捧桃,寿山福海,必寿无极,春光长寿,万寿长春,龟鹤齐龄,松鹤长春,鹤鹿同春,松鹤延年,天长地久,长生不老,万代长春,延年益寿,寿比南山,福如东海。

国色天香,富贵长春,富贵因缘,长命富贵,功名富贵,富贵平安,满堂富贵,玉堂富贵,荣华富贵,金玉满堂,和合二圣,长命百岁,长命富贵。

因何得偶,同偕到老,夫荣妻贵,鸳鸯戏水,子孙万代,早生贵子,连生贵子,麒麟送子,观音送子,宜男宜寿,宜男多子,福增贵子,兰贵齐芳,流传百子,同喜,竹梅双喜,报喜图,喜在眼前,喜相逢,喜上眉梢,喜从天降,欢天喜地,喜报三元。

五子登科,苍龙教子,龙生九子,二龙戏珠,鱼跃龙门,连中三元,喜得连科,一路连科,状元及第,一甲一名,二甲传胪,青云得志,春风得意,平升三级,太师少师,一品当朝,官上加官,加官晋爵,指日高升,旭日东升,加官受禄,封侯挂印,马上封侯,辈辈封侯,望子成龙,教子成名,官居一品。

羲之爱鹅,玉树临风,八骏图,百鸟朝凤,龙凤呈祥,九重春色,安居乐业,三阳开泰,太平有象,河清海晏,海水江牙,丹凤朝阳,岁寒三友,英雄斗智,万象升平,天女散花,竹林七贤,五子闹弥,五鬼闹判,九龙捧圣,竹兰梅菊,君子之交,同心之言,一品清廉,四海升平,长虹贯日,四雅生辉,苍龙出海,四海腾欢,桃花流水,天玄地黄。

龙腾虎跃,龙马精神,马上发财,马到成功,一步登天,一生平安,大余大利,大展鸿图,大吉大利,大富大贵,富贵荣华,送子观音,千手观音,皆大欢喜,笑口常开,鹏程万里,吉星高照,心心相印,风雨同舟,天长地久,百年好合,出人头地,正大光明,前程万里,羊致谦和,虎虎生威,金猴送寿。

一本万利,二人同心,三元及第,四季平安,五谷丰登,六合同春,七子团圆,八仙上寿,九世同居,十全富贵。

吉祥文化帮助人们从心理层面、社会生活层面上树立信心,积极进取与创造,是我国民族传统文化中的优秀遗产,十分值得弘扬光大。吉祥文化在现实生活中无所不在、无处不有,如果发掘运用得好,不仅在经济建设方面,而且在精神文明建设方面,都会发挥意想不到的积极作用。为此,首先要大力提倡采用民族传统吉祥图案来雕琢玉器,以顺应人们祈福求祥的心理,同时也展示中华吉祥文化的魅力;其次要大力普及吉祥文化知识,剔除封建思想的糟粕部分,弘扬其积极意义。

中华民族源远流长,有着极为丰富的民俗文化。我国玉器的许多图案是经过数千年的历史发展而成的,一般消费者都易于接受并乐于购买一些有吉祥图案的玉器,这可能是中国玉文化长久不衰的一个反映,玉器制作时一定要尽可能地接近这种规范。历史的车轮在前进,人们的精神境界和审美要求也在提高,中国玉器吉祥图案需要在批判继承传统艺术的同时,创造富于时代精神的民族艺术,也需要更多地吸收外界的有益东西,创作出为人们所喜爱的新的装饰吉祥图案。愿古老的中国玉器吉祥文化在今后能焕发出新的光彩。

第六章

漫步在中国玉器历史长河

　　严格说来,一切艺术品的最初萌芽,都不容否认是为了实用目的,史前艺术实质上是艺术从萌芽期向成熟期的过渡,它既包含有一定意义的实用价值,也包含着使人产生美感的因素。在漫长的石器时代,人类由无知到产生朦胧的美感,从使用粗陋笨重的旧石器到使用精巧别致的细石器,以至于开始磨制石器,从衣不蔽体到以骨角为饰物,从运用简单的锤击法、碰砧法到采用间接打击、钻孔、琢磨等制造技术,正是这些客观条件和主观因素的变化发展才促进了中国古代玉器的出现。

　　中国玉器有其产生、发展的历程。最早的玉器至少应具备以下三个条件:其一,质料上符合"美石"的要求,"美"是客观物质和人的主观意识相结合的产物,各个时代对"美石"的理解也不尽相同,因此我们必须站在过去某一相应时代而不能以现代人的观点去理解过去各个阶段判断"美石"的标准;其二,在形体上具备后代典型玉器的基本样式;其三,由于玉本身坚硬的特性决定了制玉必须使用特殊的制作方法,而非一般制作石器技术所能完成的。这些应是区分萌芽时期的玉器与石器的重要依据。

　　玉器的产生,是人类在原始美感的引导下,由物质文化向精神文化发展的必然趋势,同时,它的产生也是一个漫长的、不断探索的艰难历程,早在旧石器时代晚期,美的观念已深入人心,距今 2.8 万年前的山西峙峪遗址就出土过一件水晶制作的小刀和一件由一石穿孔而成的石器装饰饰品,显示出了制作者高超的技术;距今 1.8 万年左右北京山顶洞人时期精巧的装饰品已成为当时先民们的日常用器,遗址中出土的穿孔兽牙、海蚶壳、小石珠、小石坠等,数量众多,其中制作特别精巧的是七颗小石珠,原料为白色石灰岩,大小相等,不甚规则,最大直径 7 毫米,单面穿孔,可能是头饰,另有一对由双面对钻成孔的小石坠,系用天然的椭圆形黄绿色岩浆岩小砾石制成,两面扁平,在其中一面有人工磨过的痕迹,比起峙峪出土的小石刀,制作技术尤其是穿孔技术有了长足的进步。在距今 1.2 万年左右的辽宁海城仙人洞出土有用绿色岫玉蛇纹石制作的石器,显示出当时对石质的辨认已有了较深刻的认识和了解。长期实践使中国先民们积累了大量区分石、玉质的基本经验,了解了磋磨、钻孔等加工石器的新方法,最后才孕育出了璀璨夺目的中国玉器。

　　过去一般认为中国最早的玉器是距今 7 000 年左右的浙江余姚河姆渡文化遗址第三、四层出土的管、珠、璜、玦等玉器,其质料为质地很差的玉料和萤石,制作亦很粗糙,具有一定的原始性,当为太湖流域及东南沿海地区的早期玉器例证。此外在辽宁阜新查海的新石器早期遗址内,共出土有七件透闪石软玉和一件阳起石软玉制作的玦、匕等器物,无论是质料、造型、制作技法都比较精美,距今约 7 500 年。然而,1992 年 7—10 月,内蒙古考古工作队在赤峰市敖汉旗宝国吐乡兴隆洼村出土了两件距今约 8 200 年的制作精美的作为耳饰的玉玦,应是我国现今最早的玉器。

在漫长的发展过程中,人们最早注重的是玉器的使用价值和审美价值。如查海遗址出土的玉器有凿、环、玦等,兴隆洼遗址出土的玉器多为生产工具。在距今7 000年前的浙江余姚河姆渡遗址中,出土有20余件用玉、萤石制成的器物,器形都是作为装饰佩戴用的璜、玦、珠、管等。在距今7 000多年前的中原地区的裴李岗文化中,也曾出土有绿松石饰、珠等。这说明装饰和实用是人们对玉的第一需要。只是发展到新石器时代晚期,玉和巫术之间发生了紧密的联系,玉才被赋予某种神秘的力量,在宗教礼仪中具有重要的用途,并常常作为巫师手中的法器或祭祀的礼器,或者作为随葬品埋于墓中。所谓的"藏礼于玉",就充分反映了玉的深层次的文化内涵。

第一节　神秘的新石器时代玉器

一、新石器时代玉器评述

至新石器时代中晚期,玉器在中华大地蓬勃发展,大放异彩,玉器的使用地区呈北起辽河流域,南至珠江流域,东濒东南沿海广大地区的半月形分布。分布在这一地区的崇尚玉的部落经长期交流、实践,在新石器时代的中晚期形成了各具鲜明特色的玉文化,最具代表性的是东北地区的红山文化玉器,华东地区的良渚文化玉器和凌家滩文化玉器,以及受这两地文化影响,但又保留着自身特色的黄河流域地区的龙山文化玉器。当然,在其他地区的不同文化遗址中也有零星的玉器出土。

(一) 红山文化玉器评述

分布于辽河流域的红山文化,是我国东北地区极具代表性的新石器文化,其时代大体在距今6 000～4 000年之间。该文化遗址发现于1935年,1954年正式定名,以彩陶、"之"字形纹陶、细石器和一种特有的掘土工具为其基本特征,主要分布于内蒙古自治区东南部、辽宁省西部、河北省北部地区,其年代与中原地区仰韶文化大体相当。红山文化除以神庙、女神像的发现轰动考古界之外,另一重要的发现就是大量玉器的出土。红山文化的玉器除少数采集品不明出处外,其余的均出土于中小型墓葬中,每墓3～9件不等。以玉为葬,以玉为祭,是红山文化上层建筑的重要组成部分,也是我国距今约5 000年由石器时代向青铜器时代过渡时期各地文化遗址的一个共同的时代特点。玉器出土地点除集中于老哈河、大凌河流域外,西拉木伦河以北的林西县、巴林右旗、阿鲁科沁旗等地区也甚多见,在内蒙古翁牛特旗三星他拉、辽宁阜新县胡头沟、凌源县三官甸子、建平县牛河梁、喀左县东山嘴的遗址和墓葬中,也曾先后发掘和采集了大批玉器。由此可见,玉器在红山文化居民的社会体系中已占据了重要的地位。

红山文化玉器的质料基本上都是就地取材的岫岩玉,种类较为单一,另有少量的青玉、玉髓、玛瑙和煤玉。

红山文化玉器依造型和题材,分为动物形玉饰和其他佩饰。动物形玉饰为主体,有玉龟、玉鱼、玉鸟、玉龙首璜、长鬃龙、猪龙形玉饰等;其他佩饰包括勾云形玉饰、马蹄形玉箍饰、兽面纹丫形器、方圆形玉璧、双联或三联玉璧、玉环、玉珠和棒形玉等；未发现琮一类的礼器。红山文化墓葬中的玉器组合，主要为勾云形玉饰、马蹄形玉箍饰、猪龙形饰及龟、鸟等。勾云形玉饰和马蹄形箍饰置于人骨头部或胸部，玉猪龙形饰放在人骨腰部，玉鸟置于胸部，可见红山文化玉器大多用于佩饰。器形一般较小，但采用大块面雕刻手法，造型概括、简练、质朴。装饰纹饰简洁、疏朗且多为抽象图案。一般多注重大块面抛光，仅在眼、口部做精细雕琢。器形多为扁平体，无论单面或双面雕琢均有厚薄变化，常将器物外轮廓琢成薄形钝刀状。琢制工艺擅长以磨碾手法制作类似泥塑刮削效果的沟槽，如勾云形玉佩的纹饰；压地隐起的阳纹和斜面棱线，如玉龙、玉鸟的装饰有的棱线触之有感，视之不见，说明琢磨很精细，后期才在隐起图案上加刻阴线纹。阴刻线无起止痕迹，入"刀"浅，若断若续，但能出现曲线流畅、转折圆润、直线挺拔的效果。因为那时的玉器大多应用于悬挂、佩戴，所以几乎所有的器物都琢有孔洞。一般为单面钻孔，两端孔径大小不同，剖面呈倒梯形，俗称马蹄孔，可能出于减少钻孔难度的设想，有的孔洞打到一道凹槽上，有的打在磨薄的平面上。有一定厚度的大型器物则采用双面打孔，孔径两端大，中间小，俗称蜂腰眼。有的对穿孔对接有误差，因而孔径有台阶式痕迹。这两种钻孔方式商周时代仍沿用。另有三种穿孔方式为红山文化玉器所特有，一为在一面打两个孔，斜入"刀"在深处穿通，俗称象鼻眼，这种打孔方式唐代以后才又采用；一为在高起的脊棱上斜刀对穿；另一为在先磨出的两道横向沟槽内斜向对穿。这三种穿孔方式可统称为双眼穿洞单面成孔法，是红山文化玉器琢制工艺的独有特征。红山文化玉器造型上最突出的特点就是讲究神似和对称，以熟练的线条勾勒和精湛的碾磨技艺，将动物形象表现得活灵活现，栩栩如生，极具古朴遒劲之神韵。

红山文化玉器处于原始玉雕的成熟阶段，它源于这一地区新石器时代较早阶段兴隆洼文化的玉器。红山文化玉器中的勾云形玉饰、猪龙形玉饰等与河南安阳殷墟商代妇好墓玉器中的同类器形相似，这说明红山文化玉器与商代玉器有一定的渊源关系。红山文化某些玉器造型可能具有图腾崇拜的宗教意义。红山文化所分布的地区从新石器时代早期开始，一些墓葬就随葬猪骨。这种风俗一方面可能是把猪作为财富的象征，另一方面可能是将猪作为图腾崇拜的动物，因此红山文化玉器中出现大量的猪龙形象的玉饰并不是偶然的，它很可能是红山文化先民们崇拜祭祀的对象。红山文化的玉器颇具神韵，到目前为止，已出土数十件之多。其中蚕形玉器被认为与地神有关；玉龟被认为是水中之神；玉鸟被认为是龙凤起源的重要证据；勾云形玉器酷似各种神灵的复合体；玉箍形器似为神职人员的用具。特别是大型玉猪首龙，周身卷曲，吻部高昂，毛鬃飘举，极富动感，是红山文化玉器的代表作，也是目前我国出土的时代最早的龙形玉器，被誉为"天下第一龙"。

从上述出土的玉器中，我们不难看到，红山文化出土的玉器有相当一部分与原始宗教有关，至少有一部分我们可以确定具备了礼器的性质，有的可能具有双重意义，它既是人们所佩戴的装饰品，同时也是人们从事宗教活动的礼器。如玉璧是装饰品，但也是祭天的礼器；多处遗址中出土的玉钺，作为随葬品是墓主人权威身份的象征，而在祭祀礼仪中，它便成了巫师手中的法器。发现的玉龟、玉鸟、兽形玉和龙形玉，都是当时人们信奉的灵物。而且，尤为值得注意的一个现象是，这些玉器的制作已规范化。在近万平方公里的广阔分布面上出土的十余件兽形玉,除个别有线条增减外,从总体形象到细部处理,竟是惊人的一致,其中 7 件为大型,高均在 14~15 厘米之间;小型的 3 件,高为 7~7.5 厘米,恰似大型玉的一半。造型复杂的勾云形玉佩,其基本形态也一致。这说明这类玉器的制作不是随意为之,而是遵守着严格的规则,受着一定观念形态的制约。因此,我们将包括玉钺、兽形玉饰、玉龙、勾云形玉佩、玉箍形器在内的红山文化玉器视为早期的玉礼器。

(二) 良渚文化玉器评述

距今 5 000~4 000 年的良渚文化与东北红山文化并驾齐驱,使中国新石器时代玉器发展到最高峰。良渚文化于 1936 年发现于浙江余姚县良渚镇,1959 年正式命名,主要分布在太湖地区,南抵钱塘江,北至江苏中部(主要是长江以南)。良渚文化以夹细砂的灰黑陶和泥质灰胎黑皮陶为主要特征,大量玉器出土也是其重要特征之一。

太湖地区的玉器,从河姆渡文化、马家浜文化、崧泽文化到良渚文化,经历了一个数量由少渐多,制作由粗糙到日益精致,装饰由素面发展到繁缛的纹饰,形体由细小而日趋大型化的过程。河姆渡文化和马家浜文化的玉器,玉质较为粗劣,硬度不高,均为素面无纹的小件璜、管、珠等装饰品,制作工艺还很粗陋,一般仍是沿用旧石器时代制造石器的传统工艺,表面磨制较为粗糙,钻孔多不准而偏离中心,表现出原始特征。至崧泽文化时期,先民们已初步具备鉴定玉材的能力,软玉的使用就是较好的证明,玉器的种类也有所增加,环、斧的出现表明玉器已有大型化的趋向,同时也标志着制作技术的发展。鉴于崧泽文化已开始使用硬度较高的软玉制作器物,故推测此时可能已出现了石英砂等磨料,从器物表面打磨光滑的程度来看,当时已有了较高的抛光技术,钻孔技术也略有进步。继崧泽文化以后的良渚文化,其玉器在数量、质料、造型、纹饰、制作技术等各个方面都发生了巨大的飞跃。数量自不必说,质料虽颇庞杂,但绝大部分为质坚色美的透闪石、阳起石软玉,另外还有一部分是硬度为 4 的蛇纹石玉。良渚文化玉器的制作工艺也有了长足进步,石英砂已被广泛运用,考古工作者在寺墩良渚文化墓中已发现可以琢玉的石英砂,管钻法已普遍运用到钻孔技术中,在良渚文化墓中就曾发现有管钻剩下的琮蕊。这时琮、璧等大型玉器的孔壁上留有螺旋纹或垂直的台阶痕迹,这往往主要是因为玉质坚硬对工具不断磨损以及钻孔时对位不准造成的。小件器物一般使用桯钻,但工具的磨损总会造成进孔处较大,愈深则孔愈小,这是金属钻孔工具出现以前的一个重要特征。根据对良渚玉器的工艺的考察,此时很可能已出现了旋转性的原始砣具。

20 世纪 50 年代以来,随着考古工作的进展,在江苏吴县草鞋山、张陵山、武进寺墩,浙江嘉兴雀幕桥、杭州水田畈,上海县马桥,青浦县福泉山等良渚文化重要遗址中已出土数目多至上千件玉器,其玉质之精美,品种之繁多,技术之精湛,令人赞叹不已。

良渚文化玉器大多失去了原有的半透明光泽而呈粉白色,这是因长期埋于地下受浸蚀所致。福泉山墓地出土的唯一的一批受浸蚀较小的玉器,其颜色呈黄绿色和黄褐色,一些玉器经鉴定属透闪石——阳起石系列软玉,少数为叶蛇纹石和石英,玉料的来源应是就地取材。

良渚先民在治玉技术上普遍采用砂解法,即用砂和水加解玉工具通过摩擦来切割玉料。从玉器上留下的痕迹观察,当时运用了以片状硬性物件作直线运动为特征的锯切割和以弦状硬性物件作弧形运动为特征的线切割两种方法相结合的切割技术,并将其运用于玉器的镂孔。玉器上细密的阴线花纹,主要是用手工直接雕刻的,这些细若游丝的阴线往往由若干条划痕拼组而成。玉器雕成后,表面还要打磨光滑,达到光可鉴人的效果。良渚文化的琢玉技术代表了新石器时代治玉工艺的最高水平。

良渚文化玉器种类按照器形来分有琮、璧、冠状器、三叉形器、柱形器、锥形器、镯、半圆形饰、璜、牌饰、串饰、新月形饰、动物形饰、带钩、钺、端饰和柄形器等。从用途来看,璧、琮、冠状器、三叉形器、钺为礼器,是史前时代人类用来崇拜神灵的礼器。这标志着中国古代部分玉器已开始脱离现实生活,逐步被蒙上神秘的面纱而走上神坛。

良渚玉器气势雄伟,讲究对称均衡,给人一种庄严肃穆的感觉,其表现手法以阴刻线为主,辅以浅浮雕,并出现了圆雕、半圆雕、镂空等难度很大的手法,饰纹已采用立体纹、地纹和装饰纹三位一体,称为"三层花",即第一层用阴刻线刻出云纹、直线、涡纹等作为底纹,然后用浅浮雕的手法表现轮廓,最后再以阴刻线在凸面表现细部。如良渚玉器的兽面纹常以单(双)阴线刻的圆圈象征眼睛,两眼之下常浅浮雕出略呈长方形鼻,其上增配桥状隆起,似如鼻梁,少数在鼻下阴刻出嘴部,或再以弧线勾勒出脸庞,嘴部有獠牙者,鼻呈圆角长方形,有眼睑和鼻梁或额;而无獠牙者,鼻呈蒜头形,无眼睑和鼻梁或额。纹饰着重强调图像头部结构,尤其是以目纹为中心,刻画出鼻、牙齿,成图时多采用正视投影。为解决兽面平面形象呆板的问题,设计者匠心独运地采用了两个侧面表现立体图形的方式,将原本单调、呆板的兽面形象表现得面目狰狞、变幻莫测,令人悚然而惊,称其为"狰狞的美"或"狞厉的美",是很恰当的。

1986年和1987年发掘的浙江余杭反山和瑶山良渚文化墓葬出土的新型玉器,使我们对良渚玉器有了更深入的认识。这些玉器除常见的琮、璧、镯等器形外,还见有组装件、穿缀件和镶嵌件三大类。组装件是把不同的玉部件,如杖首、提手、盖、塞地用榫卯等贯穿的形式组装成一件器物;穿缀件是以贯穿或缝缀等形式将各类玉饰件组成一起,如串璜、管、珠、坠等;镶嵌件是指将很多细小的无孔玉粒及一些玉件用粘合等方式装饰在器物上。镶嵌件开了我国镶嵌技术之先河,充分显示了我国古代劳动人民的聪明智慧。这个发现具有重要的意义,它揭示了许多先前零散出土而不知其结构、名称和用途的玉件的本来面目。

良渚文化玉器对周围地区文化的玉器有巨大的影响,西达长江中游的大溪文化(距今6 000~5 000年),南到珠江流域的石峡文化(距今5 000~4 000年),发现的琮、璧等玉器与良渚文化玉器有着极深的渊源。而它对北方黄河流域的影响更是深远。商代玉器的种类很多都可以在良渚文化玉器中找到雏形,特别是良渚文化的兽面纹和玉石镶嵌技术不仅完全被商代所吸收,而且对商周青铜器制造也产生了一定的影响。目前学术界一般认为,良渚文化玉琮上的兽面纹就是商周青铜器饕餮纹的雏形,而玉石镶嵌技术又为商代以后的铜嵌玉的出现奠定了基础。

(三)龙山文化玉器评述

到距今4 500~3 500年的龙山文化时期,黄河流域玉器突然勃兴,虽不及红山、良渚玉器之辉煌,但诸如陕西神木石峁、山西襄汾陶寺等地,也发现了成批的玉器,且大多已具有礼器的性质,其重要的意义同样不可低估,可凭此在中国古代玉器史上占有一席之地。

在已发掘的龙山文化遗址中,神木石峁的玉器数量相对较多。这些玉器由墨玉、玉髓、石英岩、大理石岩、蛇纹石岩等质料制成,器形有牙璋、圭、斧、钺、戈、刀、璧、璜等。玉雕艺术品有人头像、玉蚕、虎头、玉蝗、螳螂等。玉器多出土在墓葬中。这批玉器除玉璧、玉璜可用作佩饰外,其余玉圭、玉斧、玉钺、玉戚、玉刀的刃部钝厚,无使用痕迹,可见并非是实用器,而应是当时的礼器。特别是玉牙璋,发现了28件,其装饰的牙齿具有象征意义。它不是兵器,也不是生产工具,更不是装饰品,应是举行祭祀活动的礼器。玉刀发现近40件,又长又大,刀身有钻孔,同样不能实用。玉钺、玉戚、玉斧、玉戈是象征权威的法器。玉璧虽可作装饰,但也是一种礼器。这么多的礼器发现在墓葬中,墓主人有可能就是当时的巫师。从出土玉质礼器的墓葬数量之多来看,神木石峁遗址在龙山文化时期可能曾有一个巫觋集团居住。

山西襄汾陶寺遗址,总面积达400万平方米,出土的玉器有玉钺、玉瑗、玉琮、玉铲等礼器和制作精良的玉梳、玉管、玉臂环等。其中以钺、瑗较为常见。凡是较大型的墓,随葬的玉器也就较多。在9座大型墓葬中,除出土有代表王权重器的龙盘、鼍鼓、特磬、土鼓外,还有玉钺、玉琮等。较典型的玉钺或石钺,没有使用的痕迹,有的薄而细长,非实用器,且与代表王权的重器同出,表明它不再作为生产工具,而是作为礼仪用具了。

(四)卑南文化玉器评述

卑南文化分布于中国台湾花东纵谷、海岸山脉南段东麓、台东平原以及大武山东麓河阶与面海坡地,它距今约5 300~2 300年。玉器主要出土于台东县卑南遗址墓葬中,多数玉器呈碧绿色,玉材来自花莲县的玉矿。器类除少量坠、棒、管、镞外,常见的是玦形饰,共出土1 300多件。这种玦形饰式样很多,除有内地常见的圆形玦外,绝大多数是带有缺口的圆形环及环外缘附加四个突起的形状,其他还有长条形、方形、两翼形等。佩饰中有一种单人和双人兽形佩,造型奇特。这些佩饰制作精致,风格独特,代表了中国台湾史前文化的最高工艺水平。卑南文化玉器主要用作装饰,玦形饰出土时均在人头耳部两侧,应为耳饰;玉坠作头饰;棒形和管形玉作颈饰和胸饰。繁杂的玉器种类反映了卑南先民丰富的精神生活。

(五)大溪文化玉器评述

大溪文化分布于长江中游西段的两岸地区,处于新石器时代中期,距今约6 400~5 300年。玉器主要出土于四川巫山县大溪遗址和湖北松滋县桂花树的大溪文化墓地。出土的玉器形体较小,器类有玦、璜、璧、环、坠等,均为扁平状,其中以玦、璜的数量为最多。玦的形状不十分规整,出土于人的头骨两侧。璜的数量较多,主要有弧形、桥形和半璧形三种。璜的两端有穿孔,半璧形璜外缘刻成连续锯齿状,其装饰手法是大溪文化玉器独具特色的工艺。大溪文化玉器主要用作装饰,有耳饰、项饰和臂饰等。耳饰为玦和坠,璜和璧作项饰,悬挂于颈上或胸前,臂饰主要是环。大溪文化玉器的意义在于它与长江中下游地区的原始文化玉器非常相似,例如大溪文化的弧形璜与薛家岗文化、桥形璜与崧泽文化、半璧形璜与良渚文化等同类器物形状很接近,而这为研究史前各文化间玉器风格的影响、长江中下游地区玉器的共同性和特殊性以及大溪文化玉器的渊源提供了实物资料。

（六）凌家滩文化玉器评述

凌家滩遗址于1985年被发现,位于安徽省含山县铜闸镇西南约10公里的凌家滩自然村。经1987年春、秋,1998年秋的三次发掘,共揭露面积1 775平方米,发现墓葬44座、祭坛1座、祭祀坑3个、积石圈4个、房屋遗址1座。大墓随葬品以高规格的玉石器为主,陶器次之;中、小型墓随葬品以石器和陶器为主,玉器次之。凌家滩遗址年代,为距今约5 560～5 290年,与红山文化年代相当,而早于良渚文化。

凌家滩墓葬出土的玉器,数量多,品种丰富,琢磨精致,玉质温润,洁白透明,造型独特,生动传神,是中国新石器时代考古学的一次重大的发现。

出土的玉器经测定质地有透闪石、阳起石、叶蛇纹石、利蛇纹石、水晶、玛瑙、玉髓、石英、绿松石等。玉器品种有玉人、玉龙、玉璜、玉璧、玉环、玛瑙斧、玉玦、玉镯、玉钺、宝塔形玉饰、玉管、玉珠、玉扣形饰、玉喇叭形饰、月牙形饰、玉菌形饰、玉兔、玉冠形饰、玉龟、玉刻图长方形片、玉鹰、玉龙凤璜、玉齿环、丫形器、双连环、玉猪、玉坠饰等。

凌家滩出土的玉器,不但精美而且品位极高,出土的玉龙、玉鹰、长方形玉片、玉龟、玉人、大型玉钺、玉戈、玛瑙斧等,突出反映了原始宗教在凌家滩社会组织中占有重要的地位。

中国古代玉器最初是以装饰品形式出现的,玉制饰品在石器时代自始至终占据着相当重要的地位。新石器时代中晚期以后,代替小型玉饰物而勃兴的是大型的象征性武器工具及具有原始信仰性质的礼器,这类器物的出现标志着等级观念和原始宗教观念渗入玉器之中,使其成为祭祀工具或等级权力的象征物。正是因为它们是一种精神或观念的象征物,人们才会在它们的造型和纹饰上耗费巨大的精力,借以表达其丰富的、逐渐明确起来的精神内涵。中国古代玉礼器在巫术和原始宗教中充当了极其重要的中介作用。对于红山文化的玉龙和玉兽形饰(玉猪龙),就不能把它们简单地看作动物形饰物。龙的崇拜,自古以来就与农业生产有关,作为祭祀物的猪,逐渐抽象为超现实的龙的形象绝不是偶然的,它是在原始农业发展和原始信仰发达的基础上,高度发展的原始意识形态和原始艺术的结晶。红山文化龙形象的出现标志着该地区已初显文明的曙光。以琮、璧为代表的良渚文化大型礼器则代表了我国史前巫术发展的最高水平。玉琮作为良渚文化的重器,在祭祀中具有沟通天地的重要作用,大量玉琮的发现,又反映出良渚文化时期巫术和原始宗教的普及性。我们之所以说新石器时代的玉器神秘,一是指当时人们对玉器的崇拜达到了很高的程度,并由对玉的纯自然崇拜过渡到与权力相关联的复合崇拜阶段;二是指玉器的纹饰奇诡、庄严,较多地使用了想象的神话动物,或者人、神、兽复合物,在观感上给人一种神秘莫测的感觉;三是玉礼器在玉器中的比例很大,并形成了较严格的礼仪制度。综合地说,以刀、戈等象征性武器工具为代表的龙山文化玉"礼兵器",以玉龙、兽形饰为代表的红山文化动物形玉饰及以大型琮、璧为代表的良渚文化玉礼器,是在不同的地理环境、不同的社会经济条件下形成的各具地方特色的玉文化。而文化因素共同渗透的方向正是位于它们之间的中原地区,夏商玉器正是在此基础上发展起来的。

二、新石器时代玉器主要作品介绍

(一)《玉猪龙》

玉猪龙是红山文化玉器,于辽宁省建平县牛河梁采集,辽宁省博物馆藏。高15厘米,最宽10厘米,断面最厚4厘米,此器因受浸蚀较重而呈乳白色,整体弯曲呈"C"字形。头部肥大,两只近三角形的大耳竖立耸出于头顶,圆睁大眼,眼周饰瓜子形圈眼睑,吻部前突,鼻间有多道阴线皱纹,口微张,外露一对獠牙。身扁圆光洁。首尾以一条缺而不断的口相隔。全器中央,由两面对钻出大圆孔,背部靠颈际有一小圆孔,亦对钻而成。如图6-1-1所示。

这种立雕的玉猪龙在红山文化遗址中出土数量较多,只是大小有别,大者高约15厘米,小者约为大的二分之一。从正面看,头部似猪,两耳竖起,两眼相对圆睁,以浑厚的大眼眶将两眼连在一起,吻部前突,口微张,嘴眼之间刻出许多道横向沟纹皱褶,除了嘴部用透雕以外,其他部位都用细线浮雕,在蜷曲中心有一大圆孔,背上有一悬绳的小孔。从牛河梁石棺墓中兽形玉出土位置可以判断,这种玉饰是悬挂在胸前的。由此可推测这种玉饰不仅起装饰作用,更主要的作用是祈求吉祥和护身,玉猪龙可能是当时人们的崇拜物,有祥瑞、压邪的作用,随身佩戴,以求神灵保佑,犹如现代人佩戴的护身符,因此,有的学者推测,这种玉饰的形象是古代中国龙崇拜的最初形式。

(二)《"C"形玉龙》

《"C"形玉龙》是红山文化玉器,1971年在内蒙古翁牛特旗三星他拉红山文化遗址中出土,现藏于内蒙古自治区翁牛特旗博物馆。三星他拉玉龙高26厘米,岫岩玉制成,呈墨绿色,体蜷曲呈"C"字形,昂首、弯背、卷尾,颈背起长有达21厘米的鬣,呈扁平状,占全器的三分之一,吻部前伸,鼻端平且有对称两圆似猪鼻,眼为梭形,额及颚底刻有细密的方格网状纹,龙身截面大致呈椭圆形,龙背重心处有一小穿孔,如以绳悬挂,则龙头、尾正处在同一水平线上。除龙头部采用阴线和线浮雕的手法表现出眼、鼻、嘴外,通体光素无纹,琢磨极为精细,光洁圆润,龙身蜷曲刚劲,长鬣飞扬,显得生机盎然。如图6-1-2所示。

(三)《玉箍形器》

《玉箍形器》是红山文化玉器,1983年在辽宁省建平县牛河梁墓地出土。辽宁省博物馆藏。它高11.5厘米,上口径8.4厘米,下口径6.8厘米,玉质呈青绿色,遍体布满土浸褐斑。器呈椭圆形筒状,上大下小,呈倒置的马蹄形,故又称马蹄形器。器壁较薄,仅0.45厘米,筒外光素平滑。上端呈斜坡状,开口处磋磨出刃口,边缘留有加工时形成的两处凹口,下端平齐,近底边处两侧相对应地各有外面琢出的小圆孔,外大内小,外径0.7厘米,内径0.4厘米。如图6-1-3所示。

关于这种玉器的功能和使用方法有若干猜测,有人认为是臂饰或腕饰,也有人认为是舀米的实用之器。之后在红山文化其他的一些墓中也发掘出土了马蹄形玉器,出土位置绝大多数是枕在头下的。据此可以认定马蹄形玉器是束发用的玉发簪,其扁圆形的长筒形体上口为斜口,状似马蹄形,下口为平口,近下口处钻出对称的双孔,用于插发簪以别住发髻。

(四)《青玉勾云形器》

《青玉勾云形器》是红山文化玉器,辽宁省博物馆藏。长 11.3 厘米,宽 8.9 厘米,厚 0.35 厘米。由岫玉制成,呈青灰色,系片状玉琢制,中间镂空一卷云形,与器相对应,随形磨出不明显的浅凹槽,边缘又斜磨出钝刃,四周有不规则的勾云头,有的上卷,有的下卷,唯下部三个云头,侧边的一个已折断。顶端并排的两个小孔,可供穿绳佩戴。勾云形玉佩是红山文化独有的一种体薄宽大和镂空成卷云状的玉器。除红山文化外,其他原始文化及以后诸朝代皆未发现有出土,具有独特的艺术风格,其功用不清楚。这种勾云形器,体薄并较宽大,制作时除镂空、钻孔和凿制匀称的凹槽均需精雕细琢外,其抛光技术也相当高超,因此它是代表当时琢玉工艺较高水平的作品。如图 6-1-4 所示。

(五)《玉璧》

《玉璧》是良渚文化玉器,1989 年于浙江省余杭县安溪乡出土。浙江省文物鉴定委员会藏。直径 26.2 厘米,厚 1.2 厘米,孔径 4.2 厘米,此玉璧的玉料系透闪石软玉,呈青灰色,杂有黄褐色斑点。器形为扁平圆形,在中孔下方,正背两面以阴线刻纹饰,正面高 2.4 厘米的纹饰,是一个上端作五级台阶的框内,有一身体椭圆、头尾分明、两翼伸展的飞鸟图像,而背高 3.25 厘米的纹饰形如玉璋。这两个纹饰的中轴长线正好通过圆孔的中心,如图 6-1-5 所示。璧是一种扁平圆形,正中有孔的器物,一般认为玉璧是从石纺轮或环形石斧发展演变而来的,也有些学者认为璧可能最早起源于用作装饰的环。璧是良渚玉器中发现很多的一种器形。在古代,玉璧的主要用途是作为礼器;其次为佩玉,又称"系璧";最后是作为随葬用品。

(六)《玉琮》

《玉琮》是良渚文化玉器,1986 年在浙江省余杭县反山墓地出土,浙江省文物考古研究所藏。高 8.8 厘米,射径 17.1～17.6 厘米,重 6 500 克。系透闪石、阳起石系列的软玉精制而成,黄白色带紫红色瑕斑,每面将 4.2 厘米宽的竖槽一分为二,以转角处为中心线刻和浅浮雕手法勾勒出 8 组兽面纹,竖槽内又琢出 8 组神人兽面图案,如图 6-1-6 所示。其精湛的琢磨技艺,细致入微的纹饰排比,精确恰当的艺术搭配,令人赞叹不已。尤其值得注意的是,在这件玉琮上首次发现了具有"良渚神徽"性质的神人兽面图案,其最上端为一呈弓形的冠,冠下为一呈倒梯形的人脸,重圈目、蒜鼻、阔嘴,刻平齐的牙齿,"风"字形帽檐处遍施云涡纹,帽顶饰呈放射状、羽毛状,上臂平举,下臂内弯。兽眼位于两肋间。以浅浮雕搭配直线纹和云涡纹构出兽面眉脊和鼻,下为血盆大口,显露等部位均以浅浮雕表现,人面和四肢则以阴线刻划。简单地看,这似乎只是一个凶恶的兽面纹,额上搭配一呆板的人面形象,若仔细观察,我们就会为祖先卓越的艺术构思而感到震惊了。人面与兽,确切地说应是人体与兽头的搭配,组合巧妙以致整个画面浑然一体而不可分割,兽耳同时是人臂,人足同时是兽须,观测的角度不同就会得出截然不同的两种形象。如果把这看成是人化的神,那么它就是一个头戴光芒四射的羽冠、手执盾牌的战神形象,它象征着世俗的权力。若把它看作是神化的人,那么又可得出两种形象,其一是一头戴冠饰,手执璧(或琮)的巫师作舞蹈来祭祀天地鬼神的形象,这种习俗至今在一些保留着传统习俗的民族中仍屡见不鲜;其二是良渚巫师御虎蹻的写照。这二者象征着宗教的权力,神人兽面神徽的有机结合,正是当时政教合一的真实反映。如图6-1-6所示。

关于良渚文化玉琮的渊源、用途等问题,长期以来争论很大。日本学者林巳奈夫提出琮应来源于镯,以后逐渐演变为礼器。这一观点在考古发掘中得到了证实,因而目前已被学术界普遍接受。

(七)《三叉形器》

《三叉形器》是良渚文化玉器,1987年在浙江省余杭县瑶山墓地出土,浙江省文物考古研究所藏。此器通高5厘米,宽6.9厘米,厚1.2厘米,由透闪石软玉制成,呈浅黄色,下端圆弧,厚重,上端分为三叉,左右两叉平齐,中间一叉宽短,有一上下贯穿孔,正面雕琢兽面纹,椭圆形眼睑和鼻翼为凸面,眼睑中间圆眼弧凸,大阔嘴中伸出上下两对獠牙,左右两叉呈凸面,各刻三组羽翎纹,中叉正中有竖向窄脊,两侧各刻两组羽翎纹,兽面周围和羽翎纹下均有卷云纹,如图6-1-7所示。全器突出表现了兽面和羽翎,实际上是一种简化的戴冠神人驭兽图像,具有通天祈福的功能,反映了当时的巫术崇拜观念。

(八)《冠形玉器》

《冠形玉器》是良渚文化玉器,1986年在浙江省余杭县反山墓地出土,浙江省文物考古研究所藏。此器高5.2厘米,上宽10.4厘米,下宽6.4厘米,厚0.3厘米,呈浅黄色,局部有粉白色块斑和浅灰色筋状条纹,其质料为透闪石软玉,形体扁薄平整,上端高耸,两侧略上翘,下端内折弧收,整器如有双翼的冠帽,采用透雕和阴线细刻相结合的技法,在正背两面雕琢相同的神人神兽图像,神兽居中,透雕大圆眼,外框以阴刻三重圈和弧线三角刻出眼眶和眼角,还透雕阴刻扁圆鼻、大阔嘴和嘴中伸出的上下两对獠牙,其下两侧前肢屈伸,伸出三爪,神兽两侧各雕琢一侧身神人,脸面朝内,左右对称,神人脸面方正,重圈圆眼,外圈有三角形眼角,宽鼻,弧线刻出鼻翼,阔嘴,勾出双唇,头上羽冠刻出五组羽翎,手作抬举状,下端为扁短榫头,其上对钻五个等距离的小孔,便于销插固定。冠状饰,过去称倒梯形器,通常造型简单,光素无纹。在反山、瑶山出土的多雕镂纹饰,比较精致,此件镂空线刻构图尤其严谨,系工艺杰作。这种上大下小呈倒梯形的片状冠形玉器为良渚文化所独有,无论是透雕还是阴刻,均为了体现神人兽面图案。下端扁长的榫头上钻一排小孔,说明其应是扦插在某种物件之上的。冠状玉器出土时均位于墓主人的头骨一侧,其外形也与反山12号墓大玉琮所刻的神人兽面像上插羽披茅的冠十分相似,因此冠状玉器可能是巫师发髻上冠冕的部件。《冠形玉器》如图6-1-8所示。

(九)《玉串饰》

《玉串饰》是良渚文化玉器,1986年在浙江省余杭县反山墓出土,浙江省文物考古研究所藏。管长2.7～3厘米,直径1～1.1厘米,璜高4.2厘米,宽6.3厘米。这一玉串饰由十二根玉管和一件玉璜串连而成,玉料呈白色带茶褐色斑点,从玉色、玉质是否一致的角度看,系同一块玉料分割制成。玉管呈长筒状,两端对钻成孔,外壁光素无纹,十二根玉管的造型、长短、直径、孔径大体上规格一致。小玉璜呈扁平半圆形,正面微弧凸,背面平整,两角各钻一小孔,与玉管串联系挂,正面用浅浮雕和阴线细刻相结合的技法雕琢神人骑兽图像,雕工精致,造型优美。如图 6-1-9 所示。

(十)《玉人》

《玉人》是凌家滩文化玉器,1987 年在安徽省含山县凌家滩 1 号墓出土,安徽省文物考古研究所藏。此玉人高 9.6 厘米,宽 2.2 厘米,厚 0.8 厘米。玉料为透闪石软玉,受沁蚀化呈灰白色,长方脸,头戴圆冠,冠饰方格纹,冠上中间有长三角形尖顶,顶上饰三小圆孔。浓眉大眼,双眼皮,蒜头鼻,两大耳,耳下部各钻一耳孔,大嘴,上唇饰有"八"字胡。两臂弯曲,五指张开放在胸前,臂上佩有玉环,腰间饰斜条纹的腰带。臀部宽大,腿显短,头上圆冠表明当时人们已有帽子,如图 6-1-10 所示。在对含山县铜闸镇凌家滩距今约 5 300 年前的新石器时代人类生活的遗址先后进行的四次发掘中,共出土了六件片状整体玉人,有的玉人腿部只表现膝盖以下的部分,显示坐姿,有的显示站姿。在新石器时代出土的实物中虽然曾发现过与人的形象有关的玉器,但几乎都是人的头部或人面纹,而从未见到有整体的人物形象,凌家滩玉人是中国新石器时代考古史上首次出现的人体形象,它的发现为我们了解和研究新石器时代人类的人体结构、衣着打扮、价值取向、精神面貌,提供了极其宝贵的实物资料,坐姿玉人的出现还让我们了解到这一时期已有坐具,人们不再席地而坐。

(十一)《玉刻图长方形片》

《玉刻图长方形片》是凌家滩文化玉器,1987 年在安徽省含山县凌家滩 1 号墓出土,安徽省文物考古研究所藏,是凌家滩出土玉器中最珍贵的文物之一。该器长 11 厘米,宽 8.2 厘米,玉片黄色,呈长方形,正面琢磨出 3 条宽 0.4 厘米、深 0.2 厘米的凹边,两短边各有 5 个镂孔,一长边有 9 个镂孔,玉片中部偏左雕刻有一小圆圈,圈内雕刻方心八角星纹,圈外雕有一大椭圆形,两圆以直线平分为八等份,每等份雕刻一圭形纹饰;在大圆外沿圈边对着长方形玉片的四角各雕刻一圭形纹饰,玉片上雕刻的纹饰,反映了 5 000 年前凌家滩人的原始哲学思想。一般认为,圆中心的八角星纹应代表太阳,圭形纹饰表示东、西、南、北四方,也与季节有关。《玉刻图长方形片》如图 6-1-11 所示。

第二节 礼制化的商代玉器

一、商代玉器评述

商代是中国历史上继夏之后存在时间较长的一个王朝,自公元前 17 世纪商汤灭夏后建立国家,至公元前 14 世纪中叶盘庚迁都殷,及公元前 11 世纪商纣王被周武王带领西南各族所灭,共传 17 世,31 王,历时 600 年左右,其强盛时期的疆域东到大海,西到陕西东部,北达河北北部,南至长江,为当时世界上的文明大国。

商代早期玉器,以河南偃师二里头三、四期文化为代表,二里头出土的商代玉器有玉刀、玉钺、玉圭、玉琮、玉璜、玉兔、玉柄形器、玉筒形器,这些器物反映出了商代玉器的某些特点,即由兵器转化而来的玉器占有相当的数量。二里头玉器有三种装饰方式:①出齿,即在玉器两侧雕出复杂的齿牙;②直线,玉刀两端、玉圭都有成组阴刻直线,这些线较细,但雕得较深,非常直;③勾撤图案,所谓勾撤,即按照图案纹样勾出阴刻线条,线条深而似沟,这种工艺叫勾,然后把阴刻线一侧的线磨成一定的坡度,叫做撤。玉柄形器上人面纹就采用了勾撤雕法。二里头文化遗址出土的玉刀、玉圭同龙山文化有直接的联系,玉琮则受良渚文化的影响,从整体上看,商代早期玉器同龙山文化玉器有着某些承继关系,又融合了其他文化遗址玉器的某些特征。

商代中期玉器,以郑州二里岗文化为代表,在郑州铭功路、湖北黄陂盘龙城、河北藁城台西、北京平谷刘家河、山东泗水尹家城、河南新郑望京楼、许昌大路陈村等地也有发现,虽然出土范围较广泛,数量也不少,但显得较为零散,种类也略显单调,主要是一些礼器和象征性的武器工具类,如璧、环、钺、戈、刀、柄形器、斧、铲、凿、锛等,装饰品不多,动物形玉饰则几乎不见。但值得注意的是,一些玉料的开料、锯割、抛光等技术都已达到了相当高的水平,阴刻、阳凸、浮雕配合巧妙,出齿、阴刻成组直线,勾撤法被广泛应用,造型和纹饰设计细而清晰,形制规整匀称。如这时常见长达30厘米以上的大玉戈,厚度仅0.5厘米左右,背线笔直,刃部平直,通体打磨光滑,充分显示了玉匠精湛娴熟的技艺。商中期玉器中最突出的是形体较大的玉戈,如盘龙城出土的大玉戈,长达92.5厘米。这类玉戈在一些博物馆也多有收藏,一般刃部都无使用的痕迹,应为商代礼器。

商代晚期,是中国古代玉器继新石器时代晚期的又一鼎盛时期,玉器的主要出土地点在河南安阳殷墟。此外在河南罗山县蟒张墓地、河北藁城前西关、江西清江吴城、山东济南大辛庄、曲阜孔府花园和安徽潜山的薛家岗等地的商代后期墓中也有零星发现。

殷墟是殷商的故都,位于河南省安阳市西北郊洹河两岸,面积约24平方公里。据文献记载,自盘庚迁都于此至纣王(帝辛)亡国,整个商代后期以此为都,共经8代12王,年代约为公元前14世纪末至公元前11世纪。1899年,王懿荣首先在被称为"龙骨"的中药上发现契刻文字。其后罗振玉等通过调查,弄清了甲骨文出土于今安阳市的小屯村,并在甲骨卜辞上发现了商王朝先公先王的名字,证明其为商代甲骨。王国维对甲骨卜辞中所见的王亥、王恒、上甲等商代诸先公进行考证,证实《史记》《世本》所记载的商王朝世系是可信的;同时根据受祭的帝王有康祖丁、武祖乙、文祖丁(即康丁、武乙、文丁)之称,确定帝乙之世尚建都于此,从而确定古本竹书纪年所记载的自盘庚迁殷至纣之亡"更不徙都"之说符合历史事实。这样,以商代甲骨的发现为契机,商代后期的王都遗址——殷墟遂告发现,并开始进行了发掘和研究。

在殷墟的发掘中,出土了大量精美的商代遗物,其中就包括不少的玉器。殷墟究竟出土过多少玉器,已难以考察。仅就新中国成立以来的考古发掘而言,据不完全统计,出土玉器约1 200件以上;如果加上新中国成立以前发掘出土的,其数量会更多。但自古以来,殷墟一带盗掘古墓成风,致使殷墟的墓葬遭受了严重的破坏,有些王室墓葬虽然规模很宏大,但很少发掘到完整玉器。然而从古书的记载来看,殷代王室贵族使用玉器是相当普遍的。商代末年,商纣王荒淫无道,引起了周围各族的反抗,周武王率领军队发动灭商战争,双方在商都城郊外的牧野展开决战,在战斗中,商军士兵阵前倒戈,引导周军攻入商都,商纣王见大势已去,将浑身裹满玉,自焚而死。周武王灭商后,"俘商旧玉亿有百万"。这个数字虽然有些夸张,但其数量应当是相当可观的。

1976年,考古学者在殷墟的考古工作中,发掘了一座中等规模的商代王室墓。这是一座没有被盗掘的商墓,因此学术价值非常高,一被发现就轰动了中外。根据对墓中青铜器铭文的研究,学者一致认为这是商王武丁配偶"妇好"之墓,埋葬年代约在公元前13世纪末期至12世纪初。由于妇好墓中出土了精美的玉器,我们就不能不介绍一下妇好是怎样的一个人。商王武丁有三个法定的配偶,妇好即其中之一。妇好是当时重要的政治家、军事家,为巩固商王朝的统治和兴国立下了汗马功劳。商王武丁在同北方的土方、鬼方,南方的虎方,东方的夷,西方的羌等部落连续三年的征战中,妇好在她的封地为支援前线而奔走穿梭,大量征集兵员,输送到前线各地,同时她还经常向商王朝纳贡,保障了商王武丁前线作战的人力、物力需要。妇好曾一次征兵13 000人,这是目前已知甲骨文记载中征兵人数最多的一次。妇好还常常率兵出征打仗,深得武丁的重视和宠爱。妇好死后,武丁在妇好的墓上精心修建了一座祠堂,专用以祭祀妇好。因此妇好墓中出土了大量的随葬玉器不是偶然的。该墓共出土随葬物品1 928件,其中青铜器440多件,骨器560多件,此外还有石器、象牙制品、陶器以及6 000多枚贝壳。妇好墓中最引人注目的,是755件玉器,其数量多,种类杂,雕刻精美细致。

商代是我国奴隶制社会高速发展的时期,以铸造出大量纹饰精美、庄严神秘、气势磅礴的青铜器群闻名于世,令后人仰慕不已。但商代的制玉并未因青铜器的崛起而失色,相反,青铜器的出现,为玉器制造提供了新的工具和技术,也扩大了玉雕的表现形式,使商代晚期玉器制造的规模和工艺水平达到了前所未有的高度。

商代玉雕工艺上承新石器时代的夏代传统,在选料、造型、制作技巧方面都有了长足的进步,并开创了第二个高峰。

在质料上,商代已开始使用质纯色美的和田软玉,特别是到了商代晚期,新疆玉已占有相当大的比例,另外还有部分岫岩玉和少量的独山玉、密玉。

由于目前尚缺乏商代时期中西交通的证明,故很多学者对和田玉是通过什么途径传入中原地区的意见还不统一。杨伯达先生根据汉代的"丝绸之路",提出了一个关于"玉石之路"的设想,指出和田玉的东传路线大致是从和田自南路经民丰、罗布淖尔至敦煌,或自北路经喀什、库车、吐鲁番至敦煌,然后经河西走廊,越过关中平原,出潼关,过豫西、晋南,进入中原地区,到达安阳的时代大约是公元前14世纪。当然,这种设想尚有待考古材料的进一步证实。总之,商代晚期新疆玉的传入和应用,为商代玉器达到自新石器晚期以来的第二个高峰奠定了必要的物质基础,标志着中国古代玉文化进入了一个崭新的时代。

商代玉器制作规模远远超过了前代,独立的手工业部门的出现似无可疑,当时的主要城邑附近一般都有专门的玉石作坊。在安阳小屯村北商代玉石作坊的两间半地穴式房基中曾出土有600多件圆锥形半成品和200多块砺石制品,还发现有少量经过不同程度加工的玉料和圆雕动物作品,由此可见作坊规模之大。由于青铜工具的广泛应用,锯割、琢磨、钻孔、纹饰等便显得得心应手,石器时代由于工具不力而残留的制作痕迹,在此时已较为少见。根据对商代后期玉器的分析,推测此时已开始用青铜制的砣子,石英砂也被广泛运用于制玉工艺中,管钻和桯钻法并行,相辅相成。

商代,尤其是商代晚期,是中国古代玉器继新石器时代晚期的又一鼎盛时期,以妇好墓出土玉器为代表,可以分为礼器、仪仗、工具、用具、装饰品、艺术品以及杂器等七类。妇好墓所出玉质礼器比较齐全,计有大琮、组琮、圭、璧、环、玦、璜和簋等,这与妇好尊贵的等级地位有关。仪仗有戈、矛、戚、钺和大刀等,形状上仿照同类青铜器,这类器物一般都没有使用的痕迹。某些较大的玉戈边棱极薄,质地硬脆,有的还刻有纹饰;有的玉柄铜戈,柄长不到1厘米,格斗时很容易脱落;还有一件龙纹刀,雕有精致的龙纹。这些显然都不是实用的兵器,经推测认为可能是作仪仗用。一些玉戈上还书写有文字,例如有一件朱书玉戈,长约20厘米,戈面有用毛笔书写的七个朱红色大字。从内容来看,此戈大概是商王讨伐某个部落的叛乱获胜后而制作的,是一件难得的珍品,对研究我国古代书法也有重要的价值。至于某些形体较小的玉戈,可能是一种玩赏品。玉制工具包括手工业工具和农业工具,大部分都没有使用痕迹,可能不是实用的。玉刀的种类很多,包括小型刀、刮刀、梯形刀和小刻刀。小刻刀一般是利用玉制小动物(如鹦鹉、鱼、壁虎等)的尾部制成的,刃部较锋利,或许是用作雕刻器。用具是指日常生活中使用的物品,主要有梳、耳勺、匕、觿及研磨颜料的臼和杵等。妇好墓中的臼,是用硅质大理岩制成,表面虽粗糙,但臼窝内光滑晶莹,有朱砂痕迹,显然有过长期使用。装饰玉器的种类复杂,数量最多,主要用作佩戴装饰物和插嵌于其他物体上作观赏品。佩戴装饰品有饰于头部的笄,箍戴于手腕或臂上的钏和钏形器,悬挂于颈项上的串珠以及衣服上的坠饰等。装饰品大部分雕成动物形,造型生动,雕刻技艺精湛,代表了商代工艺美术的最高水平。艺术品包括圆雕的龙、虎、怪鸟等,数量虽少,但其用途是陈设的观赏品,因此琢制细致,观赏价值很高。杂器有韘、玉链及用途不明的器座形器、拐尺形器、匕首形器等。其中玉韘是最为珍贵的一件玉器,玉韘也叫扳指,是射箭时钩弓拉弦用的,西周至战国时期非常盛行,直到清代王公贵族中,还以佩戴精美玉料制成的扳指为荣,显示其地位和身份。妇好墓中出土的这件玉韘,呈深化绿色,下底平齐,上端为斜面形,中间有圆孔,正好可以套入成年人的拇指,背面有一条浅凹槽,可纳入弓弦。韘的表面刻有精美的兽面纹,玉韘上还有一对小圆孔,可以用来穿细绳系于手腕上。

同新石器时代相比,商代玉器的装饰纹样也有了很大的发展。在玉鸟、玉钺、玉璇玑等器物上出现了凹形出齿装饰,这是商、周玉器上独有的装饰,也是识别玉器时代的标志。玉器表面的装饰纹样多为直线纹或折线纹,也有弧线纹,线条有单阴刻线、双线、三线、勾撒法雕出的一面坡的阴刻线、凸线及线条两侧凹雕面留出的凸线(挤压线条)。纹样本身较新石器时代更为丰富,有鸟纹、兽纹、兽面纹等来源于动物的纹样,还有折线纹、重环纹、涡纹、瓣状纹等。常见的装饰纹样有以下七种。

① 对角方格纹,用双阴线琢出方格,相邻二格以角部对接,二方连续排列或等距排列,多见于玉龙、龙形璜等动物形玉器。

② 双连弧纹,用单阴线雕出的两个相连短弧,似"人"字,纵向排列,装饰于龙身、兽角及玉角形器。

③ 三角形纹,用阴刻线琢出三角,又分为小三角纹与大三角纹,小三角纹接近于等边

三角形,饰于龙身或玉璜上,大三角纹一般由多层直线组成,呈等腰三角形,装饰于器物柄部。

④ 重环纹,双阴线琢出,形如盾,饰于龙及动物身上。

⑤ 折线纹,双阴刻长线,顶端折回似框,中部歧出分线,分线折呈钩状云纹,作为动物身上的装饰。

⑥ 阴刻长直线,线条笔直,略宽,成组饰于器物上。

⑦ 兽面纹,玉器上出现的兽面纹较多,与青铜器纹饰类似,这些兽面,有的源于龙,有的源于牛、羊,还有的源于未知的动物,在兽角、兽眼及兽面上的装饰纹都有明显特征,装饰纹多用挤压法琢出的直线、折线构成。

商代玉器中有一些特有的典型装饰方法,这些是人们识别商代玉器的重要依据,主要有以下四种。

① 兽角,主要有三种:龙角,下部如粗柱,顶端有一圆锤,似未开的蘑菇;牛角,较短,下端较宽,上端极锐,弯度较大,两侧为弧形,角上饰成排的双连弧纹;羊角,一端粗,另一端锐,弯成"丁"形或"门"形。

② 片状玉兽之嘴,镂空呈多角星,或为一钻孔。

③ 片状兽足,商代兽足极有特色,外形为方形,其上有数道阴刻直线或折线呈形。

④ 兽之眼,有"臣"字眼,平行四边形眼,或眼角略呈弧状,圆形切线眼。

商代玉器在造型、纹饰和制作技巧上取得了重大突破。纵观新石器时代的各处玉器,其艺术成就各具特色,如红山文化玉器侧重于动物形象的塑造,追求神似,寥寥数刀将其形象勾画得栩栩如生;良渚文化玉器种类繁多,从其具有代表性的琮、璧、冠形饰来看,则显得庄严肃穆,深沉严谨,其精湛的线刻和浅浮雕手法令人耳目一新;而神木石峁龙山文化玉器,则以象征性武器工具为主,颇具威武雄壮之感,然其造型则显单调、呆板。商代玉器兼容并蓄,除粗存精,集前代玉雕之大成,在动物形玉雕方面吸收了红山文化玉器的特色,巧妙运用线刻,造型生灵活现;璧、琮等礼器则明显受到良渚玉器的影响,虽略显衰落但其神圣庄严之感不减;象征性武器工具系直接从黄河流域龙山文化玉器和夏代玉器发展而来。商代玉雕集前代雕琢技术于一体,阴、阳线刻,浅浮雕,圆雕等技术无不运用得自然而娴熟。

更引人注目的是它独具特色的艺术风格,以妇好墓中出土的玉器为例,大致又分为扁平体和立体圆雕两类。前者包括璧、环、璜,及绝大多数的动物形玉饰,这类玉器在数量上占绝大多数,其具有两个显著特征:第一个特征为外轮廓普遍呈圆弧状,即外缘凸张,内缘凹曲,内、外系一同心圆的两段弧,玉环形体大体为扇形或圆形,这种扁平的玉环形不仅省工省料,而且能体现出一种恍惚的动感,这在许多动物形玉雕上已充分显示了出来;第二个特征被许多学者精辟描绘为剪影式的玉雕艺术,即抓住描绘对象的正侧面特征,用娴熟准确的外轮廓线将描绘对象的主要特征表现得淋漓尽致,与剪纸的手法极为近似。此外,这种扁平玉雕均为两面对刻相同或相似的纹饰,其细部多由线刻表现,整体配合得对称均衡、完美和谐,具有较强的艺术感染力。

立体圆雕作品在妇好墓的玉器之中比例虽然不大,但其艺术魅力比前者有过之而无不及,而且对雕刻的对象,玉材的选用和运用,都要求具备相当高的水平,其难度远比平面雕刻更大。立雕作品多呈圆柱体或立方体状，细部则以阴刻线和浅浮雕表现。这类作品主要有琮、簋和一些人物、动物形象，琮、簋显得端庄，非现实的怪鸟、怪兽则集多种动物特征于一身，造型奇特，情调脱俗，表现了玉匠丰富的想象力，在一定程度上反映了商人的意识形态。这些立体圆雕作品无论是从原料造型还是从构思、雕琢技艺等方面来看，都是十分难得的艺术珍品。在所有的立体圆雕中最引人注目的是人物像，这类雕像玉与石皆有。

玉人的基本造型均为圆柱体，绝大多数为跪坐姿态，服饰、发型各异，或细眉长脸，着衣束带，或大眼小口，赤足跪坐，或头戴高冠，或束发梳辫，或盘发绾髻，或散发似盖。还有一件玉人，一面为男性，一面为女性，赤身裸体，相背而立，造型颇为奇特，从玉人阔鼻梁、高颧骨等面部特征来看，具有明显的蒙古利亚人种的特点。商代圆雕玉人最为引人注目，它不仅充分反映了商代绚丽夺目的玉雕艺术，而且也是我们了解商代人的坐姿、服饰、冠式、发式等的宝贵的第一手资料，具有很高的历史价值和艺术价值。根据这些玉人形象，我们可以知道商代坐姿以跪坐和蹲踞较为普遍。服饰大致分为两种：一种为交领，长袖较窄，腰束宽带，衣上常饰云纹；另一种为后领较高，前领不明显，长袖至腕部，袖口较窄，衣下缘至小腿部位，衣上常饰云纹。根据对衣纹的观察，这两种衣式均似缝制而成。就发现的玉石人像来看，冠部主要有三种：一种作圆箍状，围头部一圈；另一种在圆箍前再加一筒状饰；还有一种是或高或低的平顶冠。发式种类较多，有一种比较复杂，是在右耳侧梳辫一条，盘头顶一周，然后将辫梢压于辫根下，也有在头顶梳一条小辫的，有些则在头顶留下一周短发，还有的梳一条或两条发髻。关于这些玉石人像的含义，有些学者认为应该是墓主人生前作为佩饰或插嵌之用，死后用以随葬的器物。而另一些半人半兽形象则属于原始的图腾崇拜，具有普遍的宗教意义。妇好墓玉器的大量出土，说明玉器在商代贵族生活中占有十分重要的地位，这也是"玉不离身"的最早例证。

商代动物形玉雕中还有龙和鸟颇值得探讨。早在红山文化时期就已出现龙的造型，一些商代玉龙的造型和纹饰主要表现在龙形玦、龙形璜等作品上。有学者将商龙纹及造型分为早、中、晚三期，早期琢磨较粗糙，雕刻质朴，多为幼龙形象，有耳无角，阴刻线方眼或椭圆开眼，均无眼眶，尾平直或尖锐，无足，素面或有简单的云纹、鳞纹等；中期有耳无角或有角无耳，圆眼或方眼，有些有菱形眼眶，尾尖锐，无足，龙身多饰云纹、鳞纹、菱形纹，比早期还增加了以阴线刻双钩"堆挤"阴线纹的技法；晚期均有蘑菇形角，有些兼有小叶形耳，圆眼或方眼，有菱形眼眶，多张口露齿，足分四爪，背起扉棱，尾尖锐，龙身多饰云纹、菱形纹兼三角纹。总之，商代龙纹演变规律基本上由简单到繁缛，由质朴到华丽。值得注意的是，龙是传说中夏族的图腾，龙形玉雕和龙纹在商代层出不穷，正反映了商代是在夏代政治、经济、文化的废墟上建立起来的，在社会习俗、意识形态方面都深深地烙上了夏代的印痕。

商代玉鸟更是屡见不鲜，从超现实的凤到自然界普遍存在的鹦鹉、鸽、燕、鹰等应有尽有，且造型生动，别具特色。鸟在商代玉雕中占有重要地位并非偶然，这可能与商代早期图腾崇拜有关。从文献和对甲骨文字的研究来看，商族以鸟为图腾当属无疑，《诗经》中有"天命玄鸟，降而生商"的记载，《史记》中也记载简狄食鸟卵而生人先祖契的传说，另外在殷墟出土的部分卜辞中也反映了商族以鸟为图腾的史实。商代的多数玉鸟上带有穿绳的小孔，因而玉鸟也是一种佩玉。商代玉鸟又可分为两种：一种为写实型，与真实的鸟类区别不太大;另一种为夸张型,鸟身装饰凸齿及复杂的纹样,鸟的头部有高冠。两种玉鸟都有圆雕作品,但以片状为多。商代玉鸟中最引人注目的是高冠玉鸟、鸟首人身佩、兽首鸟身佩、玉雕龙鸟合佩。

另外值得一提的是,在商代部分玉石器上偶有文字的发现,根据目前所知,见有刻文或朱砂书写的商代玉石器至少有20件,根据其内容大致可分为记事性铭辞一类与国名或族名、人名及其他等一类。一般来说,前者的内容主要是关于祭祀、入贡、战争等方面,句意清晰,文辞较易理解,后者则文辞冷僻,内容复杂,很多的具体含义尚有待进一步探讨。刻有铭辞的玉石器多为簋、戈、磬等祭祀、礼仪用品,少数为动物雕像和装饰品,以刻为主,也有以朱砂书写的。总之,商代的玉石文字是当时雕琢工艺及书法同社会意识形态相融汇的综合体,它不仅是商代文明的重要组成部分,而且对后来的玉石铭刻也产生了一定的影响。

综上所述,商代玉器使用玉料有新疆玉、绿松石、独山玉、密玉,从制作技术方面来看,此时不仅掌握了勾撤、钻、管钻、抛光等技法,而且还能熟练地将线刻、浮雕、圆雕、透雕融合在一起,大大增加了玉器的视觉立体感,这一时期玉雕的另一重大贡献就是它继承了立体圆雕人像和各种动物形象,使我国古代玉器从平面向立体,由简单装饰类向复杂陈设类迈进了一大步。商代玉器基本处于原始社会末期玉器被神化到两周玉器人格化的过渡期间,既保留了不少原始崇拜的残余,同时又将人的因素渗透进去,即将自然力量人格化。从此以后,玉器所包含的原始宗教意识逐渐淡薄,其价值日益表现在凝聚于其中的人性观念的丰富和加强上。商代玉器如同一面镜子,映射出了商代玉雕工艺的灿烂光芒,它不但对研究我国玉雕史、艺术史有重要价值,而且对研究商代的礼制也有很高的参考价值。

二、商代玉器主要作品介绍

(一)《妇好玉簋》

《妇好玉簋》产于商代晚期,1976年在河南省安阳市殷墟妇好墓出土,现藏于中国社会科学院考古研究所。通高10.8厘米,口径16.8厘米,璧厚0.6厘米,玉料呈灰白色。撇口,肥腹,圈足。口沿下饰三角纹,腹部分别由二龙组成三组兽面纹,下腹部为四方连续的菱形纹,足有勾云纹与目纹相间。整个玉簋造型以当时的青铜器为样本,形体较大,雕琢精致,造型典雅、庄重,气度不凡,为商代玉器中所罕见,如图6-2-1所示。商代意识形态以鬼神文化为特色,因此,宫廷礼乐、祭祀中的礼器种类繁多,使用广泛,如鼎、簋、盘、彝、尊、爵,玉簋是盛稻或牲肉的以供神灵享用的祭器,礼的本质是社会的秩序与规范,用美玉作簋,造型庄重雄浑,风格崇高肃穆,可使人想到商王对祭仪与行礼的重视,祭祀场景的神圣隆重,这是维护商王统治与神权的需要。

(二)《妇好跪坐玉人》

《妇好跪坐玉人》是商代晚期玉器,1976年于河南安阳殷墟妇好墓出土,现藏于中国社会科学院考古研究所。通高7厘米,黄褐色玉质,跪坐姿,双手抚膝,长脸尖颔,"臣"字形双眼前视,细长眉,大鼻小口,小耳。头梳一条长辫,辫根在右耳后侧,向上盘至头顶,再绕至左耳后侧，又由左耳侧伸向右耳，辫梢与辫根相接。顶露发丝，上有左右对穿的小孔，似作插笄用，靠前又有一小孔，身着衣，交领垂于胸，长袖至腕，袖口较窄，腰束宽带，衣下缘似及足踝，似着鞋，腰间饰套叠式菱格纹，臀部刻蚕纹，下肢有勾云纹，腰左侧插一带柄器，下端弯曲，上端作卷云形，柄一面饰节状纹和云纹，与衣纹不连，可能是武器或具有某种含义的器物。

妇好跪坐玉人是殷商造型艺术的代表作，它以丰富的想象和细腻的写实相结合的手法，传神地表现了人物的状貌，玉人身体、衣饰、发型的雕琢一丝不苟，近乎写实，是了解当时衣饰的最珍贵的资料，当为玉器中的绝品，如图6-2-2所示。

（三）《玉阴阳人》

《玉阴阳人》是商代晚期玉器，1976年于河南安阳殷墟妇好墓出土，现藏于中国历史博物馆。高12.5厘米，厚1厘米，呈灰青色，裸体站式，两面作人形；一面男性，椭圆形脸，头上有鸟冠羽形发髻，半圆耳，粗眉方眼，宽鼻，大口，耸肩，双手放胯部，身饰勾云纹；一面女性，形象与男性相近，弯眉小口，双手置于腹部，足下设榫，证明玉人是经常被插嵌一处受膜拜的。

自从周易关于天地、男女、乾坤、阴阳的学说出现后，阴阳文化即成为中国传统哲学思想和精神文化的重要组成部分，妇好墓的《玉阴阳人》是体现阴阳文化的绝好例证。《玉阴阳人》如图6-2-3所示。

（四）《跪坐玉人》

《跪坐玉人》是商代晚期玉器，1976年于河南安阳殷墟妇好墓出土，现藏于中国历史博物馆。高8.5厘米，黄褐色，圆雕跪坐式玉人，头型比例大，头顶有直发和发辫一条，前视，肩窄，胸前饰兽面纹，两臂、下肢及臀部饰蚕纹，双手扶膝，赤足，身下有孔，可供插嵌，形象娴静大雅，造型神奇奥妙，如图6-2-4所示。

（五）《妇好玉凤》

《妇好玉凤》是商代晚期玉器，1976年于河南安阳殷墟妇好墓出土，现藏于中国历史博物馆。通高13.6厘米，厚0.7厘米，黄褐色，亭亭玉立，作侧身回首欲飞状，喙、眼、冠似鸡，短翅长尾，翅上用阳线雕翎毛纹，尾翎分叉，其上有二橄榄形纹饰，已基本具备了后世对凤"鸡头、燕喙、龟颈、龙形、鳞翼、鱼尾，其状如鹤、体备五色"的描绘。身前有透穿镂孔，更使凤体丰满迷人。背部外凸的穿孔圆钮，应是供穿绳悬挂之处，如图6-2-5所示。凤的形象美丽、精巧，玉质晶莹润洁，让人忍不住多看一眼，且持之难释。妇好墓出土了很多玉龙，而玉凤仅此一件，说明妇好对凤的极端重视。此器也是研究商代人心目中凤的形象的最佳实物。

（六）《玉鹅》

《玉鹅》是商代晚期玉器，1976年于河南安阳殷墟妇好墓出土，中国社会科学院考古研究所藏。高7.2厘米，厚0.6厘米。一面灰色，另一面呈灰褐色，有细小斑点，鹅作站立状，凸顶，圆眼，长扁嘴紧闭，颈向后伸，头弯于胸前，短翅并拢，腿粗短，下有趾，趾下有榫，已残损,通体纹饰雕琢精细,颈饰羽毛纹,翅饰翎纹,两面纹样基本相同,小巧生动,可作插嵌物,如图 6-2-6 所示。

飞禽类动物玉雕绝大多数采用了正侧面剪影的手法,即抓住所要描绘对象的主要特征,用熟练而准确的外轮廓线,勾勒出生动的艺术形象来。例如扁平的玉鹅,作者敏锐地抓住了它们伫立憩息的典型姿态,颈部弯曲下垂,好似刚刚涉出水面正在梳理身上的羽毛。如果把两只鹅合拍在一起,加以灯光的渲染,顿感生机盎然,具有强烈的艺术感染力。

(七)《玉龙》

《玉龙》是商代晚期玉器,1976 年于河南安阳殷墟妇好墓出土,现藏于中国社会科学院考古研究所。长 8.1 厘米,高 5.6 厘米,墨绿色,昂首张口露齿,细眉"臣"字形眼,两角钝且后抿,背脊起锯齿状扉棱,尾尖内卷,两足前伸,各有四爪,龙身扁饰菱形兼三角纹,左足饰以云纹,下颌正中有一上下对钻的小孔,如图 6-2-7 所示。

(八)《玉刀》

《玉刀》是商代晚期玉器,1976 年于河南安阳殷墟妇好墓出土,现藏于中国社会科学院考古研究所。通长 33.5 厘米,刀身宽 5.2 厘米,厚 0.5 厘米,柄长 3.2 厘米,灰青色,刀体狭长呈窄弧形,刀背雕出锯齿状扉棱,表示龙的脊骨,两面阴线刻张口龙纹,龙首有平卧式蘑菇形角,"臣"字形眼睛,龙身饰四方连续套叠菱格纹,刀身后部穿一孔,如图 6-2-8 所示。商玉刀多无孔,此刀有孔亦无实用功能,只能看作是原始社会穿孔玉刀的遗风,玉刀体长而薄,又加饰精美的龙纹,是表现商王统治权威的象征物,是礼仪玉。刀后的短柄,抑或又是榫,说明玉刀原是插入木柄的。商代有榫玉器极多,但此种造型及用法,在商代以后几乎不见了,这在古玉的时代鉴定上有参考价值。

(九)《妇好玉熊》

《妇好玉熊》是商代晚期玉器,1976 年于河南安阳殷墟妇好墓出土,现藏于中国社会科学院考古研究所。高 4 厘米,褐绿色。圆雕,呈蹲坐状。头微抬,面部呈三角形,大眼小耳,张口露舌,前肢抱膝。背饰云纹。颈部有上下穿通的小孔,系绳佩带。臀下有圆孔,孔内有朱砂痕迹。前身褐色,背浅绿色,体态肥胖憨呆,雕工简练娴熟。如图 6-2-9 所示。

(十)《玉龟》

《玉龟》是商代晚期玉器,1975 年于河南安阳小屯村北房子出土,中国社会科学院考古研究所藏。长 5.8 厘米,宽 3.7 厘米,黑色,部分沁成黄色。龟作爬行状,伸头,右前足外伸,足上雕出四爪,活灵活现。是我国目前发现最早的"俏色"玉作品,玉工巧妙地把握了玉料的自然色泽和纹理特点,将原有黑褐色石皮保留下来雕琢成玉龟的背甲、双目和爪尖,与其他部位的灰白色相互映衬,从而把玉龟表现得更为真实,神韵天成,妙趣横生,对后代有深远的影响,反映了当时玉工们巧于运用玉料颜色的设计智慧和才能。《玉龟》如图 6-2-10 所示。

第三节 人格化的两周玉器

一、两周玉器评述

（一）西周玉器评述

西周玉器出土范围远远超过了商代，考古发现表明，在西周列国的广大地域几乎都有玉器出土，并表现出一定的地方特色。比较集中的有陕西宝鸡强国墓地、扶风强家西周墓地、长安县沣镐遗址、北京房山琉璃河燕国墓地、河南浚县辛村卫国墓地、三门峡上岭村虢国墓地等。其中仅在陕西宝鸡菇家庄强国1、2号墓就出土各类玉石器1 300多件，在强家1号西周墓中也出土有550多件玉石器，数量之多实属罕见。1991年在河南三门峡上岭村虢国墓地的抢救性发掘中取得了重大收获，极大地丰富了西周玉器的内容，在一把号称"天下第一剑"的铜柄铁剑的剑柄上发现镶有美玉绿松石，这是目前发现玉剑饰的最早实例。另在2001号墓主身上还发现了极为罕见的早期缀玉面罩和玉组佩，缀玉面罩由许多琢磨成以眉、目、鼻、口、耳形状为主体的玉片组成，以前多发现于春秋战国时期，虢国墓地的新发现将玉衣的渊源又上溯了几百年。

西周是我国奴隶制发展到顶峰的时代，同时也是一个礼制化的时代，西周的礼制曾被孔子作为典范来歌颂，并以此为理论基础开创了影响中国数千年的儒学。周礼可用"吉、凶、宾、军、嘉"五字来概括："以吉礼事邦之鬼神，以凶礼哀邦国之忧，以宾礼亲邦国，以军礼同邦国，以嘉礼亲万民。"在这些礼仪活动中，无处不见用玉的痕迹，大量的考古材料和文献记载都充分证明了西周是我国古代用玉制度初步完善和发展的时期，并最早赋予玉以道德内涵，对后代具有深远的影响。

西周时期玉器使用的玉材很复杂，和田玉中以青玉为多，也有白玉，另外有独山玉及绿松石，也有一些小玉件是由细石制成的。

西周玉器与商代玉器可以说是一脉相承的，在造型、纹饰、雕琢技艺方面基本沿袭了商代后期的风格，但从总体来看有简化的趋向。雕琢技艺在继承商代双线勾勒的同时，独创一面坡粗线或细阴线镂刻，多为平面片雕，圆雕作品较少且为小型，纹饰常由简练刚劲的线刻来表现，阴线或双勾阴线的夔纹、凤纹是其代表性图案，琢玉技艺娴熟，《诗经》所载的"如切如磋，如琢如磨"，正是当时制玉工艺的真实反映。

西周玉器大致可分为礼器仪仗和装饰艺术品两大类，前者主要包括璧、琮、璜、戈、斧、铲、凿等，后者主要有串饰、佩饰和鱼、鹿、鸟等众多的动物形玉雕。

从上述情况可以看出，西周玉器在种类、造型等方面都没有超过商代后期，这与西周时期严格的宗法、礼仪制度是有关系的，具体反映就是玉器数量虽多但种类较少，且同类器物多具有相似或相同的形状，显然是受一定的格式和规范所制约。西周玉器在中国古代玉器史上最重要的贡献就是开始出现人性化的趋向，从物质观念上看，西周人对玉的自然属性的认识更进一步；从思想观念上看，西周玉器从一个侧面反映了西周人的道德规范和意识形态，也为春秋战国时期玉器的人格化奠定了基础。

（二）东周玉器评述

东周时期是中国古代社会格局发生重大变革的时代，从春秋时期的"礼崩乐坏"到战国时期封建社会的初步确立，社会经历了一个大动荡、大分裂的过程，诸侯争雄。但分裂的政治局面并没有阻碍经济文化的发展，反而促进了经济文化的交流，这一时期的玉文化也同其他文化一样在中华大地上得到蓬勃发展，玉器出土分布较为广泛。

黄君孟夫妇墓：春秋早期，1983年发掘，墓葬位于河南光山县宝相寺上官岗，是黄国君主孟及其夫人孟姬的合葬墓。黄君孟棺内共出土玉器185件，玉色以深浅程度不一的黄色玉为主，有黄黑、黄褐、黄、黄白，还有黑、青、青白、灰白等色。孟姬棺内玉器保存完好，头骨上散落玉饰102件，胸前有一块玉璧，左腰间有一件玉雕人头和两件黑玉虎，左脚下散落玉饰21件。玉器的种类有璧、璜、环、人首玉饰、玦兽面饰、鸳鸯、鱼、蚕蛾、人面纹饰、蝉纹管、垂鳞纹饰、窃曲纹饰、兽首纹饰等，体型虽小，但雕琢极为精巧。玉器纹饰方面，除保留西周盛行的古朴纹饰外，还出现了春秋中期至战国时期盛行的几何细密勾连纹，因此这批玉器是春秋早期向春秋中期过渡的典型代表。孟姬棺内的玉器玉质和玉雕工艺比黄君孟棺内玉器略胜一筹，数量也大大超过后者，这是值得注意的现象。这座墓中出土了多件蚕纹玉器，形象十分生动，说明当时养蚕业比较发达。

吴国玉器窖藏：春秋晚期，1986年在江苏吴县发现，窖藏位于江苏吴县通安乡严山东南麓，窖穴长约2米，宽约1米，坑深0.5米，埋藏有玉器、彩石器和料器。窖藏的遗物出土后曾散失，存放位置和组合情况不详。后来征集到402件，其中玉器204件，初步鉴定为软玉，分礼器和装饰品两类。礼器有璧、环、璜、琮等；装饰品有149件，种类繁多，有虎形佩、鸟形佩、长方形佩、拱形玉佩、双系拱形起脊饰、镯、珠、管等，常成对出现，其中双系拱形起脊饰和鹦鹉首拱形饰属首次发现。装饰玉上的纹饰有蟠虺纹、变体夔纹、人面纹、卷云纹、羽状细划纹、弦纹等，雕工精细，饰件上多有穿孔，用于系佩。这批玉器数量多，质量精，应是吴国宫廷用玉。

鲁国故城东周墓：1978年发掘，墓葬位于山东曲阜市西北和药圃、斗鸡台、"望父台"等地。鲁国的都城曲阜，以孔子的故里而闻名于世，在城的周围分布着大批春秋战国墓，现已发掘28座。这些墓葬均为长方形竖穴土坑墓，分甲、乙两组。甲组墓18座，时代为春秋时期，出土玉石器较少，器类简单。乙组墓10座，时代为战国时期，出土玉石器约为200件，大多造型规整，纹饰线条流畅，制作精致，如圆雕的立姿玉马、兽面纹带钩等堪称战国玉器的佳品。一些较大的墓未被盗掘，玉石出土位置明确，例如4号墓棺内死者身上从头至足放一层玉璧9件，身下垫一层玉璧16件。玉璧中有一种饰双周或三周纹饰带的璧，这种璧在汉代诸侯王墓中常见，亦作殓葬用玉，所以由此可探究一些汉代葬玉制度的渊源。甲乙两组墓葬玉器风格迥然不同，甲组墓玉石器与商代、西周玉器风格接近，而乙组墓玉石器则与同时期中原玉器风格相同。

曾侯乙墓：战国早期，1978年发掘，墓葬位于湖北随州市西郊擂鼓墩附近，是曾国君主乙的墓葬。曾侯乙墓玉器绝大多数出自墓主棺内，头脚处各放少数，其余分左右两排或数排，自上而下旋转，棺盖上也有玉石饰物，可能是棺罩上的饰件。这批玉器颜色以青白、青黄、灰白、黄白、黄褐、青蓝色为主，少数为深绿、浅绿和白色，玉质不纯，一般都带有不同程度的杂质和裂痕。多数玉器通体抛光，色泽较亮，经鉴定，这批玉器属新疆和田软玉。玉器分饰物、用具和葬玉三大类。玉饰物的数量和种类很丰富，形制、纹饰、大小、玉色基本一致的同类往往成对出现；用具包括玉带钩、玉梳等；葬玉64件，有晗、口塞、握、璞料及残玉器等。玉片21件，均作长方形，分布于墓主上半身，有四个或两个小穿孔，其用途应是掩覆于墓主面部的"瞑目"及衣服上的缀饰；残玉器和玉璞则有护尸不朽的意义。曾侯乙墓玉器大多数制作精致，雕刻技法有平雕、浮雕、阴刻、透雕、圆雕、穿孔等，一些玉器上尚有制作时留下的痕迹。这批玉器保存完好，时代明确，是研究战国玉器制作工艺及使用制度的宝贵资料。

中山王墓：战国中期，1977年发掘，陵墓位于河北平山县灵山下，是中山国王及其家族的墓葬。中山王墓玉石器共出土300多件，以黄玉和青玉为主，还有黑玉、白玉等。玉料经鉴定有新疆玉、辽宁岫岩玉、河南南阳独山玉等。石料则产自太行山，玉器种类繁多，形式多样，设计巧妙，制作精致，其中以青玉带钩、蛙形小兽和白玉莲瓣纹圆形嵌饰为代表作。6号墓棺椁上镶嵌有方形饕餮虺龙纹石板，这在燕、赵地区很流行。墓中还出土了十几件玉人，有男女成年人和小孩，均着各式花格长裙，束腰窄细，头结角髻，拱手或抄手而立，其形象为研究当时中山国人的风俗习惯、人物面貌及其服饰提供了直观的感性材料。中山王墓中还出土有几十件有墨书文字的玉器，有的书写器物名称，也有的写上某人姓名或记述一件事情，如"它玉环"、"它玉琥"、"它玉珩"、"桓子"等，它们是研究古代玉器定名、用途难得的资料。这批玉石器还证明了当时中山国人具有较高的手工业技术水平。

从各地均有大量玉器出土的情况来看，当时在较大的城邑中都有一定规模的玉石器作坊。近年来，考古工作者在河南洛阳东周王城、河南新郑韩故城和陕西凤翔秦都雍城均发现有玉石作坊遗址，其中在洛阳东周王城西北角发现各类玉石半成品和废品8 000多件，足见其规模之大。此期玉器用材非常复杂，和田玉的用量明显增大，其中玉质多为青玉和黄玉，白玉较少见，另外还有玛瑙、绿松石、水晶及今河南南阳的独山玉等。

从制作技艺来看，由于铁工具的出现及普遍使用，琢玉工艺突飞猛进，玉匠基本摆脱了前代那种"心有余而力不足"的窘境，线条遒劲有力，钻孔匀称光滑，极少见到因工具不力而残留的制作痕迹。同时，金银铜嵌玉的技术也达到了很高的水平，除普遍使用于剑、带钩、车马器等小件器物上外，在鼎、壶、敦、尊等大型铜礼器上也有应用，透雕、镂空等难度较高的作品此时亦屡见不鲜。值得注意的是，这时已将玉、绿松石、玛瑙等与金银细工紧密结合起来，使玉器显得更加庄严、雅洁、富丽堂皇。如中山王墓出土的镶金银嵌绿松石牺尊，绍兴战国墓出土的玉耳金舟，辉县金村出土的金链玉佩等，都是这一时期极具代表性的装饰艺术品。

此期玉器已不仅仅是上层统治阶级专享的奢侈品，而且表现出一定的普及的倾向，上起帝王将相，下至庶民百姓，无不以玉为贵，视玉为宝，玉器被广泛运用于祭祀、装饰、丧葬等各个领域。东周玉器大致可分为礼器、装饰艺术品和杂件类。礼器主要包括璧、琮、圭、璋、璜等；装饰艺术品种类繁多，主要有玦、环、串饰、组佩饰和动物形玉饰；杂件类有梳、玉册、镜架及殓葬用玉衣片、晗玉、缀玉面罩等。

玉礼器在东周时期发现不少，但其庄严肃穆之感日减，装饰艺术价值渐增，伴随着尊神敬天思想的动摇和夏商以来青铜器礼器的盛行,玉礼器在石器时代晚期所特有的得天独厚、无与伦比的优势地位受到了一定的冲击,此时玉礼器多是作为信物的吉祥物用于朝觐、盟誓、婚聘、殓葬等。当然,由于几千年根深蒂固的传统影响,祭祀天地鬼神的功能在后代仍有继承。

东周最为显著的特色就是玉佩饰的盛行,这标志着中国古代玉器由神到人的转变,玉器的人格化从西周初露端倪,至春秋战国时期已基本形成制度。赋玉以道德内涵在孔子"贵玉轻珉"的论述中集中表现了出来,《礼记·聘义》记载,孔子曾说:"言念君子,温其于玉,故君子贵之也;夫昔者君子比德于玉,温润而泽,仁也;缜密而栗,知也;廉而不刿,义也;垂之如坠,礼也;叩之其声清越以长,其终拙然,乐也;瑕不掩瑜,瑜不掩瑕,忠也;孚尹旁达,信也;气如长虹,天也;精神见于山川,地也;圭璋特达,德也;天下莫不贵者,道也。"《礼记》借孔子之言,通过对玉自然属性的深入分析,抽绎其外表和本质特征与儒家道德观紧密结合,总结出仁、知、义、礼、乐、忠、信、天、地、德、道十一德,奠定了儒家用玉的理论基础,成为君子为人处世、洁身自爱的标准,标志着玉器人格化的正式确立。

春秋战国时期的玉组佩是在商周佩饰及简单的组佩基础上发展起来的,常以几件至十几件各类玉饰按一定方式组合起来。玉组佩已成为当时社会生活中不可缺少的必需品,君子佩玉不仅自喻清白,而且还有以玉自警的含义。

该时期玉器绝大多数都有纹饰,通体纹饰者较为常见,纹饰布局紧密匀称,饱满和谐。西周时常见的凤鸟纹及由夔纹演变而来的蟠纹在春秋时期相当盛行,线条流畅,韵味十足;战国时则以流云纹、谷纹为常见。这一时期的装饰艺术手法一改前代的重"形",而注重从"质"的一面来表现。如对动物形象的刻画,就着意于眼、牙、爪等细部特征,于细微处见奇观,极力刻画出动物的本质特征。

综上所述,春秋战国时期玉器的理论道德观已基本形成,但在祭祀礼仪方面玉器仍占有一定的地位。考古学家郭宝钧先生在《古玉新诠》一书中对两周用玉进行了精辟的理论概括:"两周人对玉器尤为重视,既联合璧、璜、冲牙组为杂佩,复抽绎玉之属性,赋以哲学思想而道德化,排比玉之尺寸,赋以等级思想而政治化,分别上下四方,赋以五行思想而迷信化。"这既是对周代玉器涵义的高度总结,同时也揭示出中国数千年来玉文化蒸蒸日上,历久不衰的根本原因。总之,春秋战国时代伴随着奴隶制的崩溃和封建制的建立,人们思想观念空前解放,出现了"百家争鸣"的局面,人性的复苏和神权的动摇是这一时期意识形态的重要特征,轻天重民思想普遍被统治阶级所接受,礼乐从服务和服从于神转变为服务和服从于人,反映在玉器上就是揭开了一种理性观念,为新兴地主阶级的伦理观、道德观服务。战争的频繁,地域的分裂并没有妨碍文化艺术的沟通融合,东自齐鲁,西至戎秦,南起吴楚,北达燕赵,各地绚烂多彩的玉石工艺竞相争妍,相辅相成,共同构成了丰富多彩的东周玉文化,尤其值得一提的是楚国玉器,楚文化保留有相当多的原始社会传统特征,在意识形态领域弥漫着强烈的神话传说观念,反映在文化艺术上就极有浪漫主义情调,是中国古代浪漫主义的发源地,以飘逸洒脱的玉龙佩为代表的楚文化玉器自由奔放,不拘一格,艺术价值极高,对后世玉器风格产生了极为深远的影响。

二、两周时期玉器主要作品介绍

(一)《缀玉面罩》

《缀玉面罩》为西周玉器,1990 年于河南省三门峡市西周虢国墓出土,河南省文物研究所藏。最大长度 10.7 厘米,青绿色玉质,面罩由十四块各形玉片组成,它们分别代表人面的前额、眉、眼、耳、鼻、腮、嘴和胡须,合成五官七窍,形象写实如生,如图 6-3-1 所示。此玉面罩是迄今所见最早的一例,玉面罩的性质属殓葬玉。玉面罩可能是原始社会头部玉佩(如发饰、耳饰)的延伸;也可能是原始社会哈玉的发展。中国传统葬俗文化,总体是由简单向复杂演进;玉器中的殓葬玉也是如此。始于西周的玉面罩,到春秋战国时仍延续使用,自西汉起,出现了金缕、银缕和铜缕玉衣等葬服,它们是玉面罩的直接延伸和高级化、规范化,即从头部的葬玉,衍展到全身形的玉套。

(二)《玉虎》

《玉虎》是春秋早期玉器,1983 年于河南省光山县宝相寺黄君孟夫妇墓出土,河南省博物馆藏。长 12.7 厘米,宽 6.2 厘米,厚 0.3 厘米,玉料呈黄黑色,半透明,有光泽,体扁平,虎首低俯,闭口,虎耳前伸,虎身躬曲,尾肥硕,垂地再上翘卷起,张口和卷尾处各构成一圆孔,大小相近,处于一水平线上,虎的前后足作向前伏卧状,虎爪勾卷,虎头、虎身和虎尾均雕琢勾云纹和虎皮斑纹,两足的上面皆雕垂鳞纹,虎耳雕刻细密的阴线纹。器体的周边雕双阴线纹,器的另一面光洁无纹。如图 6-3-2 所示。此器出土于黄君孟夫妇的墓葬,估计应是墓主人生前腰部佩戴之物。

(三)《玉璜》

《玉璜》是春秋晚期玉器,1988 年于山西省太原市金胜村晋乡赵氏墓出土,山西省考古研究所藏。长 11 厘米,厚 0.4 厘米,玉料呈黄褐色,半透明,一些局部处略带饴沁,器呈扇形,短宽,约相当于玉璧的三分之一,器的两端呈兽首形,近边缘中上部各有一穿孔,构成兽首之目,额部突出,鼻梁外凸,嘴微内收紧闭,顶部宽大呈宽齿轮状,器的中部为二首之共躯,躯比首略小,其中部上方还钻一小孔,以便佩戴,器全身饰浮雕粗壮的虺纹。如图 6-3-3 所示。

(四)《玉人》

《玉人》是春秋晚期玉器,1979 年于河南省固始县侯古堆 1 号墓出土,河南省文物研究所藏。高 2.5 厘米,玉色青白,略泛黄,半透明,有光泽,玉质不太纯。全器圆雕作跪坐状,再浮雕各个细部,头梳双髻,局部地方发丝纹饰清楚,圆脸,面部眉骨隆起,肉雕双眼、口、鼻,双耳虽亦肉雕,然宽而短,双臂粗壮,屈肘,双手交合于腹前,粗大的左手五指压于右手之上,右手被遮挡未雕出,双膝和下肢跪地,臀部坐于小腿和双脚之上,大腿肥硕,肉感强烈,而小腿和脚均从略处理。此器人体比例大体得当,造型也不太复杂,虽未作细微的刻画,寥寥几刀却勾出了小玉人圆圆的脸蛋,鼓鼓的肌肉,加之脸、臂、臀、腿各部琢磨光滑,抚之犹如触及肥胖、鲜嫩的皮肤,充满肉感,逗人喜爱,不愧为艺术佳作。此器从头到底,纵穿一小孔,以便佩戴。如图 6-3-4 所示。

(五)《玉四节佩》

《玉四节佩》是战国早期玉器,1978 年于湖北省随州市擂鼓墩曾侯乙墓出土,湖北省博物馆藏。长 9.5 厘米,宽 7.2 厘米,厚 0.4 厘米,玉料呈青白色,局部有褐色浸斑,体扁平,由一块玉料透雕出四节,并用三个环套扣四节连成一器,其中间一环是活动的,可折卷,上下两环固定不能活动,三环首尾纹饰相连实为一龙,上环为龙首,中环为龙的背部,下环为龙的腹部,龙尾放在第四节的穿孔部位,各节以雕镂的龙凤纹为主,均为两两相对,布列左右:其中第一节刻双凤对首,凤鸟圆眼,长冠尖嘴;第二节透雕出双龙,呈相反的"S"形蟠绕,其尾端回卷成凤首;第三节刻两龙作对称的卷体状,头与腹相接,分置于横长方形镂孔环的两侧;第四节系两小龙,龙首向对,龙身向左右屈伸,尾部向下旋转,二龙首相接处有一对钻小穿孔,佩的最上端也有镂空,均可或上右下的穿绶系佩,它的两面均以极细的线条阴刻出龙、凤的眼、角、冠、嘴、爪、鳞甲和羽毛,第二节上还刻有四条龙纹。此器出自曾侯乙的腹部,器形与其他玉佩不同,可能系单独佩戴之饰物,此器布局严谨、造型优美,纹饰线条细如发丝,为这一时期罕见的玉雕精品,这种雕琢精巧、镂空技术娴熟的玉佩的出现,从某一侧面反映了战国时期曾国王室在艺术领域中独到的艺术追求。《玉四节佩》如图 6-3-5 所示。

(六)《多节龙凤玉佩》

《多节龙凤玉佩》是战国早期玉器,1978 年于湖北省随州市擂鼓墩曾侯乙墓出土,湖北省博物馆藏。长 48 厘米,宽 8.3 厘米,厚 0.5 厘米,玉料呈青白色,全器呈长带形,由五块玉料加工而成,共十六节,分五组主体构件套扣成一个似长龙形的整体,各组均透雕成龙、夔龙、凤和璧、环形,其形象正面和侧身兼备,并两面雕刻成阴刻龙凤的嘴、眼、角、羽毛、尾、爪等,主纹表面再饰以谷纹,杂以弦纹、云纹、斜线纹,除透雕的龙凤和兽面等主纹外,两面还雕刻或阴刻有龙、凤、蛇等,其中有的仅具兽面,全器共透雕和阴刻出 37 条龙,7 只凤以及 10 条蛇,它们的形象千姿百态,栩栩如生,并往往相对称。此器不仅纹饰繁缛,而且制作工艺堪称古代玉雕之一绝,全器由五块玉料分别雕琢,三对大小不等的椭圆形镂空玉环,玉环之间又有一些方形和长方形的镂人玉片及圆形活环,把一节一节连接起来,其中有三个椭圆形带榫头的活环,活环有一处缺口,缺口两端分叉,纳入一个"十"字形饰件,似榫接套合状,再于原缺口两端的一侧,各钻一个不穿透的小孔,插入一颗铜销钉固定,如果抽去销钉,便可将活环的榫头拆开,拆开三个榫头的活环,再卸下另一铜销钉,就可将这串玉佩分成五段,每段大小、形状及其组合又各不相同,细察之,第二、四、五组各节均有两块透雕纹样相同的,但不相重叠,如此繁杂的玉雕作品,其制作过程必定经过精心设计,选择有着高超雕琢技艺的工匠才能完成,此器集切割、剔地、透雕、接榫、抛光等多种玉雕技艺于一身,工艺复杂,难度绝世,我们若将其称为战国时期治玉史上的一枝独放的奇葩,亦当之无愧。《多节龙凤玉佩》如图 6-3-6 所示。

(七)《玉龙形佩》

《玉龙形佩》是战国早期玉器,1978 年于湖北省随州市擂鼓墩曾侯乙墓出土,湖北省博物馆藏。左：长11.5厘米,宽8.7厘米,厚0.6厘米。右：长11.3厘米,宽8.7厘米,厚0.6厘米。玉料呈青黄色,质地温润,表面有光泽,雕琢颇精,共出两件,器形大同小异,整器为一透雕的龙形,龙作俯首曲颈张口状,上吻长于下吻,沿上吻雕有细密的索纹,下颚为云纹,头顶有独角,躯体较窄,蜷曲作回旋状,龙身雕出四足,向两旁伸出,龙佩前足提起,后足蹬地,周旁雕弦纹斜线轮廓周线,两面雕琢平凸谷纹。如图6-3-7所示。曾侯乙墓出土的这件《玉龙形佩》,整体造型优美,作者把想象中龙的腾跃姿势和正跃然而起的瞬间姿态刻画得淋漓尽致,活灵活现,给人以强烈的艺术感染力。这表明了曾国的工匠不仅有着娴熟的雕刻技艺,而且有着很高的审美意识,也从一个侧面反映了当时社会生产和科学技术的发展水平。

(八)《玉璧》

《玉璧》是战国早期玉器,1978年于山东省曲阜县鲁国故城乙组52号墓出土,山东省曲阜市文物管理委员会藏。外径31厘米,孔径10.7厘米,玉料呈墨绿色,温润,有光泽,体扁平,圆形,肉上纹饰分三层,内外两层饰阴刻的双躯龙纹,中层饰卧蚕纹,每层之间有纹相隔,内层与外层所饰的龙纹虽大体相同,但亦小有变化,龙皆作俯首状,首后两躯往两边对称盘曲,内层三首,即构成三组,组与组之间亦施纹拦隔,外层五首,即构成五组,组与组之间非但没有拦隔,而且相邻两组之龙尾又互相纠结,从而使得图案更显得变化多姿,如图6-3-8所示。此器出自墓主身体的胸部。

(九)《玉环》

《玉环》是战国早期玉器,1961年于山西省长治市分水岭53号墓出土,山西省博物馆藏。外径5.2厘米,内径2.8厘米,厚2.7厘米,呈白色,有些泛黄,表面有光泽,圆形,扁体,两面皆雕琢同样的纹饰,内外边缘雕成突起较粗的弦纹,肉上雕琢隐起的象鼻纹,虽可大体分成六组,但组与组之间纹饰不完全一样,也都不对称,即各组之内所饰象鼻纹的大小、数量都不完全一样。如图6-3-9所示。在同时期出土的玉环和玉璧中,这种纹饰并不多见。

(十)《玉双凤饰璧》

《玉双凤饰璧》是战国中期玉器,1977年于河北省平山县七汲村中山国1号墓出土,由河北省文物研究所藏。高4厘米,横宽7.6厘米,玉料呈青灰色,夹少许褐色斑,璧上有一块较大的饴沁,一侧的凤翼和身躯亦被浸染而呈棕褐色,然整体质地温润,半透明。全器中间为璧,左右两侧各饰一透雕的凤,璧在肉的内外两侧周边饰有单阴线,肉面上雕琢疏朗突起的卧蚕纹,左右双凤对称,相背而立,首朝外,凤的冠、颈、足三处和璧相连,冠修长,末端朝上,嘴粗大,尖喙呈弯勾状朝下并与胸相连,其身躯近似蛇躯呈"S"形,其尾更似蛇尾,末端很尖并向上旋卷,有一腿靠近下腹很短,朝外,另腿在下方接近尾部,较粗,向后伸直并与璧边相连。如图6-3-10所示。从整个器形看,有冠有喙,具备了凤鸟的基本特征,然其嘴较粗,其首亦似兽首,躯体近蛇躯,蛇尾,这些又都为龙的特征,因此,璧之两侧旁所饰似凤非凤,亦龙亦凤,这正是中国古代玉雕和其他艺术品的一大特点。凤的躯体、冠腿等部位的边缘也都用细阴线勾边,表面还偶见阴线云纹装饰凤体各部,采用透雕镂空,制作颇精,是不可多得之作。

(十一)《玉透雕三龙环形饰佩》

《玉透雕三龙环形饰佩》是战国中期玉器,1974年于河北省平山县七汲村中山国1号墓出土,由河北省文物研究所藏。径6.4厘米,玉料呈黄褐色,圆扁体,由一块大圆玉透雕而成,中央为一环,环外均匀蟠伏三条形态完全相同的龙,环内外边缘雕刻突弦纹从而形成内外轮廓线,在轮廓线之间刻细密的索纹,环外三龙皆作同一方向爬行状,龙独角,圆眼,张口作回首反顾状,体躯曲,卷尾上翘,前后足蜷曲朝前,造型极为生动,有强烈的动态感,器的两面纹饰一样,龙的眼部、腿部浅浮雕,躯体和鳞甲均阴刻,尾部顺其蜷曲刻较密细线,因而使尾部看去成绞索状。全器集雕、刻、镂、琢磨多种工艺于一身,在整个艺术构图上,有极强的图案化设计,处于中心圆环外缘的六只龙足,做同一方向的弯曲运动,各龙首尾相近处,表现自然,整个形体实空均匀,无挤压、疏漏之感,取得了良好的艺术效果,为不可多得的工艺品,其用途,应与龙形佩、环相似,主要用于佩戴。《玉透雕三龙环形饰佩》如图6-3-11所示。

(十二)《玉镂空龙凤玉饰》

《玉镂空龙凤玉饰》是战国晚期玉器,1977年于安徽长丰县杨公2号墓出土,由安徽省文物考古研究所藏。高6.8厘米,横长15.4厘米,厚0.3厘米,玉料呈青灰色,浸蚀为褐色,质细润,器表有光泽,体扁平。全器大体可以分为两个部分,上部为躯体,呈躬形的双首龙,下部为雕镂精细华美的双凤。上部的双首龙即一龙躯两端有首,两端的龙首朝外对称,惜一端略残,龙眼圆突,独角上旋,张口曲颈,胸向前突,曲体向上,超过首后,近成90°折转,即整个龙躯两端呈近乎90°大弓形,龙首弯曲朝上,颈部与躯体相连,未连接处皆透雕镂空,前肢朝后,在躯体最下方弯转,作向前行进状,龙躯和颈部琢成突弦纹轮廓线,通体阴刻单线勾连云纹。下部,即龙躯的弓形之下,透雕镂刻长尾双凤,凤鸟向冠尖喙,眼圆突,冠之末端向上翘卷,长尾并连,冠顶与鸟头顶则与上方龙体相连,鸟挺胸玉立,胸腹与龙体相连,凤尾向后朝上旋卷,鸟腿直立于雕镂的卷云纹之上,而此处的卷云纹又与下方的卷云纹相连,亦并连接上方龙腿之爪。此器上方龙躯正中有一孔,龙之两侧各有一穿孔,可用于佩戴,或贯系其他饰物。从制作看,其设计奇巧,寓意深刻,集雕、琢、镂、刻、钻、磋等多种工艺于一身,上部龙首躯雕琢细致,形象生动,下部双凤等玲珑剔透,镂刻精湛,堪称战国玉器之一绝。《玉镂空龙凤玉饰》如图6-3-12所示。

第四节 迷信化与艺术化的汉代玉器

一、汉代玉器评述

秦汉统一的多民族封建国家的建立和发展,使中国古代文化步入了一个黄金时代,无论是哲学、史学、文学,还是雕塑艺术、科学技术都达到了前所未有的高度。

自20世纪50年代以来,秦汉考古取得了重大进展,尤其是汉代墓葬的发掘,已逾万座,在这些墓葬中出土了大量的玉器,其中出土玉器比较集中的有河北满城、广东广州、北京大葆台、湖南长沙、河南烧沟、陕西杨家湾、山东九龙山、安徽亳县、广西贵县以及山东荣成市成山等地的汉墓。

　　满城汉墓:1968年在河北满城发现了西汉中山靖王刘胜及其妻子的墓葬,金缕玉衣、玉凤鸟形饰、玉透雕双龙谷纹璧、镶玉铜枕、玉剑饰、九窍塞玉等罕见的玉器珍品得以重见天日。河北省保定市西北20公里的满城县有一座陵山,自古就被传为帝王陵墓,当地居民也称自己的先人是给人看坟的,但没人知道更多的实情。1968年,这个古代谜案就在解放军开山的炮声中揭开了。1968年5月的一天,施工官兵发现山坡上被炸出了一个大洞。经周恩来总理亲自批示,中国科学院院长郭沫若指派考古所专家与河北文物工作队立即赶赴现场。考古工作者们惊异地发现,山中竟藏有一座庞大的地下宫殿和文物宝库。经考证,墓主是西汉中山国的第一代国王中山靖王刘胜,他在位42年,死于公元前113年2月,距今已有2000多年。刘胜墓发掘完成后,郭沫若又根据西汉墓葬方式认定,在刘胜墓北侧不远处还应有一座其妻的陵墓,果然,就在他所指的地方,考古人员准确地找到了刘胜之妻窦绾的墓地。两座规模巨大、保存完整、年代明确、文物丰富的墓葬同时出土,成为中国考古史上的一件大事。

　　西汉南越王墓:位于广州解放北路象岗山,是南越国第二代国王"文帝"赵眜的陵墓,距今有2100多年的历史,这是1983年发现的岭南地区年代最早、规模最大、随葬品最多的一座西汉前期彩绘壁画石室墓,为当时中国五大考古发现之一。这座墓由750多块砂石板构成,全长10.85米。墓内由两个耳室、两个侧室、前室、主棺室和后藏室共7部分组成,到处都堆放着各种精美的器物。从贴身随葬的龙钮"文帝行玺"金印和一枚"赵眜"玉印,可以确认了墓主是南越开国之君赵佗的孙子,即第二代南越王赵眜,他死于西汉武帝元年(公元前122年)。在南越王墓出土的物品中,以玉器最具有特色。玉器共出土200余件,数量多,品种杂,按用途来划分有礼仪用玉、装饰用玉、丧葬用玉、日用器具和镶嵌器等。南越王墓是岭南地区汉墓中出土文物最多、考古收获最大的一座墓葬,它的发现,为研究秦汉时期岭南地区的开发、物质文化的发展、南越历史,以及广州早期城市的历史发展、汉越民族文化的融汇等,特别是对研究我国古代海上"丝绸之路"提供了极为宝贵的资料。南越王墓出土的文物,被誉为"岭南文化之光"和"国宝"。

　　此外,在北京大葆台汉墓出土的风姿绰约的玉舞人,咸阳西汉帝陵附近出土的玉仙人奔马、玉辟邪等,都是极为罕见的艺术瑰宝。从汉墓出土的玉器来看,西汉早中期玉器数量多,质量好,艺术价值高,西汉晚期至东汉晚期玉器数量相对较少,玉器质量及艺术价值比西汉早中期略逊一筹。

　　汉代随西域交通的大规模开通,采运玉石原料也更为便利,新疆和田玉大量进入中原地区,同时使用的还有蓝田玉。此期玉材选料更精,玉质除青玉、黄玉、墨玉外,白玉开始兴盛,成为玉中上品。汉代在战国制玉的基础上,又有了进一步的发展,铁制工具已经普遍运用于制玉作坊中。汉以前的玉器多为扁平片状,上饰以浅浮雕纹饰,圆雕与镂空器物较少,随着制玉工具技术的进一步发展,汉代玉器中高浮雕和圆雕作品明显增多,镂空器物亦屡见不鲜,器物表面抛光也达到了很高的水平,用光洁如镜来形容亦不为过。当时已出现了布轮和砂轮等先进的打磨工具。汉代还出现了许多水晶玻璃制作的璧、环,其形制与玉器几无二致。

汉代玉器根据其形制、用途大致可分为礼玉、装饰品、葬玉和陈设艺术品四大类。

(一) 礼玉类

《周礼》所记载的用玉制度在西汉时显然已不存在,璧、琮、圭、璋、琥、璜六种传统礼玉,除璧、圭可能还有一定的礼仪性质外,璜、琥已明显地仅具有装饰意义了,琮和璋几乎不见,偶尔出现一两件也是由旧物改制而成,原有的祭祀礼仪功能已经丧失。

(二) 装饰类

玉装饰品在汉玉中仍占相当大的比重,一般将汉玉中的装饰品分为纯装饰意义的玉饰和具有一定实用性质的玉饰两种,前者主要包括龙形、虎形佩饰及串饰、组佩等,后者则指带钩、笄及心形佩等器物。单独的玉佩饰在汉代极为盛行,而玉组佩则呈简化之势。由于汉人比较重视剑,故玉剑饰在汉代也很流行,剑饰上多施兽面纹、蟠虎纹和凤鸟纹等动物纹饰,甚为精美。汉代还出土了相当数量的刚卯,它是一种悬挂在腰带上呈方柱形的玉器,四面刻有避邪的铭文,主要发现于西汉末年和东汉时期,是汉玉中较有代表性的器物之一。带钩在汉代也较常见,一般形制较小,琢磨细致,钩首多作兽头形,钩身常施以兽面纹。在汉代还多见一种呈椭圆形扁平状的心形玉佩,从形制来看可能是从商周时期用以钩弦射箭的玉鞢演化而来的,这种心形佩两侧多有突出的透雕花纹,精巧别致,已完全没有先前那种钩弦的实用功能。西汉早期还出现了大型建筑构件玉铺首,铺首正面多施以兽面、螭虎等形象,颇有威严之感。

(三) 葬玉类

葬玉是汉代玉器中极富特色的一类,为祈求尸体不朽而制造的葬玉主要包括玉衣、玉塞(也称九窍塞)、玉晗和玉握四种,其完善、齐备程度可说是空前绝后的。玉衣因死者身份、官衔高低有别,有金缕、银缕、铜缕、丝缕之分。汉代玉衣迄今出土有20多件套,保存完整的有满城两套。九窍塞是填塞或遮盖死者的耳、目、口、鼻、肛门和生殖器九个窍孔之用的,目的是防止人体内的"精气"由九窍逸出,以达尸骨不腐。另有镶玉漆棺,其内壁镶嵌192块青玉版,外壁镶嵌26件玉璧和8件圭形饰。汉代葬玉很多,但工艺水平不高。

(四) 陈设艺术品类

汉代玉器中艺术价值最高的应属圆雕和浮雕的陈设艺术品,这类作品发现较多,玉质优良,琢磨精细,造型新颖,在中国古代玉雕史上占有极其重要的地位。如定县北庄出土的玉枕,用整块绿玉雕成,枕面及两侧刻云纹;定县北陵出土的玉座屏,高达16.9厘米,由数块透雕刻细纹的玉板拼成。玉制容器最早发现于商代后期妇好墓中,据先秦文献记载,战国时玉容器应有一定的数量,但在考古发现中极少见,汉代的玉容器较为常见,以广州南越王墓出土的玉角形杯最具特色。汉代玉器中动物形圆雕作品更具特色,如满城汉墓出土的凭几而生的玉人及咸阳出土的玉仙人奔马、玉熊、玉鹰、玉辟邪等无不生动逼真,其中尤以玉仙人奔马为最,汉代圆雕作品继承了商周以来的圆雕传统,同时又借鉴了楚文化的浪漫主义风格,将汉玉雄浑豪放的风格表现得淋漓尽致,代表了汉代玉器雕刻的最高成就。

汉代玉器吸收了战国玉器的精华并有所发展,奠定了中国玉文化的基本格局。汉代玉器纹饰图案大致可分为几何纹和动物纹两大类,几何纹以谷纹、蒲纹、涡纹和云纹最为常见,动物纹又可分为图案化纹饰和写实化纹饰两种。图案化动物纹主要有龙纹、鸟纹、兽面纹、螭虎纹等,颇为抽象,不仔细辨认很难看出其"庐山真面目",其中常见于玉剑饰上的螭虎纹,采用隐起和突起两种形式,有时还配以镂空手法,使螭虎出没于云霭之中,或隐或现,神秘玄妙,这是汉代玉器图案装饰的极为成功之处。写实性动物纹也出现较多,既有神话传说中的神仙怪兽,也有现实中的人物兽鸟,种类繁多。东汉玉器上多用阴线刻饰,表现出一种与绘画艺术相结合的倾向,如定县北陵头东汉墓中出土的一件玉屏风,以阴线刻出东王公、西王母、侍者及鸟兽等,绘画意味颇为浓厚,这对后世玉器的发展有一定的影响。

总而言之,在战国玉器基础上发展起来的汉代玉器把中国古代玉器推向了一个新的高峰,汉玉以其雄浑豪放、清逸脱俗的特有魅力而令世人倾倒,其显著特点就是玉质好,雕琢精细,构图变幻莫测,设计新颖而不囿于常规,纹饰华丽却不落俗套,整体形象充满了动态和灵气。由于传统的影响,一些礼玉和表现礼制内容的玉器在汉代玉器中仍占有相当的比重,但值得注意的是,这些作品与其说重在渲染"礼"的内涵,倒不如说它更注重表现华丽的形式。更重要的是,那些圆雕、高浮雕的艺术品逐渐成为玉器发展的主流,这表明汉代玉器已经基本摒弃了陈规旧套的束缚,摆脱了宗教、礼仪观念的禁锢,而走向注重表现个性化及追求艺术价值的最高阶段。

二、汉代玉器主要作品介绍

(一)《铜承露盘玉高足杯》

《铜承露盘玉高足杯》是西汉前期玉器,1983年于广东省广州市象岗山出土,广州西汉南越王墓博物馆藏。通高17厘米,由高足青玉杯、托架及承盘三部分组成,以金、银、铜、玉等材质制作,整个容器以玉杯为主,以三条金首银身的龙衔着三瓣之器为杯托,置于铜盘上,设计奇巧新颖,匠心独运,突出了群龙烘托玉杯的气势,显得高贵神奇,是南越王国金属细工与制玉工艺相结合的绝美之作。如图6-4-1所示。汉代人们认为,神仙降露于人间,人们喝了这种神露,可以长生不老,有学者就称此玉杯为"承露杯"。还有学者认为秦汉时期统治者经常服食仙药以祈求长生不老,该墓中同时出土有五色药石,所以这件玉杯可能是南越王生前用来服食药石的特殊用器。

(二)《玉剑首》

《玉剑首》是西汉前期玉器,1983年于广东省广州市象岗山出土,广州西汉南越王博物馆藏。面径4.6厘米,底径4.1厘米,厚0.6厘米,正面有两组纹饰,中央呈圆柱形,高出器表,上面浅浮雕出等分的五叶花瓣,正中花蕊圆凸,阴刻云纹,外周高浮雕两只奔驰的螭虎,作嬉逐状,剑首背面内区中心有一对斜穿孔,外区饰凸起的勾连涡纹,内外区之间以一凹槽为界,剑首形体虽小,但雕工极为精致,螭虎形象生动。如图6-4-2所示。

(三)《玉盒》

《玉盒》是西汉前期玉器,1983年于广东省广州市象岗山出土,广州西汉南越王墓博物馆藏。高7.7厘米,口径9.8厘米,盖与身分别由两块整玉雕成,呈青黄色,局部有黄褐色斑,盒身深圆,下附小圈足,浅浮雕八瓣柿蒂纹,近口部有一周变体云纹,盖面隆起,盖顶环钮可以活动,盖面饰勾连云雷纹,近口处有一周变体云纹,盖里则用单线勾勒两凤鸟,一回首,一朝前,互相缠绕,纹道细如游丝。器盖、器身打磨光洁,雕镂精细,纹样互为对应调合,不失为汉代玉器中的精粹。玉盒上还有钻孔修补的痕迹,说明它在当时已属珍罕之物。如图6-4-3所示。汉代玉器出土数以万计,但以装饰玉为主的玉雕容器很罕见,且多为素身的,而南越王墓出土的玉雕容器,造型各异,雕工精湛,堪称汉代玉雕的绝品。

(四)《玉龙凤饰璧》

《玉龙凤饰璧》是西汉前期玉器,1983年于广东省广州市象岗山出土,广州西汉南越王墓博物馆藏。通宽10.2厘米,璧径7.2厘米,孔径4.1厘米,厚0.25厘米,玉料呈青灰色,这件玉璧的璧孔内透雕一条龙,昂首挺胸,长尾上卷,作行进状,极富动感。璧两面饰勾云纹,璧外缘两侧对称地各雕有一只凤,作攀援状,回首曳尾,整件玉佩构图主次分明,内外紧合,疏密得宜,龙凤和谐统一,是一件极精致的饰品。如图6-4-4所示。

(五)《圆雕跪姿舞人》

《圆雕跪姿舞人》是西汉前期玉器,1983年于广东省广州市象岗南越王赵眜墓中出土,广州西汉南越王墓博物馆藏。高3.5厘米,宽3.5厘米,厚1厘米,舞女为圆雕,体中有一孔纵贯,舞女头右侧绾一螺髻,身着右衽长袖衣裙,袖口和下摆阴刻卷云纹花边,舞女扭腰膝呈跪姿,舒展广袖,一手上扬,一手下甩,作长袖曼舞状,神情专注,口微张似在歌唱。玉舞人是汉代玉器常见的造型题材,舞人一般为青年女子的形象,身着长袖衣,细腰束带,长裙曳地,一袖上扬于头顶之上,另一袖横置腰间,作"翘袖折腰"状舞姿,而这件玉舞人,从其发髻来看,可能是越女踏舞的形象。一般玉舞人为扁平片状,作佩饰用,而这件玉舞人为圆雕,目前尚属首见,弥足珍贵。如图6-4-5所示。

(六)《镶玉铜枕》

《镶玉铜枕》是西汉中期玉器,1968年于河北省满城县中山靖王刘胜墓出土,河北省博物馆藏。通长44.1厘米,通高17.6厘米,宽8.1厘米,枕身长方形,两端饰以高昂的龙头,枕下有四个龙爪形矮足,铜枕表面鎏金,枕面及枕的两侧面以浅浮雕式图案和镶玉为装饰,枕面为图案化云纹,枕侧为怪兽纹,枕的两端龙首亦镶嵌玉片,玉片多数为透雕花纹,枕底有四个长方形的孔,孔上嵌玉四块,造型精致,装饰华丽。《镶玉铜枕》出土于刘胜墓中金缕玉衣头部之下,出土时枕中还放有花椒,具有散味、驱虫的作用。类似的玉枕在刘胜夫人窦绾墓和江苏省徐州后楼山墓中也有出土。玉枕是一种特殊的葬玉,玉枕鎏金嵌玉工艺在战国时期已相当成熟,两汉时期得到进一步发展。《镶玉铜枕》如图 6-4-6 所示。

(七)《金缕玉衣》

《金缕玉衣》是西汉中期玉器,1968 年于河北省满城县陵山 2 号墓出土,河北省博物馆藏。长 172 厘米,由 2 160 片玉片和 700 克金丝编缀而成,玉衣分头部、上衣、裤、手套和足五个部分,每部分又由若干部件构成,头部由脸盖和头罩构成,上衣由前片、后片和左右袖筒组成;裤筒、手套和鞋分为左右两件。玉衣的制作程序很复杂,制造时需先把玉料切开,按人体各部分的不同形状磨制成各种规格的薄片,再在四角钻孔。据测定,玉片上有些锯缝仅 0.3 毫米,钻孔直径仅 1 毫米,工艺繁难与精密程度之高令人惊讶。在汉代,人们深信玉能使尸体不朽,一些贵族死后常穿上一种形似甲胄的玉制殓服,这种玉衣将各种形状的玉片用金属丝编缀而成,已发现的西汉玉衣有金缕玉衣、银缕玉衣、铜缕玉衣,还有丝缕玉衣。《金缕玉衣》如图 6-4-7 所示。

(八)《玉透雕双龙谷纹璧》

《玉透雕双龙谷纹璧》是西汉中期玉器,1968 年于河北省满城县陵山 1 号墓出土,河北省博物馆藏。通高 29.9 厘米,璧径 13.4 厘米,孔径 4.2 厘米,厚 0.6 厘米,璧两面细密整齐地排列有谷粒纹,内孔缘和外周缘起棱,璧外缘上端饰透雕双龙卷云纹饰,双龙相背昂首挺立,张口露齿,脑后鬃毛向上卷扬,体态矫健,附饰顶部有一小穿孔。这件玉璧的附饰上有一个小穿孔,说明此璧是用来悬挂的。《玉透雕双龙谷纹璧》如图 6-4-8 所示。

(九)《玉猪》

《玉猪》是西汉中期玉器,1977 年于山东省巨野县红土山汉墓出土,山东省巨野县文物管理所藏。长 12 厘米,宽 2 厘米,高 2.6 厘米,玉猪为一对,造型相同,器呈长条块状,琢磨光滑,雕刻出后抿的双耳与伏卧的四足,以阴刻线琢出细部,线条简练。如图 6-4-9 所示。玉握是一种专门用于送葬的玉器,握玉的目的大概是希冀以玉石质坚色美的特性来保护尸体不化。

(十)《玉剑璲》

《玉剑璲》是西汉中期玉器,1977 年于山东省巨野县红土汉墓出土,山东省巨野县文物管理所藏。玉剑璲又称玉剑鼻或玉剑卫,是佩剑时通过孔道结扎的绳索穿挂于腰带上用的。此玉璲为长方形,长 9 厘米,宽 3 厘米,厚 2 厘米,正面两端下弯如拱桥,表面浮雕两只螭虎,一大一小,形象生动,背面有一长方形穿孔。《玉剑璲》表面的纹饰题材也较为丰富,主要有谷纹、涡纹、螭虎纹、卷云纹和兽面卷云纹等,其中卷云纹和兽面卷云纹出现的时间较晚,流行于西汉中期以后直至魏晋时期,玉剑璲一般长 4~12 厘米,宽 2~3 厘米,厚 1.5~2.5 厘米,从其演变情况来看,早期略呈细长状,中期呈宽长状,后期呈短宽状,唐、宋时期,已无《玉剑璲》出土,但在明、清乃至民国期间,《玉剑璲》仿制之精几乎可以乱真。《玉剑璲》如图 6-4-10 所示。

（十一）《玉蝉》

《玉蝉》是西汉后期玉器，1974年于江苏省盱眙县东阳7号墓中出土，南京博物院藏。长4.7厘米，以羊脂玉琢成，滑润晶亮。蝉体扁宽，头部双目外凸，尾和双翼呈三角形。正反两面均以阴线刻饰。玉晗是一种专门用来送葬的玉器，放在死者口中。从西汉中后期开始，玉晗的形制逐渐定型，作扁平无穿孔的蝉形。玉蝉无穿孔，亦说明了它并非佩饰。一些学者对晗作蝉形的意义进行了研究，归纳起来有两点：一是取其清高之意，古人认为蝉饮而不食，以饮露为生，是一种清洁而高雅的昆虫；二是取其蜕脱之意，汉代人从蝉蜕转生而悟再生，即含蝉寓暂死之意，象征变形和复活。《玉蝉》如图6-4-11所示。

（十二）《玉舞人》

《玉舞人》是西汉玉器，1986年于河南省永城县芒山镇僖山汉墓出土，河南省商丘市博物馆藏。高4.65厘米，宽2.55厘米，双面透雕成舞人形象，以阴线刻出面部表情及服饰细部，上下各有一个小孔，方牌形舞人是西汉晚期流行的一种样式，即在方牌形玉片上用阴线条刻画出舞人的上身或头部、袖部，雕刻较为简单。透雕玉舞人以透雕镂空技法制成，舞人姿态优美，雕刻精细，线条流畅，充分展现了汉代舞蹈"长袖"和"细腰"的特点。《玉舞人》如图6-4-12所示。

（十三）《玉仙人奔马》

《玉仙人奔马》为西汉玉器，1966年于陕西省咸阳市新庄汉元帝渭陵西北汉代遗址出土，陕西省咸阳市博物馆藏。长8.9厘米，通高7厘米，玉质洁白无瑕，玉马昂首挺胸，张口露齿，双耳竖立，两眼前视，马身用阴线琢出飞翼，马足遒劲有力踏在刻有云纹的长方形托板上，作奔腾嘶鸣状。马背骑士头系方巾，身着短衣，手执马鬃，神态威严倨傲。如图6-4-13所示。这件玉雕构思新颖，雕琢极为精美，是楚汉浪漫主义的典型代表，它不仅反映了汉代玉雕的最高成就，而且也是中国古代玉器中可以称得上的艺术精品之一。仙人奔马的造型反映的是汉代时颇为流行的羽化登仙的思想。

（十四）《玉铺首》

《玉铺首》是西汉玉器，1975年于陕西省兴平县茂陵附近出土，陕西省历史博物馆藏。高34.2厘米，宽35.6厘米，厚14.7厘米，重10.6公斤，铺首为青玉，略作长方形，兽面形象，中部浮雕大眼和长鼻，并雕刻一排整齐而外露的牙齿，两侧为透雕的青龙、白虎、朱雀、玄武，顶部为卷云纹，细部点缀纤细的阴刻线。铺首是镶嵌在门上的装饰。此铺首的背面有突起的长方形纽，中间有方孔，可以插榫，孔内还留存有经过切削的金属，应是原在门扉上镶嵌的遗迹，它可能是茂陵地宫墓门上的装饰，茂陵遭毁时被弃置陵外。玉铺首上的青龙、白虎、朱雀、玄武，在古代被称为"四神"，它们的形象实际上是神化了的禽兽，其产生与原始社会氏族部落战争的布阵有关。汉代"四神纹"非常盛行，人们迷信它是消灾免祸的化身。在汉代文献中，把它们同木、火、土、金、水联系起来，并配上各种颜色，分别镇守四方，成为拱卫上帝的四方之神，后来又经神学者们的美化，把它们装饰成天神的形象，它们在天上是保卫上帝的,在人间是保卫帝王的,在陵墓中则是保卫墓主灵魂的安全。这件《玉铺首》是目前为止唯一一件经鉴定近似于蓝田玉的汉代玉器,为研究蓝田玉的开采历史及汉代玉料的来源,提供了宝贵的实物资料。《玉铺首》如图 6-4-14 所示。

(十五)《玉座屏》

《玉座屏》是东汉玉器,1969 年于河北省定县汉墓出土,河北省定州博物馆藏。高 16.5 厘米,长 15.3 厘米,由 4 块透雕玉片拼成,两侧支架略呈长方形,上刻螭虎纹双联璧,中间两屏片呈半月形,透雕人物、鸟兽纹饰。上屏片正中为"东王公",凭几端坐,旁有凤鸟、狐狸、豹等禽兽;下屏片正中为"西王母",发后梳戴胜,亦凭几端坐,旁有跪坐侍者二人,以及熊、龟、蛇等动物形象。《玉座屏》上透雕的"东王公"、"西王母"及奇禽怪兽等主题纹饰,是汉代最常见的神话故事画,在汉代画像石上可常见到。《玉座屏》如图 6-4-15 所示。

第五节　多元化的唐代玉器

一、唐代玉器评述

三国两晋南北朝是中国古代玉器发展的一个低潮时期,造成玉器衰落的原因很多,一方面这一时期政局动荡,战乱不息,经济萧条,俭葬之风较为盛行;另一方面金银器和瓷器的异军突起以及儒家独尊的地位的丧失等,也对玉器的进一步发展产生了一定的影响。

这一时期考古发现的玉器很少,仅在河南洛阳曹魏墓,陕西华阴晋墓,江苏南京象山、郭家山、宝贵山等地的东晋墓,辽宁北票西官营子北燕冯素弗墓及江西南昌市郊和安徽芜湖地区的南北朝时期墓葬中有少量出土,主要种类有高柄玉杯、玉耳杯、玉盏、蝉形晗、玉辟邪、玉猪、浮雕凤纹带钩、鸡心佩、珩形佩,其造型、工艺和艺术风格大多是继承汉代传统。值得注意的是,随着佛教信仰与传统艺术的不断融合,东晋以后有玉石造像的习俗颇为盛行,据文献记载,东晋建立瓦棺寺,三绝之一就有狮子国(今斯里兰卡)的玉人像(观音像)。总之,东汉以后中国古代玉器虽跌入低谷,但就发现的玉器来看,仍可说明一个相当重要的问题,那就是长期以来一直占主导地位的礼玉和葬玉已基本退出历史舞台,而装饰玉器则渐渐成为玉器的主流。

统一的隋王朝在南北朝废墟上仅仅统治了 37 年,文化艺术方面基本保持着前代的传统。隋代墓葬目前发现较少,玉器发现更为少见。1957 年发掘的贵族少女李静训墓中出土有数件玉器,使我们能一窥隋代玉制品的风貌。其中最具特色的是一件镶金玉盏,白玉质,卷唇敛腹假圈足,内外口沿镶一周金边,通体光素无纹,形制简朴,抛光细致,具有较高的艺术价值。另外,还有玉兔和玉钗各一件,均为白玉质,玉兔尖嘴大耳,昂首挺胸,四肢前趴作卧伏状,腹部横穿一孔可供佩系;玉钗双股,剖面圆形,下端尖细,是当时妇女的发髻装饰。总之,就目前发现的玉材来看,隋代玉器尚徘徊在魏晋以来的低谷之中,未有多少创新。

唐代墓葬中出土的玉器较少,在河南偃师杏园村李存墓中出土有两件象生玉器和四件玉石器皿,陕西礼泉县兴隆村越王李贞墓中出土有十件玉饰,北京丰台史思明墓出土有玉册和山形玉饰等，广东韶关罗源洞张九龄墓和张九皋墓出有玉猪、玉棒等，另在陕西乾县永泰公主墓、吉林敦化县六顶山渤海国贞惠公主墓也有少量玉器出土。1970年在陕西省西安市南郊何家村唐代文物窖藏中出土了一批精美玉器，这是目前一次性出土唐代玉器数量最多的事例，计有玉带十副，镶金白玉镯两对，八瓣花形玉杯、玉杵、方玉各一件，另外还有兽首玛瑙杯、玛瑙臼、水晶杯、玻璃碗及蓝宝石、黄晶等制品。然而轰动一时的并非这些玉石精品，而是该窖藏出土的270多件玲珑剔透、精美绝伦的金银器。唐代金银细工的蓬勃发展，在一定程度上也促进了玉雕工艺的更新，但不容否认的是，它也在许多领域取代了原先玉器的地位，这可能是唐代玉器数量较少的一个重要原因。但唐代传世玉器在民间多有流传，其中北京故宫博物院就有大量的收藏。

唐代玉器使用的玉料以白玉为主，此外还有一部分是青玉、玛瑙等玉料。

根据唐代出土玉器与传世玉器的情况，唐代玉器可划分为装饰玉器、玉器器皿、象生玉器、礼玉、刻字玉册等主要品种。

唐代装饰玉器中较为多见的是玉步摇，这是一种头饰玉片，玉片上有镂雕精细的花鸟纹饰。另一类常见的是玉带，又称玉带板，为革带上的玉饰片。一条完整的革带应由鞓、銙、铊尾和带扣四部分组成，最初用途是受环以悬物，后来逐渐演变成纯粹的装饰品。唐代有严格的用玉制度，以玉为最贵，只有皇帝、亲王及三品以上官员才能佩戴玉，其中佩戴的数量从7至13不等，等级愈高，数量也愈多。《新唐书·车服志》载："以紫为三品之服，服金玉带十三；深绿色为四品之服，金带十三；浅绯为五品之服，金带十；深绿为六品之服，江绿为七品之服，皆银带九；深青为八品之服，浅青为九品之服，皆瑜石带八；黄为流外官及庶人之服，铜带七。"这项记载与考古发现基本吻合。

唐代是中国古代文明史中极为辉煌的时期，在艺术方面也取得了空前的成就。唐代艺术一方面继承了秦汉以来的优良传统，吸收精华，剔除糟粕；另一方面作为国际贸易和文化交流的中心，在将中国文化广泛传播的同时，也融合了外来文化之长处，兼容并蓄，取长补短，创造出了一幅全新的面貌。这一点除了在唐代金银器的造型、纹饰上表现得淋漓尽致外，在唐代玉器器皿上也有充分的表现，例如兽首玛瑙杯等。

唐代的象生玉器开始呈现世俗化倾向，具体表现就是生活气息的逐渐渗入，写实性强，不掺杂有夸张色彩，这与汉代象生玉器自由奔放的浪漫主义情调有了明显的区别。

传统的礼玉在唐代史料上虽偶有记载，但也已彻底失去了以往辉煌的地位，成为一种象征品而已。在传世品中有件唐代白玉浅浮雕云龙纹璧，直径9.6厘米，孔径3.7厘米，两面内、外缘各有一周阴刻弦纹，正面琢一盘旋的龙纹，龙头生有双角，上唇上翘，眼后有髯，下唇有须，龙身遍饰鳞纹，腿部关节处有翼，背上起脊，头尾间雕一火焰宝珠，龙张牙舞爪，毛发飘拂，极有动感，璧背面雕饰对称的四朵如意形云纹，云头中央以阴线刻，各琢一扇形图案。这件玉璧不仅具有较高的艺术价值，而且标志着中国古代传统的云龙纹饰，历经数千年的发展演变，至唐代已基本定型，为后世云龙图案的发展奠定了基础。

唐代高级贵族常以名贵的玉石作哀册或谥册，临潼西泉乡惠昭太子李宁墓中就发现有玉质哀册，在洛阳也曾出土汉白玉质的哀帝玉册。出土数量最大的应属北京丰台唐史思明墓，该墓共出土玉册计44枚，汉白玉质，包括哀册和谥册各一套，玉册均做长条形，长28.4～28.6厘米，宽2.8～3.2厘米，厚1.2～2.1厘米，每册均刻字，行书体，字口填金，上下两端有供穿缀的小孔。史思明墓所出土的大量玉册,对我们了解唐代玉册制度有很大的帮助。

唐代近300年的统治是中国封建社会的鼎盛时期,政局相对稳定,经济空前繁荣,对外交流频繁,创造了灿烂辉煌、举世瞩目的唐代文化,在这种背景下发展起来的唐代玉器,从数量上来说虽然不多,但从质量上来看却令人不得不发出"件件是精品"的感慨。唐代玉器品种、风格都有了新的发展,精湛的雕琢技艺,新颖的设计构思,独特的造型艺术,标志着中国古代玉器已走出魏晋以来的低谷,开始走向新的发展阶段,在继承传统玉雕的基础上融合了同时代金银细工、雕塑绘画的某些表现手法,并吸收了中亚、西亚等地艺术中的新鲜血液,兼容并蓄,融会贯通,形成了自己独特的艺术风格,开了一代玉雕新风,对后世玉器的发展产生了重要的影响,具有明显的承前启后的作用,在中国古代玉器史上占有重要的地位。

二、唐代玉器主要作品介绍

(一)《白玉吹笙人带銙》

《白玉吹笙人带銙》是唐代玉器,1981年于陕西省西安市郭家滩出土,西安市文物局藏。长4.9厘米,宽4.6厘米,此带銙为白玉,正方形,銙的正面为奏乐人,其发分梳两髻,双手捧笙吹,腹部隆起,盘腿坐圆形茵席上,两侧披翻卷拂舞的飘带,人物形象生动,生活气息浓郁,特别是两眼,虽简化至三角形状,但全神贯注之态表现得淋漓尽致。用阴刻细线勾勒人物各部位及服饰、茵席。这种用短细阴线作装饰,是唐代流行的技法之一,突出了人物的神韵,并极富装饰趣味。《白玉吹笙人带銙》如图6-5-1所示。

(二)《兽首玛瑙杯》

《兽首玛瑙杯》是唐代玉器,1970年于陕西省西安市何家村出土,陕西历史博物馆藏。高6.5厘米,通长15.6厘米,上口为圆形,口沿外有两周凸弦纹,中间一段杯体弯曲作兽角状,弧线和谐优美,下口部作兽首状,兽首肌肉饱满,凸出的双眼神采洋溢,两只兽耳竖挺,似在倾听,头上两只弯角棱节分明,粗壮有力,角尖与上口外壁相接,兽嘴突出,镶戴一笼嘴状金帽,嘴中有流与杯耳相通,卸下金帽,杯中琼浆即可自流中泄出。通观此杯,唐代玉匠充分利用玉材的俏色,合理布局,玛瑙的酱红色、橙黄色、乳白色纹理和色泽与兽嘴部的黄色金帽互相映衬,加上生动新颖的杯子的兽角状外形和兽首形装饰,使得这件本已精美绝伦的玛瑙杯更添异域风采,给人以无限的艺术遐想。这种兽首造型艺术在中国古玉中极其罕见,但在古代中亚、西亚,特别是古代波斯艺术中却屡见不鲜,因此,何家村出土的这件《兽首玛瑙杯》,或来自西域,或出自唐代玉匠之手,是唐代中西方古代文明交流融汇的产物。《兽首玛瑙杯》如图6-5-2所示。

(三)《玉骑象人》

《玉骑象人》是唐代玉器,传世品,北京故宫博物院收藏。长7.3厘米,高5.5厘米,青玉质,象大耳垂首作卧伏状,其上侧上有一高鼻深目,身着窄袖束腰长袍,足穿长筒靴的胡人形象,其一足盘起,一手置于脑后作搔首状,形态生动,生活气息极为浓厚。《玉骑象人》如图 6-5-3 所示。

(四)《玉飞天》

《玉飞天》是唐代玉器,传世品,北京故宫博物院藏。通长 3.9 厘米,宽 7.1 厘米,厚 0.7 厘米,青白色玉,局部有浅黄色斑浸,扁平状,以镂雕及阴线刻的手法琢制。飞天头上有高髻,长目小口,面部端庄慈祥,上身半裸,肌体丰腴圆润。下身着裳裙,裙带飘逸,彩带环绕臂,迎风向后飞去,曲折翻卷。跣足,身下有飞渡的祥云三朵,飞天与祥云相接,右手按云头,左手呈舞蹈状。人物体态娇美,形象生动逼真,与同时代的壁画作品极为相似。魏晋以来广泛流行的佛教,在隋唐达到了一个高峰,寺院塔庙鳞次栉比,开凿石窟,雕塑佛像形成一股热潮,社会各个领域佛教的影响无处不见,反映在玉雕工艺上就是《玉飞天》形象的出现。《玉飞天》如图 6-5-4 所示。

第六节 世俗化的宋代玉器

一、宋代玉器评述

五代十国的玉器发现很少,主要是在江苏省江宁县牛首山南二陵中有玉哀册,浙江省杭州治山五代墓有两件青玉鸳鸯步摇,安徽省合肥西郊南唐墓出土有两件银鎏金玉步摇,四川省成都前蜀王建永陵出土有玉哀册和玉带,另外在江苏省苏州市七子山五代墓也出土有少量玉坠和玉佩饰。该时期玉器继承了唐代玉器的风格,镂空阴刻手法运用普遍,龙凤鸟图案比较盛行,绘画趣味相当浓厚而雕塑特点则相对减弱。

两宋时期虽然政治、军事极度羸弱,但在经济文化方面却有了长足的进步,雕塑、绘画艺术的蓬勃发展及金石学的兴起都对宋代玉器有一定的促进作用。

考古发掘出土的宋代玉器不算很多,但与唐代玉器一样,不以数量取胜而以精美见长。最重要的发现是 1974 年北京市房山县长沟峪石椁墓中出土的十几件玉器,主要有玉双鹤衔草饰、折枝花饰、镂雕竹枝饰、孔雀形钗、双股钗、镯、政和通宝玉钱等,精巧别致,独具特色,具有典型的北宋玉器特色。出土的南宋玉器主要见于浙江衢州市史绳祖墓中,计有白玉荷叶杯、青玉蛋形瓶、白玉兔镇纸、白玉兽形纽、青玉笔架、玉合页状器等,另外在江西吉水县洞源村、湖北武汉卓刀泉等地的宋墓中也有玉带钩、玉镯等出土。宋代传世玉器在民间多有流传,其中北京故宫博物院就有大量的收藏。宋代玉器的玉料多为白玉、青玉、墨玉、玛瑙等,其中尤以青玉和白玉为多。

宋代玉器的一个显著特点就是强烈的世俗化倾向和浓厚的生活气息,造成这种特点的原因是城市经济的高速发展。两宋 200 多年的统治时期,是我国古代社会经济极度繁盛时期,城市工商业发展尤为迅猛,城市繁荣,市镇兴起,商业发达,市民阶层不断扩大,玉器为普通市民服务的倾向已呈现出一股锐不可当的时代潮流。这种倾向在唐代初露端倪,宋元以后已成为玉器发展的主要趋势。从新石器时代晚期的玉器到秦汉时期的玉器,除装饰功能外,或服务于宗教,或象征等级,或宣传伦理道德,除系统性的礼玉外,多为一些神秘色彩、怪诞不经的龙、螭、鸠、凤等奇鸟怪兽,再加上诡秘的云纹、雷纹、蒲纹、谷纹等纹饰,形成了一种既源于现实又超脱于现实的理念化境界,一方面这种被赋予特定含义的玉器长期以来一直被上层统治阶级所垄断;另一方面,这类玄妙莫测的玉器也不可能被民间广泛地理解和接受。因此,为了适应新形势下新的消费需求,玉器不可避免地要走上世俗的道路。宋代玉器在这种背景下,不仅具有浓郁的生活气息,而且已抛弃了前代凭空的制作,转向迎合社会的消费心理,选取日常生活中常见的题材进行现实主义的创作,其中的标志就是有玉雕童子、玉折枝花、玉兔荷叶等作品的普遍出现。

宋代玉器是在唐代玉器的基础上发展起来的,同时又有了新的变化,在雕琢技艺上,镂雕法被应用得极为广泛,成为主要的表现手法,这是宋代琢玉工艺的一个显著特点。宋玉的品种也相当广泛,既有宫廷的艺术珍品又有民间普遍使用的小件玉饰,实用品也有发现,主要种类有玉钗、玉镯、玉带钩、玉镇纸、玉笔架等;其题材多选用日常多见的花卉、飞禽、花鸟图案,清新雅致,比例协调,形神兼备,极富绘画情趣,明显受到宋代高度发达的人物、山水、禽鸟、花卉等题材绘画的影响。宋玉在形制和纹饰上讲求对称均衡,在图案化的形体上透露出浓郁的生活气息,达到了生活和艺术的高度统一。

在宋代,统治者为巩固其政权,建立了严格的伦理纲常,鼓励研究经学以图恢复礼制,厚古之风盛行,一些官宦学者热衷于古代礼物器物的搜集、整理和研究,金石学产生并发展起来,玉器作为古代重要的物质文化遗产也被列入研究范围之内,北宋吕大临的《考古图》是我国古代收录玉器最早的金石学著作。在这种厚古薄今思潮的影响下,古物身价倍增,一些市贾就通过模仿古代器物来牟取暴利,仿古玉正是在这种情况下出现的。清代学者陈性在《玉纪》中记载:"更有宋宣和、政和年间,玉贾赝造,将新玉琢成器皿,以虹光草汁罨之,其色深透红,似鸡血色,人谓之得古法,赏鉴家失辨,或因之获重价焉。"所谓仿古玉就是通过模仿古代玉器或其他器物而加工碾磨的玉器。仿古玉大致可分为两种类型,一种以牟取暴利为目的,不惜损害玉器的本来面目以达到以假乱真,这类仿古玉多为民间制品,由市贾销售给那些爱好古玉的顾客;另一种是尊崇古玉质朴、典雅的风格,纯粹从艺术鉴赏的角度来仿造,只在器物的次要部位做少量伤残,力求保证器物的整体风格不受损害,有些还专门注有"仿古"的题款。这类仿古玉多为宫廷作品,有很高的艺术价值。仿古玉是我国古代玉器的重要组成部分,虽然它是以古代器物为蓝本进行模仿的,这在一定程度上确实影响了其价值,但从另一个方面来看,仿古玉是在某一历史阶段模拟另一个历史阶段玉器的产物,无论是在雕琢方式还是艺术风格上都不可能达到完全统一,即使形制惟妙惟肖,其神韵也相去甚远,可以这样说,仿古玉实质上是以间接的方式反映本时代特征的作品,时代的烙印根深蒂固,归根到底是一种披着仿古的外衣的本时代玉器而已。另外,仿古玉作为中国古代玉器发展到一定程度的特殊产物,在选材、磨制方法方面都有独到之处,如古代玉器在长期受到土埋、水浸等不同条件的影响下,玉质、玉色或多或少发生了一定的改变,玉匠在选材时就必须把握住这个特点,往往要选用那些苍黄、杂色、葱色或边皮的类似出土的玉材,有些必须经过染色等特殊技法来仿制古玉的沁色。另外,古玉历经千年的沧桑,多少会留下一些残痕,玉匠们在仿制过程中发明了以砣碾钻凿,细砂磨划或敲击等多种致残方法,这些染色、致残的方法也大大丰富了中国的玉器制作技术。

总之,宋代玉器在继承唐代玉器的基础上,以其出神入化的镂雕技术,栩栩如生的花鸟图案以及别开生面的仿古玉，对后世玉器的发展产生了深远的影响，明代学者高濂在《燕闲清赏笺》中盛赞"宋工制玉，发古之巧，形后之拙，无奈宋人焉"，不是没有道理的。

二、宋代玉器主要作品介绍

（一）《双鹤衔草玉饰件》

《双鹤衔草玉饰件》是宋代玉器，1974年于北京市房山县长沟峪石椁墓中出土，首都博物馆藏。玉饰通长8.2厘米，高6厘米，厚0.6厘米，青玉质，以镂雕和阴线刻的手法雕琢出两只完全对称、比翼齐飞的高足长颈仙鹤，鹤品衔卷草，嘴尖相对，鹤足合并且互相交叉，整幅作品玲珑剔透，造型雅致，充满吉祥如意、美满幸福的寓意。《双鹤衔草玉饰件》如图6-6-1所示。

（二）《玉龙把盌》

《玉龙把盌》是宋代玉器，传世品，北京故宫博物院藏。高7.3厘米，口径14厘米，乳白色玉质上有褐色浸斑，通体呈六瓣花形，敞口，微鼓腹，圈足，皿口至腹间镂雕一螭龙为把，口沿饰连续三角纹，腹部在回纹的锦地上隐起变形的夔凤纹，近足外各圈足上通饰莲瓣纹。如图6-6-2所示。

（三）《玉兽耳云龙纹簋》

《玉兽耳云龙纹簋》是宋代玉器，传世品，北京故宫博物院藏。高7.9厘米，口径12.8厘米，口微鼓腹，圈足，两侧雕琢出兽耳衔云纹，器腹在满饰"工"字纹的锦地上隐起一对蜿蜒盘旋的龙纹，龙下饰有水波纹，侧有云纹陪衬，在器形上仿效商周的青铜簋，但器身所饰的龙纹、云纹图案却极有宋代特征。这件仿古玉器器皿仅是在造型上参考了前代器物，在纹饰和细部刻画上则保留了鲜明的宋代玉器风格，这也是早期仿古玉器中普遍存在的现象。《玉兽耳云龙纹簋》如图6-6-3所示。

第七节 民族化辽、金、元代时期玉器

一、辽、金、元时期玉器评述

辽、金是雄踞我国北方具有相当文明程度的契丹族、女真族建立的政权，在与内地的长期交往中，一方面大量吸收汉文化中先进的因素，另一方面又保存和发展了本民族的传统文化，两者互相融合，相辅相成，形成各自特有的文化风格，是中国古代文化的重要组成部分。

考古发现的辽代玉器较少，主要出土于内蒙古奈曼旗辽陈国公主驸马合葬墓、翁中特旗解放营子辽墓，另外在辽宁朝阳县耶律延墓、义县西山村辽墓、吉林双辽县高力戈辽墓群及内蒙古巴林右旗白音汉窖藏中也有少量发现，其器种类主要有玉飞天、玉带、玉水盂、玉盒、玉砚、象生玉器、玉佩及一些水晶、玛瑙、琥珀制品。从种类、造型风格来看，辽代玉器明显继承了唐及五代玉器的传统而受宋玉影响较少，这可能是由于在北宋建立时辽

玉已基本形成体系,故宋玉风格很难再渗透进去。辽代玉器的一个重要特点就是看上去似乎平淡无奇,但仔细琢磨却又觉得韵味无穷,其造型不拘一格,随意性很强。辽代玉器中的象生玉器神态自然,不以夸张的形态来吸引人,玉器器皿不以繁缛的纹饰来渲染陪衬,清者自清,浊者自浊,清淡素雅,其创作题材大多也是选自日常常见的事物,写实性很强,具有一定的美术鉴赏价值。

考古发现金代玉器的主要地点在黑龙江绥滨县中兴故城及附近的金代墓葬,绥化县奥里米古城附近墓葬,哈尔滨香坊墓葬,北京市丰台区乌古伦窝墓及吉林农安金代窖藏等,其种类主要为象生玉器、玉器皿及大量的具有花鸟鱼虫图案的装饰艺术品。金代继辽代以后而雄踞中国北部,玉器工艺在保留本民族特色的基础上,上承辽代玉器的传统,同时又受到宋代玉雕工艺的影响,其艺术风格颇具特色。金代玉器既有近似辽代清素平淡的玉制器皿,又有高度发达的镂雕作品,其镂雕作品内容丰富,层次分明,丝毫不逊于宋代玉器,其题材既有宋玉中常有的花鸟形象,又有极富民族传统特色的虎鹿山林、鹰鹘雁鹅,图案装饰兼具绘画和雕塑两重特性,物像比例恰当,形态生动逼真,形神兼备,具有很高的艺术价值。在传世的玉器中常可见到这样两种题材的作品:一种以鹘攫天鹅为主要图案,陪衬以镂雕的花卉、水草,鹘体态小巧,矫捷勇猛,天鹅则惊慌失措,仓皇躲匿;另一种以虎鹿为主要内容,附琢以山石、柞林,或单面雕,或双面雕,虎多作蹲状,鹿有个体的也有群体的,多作奔驰状。这两类作品充满了淳朴的山林野趣和浓郁的北国情调,与传统的玉器有着本质的区别,它是我国北方契丹、女真民族春秋季节游牧射猎生活的具体反映,是极具草原游牧民族特色的玉器作品。这两种图案在金代的服饰中也有反映。金史中将有鹘攫天鹅图案的服饰称为"春水之饰",将有虎鹿山林图案的服饰称为"秋山之饰",故现在学术界一般将具有这两种图案的玉器称为"春水玉"和"秋山玉"。这两种作品虽然内容都大体一致,但每件的具体形式却又是千差万别的,绝无重复之感,达到了形散神不散的艺术境界。就目前的研究情况来看,传世的"春水玉"和"秋山玉"在年代上暂定是金代,但不排除辽代已有这类性质的作品,可能未发现或未能辨认出来。"春水玉"和"秋山玉"在元代考古发掘和传世品中都有见到,其"春水玉"和"秋山玉"与金代颇为相似。明清两代也多有仿制,但因缺乏那种必要的游猎体验,失去了生活基础的"春水玉"和"秋山玉"已逐渐失去那种古道幽静的山林野趣,日趋华丽轻浮,模仿工艺甚佳,却徒具有形骸而缺乏神韵。

考古发掘出土元代玉器的墓葬主要有江苏省无锡市钱裕墓和安徽省安庆市模盘山范文虎墓,另在北京、辽宁喀左、江苏苏州等地也有少量出土,主要种类有玉杯、壶、印、带钩和其他一些小型装饰饰品,另在北京故宫博物院等处还珍藏有玉海、玉尊、玉镇纸等器物,制作都相当精美,基本上可以反映元代玉器的特色。元代玉器在宋、金玉器的基础上继续向前发展,逐渐把中国玉器推向前进。元代在大都、杭州等地都设有官办玉器作坊,专向皇室提供宫廷用玉,民间玉器作坊也蓬勃发展起来。元代玉器吸收了宋、金高超的镂雕技艺,同时浮雕技法也被应用得出神入化,图案纹饰主要有花鸟、山水、螭虎、海兽等,有些玉器还表现出一种不拘小节的特色,即对表面琢磨一丝不苟,而在侧面、内壁或底部则不太精细。元代玉器最具代表性的是渎山大玉海,又称黑玉酒瓮。元代玉器器皿中重要的还有玉双人耳礼乐杯、玉贯耳盖瓶。元代花鸟图案的玉器以凌霄花嵌饰最具特色,这件嵌饰虽出土于清代初期墓葬中,但从雕琢方式、图案装饰和整体的风格当为元代遗物。具有契丹、女真族游牧民族特色的"春水玉"在元代仍有发现,在无锡钱裕墓中就曾出土了一件镂空椭圆环托杂以草卉的鹘攫天鹅玉雕。在传世元代玉器中这类题材的作品也偶有发现,其风格与金代十分相似,只是图案纹饰稍显繁杂,做工也不及金代"春水玉"细致。仿古玉在元代也有了进一步的发展,其形制多模仿商周青铜器,但纹饰仍留有较明显的时代特征,以北京故宫博物院所藏的玉龙纹活环尊最具有代表性。

综上所述,辽、金、元在继承唐代玉器传统的基础上,在种类、纹饰和雕琢技艺方面都有新的突破,明显具有民族特色,同时也为明清玉器走向全盛奠定了基础。

二、辽、金、元时期玉器主要作品介绍

(一)《青玉镂空鹘攫天鹅》

《青玉镂空鹘攫天鹅》是金代玉器,传世品,北京故宫博物院藏。器呈椭圆形,长8厘米,宽6.5厘米,厚2厘米,饰一天鹅隐身于荷叶之中,一鹘俯冲而下作追逐状,通体镂空分层处理,细部以阴线刻划,立体感极强,将鹘冲向猎物的瞬间把握得恰到好处,体现了玉匠丰富的生活经验和卓越的观察力。《青玉镂空鹘攫天鹅》如图6-7-1所示。

(二)《青玉虎鹿鹰鹊双玉雕》

《青玉虎鹿鹰鹊双玉雕》是金代玉器,传世品,北京故宫博物院藏。器呈长方形,长6.5厘米,宽4.5厘米,厚1.6厘米,扁平体双面浮雕,细部以阴线刻划,正面下部雕一蹲坐回首凝望的猛虎,上部雕两只在林中奔跑的鹿,背面下部为一雄鹰屹立于苍松之下,其上有双鹊飞翔,精新爽目,意境优美。如图6-7-2所示。

(三)《荷叶双龟玉佩饰》

《荷叶双龟玉佩饰》是金代玉器,1980年于北京丰台乌古伦窝墓出土,现藏于首都博物馆。长10厘米,宽7厘米,厚1.3厘米,青白色,镂雕成多层次荷叶和水草,于两片宽大的荷叶中央,各雕有一只昂首爬行的乌龟,相觅相呼,情态生动。龟自古以来就是吉祥、长寿的象征,以龟为题材的玉器大概也就是取此层含义。《荷叶双龟玉佩饰》如图6-7-3所示。

(四)《玉龙纹活环尊》

《玉龙纹活环尊》是元代玉器,传世品,北京故宫博物院藏。高22.9厘米,口径6.4~8.2厘米,足径6.8~9.9厘米,玉质闪青灰色,有绺纹,圆雕。直颈、阔腹,长方口,口沿外饰弦纹,颈部两面浮雕云龙纹,肩部有弦纹两道,内有两组凸起的回纹,在两组中间又琢一卧于"土"字上的夔龙纹。腹部回纹勾连云纹。长方形底足,足上部有相对的重复三角纹,足下部阴刻回纹,颈两侧有双兽活环耳。这件玉樽是仿古玉器,所以在颈、肩、腹部饰有龙纹、夔龙纹和回纹以附合古制。元代出土和传世的立体玉雕陈设品极少,此玉樽可称为绝品。《玉龙纹活环尊》如图6-7-4所示。

（五）《渎山大玉海》

《渎山大玉海》是元代玉器，传世品，存放在北京的北海公园团城。高 70 厘米，口径 135～182 厘米，膛深 55 厘米，周长 493 厘米，重 3 500 斤，玉料颜色为青白色中带墨色，又称黑玉酒瓮，器形略呈椭圆形，周身浮雕波涛汹涌的大海和海龙、海马、海犀、海猪、海鹿等海兽，以阴线和阳线表现动物的发、须、鳞、翅等细部，形态各异，栩栩如生，各种海兽出没在惊涛骇浪之中，气势颇为雄伟，玉海内膛光素无纹，刻有乾隆帝题的三首诗及序。据元史记载：玉海琢造于至元二年（公元 1265 年），最初置于广寒殿，相传元世祖忽必烈在大宴群臣时，每次宴会饮酒三十石，玉瓮就是用来载酒的。这个玉瓮雕成的年代，正是忽必烈第二次扩建北海琼华岛，重建广寒殿（原建于金代）的时期，忽必烈为了满足奢华的享受，不仅把广寒殿修建得很华丽，而且搜求天下的大量美玉置于其内，《渎山大玉海》就是其中之一。玉海后饱经战火，历尽沧桑，流落于西华门外真武庙中，被道人当菜瓮使用，直到清代中期被爱玉成癖的乾隆帝发现后立即"令以千金易之，置承光殿"中。鉴于玉海污损严重，乾隆时期在原来的基础上又进行了多次修理和琢磨。这个玉瓮从至元二年雕成之日起，至今已有 700 多年的历史。《渎山大玉海》形体厚重，做工质朴，粗犷豪放之中又不乏细致入微之处，气势磅礴又颇具浪漫主义情调，开创了我国大型玉雕的新领域，在玉器史上具有划时代的意义。《渎山大玉海》及纹饰如图 6-7-5 所示。

第八节　生活化与精品化的明清玉器

一、明清时期玉器评述

（一）明代玉器评述

明代玉器无论是考古发掘出土的还是传世品，数量都较多。明代玉器较集中地出土于北京万历皇帝定陵、江西南城明益宣王朱翊墓、明益王朱祐槟墓、山东邹县明鲁荒王朱檀墓、江苏南京吴桢墓、汪兴祖墓以及兰州西园、南京中华门、江西新建等地的明代墓葬。

从发现的明代玉器来看，主要为青玉、白玉作品，青玉颜色发暗，似阴天之天色，此外还有少量碧玉作品。明代玉器上承宋元传统，其造型粗犷浑厚，多以日常多见的人物、动植物、器物为题材，一般胎体较为厚实，镂雕技术相当发达而且运用极为广泛，在平面片状的玉料上能雕出上下两层不同的图案，被后代鉴赏家们盛誉为"花上压花"，在镂雕立体型器物时能恰到好处地把握好表面和内部的完美和谐，这种技术甚至连清代玉匠也自叹弗如，其纹饰多为花鸟、动物等吉祥图案以及人物故事等，清秀雅致，绘画情趣浓厚，其线条刚劲利落，棱角分明，但同元代玉器一样有不拘小节的特点，对次要部位如玉制器皿的内膛及底部处理不甚精细。

玉器种类亦颇为庞杂，主要有仿古礼器，包括璧、圭等，时做和仿古器皿，包括各种杯、碗、壶、爵等，以及各种各样的象生玉器、陈设品、装饰品和实用品。

明代的玉礼器主要是璧和圭，多仿照古制。璧数量较少，常见的纹饰是乳丁纹和螭纹。玉圭在明代为较为重要的礼器，《明史·舆服志》对其形制、大小、用途有专门的记载，考古发掘出土的明代玉圭数量较多，一般均放置于装潢精美的盒内，其形制相当规整，均为上端呈三角形的长方形玉片，纹饰主要是谷纹，另外还有"山"形纹，谷圭在明代帝王之妃嫔墓中出土较多，一般两面均饰满排列有序的谷纹，取意"谷圭以聘女"。

玉器皿是我国古代艺术价值最高的一类玉器，由于玉料要求较高，琢制难度大，隋唐以前一直较为少见，宋元时期数量有所增加，及至明代，玉器皿才大量出现，且品种繁多，雕琢细致，成为明代玉器中的代表性器物。明代玉器皿古色古香，极富有特色，其种类有玉杯、壶、盒、樽等，其中以形制各异、造型奇特的玉杯最具特色。明代玉执壶也形式多样，有荷花式、竹节式、八方式，图案装饰丰富多彩，多为吉祥、祝福的图案，如八仙祝寿、松鹤寿星，有些壶上还雕有"寿"字，一般在壶盖上均立雕出寿星、仙桃等装饰。

明代的象生玉器发现较多，种类繁杂，大小悬殊，用途各异，一般来说，较大的多为陈设艺术品，较小的多充当玩赏物或佩饰部件，其种类有人、马、鹿、猪、鱼、鸳鸯等，玉人多为寿星或佛、道造像，一般为大头长脸小鼻，阴线刻划细部，衣褶较少。

明代的实用玉器也有一定数量的发现，主要是笔管、笔架、砚等文房用具，造型简洁，纹饰淡雅，玉制文房用品普遍出现也从一个侧面反映了明代玉器的生活化倾向。

玉带在明代发展到顶峰，已成为官场礼服必不可少的组成部分，不同的带数和纹饰标志着佩戴者不同的身份地位。在明代，只有皇帝、皇后、妃嫔、太子、亲王、郡王、公、侯、驸马、伯及文武一品官才有资格使用玉带。由于考古发掘的明墓等级很高，多是帝王的墓，因此，对玉带的形制、纹饰、使用制度有较明确的认识，明代玉带同唐宋时期结构基本一致，系由鞓、銙、铊尾及带扣组成，玉带质料多为白玉，而且又以和田羊脂白玉居多，质地细腻光润，平面形制多为长方形、方形、桃形，有素面和纹饰两种。明中叶以前玉带纹饰极为丰富，主要有云纹、鹿纹、狮纹、海水江牙纹及各种花鸟虫鱼、百子图等，多运用"花下压花"的镂雕技艺，表现出多层图案，精美异常，巧夺天工。明中叶以后的玉带则以素面居多，形制质朴，玉质纯正，抛光细致，端庄素雅，别有一番情趣。

明代以玉为饰风气盛行，从坠饰、串饰到佩饰应有尽有，种类繁多，组合复杂，其中玉组佩饰最为发达。佩玉原为古代士大夫标榜清白的饰物，在明代成为官吏冠服制度中不可缺少的组成部分。在各地的明代墓葬中出土了相当数量的玉组佩，其中尤以万历定陵、益宣王朱翊墓、益王朱祐槟墓出土的最为完备，其部件有钩、珩、璜、踽、冲牙等，形状有叶形、云形、鸡心形、菱形、长方形、椭圆形，各部分之间还有玉人、鱼、蝉、兔、鸳鸯等象生小玉器部件，其间以数百颗玉珠串连，人行则玉件锵然相击，清脆悦耳。玉质小型饰物如带钩、钗、簪、坠饰等发现较多，其中尤以钗和簪最为精致。

明代仿古玉也有很大发展，仿沁、致残等手段都已达到以假乱真的程度。明代仿古玉大致可分为三种类型：其一是继承宋元仿古传统，以古代玉器或青铜器为蓝本仿其外形，而纹饰却带有鲜明的本时代特征，这类仿古玉在明代最为常见；其二是无论造型还是纹饰均明显带有本时代的特征，但却通过致残、仿沁等手段来造伪，这类作品在民间比较盛行；其三是造型和纹饰均完全模仿古代器物，并成功地运用各种做旧手段以达到真假难辨的效果，这类作品在明代不多见，它是仿古玉发展到高级阶段的必然产物，具有自己独特的风格和艺术魅力，对清代仿古玉有相当大的影响。

明代玉器的蓬勃发展首先归功于工匠地位的相对上升。拥有一技之长的工匠是我国古代璀璨文化的重要创造者,然而他们并没有以此获得相应的社会地位和应有的尊重,相反他们却一直处于极度悲惨的社会最低层。从商周的"百工"到元代的"匠户"制度,工匠始终是由官府统一管理,单独编立户籍,常年为上层统治者役作,以微薄的收入养家糊口,并且子孙世代相袭,不得擅离,地位极其低下,与奴婢无异,这对工匠的生产热情有极大的制约。及至明代,随着封建人身束缚关系的普遍减弱,手工业工匠的身份和地位才有了相应的提高,根据其服役的形式不同,分为轮班、住坐和存留三类:轮班匠每三年服役三个月,并免除其他差役;住坐匠为有一定技术的农民,每月服役十天;存留匠则是因为特殊原因需要在某些地区服役的工匠,由地方官府统一管理,不必赴京应役。服役期以外时间,匠人可以自主经营,另外在明代中叶以后,朝廷又颁布了轮班匠以银代役的法令,这些措施在一定程度上改善了工匠的待遇和地位,使之具有一定的自主权,极大地刺激了工匠的生产积极性,明代玉器正是在这种背景下获得新的活力的。其次是琢玉工具的革新,据宋应星《天工开物》的记载,明代玉匠已普遍使用"水凳",即由传统的席地而坐改为垂足倚于凳上,以双手操纵控制旋转性砣具,以双足踩动踏板转动皮带从而使砣具来回旋转琢玉成器,这一改进提高了生产效率,是琢玉历史上的一次重大进步。最后是玉器生产地的形成与发展,其中又以苏州专诸巷最为闻名遐迩。专诸巷名工荟萃,技艺超群,玉器风格典雅纤细,纹饰精雕细琢,美艳典丽,刀法纤细娴熟,变幻莫测。北京也是当时重要的玉器生产基地,玉器因古朴雅致而享有盛誉,但其名工巧匠多来自苏州专诸巷,正如《天工开物》所载:"良工虽集京师,工巧则推苏郡。"绚丽多彩的苏州玉雕极大地促进了明代玉器的发展,为我国玉器在清代走向鼎盛打下了坚实的基础。

(二)清代玉器评述

清代的玉器作坊遍布全国各地,由皇帝直接控制的有十处,在京师有养心殿造办处和内廷如意馆,这两处作坊完全为宫廷服务,另外八处是苏州、两淮(扬州)、杭州、江宁、淮关、长芦(天津)、九江、凤阳,这八处由当地的织造、盐政、钞关等衙门督办,并由内务府直接管理,也经常接受皇帝所派钦定的琢玉任务。这十处玉作坊又以如意馆、苏州、两淮(扬州)、长芦(天津)的经济技术力量较强,尤其是苏州的专诸巷,自明代以来玉器制作就极为发达,名工荟萃,技术全面,工艺精湛,乾隆帝亦曾盛赞"相质制器施琢剖,专诸巷益出妙手"。苏州玉作除完成自己的任务外,还经常向江宁、淮关、九江、凤阳等力量较为薄弱的地区提供人才和技术帮助,即使在京的造办处、如意馆在有特殊的需要时也常从苏州雇人,如乾隆四十四年(公元1779年)为太庙新制玉宝,就临时从苏州抽调了16名玉工。另外,两淮盐政所在地扬州、长芦盐政所在地天津,也都是制作玉器的重要地方,往往为皇室承担大型玉器的琢制任务,如重逾万斤的大禹治水玉山子和三千多斤重的南山积翠玉山子、云龙玉瓮就分别是在扬州和天津制作的。清代玉器的数量极为可观,仅北京故宫博物院就存有数万件。清宫廷玉器的主要来源有三条:其一由直属玉作坊琢造;其二为地方官吏、外国使节进奉;其三为从民间收集。宫廷玉器来自各地,实质上是全国玉器的缩影,同时也代表了清代乃至中国古代玉器的最高成就。

清代玉器得到蓬勃发展,是有多方面的原因的,其中与乾隆皇帝和慈禧太后二人有很大关系,二人生前爱玉与死后葬玉也充分反映了这一点。

古代帝王多喜爱玉器，尤以清代的乾隆皇帝为最。乾隆爱玉成癖，他在位的60年，古玩玉器充斥宫廷，其陈设、衣着、用具、供器以及玩物无不用宝玉石和金银来制成或装饰。乾隆元年（公元1736年），宫中建如意馆，如意馆是以制作玉器为主的宫廷作坊，乾隆亲自监制督办。乾隆非常喜爱古玉，尤其是"三代玉"。乾隆还亲自组织收集古玉，目前北京故宫博物院收藏的上万件古玉，多数是在乾隆时期收集入宫的，古玉进入宫廷的途径主要是贡入，在各地区的大臣们向宫廷进贡的物品中，古玉是非常重要的一项。对收集到的古玉进行分类、考证、鉴别、分级后，制造较粗的，乾隆不满意的，再由如意馆加工改造。乾隆对于宫廷玉器的制造给予了极大的重视，他亲自过问玉作的人员组成，工匠的选配及工匠个人的技术情况，使宫廷的玉作具备了一定的生产能力。宫廷玉作在制作较重要的玉器时，从画稿、制木型到加工成成品，乾隆都要亲自过问，一一审查。在得到或制得一件珍贵的玉器后，乾隆还要题诗吟咏，据统计，乾隆诗集中有800多首有关玉器的诗。

翡翠具有迷人的娇艳绿色，质地晶莹，是珠宝玉器首饰中的上品，向来为帝王后妃和贵族富豪所占有。慈禧太后就最喜欢翡翠，更把优质品称"帝王玉"、"皇家玉"。她拥有许多翡翠中的无价之宝，除大臣贡奉孝敬之外，她还派人选购优质翡翠玉石材料，交由清宫造办处制作玉器的名匠雕琢，制作期间，她经常到场监工观赏。到她临终时，为了设法美化自己的遗体，使自己死后仍能保持雍容华贵的仪容，曾嘱咐将她平日珍爱的翡翠与珍宝作为陪葬。清代宫廷中有许多极珍贵的翡翠，除作了慈禧陪葬品的之外，还有一块长春玉山子，其正面峰峦叠翠，小桥流水，苍松鹤鹿，背面则山石嶙峋，峰势纵横；另一件是翡翠白菜，依玉的原色加以巧琢，绿色部分为叶，白色部分为身，绿白相间，美妙绝伦，且叶上浮雕两只螽斯，备添情趣。这颗翡翠白菜，和慈禧陪葬那两颗的颜色、质地、雕工等方面都不分伯仲。长春玉山子和翡翠白菜，这两件稀世珍品，现均在中国台湾的"故宫博物院"内珍藏。据赵汝珍《古玩指南》引《爱月轩笔记》所载，在慈禧太后的陪葬品中，有大量翡翠制品，还有红宝石、祖母绿、蓝宝石、珍珠、碧玺、珊瑚等无数珠宝。她脚下足旁有翡翠西瓜两个，绿皮红瓤，黑籽白丝，估价为白银五百万两；翡翠甜瓜四枚，白皮黄籽粉瓤者两个，绿皮白籽黄瓤者两个，估价值白银六百万两；在头顶上有一件翡翠荷叶，叶满绿筋，如天然生成一般，上有一只红蜻蜓，形态生动，一玉雕成，重二十二两五钱四分，估价值二百八十五万两白银；翡翠白菜两棵，绿叶白心，在菜心上落着一个满绿的蝈蝈，绿色的叶旁有两只黄色的马蜂，估价值一千万两白银。另有佛像108尊，除金佛、玉佛、红宝石佛各为27尊外，还有翠佛27尊，每尊佛重六两；翡翠桃10个，绿色桃身，粉红色桃尖，与真桃极为相似。这些奇珍宝物，至今仍不知流落何方。

清代玉材以新疆软玉为主，常见的有青玉、白玉，另外绿松石、玛瑙及稍晚期大量出现的翡翠、青金石、珊瑚也被大量使用。清代后期翡翠上升到玉料的最高地位，被誉为"玉石之王"。

清代玉器是在我国传统工艺基础上发展起来的，吸收了历代玉雕之长处，并有了新的创新和发展，极大地丰富了我国古代玉雕艺术。清代宫廷玉器制作程序相当复杂，特别是一些形制较大的器物，首先要经过选料、画样，然后再经锯钻、做坯、纹饰、抛光等工序，仿古玉尚需做旧，有些玉器还要刻款。一般玉器作坊为适应这种复杂作业，常实行分工合作，具有不同技能的人各负责一段，在具体的操作中将传统的阴刻、阳刻、浮雕、镂雕技艺发挥得淋漓尽致,线如直尺,圆似满月,委角圆润,镂雕玲珑剔透,即使在器物的内腔、侧壁或底足等次要部位也一丝不苟,从整体到细部都给人一种和谐完美的享受。其纹饰图案集历史之大成,在一些常见的器物上往往饰以形式多样的山水人物、花鸟虫鱼、神话故事,及表现吉祥如意、长寿福禄的图案纹饰或文字,另外还有大量古朴典雅的仿古纹饰,特别是那些追求绘画效果的山水、花卉、人物故事图案,以其巧妙的构思和细腻的刀法达到了一种如诗如画、令人如痴如醉的艺术境界。

清代宫廷中所制玉器以器皿、陈设类的地位最为显著,在造型方面除传统器形的特色外,还涌现出一批颇具特色的仿生、仿建筑题材的作品。仿生作品包括仿动物造型和仿植物造型两种:动物题材多为龙、凤、麒麟、辟邪、象、熊等神鸟异兽,造型富于想象,善于捕捉动物瞬间的神态;植物造型的在乾隆时期应用极为广泛,一般的杯、碗、盘、盒、洗等多琢成荷花、菊瓣、海棠、石榴、葵花、贝叶等花形,花插则多琢成松桩、梅桩、竹筒等形状,极具古朴苍劲之感;有些作品甚至将动、植物造型结合在一起,也获得了意想不到的成功。仿建筑式造型是将传统的建筑形式应用到玉雕艺术中,大大增强了玉器的艺术表现力,具有很强的感染力,也体现出浓郁的民族风格。这类作品有些借用局部建筑造型,即器物的立体形状极为普通,但在局部却借用古建筑物中的山檐顶、台阶等,这种手法多表现在炉、瓶等器物上。如乾隆时期的碧玉塔式炉,下部为三兽足的炉,上部有一亭式建筑,上起攒尖顶,顶葫芦形状,各檐下均悬挂一铃铛,一眼望去觉其不伦不类,仔细琢磨又觉其搭配之和谐堪称天衣无缝。还有一种仿庭园式建筑造型,这种作品以表现庭院花园场景为主体,并配以人物以起画龙点睛的作用,使整个作品充满浓郁的诗情画意,极富生活气息。

清代乾隆时期随着玉料的充足,技术的成熟,制玉业空前繁荣,出现了以玉山子为代表的大型玉雕作品。这些玉山子形体庞大,重量多有千斤以上,其图案均以立雕山水为主,其间缀以人物、建筑、车船等。玉山子一个显著的特点就是多以著名的画稿为蓝本进行设计制造,有名的玉山子有《大禹治水图》、《会昌九老图》、《秋山行旅图》及《采药图》、《采玉图》、《观瀑图》、《赤壁泛舟图》等。

清代宫廷中还常雕刻一些儒、佛、道教人物形象,常见的有佛祖、罗汉、高僧、八仙、麻姑、寿星等。一般来说这类题材的作品并不含有宗教意义,只是作为一种象征吉祥美满的陈设品而已。

以玉为饰在清代也极为普及,从头饰中的笄、钗到身上的佩饰、串饰、腕饰以至于金、银、铜、竹、漆、木器上的嵌饰,种类繁多。这类器物雕琢小巧精致,很多上面饰还刻有"比翼双飞"、"万寿无疆"、"玉堂富贵"等吉祥文字。

玉制的文玩用具在清宫玉器中也占有一定的地位,这类器物造型丰富,仿动植物的造型和纹饰颇为常见,尤以古朴典雅的文房用品最有代表性。如清代的玉砚除有仿古的"凤"字形砚外,还有许多龙凤蕉叶随形砚、卧鹅式砚、凤背砚等,笔架多雕成山形,也有雕成花枝形的,笔筒则更具特色,一般外壁均为浮雕图案,以表现景致为主,有名的玉笔筒有《岁寒三友图》笔筒、《狩猎图》笔筒、《观瀑图》笔筒及《春夜宴桃李园图》笔筒等。

由于清朝,尤其是乾隆时期推行古制,所以在一些规模较大的祭祀、朝觐、大典活动中常用到玉制的礼器。清代礼器以璧、圭居多,其中很大一部分也充当陈设品使用。清宫印、玺等以玉制为贵,造型亦颇为精美。另外在北京故宫博物院还保留有几百函清宫玉册,上多琢刻清帝御书的题记、诗文,一般都放置于雕龙镂凤、精巧别致的紫檀匣中。

清代是宋以后,尤其是明代玉器风格的继承和发展提高者,特别是在乾嘉盛世,社会安定,经济发展,城市繁荣,这一时期玉器作坊星罗棋布,名匠层出不穷,玉料充足,工艺先进,皇家重视,民间普及,把中国古代玉器推向以大、多、精为主要标志的又一鼎盛时期。

我国古代玉器源远流长,在世界范围内都具有极其深远的影响。然而就在乾隆时期我国古玉登上艺术巅峰之时,一种外域玉器突然打入清宫内廷,并使宫廷玉作坊和民间玉肆或多或少地受到其造型和琢玉技术的影响,这就是被乾隆皇帝所极力推崇、赞叹不已的痕都斯坦玉器。根据文献记载,可知这种玉器大致产于今印度北部、巴基斯坦西部和克什米尔地区一带,由于这一地区当时被建立在北印度的莫卧儿帝国统治,故"痕玉"又常被称为"印度玉"或"莫卧儿玉"。"痕玉"大致是乾隆二十四年(公元1759年)清军平定回部上层贵族叛乱之后作为战利品最早进入清宫的,乾隆皇帝对这种与中国传统玉器风格迥异而极具伊斯兰艺术风格的外来品爱不释手,先后赋诗作文五十余首来赞美"痕玉"精湛的做工和独特的艺术风格。具有伊斯兰艺术风格的"痕玉"与中国传统玉器相比有着明显的差异,其最典型的特征就是器薄体轻,透明度高,被乾隆皇帝誉为"薄如纸更轻于铢","抚外影瞻内",并为内地玉工不能掌握这一技巧而深表遗憾。"痕玉"玉料多为青色,其玉质与和田玉颇为相近,不能排除其来自新疆的可能性。"痕玉"多为实用器皿,主要有盘、杯、碗、壶、盒、盂等类,其外形多模仿日常多见的花、果、叶等植物造型,极少数为动物造型,器物的图案题材均为写实的花卉果蔬,主要有菊花、葵花、凌霄花、莲花折枝花、瓜棱、桃实、树叶枝蔓等,其纹饰多采用平面隐起的浅浮雕,琢磨极为细致,不留丝毫琢痕,达到了一种"看去有花叶,抚来无痕迹,细入毛发理,浑无斧凿痕"的艺术效果。"痕玉"的耳和足形制亦颇具特色,其耳多作对称的花果枝叶形,其底与足多外撇,呈花瓣形或叶形。"耳垂翻出双苞缀,足砥粉承碎瓣拿","玉瓢一握如瓜瓣,有蒂有叶还有花",正是"痕玉"造型艺术和图案纹饰的具体反映。现存北京故宫博物院的许多"痕玉"上都刻有铭文,其内容主要是一些诗词和年款,多为楷书和隶书,印玺则篆书体,这些铭文都是在"痕玉"进入清宫后由造办处玉匠琢制的。清代具有痕都斯坦玉器风格的作品主要有碧玉菊花瓣盘、青玉茄式洗、白玉叶式杯、白玉双环碗、青玉双耳碗等。痕都斯坦玉器造型别致,雕琢精巧,图案纹饰具有较强的写实性和浓郁的生活气息,这在一定程度上确实为内地玉器所不及。但任何一种艺术品都不能达到十全十美,"痕玉"同清代宫廷玉器相比其长处如前所述,但不容否认的事实是"痕玉"在造型、纹饰等方面极少突破花草果叶的范围,其种类亦比较少,只有实用器皿和少数的装饰器物,表现手法亦略显单调,特点主要是以"轻薄"见长,而清宫玉器种类繁多,造型丰富,图案纹饰题材极为广泛,器物一般有胎质浑厚、古朴典雅、玲珑剔透的特点,从整体上来看,"痕玉"是无法同气势雄伟、博大精深的清代玉器相抗衡的。

清代仿古玉器以其质朴浓厚、古色古香的特有格调与时做玉器相辅相成,交相辉映,共同组成了绚丽辉煌的清代宫廷玉器。清代仿古玉器蓬勃发展的原因是多方面的。首先是明清以来复古思潮的泛滥,厚古薄今蔚然成风,效法古制成为一种时尚,清代礼制一脉承袭中国古代的传统制度,其用玉制度更是完全仿效古制。其次伴随着金石学的进一步发展,越来越多的人开始注重玉器的研究,对古玉的形制分类、定名、断代、用途也有了比较科学的认识,为仿古玉走向规范化奠定了必要的基础。另外,乾隆皇帝对古玉的重视也极大地推动了仿古玉器的发展。

清代仿古玉器是在明代的基础上进一步发展起来的,其作品仿古而不泥古,青出于蓝而胜于蓝。作为一种特殊的工艺品,仿古玉器首先须注重造型,其形制或参照前代金石学者著录中的器物,或参照旧器仿制,有些则部分地借用古器物造型,将不同时代的造型有机地融合在一起,别有情趣。其次是纹饰,清代仿古玉的纹饰亦可分仿古纹和反映本时代特征的纹饰两类,其中造型和纹饰都完全模仿古器的作品与明代相比明显增多,尤其是乾隆晚期以三代彝器为蓝本仿制的大批玉器,几乎可达乱真的地步,这些玉器往往镌刻着"大清乾隆仿古"或"乾隆仿古"等款识,这是宫廷仿古玉器的一个重要特点。仿制古玉器最关键的技术是做旧,包括致残和染色两部分,玉匠们积累了丰富的做旧经验,致残大致又可分为砣碾致残、沙磋毛道和敲击致残,染色又称烧古、染玉、仿沁、提油。染色是制作仿古玉的过程中最重要也是难度最大的一环,清代玉匠常采用烤色技术来仿制土沁,一般呈赭黄斑状,这种颜色多见于汉代的一些出土的玉器上,清代宫廷许多仿汉古玉上也有这种赭黄斑,在造型、纹饰上无纰漏的情况下足以以假乱真。另外,一些玉皮色深且表面粗糙,与旧玉之色颇相近,往往被保留下来冒充古玉。清代玉器中还常见一些经过改造的旧玉,其中有些是将前代一些原本无纹或纹饰较少的古玉新琢纹饰,如清宫收藏的一件良渚文化玉璜。

清代仿古玉器制造有如下几种情况。

按照流传的古玉图录制造。在清代,流传着《古玉图》、《三礼图》等宋元时代的考古图录,这些图录中收录了许多古玉图形,清代宫廷曾按照图录制造了一批仿古玉器。据清宫造办处《活记档》记载,乾隆八年(公元1743年)十一月初七,清帝曾命按照《考古图》做白玉马、白玉仙人、碧玉虎等器,并烧汉玉颜色。清代宫廷遗玉中有一些玉圭,则是按照《三礼图》所绘图案制造的,有的还在《三礼图》所绘玉圭基础上加以变化。由于图录所绘玉器缺乏考古依据,又掺杂了很多想象的成分,故依图所制玉器与真正的古器有一定的差距。

以古玉为据,稍加变化,或将不同古玉的造型、纹饰加以拼凑。如清宫收藏的白玉礼乐杯,为宋元时的作品,杯高7.2厘米,口径11厘米,圆形,雕二女人为耳,杯口饰回纹一周,杯外雕"工"字形锦地,浮雕通景十仕女奏乐图,并有鹿头为头饰。清代制造的仿制品形状与其相似,亦为圆形,双仕女耳,但纹饰与其稍异,杯外口沿饰云纹,腹部浮雕王公、王母及女佣共十人,并有寿鹿、龟巢、仙鹤,人物布局与礼乐杯也很接近,杯底刻"乾隆仿古"年款,一看便知是依礼乐杯风格仿制的玉器。

完全照旧器仿制。此类作品较多,仿制的不仅有古器,也有工艺水平较高的或清帝喜爱的近代制品。清代宫廷造办处《活记档》记载:"乾隆三十五年(公元1770年)五月二十二日,接得李文照押贴一件,内开五月十六日太监胡世杰交汉玉鸡四件,汉玉鱼一件,汉玉月牙扇形器一件,随雕漆盒二件,传旨:'着如意馆挑有颜色玉照双鸡配做双鸡一件,头上留红色,再照红汉玉鸡配做一件,月牙扇改做鸡一件,挑白玉配做卧兔一件,得时摆浮化轩,钦此。'"又记:"于本月挑得回残皮糙玉二块,画得双鸡一件,卧兔一件,鱼一件……奉旨照样准做。"在造办处档案中,类似的记载还有许多。

旧玉改造。旧玉改造是玉器行业中非常普遍的现象,出现这种现象的原因在于用旧玉改制的玉器易冒充古玉,不易被识破,能以次玉冒充贵重的玉件。刘大同《古玉辨》中有一段记载:"清光绪十九年(公元1893年),余寓燕京,有友人购一玉砚,满身鱼子斑,长约六寸,阔约四寸,持以示余,骤视之,玉质颇古,池畔雕一鹤,亦颇不恶,及细审其刀痕,不甚浑圆,似新镌者,因曰:'此旧玉改造也。'友人颇不以为然,越数日,沽砚者来余寓,因笑而问之:'某君购汝一砚,改造亦甚巧妙。'渠曰:'如此厚重之物,当用何等器物改之?'余曰:'用玉押耳。'渠默然,少顷即曰:'去年得一古玉板,上下均有伤痕,体厚重不得已,磨去以制砚耳,是非留心刀法者,不易辨也。'"这种旧玉改造之风,在清代宫廷内很盛行,地方贡入宫廷的古玉,有一部分不适应宫廷陈设和收藏,又不能扔掉,往往被改造成仿古玉。清宫遗玉中属旧玉改造的有以下三种情况。

① 旧玉翻新。往往把商代以前的做工粗糙的玉器,琢磨、改造成质量较精的作品。如清宫廷收藏的一件乳环,为片状,圆环形,孔上面和下面各出一周飞翅,经改造,环被磨得极薄,表面的弦纹已被磨平,飞翅也矮了一些,用做玉杯之托。

② 旧玉后刻纹饰。多见于璧、圭、斧、璜等一类的古玉,这些古玉本无纹饰或纹饰较少,故刻花以提高其观赏价值,所刻花纹多呈汉代风格。清宫收藏的一件良渚文化玉璜,长13.7厘米,厚0.9厘米,弧形,顶面浮雕三兽面,兽面雕法如蚩尤杯,是在凸起的圆片上用手工刻出细线构成的五官纹饰,璜的两面则为清代刻的仿古勾云纹,线条纤细,为高速转动的砣子砣出,由于保存较好,线条尚似新刻,是后刻纹饰玉器的代表作品。

③ 旧玉后加款。情况较复杂,总的来说就是在年代不甚明确的古玉上加刻制造年款,以加刻"雍正年制"或"乾隆年制"款为多。清代后刻款的玉器一般都是元、明时的玉器,以杯、碗类为多。

清代仿古玉器形式多样,种类繁多,对于从新石器时代直至元明时期的玉器都有仿制。由于受清代社会好古之风的影响,人们对仿古玉器形成了一定的爱好,同时人们对古玉的鉴别也已有一定的水平,再加上足以乱真的做旧技术,因而形成了一种独具特色、别开生面的仿古玉器艺术体系。

清代宫廷仿古玉的主要类别有礼器、装饰品和器皿陈设三类,另外还有少量的仿古实用品等。

仿古礼器主要有璧、琮、圭、璋,多仿汉制,其纹饰有谷纹、蒲纹及变形的夔龙纹等。常见的一种璧是在璧面上起弦纹一周,内圈遍饰谷纹或蒲纹,外圈雕兽面纹,有些则是直接在璧面上雕刻兽面纹及四灵纹,与汉代同类璧非常相似。这些仿古璧均选用优质玉料,精雕细琢,古朴端庄,很多也被用来作陈设品。琮一般仿照良渚文化器物造型。仿古的圭、戚、斧等,仿山东龙山文化同类作品。

清代仿古装饰品主要有环、璜、珩、鸡心佩等,多仿汉代制形,其中最具特色的是仿汉鸡心佩。

清代宫廷仿古的器皿陈设玉器数量很多,制作精美,充分显示了清代制玉的娴熟技艺。这类器物有些模仿古代的玉器,有些则是以三代彝器为蓝本。

光辉璀璨的明清玉器为中国古代玉器画上了一个圆满的句号。在原始社会的朦胧的美感引导下出现的中国玉器,历经近八千年的曲折发展,从简单的装饰品到为宗教、等级、道德服务的礼器,最终回到高层次的艺术欣赏作品,均深刻地反映了不同历史时期,不同社会意识形态下人们迥然不同的创作心理。

二、明清时期玉器主要作品介绍

(一)《青玉八仙图执壶》

《青玉八仙图执壶》是明代玉器,传世品,北京故宫博物院藏。通盖顶高 27 厘米,口径 6~7.8 厘米,足径 6.5~8.2 厘米,玉质闪青,有锦纹。执壶为扁圆形,中空,细颈阔腹,口和足为椭圆形,盖顶纽为镂空骑鹿寿星老人。盖斜面为三云鹤纹,边沿及壶口为俯仰"山"字纹。器腹两侧面浅浮雕加线刻饰有"八仙"图,一面为铁拐李、汉钟离、吕洞宾、何仙姑四仙人;另一面是韩湘子、张果老、曹国舅、蓝采和四仙人。在饰有韩湘子等四仙人的一面剔地阳文草书五言诗四句:"玉斝千巡献,蟠桃五色匀。年来登鹤算,海屋彩云生。"末署"长春"。在饰有铁拐李等四仙子的另一面也以同样手法作诗四句:"芳宴瑶池熙,祥光紫极缠。仙翁齐庆祝,愿寿万千年。"末署"永年"。皆方印、阴纹。在诗文与八仙之间点缀仙鹤、祥云和松竹梅等纹饰图案,夔式柄,柄顶站立一兽。兽吞式流与壶颈之间镂雕灵芝纹相连。高足边沿阴琢"山"字纹,其有上弦纹。如图 6-8-1 所示。该作品设计精巧,造型庄重,做工粗犷有力,是明代陈设品中较珍贵的玉器。此器是明代嘉靖、万历道教盛兴时期的代表作。

(二)《青玉菩萨》

《青玉菩萨》是明晚期玉器,传世品,北京故宫博物院藏。高 11.5 厘米,宽 8.1 厘米,厚 5.2 厘米,玉质暗青色,圆雕,兽卧莲台,菩萨倚坐于兽背,眼半闭,耳轮垂肩,高鼻梁,小口半张,脸面丰满圆润,头戴莲花宝冠,一足踏莲台,一足抬起踩在兽肩部,右手放于膝部,左手扶兽臀,身体姿态自然舒适,状甚可亲,使菩萨和信徒的距离拉近。菩萨宽肩平胸,腰部细长,身体结构已趋概念化,身着天衣裙裳,胸前、腰下饰凸起的璎珞,项颈两侧宝缯飘扬环绕臀部飞向身后,衣纹粗硬有力,兽首向后昂起,凸眼粗眉,短鼻,数绺长毛发后披,长尾在菩萨足边,张口,呈鸣叫状,莲座壁饰莲花瓣纹一周,琢玉粗犷,刀法有力。如图 6-8-2 所示。这尊玉菩萨是观音菩萨。

(三)《合卺杯》

《合卺杯》是明代玉器,传世品,北京故宫博物院藏。高 7.5 厘米,横宽 13 厘米,青玉质。由两个直筒状杯并连而成,两筒上下各琢有一道绳纹,底部有六个兽首足,下面中部附一方板,其上琢有"万寿"二字,方板两侧各凸雕一螭,杯背而两筒相接处镂雕一凤形柄,两侧筒壁上琢有诗句,一侧为"湿湿楚璞,既雕既琢,玉液琼浆,钩其广乐",末署"祝允明";另一侧为"九陌祥烟合,千香瑞日照,愿君万年寿,长醉凤凰城",诗上部有"子刚制"字样,这件作品在形制上仿宋元英雄合卺杯,样式图案又有极大的变化,明代风格极明显,无疑是明代玉器中的佳作,是真正的陆子刚作品。《合卺杯》如图 6-8-3 所示。

谈到子刚款,就有必要对陆子刚及其玉雕技艺作些介绍。据《太仓县志》记载:"县人有陆子刚者,用刀雕刻,技擅绝,今所遗玉水仙簪,一枝价五六十金。子刚死。技亦不传。"《苏州府志》记载说陆子刚琢制的玉水仙簪"玲珑奇巧,花茎细如毫发"。据传子刚刻玉,必落名款。有一次,皇帝命他雕一个玉壶,严令禁止他刻留名字。他刻完之后,皇帝一看这回没有刻上"子刚"二字。岂不知他把名字雕在壶嘴之内,可见其技艺之高。目前见到的子刚款作品,能够鉴定为明末制造的玉器,有仿古玉杯、青玉执壶、合卺杯及臂搁、印盒、琴式盒、墨床,另外还有一些子刚佩玉。由于陆子刚制作的玉器质量精、价值高,故在当时仿制甚多,流传下来的也极多见,真赝混杂,孰真孰假,极难鉴别。

(四)《金托玉爵》

《金托玉爵》是明代玉器,出土品,1958 年于北京市昌平县十三陵定陵出土,北京定陵博物馆藏。器物通高 11.5 厘米,托盘直径 13.2 厘米,腹深 5.8 厘米,通重 396 克,爵为青玉质,形制模仿商周时期的青铜爵,爵身呈元宝形,深腹,圆底,两柱蘑菇形,顶刻涡纹。三柱足一侧透雕龙形把,龙弓身作攀附状,两只前爪搭在爵的上沿,口与柱根相接,后爪立于爵腹,尾上卷,龙腹与爵壁之间有空隙,恰好容一指插入便于持爵,形象生动,在流和尾部分别刻饰龙纹,爵的三足插入金托盘内的树桩形柱上,托盘内饰二龙戏珠图案,其内还镶嵌有 36 颗红蓝宝石,这件金托玉爵集金银细工、宝石镶嵌和仿古技术于一身,并将古朴典雅和富丽堂皇有机结合在一起,形成鲜明的反衬,两者相辅相成,交相辉映,是一件十分成功的艺术作品,充分显示了皇家玉器的迷人风采,如图 6-8-4 所示。

(五)《桐荫仕女图玉雕》

《桐荫仕女图玉雕》是清乾隆玉器,传世品,北京故宫博物院藏。高 15.5 厘米,宽 25 厘米,厚 10.8 厘米,白玉质,局部有橘黄色玉皮,整体造型为一美丽的江南庭院景致,玉雕以中心的月形门为隔,两面雕刻,分别表现庭院内、外景象,门外湖石抱立、桐荫垂檐,一妙龄少女梳高髻,手持灵芝,身穿宽袖长衣,神态恬静,缓步走向微微徐开的月形门,门内芭蕉丛生,一长衣少女双手捧盒,与门外少女透过门缝相互观望,其情其景令人如痴如醉,器物底部尚有乾隆御题诗句:"剩水残山境,桐檐蕉轴庭,女郎相顾问,匠氏运心灵。"这件精美绝伦的作品成器于乾隆三十八年(公元 1733 年)秋天,原为琢碗时遗弃的废料,极具慧眼的苏州玉工匠心独运,因材施艺,根据废料的形状、色泽巧妙构思,精心琢制,将皓白的玉沁琢成未开的门洞,似束亮光透缝而出,橘黄色的皮被巧妙地雕琢成梧桐蕉叶、覆瓦怪石,描绘出迷人的江南庭院的安谧景象。这件玉雕充分显示了清代玉匠敏锐的艺术洞察力与高超的琢玉技术,堪称巧夺天工,使人真正领悟到何为"山川之精英,人文之精美"。乾隆皇帝盛赞玉工之举为"义重无弃物,赢他泣楚廷",意指玉工之"义"比卞和在楚廷不怕断足致残哭献玉璞之举"重"。《桐荫仕女图玉雕》不仅代表了我国古代俏色玉雕的最高成就,而且也是中国古代构思最巧,琢制最精,艺术价值最高的玉器之一。《桐荫仕女图玉雕》如图 6-8-5 所示。

(六)《大禹治水图玉山子》

《大禹治水图玉山子》是清乾隆玉器,传世品,北京故宫博物院藏。高 224 厘米,宽 96 厘米,重达 5 300 多公斤,是我国同时也是世界上最大的玉雕山子作品,青色玉料,通体立雕成山峰状,其间重峦叠嶂,流水飞瀑,满山遍野布满古木苍松,在陡峭峥嵘的悬崖陡壁间聚集着成群结队的劳动大军,他们或以镐撬砂砾,或以锤钎凿石,或以简单的杠杆机械提石打桩,生动地再现了大禹当年率领百万民众开山导河、改造山河的壮观场面。更耐人寻味的是在山巅浮云之上还雕有一个金神和几个雷公形象的鬼怪,表现出古代劳动人民幻想借助雷电来开山爆破的大胆设想,给这种现实主义的作品增添了一份浪漫主义的色彩。玉山子下面中部有篆书"五福五代堂古稀天子堂"方印,背部下方有篆书"八徵耄念之宝"方印,上方有乾隆御题楷书"密勒塔山玉大禹治水图"七言诗及自注,器座是60多厘米高的嵌金丝褐色铜座。此器以宋画"大禹治水图"为蓝本设计出图样,于乾隆四十六年(公元1781年)发往两淮盐政所在地扬州琢造,至乾隆五十三年(公元1788年)才彻底完工,从运输到设计制作共经十余年时间。乾隆皇帝亲自督造这件玉器,一方面是为了歌颂夏禹治水的丰功伟绩;另一方面也是为了显示自己法先王圣绩之隆,以博千古之名,正如其诗云:"功垂万古德万古,为鱼谁弗领仰视。画图岁久或湮灭,重器千秋难败毁。"《大禹治水图玉山子》工程浩大,气势宏伟,它不仅是一部具有丰富内涵的壮丽史书,同时也是一件无与伦比的艺术瑰宝,它是中国古代玉器走向全盛的重要标志之一。《大禹治水图玉山子》如图6-8-6所示。

(七)《会昌九老图玉山子》

《会昌九老图玉山子》是清乾隆玉器,传世品,北京故宫博物院藏。高145厘米,最大周长245厘米,重832公斤,系由整块青玉琢成,描述的是唐代会昌五年(公元845年)著名诗人白居易等九位著名文人和士大夫会聚河南香山游宴的故事。清代玉匠运用镂雕、浮雕、线刻等多种手法琢刻这座四面通景的山水人物作品,正面山下有两翁在小桥上作交谈状,后随一位童子,山腰亭有两翁对弈,一翁观战,亭侧有一童子正在烧火煮茶,山子左侧一翁手抚童子头极目远望,陶醉于山景之中,山子右侧有一执杖上山的老翁,后跟一捧盒童子,背面山腰的平面上有一翁悠然抚琴,旁有一翁一童倾耳听,正面山顶有阴刻篆书"古稀天子"四字铭文,左面有隶书"会昌九老图"五字,亭的下部有"乾隆丙午年制"年款,背面山顶阴刻乾隆御题七言诗。这件作品古朴浑厚,意境优美,古道幽亭,松鹤流水飞瀑,无不引人入胜,令人向往,极富诗情画意和浓郁的生活气息。如图6-8-7所示。

(八)《青玉仿古召夫鼎》

《青玉仿古召夫鼎》是清乾隆玉器,传世品,北京故宫博物院藏。高25.15厘米,长20.9厘米,宽13.8厘米,新疆青玉,仿照古代青铜器召夫鼎的形制而制成的仿古玉器,器型为长方形,口沿带方唇,外饰一周雷纹,口沿左右两边为双立耳,腹部四面饰变形兽面纹,在腹部四边棱及两个前后面中夹饰有"T"字形方牙出戟,腹下为四根柱足,外侧饰变形蝉纹,鼎内底刻乾隆隶书题诗:"和阗贡玉来虽多,博厚尺盈亦致艰,材凝召夫今作鼎,祥非王母昔贻环,亚形还与摹铭款,龟采宁当视等闲,事不师古说闻匪,渐因赏并把吟问。"末署"乾隆丙申春正日御题"及"几暇怡情"、"得佳趣"二方章,鼎内侧壁上仿刻古铭,外底阴刻"大清乾隆仿古"之直行隶书款。从题诗中可知该器为乾隆四十一年(公元1776年)春所制造,深受乾隆皇帝的喜爱。在玉器上题写诗文和年款是清乾隆时期的一大特点,乾隆本人一生作诗四万余首,其中为玉器所作之诗就达八百多首,而且内容往往是不仅从造型、纹饰等艺术内容方面加以赞扬,而且还从玉料的来源、图案内容的典故,以及造型的渊源等方面进行考证、研究,虽然不一定都正确,但确实在很多方面为后人的研究提供了不少帮助。乾隆时期玉器上的题诗多用隶书和楷书,很少见行、篆、草书,其年款多用"乾隆年制"、"大清乾隆年制"、"乾隆御用"、"乾隆御赏"、"乾隆御玩"、"乾隆仿古",或于本器上刻写的"大清乾隆仿古",排列方式为直行或横行,字体则为隶、楷、篆三种,字体规整,章法有序。《青玉仿古召夫鼎》如图6-8-8所示。

(九)《青玉坐佛》

《青玉坐佛》是清中期玉器,传世品,北京故宫博物院藏。高13.6厘米,底宽8.3厘米,厚4.1厘米,圆雕,佛为结迦趺坐,手印为定印相,应为阿弥陀佛,即无量寿佛,手腕上各戴一圆镯,身披长宽衣,胸部饰璎珞和结束飘带,头饰螺髻发,头顶肉髻,双耳垂肩,双目微闭,嘴角含笑,座为椭圆状。如图6-8-9所示。该器造型文静,佛态安详,所雕线条流畅自如,抛光精致,显示出清代玉雕的高超技术。

(十)《青玉罗汉》

《青玉罗汉》是清中期玉器,传世品,北京故宫博物院藏。高18厘米,宽7.3厘米,厚4.5厘米,和田青玉,圆雕,罗汉脚踏方头鞋,身穿僧衣,腰系绳带,右手扶带头,左手抬于胸前,持万年青一束,光头,前额凸起一肉瘤,长眉,眯眼,脸有皱纹,两耳垂肩。该件玉器部分刀法硬朗而粗犷,但琢磨光润。如图6-8-10所示。

(十一)《碧玉观音》

《碧玉观音》是清中期玉器,传世品,北京故宫博物院藏。高28.8厘米,宽10.7厘米,底厚4.8厘米,碧玉,圆雕,呈站立状,赤足,着长衣,宽袖垂至膝下,一手搭于手背,一手半握念珠,念珠呈"8"字扭曲下垂,珠串上带一穗带,头披长巾,中间低垂,掩饰高髻上部,华冠正中是结迦趺坐化佛,眼睑下垂,胸前饰璎珞。这尊观音像为圣观音像,又称正观音、圣观自在,她是众多观音的总体代表。《碧玉观音》如图6-8-11所示。

(十二)《青玉桥形笔架》

《青玉桥形笔架》是清中期玉器,传世品,北京故宫博物院藏。高8.2厘米,长18.5厘米,宽5.4厘米,由新疆和田青玉制成,为立雕拱形,桥面上横刻木纹,桥面下则为竖刻木纹,表明桥面为双层木搭成,桥上雕有行人,居中为两个骑驴老者,作交谈状,驴前边一人坐于桥边休息,并回头望着骑驴人,在桥的两个坡面上,分别有人正在往上行走,一个肩扛重物,一人弯腰吃力地挑着担子,桥的四周掩映着松树和各种花木,桥被两排木制柱子架起,其中一排木柱边雕一只小舟,上有二人。整个构图疏密有致,人物生动,自然有序,描绘出一派江南水乡的恬静景致,给人以美的享受,作为文房用具,更为书斋增添了几许情趣。除了这种桥形笔架之外,清代的玉制笔架还有圆雕的山峰状、简单的"山"字形,以及群婴嬉戏式,形态多姿,千变万化。《青玉桥形笔架》如图6-8-12所示。

(十三)《白玉双蟹镇纸》

《白玉双蟹镇纸》是清中期玉器,传世品,北京故宫博物院藏。高3.6厘米,长11.2厘米,宽16.8厘米,是清代写生玉器的杰出代表,它的造型为镂雕双蟹,其中一蟹稍小,二蟹呈正前面相对式,均为八脚屈曲,双前螯相交,各夹住一茎芦草,芦叶由八脚间轻柔穿过,如飘舞的彩带,芦茎则由双蟹相对之空间分向两侧蟠曲而出,每茎芦草均带有饱满的芦花,蟹背凸凹起伏,如真蟹无二,双蟹均圆睁双目,极富生气。宋代以来人们比较讲究借字音以谐音、同音的方式寓意于物来组成吉祥词语,明清时期更是普遍存在这种"图必有意,意必吉祥"的风气,这件双蟹镇纸也不例外,它是借用蟹甲、双蟹以及芦花的音喻手法,传达"二甲传胪"的美好祝福。《白玉双蟹镇纸》如图6-8-13所示。

(十四)《翠玉兽面纹双耳炉》

《翠玉兽面纹双耳炉》是清中期玉器,传世品,北京故宫博物院藏。高10.3厘米,口径9.2厘米,足距3.1厘米,玉料为翡翠,绿色分布不均,大部分为白色,炉体为圆口,口沿外阴刻一周回纹,腹壁直而向下渐内收,腹部中间饰一周兽面纹,并以上下各一周凸弦纹框,足为三短足,其足根由腹部下侧外缘凸出,在腹部两侧靠近口沿处镂雕双凤耳,盖为覆钵式,盖面纹饰与腹部纹饰一致,盖钮为荷花托莲式样。如图6-8-14所示。

第九节 商品化与艺术化的近现代中国玉器

一、近现代中国玉器评述

20世纪初叶,玉器琢磨制作虽已失去了清代曾有过的规模,然而它在中国人的心目中并没有消失、淡漠,却以一种新的形式悄悄地活跃起来,即从宫廷走向了民间。

地方及民间玉作早在元代便开始出现萌芽,至明清两代有了较快发展。苏州、扬州、杭州、江宁、九江、凤阳等地都开设了为宫廷琢玉的作坊,主要给宫廷官府进行来样、来料加工。明、清朝廷对地方玉作琢磨水平要求甚高,加之民间玩玉、赏玉之风盛行及外国上层对中国玉器的注目,都为20世纪初期民间作坊的兴起创造了地域、人才、技艺、市场条件。一部分玉师、玉匠在玉器由宫廷艺术转向世俗商品的变革中纷纷开设作坊、商号。当时在北京的花市、崇文门以及前门外廊房头条一带出现了许多大小不等的玉器作坊,如文珍斋、宝珍斋、魁盛斋、济兴成、华珍号、天和斋等。20世纪20年代,在崇文门外建有专营玉器的青山居货场,在繁华的王府井、西单、东四、琉璃厂也开设了买卖玉器的店铺。玉器作坊之间业务有所分工,前门的作坊多做细活精品,崇文门的作坊以制作粗品和小件为主。北京、上海等地均创办了玉器行会及会馆,从业人员近万人。

玉器在明清之间开始被外国人当做中国文化的象征、东方艺术的奇珍异宝加以重视。20世纪初,"外人之嗜古好奇者,相率来华访购,随而扩张于海外矣"。有些国家为更多地收购玉器,先后在北京开设洋行,如日本的山中洋行、德国的鲁林洋行、美国的隆聚洋行、意大利的公私洋行,以及犹太人的先宇洋行。此时日本、英国、美国的学者也纷纷开展了对中国玉器的研究,中国学者也相继出版了《古玉图考》《古玉新诠》《玉雅》《古玩指南》等书籍。

玉器的学术研究和大量的外销促进了产业的发展,也促成了一些艺人在技艺上的成熟。作坊、商号由于均属私人开设,大都财力不足,制品一般以小件为主;外国洋行及商人来料也少有可制中件以上的材料;工艺虽还精致但大都以仿古、修改旧活为主;玉器形制、纹样基本上沿用明清风格。由于追求商业利润,审美观念逐渐迎合社会习俗,作品趋于平庸。个别人刻意制假、作伪,令古蒙羞。这一时期的玉器制作,设计简单,工艺粗糙,少有创新。

步入20世纪30年代,爆发了抗日战争,刚刚复苏的玉器行业遂跌到难以维持的地步。

1949年后,随着中国社会的安定、经济的发展,玉器行业也随之进入了一个全新的发展阶段。20世纪50年代之后,玉器成为中华民族珍贵的手工艺术瑰宝,备受国家的重视,政府也开辟了玉器制品走向国际市场的途径,从而带动了玉器产业的兴起与发展。从全国范围来看,玉器制作分布地域广泛,品种繁多,人才荟萃,技艺精湛,原材料供应充足,市场稳定,设备不断改进,玉器业进入了一个新的重光传统、再创辉煌的恢复时期。20世纪50年代至20世纪70年代末,北京、上海、广州、江苏、河南、辽宁、天津、湖北、江西、安徽、河北、山西、西安等省市约有玉器生产企业100多家,从业人员逾万人。中国现代玉器大体上形成了南、北两大派系。北派以北京为中心,包括长江流域以北的各厂家;南派以上海、扬州为中心,包括长江流域以南的众企业。

进入20世纪80年代,随着我国改革开放,玉器行业又获得了新生,由原有的单一的外销渠道体系,走向了外销与内销玉器市场共同发展的道路。

20世纪50年代以来的60多年间,是中国现代玉器发展的重要阶段。可以说,在这一阶段取得了以下几方面的显著成就:①从玉器成为创汇商品之日起,始终把握住了玉器的文化、艺术品位,突出并保持了玉器的中国传统艺术的属性;②创立了人物、器皿、山子、花卉、鸟兽、盆景、首饰等一应俱全的玉器门类,形成和确立了中国现代玉器品种的完整结构;③继承并发展、完善了传统琢玉的用料设计法则,树立了贵材料、重设计、精创造的创作思想;④创作了大量出类拔萃的玉器精品,建立了一支实力雄厚的技艺、管理人才队伍。这些成就既继承了传统又开创了新的局面,也必将对今后中国玉器的发展产生深远的影响。

在1981年至1990年间开展的全国工艺美品最高级别作品评比中,获中国工艺美术品百花奖金杯奖的就有翡翠《五福捧寿》、青金石《万象更新》、水胆玛瑙《蟠桃会》、翡翠《田园春色》、玛瑙《无量寿佛》、水胆玛瑙《八仙过海》、岫玉《华夏灵光》、珊瑚《梅兰竹菊》、碧玉《聚珍图》、珊瑚《释迦牟尼降生图》、水胆玛瑙《牛郎织女》、翡翠《岱岳奇观》、翡翠《含香聚瑞》、翡翠《群芳揽胜》、翡翠《四海腾欢》、白玉《大千佛国图》、玛瑙《海市蜃楼》、青玉《百寿如意》、翡翠《农家乐》等作品。可以说,现珍藏于中国工艺美术馆的玉器代表了中国20世纪80年代以来玉器的最高水平;而珍藏于北京工美集团总公司珍宝馆内的玉器则显示了中国20世纪50年代至70年代玉器的最高水平。

现代玉器,在延续、借鉴前代的基础上,随着时代的变化,不仅调整而且发展了原有的品类格局。现代玉器品类大体可分为摆件、首饰、盆景三类,每一类中,又包含若干品种与花式,而集玉器技艺之大成者,首推摆件。玉器摆件类(俗称件活),指以立体圆雕形式表现的观赏品、陈设品、珍藏品。具体品种可分为:器皿、山子、人物、花卉、鸟类、走兽等。

中国现代玉器器皿吸收了优秀的传统技艺,并发展成为20世纪50年代以后的玉器主要品种。其造型多仿古代玉器器皿,仿青铜器造型的也很常见,花式以炉、瓶、薰为多。常用的炉形有荸荠扁炉、高庄炉、亭子炉等。瓶的造型丰富多样,有圆肚瓶、观音瓶、齐肩瓶、八棱瓶、方瓶、葫芦瓶等几十种。玉薰以北京花薰最具代表性,其薰体挺拔华美,上下由顶钮、盖、腹、中柱、底座五节组成,有的甚至可达九节。器皿类常见的花式还有尊、垒、卣、簋、觥、鼎、盒、壶、杯、碗、盘、水丞、洗子等。其中,有以青铜器造型与瑞兽形象相结合的器皿形式,如龙觥、羊罐、鸭尊、兔尊、狮尊、牛尊等。此外还有凤瓶、鸳鸯盒等。器皿造型复杂,仅配件造型就有盖、顶、底、耳、环、提梁、链、腹;内腔造型又有腹腔、盖腔、足腔之分。由于器皿部件繁多,工艺复杂,艺术品位高,因此对玉料要求也相当严格。造型复杂的器皿大多选用质地坚硬致密、色泽均匀、质感凝重、纯净无绺瑕的和田玉中的白玉、青白玉、青玉、墨玉、黄玉等高档玉料。器皿具有很高的欣赏价值,因此琢磨技艺要求达到规整精细。除胎型周正匀实、内腔壁厚薄一致外,为呈现器皿色泽统一及小料大作的技艺绝妙,各部分配件均要求从同块玉料中掏出并进行合理使用。器皿的环、链、耳、足需掏空成型,不能有丝毫破碎断裂,腹、盖、足、内腔均须逐一磨平碾光,子母口接件切割琢磨要严丝合缝,器皿以稳重、端庄、形美、玉润取胜。活环及链条成为器皿中常见的装饰手法,扬州器皿中的"五环炉"及"链子瓶"类作品最为著名。扬州制作的白玉宝塔炉上的8根链条,共有128节活圈,展示了精湛的绝技。玉器器皿的装饰纹样,属于锦上添花之举,俗称上花,是器皿设计的重要环节,也是显示器皿艺术效果的不可分割的部分。常用的图案纹饰有各种花草、人物、几何纹、云雷纹、饕餮纹、龙凤鸟兽纹、古代变形瑞符等。器皿的口、腹、颈、足等部位一般平素没有纹饰,盖、顶、耳多饰立琢、透琢的纹样与造型,有的器皿的腹身部饰浮琢图案。器皿中的薄胎及薄胎压丝嵌宝制品是玉器艺术珍品,薄胎的腔壁厚度仅3毫米左右,壁薄体轻,莹润雅秀。有的薄胎器皿壁薄如纸,双耳小巧并饰以花卉,花瓣片片玲珑;有的薄胎器皿可漂浮于水面,故称之为"水上漂"。薄胎压丝嵌宝技艺出现在清代,是由中亚传入的"痕玉"工艺,后在我国失传,北京潘秉衡大师潜心研究多年,于20世纪50年代恢复此技,并制作了许多精美之作。薄胎器皿虽薄却要薄中见厚,巧中见稳,故宜选用色泽温润的青白玉、青玉、碧玉,此种玉料琢薄后易产生出特有的晶莹润泽之美,而原本过于晶莹的玉料经琢薄后反显轻薄无骨,犹如玻璃之态,这也是未尝见以水晶料制作薄胎器皿的缘故。现代玉器器皿主要代表作品有:北京的白玉花薰《东方巨龙》、白玉花薰《巾帼英雄》、翡翠花薰《含香聚瑞》、翡翠《象垒》、黄玉《链瓶》等;上海的翡翠《龙凤尊》、翡翠《大宝塔》、墨玉《调色器》、碧玉《周仲驹彝》、白玉《鸭壶》等;扬州的白玉《内链双瓶》、白玉《宝塔炉》、白玉《五行塔》、白玉《舞乐升平瓶》等。其中,1957年至1959年设计、制作完成的,曾长期陈列于人民大会堂,现藏于北京工美集团总公司珍宝馆的白玉《东方巨龙》花薰,是一件光彩夺目、名扬中外的玉器珍品。

玉器山子,又称山子雕,以山水或伴有人物为题材,曾盛于明清,在几百年艺术实践中形成了鲜明的特色与规范。玉器山子作品以保留整玉天然浑朴的外形原貌为特点。山子因玉料体积重量不同,作品巨微不一,大的山子可达数吨重、一两米高,小的只有寸许大小。清代以前,山子多以新疆和田白玉、青白玉、青玉为料,现代除上述用料外,还以翡翠、碧玉为料。翡翠大型整料相对常见,质地坚且润,色彩明丽,是制作山子的理想材料。由于大部分山子玉料在形成过程中屡经大自然风化、撞击等洗练,材料往往绺纹纵横交错,只有带绺施艺、相玉而琢、遮瑕扬瑜、变绺为趣,才能因势利导地将条条绺裂融变成嶙峋山崖。这是创作山子玉器的最主要的技艺规则。现陈列在中国工艺美术馆内的碧玉《聚珍图》、白玉《大千佛国图》、翡翠《岱岳奇观》以及青玉《汉柏图》,是中国玉器史上继清代《大禹治水图》、《秋山行旅图》、《会昌九老图》之后的大型山子珍品,这些作品无一不体现了当代玉器山子的最高技艺。

玉器人物摆件具有很高的欣赏价值,20世纪60年代后成为玉器门类中最大的品种,并在用料、琢磨,以及题材、艺术表现形式诸方面较先前有所突破。此前,常规人物多作单人像(俗称棍子人),题材不外乎佛像、仕女、老人、童子等,艺术刻画手段也比较单一,因此作品颇显单调。20世纪60年代以来,玉器设计师们在人物题材和艺术形式的拓宽、挖掘方面取得了突破。其标志是,在确立作品的主题时将人物与情节、环境相联系。因此,可用题材便丰富多样。这时的作品出现了两个人物的组像或两个以上人物的群像,其间配以与情节有关的道具、景物。即便没有道具、景物配置的双人组像,也通过人物间姿势的呼应、神态的刻画来增添情感气氛。因此,这时期的人物作品不仅具有情趣,而且更具文化品位,从而大大地提高了玉器人物的艺术感染力和工艺的欣赏性。玉器人物用料要求较高,一般都选用质地致密、颜色均匀且沉稳润泽的白玉、青白玉、青玉、碧玉、青金石、珊瑚、绿松石等高档材料。用这些材料作出的人物脸部色泽匀净且整体视觉沉稳,从而使得作品艺术价值、经济价值显著。带俏色的玛瑙是当代琢制玉器人物的主要材料之一。通过借、让等手法,可把材料上的多种颜色布排得精妙绝伦。玛瑙材料的温润光泽和美丽的色彩,往往容易激发作者的创作欲望,同时有助于其发挥想象力及表现力。在以往成就的基础上,当代又开拓了一些玛瑙俏色巧用技艺。如在扁块形状的俏色玛瑙料上采用深琢、透琢手法琢制主体,再以后面的块面衬托前面的主体。这方面成功的作品有《海市蜃楼》、《火焰山》、《山鬼》、《风采千古》、《少司命》等。以玛瑙高浮雕效果琢制人物作品虽然是玉器众多品种中的新生儿,但它却以独特完美的风采在中国现代玉器发展历程中确立了应有的艺术地位,为中国现代玉器增添了新的光彩。在玉器人物碾琢与表现的关系方面,由于老一辈大师的生活经历,使之更接近传统,因此,在他们心目中保留了浓郁的传统审美习惯。这一特征,尤其反映在塑造仕女形象方面,即基本沿用传统的造型样式,羞涩俯首、柳腰削肩、樱口凤眼,呈现出文弱恬静的古典式的形象,加之在施技上又采用重神似、少体面、略结构的传统手法,使作品散发出东方古典美的神韵。新一代玉器大师则以现代审美意识,给玉器人物赋予了新的特色,作品的思想性、情节性更加突出,人物塑造趋向于以形传神。他们在传统技艺基础上注重吸收现代造型艺术手法,强调人物造型比例结构的准确、身段形体的优美;追求脸部五官刻画的情感化及人物的性格和精神气质;衣纹飘带走向也符合人体内在的结构变化;衣服款式、道具及装饰都具有鲜明的时代特点。工艺琢磨也运用现代美术造型方法,从解剖、透视入手,分面塑造形体。由于传统的古典程式美逐渐被写实的现代美所替代,从而使作品具有了符合现代审美观念的生动性。现代玉器人物优秀作品层出不穷,代表作品有珊瑚《六瓣锁蛟龙》、珊瑚《麻姑献寿》、白玉《番佛》、碧玉《待月西厢》、珊瑚《释迦牟尼降生图》、玛瑙《无量寿佛》、翡翠《佛教四大名山》、翡翠《八十七神仙图》、翡翠《童子拜观音》等。其中玛瑙《无量寿佛》和珊瑚《释迦牟尼降生图》是当代玉器人物作品中的上乘佳作,均荣获中国工艺美术品百花奖的金杯奖。

玉器花卉是仅次于玉器人物的另一大类。这是以玉石的材质美来表现大自然花草美的圆雕艺术品,作品具有细腻、清新、俏丽的特点。玉器花卉成为独立品种虽晚,但发展较快,至20世纪60年代初期,玉器花卉技艺日臻成熟。玉器花卉的形式,是在明清花插瓶的样式上融合其他器皿瓶的形制特点而逐渐形成的。现代玉器花卉造型形式以器皿瓶作为骨架,花卉由瓶的底部围绕瓶体左右呼应、伸展向上,花枝盘曲至瓶盖的顶端。瓶盖上的花卉有时也作独立布局,但盖与体的花卉上下呼应,既主次分明又浑然一体。器瓶虽作骨架,然风骨必刚健,形体简练周正,比例匀称,子母口严密,与主体花卉的造型风格相得益彰。玉器花卉的题材多选用牡丹、月季、山茶、牵牛花、萱草、梅、兰、竹、菊等,也常采用民间喜闻乐见的寓意吉祥如意的组合花卉,如四君子(梅、兰、竹、菊)、岁寒三友(松、竹、梅)、玉棠富贵(牡丹、海棠)、喜上梅梢(梅花、喜鹊)等。为增强作品的生活情趣,花卉间常配有鸟雀虫草。20世纪50年代末,花卉题材趋于通俗化,一批贴近现实生活的新题材应运而生,出现了黄瓜、白菜、萝卜、豆荚等形象。玉器花卉依照圆雕作品立体三面观的功能和花卉优美鲜艳的特点,多选择形状饱满、色泽明快艳丽、质地润泽、少绺裂的玉料,如翡翠、珊瑚、绿松石、俏色玛瑙、岫玉等。中国现代玉器花卉注重作品的整体布局,在刻画作品的总体气势后再求花叶鸟雀的具体造型变化。花卉的瓶体造型与工艺要求平正单纯,花瓣层次多变,花下干穿枝过,耐人寻味,叶子翻卷折迭,工艺精细,即使在质脆的珊瑚上,也可以将花叶琢磨得轻薄,使之具有视觉上的薄柔感,充分体现出了巧夺天工的精湛技艺。花卉作品采用镂空琢、平琢、圆琢等多种手法,使作品气韵生动、形象饱满、疏密有致。珊瑚《百鸟朝凤》、珊瑚《花篮》、珊瑚《梅兰竹菊》、珊瑚《春华秋实》、绿松石《富贵牡丹》、翡翠《三秋瓶》等作品,都是现代玉器花卉的优秀代表作。

中国现代玉器鸟类有时成为独立的产品,但大多数玉器鸟类作品往往为玉器花卉作品的陪衬。玉器鸟类以自然界各种鸟类为题材对象,用写实手法造型、施艺,形成玉器鸟类自然、生动、清新的风格。为表现出鸟的可爱、优美,在用料上以色彩清丽的岫玉及色彩鲜艳的玛瑙居多。鸟类玉器题材有凤凰、仙鹤、绶带鸟、鹭鸶,还有孔雀、鹦鹉、锦鸡、山雀等,多表现仙鹤、绶带鸟、鹭鸶等鸟直立于枝头或栖居于树间的自然优美姿态,故这类作品又谓之"树本鸟"。北京琢玉艺师张云和创造性地用镂空透琢手法精心琢制出了鸟儿的"张嘴"、"悬舌"、"透爪",其独树一帜的技艺,使张云和赢得了"鸟儿张"的称号。

玉器走兽为玉器的独立品种。中国用玉石制兽或以兽纹样作玉器装饰的历史十分悠久。现代玉器兽形式可分为两类:一类是继承明清时期的仿古、仿青铜器造型的变形兽,如独角兽、龙、门狮等,这类玉器兽造型夸张、风格敦厚,明清时期,这类作品除陈设外,主要用于避邪,故而当代以此传统为范式的走兽作品,神情极具威严,保留了浓厚的古代风貌,其所用玉料大多为色泽凝重的碧玉、墨玉;另一类玉器走兽,以自然界各种动物为题材对象,用写实手法造型、施艺,形成了现代玉器兽自然、生动、清新的风格,现代玉器走兽作品主要用作礼品和陈设。20世纪70年代以前主要制作仿古玉兽,技艺精细。此后玉风有较大衍变,即由仿古向现代写实发展,着力探索用不同玉质、玉色表现不同动物的技艺要素,在形象刻画上注重动物的神态与形体结构,毛、皮表述简略,作品平洁素雅。简洁的外形、律动的结构、润泽的玉质的有机结合,形成了和谐明快的现代韵律,使古老玉器走兽作品的面貌焕然一新。现代玉器走兽的主要产地有北京、上海、河南、辽宁等。

二、近现代中国玉器主要作品介绍

(一)《翡翠三秋瓶》

《翡翠三秋瓶》是在 1959 年由王仲元(北京市玉器厂)制作的,北京工美集团总公司珍宝馆藏。高 27.5 厘米,宽 12 厘米,翡翠料,藕粉地,多处有高翠及翡色,作品以玉瓶为依托,黄瓜、豆角、蝈蝈、蚂蚱等陪衬物采用透雕、镂空雕及俏色工艺制成。黄瓜、豆角青翠,茎叶玲珑剔透,蝈蝈鼓翅鸣叫,表现了秋收季节的田园情趣。如图 6-9-1 所示。

(二)《白玉东方巨龙花薰》

《白玉东方巨龙花薰》是在 1959 年由夏长馨等(北京市玉器厂)设计,并由北京市玉器厂制作的,北京工美集团总公司珍宝馆藏。高 35 厘米,宽 32 厘米,花薰盖钮为一条昂首盘龙,薰盖满地镂空百花纹样,四个开光内雕有祖冲之、张衡、僧一行、李时珍头像,夔龙薰耳,喇叭状高足圈足。整器共琢有十个活环,使作品于庄重之中又显玲珑,钮与盖、身与足相接处,于内里雕子母螺口,可旋接,作品曾长期陈设在人民大会堂。《白玉东方巨龙花薰》如图 6-9-2 所示。

(三)《珊瑚六臂佛锁蛟龙》

《珊瑚六臂佛锁蛟龙》是在 20 世纪 50 年代末由潘秉衡(北京市工艺美术研究所)设计、制作的,北京工美集团总公司珍宝馆藏。高 27.5 厘米,宽 12 厘米,珊瑚料,色红艳,珊瑚主枝被雕成一观音形象的六臂立佛,两手结手印,一手持法铃,一手执如意,一手挂金刚杵,一手持长达 30 厘米的锁链,紧紧锁住蛟龙,佛一足直立,一足踏石,垂视蛟龙,法相威严,蛟龙前爪被缚,似乞宽恕。如图 6-9-3 所示。作品中的六臂佛、蛟龙、锁链由一整枝珊瑚套制而成。

(四)《密玉攀登珠穆朗玛峰》

《密玉攀登珠穆朗玛峰》是在 1962 年由魏正荣等(上海玉石雕刻厂)设计,并由上海玉石雕刻厂制作的。高 138 厘米,宽 90 厘米,厚 105 厘米,采用山子雕形式,在色泽晶莹的巨型河南密玉上精心雕琢了我国 41 名登山队员征服"世界屋脊"的英姿,作品题材新颖,气势宏伟,富有时代气息。如图 6-9-4 所示。

(五)《珊瑚鼓上飞燕》

《珊瑚鼓上飞燕》于 20 世纪 70 年代由李博生(北京市玉器厂)设计,北京市玉器厂制作,被国外客户收藏。高 25.4 厘米,宽 16.7 厘米,珊瑚料,色红,油润。汉成帝皇后赵飞燕身轻似燕,传说能作掌上舞。作品利用珊瑚倒置的自然形态,琢制出了赵飞燕轻盈欢舞在碧玉鼓上的娇姿,两手一前一后,各拿羽扇,好像微微摇动。作品以人物和鼓接触的脚尖为支撑点,突出了"身轻";以扭动的体态和飘带,显示了"高超的舞技"。如图6-9-5所示。

(六)《玛瑙虾盘》

《玛瑙虾盘》于20世纪70年代由王仲元、杜瑞静(北京市玉器厂)设计、制作,北京工美集团总公司珍宝馆藏。高17厘米,宽19.5厘米,由黄白两色玛瑙料琢成,白色部位半透明。作者巧妙地运用玛瑙的天然色彩,以白玛瑙雕成半透明的玉盘,沿盘边浅浮雕卷草纹。以驼黄色玛瑙雕成一只大虾,雕工精妙,虾体呈自然弯曲状,大虾头部、胸部、腿部的19对附肢及尾节、尾扇亦生动逼真。如图6-9-6所示。

(七)《玛瑙龙盘》

《玛瑙龙盘》于20世纪70年代由王仲元(北京市玉器厂)设计,修德功制作,北京工美集团总公司珍宝馆藏。高27.5厘米,宽24厘米,作者巧将玛瑙料中环状黑色部分雕成盘,白色透明部分雕成波涛起伏的海水,中间的蓝色部分雕成一条腾出水面的苍龙,苍龙、白水、黑盘均宛若天成,再配以嵌银丝云纹,并由夔龙造型的花梨木座将作品托起。如图6-9-7所示。

(八)《绿松石二乔》

《绿松石二乔》于1981年由李博生(北京市玉器厂)设计、制作。高14厘米,宽13厘米,绿松石料,蓝绿色,有细微深色斑痕。大乔、小乔为三国时期东吴的美女,后分别为孙策、周瑜之妻。作品表现了大乔、小乔两姐妹未嫁时,在花山旁,前后相倚、喃喃细语的情景,人物俊美,神态刻画生动。如图6-9-8所示。

(九)《翡翠含香聚瑞花薰》

《翡翠含香聚瑞花薰》于1989年由马庆顺、尉长海(北京市玉器厂)设计,北京市玉器厂制作,现藏于中国工艺美术馆。高71厘米,宽64厘米,厚47厘米,重274公斤。这是一个翡翠大花薰,取材于我国一种传统的器皿造型,由顶、盖、主身、中节、底座五个部分组成,以这样珍贵难得的翡翠琢成如此巨型的花薰,实属无与伦比的旷世之作。薰的主身一改以往的扁圆形体,而是以两个半圆合成为一个椭圆球体,这是造型设计上的一个突破,也是琢制技艺上的一个重大革新,开创了玉器史上琢制整圆造型的一个新时代。这个花薰集圆雕、深浅浮雕、镂空雕于一体,不仅充分反映出了原料质地美,也使整个造型给人一种尽善尽美的感觉,综合体现了我国当代琢玉技艺无可比拟的高、精、尖水平。薰顶上互相响应的一条主龙和四条小龙,与两条带翼耳龙相配,形成了一个对称的三角,看起来既和谐美观又有气势。再从琢磨上说,像这样巨型的翡翠花薰,要是琢得过厚,就会使人产生沉闷之感,如果磨得过薄,又会把珍贵的"翠绿"冲淡,大大降低其珍贵价值,而现在这样的安排,无论是材料质地的美,还是造型的美,可以说都取得了最佳效果。薰体上的龙,薰盖上的福寿双全图案,以及以浅浮雕手法在薰盖底座各个光面上雕出的龙、凤、麟、龟和代表东西南北四个方位的青龙、白琥、朱雀和玄武等纹样,都寓意着吉祥,歌颂着兴旺发达,含香聚瑞这个名字也正是因此而定的。如图 6-9-9 所示。

(十)《翡翠四海腾欢插牌》

《翡翠四海腾欢插牌》于 1989 年由郭石林(北京市玉器厂)设计,北京市玉器厂制作,现藏于中国工艺美术馆。这是当今世界上最大的一个翡翠插牌,高 74 厘米,宽 146.4 厘米,厚 1.8 厘米。插牌整个画面以我国传统题材"龙"为主题,没有龙,那茫茫海水将是一片沉寂,毫无生气,有了龙,那气概就完全不同了,九龙造型狂飙,云水冲九霄,这磅礴气势,正寓意当今龙的传人勇往直前的英武气概。如图 6-9-10 所示。可以看得出,这个大插牌的整个画面是由四块同样面积的翡翠拼组而成的,可谁又能料得到,这四块厚度大体一致的翡翠,却是以一块较厚的翡翠一分为二,再分为四而成的。片割这么大块的翡翠,既不可因切口大而伤料太多,又不可因片割稍有歪斜而毁坏整个造型设计,在一无经验可循,二无现成工具设备的条件下,艺人勇于实践,并且取得了成功,这是十分可贵的。

(十一)《翡翠群芳揽胜花篮》

《翡翠群芳揽胜花篮》于 1989 年由高祥、王仲元(北京市玉器厂)设计,北京市玉器厂制作,现藏于中国工艺美术馆。高 64 厘米,宽 41 厘米,厚 26 厘米。这是一个插满四季香花的翡翠大花篮,花篮的巨大形态,双链的惊人长度,满篮插花的细腻做工,都是旷世无比的,而且,花和篮的色泽协调和谐,众多的花品枝繁叶茂,疏密安排得当,确能给人一种极其美妙的感受。琢制这么长且含有这么多环子的双链,可增加花篮的高度,花篮同《岱岳奇观》山子、《含香聚瑞》花薰这两件巨作配在一起,可以显得一样高大,而它的纤细作工,同另一件展出的《四海腾欢》屏风所反映的磅礴气势相映相衬,又可从另一侧面给人以一种整体协调的美感。《翡翠群芳揽胜花篮》如图 6-9-11 所示。

第七章

中国古代玉器鉴定

玉器是一种易保存、易流传的文物,自石器时代到现在,人们制造了大量玉器,其中一部分流传于世。因此,得到一件玉器后,确定它是否为古玉器,明确它的制造年代,就是一件很重要的事情。鉴别古代玉器的制造时代,是一件难度很大的工作,它的困难在于,矿物质材料本身的生成年代虽能测定,但加工年代却难以测定,且同样年代、同样材质制成的玉器,有些表面风化得很厉害,有些却似新工。另外,又由于制作仿古玉器在中国有悠久的历史,仿古做旧的玉器大量充斥市场,这就更给鉴别古玉带来了困难。

鉴定古代玉器需要具备两方面的知识:一方面是要对古代玉器的特点有充分认识、了解,主要是了解玉器在品种、用料、器形、纹饰及加工工艺等方面具有的不同特征;另一方面是要对仿古玉器制造历史及制造技术有一定的了解。

第一节 辨 玉 材

古玉器鉴定专家傅大卣提出:鉴定古玉器时要"远看形,近看玉"。这也就是说鉴定古玉器时,要注意各时期玉器的用玉特点。因为通过对玉器使用的玉料特征的了解,可以帮助我们鉴别古玉器。从现存古代玉器实物看,不同的时期,人们对玉材的选择是有区别的。

新石器时代,已广泛使用各种玉石材料,但玉材使用的区域性较强,大都集中在我国东部,玉材较杂,具有区域特点。不同文化区域出现的玉器,所用玉材也不同:东北地区红山文化玉器所用玉材,有人称之为"老岫玉",这种材料较之岫玉硬度较高,透明度较低,更显湿润,玉色均匀,很少有瑕斑或雪花,其中有一些近似于新疆玉,它的成分可能是阳起石,还有一些属蛇纹岩,玉器之色主要为深绿色,俗称黄玉或碧玉;山东地区的大汶口文化及其龙山文化玉器,由一种近似于细石的玉材制成的,玉质细腻滑润,透明度很差,或泛青色,或泛黄色,还有的在青色中带有褐色花斑,另外还出现了类似岫岩玉的制品;太湖地区的良渚文化,出现了大量的用透闪石制成的玉器,南京、常州、上海、浙江等地发现的良渚文化玉器,玉料颜色不尽相同,玉料或为暗绿色,或为暗褐色,玉中有暗斑及云母质闪光,还有的完全呈现鸡骨白色,表面有一层亮光,另外,也有一部分属阳起石的玉器,玉呈浅淡的青绿色,较新疆和田玉色泽鲜艳,透明度高,还有部分石髓制品。

商代,使用的玉材多样,有岫玉、独山玉、绿松石、玛瑙、水晶等,尤其是新疆和田玉的使用,使我国玉器开始进入以和田玉为主体的时期。此期新疆和田玉玉材多为青玉。商代的兵器、礼器类玉器所用玉料多为不透明的细石,可能是独山玉,刀、戈类兵器所用玉料特征最明显,常见的有三种材料:一种为牙黄色细石,呈鸡骨白色;一种为暗褐色带有花斑的玉材,这种玉材大量出现于四川广汉地区,河南偃师二里头商代遗址中也曾出现,有些呈青色,斑纹浅淡,近似斑状;一种为暗黑色微透明的玉料,多做成极薄的片状玉刀。商代的玉佩件主要用新疆和田玉、岫玉、独山玉制成,和田玉多为青色,玉色发暗而有沁色,岫玉同现在见到的也有所不同。

两周时期,玉器的品种及玉材都很复杂。玉琮及玉戈等用玉近似独山玉;玉佩多为和田玉,又以青玉为多,玉色于青中泛黄,也有白玉作品,但色泽昏暗,有沁色;还有一些小玉件是由细石制成的。春秋战国时期玉器用材非常复杂,和田玉的用量明显增大,其中玉质多为青玉和黄玉,白玉较少见,另外还有玛瑙、绿松石、水晶及河南南阳的独山玉等。

汉代,张骞通西域后,新疆和田玉大量进入中原地区,同时使用的还有蓝田玉。此期玉材选料更精,玉质除青玉、黄玉、墨玉外,白玉开始兴盛,成为玉中上品。

唐代,以白玉为主,还有一部分青玉制品。

宋代,目前传世的宋代玉器已有很多,主要有白玉、青玉两种材料,又以白玉作品为多,其中有许多上等白玉,玉质湿润,色泽如"截肪",较之唐代所用白玉高出一筹,青玉作品也有一定数量,从颜色上看,又可分为两类:一类青中泛灰;另一类青中泛绿色。宋代玉器中还可以零星地见到玛瑙及独山玉作品。

辽、金、元时期,玉器以白玉、青玉为主,间或有其他玉料。玛瑙大量出现,所用玛瑙品种也较多。

明清时期,从发现的明代玉器来看,主要为青玉、白玉作品,青玉颜色发暗,似阴天之天色,明代还有少量碧玉作品。清代玉材多以新疆软玉为主,常见的有青玉、白玉,另外绿松石、玛瑙及稍晚期大量出现的翡翠、青金石、珊瑚也被大量使用。后来翡翠上升到玉料的最高地位。

第二节 鉴 工 艺

玉不琢,不成器。顾名思义,一块玉石要经过精心雕琢,才能成为一件工艺精美的玉器。从现存古代玉器实物来看,各个时代的玉器在工艺方面有其不同的特征,并且前后呈一定的承接关系,表现水平由低向高发展,同时,制作玉器的工具也不同,玉器产品制作的效果自然也不一样。所以,识别古玉器的加工工艺特点,是鉴定古玉器时代的重要依据。

新石器时代,由于所用的生产工具不力,器物的加工受到限制,器物开片大多厚薄不匀,往往一边厚一边薄,甚至出现开片时错位的痕迹,而且造型不规整,如圆形的器物不够圆等,器物的刃部不够锋利,玉刀、玉斧、玉铲的刃部较厚钝,钻孔往往出现上部大下部小的圆锥形,侧观孔壁边缘往往留有旋转纹。

商代,由于青铜工具的使用,使琢磨玉器的技术得到提高,能开出比较均匀而薄的玉片。器物打眼的方法大部分均为两面对打,形成外眼大、里眼小的现象,俗称"马蹄眼"。商代的玉器器物上运用双钩拟阳线的做工刻划,就是在器物上运用双线并列的阴线条刻划,以形成一条阳线呈现,俗称双钩线或双钩拟阳线,是琢玉工艺史上的一大成就。

两周时期,琢玉的技法和造型设计在不断改进,使器物日趋美观。西周玉器的做工,重视对纹饰的布局,线条渐趋繁复,以略带弧形的线条为主,较多地使用长弧线,琢制的线条多与商代相同,但弯线条增多,尤其是西周中晚期纹饰的结构与雕琢方法,与商代极不相同,阴纹纹饰开始出现互相勾连,阴刻线一面磨成坡状,有斜刀的痕迹,俗称"一面坡阴线",是西周玉器的典型做工。春秋时期玉器的做工和前朝相比,又有了新的进步。春秋晚期出现以隐起的密集的浮雕纹,并有浅阴刻宽带纹。器物开片薄,均匀规整,粗线条少,细线条多,且线条有毛口。战国由于铁制工具的出现和普遍使用,使琢玉工艺突飞猛进。玉器刀工精细,器物边角垂直锋利,磨工精良,器物表面,尤其是阴线槽内光泽强烈。孔洞内壁匀称光滑,极少见到因工具不力而残留的制作痕迹。

汉代,玉器善于运用阴刻线,线条豪放,没有战国时代精细,器物棱角琢磨圆滑,大件器物刻工较粗,小件器物刻工较精细,细线条的刻道有毛道和跳刀的痕迹,线条不甚连贯。穿孔器物的孔洞内壁往往不够光滑,常留有拉丝痕迹。汉代的"汉八刀"是指采用简练的线条进行刻划,刀法粗犷有力,刀刀见锋,刚劲挺拔,线条无丝毫崩裂状和刀痕之迹。"汉八刀"做工,不代表整个汉代玉器的做工,而仅指汉代"葬玉"多为此做工。

唐代,玉器刻工精细,细线条多。特别在唐代带板上的人物形象上,通身饰以短而密集的阴线。在动物的脚部、尾部也刻出很多的细线条,带板上采用减地法,即平面隐起做工,刻线带有绘画性。唐代刻玉对后世影响很大。

宋代,玉器的突出特点是琢工无粗制滥造之处,此时的玉器细腻灵巧,小件多,大件少。

辽、金、元时期,由于受不同民族文化的影响,玉器制作上也反映出民族和地方特色,南方刻工细腻工整,北方刻工刚劲有力,但整体来说,雕刻的线条细弱。到元代,玉器刻工一般粗犷有力,器表面往往留有钻痕和铊痕,抛光不甚讲究。

明清时期,明代刀法具有时代风格,刀工粗壮,浑厚有力,生动活泼,写生味浓厚,出现了浮雕、镂空做工,还有双层,甚至三层的镂雕。器物表面玻璃光泽强烈,大件器物的表面往往留有钻痕和铊痕。清朝,特别是乾隆时期,玉器工艺迅猛发展,是我国治玉史上空前繁荣的时期。这时期的玉器精雕细琢,形象逼真,大量俏色玉器作品问世,刻划线条精细,磨光平滑,立体感强,花果的枝叶脉络雕刻明显,栩栩如生,镂空、半浮雕、浮雕三种雕法盛行,其中以半浮雕和浮雕为主。

第三节　认造型　识纹饰

不同的历史时期,玉器的造型和纹饰,常常有很大的差别,因此,掌握各时期玉器造型、纹饰的特点,也是鉴别古玉器制作时代的一个重要根据。

新石器时代,各地出土的玉器有以下类型和品种:礼器类有璧、琮、璜、冠形器、玉璇玑、圭;动物形(人形)玉饰类有玉龙、兽形玉饰、玉龟、玉鸟、玉鱼、玉蚕、玉蝗、玉螳螂、玉蝉、玉人;象征性武器和工具类有玉斧、玉钺、玉铲、玉锛、玉刀;装饰品类有玦、环、镯、勾云形玉饰、管、珠、坠、串饰、玉角形饰、组装件、镶嵌件；杂件类有玉带钩、玉锥形器、玉丫形器、玉棒形器、玉竿、方心八角纹玉片、玉牌。此期玉器刻纹有两种：一种是纤细的细线纹，由于是手工刻出，刻纹不太规整，转折处不方正，线与线之间距离误差较大；另一种是粗阴线，线较浅，良渚文化玉器上的粗阴线非常直。另外，龙山文化和良渚文化玉器上还有凸起较浅的凸起线，以及以目纹为中心的极度夸张的人面或兽面纹。

商代，属于生产工具器型的有玉刀、玉斧、玉铲等；属于兵器器型的有钺、玉戈、玉璋等；属于礼器或装饰品的有玉璧、玉环、玉簪、玉琮、玉璜等；此外已出现单体器型的鱼、鸟、龟、兽面、人首佩等。纹饰方面，一些商代片状玉器带有双重齿牙，这一特点为商代玉器仅有。商以后，带有这类齿牙的玉器是极罕见、极个别的，齿牙多为方形，牙上有小凸齿，连续排列，主要装饰在玉钺、玉璜、玉鸟等片状玉器边缘部位。商代玉佩饰及柄形器上经常有重环纹、连续方格纹及花瓣纹，玉环、玉璧等圆形器饰有凸起或凹下的同心圆弦纹。商中晚期玉器的纹饰，一般为阴刻线构成的龙形、兽形、人形，或为各种抽象的折线、封闭线。商代玉兽角部及眼部特点也很明显，兽角顶端都带有一个槌，呈蘑菇形，兽眼为双阴线"臣"字形及其他多种形式。

两周时期，西周玉器数量虽多，但种类较少，大致可分为礼器仪仗和装饰艺术品两大类，前者主要包括璧、琮、璜、戈、斧、锛、凿等，后者主要有串饰、佩饰和鱼、鹿、鸟等众多的动物形玉雕。西周玉器纹饰同商代区别较大，虽一般也由双阴线"勾撤"法雕成，但无商代玉纹饰的刚劲之风，线条多呈弧形，且勾撤的坡度也较大。春秋战国时期玉礼器相对减少，佩饰大量增加，出现了成套的剑饰、带钩、人身佩玉，专门的丧葬用玉也较多。春秋战国时期玉器除少数兽鸟形纹饰外，皆用纹饰铺满器身，突出的特点是一个"满"字。此时纹饰的另外一个特点是抽象而精细，许多纹饰很难说清它的寓意，在一些简单的纹饰中充满着丰富的想象。战国玉器的边缘往往有凸起的边线，鉴定家评论战国玉器时用"扎手"来形容拿玉器时的手感。

汉代，玉器造型风格独特，玉器品种有礼玉、装饰品、葬玉和陈设艺术品共四大类。汉代玉器纹饰图案大致可分为几何纹和动物纹两大类。几何纹以谷纹、蒲纹、涡纹和云纹最为常见，动物纹又可分为图案化和写实两种，图案化动物纹主要有龙纹、鸟纹、兽面纹、螭虎纹等，颇为抽象，写实性的动物纹饰既有神话传说中的神仙怪兽，也有现实中的人物兽鸟，种类繁多。汉代玉器纹饰极富特点：第一是用手工刻出的阴刻细线，线条细若游丝，弯曲有度，构图极其准确，但若断若续，鉴定家称之为"跳刀"，这种线条在玉璧、玉人、佩饰、玉剑饰上大量出现，有时还配以极小的细线刻圈，是识别汉玉的重要标志；第二是玉兽、玉鸟身上饰有一种细阴刻短平行线，线端有一道纵向的弧线，或在羽端、腿弯处饰以放射形短阴刻线；第三即所谓的"汉八刀"，线条粗而准确，刀法简洁有力，用简单的几刀勾出玉器的外形，并因此而得名，这种手法主要用于玉握、玉蝉等玉器上。上述玉器特点一直延续到晋朝，晋以后出现了一种由长细线接连的"十"字形云纹，不过这种玉器纹样仍保留着汉代细刻"跳刀"的风格。

唐代，玉器可划分为装饰玉器、玉器器皿、象生玉器、礼玉、刻字玉册等主要品种。唐代玉器在造型上受到了大量外来文化的影响，纹饰特点是花卉纹饰开始出现，并且在器物边缘饰有细密而较长的阴刻直线纹。

宋代,玉器细腻灵巧,小件多,大件少,多为一些小型装饰品和实用品,纹饰多为日常多见的花卉飞禽图案。

辽、金、元时期,辽、金玉器具有独特风格,其中影响较大的是"春水玉"及"秋山玉",春水玉是以"海东青捕鹅"图案为标志的玉器,图案以鹅、猎鹘为特征,表现的是辽、金统治者豢鹰捕鹅的活动;秋山玉纹饰以虎、鹿图案为主,表现的是辽、金时期秋天的狩猎活动,这种活动以射虎杀鹿为主要内容。常见的元代玉器有以下几类:帽顶、璧、玉杯、带饰、臂格、炉、樽等。常见的元代玉器纹饰有螭纹、云纹、牡丹花纹、荷叶纹、水草纹、鸟纹等。

明清时期,明代玉器种类颇为庞杂,主要有仿古礼器,包括璧、圭等;时做和仿古器皿,包括各种杯、碗、壶、爵等;以及各种各样的象生玉器、陈设品、装饰品和实用品。其纹饰多为花鸟、动物吉祥图案以及人物故事等,清秀雅致,绘画情趣浓厚,其线条刚劲利落,棱角分明,但同元代玉器一样,对次要部位如玉制器皿的内腔、底部处理不细。清代玉器品种最为完备,人物、山子、器皿、花鸟、玉饰件、文玩用品等应有尽有,既有时做玉器,也有仿古玉器,纹饰也多种多样。

第四节 断年代 定真伪

制造仿古玉器在中国有非常悠久的历史。河南光山县黄君孟墓出土的蛇身人首玉饰,人的头部造型近似于商代风格,有浓厚的仿古意味,实际上这个墓葬为春秋时期墓葬,而春秋时期距商代已有一千年的历史了。

仿古玉器的大量制造自宋代开始。当时,因金石考据学的兴起,研究古玉的人越来越多,达官显贵也争相收藏古玉,作为陈设或馈赠礼品,因而古玉需求量剧增,古玉市场不断扩大;但另一方面,出土玉器数量极其有限。在这种情况下,仿古玉便大量出现。南宋时,已形成颇具规模的仿古玉系列,伪制古玉成为许多人的专业。在杭州,有"七宝社"出售玉带、玉碗、玉花瓶等仿古玉古玩珍品。到了明代,金石学虽无长进,但追求古物之风仍然盛行,为牟取暴利,社会上各种作伪古玉文物大量出现。

到了清代,随着金石之学大兴,与之相适应地,专售文物的商店越来越多,价格也越来越高,古玉作伪更趋广泛,方法不断更新。这种风气一直发展到现代,且作伪水平越来越高,因而近代曾出现过有的伪器经十余位专家都无法辨别的情形。仿古玉到清代已达到登峰造极的境界,以其质朴浓厚、古色古香的特有格调,与时做玉器相辅相成,交相辉映,共同组成了绚丽辉煌的清代宫廷玉器。清代仿古玉蓬勃发展的原因是多方面的:首先是明清以来复古思潮的泛滥,厚古薄今蔚然成风,效法古制成为一种时尚,清代礼制一脉承袭中国古代的传统制度,其用玉制度更是完全模仿、仿效古制;其次,伴随着金石学的进一步发展,越来越多的人开始注重玉器的研究,对古玉的形制分类、定名、断代、用途也有了比较科学的认识,为仿古玉走向形象化、规范化奠定了必要的基础;再次,乾隆皇帝对古玉的重视也极大地推动了仿古玉的发展。

尤其是20世纪初,随着现代考古学的兴起和帝国主义对中国文物的疯狂掠夺,一大批制造伪古玉的匠人应运而生,北京、天津、广州等地的古玩收藏家和古玩店,大都招聘高手玉工,不惜工本制造假古玉。这些玉工所制器物,一般以真器为本,依样画葫芦,因而造型、纹饰上几能乱真,做旧手段也在不断发展。

从历史记载来看,生产制作仿古玉的方法有两种:一种是用旧玉琢磨,主要是利用流传下来的或早先出土的玉器再次进行加工以仿古代某种玉器,这种流传下来的或早先出土的玉器,一般来讲,所雕琢的某些饰纹或者玉器本身已经残缺,玉工按古代玉器的造型改制或刻上花纹,用旧玉制作成仿古玉,此时有的局部是真的;另一种是用新玉来仿制,即利用与古玉相似的玉材,按照古代玉器的造型进行加工,然后仿沁致残,在此制作过程中,仿沁致残是关键技术。了解仿古玉器做伪的手段有助于我们鉴别玉器的真伪,下面介绍沁色作伪和伤残作伪的主要方法。

一、沁色作伪方法的介绍

沁色是指玉器埋入土中,经过一定的年代,受土里所含其他物质的作用而产生的颜色的变化,主要与玉材、玉质、埋藏土、介质环境、埋藏时间等因素有关。鉴赏家们鉴别古玉时,往往要观察沁色,以此作为断代的重要依据,了解和掌握玉器沁色的规律对于鉴别玉器十分重要。

沁色受土质影响。刘心瑶《玉纪补》中有记载:"西土者,燥土也;南土者,湿土也;燥土之斑干结,湿土之斑润缛;干结者色易鲜明,润缛者色终暗淡。土斑而有斑痕者,少土物也;无土斑而有斑痕者,水坑物也;西北亦有湿土,东南亦有燥土。近水则湿,远水则燥也。"

在鉴赏古玉时,人们习惯称黄色沁为土沁,白色沁为水沁,褐色沁为铁沁,绿色沁为铜沁,紫红色沁为血沁,黑色沁为水银沁。

文献记载"玉有十三彩",认为古玉入土受沁,其色彩之多,范围之广,变化之无穷,可谓千变万化、纷繁复杂。据台湾李更夫先生介绍,古玉沁色有以下种种称谓。

黑:有"陈墨黑"、"纯漆黑"、"膏药沁"、"黑漆古"、"水银沁"。
红:有"朱砂红"、"枣皮红"、"鸡血红"、"鹤顶红"、"石榴红"、"血沁"。
绿:有"铜沁"、"松花绿"、"苹果绿"。
青:有"竹叶青"、"皮蛋青"、"瑕子青"、"铁莲青"。
黄:有"栗子黄"、"黄花黄"、"小米黄"、"桂花黄"、"黄杨黄"、"土沁"。
白:有"鸡骨白"、"象牙白"、"鱼肚白"、"梨花白"、"羊脂白"、"糙米白"、"水沁"。
紫:有"茄皮紫"、"玫瑰紫"、"紫檀紫"。

其中,鸡骨白沁色、水沁、铜沁、朱砂红沁色分别如图7-4-1、图7-4-2、图7-4-3、图7-4-4所示;土斑、蚀斑分别如图7-4-5、图7-4-6所示。

同时还有形容沁色纹理的名词,如"唐烂斑"、"洒朱点"、"蛤蟆皮"、"牛毛纹"、"鱼籽斑"、"乱柴纹"、"蚂蚁肢"、"冰裂纹"。更有些专用词,如"脱胎"、"包浆"、"蛀孔"、"蚀斑"、"浸脑"。

根据考古发掘历代出土的玉器沁色情况(见表7-1),可知古玉沁色并非那么变化广泛。但由于后代有的收藏家爱沁如命,众多玉器"沁色"多为仿沁。在清代伪古玉的人工染色中,记有染成红色、黄色、褐色、烟色、饴色、灰色、水锈色、黑色等的非天然沁色,使传统的赏玉观本末倒置,这也是本为神圣的玉器降为玩物的一个社会原因。

表 7-1 历代出土的玉器沁色情况

出土地点	玉器	时代	沁色情况
山东大汶口	玉铲	大汶口文化	黄色沁,浮于表面
山东日照两城镇	玉锛	龙山文化	断成两截,上半截青色,下半截灰青色
浙江余杭县反山	玉琮	良渚文化	全器多为鸡骨白色沁
河南殷墟妇好墓	玉虎	商	条纹状褐色沁
河南殷墟妇好墓	玉鹿	商	颈部白色水沁,缝中沁入浅黄色
河南殷墟妇好墓	玉兔	商	身上有浅褐色沁及白斑,前足耳风化成骨状
河南殷墟妇好墓	玉兔	商	一面青白色带浅黄色沁,一面赭色沁
湖南宁乡寨子山	玉玦	商	黑褐色沁
湖南宁乡寨子山	玉玦	商	鸡骨白色沁
北京房山琉璃河西周墓	玉虎	西周	边部微有沁色
北京房山琉璃河西周墓	玉鱼	西周	无沁色
北京房山琉璃河西周墓	玉鱼	西周	棕黄色沁
北京房山琉璃河西周墓	玉鱼	西周	褐色沁
北京房山西周墓	青玉柄形器	西周	上端三处褐色沁,裂缝中沁入黑色
甘肃镇原县	玉璜	西周	边缘沁成黄白色
湖北随州	玉环	春秋	大面积白色沁
湖北随州	璜形佩	春秋	表面薄雾状白色沁
江西青江县战国墓	玉璜	战国	鸡骨白色沁
河北平山县	青玉龙	战国	片状黄色沁
河北平山县	青玉韘	战国	局部褐色片状沁
湖北随县曾侯乙墓	青玉琮	战国	局部褐色片状沁
湖北随县曾侯乙墓	青玉梳	战国	两侧边沿深褐色沁
湖北随县曾侯乙墓	青玉龙形片	战国	无沁色
湖北江陵蓝店一号墓	青玉管	战国	一面局部微有土黄色沁
湖北江陵蓝店一号墓	青玉饰佩	战国	局部微沁成赭红色
河北邢台北城村	青玉璧	西汉	边部两处黄色沁
湖北云梦大汶头	玉璧	西汉	边部沁成鸡骨白
湖北云梦大汶头	玉珌	西汉	局部褐色沁
湖北江陵望山一号墓	玉龙	汉	边角处有暗色赭色沁
湖北江陵望山一号墓	玉璧	汉	边部一处呈鸡骨白色沁
湖南长沙曹嫔墓	玉璧	汉	几乎无沁色
江西南昌市郊永和镇	玉璏	汉	鸡骨白色沁
山东曲阜九龙山	玉璧	汉	青玉带赭色云状沁
山东曲阜九龙山	玉璧	汉	兼有黑白两色沁,似浮于表面
山东曲阜九龙山	玉冲牙	汉	表面少量黑色沁
江苏连云港代胜墓	玉带钩	汉	赭色沁较重
江苏连云港代胜墓	玉带钩	汉	无沁色
浙江杭州三台山五代墓	玉步摇嵌片	五代	无沁色
江西上饶	玉带饰	宋	无沁色
浙江杭州文三街	玉鸟饰	南宋	局部鸡骨白色沁
山东朱檀墓	玉带饰	明初	光亮如新,无沁色
山东朱檀墓	墨玉圭	明初	光亮如新,无沁色

人工仿沁主要是利用火烤、油炸、酸浸、染色等方法，达到改变玉器颜色，与古玉的沁色相混淆的目的。现将常见的仿沁方法叙述如下。

① 羊玉：方法是将活羊或活牛的腿割开，把小件玉器缝合进去，经数年之后血液侵入玉中，用此来冒充古玉中的红丝沁。但这种方法处理过的玉器没有真古玉温静，显得枯涩。

② 狗玉：方法是将狗杀死，剖开腹部，趁狗血尚热未凝固时把玉器放入狗腹部，缝合并埋到地下，过数年后取出，玉上出现了土花血斑。但与真正的古玉相比，这种方法处理过的玉器带有新玉的颜色和雕琢的痕迹。

③ 煨头：方法是用火烧烤玉器，使玉器变成灰白色，极似古玉中的"鸡骨白"，古玩家又称之为"伪灰古"。凡是经煨头处理过的玉器，其上必有火燃烧时产生的细裂纹，真鸡骨白则无。

④ 梅玉：其方法是先选用质地疏松、质量较差的玉制成器物，然后用浓度较高的乌梅水蒸煮，重复数次，玉器松软处会被乌梅水淘空，显现出类似水冲蚀后的痕迹，然后用提油法上色，冒充"水坑古"。但梅玉不如真古玉自然。

⑤ 风玉：办法是用浓灰水和乌梅水将玉器蒸煮后，趁热取出，放在风雪之中，时间约一个昼夜，则玉纹冻裂，玉质坚硬者，裂纹细若毫发，可用其冒充古玉中的牛毛纹。但真古玉牛毛纹曲折、粗细不匀，伪者则不然。

⑥ 叩锈：此法产生于清乾隆年间，其具体作法是用铁屑拌玉器坯料，然后用醋淬火，放入潮湿地下数天，取出后再埋入地下数月，这时玉已被铁锈腐蚀，出现橘皮纹，纹中铁锈呈深红色，有土斑，宛若古玉。然而这种假古玉红色较浮，时间稍长土斑和红色均会消退。

⑦ 老提油：据说此法甚古，产生于北宋时期，办法是将甘肃深山中所生长的一种虹光草捣成汁液，拌入少许硇砂搅匀，再将玉器浸入，用点燃的新鲜竹枝烘烤，草汁便渗入到玉器纹理之中，呈现红色丝纹。

⑧ 新提油：办法是选用红木屑或乌木屑放入水中，再将玉质差的玉器放入其中浸色，并辅以火烘烤等手段，使汁液渗入玉器纹理中。但这种方法做成的仿古玉，其红色在天阴时色泽较鲜，天晴时反而浑浊。

⑨ 造黄土锈法：办法是将玉器涂上胶水，埋入黄泥中，黄泥贴在玉器上似黄土锈，产生的黄土锈随着时间的延长而越来越像古玉的黄土锈。

⑩ 造黑斑法：一是用水煮热后架在铁锈篦上，一边烧一边拌蜡油，不久就会出现黑斑；二是将玉按古式做成，然后用旧棉花泡湿，将玉色好的以柴烧烤，待棉花干后再用水浇，当黑色入骨后，黑斑状即做成了。

自然沁和人工仿沁都是客观存在的，我们的责任是将其识别出来，因此，辨伪者除必须了解自然沁有多少种，其现象如何之外；还须了解人工沁是怎样做的，有何颜色。最重要的是要掌握两种沁在玉上的表现，一定要吃透两者的异同，这样方能从沁色上辨其真伪。自然沁是受特定的环境和条件影响所致，而各地区所含化学元素不同，因此玉的自然沁色也是不同的，如浙江余杭地区古玉出土时呈鸡骨白，太湖沿岸出土古玉有黄褐色沁、水锈等沁色。而红山文化玉器受沁比例不大，偶有红褐、水锈和灰黑等色。这些沁色或浮于玉表,或渗入肌理,其色深浅不等,自然生动,几无定律可循。而人工伪沁则不同,往往避硬就软,渗入石性、瑕疵、绺裂等处,其瑕绺处染色渐重,不难识别。总之,我们要学会区别天然沁色和人工伪沁。要想掌握两种沁色区别,除了树立确有伪沁之观点之外,还要经常观察真伪两种沁色,加以比较,了解两者各自不同的特点,注意积累,不断总结,便可以逐步掌握这种区别,进而从沁色上去辨伪。各种仿古玉器如图 7-4-7 所示。

二、伤残作伪方法的介绍

古玉在长期埋葬过程中可能会遇上塌陷、轧击、渗水冲刷,在出土、流传过程中亦常常受到敲轧、磕碰,多遭损伤致残,完整者较少,这已是常识。作伪者也熟知这一点,便在伪古玉上再用砣顶、敲击、掷摔等方法制造伤残,砣机钻出的小圆坑,宛若自然的伤残;有时为了做墨玉黑点,便填入黑色腻子,如不注意便会误认成点状墨玉;还有的为了在质地坚实的玉料上染色,也要用砣子顶出疏密有致的小坑,以便伪色吃进,再烤成人工沁色。

常见的人工致残方法有以下三种。

① 砣碾致残:用小型的砣子或钢钻在器表碾出圆形或椭圆形、深浅不一、长短不齐的点坑或线条,粗看似长期磕碰导致遍体鳞伤,若仔细观察则可分辨出系由大小不等的纹点丝线组成的斑状痕迹。

② 砂磋毛道:即通过保留一部分粗面或抛光后用解玉砂稍加磨磋在器表做出或多或少隐约可辨的毛细划道,来表示长期流传于世造成的摩挲痕迹。如借助放大镜观察,这种毛细划道通常分布有规律且线条分明,清晰且新,与真品的模糊痕迹明显不同。

③ 敲击致残:即使用一些特殊工具轻轻敲打器身,使其伤而不脱,为掩饰断裂面的新痕,常在这些部位进行染色处理,有些则不惜将器物敲断。

毋庸置疑,古玉辨伪是重视实践、重视经验的,但又不能机械地生搬硬套,必须了解不论是自己的还是别人的经验都不可能是全面的、绝对正确的,所以对待经验也要灵活应用,切不可生硬地、片面地将其绝对化。

总之,掌握古代玉器鉴定的技巧并非一蹴而就,了解玉质、时代风格及常用的做旧手段只是具备了鉴定的必要条件,更重要的是要在实践中不断地体会与探索,积累经验,总结方法,只有这样才能得出比较科学的鉴定结果。

第八章

中国玉器评价

中国有上万年的玉文化历史,沉淀了丰厚的玉文化内涵,形成了中国人崇玉、爱玉、玩玉、收藏玉的传统。在古代,玉器主要是以权威、财富、地位等的象征物的面目而出现的。进入现代社会,蒙在玉器上的神秘面纱已经揭去,还给世人的是它的美丽、温情,因而得到大众的普遍喜爱。然而,玉器的市场价格在现代经济社会中居高不下,使得某些人为营利而仿制的各类玉器以及一些粗制滥造的玉器充满市场,为人们的选购、收藏带来了巨大的困难。由于人们对玉器的评价没有统一的标准,人们对玉器本身的特性,也知之甚少,多是根据自身的喜爱程度购买玉器,因此常常有上当受骗的事情发生。所以,对一件玉器做出正确的评价显得尤为重要。

俗话讲"黄金有价玉无价",我们面对美轮美奂的精美玉器,进行科学、准确的评价是一项很难的工作,难就难在玉器本身的特点上。玉器的特点包括以下六点。

① 玉器是用不同的玉料制作的,由于玉料的品种不同,价值差别很大,即使是同一种类的玉料,质量差别同样很大,这都将直接影响玉器的价值。

② 玉器的制作工艺千差万别。玉器琢磨、抛光、装潢等方面的质量优劣直接影响玉器的价值。

③ 玉器的造型与纹饰等表现形式千差万别,其优劣必将影响到玉器的价值。

④ 玉器的题材表现多种多样,其价值表现也会有差别。同样一块原料,同样的工艺,由于所制作的产品在题材上的差别也会对其价值产生影响。

⑤ 玉器产品也是艺术品。玉器作品是经过认真思考、精心设计创作而成的。玉器本身包含的艺术表现的不同,作品的价值也会有很大的差别;同时人们的艺术审美观的差异也将直接影响玉器的价值。

⑥ 玉器作为一种商品,在对其评价时也更需要考虑其市场因素,玉器产品的市场成本、市场竞争及市场的需求等方面的不同状况都会影响玉器的价值。

玉器,顾名思义,就是用玉石制成的器物。玉器作为工艺美术品,是玉雕技艺与造型艺术的结合。它既具有实用意义,又具有审美意义,是物质文明与精神文明的结晶,是美化人民生活的一项重要实用艺术。玉器评价是对其玉质、工艺、造型与纹饰、题材、艺术价值、市场价值等优劣与高低的评定。

第一节　玉器玉料质量的评价

古人辨玉讲究玉质,《说文解字》中就有"首德而次符"之说,即先质而后色。现在讲的玉质有两种意思,一是玉的种类不同,二是同种玉的质量有差异。玉以质地细腻、晶莹剔透、色彩浓淡均匀、洁净无瑕为好。一般来说,质地越细腻,其透明度也越高,或称水头足,雕出的玉件显得水灵而有生气,而质地粗糙疏松者,则水头差,其雕件显得凝滞死闷。下面将从玉料的品种、质地、颜色、光泽、透明度、净度方面谈一谈如何评价玉器的玉料质量。

(一) 玉料品种的评价

玉石材料种类有很多,而且其间价值相差也比较大。例如,优质的翡翠价格与钻石相当,甚至更高,而市场上多见的玛瑙,则最贵也不过数万元一件,一般数十至数百元,因而材料的品种是决定价格的重要要素。评价一件玉器,若先知道其玉料的品种,就可大概判断其档次。一般来说,常见玉料中软玉、翡翠、青金石、绿松石、水晶等玉石品种属于高档玉石品种;孔雀石、蛇纹石玉、独山玉、澳洲玉等属中档玉料;其他各玉种通常为中低档玉料。但这不是绝对的,因为高档玉料若质量差同样价值较低,而中、低档玉料若质量较好,块度又大,同样价值也可能很高。

(二) 质地的评价

无论何种玉石制作的玉器,其质地都以细腻均匀为优,质地越细腻越好。由于绝大多数玉石是多矿物集合体,也就是说都以很多矿物小晶体颗粒或纤维构成,那么晶体颗粒大小就决定了玉质的粗糙或细腻程度,越小越细则玉石越细腻。

(三) 颜色的评价

评价一件玉器的好坏,其颜色是一个重要的因素。首先要求玉器颜色是正、阳、浓、匀、特。正,即玉器材料的颜色纯正;浓,指颜色的饱和度,在保证透明度的前提下,要求玉料的颜色越浓越好;阳,指颜色的明亮度,要求材料特别是成品的颜色越鲜明越好;匀,指颜色均匀程度,要求玉石材料或成品的颜色越均匀越好;特,即要求材料或成品有奇特的颜色分布,形成奇特的图案(人、动物、山水等)或产生独特的光学效应,如金星石金黄色的星点,玛瑙的花纹,孔雀石的丝绢光泽等。再者,玉石的颜色要和玉器作品的内容一致,什么样颜色的玉石表现什么样风格的作品,适用于哪方面的题材内容,有一定的基本规律。颜色可以烘托作品,作品可以保护颜色,如白玉贵在色白如脂,制作器皿造型不宜把膛掏得过薄,以免减掉玉之脂白色。

(四) 光泽和透明度的评价

光泽是玉石对光的反射能力。每一种玉石所能表现的光泽是一定的,由于各种玉石的质地不同,硬度不同,以及对光的吸收、反射程度不同,所以表现的光泽也不同。玉器作品有光泽,显得晶莹可爱,才能反映玉石的质地、颜色、透明度,它可以烘托玉石的内在美。

光泽也受抛光质量的影响。

玉石的透明度,就是玉石透过光线强弱的表现。玉器行中将透明度看成是检验玉质的重要指标之一,透明度好的叫"水头足"、"地子灵"或"坑灵",透明度差的叫"没水头"、"地子闷"或"闷坑"。透明度对玉石的质地、颜色有烘托作用。透明度好,可以把材料的质细、色美烘托得更好,反之就减弱质细、色美的光彩。

(五)净度的评价

净度是相对玉石上不好看的脏色、脏斑以及裂纹等杂质而言的。评价一件玉器的净度,就是看玉器是否干净,如果没有影响观感的杂质和裂纹存在,那么这件玉器就是纯净的,其价值相对较高。若玉质中布满脏色、脏斑、裂纹,则会极大地影响玉器的完美感,因而降低其价值。

第二节 玉器工艺质量的评价

下面将从玉器的琢磨、抛光、装潢方面谈一谈如何评价玉器的工艺质量。

一、玉器琢磨质量的评价

琢磨,就是具体制作玉器,必须真切、全面,甚至创造性地发挥创作设计意图。玉器加工制作中的琢磨,主要是通过减法出造型,因此,减法的准确对保证作品质量关系很大。做工不细,造型含混不清,就表现不出玉器的美。

根据玉器琢磨工艺的要求,好的琢磨工艺应该做到规矩,有力度,轮廓清晰,且细节突出。规矩就是要体现出玉器的造型美来,有力度则是指玉器在线条上要表现得棱角分明;轮廓清晰、细节突出,是要求玉器在整体造型的基础上,鲜明地突出玉雕的细节,以求达到玉器整体的完美。

二、玉器抛光质量的评价

抛光,就是把磨制后的玉器表面磨细至镜面状态,使光照射其表面时有尽可能多的规律性反射,达到光滑明亮的程度。玉器经抛光处理后会呈晶莹美丽的玉质光泽,这是玉器艺术的主要特点之一。因此,玉器抛光处理的优劣,将直接影响到作品艺术效果的好坏。评价玉器的抛光,要看其是否明亮、圆润、清晰。明亮,是指对光照能产生充分的规律反射;圆润,是指抛光表面圆滑,能呈现玉质之美;清晰,是指经过抛光后不影响玉器本身各细节的表现程度。

三、玉器整体装潢质量的评价

玉器的整体包括玉器主体器物和以外的附件,如玉器的座、匣等包装装潢,它是多种物质材料和工艺的结合。玉器装潢整体上要求做到协调,座、匣等要陪衬出主体,更好地表现作品的美。特定玉料所做的玉器,应该配什么颜色、什么纹样、什么质料的座和匣,是有讲究的。

第三节 玉器形式的评价

玉器形式的评价是指对其造型和纹饰设计的评价。

一、玉器造型及纹饰的多样与统一

多样统一或称变化统一,是一切艺术形式美的一般规律和基本原理。它是对立统一这一辩证法的根本规律在美学中的表现。

玉器造型及纹饰是由相互关联的各部分组成的,各部分之间都有内在的和形式上的相互联系,并通过一定的方式,组成一个完整的造型及纹饰样式。造型及纹饰各部分之间的区别的多样性,是玉器造型及纹饰的变化;造型及纹饰各部分之间的联系和整体性,是玉器造型及纹饰的统一。

玉器造型及纹饰在形式处理上应该既多样变化,又有整体的统一。多样变化是为了获得丰富耐看的效果,整体统一是为了达到和谐、含蓄的目的。玉器造型及纹饰如果没有变化,则会使人感觉单调乏味,如果没有整体统一,则会使人感觉杂乱无章。只有在变化中求统一,在统一中赋予变化,使造型及纹饰的变化与统一取得完美结合的玉器才能称得上是佳品。

二、玉器造型及纹饰的对称与平衡

玉器作为立体工艺品,无论从正面观、侧面观或者顶面观,不是呈对称状,便是呈平衡状。所以,对称和平衡这两种形式美法则的恰当运用,对于玉器的多样化及统一和谐的装饰效果将起到重要的作用。

对称与平衡在同一件玉器造型及纹饰中往往同时应用,但在应用中,两者应该有所调剂,有所节制。有时以对称为主,使局部处于平衡;有时以平衡为主,但必须加强对称性的因素。一件好的玉器,其造型及纹饰,应该在视觉上合理调整对称与平衡两者的关系,给人以美的享受。

三、玉器造型及纹饰的稳妥与比例

玉器在设计制作时,必须注意稳妥及比例。因此,我们在评价玉器时,应周密慎重地审视稳妥和比例这一法则在玉器造型及纹饰中的具体运用和表现。

稳妥,即在玉器造型上体现出安定与力的均衡。一般平放的立体物都有其一定面积的平底,这样才能保持器物整体的平。通常来说,平底面越大就越稳,越小就越不稳,正立者稳定但又单调笨拙,倒立者又显得恍惚不安。稳妥的原则就是中和两个极端。

玉器造型及纹饰的比例包括两点:一是指玉器本身各部分的比例关系;二是玉器与附件之间的比例关系。玉器自身各部分之间的比例应构成美的感觉,如同一个人,头、身、四肢和躯干各部分,都有一定的比例。玉器摆设也同样要求各部分的比例要适度配合,如此才能产生美感,相反,比例失调,则会给玉器产品带来严重缺陷。

四、玉器造型及纹饰的反复与节奏

反复是图案的一种有条理的装饰形式。所谓反复,就是以一个纹样为基本单元,反复排列连接,反复的条理性,构成了图案的节奏与韵律,从而获得图案造型的装饰美。节奏是指一种节律整齐的流动。在图案造型中,一个基本单元纹样或某一局部的反复和连续展现,是图案产生节奏效果的主要原因。一个造型要想取得统一的效果,节奏变化的处理是重要的手段之一。

玉器造型及纹饰设计,应通过运用反复的手法,使造型及纹饰在变化之中协调,并使其彼此之间有联系和呼应。玉器造型及纹饰的节奏表现在作品外形轮廓的高低起伏,体积空间的分布,线条的直曲、动静等方面。

五、玉器造型及纹饰的对比与调和

在玉器造型及纹饰的各种因素(如线型、体量、空间、质地、色彩等)中,把同一因素有差别的部分组织在一起,产生对照和比较,称其为对比;而调和则是通过一定的处理方法,把对比的各部分有机地结合在一起,使造型有完整一致的效果。适当地运用对比、调和,能使玉器造型及纹饰更加富于变化,使得造型及纹饰图案以一个为主,在视觉上比较突出,起到对比的作用。

六、玉器造型及纹饰的空间与层次

空间分布在玉器中起很大的作用。玉器大多是以圆雕为主的工艺品,它具有高、宽、深的三度空间,在制作中,无论是独立性的或是组合性的造型,都必须对玉器各组成部分的体积、线条的空间分布,以及它们的方向、动势、节奏等作出合理的安排。比如对仕女头部、胸、腹各体块的动向,衣纹飘带的动势,花头的方向,雀鸟头部的动向,花叶的正、侧、背面等,都必须在空间分布中作出恰当的合乎情理的安排。

第四节 玉器题材的评价

玉器产品的题材有很多,主要有人物、器具、兽类、鸟类、花卉、山子等,对不同题材的玉器的评价是有所不同的。

一、人物题材玉器的评价

人物题材玉器的评价要注意以下五个方面。

① 人物要具有时代特征,人体各部位的结构、比例要安排适当,合乎解剖要求(成人一般以头部大小为准,按立七、坐五、盘三半的比例为宜),动作要自然,且呼应传神。

② 头脸的刻画,要合乎男女老少的特征。要根据不同人物的身份性格和动态情节进行创作。五官安排合情合理,比如一般仕女的面目,要求秀丽动人,传统佛人的面目要鼻正、口方、垂帘倾视、两耳垂肩。

③ 手型结构准确。比如仕女手型要纤细自然,手持的器物和花草要适当。

④ 服饰衣纹要随身合体,有厚薄软硬的质感。比如仕女的衣带,线条要交代清楚,翻转折叠要利落,动态要自然而飘洒。

⑤ 陪衬物要真实,富有生活气息,要和人物主体相协调,使主题内容更加充实而突出,避免喧宾夺主的现象。

和田玉与K金嫦娥是比较有名的人物题材玉器,如图8-4-1所示。

二、器具题材玉器的评价

器具题材玉器的评价可以从以下三个方面入手。

① 器具造型应周正、规矩、对称、美观、大方、稳重、比例得当,仿古产品应古雅、端庄,尽可能按原样仿制。

② 器具的膛肚要串匀串够,子母口要严紧、不认口,身盖颜色要一致,环链基本规矩、协调、大小均匀、活动自如。

③ 纹饰要自然整齐,边线规矩,地子平展,深浅一致。透空纹饰,眼地匀称、干净利落;浮雕纹饰,深浅浮雕的层次要清楚,合乎透视关系。

著名的器具题材玉器有清代白玉碗,如图8-4-2所示。

三、兽类题材玉器的评价

上佳的兽类题材玉器作品应满足以下四点。

① 造型生动传神,肌肉丰满健壮,骨骼清楚,各部位的比例合乎基本要求,五官形象和立、卧、行、奔、跃、抓、挠、蹬的各种姿态,要富有生活气息。

② "对兽"产品要规矩、对称、颜色基本一致,成套产品的造型,应根据要求配套琢制。

③ 变形产品的造型,要敢于夸张,又要注意动态的合理性。

④ 鬃毛勾彻要求深浅一致,不断不乱,根根到底,大面平顺,小地利落。

较好的兽类题材玉器有和田玉北极熊,如图8-4-3所示。

四、鸟类题材玉器的评价

好的鸟类题材玉器应满足以下四点要求。

① 造型准确,特征明显,形态动作要生动活泼,呼应传神,一般要做到张嘴、悬舌、透爪。

② 羽毛勾彻、挤轧均匀,大面平顺,小地利落。

③ "对鸟"产品,高低大小和颜色基本相同。

④ 陪衬物适当,要以鸟为主,主次分明。

精美的鸟类题材玉器有岫玉鹭鸶,如图8-4-4所示。

五、花卉题材玉器的评价

花卉题材玉器应满足以下五点要求。

① 以花为主进行构图设计。

② 整体构图要丰满、美观、生动、真实、新颖,要反映出生机盎然的艺术效果,主体和

陪衬要协调自然。

③ 花要丰满，枝叶茂盛，布局得当，花头花叶翻卷折叠自然，草木藤本，老嫩枝要区分清楚，符合生长规律。

④ 傍依的瓶身或静物要美观、别致、大方，颜色要协调一致。

⑤ 其他陪衬物要真实自然，产品的整体和细部力求玲珑剔透。

六、山子题材玉器的评价

山子题材玉器应注意以下四点。

① 用料以块度大为显著特征，以保留整玉天然浑朴的外形原貌为特点。

② 取材多为人文景观和历史场景，人物、山水、花鸟虫鱼、珍禽异兽、亭台楼阁，应有尽有。

③ 布局讲究层次有序。

④ 要求气势壮观，意境深远。

山子题材玉器中的精品有翡翠蓬莱仙境，如图 8-4-5 所示。

第五节　玉器艺术价值的评价

玉器既是传统的工艺美术品，同时在今天也是人们追逐的商品。

中国玉器不仅具有一般的美、罕见、耐久等特征，以及装饰、保值、保健等功能，而且还和我国的民族文化有着千丝万缕的联系，它曾影响了世世代代中华民族的思想观念和习惯。作为一类工艺美术品，对艺术上的追求是其主要目标。

对于玉器艺术的评价主要反映在不同时代玉器在艺术风格、艺术韵味及艺术创新方面的表现。

玉器艺术风格是通过玉器作品表现出来的相对稳定、更为内在和深刻、从而更为本质地反映出时代、民族或玉雕艺人个体的思想观念、审美理想、精神气质等内在特性的外部印记。

不同时代的玉器艺术风格是玉器作品在整体上呈现出的具有代表性的独特时代面貌。如新石器时代玉器表现的神秘风格，商代玉器表现的礼制化风格，汉代玉器表现的雄浑豪放与迷信化风格，辽、金、元代时期玉器表现的民族化与地域化风格，明清玉器所表现的生活化与精品化风格。

对于现代中国玉器来说，俗与雅是衡量玉器作品艺术风格的一个很重要的标准。一件玉器作品如果只是迎合世俗的一般嗜好，或是以奇巧炫人耳目，仅仅满足于某种官能刺激，思想浅薄，那么这样的玉器作品就会被批评为低俗；如果玉器作品在思想内容和形式风格上不但为人们所乐于接受，并且能有益于人们的身心健康，使人的感情得到净化，思想得到提高，这样的玉器作品就会被誉为风格高雅纯正。

玉器艺术韵味反映在一件玉器作品的设计、构思乃至主题的确立上，显示出其独特的个性，表现为一件玉器作品是否充满灵气，内涵丰富，给人留下无限的想象空间。

在评价一件玉器作品艺术韵味时，经常会有人讲这件作品有艺术的神韵，而那件玉器作品呆板。那些设计巧妙、做工精细、整件作品有艺术神韵的玉器作品往往具有较高的艺术价值。而有些玉雕艺人盲目求工、求巧,却不肯在构思、立意上下大功夫,结果使作品流于平庸、呆板,缺乏艺术表现力。

比如在制作玉器人物产品时,传统的常规人物多作单人像,题材不外乎佛像、仕女、老人、童子等,艺术刻画手段也比较局限,因此作品颇显单调、平庸、呆板、了无生气,而一些玉器设计大师们在人物题材方面,往往在确立作品的主题时将人物与情节、环境相联系,因此,使用人物题材表现丰富多样,如神话传说、历史故事、佛门法事、名人雅客、诗词文学、戏剧舞蹈均可利用,因此,这些玉器人物作品不仅具有情趣,且更具文化韵味,从而大大地提高了玉器人物作品的艺术感染力。例如绿松石《五子闹钟馗》,作品取材于我国传说中的一个善于打鬼的神话人物故事。作者通过圆雕的手法加以集中概括,把这一题材充分表现出来,钟馗和几个小孩的形象、神态,被刻画得那么生动自然,活泼有趣,使整个构图的轻快调子得到充分反映,人物的形象、神态与结构比例,以及陪衬的道具,件件安排得如此紧凑恰当,雕琢得那么精致细腻,使整个作品活灵活现,极富神韵。

玉雕艺术是一门传统工艺美术,玉雕艺术要继承传统,更要创新以求得发展,玉器创新表现为对新材料、新工艺、新题材的创新。

玉器传统用材也只有一二十余种,对于用料的突破一方面在于应用新的原料,另一方面在于对其他不同性质的原料的组合应用,如玉与宝石、贵金属的组合。因此,只要能够量料选材,因材施艺,充分利用原料本身的色彩、光泽、质地、纹理、形态以及重量感等天然优势,通过独特的设计、创意,将各类材质的特点和色彩美表现得充分、自然,并与作品主题达到高度的统一,这就是在玉器用材方面的一种突破、一种创新。

玉器作品是否有特殊的创新的工艺技术应用也是玉器评价的重要方面。具有特殊工艺的玉器作品,其价值也会有所提升。俏色玛瑙《双蟹》就是一件登上镂空技艺新高峰的艺术珍品。这件作品的绝妙之处在于两只悬空着的赭黄蟹,它们的整个身子都只靠极为纤细的爪尖托立在网筛子上,纤细的爪子托起了分量不轻的玛瑙蟹身,掌握好这个力度的均衡对玉雕艺人来说难度是极大的。再说,那个以几百个透眼组成的有如铁丝编织的网筛子,在琢制中如果稍有不慎,哪怕是崩裂出一丝丝裂纹,也会大大降低整个作品的艺术价值,甚至会前功尽弃。

玉雕作品要突破传统玉雕主要表现神话传说、宗教典故的取材范围,更多地关注现实生活、反映重大历史题材,揭示人性、自然之美,以表达人类对幸福、自由的渴望与追求,以及对罪恶渊源的揭露与批判。如玉雕大师施禀谋先生的作品《九九归一》《迎九七》《小平走好》等,通过细致的刻画,体现了作者强烈的爱国主义精神和历史责任感,这些作品无不凝结了艺术家那质朴的、纯真的诚挚感情,这些玉器作品在历史上是没有过,属于玉器题材的推陈出新的创举,在评价时应充分加以考虑。

第六节 玉器市场价值的评价

玉器作为一种商品,在评价时也需要考虑其市场因素,这主要是指其市场成本、市场竞争及市场的需求等方面。

首先,我们要考虑玉器的成本因素,成本一是指玉器生产者的制作成本,包括原料费用、设计费用、加工费用、税收、工人工资、管理费用等;二是指玉器的市场成本,它包含了生产者的合理利润和经营者的经营成本及其利润。利用成本对现代玉器进行评价是最直接和最容易的。首先要确定玉料的质量好坏,估计原料的重量和价值,计算出玉器的设计成本、加工成本、装潢成本以及与之有关的其他成本,然后将几项累计,就是所评价玉器的成本价值。如果要确定其市场价值,还需加上经营成本、税收和一般销售同类玉器的同等商场级别中的加价率。利用成本因素评价玉器大多数情况下也适合评论现代玉器,当然这种方法的不足之处是没有考虑到玉器的其他附加值,例如大师设计制作的会比一般雕刻工人设计制作的价值更高些。当然,我们在准确知道一件玉器的出处后,考虑到设计师的贡献,就可以比较准确地确定其价值。但利用成本因素是很难对古代玉器进行评价的,因为古代玉器的历史价值、文物价值是无法仿制的。

其次,我们要考虑玉器的市场竞争因素。一方面要对玉石资源的勘探、开发,玉石的质量、产量以及市场供求情况和今后可能的变化趋势有一定的了解;另一方面也一定要考虑销售季节、销售环节、销售市场区域状况及销售市场的类型,这些因素也对玉器的评价有一定的影响作用。

再次,我们要考虑玉器的市场需求因素,这之中主要与消费者的购买能力大小及消费者的购买心态有着密切关系。随着社会的进步,经济发展呈良好态势,人们收入的增加,消费者的购买能力提高,同时人们对玉器的偏好,对玉器心理理解价值预期的增长,极大地刺激了市场的需求,从而也引起了人们对玉器评价的预期增高。

当然,评价一件玉器,除考虑上述因素外,还要考虑到玉器的稀有程度、实用性、观赏性,社会的、历史的和文化的因素等,只有在全面了解了这些因素之后,才能更准确地把握玉器的价值评价。

第九章

中国玉器欣赏

玉器作为工艺美术品,人们对玉器的欣赏也就是对玉器美的欣赏。在此我们首先对玉器进行审美的分析和研究,掌握以下几方面玉器审美的基本原则,必将有助于人们更好地欣赏玉器。

① 材料审美要放在首位,材料的好坏在玉器审美中占有重要地位。玉器的颜色、光泽、质地、透明度表现的差异及绺裂、杂质的多少等,都是反映玉器是不是具有自然美的重要依据。

② 工艺是由料变为器的技术条件,它的美丑比较隐晦,不易被人真正认识,是审美上的一个难题。凡刀工利落流畅、娴熟精细必然是美的或较美的,反之,呆滞纤弱、拖泥带水则是丑的或较丑的。

③ 造型是玉器审美的构架,玉器造型是由其最终所选定的器形决定的,其比例要适当,匀称而不呆板。均衡而又稳定的是美的作品,如若比例失调则必然给人们的视觉带来不适,也就是不美的作品。

④ 纹饰是玉器的装饰,它的美丑容易为人们所觉察、感受,一般来说,它服从于器型的需要。装饰的美丑要看结构、章法、繁简、疏密等方面的处理,凡结构章法有条不紊、统一和谐的就是美的,繁简精粗恰如其分的也是美的或较美的,反之,画蛇添足、添枝加叶都是不可取的,也都是丑的或较丑的。

⑤ 艺术是玉器所追求的至高境界,也是最难做到的。目前的困难是工与艺混淆,以技艺充作艺术的现象在各种工艺美术品中相当普遍,玉器也未能免俗。凡气韵生动、形神兼备的都是艺术美的表现,反之,徒具形骸、一味仿古者都是违反艺术美的。

玉器审美是一个由浅至深、由表及里的认识过程,其本身已非常复杂,再牵涉经济因素,搅得更加复杂难辨。只有通过提高人们的审美能力,才能提高人们的欣赏水平。

第一节 美在美质

玉,石之美者,是温润而又有色泽的美石,自古以来玉就是美丽的象征。玉材种类有很多,有翡翠、软玉、岫玉、青金石、绿松石、孔雀石、玛瑙、珊瑚等,它们有的色泽美丽,有的质地细腻,有的透明无瑕,有的呈现特殊的光学效应等,这些都是天然所赐,令人赏心悦目。

玉雕作品的艺术魅力,首先来自其玉质美的感染力。玉雕艺术的创造者,对玉料的玉质美,有无敏锐的审美感受,是极为重要的,它关系到玉雕创作的优劣乃至成败。玉雕的创作美,在于对玉料美感的体察和感受,尤其对玉料质地美的内涵,要有深远和热爱的审美意识,只有发现和感受到玉质之美,并能从中激发起创作欲望,才能更好地加以利用和创造。玉雕作品的玉质美,根据玉料的基本特性来表现,概括起来主要有以下几个方面:

其一,玉料颜色光彩鲜艳,纹理灿烂,具有色彩斑斓之美;

其二,玉料质地坚硬、缜密而细致,具有坚硬细腻之美;

其三,玉料光泽温柔滋润而光滑,具有温润以泽之美;

其四,玉料有的呈现特殊现象,如特殊包裹体或特殊光学效应,具有特殊现象之美;

其五,玉料玉质莹净而高洁,具有晶莹灵透之美。

具有玉质美的玉雕作品,是运用多种表现形式和手法实现的。好玉不琢,或高翠不挑花,是琢玉艺人多年总结出的特殊法则,因为好的玉材,如翡翠中的高翠、白玉中的羊脂白、绿松石中的鲜艳蓝色、岫玉中的润绿色等,过多的雕饰会使其产生失色,再加之雕塑琢凹面太多,太玲珑则会丢去圆浑的弧面,不易抛光,反而突出不了高档玉材天然美好的质地。所以,一块好的玉材,不是雕琢越细越玲珑就越能体现出好玉材的身价的,如有些老坑玻璃种的玉材做简练的器物或首饰,仅充分反映好弧面,在抛光后,它那晶莹绿色的身价就能更好地显现出来。

古今的玉雕艺人,为什么将翡翠料中,最珍贵的玻璃地特质高绿翡翠,制成光素戒面的手镯,而不加任何的雕饰呢?其原因就在于"素面"最能显现高翠质地美之魅力。玉雕创作,是以各种玉料的特质为前提的,突出其玉料材质的质地美,以作品的"素",来体现玉质的美,这正是作者的匠心运用,以不加雕饰的光素处理,充分提示出其材质之天然美,达到"以无胜有"(指纹饰)的典雅和素美。人们观赏它,也就是观赏玉料的玉质高洁、细腻纯润、色理灿烂,欣赏玉之天然美质。

"美玉不琢"不代表不对和田籽玉进行任何装饰。"红花需要绿叶扶",美玉也需要其他材料的衬托,使其更美丽。美玉不琢是指将稀有的、珍贵的、完美的、未经雕琢的中国玉原石作为主体,伴以名贵的附件装饰(红木底座、金属装饰等),运用中国传统的技艺,将现代人崇尚的自然美、时尚感和现代的人文精神完美地呈现在中国玉原石上,从而创造出具有中华民族以玉和、玉美、玉德为标准的真善美,让人类的物质需求与审美意识开始向"原生态"、"自然美"回归的共性的艺术精品。

每一块原石都有着不同的纹理,有着独特的意境;每一块原石都有着不同的皮色,有它特有的生命。玉被灌注了太多的中国文化内涵,是中国人文精神"德"和"礼"的象征,玉造型圆润,质地细腻,色彩丰富,具有从玻璃至油脂的光泽,皮色有白、灰白、青白色、青色、黄色、灰色、黑色、糖色、浅绿色至深绿色等,能够满足人的视觉享受。所以,"不琢"可以让玉保持最"原生态"的状态,可以让美玉呈现最原生态的美丽。

玉之"五美",是自然造化之精华,具有得天独厚的特性。人们观赏它,也就是欣赏玉料的色彩斑斓、质地细腻、光泽温润、特殊现象、玉质高洁,赏玉之天然美质。玉石以其自然美刺激了人们的感官,激起了人们愉悦、欢快的心理反应,促使人们产生美感。

下面举出几例玉器作品进行欣赏。

一、《水胆玛瑙群山飞瀑》

《水胆玛瑙群山飞瀑》于 1972 年由王树森(北京玉器厂)设计、制作,现藏于北京工美集团总公司珍宝馆。高 24 厘米,宽 19 厘米,半透明水胆玛瑙料。作品巧妙地利用玛瑙料中的特殊水胆包裹体,在水胆部位琢制成峭壁上飞流直下的瀑布,与水胆中的贮水相映成趣,飞瀑与清秀的山峦、松柏、展翅飞翔的仙鹤,及在山径间奔跑的小鹿相呼应,表现了山林幽深的意境。如图 9-1-1 所示。

二、《孔雀石龙钵》

《孔雀石龙钵》于 1979 年由潘秉衡(北京市工艺美术研究所)设计,并由蒋通制作,现藏于北京工美集团总公司珍宝馆。高 11 厘米,宽 16 厘米,孔雀石料,青绿色,无瑕斑。作品以盛开的莲花瓣为龙钵器壁,敞口,云纹状双耳,在器壁中心处巧用孔雀石的天然花纹形成了灵芝图案。器口左侧有一条跃起的鲤鱼,右侧有一条欲腾飞的蛟龙,钵壁口上如云似水的纹理又将鱼、龙联系在一起,表现了"鱼龙变化"的意趣。如图 9-1-2 所示。

第二节 美在工艺

玉器的工艺美,不仅是玉器艺术价值的重要表现,也是鉴定玉器的一个十分重要的手段。了解不同时代的玉器工艺,对于我们领悟玉器艺术之美,有着事半功倍的效果。所谓玉器的工艺美,主要是指玉器的雕刻工艺所形成的美感。不同的时代,雕刻工具的不同,雕刻艺人的身份和地位的区别,对玉器的鉴赏和审美情趣的不同,都会对雕刻工艺产生不同的影响。这种影响,必然会在玉器上留下深刻的工艺烙印,左右着我们的审美情感和鉴别能力。

红山玉器的瓦沟纹,是红山文化特有的玉雕工艺留下的纹饰特征,良渚文化的玉器更是以线条之美而闻名于世,但是,良渚玉器线纹的雕刻,和红山文化截然不同,它琢磨细致,其细如毫发的细曲线纹由短而细的线条错落连接而成,其直线纹由笔直的阴线构成,这两种不同做工的线条并存就是我们鉴定其真伪的根据。这种线条的错落连接和笔直的阴线,构成了良渚文化玉器特有的线条美。商代玉器的雕刻工艺,因为青铜金属工具的出现,其工艺水准有了很大的提高,玉器的生产规模也比新石器时代较为扩大。商代的玉器从器型上看以板状为主,以商代最为流行的动物形饰玉为例,少有圆雕作品,大多数是平面的板状体。因为板状玉器的增多,商代玉器在装饰工艺上有一个明显的特征,就是在玉器的表面,往往饰有各种纹饰,不管是动物、人物还是其他形制的玉器。周代玉器的雕刻工艺,以"一面坡"著称。所谓的"一面坡"工艺,是指在玉器平面上出现的斜刻技法,就是线条的表现手法用倾斜的面来刻划,它有较宽的阴线刻槽,其底槽深浅不一,线条的截面如一个倒置的直角三角形,一端为垂直的墙线,另一端为一个斜坡。春秋的玉器以琢工精湛著称,其最为珍贵的当数一些器厚的玉雕,在工艺上达到了前所未有的水准,它以刻纹、浮雕、镂雕和镶嵌的工艺等多种技法,使玉器的加工获得了空前的成功。在战国时期出现的"游丝毛雕"工艺和分区琢纹技术,为战国至汉代玉器的发展,在技术上奠定了基础。汉代玉器技法简练,所谓"汉八刀",不是指真的只用"八刀"就刻出玉器的器型,而是指其刻工简练。从唐以后,由于装饰技法的生活情趣化,除了清代对工艺的要求甚高以外,其他时期从工艺水准总体来说参差不齐,比如唐代玉器技法的粗疏,宋代的多层镂雕,明代玉带板的镂雕和剔地浮雕,虽也各有特色,但总体呈下降之势。总之,玉器的工艺技术,不仅是玉器加工本身的需要,更是玉器艺术美的生产需要,它的成功,必然会对玉器的艺术价值产生很大的作用。

美的玉料令人心醉,精湛的工艺更加令人赞叹。历史上无论哪一件玉器作品,都是工艺大师用心血和汗水浇成的,都是琢玉工人智慧的结晶。为了琢制一件玉器,真不知有多少人为之操劳、奔忙。如故宫博物院收藏的"大禹治水玉山",从选料设计到最后刻字完工,全部工程用了整整十年时间,所耗银两更不计其数。即便是琢制一件小型玉器,也是要经过艺人们反复思索勾画,根据材料限定的条件进行精心的设计和琢磨,才能完成的。因此,一件成功的作品,不但需要有工艺师的高超工艺技巧,而且还要有艺术家的思维和创作才能,可以说,它是一种脑力劳动和体力劳动的完美结合。

玉器的工艺源于石器的制作,但又有别于石器,并较之石器更加细腻、复杂。首先要选材,因为只有选材得当,才能加工出好的玉器。其次要设计,玉器的设计必须绝对服从材料本身所给予的特定条件,尽量使作品成为材料美和造型美的有机结合体。再次要琢磨,这是玉器制作最关键的一环,也是玉器制作最独特的技术。工艺大师们必须根据设计要求,通过砣具实施切割、勾撤、去地、钻孔、镂空等各种工艺,一点一滴地细心琢磨,从而达到器物造型逼真、形象生动的艺术效果。最后则是抛光,抛光是为了使玉器更加光亮,但决不能有丝毫损伤、破坏玉器造型和纹饰的现象出现。

中国当代玉雕工艺,从大的流派来说,可分为南北两派,北派以北京为代表,覆盖辽宁、天津、河北、河南部分城市、新疆等北方各省市,南派则包括长江沿岸及以南地区,并分为几个支派,包括以上海穆宇静为代表的"上海工",以苏州为代表的"苏州工",以扬州为代表的"扬州工",此外还有"广东工"和"福建工"。

玉器工艺美的欣赏体现在以下三个方面。其一,美在精雕细刻,反映在玉器加工制作上,琢磨有规矩,有力度,轮廓清晰,细节突出;玉器表面抛光明亮、圆润、清晰;玉器装潢整体要求做到协调,座、匣等起到配衬玉器主体的作用。其二,美在显工显活,反映在玉器加工对象上,工多活多,小料大作,也就是玉器耐看。其三,美在特殊技法,反映在玉器加工的难度上,如镂空技艺、活环活链技艺、金银错技艺、刻字技艺、薄胎技艺等。下面试举两例,以展示玉器的工艺美。

由此可见,中国玉器工艺,既是一种具有浓郁东方艺术特点的特殊工艺技术,又是数千年来中国人智慧的体现,它那巧夺天工的技巧以及所饱含的那种妙不可言的、动人的生活情趣,使中国玉器艺术更加五彩缤纷。

一、《和田白玉错金嵌宝石碗》

《和田白玉错金嵌宝石碗》是清代传世品,北京故宫博物院收藏。高4.8厘米,口径14.1厘米,足径7厘米,白玉料,质莹白,器壁薄,横截面为圆形,由口及腹斜收,桃形双耳,花瓣式圈足。腹外饰花叶纹,与众不同的是,枝叶由嵌饰的金片构成,而花朵则由108

颗精琢的红宝石组成。在如凝脂的白玉上错上黄金,嵌上红色宝石,整体上显得纤巧秀美,晶莹剔透,格外豪华富丽。金丝与红色宝石构成的装饰纹饰,呈现出极致之美,也充分展现了错金嵌宝的高超玉雕技艺。如图9-2-1所示。

二、《岫玉龙舫》

《岫玉龙舫》于1994年7月由甘京华(广州市南方玉雕工艺厂)设计,谢慕贞、何惠旋制作。高38厘米,宽70厘米,厚16厘米,岫玉料,淡绿色,无瑕斑。作品造型为古典的吉庆龙舟,船首龙头高昂,船尾龙尾漂游,龙身载透雕、镂雕的多层亭台楼阁,其上有或凭栏闲适,或聚席饮宴的古装人物。如图9-2-2所示。

第三节　美在造型与纹饰

　　玉器属于造型艺术,是通过造型和纹饰来表现主题的。玉器美体现在造型与纹饰方面,是指玉器造型及纹饰所表现出的多样与统一、对称与平衡、稳妥与比例、反复与节奏、对比与调和、空间与层次等方面符合艺术形式美的一般规律,造型与纹饰的具体图案画面有主有次,主次分明,有疏有密,疏密得当,有层次,透视感,有静有动,形象逼真、生动,富有情趣,给人以美的感受。

　　作为造型艺术,玉雕特别强调形式美的规律,注重运用不同雕刻手法来表现形式美。其雕刻手法主要有圆雕和浮雕。圆雕是指在实际存在的空间通过体、面、线等造型手段来表现玉质和作品的题材。圆雕可通过体量表现气势,通过面的起伏和线的变化表现细节,通过线条约束外形,突出轮廓,观者可环绕圆雕作品从任何角度欣赏。浮雕是在平面上雕刻出凹凸起伏的立体形象,利用透视、错觉、实影造成较为虚拟的空间效果,可以表现错综复杂的场景。圆雕和浮雕经常同时出现在同一件玉雕作品上,两种表现形式相互衬托,穿插运用。

　　在玉雕作品的表现题材上,通常将其分为山子、器皿、人物、花鸟等,从工艺的角度上看,其鉴赏和评价原则不尽相同。这种分类方式具有技艺上的专业性,也较好地抓住了作品的形式特点。然而作品的题材范围是十分广泛的,表现题材随着时代的发展也存在着不断变化发展的趋势,因此必须借鉴艺术学的研究成果和研究理论,对各种不尽相同的玉雕作品的审美元素进行分解和概括,才能真正领悟玉雕作品的鉴赏要领。

　　根据玉雕作品的形式鉴赏特点,可以将其简单归为具象玉雕、装饰玉雕和抽象玉雕三大类。当然,对这种划分的理解不能过分教条,这种分类并不绝对和截然,比如具象玉雕和抽象玉雕都有装饰功能;而装饰玉雕又往往采取了不同的具象组合和抽象纹饰突出主题并强化装饰效果;抽象玉雕一定是对某种客观具象事物的抽象表现,其表现形式一定具有某种装饰效果。

　　具象玉雕是以客观事物为蓝本,对其外观、神情、动态、性格等进行再现。再现并非只是简单的复制和模仿,而是抓住特点,表现更深的意境,以有形表现无形,调动观众的想象和联想积极性,从而达到艺术效果。如玉雕动物、植物、人物等除要准确刻画其外观外,还要通过凝固的瞬间形象传递其动感、神态、思想和性格等信息。具象玉雕的鉴赏要点在于是否准确、生动、自然、传神。

装饰玉雕基于客观事物,并通过概括、夸张、提炼等手法表现美学装饰价值,注重观者对美的体验和享受。如玉雕画、屏风、玉雕山子、器皿等,创作题材可以较为广泛。装饰玉雕的鉴赏要点不是在于真实,而是在于是否具有美感,是否符合形式美法则,如对称均衡,调和对比,节奏韵律,多样统一等。

抽象玉雕则通常直接表现本质和内在结构,以点、线、面表现时空的节奏和韵律,追求时空的相对统一;表现人类思想的复杂和精华,注重思想性和艺术性。由于材质特点和传统的影响,真正意义上的抽象玉雕实体在中国玉雕作品中较少见,但抽象纹饰比比皆是,如涡纹、饕餮、盘长、太极图等。随着人们对精神生活的追求和鉴赏能力的提高,相信抽象玉雕在中国一定会诞生出自己的鉴赏群体。抽象玉雕的鉴赏要点在于是否能调动观者的情绪,产生丰富的联想和强烈的共鸣和认同。

此外,中国玉器的装饰图纹同样也显露着历代玉工的聪明才智和创作能力。器物画面上无论是几何纹、自然写实纹、还是抽象的神话动物纹等,均表现得笔触灵活、线条生动,简练中蕴含着丰富的意趣,矫健中表现出生动的灵性,得心应手,挥洒自如。

其中白玉松竹梅茶壶就是很好的实例。

《白玉松竹梅茶壶》于1995年由江春源(扬州玉器厂)设计,杨文傑制作,现藏于北京工艺美术服务部。高20厘米,宽13厘米,厚9厘米,白玉料,质莹润,高柄壶的壶体为一竹节形,壶腹浮雕竹、梅图案,壶盖雕有松枝,壶柄为梅花老枝形,柄上有一条链环与壶盖连接,寓意"岁寒三友"壶,以纯净白玉制成,更显高雅,如图9-3-1所示。

第四节 美在俏色

众所周知,有的玉料的颜色表现是单色的,如珊瑚、青金石;有的玉料的颜色表现是多种多样的,如翡翠,有绿、红、白等色,有的翡翠还有粉、黄、黑等颜色;玛瑙的颜色就更多,有红、黄、蓝、白、紫、黑等多种颜色;辽宁的岫玉,绿是其本色,但也常常夹杂一些红、黄、黑、白等颜色;南阳独山玉,其色也十分繁杂;就是新疆的白玉,也不都是洁白无瑕的,有的含糖红色,有的含有墨色。玉石上的这些天然颜色,正是创作俏色艺术品的基本条件。在玉器上把玉石上的天然色彩运用得很恰当、很绝妙,这在玉器行业里称之为俏色。中国玉器历来以选料精、加工难、设计绝妙而为世人所称道,而俏色玉器因其玉料颜色利用与造型设计二者达到天然浑成,更显中国玉器之精妙,俏色玉器是中国玉器中的奇葩。

玉料中所含色彩的形状与体积是自然形成的,既不定型,又无规律,在这些玉料上进行创作设计难度较大,尤其是俏色玉料的运用,除按照单色玉料的应用要求外,还需要掌握以下俏色玉器设计原则。

① 当破则破

对一般玉石颜色的运用,要注意构图章法的需要,该破形的必须破形,该去掉的也不要觉得弃之可惜,要避免单纯求色面大而把俏色在图面上布得很稠很满,这样只显得热闹,不显重点,既费了工,又失去了"俏"。一块玉石上的颜色种类较多,而又能用得合适显"俏",那是难能可贵的。但这不是绝对的,也要注意避免画蛇添足,对那些确实安排不了或不好安排的颜色,还是去掉为好。

正如王仲元大师把做《龙盘》的那块玛瑙一截为二后,对剩下的另一块形体颜色差不多的料准备用来设计第二个《龙盘》的时候,见龙旁还有些黑色可利用,曾经设想再做一只凤,琢个《龙凤盘》。但经过推敲,又征求了别人的意见,都认为在蓝龙旁边添只黑凤,画面显得杂乱烦琐,再从题材上说也不如做单龙好,因此最后索性把那准备做凤的一点黑去掉了。对于一些挤在一起而又相靠的两种或多种颜色,如黑、灰、褐、墨绿等色在玉石上贴得很近,在用它们来找俏色之前,一定要尽可能地在剥料过程中把它们之间的界限弄清楚,以免把它们弄混了,而后,对这些颜色找俏色物体时,也要尽量注意避免找那些容易让人看混的东西。

② 改瑕为瑜

玉料完美无缺者不可说无,但终究寥寥,大部分玉石都带有不同程度的瑕疵、绺裂,琢玉施艺大凡都在掩饰与利用瑕、绺间周旋。这除了在相玉时考虑清理剔除瑕疵外,在琢玉的全过程也均需要对深层存在的脏、绺加以剔除掩盖,一般都通过设计形象来剔除或掩盖脏绺。如料脏点多,则通过琢制复杂细密的造型一点点地去除,绺裂则据深浅走向用山石重叠、衣纹飘带、树干枝叶等的轮廓加以遮掩。挖脏去绺的最高明手法,应为"改瑕为瑜",脏、绺利用得当,即能反瑕为巧、为绝、为美。如王树森大师所作的白玉《济公》,白玉原料的一角有一小块石性较重的灰黑块,设计时本可以把它琢去,但作者巧于克瑕,将其设计成一只似乎刚刚跳到济公和尚衣袖上的蟋蟀,与和尚手持蒲扇邋遢开怀的风姿如此相配,当然顿生妙趣。

③ 顺色立意

顺色立意即顺应颜色确定题材,顺应颜色设计造型,将艺术创造的生命力赋予玉石,从而使冷凝的玉石产生出与人的生活相联系的形象与题材。"顺色立意"也是俏色巧用的最基本的造型手法。俏色的运用手法应注意"顺色"取材(顺色,是指俏色与所表现对象的色调基本相似或相近)。俏色,一定要做到顺色随形,或大体颜色随形,比如,向日葵是金黄色的园形体,琢黑的或其他不合实际形体的向日葵,那就不成为俏色了,再如,用黑色来琢花朵,那么做朵墨菊就是"俏",做成梅花则就不当了。

④ 重点俏色突出

绝大多数玉料以颜色为贵,美色更为难求,对于重点俏色,一定要摆在构图的很明显的部位,让人一眼就能看到,即使是陪衬俏色,也要尽可能摆在构图的下面或侧面,不要把它们藏到背面去。比如,对于翡翠的绿,摆的位置就要特别研究。此外,因翡翠的绿十分可贵、难得,如果有的被埋入玉料的内层,那就要尽量把它们剥露出来,同时还要注意尽量把绿做得大一些,一个好办法就是剥露它的时候,注意在它的表面周围稍许留下一层翡翠的本色白,这样就可以使这薄薄的一层白也会被映成绿,绿就显得比原来大了。

⑤ 俏色巧用

俏色巧用是在量料取材、因材施艺过程中运用色彩的技艺。俏色,往往指玉石颜色相互对比而达到的效果,有时它也指一块玉料中主色以外的颜色,抑或在玉的琢磨过程中显现出来的美色,甚至是灰暗带石性的脏色。巧用,是有技艺性地将美的、差的、或在制作中意想不到呈现出的颜色给予合理巧妙地应用,使其俏丽动人,从而增添作品的魅力。俏的本质在于用"活"料,对制作中途出现的优劣颜色能随机应变地巧用。同样一块玉料的俏色,设计者思维角度不同,可能会造成作品艺术价值相差悬殊,俏色运用的好坏,直接关系着作品的艺术性和经济价值。

中国早在商代就已有了"俏色玉器",在河南安阳小屯村北两座房基商代遗址内所出土的玉鳖即属之,这是已知的中国历史上出现最早的俏色玉器艺术品。在唐代有著名的俏色玛瑙《羚羊角杯》,在清代有白玉《桐荫仕女图》俏色玉器,在现代北京玉器中有众多著名的俏色玉器,如玛瑙《三盘》(龙盘、虾盘、蟹盘)、玛瑙《五鹅》、翡翠《岱岳奇观山子》等,它们都为中国俏色玉器的杰作。众多俏色玉器根据其造型设计的不同可分为不同的类型,下面就介绍一下这些类型及其主要代表作品。

一、人物俏色玉器欣赏

(一)《玛瑙俏色无量寿佛》

《玛瑙俏色无量寿佛》于 1985 年由李博生(北京市玉器)设计,高 16 厘米,宽 18 厘米。是用一块具有酱红、牙白、水白、黑、灰、红等诸多颜色的玛瑙制作的,巧将料中的酱红色雕成一位左手持红色如意、右手执钵、身披白色袈裟、在行云流水间端坐凝视的无量寿佛,牙白色雕成袈裟、佛光及祥云,佛像四周的白色、红色、酱红色、月牙白色、分别雕成白云托行的月亮、凤凰、泉水、祥云、香炉、花瓶。作品色彩瑰丽,俏色生动,造型流畅,工艺精湛。如图 9-4-1 所示。

(二)《玛瑙国粹》

《玛瑙国粹》于 20 世纪 90 年代由姜文斌设计,北京玉缘玉雕有限公司制作,高 25 厘米,宽 15 厘米。这件名为"国粹"的作品无论在选材上,还是在利用玛瑙俏色方面都可谓匠心独具,颇富创意。作者把原料中的白、红、黑、黄四色灵活地演变成了京剧中的人物和道具,正面以人物脸谱为主,反面为黑管白底的官靴和在京剧中作为灵魂之一的乐器——京胡。令人拍案叫绝的是脸谱的巧妙设计:第一层为剔地花脸,其中一个居然有五绺长髯;第二层为一面桃花扇,脸谱在桃花扇的位置恰到好处;第三层的设计最难也最精彩,小丑黑色的眉毛及胡须、白色的脸彩及其帽子、纹饰的雕琢无一不令人叫绝,把一个京剧丑角表现得惟妙惟肖,可见作者用心良苦。此外,利用玛瑙点状的黑色作为武生的帽球,以条带状的黑色、灰色做绑带,红色部分则作为花脸的帽饰,并且同时展现出人物及其所使用的道具,顿时使整个"舞台"丰富生动起来。如图 9-4-2 所示。观赏这件作品仿佛可以听见京腔京韵在耳边悠然响起。

二、动物俏色玉器欣赏

《玛瑙俏色五鹅》于 1974 年由王树森(北京市玉器厂)设计,黄宝瑞制作,高 6 厘米,宽 12 厘米。玛瑙料,以半透明白色为主,含有橘红等多色。作品巧用玛瑙料上红、白、黑三种料色,琢制出五只围着食盆啄食的鹅。鹅身洁白,鹅冠和嘴呈红色,眼睛为黑色。五鹅俏色运用巧妙,神态逼真,形色相依,栩栩如生。如图 9-4-3 所示。

三、花卉俏色玉器欣赏

（一）《清代翡翠白菜》

《清代翡翠白菜》由中国台北"故宫博物院"收藏。该作品巧妙地利用翡翠玉料的夹色，以白色作叶柄，以翠色为叶片，绿叶之上再雕以同色的"蝈蝈儿"，惟妙惟肖地刻画出了一棵菜头呈圆形、叶柄白嫩、叶脉分明、菜叶青翠欲滴的俏色翡翠白菜佳品。如图9-4-4所示。

（二）《独山玉墨菊》

《独山玉墨菊》的俏色表现在对独山玉颜色的利用上，用降色和墨色来塑造菊花形象，用绿白色来雕琢出菊花枝叶，花与叶、枝的颜色的色相和明度对比十分强烈，墨菊花卉形象惟妙惟肖，给人以深刻的印象，实为佳品。如图9-4-5所示。

四、玉山子俏色玉器欣赏

《翡翠岱岳奇观山子》于1989年由张志平、陈长海（北京市玉器厂）设计，北京市玉器厂制作，现藏于中国工艺美术馆。高88厘米，宽83厘米，厚50厘米，重363.8公斤。巨大翡翠琢成的圆雕山子东岳泰山，前山突出了十八盘、玉皇顶、云步桥、竹林亭等名胜古迹，后山突出了乱石沟、避尘桥、天柱峰等孤岭怪石、莽苍碧崖的奇观仙境。阴阳两面的构图完美，琢制技艺精绝，青山绿林掩映着座座楼台亭榭，倒挂银河映衬着片片飘移云朵，间或有奔跑的奇珍异兽和翱翔飞舞的仙鹤，它们似乎正在迎接那呼唤万物复苏的日出。这样，巨型翡翠上大面积的宝贵绿色和自然白色，以及悬崖上的一片粉红色，都得到了十分绝妙的安排，把我国的这座名山装点得既是人间美景又似天上仙境。如图9-4-6所示。

第五节　美在艺术魅力

古代有价值连城的"和氏璧"，中国玉器中能被称为珍宝的作品，大家认为应具备以下几个方面的条件：玉料珍贵，工艺精湛，艺术价值高，再者就是名师作品。一件有价值的玉器，不仅意味着玉石本身的价值，更需要的是后期的精心设计，玉雕大师是玉石的再生父母。

中国玉器所引起的美感，并不仅仅来自于形式，更重要的是来自于构成它的特定因素，即人的因素。是人赋予了它种种的思想观念和文化内涵，这样才使得天才的玉雕大师们把自然美、精神美巧妙地汇集于一体，把人文观念与社会功用渗透于玉器之中，把博大精深的民族文化含蓄地综合体现在非凡的艺术作品中。同时也正是这种比自然物象更生动、更有魅力的人文观念，使人们在领略和玩赏中，从心底激起一股精神，激起一种比生活更加色彩斑斓的憧憬，并诱发出希望和热爱。也就是说，玉器之美，早已超出了单纯的造型、工艺和材料之美，它是一种再生的美，升华了的美，是玉雕大师创造的美。这种美像春雨渗入大地似的，在人的精神世界里埋下了价值和能量。因此，它不但博得了人们对玉器不可割舍的爱，而且也散发出了牵心动魂的艺术魅力。

第十章

中国玉器市场发展与展望

第一节 中国玉器市场的发展历史与现状

中国玉器有着数千年的历史,古代玉工创造了大量的玉器供历代帝王、朝廷官员享用,这些少数人使用玉器的历史贯穿于中国古代玉器历史的主要过程,也可以说曾是玉器发展的主流。但是随着生产力的发展、生产关系的演变、城市经济的发达、商品生产的繁荣,工商业主逐渐垄断了物资、货币等财富,使城市的文化面貌发生了重大变化,玉器行业随之也发生了巨大的变革,即除了有官办作坊琢制的为帝王服务的一类玉器外,又出现了民间作坊琢制的为市民阶层日常使用的玉器。玉器生产由单一为宫廷皇家服务转向为宫廷及民间服务,它的起点大体为唐宋时期,一直延续到清朝没落,所以,玉器作为商品是由来已久的。随着封建王朝的衰败,玉器行业完全走向市场,服务于社会。当然,商品玉器在不同社会阶段里都会随着社会需求状况的演变而不断调整变化。

一、改革开放前的中国玉器市场状况

1949年之后,玉雕业随着我国经济的发展而发展,玉器作为中华民族珍贵的手工艺术瑰宝,备受国家的重视,政府也开辟了玉器产品走向国际市场的途径,从而带动了玉器产业的发展,在满足国际市场需求的同时,也为国家赚取了大量的外汇。从全国范围看,玉器制作分布地域广泛,玉器品种繁多,玉雕人才荟萃,技艺精湛,原材料供应充足,市场稳定,设备不断改进,玉器业进入了一个新的重光传统、再创辉煌的繁荣时期。到20世纪80年代初,北京、上海、广州、江苏、河南、辽宁、天津、湖北、江西、安徽、河北、山西、西安等省市约有玉器生产企业100多家,从业人员逾万人。其中传统的北京玉器、上海玉器、扬州玉器在市场上影响较大。

(一)北京玉器

在明、清两朝时,北京玉器以御作为主导,玉业盛况空前,全国玉雕良师聚集北京,素有"中国贩玉者,东入中华,卸萃燕京"之说。19世纪20年代至30年代,北京玉器作坊林立,洋庄商号玉器进出口业务兴旺,曾出现过一段时间的繁荣。1949年以后,北京玉器业认真学习、挖掘传统技艺,努力培养人才,积极创新开发,得到了迅速的发展,至20世纪80年代,北京市玉器厂的专业职工多达3 000多人。北京玉器业技术力量雄厚,至1996年有中国工艺美术大师12名,北京市工艺美术大师18名,高级工艺美术师10名。50多年来,北京玉器大师们创作了许多在国内外均颇有影响的作品。从1981年起,连续八届荣

获中国工艺美术品百花奖金杯奖,连续八届有作品被评为中国玉器国家级珍品。自20世纪80年代开始,集两代艺师之精英,前后历时七年,为国家制作完成了四件翡翠珍宝——《岱岳奇观》、《含香聚瑞》、《四海腾欢》、《群芳揽胜》。这项工程完成后,北京市玉器厂获得了中华人民共和国国务院的嘉奖,此等殊荣,实属空前。北京现代玉器的品种主要有器皿、人物、花卉、鸟兽、盆景、首饰等,其中以人物和俏色作品最为突出。北京玉器的特色重在表现玉料的润泽,重造型的气势、意境及外形完美,强调突出体积感和空间结构感,用料绝妙,作品工巧爽利、厚重沉稳。

(二) 上海玉器

上海是中国现代玉器的重要产地,是南玉的代表之一。早在19世纪初叶,上海便已成为中国对外的重要通商口岸,苏州、扬州一带的玉器制品逐渐通过上海口岸向外输出,因此玉器业在上海有了新的发展,上海玉器市场的繁荣使得苏、扬两地的制玉艺人大量流入上海。19世纪末至20世纪初,上海玉器作坊、店铺达200多家,有2 000多名从业人员,产品有佛像、仕女、炉、瓶等,流入上海的艺人分为"苏"、"扬"两派,各自承袭了本地区的传统技艺。上海玉器业中,主要为洋人需求服务的,被称为"洋装派",扬州迁入的艺人多属"洋装派";苏州艺人专做首饰、花饰,被称为"本装派";另一支以仿青铜器皿造型及秦汉以来的古玉为主的谓之"古董派"。自20世纪初至20世纪30年代,上海玉器摆件作品甚多且有较高的艺术水平,翡翠《珍珠塔》曾获巴拿马博览会奖,翡翠《大宝塔》等作品曾在国内外展览中引起了轰动。20世纪50年代起,由于重视人才的培养和琢玉装备的改进,上海玉器业发展迅速,至20世纪80年代末,上海玉雕业从业人员近万人,上海玉器大师们创作出了许多在国内外均颇有影响的作品,珊瑚《释迦牟尼降生图》荣获中国工艺美术品百花奖金杯奖,墨玉《调色器》被评为中国工艺美术品百花奖银杯奖,碧玉《周仲驹彝》、青玉《兽面执壶》被中国工艺美术馆收藏。上海现代玉器的品种主要有器皿、人物、鸟兽、花卉、首饰等,尤以器皿和鸟兽作品最佳,器皿造型多仿青铜器,或借鉴青铜器造型进行再创造,尤以独角兽、瑞炉等作品最具特色。上海玉器造型挺秀,形成了玲珑剔透、俊俏飘逸的"海派"艺术风格。

(三) 扬州玉器

扬州是我国著名的历史文化名城,也是中国古代和现代玉器的主要产区。历史上,扬州经济繁荣,百业兴盛。经当地考古发掘,在多处汉墓中出土了玉镯、玉耳环、玉瑗、玉璧、玉蝶等器物,其造型简练,纹饰生动,琢磨技术娴熟。隋代开凿运河,扬州成为南北交通要道和重要的商埠,为唐代扬州手工业的空前发展奠定了良好的基础。唐代的扬州国内外贸易及文化交流活跃,扬州玉器是唐王室的主要贡品,也是贵族豪门、大贾富商的陈设品、玩赏品。宋代,扬州玉器取得了新的发展,造型、纹饰讲究韵律、情调,作品风格秀丽、儒雅,显露文人气质,品种除陈设、佩饰外,仿古器物、文房用具及佛像、宝塔等成为新颖门类。至明清,扬州玉师云集,大量承接宫廷玉器制作的扬州已成为全国琢玉中心之一,此时扬州的治玉技艺已经达到炉火纯青的高度,名扬京城。清代,宫廷难以完成的几件大型皇宫御用玉器作品,都由扬州担当制作。我国玉器史上的巨型山子——青玉《大禹治水图》、青玉《秋山行旅图》,就是扬州琢玉艺人的杰作。清道光以后,扬州琢玉业日渐衰落,玉工开始流入上海、香港。20世纪初期,扬州郊区12镇尚有琢玉艺人400有余,扬州城内有玉作坊10户,大都制作佩饰、鼻烟壶、玉图章,且以仿古为主,扬州玉器已失去了昔日风采。20世纪50年代,扬州琢玉业开始复兴,20世纪70年代,恢复了失传近200年的山子雕技艺(山子雕是扬州别具特色的传统玉器品类)。20世纪70年代末至80年代初,扬州玉雕艺人创作的大型碧玉山子《聚珍图》和白玉山子《大千佛国图》均荣获中国工艺美术品百花奖的金杯奖,并被评为国家级珍品,白玉《宝塔炉》、《五行塔》被中国工艺美术馆珍藏。扬州现有中国工艺美术大师2名,江苏省工艺美术大师8名,高级工艺美术师8名。由于地方政府重视对传统玉器产业的保护并推出了多项政策加以扶持,使扬州玉器优秀作品层出不穷,其中重达吨余的青玉山子《汉柏图》是20世纪90年代扬州玉器的主要代表作之一。扬州玉器保留了传统玉器圆润浑朴的风格,并以典雅、灵秀见长,无愧为中国现代玉器的优秀代表。

二、改革开放后的中国玉器市场状况

自1978年改革开放以来,我国由计划经济逐步转向社会主义市场经济。随着经济的发展,人民生活水平的提高,人们对玉器的需求也逐渐增加,原来单一的玉器外销市场逐渐转变为外销与内销市场共同发展。20多年来,玉器生产的厂家随着经济体制的转型正在重新组合,许多国营玉雕厂处境艰难,由大变小、由盛变衰,有的早已濒临破产,只有个别的厂家适应形势,转变经营体制,尚可维持并略有发展;与此同时全国各地的私营玉雕厂和个体加工作坊应运而生、蒸蒸日上,这些玉雕厂和个体作坊有的是从国营、集体玉雕厂离职、退休的艺人创办的,有的则以少量专业玉雕工匠为骨干,外请画样设计人员,依托农村廉价劳动力,形成了一批有特色的地方玉器市场。这些地方玉器市场,主要是依托玉石原料或玉器加工及玉器贸易的扩散能力而形成,在国内有河南省南阳镇平玉器市场,辽宁省岫岩县玉器市场,新疆维吾尔自治区和田玉器市场,广东省的广州玉器街、四会玉器市场、阳美玉器市场、平洲玉器市场,云南的瑞丽翡翠市场、腾冲翡翠市场等。

(一)镇平玉器市场

镇平地处中国"四大名玉"之一的独山玉产地,玉雕加工业历史悠久。据出土文物考证,镇平玉器的生产起源于新石器时代,距今已有4 000余年的历史,宋代开始渐具规模,明、清已成为本县的一大产业,且有出口业务。新中国成立后,特别是改革开放以来,镇平历届县政府均十分鼓励、支持玉雕产业的发展,制定了一系列激励玉雕产业发展的优惠政策,并先后举办了多届"中国镇平国际玉雕节"。目前,全县国营、集体、个体、股份、外商独资、中外合资宝玉石加工企业发展到了11 000多家,从业人员11.4万多人,占全县总人口的12.7%,年产值6.4亿多元,年实现利润达1.3亿元,上交税金4 200万元,出口创汇8 000万美元,全县23个乡镇中,17个乡镇有玉雕加工企业,有各类专业村93个,其中玉雕专业村占48个,1995年镇平被国家命名为"中国玉雕之乡"。镇平玉雕工艺大师精心设计制作的翠玉《九龙花薰》被视为国宝,现陈列于人民大会堂,独山玉《鹿鹤共春》被中国美术馆收藏。为了适应市场变化和加入世贸组织后的国际大环境,促进玉雕产业的升级,推动县域特色经济的持续快速发展,镇平打算把本县建设成为中国北方以玉雕为主的工艺品生产、加工、销售的集散中心。

谈到镇平玉器,就不得不提到石佛寺。石佛寺是镇平玉雕业的发展基地,也是我国最大的玉雕镇,全镇22个自然村,玉雕专业村就有14个,年产销玉雕各类工艺品1 300多万件。石佛寺的玉雕产品从传统的人物、花卉、炉熏、鸟兽四大类、百余种,发展到山水、首饰、保健、茶具、酒具等10大类近千种,其中摆件类占全国销售量的70%以上,挂件类占全国产销量的40%以上。这些产品不仅有中低档的大路货,还有精雕细琢价值连城的艺术精品,国家级的珍品独山玉《万里长城》陈列在北京人民大会堂河南厅,翡翠《牧童》参加了建国50周年北京精品艺术展,还有160多种精品被评为省部级名优产品,荣获原轻工部美术百花奖。石佛寺镇上有各类玉器经销店、摊位近4 000个,日均客流量万人以上,日交易额约150万元左右,另有庞大的销售大军常年活动在全国各大中型城市和知名旅游景区,可以说哪里有珠宝玉器市场,哪里就有石佛寺的玉器商,大批玉器还进入久负盛名的广交会,并漂洋过海,远销东南亚及欧美50多个国家和地区。如图10-1-1所示,为石佛寺玉器市场。

(二)新疆玉器市场

新疆维吾尔自治区的和田玉原料,主要产在且末县、若羌县、于田县、和田县及叶城县等地,年产和田玉原料约120~130吨,其中一级料约占15%。和田玉原料以且末玉石矿开采最多,年产量达100吨左右。20世纪80年代以前,只有为数不多的几家玉雕企业,进入20世纪90年代,生产经营有了长足的发展,有些形成了开采—加工—销售一条龙的综合性企业。今天的新疆,最红火的玉石市场是和田玉交易市场,在和田地区有100多家玉器店,还有数千星罗棋布的玉器小摊点,在玉龙喀什河的总闸口建有一个较大的玉石集散市场,和田市内也有一个玉石大巴扎(集市),每逢双休日,人山人海,玉石生意非常火爆,平时的生意也不错,慕名前来的中外游客没有不去选购和田玉石、玉器的。同样,乌鲁木齐市也有100多家玉石玉器商店,还有许许多多做玉石生意的小商小贩,并形成了几个规模较大的上档次的玉石工艺品集市,一些大公司为树立企业形象,还在闹市区开设了和田玉品牌专卖店,并且开始向全国推广。新疆玉器市场如图10-1-2所示。

(三)岫岩玉器市场

新中国成立后,特别是改革开放以来,驰名世界、资源丰富的辽宁省岫岩县岫玉的开发,备受关注和重视,其规模、质量和影响,都达到了空前的程度。目前,在岫玉产地,已形成全国最大的玉石矿山,年产量已达数千吨,占全国玉石用料的70%以上,在各玉种中独占鳌头。20世纪80年代以来,除历史悠久的著名老玉雕厂家外,集体、合资、个体玉雕厂点遍地开花,辽宁省岫岩县从事玉石加工的企业多达3 070余家,全县50万人口中,有近6万人从事玉石加工、销售或与其相关的产业。与此同时,承前启后,玉雕高手辈出,工艺愈加完美,精品、珍品迭出,玉雕品种亦由传统的五大类增加到十几类。随着岫玉知名度的提高,岫玉愈来愈被世人认识和垂青,尤其是国宝《玉石王》被雕成天下第一玉佛后,岫玉名声大振,且影响日益深广,销售市场更为广泛。目前,各种岫岩玉雕刻的工艺品,已占据全国70%的工艺品市场、旅游产品市场。仅岫岩当地就形成了"玉都"、"东北玉器交易中心"、"荷花泡玉器交易市场"、"哈达碑玉器交易市场"、"中国玉雕精品园"、"岫岩玉雕艺术宫"六大专业市场。岫岩玉雕刻的工艺品近销国内各省、市、自治区,远销亚、欧、美等100多个国家和地区,每年为国家创汇近千万美元。岫岩玉器市场如图10-1-3所示。

(四)广州玉器市场

广州有条专营玉器珠宝的街道,人称"华林玉器街",地处广州市内西关繁华商业区,街道两旁数百家玉器店铺及售货车鄰次栉比,成行成市,由下九路至长寿路,绵延1000多米,各路商贾云集于此,顾客如云,热闹非凡。在华林玉器街上,一间又一间紧挨着的玉器铺,大多数是买卖翡翠制品的,以批发为主,也有零售,品种繁多,有戒面、玉镯、花牌等,也有古玉和仿古玉器,还有雕工精细的玉器摆件。凡到过广州玉器街的来客,无不为其规模之大、生意之兴隆而惊叹。广州玉器市场如图10-1-4所示。

(五)四会玉器市场

广东省四会市并无玉石资源,需千里迢迢到中缅边境的边贸市场采购翡翠,或购入河南南阳独山玉,或进口澳玉等,其中以缅甸翡翠为主。在四会市各区、各镇到处都有分散在各家各户的玉器小作坊,在四会市城东500米长的一条巷子里,开设着500多户玉器铺子,形成了名闻海内外的四会玉石街,它由玉石街、玉器城和天光市场三大板块组成。"街"是鳞次栉比的玉器小店铺,每户不过一二十平方米面积。"城"是一幢一幢的多层楼房,底层乃玉器店堂,楼上是店主的住房,有的玉器加工厂也在其中。三大板块中最别具一格的是天光市场,它是一个农贸集市型的玉器地摊市场,每天凌晨3点钟便熙熙攘攘,早晨7点钟左右收摊散市,营业时间从天将拂晓到天亮,故称天光市场。每天有200多个地摊,聚集在紧靠玉石街、玉器城的马国公园边做玉器生意,前来批货者大多隔夜抵达四会,清晨来到天光市场交易,采购后便就近搭上汽车,只一个多小时即可到达60多公里外的广州,将批发来的玉器当天就转销出去。四会玉器市场如图10-1-5所示。

(六)阳美玉器市场

阳美玉器市场位于广东省揭阳市区西部的阳美村,素以"金玉之乡"著称。自1905年起,村民就从事玉器加工生产贸易,迄今已有百余年的历史。至目前为止,全村共有大小玉器加工及贸易店铺400多家,相当于全村总户数550户的近八成,专业从事玉器加工贸易的人员达到1500多人,占全村总人口2500人的六成。1997年,全村玉器加工贸易额超亿元。如今,阳美村已拥有大型油锯玉机、中型夹钻抛光机、小型雕刻机等三千多台套先进的加工生产设备,拥有一大批玉器琢磨及贸易人才。阳美玉器主要是向国内外批发销售翡翠玉器,现今已形成了很大规模。

(七)平洲玉器市场

平洲是广东省南海市东部的一个城区,平洲玉器加工始于20世纪30年代,当时平洲的平东一带,就已有小有名气的玉器世家,很多平东人掌握了玉器加工技艺。改革开放后，平东村发展村办企业，广州南方玉雕厂帮助平东人加工生产玉器制品，由于玉器业效益好，经营玉器的村便逐渐增多，后来就遍地开花了。目前平东村有350多户人家从事玉器业，基本上都是家庭作坊，前店后厂，干的人多了，就出现了集中经营玉器的市场。平洲玉器的特色产品是玉镯，产销量占玉器总量的60%至70%，真可谓玉镯之乡，玉镯的价值通常较高，平洲玉器的年成交额超过亿元。每天到平洲采购玉镯等玉器的客商近千人次。平洲已成为我国规模很大的玉镯市场。

（八）云南玉器市场

云南与缅甸相邻，是缅甸翡翠进入我国最近的渠道，由于边境贸易往来，以及云南旅游业的发展，带动了云南玉器市场的繁荣。其中在瑞丽和腾冲形成了规模较大的翡翠加工及贸易市场。瑞丽玉器市场主要为珠宝街和珠宝城，另外瑞丽城区也有一些玉器厂商。自20世纪80年代以来，腾冲就形成了翡翠的集散地、加工地、交易地，最具特色的传统玉器加工销售得到了长足的发展，全县从事翡翠加工的作坊遍布城区各街道及郊区，仅荷花乡就有几百家，在腾冲县城中还建有一个珠宝玉器交易市场。

第二节 中国玉器市场未来展望

我国玉雕行业经过改革开放以来30多年的发展，在从业人员、技术设备等方面有了较雄厚的实力，玉器生产已具相当大的规模，这是发展玉器生产的重要条件。在21世纪，我国已加入世界贸易组织，随着对外开放的扩大，国内城乡居民收入的增加，物质文化生活的改善，玉雕行业的发展也拥有着美好的前景。展望未来，我国玉器行业的发展机遇与挑战并存。

目前还存在着很多问题，主要表现在：①玉器市场比较混乱，由于玉石品种繁多，仿古玉器又层出不穷，玉石及古玉的鉴定和评价都很困难，如玉器中翡翠有A货、B货、C货、B+C货，名目繁多，造假技术十分高明，一般消费者根本无从辨别，有的商家在玉器销售过程中并不向顾客说明，造成以假乱真、以次充好的现象经常出现，使消费者对玉器望而却步，极大地降低了消费者的消费积极性；②行业人员素质不高，生产设备落后，设计力量薄弱，市场信息不灵，产品创新不足，在市场上缺乏竞争力；三、在组织结构上，多系个体户、小企业，缺少经济实力强、生产技术条件好、产品知名度高、市场份额大的大公司及企业集团；四、行业管理薄弱，在激烈的市场竞争中，有相当一部分玉雕企业产销陷于困境甚至倒闭。

目前，加快玉器企业建设，加强玉器行业规范，更新观念，用现代经营理念及手段去搞好玉器的销售，需要玉器行业广大同仁做很多工作。

一、加强行业规范，加快企业建设

加入WTO以后，对我国玉器业提出了更高的要求，要按现代企业管理制度的要求，抓好大中型企业建设，积极组建和完善大公司企业集团；积极扶持小企业。小企业要以市场为导向，向"专、精、特、新"的方向发展，要因地制宜，建设和完善玉器生产加工基地和交易市场。

二、更新观念,用现代市场营销理念及手段去搞好玉器的销售

首先应改变"酒香不怕巷子深"的产品观念。在现代市场经济发展状况下,如何搞好玉器的销售,将玉器融入现代人的生活之中,需要玉器行业同仁去回答并作出巨大的努力。其次,玉器企业也需要了解市场,了解消费者的心理,要有准确的市场定位。

三、加强玉器设计开发,搞好玉器生产

玉器生产应处理好玉器题材的传统与创新之间的关系,处理好市场需求与玉器自身艺术特色之间的关系。中国古老的传统题材具有其特殊的魅力,传统玉雕工艺更是历史悠久,关键在于用心去深入理解,准确把握。像山子、瓶素等都应如此,最大限度地去复古,使传统题材的玉器味浓神似,"民族的也是世界的"这句话不会错。以传统的造型为主的玉器小饰品,例如观音、玉佛、福禄寿、十二生肖等产品,从目前玉器市场的销售情况来看,仍是市场上最畅销的。但是任何艺术都必须从表现内容和表现形式上有所突破,才会有生命力。因为人们的审美观点、情趣都在发生着变化,只有设计出领导潮流、款式新颖、受消费者喜爱的产品,才能产生良好的经济效益,玉器行业才能得到发展。另外,还应提高玉器工艺。一件玉器,无论大小,无论价位高低,它都应是一件精品。玉本为石之精华,玉雕工作者更应善待它,将其美的内涵淋漓尽致地表现出来,谨防大量生产、粗制滥造。因此,玉器行业应该用具深厚底蕴的中国传统文化去引导人们的消费,用精湛的工艺留住消费者,并用富有激情的创意设计去带动玉雕界前进的步伐。

四、大力推行品牌战略,加快产品优化升级

我国的玉雕,有传统的技艺优势,但却缺乏品牌意识。要发展自己的名牌产品,就要具备精湛的生产技术,优势的特色产品,可靠的产品质量,还要能适应国内外市场需求的变化。只有有了自己的强势名牌产品,才能长销不衰。在21世纪,各个玉雕企业,都要把推行品牌战略,优化产品升级放到重要位置,并加快玉器企业组织结构的调整。

五、搞好展销会,扩大玉雕企业影响

实际上,展销会是一种更直接、更亲近、更立体的广告宣传,对于企业树立形象是既省钱又省时、省力的有效方式。据业内人士分析,企业以参加展览的形式拓展市场的成本费用,要比其他形式大大节省,同时还可以大大缩短促销时间,绝大多数企业均能从展览会上获得大部分的贸易机会。

六、大力开展拍卖活动,满足社会不同阶层对玉器的需求

近年来,人们发现,国际拍卖行在频频举行的各种类型的珠宝拍卖活动中,突出了不同的拍卖主题,其中,中国玉器在这些活动中均有亮相,且光彩照人,成绩突出,令世界瞩目。索斯比、佳士得这两家世界最大的拍卖行,每年都吸引了众多的大买家。1997年佳士得中国香港拍卖会上,一串名为"双彩"的翡翠珠链以7 262万港元的天价成交,创下亚洲拍卖史的最高纪录,成为世界最贵重的翡翠首饰。这条名叫"双彩"的翡翠珠链由27颗

满绿的翡翠珠子组成,每颗珠子直径 15.5 毫米左右,颗颗晶莹通透、鲜绿欲滴,且圆润完美,毫无瑕疵。玉器作为传统的收藏对象,以其无与伦比的观赏性和保值性,成为社会富有阶层收藏的宠儿。随着中国经济的发展,国民经济综合实力的大大提高,玉器收藏也正悄悄地在中国大陆兴起,但一般市场常见的是中低档产品,并不具备很强的保值性,收藏者期待着更好的玉器出现,期待着真正值得收藏的极品玉器出现。人们惊喜地发现,一些珍藏于民间的中国玉器不断出现,玉器的时做品也不断加工面世,令人应接不暇。此外,近年来,出土的古墓文物玉器也在不断增多,它们中的珍品,让世人大开眼界。这些玉器需要更好的市场途径,以期获得更好的市场价格,这就呼唤玉器拍卖的出现。拍卖在中国是一个刚刚兴起的市场,已广泛地引起了人们的关注,越来越多的收藏家发现这是一个购买玉器珍品的最佳市场,越来越多的业内人士意识到,将他们的极品玉器公之于拍卖会,将会得到一个最佳的价格。从 1978 年至今,全国各地已先后建立起了很多家拍卖行,并且北京、上海、广州、西安等地从事艺术品拍卖的公司,也逐步开始向玉器产品进军。拍卖将为玉器行业提供二级市场,使玉器真正实现保值功能。从目前国际与国内拍卖市场的发展来看,中国玉器具有自己的特色,中国玉器界应抓住机遇,掌握市场需求动向,跟踪市场热点,使玉器市场与拍卖市场有效结合,搞好玉器拍卖市场,促进玉器业的发展。

七、加强玉器产品的推广,促进玉器产品的销售

"东方玉人"主题推广活动是戴梦得珠宝公司在 2000 年推出的大型主题文化推广和产品营销活动,旨在用翡翠这一极富东方传统文化的自然精灵来表达中国人的千年情结,用翡翠这一超自然的瑰宝,寄托东方人最美好的祝福与希望。这次推广活动向市场推出的翡翠产品分成五大系列。①龙子献福:本系列以三款龙腾图案为主,加以三种外形变化,为不同年龄和佩戴需求的人所设计。"龙子献福"以长命锁为造型,特为龙年而生的"小龙子"而定做;成年挂饰则造型大方,精巧别致,工艺精美的 365 个细节为佩戴者送去 365 个祝福。②丝丝牵挂:以中国传统的十二生肖为造型,由工艺大师倾情打造。此产品是母亲送给孩子,情侣传情达意,友人相互赠送的佳品,更是极具意义的生日纪念珍品。③白领玉人:以精美的手镯、项链、戒指、耳饰为基本造型,以艺术化的设计和个性化的造型成为具有东方神韵的装饰品,为现代职业女性增添了清新文雅的品味。④吉祥平安:以神像为主体,经过创作者的艺术提炼,奉献出了辟邪护身的通灵宝玉。⑤年年如意:此系列产品囊括了世间一切好的事物,从花鸟鱼虫、梅兰竹菊到各种寓意祥和的图案,取材巧妙,立意丰富,做工精美。戴梦得公司的"东方玉人"主题推广活动对翡翠产品市场的发展有着巨大的推动作用。同时也希望更多的玉雕企业开展此类活动,以便更好地促进玉器市场的繁荣。

八、加强玉器市场的推广,促进玉器消费市场的培育

传统的营销只讲求对购买的消费者的争取,只是商家之间的竞争,而现代营销则提出了潜在消费者的培养。首先,要培养其对玉器的了解。玉器商家可以利用一些杂志、报纸、传单,也可以举办知识性讲座等活动来培养潜在消费者群,在营销活动中进行渗透。玉文化是中国传统文化的一部分,大家应有目的、有计划地去做一些工作,宣传中国古老

的传统文化,使人们了解玉、认识玉、喜爱玉、使用玉,营造玉器发展的大环境。如中国珠宝首饰行业协会开展的"中国国石"候选石评选活动,推动了我国玉雕业的发展。其次,应推广中国的玉器文化。除在中国国内推广外,更应把玉器推向国际市场。我国是世界上开采和应用玉器最早的国家,具有悠久的历史,中国要想把玉器推向国际市场,就必须弘扬中国的玉器文化,那就必须在国际市场上进行推广和传播,吸引外国人的兴趣,让他们渴望了解中国的玉器,了解中国玉器文化,并揭开其神秘的面纱。所以中国要想把玉器推向国际市场,就必须使人家和我们一样认为玉器有神秘性,玉器有其自身的神奇色彩、自己的内涵,需要他们去研究、去分析、去欣赏。可以说要想把中国的玉器推向国际市场,就必须先把中国的玉器文化推广到世界的每一个角落,当中国的玉器文化在世界范围内有了广泛的传播时,中国的玉器必然会走俏世界,进而极大地促进玉器市场的繁荣。

纵观历史,每一时期的玉器发展既受玉雕工艺水平的影响,同时还受到社会经济状况和经营理念的制约。伴随着网络时代的到来,当今社会更显纷繁复杂,玉器在销售方面更应有所创新,如借助网络开展玉器网上销售等。在一个较长的时间内,中国玉雕业如何在社会主义市场经济条件下求得正常的健康发展,是摆在我们面前的头等大事。我们必须批判地继承中国古代玉器遗产,深入调查研究国内外市场的需求,改善运营机制,进而熟练地掌握玉器市场需求的发展,创作具有民族风格和时代精神的艺术精品,促进玉雕行业的发展,促进玉器市场的繁荣。

参 考 文 献

[1] 辽宁省文物考古研究所.牛河梁红山文化遗址与玉器精粹.北京:文物出版社,1997.
[2] 中国社会科学院考古研究所.殷墟玉器.北京:文物出版社,1982.
[3] 中国现代美术全集编辑委员会.中国现代美术全集.玉器.北京:北京工艺美术出版社,1997.
[4] 周南泉.玉器(上)新石器时期至魏晋南北朝.中国香港:商务印书馆(香港)有限公司,1995.
[5] 周南泉.玉器(中)唐代至明代.中国香港:商务印书馆(香港)有限公司,1995.
[6] 张广文.玉器(下)清代.香港:商务印书馆(香港)有限公司,1995.
[7] 中国玉器全集编辑委员会.中国玉器全集(1):原始社会.石家庄:河北美术出版社,1993.
[8] 中国玉器全集编辑委员会.中国玉器全集(2):商·西周.石家庄:河北美术出版社,1993.
[9] 中国玉器全集编辑委员会.中国玉器全集(3):春秋·战国.石家庄:河北美术出版社,1993.
[10] 芦兆荫.中国玉器全集(4):秦·汉—南北朝.石家庄:河北美术出版社,1993.
[11] 杨伯达.中国玉器全集(5):隋·唐—明.石家庄:河北美术出版社,1993.
[12] 中国玉器全集编辑委员会.中国玉器全集(6):清.石家庄:河北美术出版社,1993.
[13] 张庚.中国古玉精华.石家庄:河北美术出版社,1995.
[14] 赵永魁,孙凤民.玉器鉴赏与评估.北京:地质出版社,2001.
[15] 陈咸益.玉雕技法.南京:江苏美术出版社,1999.
[16] 廖宗廷,周祖翼,丁倩,等.中国玉石学.上海:同济大学出版社,1998.
[17] 余平,李家珍.翡翠及商贸知识.武汉:中国地质大学出版社,1993.
[18] 李劲松,赵松龄.宝玉石大典.北京:北京出版社,2001.
[19] 昭明,利群.古代玉器.北京:中国书店,1999.
[20] 赵汝珍.古玩指南.北京:中国书店,1993.
[21] 吕新彪.宝石款式设计与加工工艺.武汉:中国地质大学出版社,1997.
[22] 李兆聪.宝石鉴定法.北京:地质出版社,1991.
[23] 张广文.古玉鉴识.广西:广西师范大学出版社,1993.
[24] 赵永魁,张加勉.中国玉石雕刻工艺技术.北京:北京工艺美术出版社,1998.
[25] 潘兆橹.结晶学及矿物学.北京:地质出版社,1993.
[26] 栾秉璈.中国宝石和玉石.乌鲁木齐:新疆人民出版社,1989.
[27] 李劲松,赵松龄.宝玉石大典.北京:北京出版社,2001.
[28] 李兆聪.宝石鉴定法.北京:地质出版社,2001.
[29] 王实.中国宝玉石资源大全.北京:科学技术文献出版社,1999.
[30] 赵永魁,孙凤民.玉器鉴赏与评估.北京:地质出版社,2001.
[31] 廖宗廷,周祖翼,丁倩,等.中国玉石学.上海:同济大学出版社,1998.
[32] 方泽.中国玉器.天津:百花文艺出版社,2003.
[33] 赵永魁,张加勉.中国玉石雕刻工艺技术.北京:北京工艺美术出版社,1998.
[34] 欧阳秋眉,严军.秋眉翡翠.上海:学林出版社,2005.
[35] 徐军.翡翠赌石技巧与鉴赏.昆明:云南美术出版社,2006.
[36] 张仁山.翠钻珠宝.北京:地质出版社,1983.
[37] 奥岩.翡翠鉴赏.北京:地质出版社,2001.
[38] 唐延龄,陈葆章,蒋王华.中国和田玉.乌鲁木齐:新疆人民出版社,1994.

[39] 杨伯达.巫玉之光——中国史前玉文化论考.上海：上海古籍出版社,2005.
[40] 骆汉城,竹然,刘震.玉石之路探源.北京：华夏出版社,2005.
[41] 王时麒.中国岫岩玉.北京：科学出版社,2007.
[42] 周佩玲.有机宝石与投资指南.武汉：中国地质大学出版社,1995.
[43] 殷晴.和田采玉与古代经济文化交流.新疆文物,1994：3.
[44] 程越.古代和田玉向内地输入综略.西域研究,1996：3.
[45] 唐延龄.和田玉的名称、文化、玉质和矿床类型之探讨.岩石矿物学杂志,2002(21)增刊.
[46] 张良钜.辽宁岫岩玉的特征及其质量研究.岩石矿物学杂志,2002(21)增刊.
[47] 黄宝庆.中国印四大名石：寿山石.福州：福建美术出版社,2004.
[48] 夏法起.中国印四大名石：青田石.福州：福建美术出版社,2004年.
[49] 钱高潮.中国印四大名石：昌化鸡血石.福州：福建美术出版社,2004.
[50] 朱景田.中国印四大名石：巴林石.福州：福建美术出版社,2004.
[51] 周金伙.寿山石大典.福州：福建美术出版社,2003.
[52] 方宗珪.中国寿山石.福州：福建美术出版社,2002.
[53] 夏法起.青田石雕图鉴.福州：福建美术出版社,2001.
[54] 蔡国声.鉴识鸡血石.福州：福建美术出版社,2001.
[55] 杨春广.巴林石.呼和浩特：内蒙古人民出版社,2002.
[56] 摩伏.翡翠级别标样集.昆明：云南美术出版社,2009.

图 1-2-1　兴隆洼文化玉玦（本书第 14 页）

图 2-2-1　不同玉石的颜色表现（本书第 27 页）

图 2-2-2　10 倍放大镜示意图（本书第 35 页）

图 2-2-3　宝石显微镜（本书第 35 页）

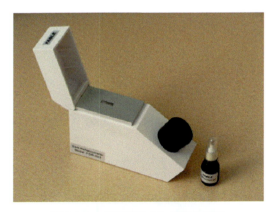

图 2-2-4　折射率仪（本书第 36 页）

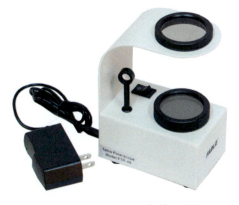

图 2-2-5　偏光仪（本书第 37 页）

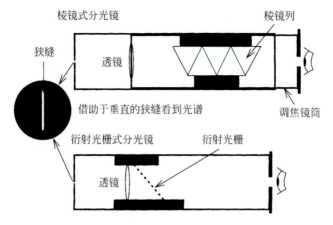

图 2-2-6　分光镜的结构示意图(本书第 37 页)

直视棱镜分光镜(上)；衍射光栅分光镜(下)

图 2-2-7　分光镜(本书第 37 页)

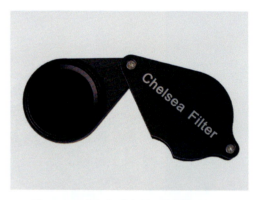

图 2-2-8　查尔斯滤色镜(本书第 38 页)

图 2-2-9　紫外灯(本书第 38 页)

图 2-2-10　静水称重法(本书第 39 页)

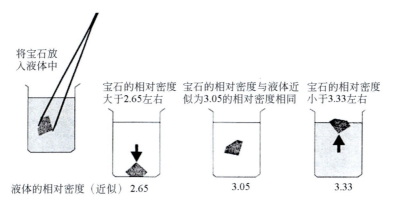

图 2-2-11　利用重液法测定玉石的近似比重（本书第 39 页）

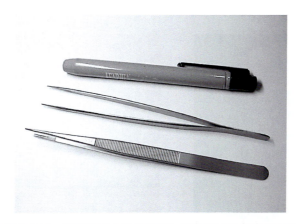

图 2-2-12　玉石鉴定小工具（镊子、手电筒）（本书第 39 页）

图 2-3-1　清代翡翠玉器（本书第 44 页）

图 2-3-2　翡翠原石黄色表皮特征（本书第 48 页）

图 2-3-3　翡翠绿色高档色料（本书第 48 页）

图 2-3-4　翡翠多色手镯（本书第 51 页）

图 2-3-5　翡翠翠性特征（本书第 51 页）

图 2-3-6　翡翠飘蓝花玻璃地原料特征
（本书第 52 页）

图 2-3-7　翡翠各种原石（本书第 53 页）

图 2-3-8　翡翠线状门子（本书第 56 页）

图 2-3-9　翡翠原石假皮子特征（本书第 58 页）

图 2-3-10　独山玉手镯（本书第 59 页）

图 2-3-11　脱玻化玻璃（本书第 59 页）

图 2-3-12　翡翠 A 货与 B 货对比特征（本书第 60 页）

图 2-3-13　翡翠 A 货橘皮特征（本书第 60 页）

图 2-3-14 翡翠 B 货酸蚀纹表面特征(本书第 60 页)

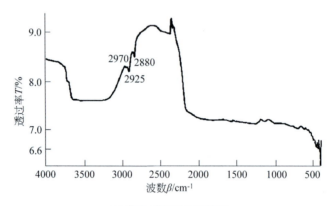

(a) 翡翠A货红外光谱特征

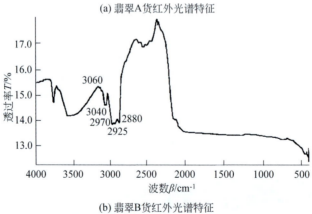

(b) 翡翠B货红外光谱特征

图 2-3-15 翡翠 A 货与 B 货红外光谱对比特征(本书第 60 页)

图 2-3-16 翡翠 B 货手镯（本书第 60 页）

图 2-3-17 翡翠 B＋C 货手镯（本书第 61 页）

图 2-3-18 翡翠高档首饰（本书第 67 页）

图 2-3-19 翡翠绿色玻璃种手镯（本书第 67 页）

图 2-3-20 翡翠玉牌（本书第 67 页）

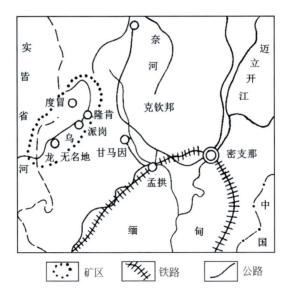

图 2-3-21　翡翠矿区地理位置(本书第 68 页)

(据姚锁柱,钱天宏.缅甸翡翠矿床地质简介.云南地质,1998,17(3~4):392-399.)

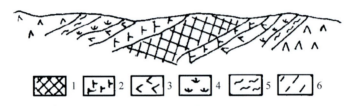

图 2-3-22　翡翠矿体示意剖面图(本书第 68 页)

1—硬玉岩　2—钠长岩　3—角闪石岩　4—硅化蛇纹岩　5—蓝闪石片岩　6—蛇纹石化橄榄岩

(据姚锁柱,钱天宏)

图 2-3-23　翡翠俏色摆件(本书第 69 页)

图 2-3-24　山料(本书第 79 页)

图 2-3-25 青玉山流水（本书第 79 页）

图 2-3-26 籽玉（本书第 79 页）

图 2-3-27 白玉与青白玉戈壁料（本书第 79 页）

图 2-3-28 青玉（本书第 80 页）

图 2-3-29 黄玉（本书第 80 页）

图 2-3-30 碧玉(本书第 80 页)

(a) 和田墨玉

(b) 和田白玉

图 2-3-31 和田白玉与和田墨玉(本书第 80 页)

图 2-3-32 糖玉(本书第 80 页)

图 2-3-33 青海软玉白玉中水线(本书第 81 页)

图 2-3-34　俄罗斯软玉原石（本书第 81 页）

图 2-3-35　韩料软玉玉器（本书第 82 页）

图 2-3-36　和田白玉真皮色（本书第 85 页）

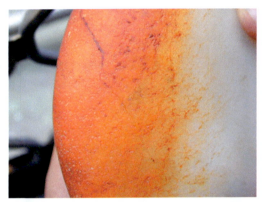

图 2-3-37　和田白玉假皮假色（本书第 85 页）

图 2-3-38　和田白玉假皮假色（本书第 85 页）

图 2-3-39　碧玉对狮章（本书第 88 页）

图 2-3-40　青玉荷花洗子（本书第 88 页）

图 2-3-41　各种颜色的独山玉原石（本书第 91 页）

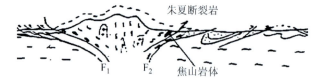
图 2-3-42　中生代苏北-胶南碰撞造山模式示意图（本书第 94 页）
F1 青岛-五莲断裂　F2 喜山-响水断裂

图 2-3-43　多色独山玉手镯（本书第 95 页）

图 2-3-44　独山玉摆件（本书第 95 页）

图 2-3-45　绿色岫玉原石（本书第 98 页）

图 2-3-46　黄色岫玉原石（本书第 98 页）

图 2-3-47　绿色岫玉项链（本书第 103 页）

图 2-3-48　绿色岫玉花篮摆件（本书第 103 页）

图 2-3-49　各种颜色的绿松石原石（本书第 105 页）

图 2-3-50　灌胶处理的天然绿松石项链（本书第 108 页）

图 2-3-51　绿松石首饰（本书第 110 页）

图 2-3-52　青金石原石(本书第 113 页)

图 2-3-53　合成青金石(本书第 115 页)

图 2-3-54　深蓝色青金石首饰(本书第 117 页)

图 2-3-55　发晶水晶球(本书第 122 页)

图 2-3-56　紫水晶晶洞摆件(本书第 122 页)

图 2-3-57　芙蓉石（本书第 122 页）

图 2-3-58　东陵石（本书第 123 页）

图 2-3-59　京白玉（本书第 123 页）

图 2-3-60　玛瑙（本书第 125 页）

图 2-3-61　红玛瑙（本书第 126 页）

图 2-3-62　苔藓玛瑙（本书第 126 页）

图 2-3-63　缠丝玛瑙(本书第 126 页)

图 2-3-64　水胆玛瑙(本书第 126 页)

图 2-3-65　玛瑙项链等饰品(本书第 128 页)

图 2-3-66　玛瑙围棋(本书第 128 页)

图 2-3-67　玛瑙盆景(本书第 128 页)

图 2-3-68　绿玉髓(本书第 128 页)

图 2-3-69 木变石（本书第 131 页）

图 2-3-70 欧泊（本书第 136 页）

图 2-3-71 黑曜石"知足常乐"（本书第 137 页）

图 2-3-72 玻璃陨石（本书第 137 页）

图 2-3-73 孔雀石原石（本书第 138 页）

图 2-3-74 孔雀石首饰盒（本书第 140 页）

图 2-3-75 蓝田玉（本书第 141 页）

图 2-3-76 蓝田玉白菜（本书第 144 页）

图 2-3-77 蓝田玉茶具（本书第 144 页）

图 2-3-78 珊瑚（本书第 145 页）

图 2-3-79 珊瑚结构及纹理（本书第 146 页）

图 2-3-80 珊瑚项链（本书第 149 页）

图 2-3-81　琥珀（本书第 151 页）

图 2-3-82　琥珀的动物包体（本书第 151 页）

图 2-3-83　琥珀项链（本书第 157 页）　　　　图 2-3-84　琥珀大肚佛坠子（本书第 157 页）

图 2-3-85　煤精（本书第 158 页）

图 2-3-86　煤精摆件（本书第 160 页）

图 2-3-87　田黄石（本书第 163 页）

图 2-3-88　绿坑头田晶（本书第 163 页）

图 2-3-89　掘头山坑石（本书第 163 页）

图 2-3-90　乌鸦皮田黄（本书第 164 页）

图 2-3-91 蛤蟆皮田黄（本书第 164 页）

图 2-3-92 环冻石章（本书第 165 页）

图 2-3-93 红高山石章（本书第 165 页）

图 2-3-94 白高山石（本书第 165 页）

图 2-3-95 高山晶石（本书第 165 页）

图 2-3-96 玛瑙洞高山石章（本书第 166 页）

图 2-3-97 四股四高山石章（本书第 166 页）

图 2-3-98 红善伯洞石（本书第 167 页）

图 2-3-99 善伯洞石组章（本书第 167 页）

图 2-3-100 迷翠寮石章（本书第 168 页）

图 2-3-101 月尾石章（本书第 168 页）

图 2-3-102 花坑石（本书第 168 页）

图 2-3-103　旗降石对章（本书第 169 页）

图 2-3-104　彩虹旗降石章（本书第 170 页）

图 2-3-105　松柏岭石章（本书第 171 页）

图 2-3-106　山秀园石（本书第 171 页）

图 2-3-107　煨乌（本书第 173 页）

图 2-3-108　各种青田石章（本书第 182 页）

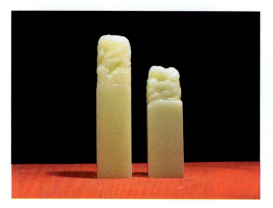
图 2-3-109　封门青章（本书第 183 页）

图 2-3-110　灯光冻章（本书第 183 页）

图 2-3-111　蓝钉青田章（本书第 183 页）

图 2-3-112　白果章（本书第 183 页）

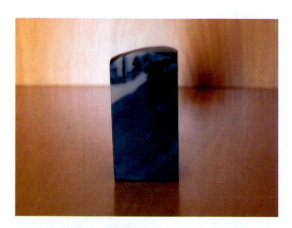
图 2-3-113　黑青田石章（本书第 183 页）

图 2-3-114　山炮绿原石及章（本书第 184 页）

图 2-3-115　金玉冻章（本书第 184 页）　　　　图 2-3-116　紫檀冻章（本书第 184 页）

图 2-3-117　千层纹章（本书第 184 页）　　　　图 2-3-118　青田雅石章（本书第 184 页）

图 2-3-119　玉岩山鸡血石（本书第 187 页）

图 2-3-120　鸡血石章（本书第 188 页）

图 2-3-121　巴林鸡血石大红袍方章（本书第 197 页）

图 2-3-122　巴林鸡血石芙蓉红方章（本书第 197 页）

图 2-3-123　巴林福黄石（本书第 197 页）

图 2-3-124　巴林冻石（本书第 197 页）

图 2-3-125　巴林图案石（本书第 197 页）

图 2-3-126　巴林图案石对章（本书第 197 页）

图 2-3-127　阿富汗玉（本书第 206 页）

图 2-3-128　阿富汗玉白菜（本书第 206 页）

图 2-3-129　蜜蜡黄玉茶具（本书第 206 页）

图 2-3-130　蜜蜡黄玉玉鸟（本书第 206 页）

图 2-3-131　菱锌矿原石（本书第 207 页）

图 2-3-132　菱锰矿挂坠（本书第 209 页）

图 2-3-133　京粉翠原石（本书第 210 页）

图 2-3-134　京粉翠风景摆件（本书第 210 页）

图 2-3-135　梅花玉原石（本书第 211 页）

图 2-3-136　梅花玉手镯（本书第 211 页）

图 2-3-137　硅孔雀石原石（本书第 211 页）

图 2-3-138　青海翠瓶（本书第 212 页）

图 2-3-139　丁香紫玉手镯（本书第 212 页）

图 2-3-140　方钠石原石（本书第 212 页）

图 2-3-141　萤石原石（本书第 213 页）

图 2-3-142　夜明珠萤石球（本书第 213 页）

图 2-3-143 赤铁矿原石(本书第 213 页)

图 2-3-144 乌钢石原石(本书第 213 页)

图 2-3-145 玳瑁手镯(本书第 213 页)

图 2-3-146 硅化木(本书第 214 页)

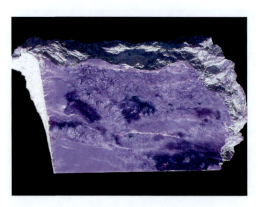
图 2-3-147 查罗石原石(本书第 214 页)

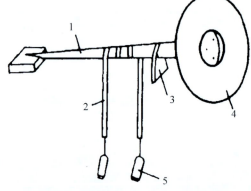
图 3-2-1 中国古代泥沙锯结构示意图(本书第 216 页)
1—木轴;2—皮带;3—前轴承;4—圆锯片;5—踏板

图 3-2-2 古代琢玉图(本书第 216 页)

图 3-2-3 现代琢玉机(本书第 216 页)

图 3-2-4 琢玉软轴机(本书第 217 页)

图 3-2-5 琢玉牙机(本书第 217 页)

图 3-2-6 超声波玉雕机(本书第 217 页)

图 3-2-7 超声波玉雕机模具(本书第 217 页)

图 3-2-8　SK-60 玉宝牌电脑玉雕机
（本书第 217 页）

图 3-2-9　SK-60 玉宝牌电脑玉雕机雕刻头
（本书第 217 页）

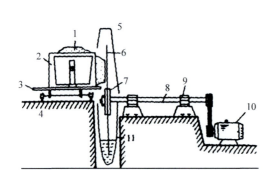

图 3-2-10　开石机结构示意图（本书第 217 页）
1—原石；2—原石夹；3—托架；4—滑机；5—防护罩；
6—锯片；7—法兰盘；8—主动轴；9—轴承；
10—电动机；11—砂浆槽

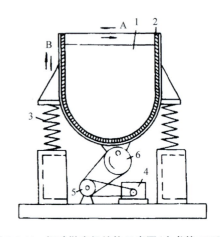

图 3-2-11　振动抛光机结构示意图（本书第 217 页）
1—抛光桶；2—橡皮板内衬；3—弹簧；
4—电动机；5—皮带传动装置；6—偏心轮

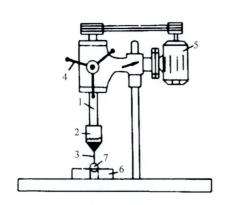

图 3-2-12　机械打孔机结构示意图（本书第 218 页）
1—钻动轴；2—钻头夹具；3—钻杆；4—钻杆升降操作；
5—电动机；6—载石台；7—圆珠坯

图 3-2-13　超声波打孔机（本书第 218 页）

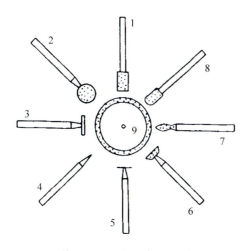

图 3-2-14 钻石粉工具常见类型（本书第 218 页）
1—棒平；2—圆球；3—平口；4—尖针；5—勾铊；
6—钉子；7—枣棒；8—棒圆；9—铊片

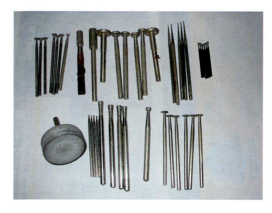

图 3-2-15 钻石粉工具常见实物（本书第 218 页）

图 3-3-1 画活（本书第 224 页）

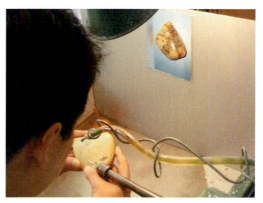

图 3-3-2 坯工（本书第 225 页）

图 3-3-3 细工（本书第 226 页）

图 3-3-4 磨细（本书第 229 页）

图 3-3-5　罩亮（本书第 229 页）

图 3-3-6　座（本书第 230 页）

图 3-3-7　匣（本书第 230 页）

图 4-4-1　玉璧（本书第 233 页）

图 4-4-2　玉琮（本书第 233 页）

图 4-4-3　玉圭（本书第 233 页）

图 4-4-4 玉璋（本书第 234 页）

图 4-4-5 玉琥（本书第 234 页）

图 4-4-6 玉璜（本书第 234 页）

图 4-4-7 玉刀（本书第 235 页）

图 4-4-8 玉戈（本书第 235 页）

图 4-4-9 玉钺（本书第 236 页）

图 4-4-10 玉戚(本书第 236 页)

图 4-4-11 剑首(本书第 236 页)

图 4-4-12 剑格(本书第 236 页)

图 4-4-13 剑璏(本书第 236 页)

图 4-4-14 剑珌(本书第 236 页)

图 4-4-15 玉环(本书第 236 页)

图 4-4-16　玉玦（本书第 236 页）

图 4-4-17　刚卯（本书第 237 页）

图 4-4-18　翁仲（本书第 237 页）

图 4-4-19　司南佩（本书第 237 页）

图 4-4-20　玉辟邪（本书第 238 页）

图 4-4-21　玉牌（本书第 238 页）

图 4-4-22　玉日月合符（本书第 238 页）

图 4-4-23　玉锁片（本书第 238 页）

图 4-4-24　玉扁方（本书第 238 页）

图 4-4-25　玉朝珠（本书第 239 页）

图 4-4-26　玉翎管（本书第 239 页）

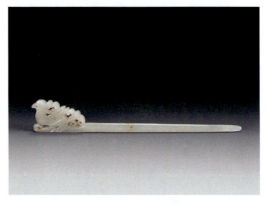

图 4-4-27　玉发簪（本书第 239 页）

图 4-4-28　玉帽花（本书第 239 页）

图 4-4-29　玉帽正（本书第 239 页）

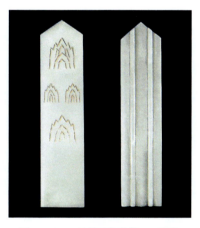

图 4-4-30　玉笏（本书第 239 页）

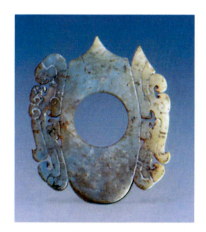

图 4-4-31　玉镂雕变形凤纹韘（本书第 240 页）

图 4-4-32　玉扳指（本书第 240 页）

图 4-4-33　玉带钩（本书第 240 页）

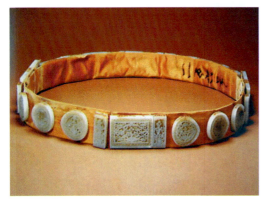

图 4-4-34　玉带板（本书第 240 页）

图 4-4-35　子辰佩（本书第 240 页）

图 4-4-36　玉蝉（本书第 241 页）

图 4-4-37　玉璇玑（本书第 241 页）

图 4-4-38　金缕玉衣（本书第 241 页）

图 4-4-39　玉唅（本书第 242 页）

图 4-4-40　玉猪玉握（本书第 242 页）

图 4-4-41　玉笔筒（本书第 242 页）

图 4-4-42　玉玺（本书第 242 页）

图 4-4-43　清代青玉双龙纹水丞（本书第 242 页）

图 4-4-44　玉墨床（本书第 242 页）

图 4-4-45　玉笔架（本书第 242 页）

图 4-4-46　玉洗子（本书第 243 页）

图 4-4-47　玉砚滴（本书第 243 页）

图 4-4-48　玉砚台（本书第 243 页）

图 4-4-49　玉如意（本书第 243 页）

图 4-5-1　镂空象牙球（本书第 244 页）

图 4-5-2　薄胎玉器（本书第 244 页）

图 4-6-1 孔雀石首饰（本书第 244 页）

图 4-6-2 玉马（本书第 245 页）

图 4-6-3 和田玉白菜（本书第 245 页）

图 4-6-4 青玉笛子（本书第 246 页）

图 4-6-5 玉石盆景（本书第 247 页）

图 4-6-6 玉屏风（本书第 247 页）

图 5-1-1 谷纹玉环（本书第 248 页）

图 5-1-2 蒲纹玉璧（本书第 248 页）

图 5-1-3 乳丁纹玉璧（本书第 249 页）

图 5-1-4 龙凤云纹玉璧（本书第 249 页）

图 5-1-5 明代蟠螭纹玉杯（本书第 249 页）

图 5-1-6 春秋蟠虺纹玉玦（本书第 249 页）

图 5-1-7　明代龙纹玉环（本书第 250 页）

图 5-1-8　嵌绿松石饕餮纹牌饰（本书第 250 页）

图 5-1-9　雷纹玉版（本书第 250 页）

图 5-1-10　商代玉弦纹环（本书第 250 页）

图 5-1-11　清代白玉绳纹手镯（二件）（本书第 250 页）

图 5-1-12　明代双凤纹玉佩（本书第 250 页）

图 5-1-13 重环纹玉环（本书第 251 页）

图 5-1-14 汉代涡纹玉枕（本书第 251 页）

图 5-1-15 乾隆蕃作翡翠嵌玉石鱼形盒上的鳞纹
（本书第 251 页）

图 5-2-1 汉代玉辟邪（本书第 252 页）

图 5-2-2 汉代"宜子孙"玉璧佩（本书第 252 页）

图 5-2-3 宋代黄玉连年有余（本书第 252 页）

图 5-2-4 龟游佩(本书第 252 页)

图 5-2-5 鸳鸯(本书第 252 页)

图 5-2-6 牡丹富贵(本书第 252 页)

图 5-2-7 玉白菜(本书第 253 页)

图 5-2-8 葫芦(本书第 253 页)

图 5-2-9 双欢(本书第 255 页)

图 5-2-10 平安竹（本书第 256 页）

图 5-2-11 十二生肖（本书第 257 页）

图 5-2-12 福在眼前（本书第 258 页）

图 5-2-13 马上封侯（猴）（本书第 259 页）

图 5-2-14 太师少师（本书第 259 页）

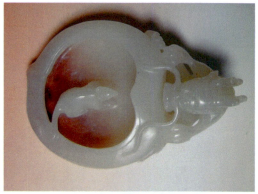
图 5-2-15 望子成龙（本书第 259 页）

图 5-2-16 早生贵子（本书第 260 页）

图 5-2-17 喜相逢（本书第 261 页）

图 6-1-1 玉猪龙（本书第 270 页）

图 6-1-2 "C"形玉龙（本书第 270 页）

图 6-1-3 玉箍形器（本书第 270 页）

图 6-1-4 青玉勾云形器（本书第 271 页）

图 6-1-5 玉璧(本书第 271 页)

(a) 玉琮

(b) 神徽

图 6-1-6 玉琮及神徽(本书第 272 页)

图 6-1-7 三叉形器(本书第 272 页)　　　图 6-1-8 冠形玉器(本书第 272 页)

— 412 —

图 6-1-9 玉串饰（本书第 273 页）

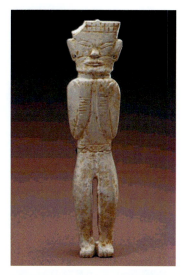

图 6-1-10 玉人（本书第 273 页）

图 6-1-11 玉刻图长方形片（本书第 273 页）

图 6-2-1 妇好玉簋（本书第 279 页）

图 6-2-2 妇好跪坐玉人（本书第 280 页）

图 6-2-3　玉阴阳人(本书第 280 页)

图 6-2-4　跪坐玉人(本书第 280 页)

图 6-2-5　妇好玉凤(本书第 280 页)

图 6-2-6　玉鹅(本书第 281 页)

图 6-2-7　玉龙(本书第 281 页)

图 6-2-8　玉刀（本书第 281 页）

图 6-2-9　妇好玉熊（本书第 281 页）

图 6-2-10　玉龟（本书第 281 页）

图 6-3-1　缀玉面罩（本书第 286 页）

图 6-3-2　玉虎（本书第 286 页）

图 6-3-3　玉璜（本书第 286 页）

图 6-3-4　玉人（本书第 287 页）

图 6-3-5　玉四节佩（本书第 287 页）

图 6-3-6　多节龙凤玉佩（本书第 287 页）

图 6-3-7　玉龙形佩（本书第 288 页）

图 6-3-8　玉璧（本书第 288 页）

图 6-3-9　玉环（本书第 288 页）

图 6-3-10　玉双凤饰璧（本书第 288 页）

图 6-3-11　玉透雕三龙环形饰佩（本书第 289 页）

图 6-3-12　玉镂空龙凤玉饰（本书第 289 页）

图 6-4-1　铜承露盘玉高足杯（本书第 292 页）

图 6-4-2　玉剑首（本书第 293 页）

图 6-4-3　玉盒（本书第 293 页）

图 6-4-4 玉龙凤饰璧（本书第 293 页）

图 6-4-5 圆雕跪姿舞人（本书第 293 页）

图 6-4-6 镶玉铜枕（本书第 294 页）

图 6-4-7 金缕玉衣（本书第 294 页）

图 6-4-8 玉透雕双龙谷纹璧（本书第 294 页）

图 6-4-9 玉猪（本书第 294 页）

图 6-4-10 玉剑璲（本书第 294 页）

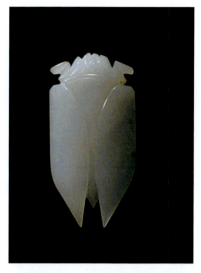

图 6-4-11 玉蝉（本书第 295 页）

图 6-4-12 玉舞人（本书第 295 页）

图 6-4-13 玉仙人奔马（本书第 295 页）

图 6-4-14 玉铺首（本书第 296 页）

图 6-4-15 玉座屏（本书第 296 页）

图 6-5-1　白玉吹笙人带銙（本书第 298 页）

图 6-5-2　兽首玛瑙杯（本书第 298 页）

图 6-5-3　玉骑象人（本书第 299 页）

图 6-5-4　玉飞天（本书第 299 页）

图 6-6-1　双鹤衔草玉饰件（本书第 301 页）

图 6-6-2　玉龙把盌（本书第 301 页）

图 6-6-3　玉兽耳云龙纹簋（本书第 301 页）

图 6-7-1　青玉镂空鹘攫天鹅（本书第 303 页）

图 6-7-2　青玉虎鹿鹰鹊双玉雕（本书第 303 页）

图 6-7-3　荷叶双龟玉佩饰（本书第 303 页）

图 6-7-4　玉龙纹活环尊（本书第 303 页）

(a) 渎山大玉海

(b) 纹饰

图 6-7-5　渎山大玉海及纹饰（本书第 304 页）

图 6-8-1　青玉八仙图执壶（本书第 312 页）

图 6-8-2　青玉菩萨（本书第 312 页）

图 6-8-3　合卺杯（本书第 312 页）

图 6-8-4　金托玉爵（本书第 313 页）

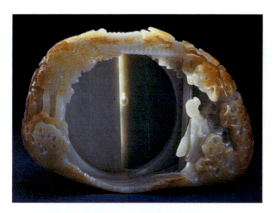
图 6-8-5 桐荫仕女图玉雕（本书第 313 页）

图 6-8-6 大禹治水图玉山子（本书第 314 页）

图 6-8-7 会昌九老图玉山子（本书第 314 页）

图 6-8-8 青玉仿古召夫鼎（本书第 315 页）

图 6-8-9 青玉坐佛（本书第 315 页）

图 6-8-10 青玉罗汉（本书第 315 页）

图 6-8-11　碧玉观音（本书第 315 页）

图 6-8-12　青玉桥形笔架（本书第 315 页）

图 6-8-13　白玉双蟹镇纸（本书第 316 页）

图 6-8-14　翠玉兽面纹双耳炉（本书第 316 页）

图 6-9-1　翡翠三秋瓶（本书第 321 页）

图 6-9-2　白玉东方巨龙花薰（本书第 321 页）

图 6-9-3　珊瑚六臂佛锁蛟龙（本书第 321 页）

图 6-9-4　密玉攀登珠穆朗玛峰（本书第 321 页）

图 6-9-5　珊瑚鼓上飞燕（本书第 322 页）

图 6-9-6　玛瑙虾盘（本书第 322 页）

图 6-9-7　玛瑙龙盘（本书第 322 页）

图 6-9-8　绿松石二乔（本书第 322 页）

图 6-9-9　翡翠含香聚瑞花薰（本书第 323 页）

图 6-9-10　翡翠四海腾欢插牌（本书第 323 页）

图 6-9-11　翡翠群芳揽胜花篮（本书第 323 页）

图 7-4-1　鸡骨白沁色（本书第 329 页）

图 7-4-2　水沁（本书第 329 页）

图 7-4-3　铜沁（本书第 329 页）

图 7-4-4　朱砂红沁色（本书第 329 页）

图 7-4-5　土斑（本书第 329 页）

图 7-4-6　蚀斑（本书第 329 页）

图 7-4-7　仿古玉器（本书第 332 页）

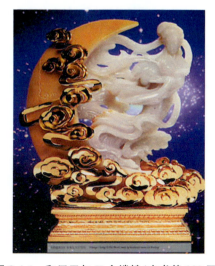

图 8-4-1　和田玉与 K 金嫦娥（本书第 338 页）

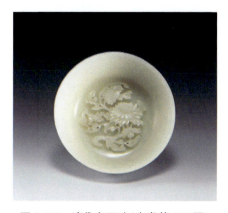

图 8-4-2　清代白玉碗（本书第 338 页）

— 427 —

图 8-4-3　和田玉北极熊（本书第 338 页）

图 8-4-4　岫玉鹭鸶（本书第 338 页）

图 8-4-5　翡翠蓬莱仙境（本书第 339 页）

图 9-1-1　水胆玛瑙群山飞瀑（本书第 344 页）

图 9-1-2　孔雀石龙钵（本书第 344 页）

图 9-2-1　和田白玉错金嵌宝石碗（本书第 346 页）

图 9-2-2　岫玉龙舫（本书第 346 页）

图 9-3-1　白玉松竹梅茶壶（本书第 347 页）

图 9-4-1　玛瑙俏色无量寿佛（本书第 349 页）

图 9-4-2　玛瑙国粹（本书第 349 页）

图 9-4-3　玛瑙俏色五鹅（本书第 349 页）

图 9-4-4　清代翡翠白菜（本书第 350 页）

图 9-4-5　独山玉墨菊（本书第 350 页）

图 9-4-6　翡翠岱岳奇观山子（本书第 350 页）

图 10-1-1　石佛寺玉器市场（本书第 354 页）

图 10-1-2　新疆玉器市场（本书第 354 页）

图 10-1-3　岫岩玉器市场（本书第 355 页）

图 10-1-4　广州玉器市场（本书第 355 页）

图 10-1-5 四会玉器市场(本书第 355 页)